# Topographie
oder
# Häuser- und Strassen-Geschichte
# der Stadt Halle a. d. Saale

## Beschreibung und Geschichte
der Strassen, Plätze und Märkte, öffentlicher und privater Gebäude der Stadt von den ältesten Zeiten ab bis zum Jahre 1914

von

**Dr. Siegmar Schultze-Galléra**
Privatdozent der Universität Halle-Wittenberg.

Erster Band.

Altstadt.

Druck und Verlag Wilhelm Hendrichs, Halle a. d. Saale 1920.

Impressum

*Umschlaggestaltung:* Harald Rockstuhl frei nach dem Original

*Autor:* Dr. Siegmar Baron Schultze-Galléra
(* 6. Januar 1865 in Magdeburg; † 15. September 1945 in Halle-Nietleben)

*Bisheringe Auflagen:* 1. Auflage 1920, Druck und Verlag Wilhelm Hendrichs, Halle a.d.S.

1. Reprintauflage 2018
**ISBN 978-3-95966-305-2**

*Repro:* Harald Rockstuhl, Bad Langensalza

*Druck und Bindearbeit:* Digital Print Group Oliver Schimek GmbH, Nürnberg/Mittelfranken

Gedruckt auf alterungsbeständigem Papier nach ISO 9706

*Die Deutsche Nationalbibliothek* verzeichnet diese Publikation in der Deutschen Nationalbibliografie. Detaillierte bibliografische Daten sind im Internet über *http://dnb.d-nb.de* abrufbar.

*Inhaber: Harald Rockstuhl*
*Mitglied des Börsenvereins des Deutschen Buchhandels e.V.*
*Lange Brüdergasse 12 in D-99947 Bad Langensalza/Thüringen*
*Telefon: 03603 / 81 22 46 Telefax: 03603 / 81 22 47*
*www.verlag-rockstuhl.de*

# Inhalt.

# Vorwort.

Eine Topographie der Stadt Halle gab es bisher noch nicht, und soviel der Verfasser weiß, besitzt auch keine andere Stadt Deutschlands eine solche auf das Tatsächliche und Sichtbare, auf ihre Mauern und Bauwerke sich gründende, genau aufbauende Lebensgeschichte. Würden hier und da Verbesserungen sich nötig erweisen, möge der erste Versuch eines solchen Unternehmens das entschuldigen.

Zerstreute topographische Bemerkungen über unsere Stadt finden sich in den bekannten alten Chroniken von Olearius (1667), Dreyhaupt (1750), einiges wenige in Stiebritz' Fortsetzung von Dreyhaupt (1772) und in Hendels Hallischem Adreßverzeichnis (1804), ferner in Hagens Stadt Halle (1867) und in Hertzbergs Geschichte der Stadt Halle (1889/93); auch in älteren Reisemitteilungen und Darstellungen, wie in Augustins Bemerkungen eines Akademikers (1795), in Hesekiels Blicke auf Halle (1824), auch in des berüchtigten Laukhards Leben und Schicksalen (1792) und anderen ähnlichen Werken. Des Weiteren sind Quellen wie die Adreßbücher, die Verwaltungsberichte der Stadt Halle usw. benutzt worden. — Außer solchem und ähnlichem gedruckten Material kamen für den Verfasser noch zwei andere Quellen in Betracht: handschriftlich und mündlich überliefertes Material. Das handschriftliche umfaßte alte Tagebücher, Briefe (auch aus der eigenen Familie), chronikartige Aufzeichnungen und Chroniken selbst, deren Halle verschiedene besitzt; außer der älteren von Kresse (Annalen) und solchen von Böttícher, Seydenschwantz, wie auch die sogenannte Drachstedtische ist besonders die von Runde (Fortsetzung der Dreyhauptschen Chronik bis 1831) zu erwähnen, die leider noch immer nicht gedruckt ist. Sie ist im Besitz der Marienbibliothek; für die erschöpfende Benutzung des Manuskriptes muß ich auch an dieser Stelle der Bibliothek sowie ihrem Bibliothekar, Herrn Dr. Weißenborn, meinen Dank aussprechen. — Was die mündlichen Ueberlieferungen anlangt, die von den bekannten alten und ältesten Leuten der Stadt herrühren, so mußte ich mit großer Genauigkeit verfahren. Manches interressante Material mußte ich vorläufig noch bei Seite legen, da ich noch keine weiteren Belege der Bestätigung fand. Das Gedächtnis des Erlebten und Gesehenen trübt sich bereits im Mannesalter, wie viel mehr noch bei 70- und 80-jährigen! Oft genug erwiesen sich die Jahreszahlen als unrichtig, wie man das ja sogar bei unserem trefflichen Hertzberg vorfindet.

Ein Verzeichnis der hauptsächlich benutzten gedruckten Bücher wird am Schluß des dritten Bandes erscheinen, denn das gesamte Werk ist auf drei Bände berechnet. Dieser erste vorliegende Band umfaßt Alt-Halle, die Stadt in dem mittelalterlichen Festungsbezirk. Der zweite Band wird die Erweiterungen der Stadt über diese Grenzen, die bereits im Mittelalter beginnen, die Klaustor- und Strohhof-Vorstadt, Glaucha, die Galgtor- und Steintor-Vorstadt, Petersberg und Ringleben, den Neumarkt umspannen und die seit 1850 angrenzenden und ausfüllenden neuen Stadtteile. Der dritte Band bringt die Eingemeindungen von 1900: Giebichenstein, Trotha und Kröllwitz.

Das Werk soll Halle, aber auch anderen Städten Deutschlands zur Anregung dienen: es soll im letzten Grunde ein Beitrag zur Geschichte deutscher Menschheit, deutscher Kultur sein, die Gesetze und Erscheinungen der Entwicklung, des Werdens, der Vollendung sind hier wie anderswo die gleichen. Viele direkte Beziehungen erstrecken sich auf die größere, vom Schicksal mehr begünstigte Nachbar- und Zwillingsstadt Magdeburg. Halle und Magdeburg sind von ihrer ersten gemeinsamen Erwähnung an durch das gesamte Mittelalter, ja auch die Neuzeit hindurch so eng verbunden wie selten zwei Städte. Andere größere Städte der Umgebung, die mannigfache Parallelen darboten, waren Halberstadt, Goslar, Braunschweig. — In der Geschichte Deutschlands nimmt Halle keinen unbedeutenden Platz ein. Ist es doch die zweite Residenz des mächtigsten Kirchenfürsten Mittel- und Ostdeutschlands gewesen, des Erzbischofs von Magdeburg, ja lange Zeit sogar die erste! Hat doch die schier unbezwingliche, gewaltige Fürstenfeste, der Giebichenstein, nahe an seiner Stadtgemarkung gelegen, hat doch der letzte imposante Kirchenfürst, der Kardinal Albrecht, Halle zum Ausgangspunkt katholischer Gegenreformation machen und eine großartige katholische Universität gegen die protestantische Wittenbergs errichten wollen, wie seine Stiftskirche (der Dom) mit dem Magdeburger Dom rivalisieren sollte! So werden einige meiner Resultate bei solcher Bedeutung der Stadt auch in die weite weltgeschichtliche Forschung übergreifen, so die Frage nach dem Frankenkastell, die Darstellung der Moritzburg und des Stiftes, der Residenz, des Doms, die Geschichte des Judendorfes, die Klösterentwicklungen usw.

Das vielfache, neuzeitliche, statistische Material wird zwar trocken erscheinen, doch dem Forscher eine willkommene Beigabe sein. Zudem mag, was der Mitwelt bisweilen belanglos erscheint, der Nachwelt wertvoller erscheinen. — Leider mußte wegen der enormen Preise der Löhne wie des Papiers, die jetzt den Friedenssatz fast um das Zwanzigfache übersteigen, der ursprüngliche Plan, Abbildungen alter Gebäude, Karten, Straßenpläne usw. zu bringen, vorläufig bei Seite gelegt werden. Vielleicht läßt er sich in den späteren Bänden nachholen. —

Das Werk schließt mit dem Jahre 1914, mit dem Beginn des schweren Weltkrieges, so daß dies Jahr leider ein furchtbarer Markstein in Deutschlands Geschichte sein wird. Unwillkürlich wird die Darstellung von dem strahlenden Abendrot des niedergehenden kraft- und siegreichen, Achtung gebietenden Kaiserreichs der Hohenzollern übergossen sein. Was dieses Reich für unsere Stadt geleistet hat, wird kein anderes wieder leisten, am allerwenigsten das jetzige! So soll das Werk den jetzigen wie den kommenden Geschlechtern ein Halt, ein Ansporn in den drohenden Zeiten des Niedergangs und der Verarmung werden. Die Kenntnis, die Förderung der Geschichte, der Kultur, des Bürgertums der engeren Heimat, der Vaterstadt, wird die Liebe zur Heimat, zur Scholle, zu den kraftvollen Vorfahren stärken und unser eigenes Volkstum innerlich heben, unser nationales Empfinden vertiefen und unsere sittlichen Kräfte wieder erwecken. Möge der Widerschein alter Kraft und Sitte, alten Glanzes und Ruhmes ein Sporn zu neuem Fleiß, neuer Arbeit und neuem Leben unserem bedrückten Geschlechte werden! Möge so das Werk ein Baustein im „Bau Gottes", im Reiche der Ordnung, Zucht und Sitte, der Vaterlandsliebe, der besten und höchsten Erkenntnis, des Zusammenhangs menschlichen Wesens und Werdens mit jenem unfaßbaren Reiche, sein! —

Meinem Freund aus froher Jugend- und Studentenzeit in Magdeburg und Halle, dem Professor Otto Jensch, sei für seine unermüdliche Korrekturhülfe auch hier mein Dank gesagt, ebenso meinem Sohne, Carl Siegmar, für das dreifache, sorgsam ausgeführte Inhaltsverzeichnis, gleichfalls dem Verlag für den Mut und die Entschlossenheit, in diesen Zeiten solch Werk zu unternehmen und seine Lieferungen rechtzeitig innezuhalten und abzuliefern trotz der üblichen Streiks, Lohn- und Papiererhöhungen und sonstigen Störungen. Die vielfachen Anregungen, die ich aus dem Kreise meiner Mitbürger erhielt, seien hier dankend erwähnt, vor allem die wertvollen Hinweise des Redakteurs Herrn Herling, eines unserer besten Kenner hallischer Stadtgeschichte.

**Nietleben-Halle**, den 29. Juni 1920.

**Siegmar Schultze-Galléra.**

# Orts- und Straßenverzeichnis.

# Verzeichnis der auswärtigen Orte.

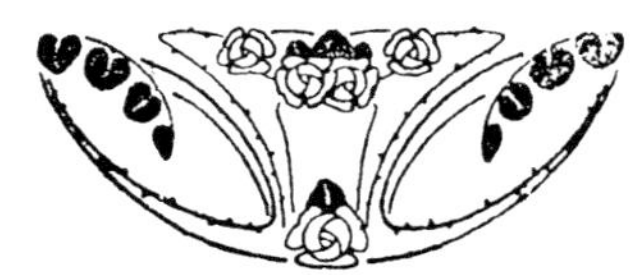

# Personenverzeichnis.

# Verschiedenes.

# Die älteste Befestigung Halles.

Wann Halle zum ersten Mal befestigt worden ist, weiß man nicht. Seine kostbaren Solquellen (zunächst der deutsche Born, bereits in der Germanenzeit benutzt) sind früh gegen feindliche Anstürme und Eroberungen zu schützen gewesen. Kämpfe um Salzquellen bei den Germanen erwähnt bereits Tacitus — Diese ursprünglichen Befestigungen mögen ausgeworfene Gräben und Wälle mit Dornverhau gewesen sein.

Karl der Große drängte die Slaven über die Elbe bei Magdeburg und über die Saale bei Halle zurück. Sein Sohn Karl legte bei beiden Orten Kastelle an, und zwar im Jahre 806: civitas ad locum, qui vocatur Halla.[1]). Civitas bedeutet eine Befestigung, mit einer Siedlung verknüpft, vielleicht also, daß Graben und Wall, mit Pallisaden und Dorngeflecht gekrönt, auch noch die Siedlung im „Tale" umzogen. Wahrscheinlich lag dieses Kastell auf dem Gelände der heutigen Residenz, nicht auf dem der Moritzburg, nämlich beim Klaustor, bei dem uralten Saaleübergang, als ein Bollwerk für diesen wie für die Salzsiedlung zugleich; im übrigen auch auf günstigem Boden, auf einem Hügel, der die Talsiedlung übersah und nach Norden durch einen tieferen Abfall (zu der heutigen Neumühle) geschützt war.[2]).

Der Einfall der Ungarnhorden, besonders im Jahre 906, zerstörte Kastell und Siedlung. Erst unter den Sachsenkaisern erhob sich allmählich die Salzstätte wieder. Vielleicht erhielt sie durch Otto II. (973—982) das Marktrecht (nicht das Stadtrecht). Der Ort dehnte sich um 1000 n. Chr. bereits nach Norden, Süden und Osten aus mit der Basis auf die Saale (die Hall-Saale, die jetzt übermauert ist) sich stützend. Die Erdwälle wurden teilweise durch steinerne Mauern ersetzt.

So erscheint im 11. Jhdt. die erste historische Befestigung unserer Stadt, die sich von der Residenz aus in der großen Klausstraße (am uralten Heiligtum von St. Nikolaus) über den Markt entlang zog, die alte fränkische Gertraudenkapelle umschloß, in die Schmeerstraße einbog, um den Alten Markt ging, und bei dem alten Moritzheiligtum auf die Saale wieder mündete. Reste dieser ältesten primitiven und rohen Ummauerung standen auf dem Hof des goldenen Schlößchens in der Schmeerstraße (jetzt verbaut), ferner hinter einem Hause auf der westlichen Seite der Südhälfte dieser uralten Straße.[3]).

Der Name unserer Stadt wird im Jahre 806 zum ersten Mal urkundlich und zwar im Verein mit dem der großen Schwesterstadt Magdeburg erwähnt. Er ist zweifellos viel älter, ein Ueberbleibsel aus keltischer Zeit (bis 400 vor Chr.) oder aus der Zeit der Hermunduren, welche aus dem Süden Kelten als Salzsieder herbeiriefen (etwa 200 n. Chr.). Hall bezeichnet einen Ort der Salzbereitung.[4]).

## Die spätere Befestigung Halles nach 1100.

Kurze Zeit nach 1100 entstand die zweite, viel größere Befestigung unserer Stadt, und zwar in den Zeiten der Kämpfe, welche die Thüringer und Sachsen noch immer gegen die salisch-fränkischen Kaiser ausfochten. Wiprecht II. von Groitsch war 1118 zum Burggrafen des Erzstifts vom Erzbischof Adalgoz, seinem Neffen und einem Sachsen, ernannt worden.[5]). Er ist der Vater von Wiprecht III., dem Sieger in der Schlacht am Welfesholz über Heinrich V., den deutschen Kaiser (1115). Vielleicht ist Wiprecht II. der Miterbauer der neuen großen Umwallung und Befestigung der Stadt; sicherlich erbaute er einen starken runden Turm an der Jakobskapelle am Sandberg (vgl. später).

Diese neue Befestigung ist als eine Umwallung (vgl. Urkunde von 1182, Dreyhaupt I 725) zu denken, die mit Pallisaden, Holztürmen und Holztoren versehen ist, teilweise auch mit Mauerstücken, Mauertürmen und Gräben. Sie umfaßte die alte Stadt, die Ansiedlungen an ihren Mauern, die Warten und Ritterhöfe außerhalb, Kapellen und Kirchen nebst Kirchhöfen, die zerstreut entstanden waren, kleine Dorfsiedlungen usw.; zwischen all diesen lagen noch größere Feldstrecken.

Der Umfang der neuen Befestigung ist heute noch durch den großen Promenadenring erkennbar (Moritzzwinger, Neue Promenade, Poststraße, Alte Promenade, Moritzburg): ein großer Halbkreis mit der Basis auf die Saale gestellt.

Erst im Laufe der Jahrhunderte verstärkte und baute man jene schnell und teilweise ungünstig hingeworfene Befestigung durch Mauern, durch gemauerte Türme, gemauerte Tore, durch Auswerfen von Gräben, durch Außenmauern, zuletzt durch einen dreifachen Mauerring aus.

Schon Wiprecht von Groitsch schuf einen starken, runden Mauerturm zwischen Sandberg und Poststraße 1118. Einige Jahrzehnte darauf ist das Steintor als erstes der hallischen Tore mit Steinen erbaut worden. Im 13. und 14. Jhdt. entstanden starke Steinmauern, der mächtig aufstrebenden Stadt war eine kräftige Rüstung notwendig. Einige Reste der Mauern dieser Zeit hatten sich bis in unsere Tage erhalten, so jene der alten Hallmauer an der Hallsaale, die in den 80er Jahren abgerissen wurden, ferner die Reste an der Poststraße, welche höchst einfache Schießscharten aufwiesen (abgerissen beim Neubau des Justizgebäudes). Man mauerte mit Bruchsteinen; Mischungen von Bruch- und Mauersteinen weisen schon auf das Ende des Mittelalters hin.

Aber erst um 1450 begann ein planmäßiger kostspieliger starker Verteidigungsbau der Stadt, den wir noch heute erkennen können, und den Olearius in seinem Stadtplan 1667 in aller Deutlichkeit uns vorgeführt.

Man baute drei parallele Mauerzüge aus. Die äußerste Mauer zog sich außerhalb der Stadt in der Richtung der heutigen Mauerstraße (die daher noch den Namen führt) den Franckeschen Stiftungen entlang auf den Leipziger Turm, an dem Martinsberg und Petersberg (Stadttheater) vorüber — diese Höhen lagen außerhalb — zur Moritzburggegend hinab. Sie war bis 3 Fuß stark und an 10 bis 15 Fuß hoch, wenigstens im Westen und Südwesten, am Martins- und Petersberge bildete sie nur eine Futtermauer. Die zweite und dritte lagen dicht an der Stadt, zwischen ihnen lag der Zwinger. Die zweite war nur mannshoch, die dritte, einige Meter dahinter, war die stärkste und größte, durchschnittlich 8 m hoch, hatte eine Zinnenkrone mit Laufgang, der die vielen Türme miteinander verband.

Zwischen der ersten äußersten und der zweiten Mauer lag der Graben, 40 m breit und darüber, meistenteils sumpfig, öfters mit größeren und kleineren Teichen ausgefüllt. Auf dem Plane von Olearius (1667) und Dreyhaupt (1750) sieht man kleine Teiche im heutigen Moritzzwinger; linker Hand vom Ranischen Tore, im sog. Schwanengraben, befanden sich zwei Teiche, nach dem Galgtore zu ebenfalls zwei. Ein großer langgestreckter Teich lag auf dem Gelände der heutigen Post und des Postgartens; auch am Ulrichstore stand ein tiefes Gewässer, so noch 1647 (eine Frau ertrank in dem Grabenwasser), nach dem Steintore zu noch ein zweites.

Dagegen erhob sich am Petersberge (Stadttheater) und Universität mitten aus dem Graben ein hoher Porphyrkegel an 60 Fuß hoch empor, der erst c. 1835 beseitigt worden ist (1478: berg bey dem barfusser closter); eine Höhe, die im Kampfe Weissacks mit den Geschlechtern diesen Verräter der Stadt noch einmal demütigen sollte (18. 9. 1478).[5a])

Die zwei inneren Mauern wurden noch durch Türme verstärkt, man zählte um 1500 an 40, halbrund oder cylindrisch oder viereckig erbaut. Die innerste Stadtmauer besaß die meisten.

Solche Türme hießen oft nach den Gewerken, die sie verteidigen mußten, so stand der Bäckerturm (von den Bäckern zu besetzen) am Kaulenberg, wo dieser auf die Promenade mündet; der Krämerturm ist vielleicht der heutige Leipziger Turm [6]), ihn verteidigten die Kaufleute. Die Knochenhauer standen auf den Türmen der Fleischergasse (Mittelstraße), die Bierleute des Ulrichsviertels am Ulrichstor (Ulrichstraße-Alte Promenade). Andere Namen sind der Schrammenturm oder Schrannenturm (?), Balten Kochs Turm usw. [7]). Noch in unserer Zeit sah man eine Anzahl dieser alten Türme.

Als Schalenturm erhob sich in der heutigen Poststraße am Karzerplan der sogenannte Musikanten- oder Karzerturm (siehe später), weiter südlich ein anderer (bis 1875); an der Hallmauer (Stadtmauer an der Gerber- oder Hallsaale) die „Kaffeemühle" und die „Kanone"; an der Neuen Promenade gegenüber dem Waisenhause stand ebenfalls noch lange ein Schalenturm aus dem 15. Jhdt.

Diese gewaltigen Befestigungen entstanden, wie bemerkt, zum größten Teile im 15. Jhdt. Wir können aus Olearius Halygraphia (1667) ihre Entstehungszeit teilweise feststellen. 1452 wurde der Moritzzwinger vertieft, „zugerichtet". 1454 wurde der Zwinger am Galgtor (also am Leipziger Turm) stattlich zu bauen angefangen. 1460 war er vollendet. 1458 wurde der große Wallgraben an der heutigen Poststraße ausgegraben, um der hier leicht angreifbaren Stadt größeren Schutz zu verleihen. Der große Wartturm am Galgtor, der heute Leipziger Turm genannt wird, muß ebenfalls — nach seiner Bauart zu urteilen — um diese Zeit, im 15. Jhdt., entstanden sein. Leider fehlt jede Angabe über seine Erbauung. 1462 wurden außerhalb der inneren Stadtmauer beim Moritztor (wohl damals schon ein starker Turm!) samt dem „Krummen Tor" und Pforte gebaut. [8])

Im 16. Jhdt. ergänzte man noch einiges. 1538 wurde ein neuer, fester Turm hinter dem Zeughause zu den übrigen hinzugefügt. 1539 wurde die steinerne Bastei zwischen Kornhaus (an der Poststraße) und Galgtor angefangen und vollendet. [8a])

Selbst noch im Anfang des 17. Jhdt. verstärkte und erneuerte man sorgsam die alten Befestigungen der Stadt. 1615 wurde unter dem Administrator Christian Wilhelm ein Teil der Stadtmauer und Pforte an der Saale wieder erbaut und verstärkt. Und 1627 ward ein großes Stück Mauer am Rannischen Tor ersetzt. Doch schon damals hatten die artilleristischen Verbesserungen der Geschütze und Munitionen diese alte Befestigungsart der Stadt überholt. Im 17. Jhdt. wurde wenig, im 18.

Jhdt. nichts mehr an der Befestigung getan oder verbessert. Und das 19. Jhdt. stürzte sie für immer. Die Gräben wurden zugefüllt, die Mauern niedergelegt, die Türme und die Tore abgerissen. Der Moritzzwinger, die Neue Promenade, die Poststraße, die Alte Promenade erhoben sich auf ihren Trümmern. Das Nähere ist an den einzelnen Stellen nachzulesen. Nur sehr wenige Reste sind heute noch zu erblicken: der Leipziger Turm, der hochragende Wartturm des verschwundenen Galgtores, einige Mauerreste der Neuen Promenade neben dem Bauhof, einige Reste der alten äußersten Futtermauer am Martinsberge und etwas Mauerwerk an der Moritzkirche.

Sechs mehr und minder stark befestigte Haupttore, durchbrachen die dreifache Mauer: das Klaustor (eins der ältesten), das Moritztor, das Rannische Tor, das Galgtor, das Steintor und das Ulrichstor, dazu kamen 4 bis 5 kleinere Tore oder Pforten: Mühl-, Kuttel-, Körber-, Saal- oder Morizpforte. — Die Tore waren ursprünglich aus Holz gebaut, später aus Stein, das Steintor als erstes bereits um 1180. Dieses, das Moritztor und das Galgtor waren die am stärksten befestigten, das erstere hatte schon vor 1478 einen starken, festen Turm! — Zugbrücken fielen über die Gräben, und schwere Torflügel aus eichenen Bohlen schlossen den Torraum, so schwer, daß ihr Zuschlagen wiederholt Erwachsene gequetscht und getötet hat. So wurde eine Magd, die des Morgens das Klaustor aufschloß, von dem Torflügel erdrückt, den der Wind zugeworfen hatte, ähnlich erging es einem Manne am Steintor. Morgens und abends verkündete die Torglocke das Öffnen oder das Schließen der Tore. In der Zeit des 30jähr. Krieges am 29. Oktober 1625 verboten es die einrückenden Wallensteiner. Erst 1650 wurde der alte Brauch wieder aufgenommen.

## Allmähliche Ausdehnung der Stadt und Bevölkerungszunahme.

Der älteste Kern der Stadt ist die Halle, das „Thal“, das Gelände der Salzquellen. Hier standen in vorgeschichtlicher Zeit bereits die Erd- und Lehmhütten der Salzbereiter und später die Balken- und Blockhäuser der Sorben. Vom Klaustor, wo das alte Kastell lag, bis zum ansteigenden Markt und hinab bis zur Moritzkirche: dieses Halbrund ist der Ursprung Halles.

Der Ort dehnte sich in der Ottonenzeit südlich der Quellen aus, da er nördlich wohl durch die Befestigungswerke begrenzt war, er wuchs in den heutigen Alten Markt hinein, und so füllt noch 1100 die Stadt einen Halbkreis aus von der Residenz über die Klausstraße, den Markt, die Schmeerstraße, den Alten Markt und die kleine Moritzkapelle,[9]), ein Gewirr von engen, unregelmäßigen, winkligen Gassen. — Der Alte Markt und ein Teil der Schmeerstraße sind im 11. Jhdt. die Hauptadern des Verkehrs, hier wohnten die Patrizier und Adelsgeschlechter, die deutschen Herren. Das eine alte Stadttor soll nach der Überlieferung bei dem Eingang in den ehemaligen hohen Kräm (von der Schmeerstraße aus) gestanden haben; das andere Stadttor soll jenes im Hause Nr. 1 „An der Moritzkirche" gewesen sein.[10]). Eine hohe Warte stand am Alten Markte vermutlich neben diesem Tore; sie gehörte dem uralten Geschlechte der Holzwirte (s. „Alter Markt").[11]).

Außerhalb dieser Stadt entstanden Rittersitze, Bauernsiedlungen, Kapellen mit ihren Gottesäckern, so die Jakobskapelle 1117, die Lamprechtskapelle (bei Kleinschmieden), die Paulikapelle in der Brüderstraße, alle schon 1121 urkundlich erwähnt.[12]). An Ritterhöfen und -Warten seien die Brunoswarte, die Hagedornwarte (Ulrichskirche), der Grashof (Graseweg) genannt. Jenseits der Halle lag der Strohhof, die Insel der Strohscheunen zur Salzsiederei, der Abladeplatz der Strohasche, erzbischöfliches Eigentum, den wohl ein Rittergeschlecht zu Lehen hatte.

Kurz nach 1100 entstand die zweite sehr umfangreiche Vergrößerung und Befestigung der Stadt: der große Halbkreis, der noch heute durch die Promenade abgegrenzt erscheint. Volle 700 Jahre blieb die Stadt in diesem Gürtel. Die ersten Jahrhunderte füllten allmählich die öden Felderstrecken in dem Gebiete aus. Noch 1400 gab es dörfliche Grashöfe bei den strohbedachten Häusern, die meist Ökonomiehöfen mit Scheunen, Ställen und Schuppen glichen, da die Mehrzahl der Bewohner sich vom Ackerbau nährte. Wohnhäuser und Scheunen mögen in gleicher Zahl vertreten gewesen sein — 1136 verheerte eine große Feuersbrunst die Stadt[13]), und 1312 verwüstete ein noch furchtbarerer Brand unseren Ort.[14]). Schnell und hastig wurde er wieder aufgebaut. Das Rathaus wurde vom alten Markt nach dem neuen verlegt, freilich trat es hier weiter nach Westen hervor als wie es heutzutage liegt[14a]), und der Markt selbst war ein Gewirr hoher Gewandhäuser (Verkaufshäuser), Buden, Ständen, Garküchen. — 1323 erwarb der Rat den Strohhof durch Kauf vom Erzbischof Burkard. Er wird allmählich besiedelt, um 1400 werden zwei Siedlungen in ihm namhaft gemacht: Der Kelnerhof (heute Kellnerstraße) und die Libingsgasse (heute: Lilienstraße).

Schon um 1250 sehen wir deutlich das Bestreben der Stadt,

sich über ihre Mauern auszudehnen. Gärten, Höfe, Vorwerke entstehen vor den Stadttoren, zunächst vor dem Steintor und dem Galgtore: die Steintorvorstadt nebst Petersberg und Ringleben im Nordosten, die Galgtorvorstadt im Südosten. Ausbürger siedeln sich an, also vor den Toren außerhalb der Stadtbefestigung. Schon 1305 verwendet der Rat der Stadt die Summe von 25 Mark Silber um die Außentore (exteriores valvae), also die Tore dieser Vorstädte, zu erbauen und zu verstärken: das obere Galgtor, das obere Steintor, das Petersberger Tor.[14b]). — Alsdann um 1400 sehen wir die Anfänge der Klaustorvorstadt und die des Strohhofes im Westen, außer den beiden selbständigen Stäpten Glaucha und Neumarkt, die schon seit 1100 bezw. 1200 entstanden waren.

Das Stadtgebiet („Freiheit der Stadt“) dehnte sich noch um ein gut Teil über die Befestigungen aus. Alle die genannten Vorstädte lagen auf städtischem Grund und Boden. Es zog sich (um 1473) folgendermaßen die Grenze hin: vor dem Ulrichstore führte ein aufgeworfener Graben (Alte Promenade zwischen Geiststraße und Moritzburg) zur Saale hinab, ein Schlagbaum sperrte den Weg in den Neumarkt. Vom Ulrichstore ging die Grenze, von der Petersbergvorstadt hinter dem Harz hinauf zur heiligen Geistkapelle und dem Antoniushospital (zwischen Harz und Albrechtstraße), hier stand auch ein Schlagbaum, da ein Weg auf die alte Magdeburger Heerstraße führte. Vom Spital zog sich die Grenzlinie auf den Grettkenberg (= Grittchenberg an der Grittchengrube oder Gütchengrube) in der heutigen Sophienstraße (s. d. später), wo ehemals ein Grenzstein gestanden hatte, von hier auf die Lehmgrube, wo das Hochgericht der Stadt war, da man die Sünder räderte, (also links nördlich von der oberen Steinstraße); sie durchschnitt den Weg nach Diemitz (obere Steinstraße), ging von der Landwehr an der Diemitzer Grenze am Magdeburger Wege (Magdeburger Straße) entlang hinüber nach dem Gericht (Galgen an dem Riebeckplatz) und von dort an der dortigen Landwehr durch die damaligen großen Kirschgärten (jetzt Franckeschen Stiftungen) zum Steinweg in das Rannische Tor; ferner vom Moritztor über den Strohhof auf einem Steinweg bis zur Markusbrücke (auf den Wiesen von Passendorf). —

Kriegsschäden, die Unterwerfung der Stadt unter erzbischöfliches Regiment c. 1479, Pest und andere Seuchen waren dem weiteren Wachstum der Stadt hinderlich. Auf Olearius' Karte (1667) sieht man die Galgtorvorstadt nur die Hälfte der jetzigen oberen Leipziger Straße und den Martinsberg einnehmen, die Steintorvorstadt die obere Steinstraße bis zur Margarethenstraße und die Schimmelstraße umfassen.

Die Einwohnerzahl Halles können wir nur aus Rückschlüssen ergründen. Nach Analogien zu urteilen, zählte die Stadt Halle um 1300 etwa 8000 Einwohner und 1400 etwa 10000. Die erste Hälfte des 15. Jhdt. ist die Glanzzeit des mittelalterlichen Halle. 1450 sollen etwa 5000 Menschen an der Pest in Halle gestorben sein. Da Olearius sagt, daß man dafür gehalten, daß der dritte Teil der Menschen darauf gegangen, müßte man 15000 Einwohner Halles annehmen. Das ist möglich, denn damals stand die Stadt auf ihrer Höhe. 1463 rafft die Pest von Johanni bis Bartholomäi wieder über 4000 Menschen dahin. So wird das Wachstum der Stadt stark gefährdet.

Auch im 16. Jhdt. ist keine Zunahme der Bevölkerung zu verspüren, im Gegenteil: Pestilenz, Seuchen, Kriegswirrsale wüten weiter. 1506 starben 3000 Menschen an der Pest in Halle, 1524 wütete die Pest von neuem. 1541 wurden 4000 hinweggerafft, 1552 : 3000, 1553 noch 1899. 1565 : 3679 und 1566 : 1982 Personen. Ebenso raffte die Pestilenz 1595 : 4000 Menschen und 1598 : 3400 dahin. — Um 1562 zählte Halle 1500 Häuser, das würde auf 12000 Menschen schließen lassen.[15]).

Im 17. Jhdt. tat der 30jährige Krieg neben den Pestilenzen schweren Abbruch.[16]). 1660 zählte man nur 981 Häuser, die öffentlichen Gebäude nicht mitgerechnet, also etwa 9000 Einwohner.

In der ersten Hälfte des 18. Jhdt. kam die Stadt zu besserem Wohlstand und einiger Bevölkerungszunahme, besonders der Strohhof wurde seit 1700 stärker besiedelt und bald ganz mit Häusern bedeckt, ebenso nahm die Klaustorvorstadt zu. — 1751 zählte Halle 13460 Einwohner, 1756 wurden mit Einschluß der Studenten und wohl auch der Schüler der Franckeschen Stiftungen 16040 ermittelt.

Doch der 7jährige Krieg, die Seuchen und Nöte von 1770 bis 1772, die Blattern (1789, 1791) dämpften gar bald den kleinen Aufschwung. So zählte man 1772/3 mit Einschluß der 572 Studenten nur 13438 Einwohner in etwa 1063 Häusern und 1782 mit Einschluß von 800 Studenten 13502. Halle mit den Vorstädten Glaucha und Neumarkt besaß damals in 2184 Häusern 20149 Einwohner, ohne Militär. Im allgemeinen hielt sich dies Verhältnis bis zur Eingemeindung der beiden Vorstädte im Jahre 1817: man ermittelte 20921 Insassen der Gesamtstadt (10519 m. und 10402 w.)

Das Weichbild der Stadt zeigt nach der Eingemeindung von Glaucha und Neumarkt ungefähr folgendes Bild: im Süden geht die Grenze von der Böllberger Mühle hart an den Häusern Böllbergs (das keine Feldmark besitzt) in einer Zickzacklinie über Huths Baumschule und den Rosengarten (Merseburger Chaussee) bis auf die Grube v. d. Heydt; im Osten von dieser Grube in einer ziemlich graden Linie nach Norden, durchschneidet die Delitzscher Straße (Dachpappenfabrik), läßt die Diemitzer Nagelfabrik rechts, springt bis zum Versuchsfeld des Landwirtschaftlichen Institutes zurück, geht dann westlich vom Birkhahn den Mötzlicher Feldweg über den Goldberg fast bis auf Mötzlich, von hier über die Dessauer Chaussee in der Nordgrenze des heutigen Gertraudenfriedhofs über den Galgenberg, die Gneisenaustraße entlang auf die Reilstraße, diese (östliche Seite) hinab, dann die Richard Wagnerstraße empor bis zur Ernestusstraße, den Advokatenweg hinab Lafontainestraße. Im Westen umschließt sie vom Mühlweg ab die Ziegelwiese, dann verfolgt sie die uralte mittelalterliche Linie, läßt die Peißnitz und den Sandanger westlich, geht über die Eislebener Chaussee, umspannt die große Ratswiese (Pferderennbahn) und die Glauchaer Wiese und mündet auf die Böllberger Mühle.

Halle blüht zunächst trotz der Eingemeindung nicht sonderlich auf. Die schweren Zeiten der Napoleonischen Kriege wirkten nach. Waren doch nach der blutigen Schlacht bei Leipzig an 9000 Verwundete in Halle untergebracht worden, von denen etwa 2500 (Preußen und Russen) verstarben, aber auch 2914 Einwohner der Stadt raffte das böse Nervenfieber dahin. — Zwar war der Ring der mittelalterlichen Befestigung gesprengt, aber die Bautätigkeit war unbedeutend, und die Bevölkerung stieg nur langsam. Ein ständig fortschreitendes Steigen der Einwohnerzahl ohne Rückschlag tritt erst seit 1831 ein[17]). Damals zählte die Stadt 25594 Einwohner, 1855 : 35488.

Seit 1855 beginnt die Stadt sich stark auszudehnen und erheblich an Einwohnern zuzunehmen, 1864 : 45972 Einwohner. Oestlich im Norden wie im Süden (denn der Westen war durch die Saale gehemmt, die bis heutigen Tages noch als Bauhindernis wirkt) entstehen zwei große, neue Stadteile, das Luckeviertel im Nordosten und das Königsviertel im Südosten. 1866 zählte die Stadt bereits 163 Straßen und Plätze, etwa 30 mehr denn zu Anfang der Gesamtstadt (1817). Man baute durchschnittlich jährlich 40 Häuser in dem Jahrzehnt 1860 bis 1870.

Nach 1870, nach dem glücklichen deutsch-französischen Kriege, setzte eine verstärkte Ausdehnung der Stadt und Vermehrung der Einwohner ein. Der letzte mittelalterliche Wall und Graben verschwand, die Poststraße, damals als die schönste Straße Halles gepriesen, entstand (1873).

Zu einer starken Gewerbetätigkeit gesellte sich der Bau wichtiger Eisenbahnen, die Halle zu einem erstgradigen Kreuzungspunkte Mitteldeutschlands machen: 1840 die Bahn Leipzig-Halle-Magdeburg, 1846 die Bahn Halle-Erfurt-Weimar-Eisenach, 1859 Halle-Wittenberg-Berlin, 1865—67 Halle-Eisleben-Nordhausen-Kassel, 1872 Halle-Halberstadt, 1871/72 Halle-Kottbus-Sorau.

Es beginnt die Straßenerweiterung im Süden vor dem Rannischen Tore (Vereinsstraßen usw.), im Osten entsteht das Viertel der Magdeburger Chaussee und der Gottesäckerbreite (Marien-, Charlotten-, Dorotheenstraße usw.), im Norden wird das Mühlwegviertel bebaut. Villenstraßen charakterisieren die werdende Großstadt. Vor- und Haus-Gärten umgeben die stattlichen Häuser, Springbrunnen zieren vornehme Gartenanlagen und Plätze. Das Aussehen der Stadt verbesserte sich immermehr, Handel und Wandel befördern und reinigen Geschmacks- und Kunstsinn. Die Zahl der Häuserbauten nimmt im allgemeinen stetig zu: 1870 werden 55 Häuser gebaut, 1871 : 56, 1872 : 81, 1873 : 141, 1874 : 128, 1875 : 149, 1876 : 88, 1877 : 81, 1878 : 110. Die Stadt zählt 1875 : 2762 Häuser, 1880 : 3342 in 211 Straßen und Plätzen; ferner 1871 : 52004 Einwohner, 1880 : 71505 (ohne Militär).

In den 80er Jahren geht die Entwicklung weiter stark vorwärts. 1881 wird der Bebauungsplan des Feldes zwischen Advokatenweg, Bernburgerstraße und Giebichenstein, also nördlich des Mühlwegs fertiggestellt; ebenso für das Gelände zwischen Torstraße, Oberglaucha, Langegasse und Steinweg; 1883 für das Land zwischen Magdeburger- und Forsterstraße, ebenfalls für die Blumenthalstraße und den nordöstlichen Bebauungsplatz; 1885 für das Terrain Pfännerhöhe, Liebenauer-, Linden-, Turmstraße, also südlich der Franckeschen Stiftungen, ebenfalls in diesem Jahre für das Hallengelände; 1889 für den Komplex der Hoffmannschen Ziegelei in der Mansfelder Straße.

Der Bau von Wohnhäusern schreitet rüstig vorwärts, man baut 1886 z. B. 176 Häuser, 1887 : 222. 1890 zählt man 4128 Wohnhäuser in Halle, also einen Zuwachs von 786 in dem letzten Jahrzehnt.

In den 90er Jahren erschloß man das alte Reitbahngebäude an der Alten Promenade und nach dem Neubau des Bahnhofs und seiner Brücken das gewaltige Ostgebäude auf Freimfelder Gebiete, das Schlachtviehhofviertel. So zählte die Stadt an der Jahrhundertwende (1. 4. 1900): 129510 Einwohner und 6164 bebaute Grundstücke. Die Geburten in diesem Jahre betrugen 5225 (2698 m. 2527 w.), die Ehen 1252, die Todesfälle 3623; es ergibt sich also ein Überschuß von 1602 Menschen.—

3 neue Kirchen entstanden in kurzer Zeit: 1891/3 die Stephans-kirche im Mühlwegviertel, 1892/3 die Johanneskirche im Süd-viertel, 1894/5 die Katholische Kirche an der Mauerstraße; ihnen ge-sellt sich 1902/3 die Pauluskirche im Ostviertel dazu. — 1887 wurde der neue große Friedhof im Süden der Stadt, 1914 der Gertraudenfriedhof im Norden Halles eingeweiht.

Am 1. 4. 1900 fand die Eingemeindung der drei großen Vororte Trotha, Giebichenstein, Cröllwitz statt. Der Flächenin-halt der Stadt, bisher 2553 ha 95 ar, stieg auf 4040 ha 49 ar (Giebichenstein = 229 ha 47 ar, Trotha: 642 ha 36 ar, Cröll-witz 411 ha 21 ar, Gimritz 203 ha 48 ar, im Ganzen 1486 ha 54 ar). Die Einwohnerzahl wuchs auf 152644 (Giebichenstein= 16134, Trotha = 3850, Cröllwitz = 3072, Gimritz = 78). Die Volkszählung am 1. 12. 1900 stellte als Einwohnerzahl der Gesamtstadt 156611 (76138 m. u. 80473 w.) fest in 35209 bewohnten Wohnungen und in 127 Anstalten.

Durch diese neue Eingemeindung blieben die Grenzen des Stadtgebietes im Süden und Osten die alten, im Norden und Westen schoben sie sich weiter hinaus. Im Norden zogen sie sich etwa die Dessauer Chausseee bis zum heutigen Lilienthalweg em-por, von hier westwärts bis zum Bahnhof Trotha, dann nörd-lich bis zu Sennewitz-Dreckende und im Zickzack hinüber zum Was-serwerk und zum Tafelwerder. Von hier führt die Westgrenze über die Saale bis zu den Brandbergen, von der Dölauerstraße entlang bis zur Heide, am Heiderand entlang auf den Weinberg, von hier auf die Eislebener Chaussee dort, wo die Passendorfer Chaussee einmündet.

In dem neuen Jahrhundert hat sich die Stadt weiterhin nach Norden, Osten und Süden ausgedehnt. Bebauungsplane für das Gelände östlich des Bahnkörpers (Julius Kühnstraße usw.), ja für das nordwestliche Stadtgebiet nach der Dölauer Heide zu wurden fertiggestellt, bis der furchtbare Weltkrieg 1914–18 und der noch elendere Frieden der Blüte und Entwicklung der Stadt für lange Zeit ein Ende gebracht hat. — 1903 wurden 155 Bauerlaubnisscheine für Wohnhäuser erteilt, 1904: 181, 1905: 156, 1906: 152, 1907: 102, 1908: 118, 1909: 185, 1910: 202, 1911: 199, 1912: 111; dann in Vorahnung des furchtbaren Krieges 1913 nur 54 und 1914 nur 57. — Ende März 1914 wurden 190958 Einwohner festgestellt, das ist die letzte Zählung vor dem Weltkrieg gewesen. — 1905 zählte man 6709 bewohnte und 209 unbewohnte Häuser, zusammen 6918: 1911: 7437 bebaute und besteuerte Grundstücke in etwa 430 Straßen, Gassen und Plätzen.

Der Grundbesitz, den die Stadt selbst besaß, betrug 1914: 1503 ha 45 ar 48 qm, davon innerhalb des ganzen Stadtgebietes 686 ha 42 ar 72 qm, also 17 % des gesamten Stadtgeländes.

Das Reinvermögen der Stadt (Besitz von Gütern, Gebäuden, Bauplätzen, Parkanlagen usw.) betrug 1906: 9456764 ℳ (39759690—30302926 Schulden); auf den Kopf kam eine Schuldenlast von 178 ℳ und ein Anteil des Reinvermögens von 55,65 ℳ: ein ungünstiges Ergebnis, da in anderen Städten das Reinvermögen größer war, Erfurt z. B. gab 117 ℳ, Dortmund 189 ℳ auf den Kopf. Man nahm eine neue Schätzung der Besitztümer der Stadt vor und brachte 1912 den Betrag von 25466254 ℳ als Gesamtreinvermögen heraus.

## Der älteste Stadtteil: die Halle, bis 1885.

Die Halle war das Gelände unterhalb der Marienkirche, heute ist sie der Hallmarkt mit angrenzendem Straßengebiet, im Westen von der Saale (der Hallsaale, jetzt überbaut) begrenzt, an der die alten Hall-Stadtmauern lagen. — 80 m ü. N. N. (die Marienkirche 85 m).

Die Größe der eigentlichen Halle umfaßt 3 ha oder 12 Morgen.

Der Name der Halle ist ursprünglich gleichbedeutend mit dem der Stadt, er bedeutet „das Hall" = eine Stätte der Salzgewinnung. Der Name ist keltisch, stammt von den keltischen Salzbereitern der Hermunduren oder aus noch älterer (keltische) Zeit des Landes. Er ist später dem deutschen Wort „die Halle" (= die Verkaufshalle) im Volksmunde angeähnelt worden. — Bereits 1266: die halle (in der halle), 1399: vor der halle, 1454: vor der halle. In den Schöffenbüchern (1266—1460) 30 mal, in den ältesten Lehnbüchern der Erzbischöfe (1368—1424) 12 mal erwähnt.

Die Halle wurde auch das Tal genannt (Talgericht, Talgut, Talbeamte, Talvogt usw.) im Gegensatz zum Berg (oberer Markt, Wagegebäude).[18]).

Die Halle ist die älteste Siedelung unserer Stadt. Hier standen die Hütten und Blockhäuser der Wenden[19]) um die (3) Solbrunnen erbaut, um den deutschen Brunnen (schon in der Hermundurenzeit benutzt), um den Meteritz- und den Wendischen- oder Gutjahrbrunnen (von den Wenden ausgebaut). Der Hakeborn ist erst ums Jahr 1000 oder vielleicht noch später durch Erzbischof Ruprecht erbaut.[20]).

Als sich zur Ottonenzeit die Stadt nach dem Süden ausdehnte, wurde die Halle lediglich die Stätte der Kote oder Siedehäuser. Kleine, schlechte Hütten, aus Lehm und Holz erbaut, mit Schilf, Stroh und Erde gedeckt, einstöckig, ohne Rauchfang (erst nach 1700 mit Essen versehen) krumm, winklig gegeneinander gestellt, mit Herd, Pfanne, Solfässern im Innern (1 Herd, auch 2, ja 3!), jedes Menschenalter erneuerungsnötig, beständig von Qualm und Rauch gebeizt und geschwärzt. — 1518: 97, 1523: 102, 1531: 103, 1552: 105, 1564: 106, 1540: 107, 1653: 110, 1657: 112, 1674: 113. Dies ist die höchste Zahl geblieben. — Ursprünglich wurden sie mit Stroh gefeuert, so von den Kelten und Slaven (noch im 16 Jhdt. bisweilen Strohfeuerung); um 1400 trat schon Holzfeuerung ein (seit 1582 Holzflöße auf der Saale), zuletzt heizte man mit Kohlen; der erste Versuch des Administrators Christian Wilhelm 1624 scheiterte durch den dreißigjährigen Krieg. 1707 wurden in den Königlichen Koten zuerst die Kohlen benutzt.[21]).

Der Name: Kode, Koda ist deutsch (böhmisch: blato), 1413 Kothe = das Kot. 1483 teilte man die Kote in große, mittlere und kleine ein, (wohl nach ihrer Ausdehnung und der Zahl der Trockenstätten und Herde). Man benannte die großen Kote nach Vögeln, die mittleren nach vierfüßigen Tieren, die kleinen nach leblosen Gegenständen. (1483: 60 große, 26 mittlere, 26 kleine Koten). Große Kote waren z. B. Sperling, Pelikan, Kuckuck, Goldammer. Die Pelikanbrauerei, der Gasthof zum Pelikan auf dem Steinweg um 1800, das Paradies führen nach solchen Koten den Namen.

Mittlere Kote waren z. B. Hase, Steinbock, Hirsch, Elephant, Bracke, Bär, Rehbock. — Kleine Kote: Weintraube, Leuchte, Windmühle, Backofen, goldene Krone, Flasche usw.

Seit 1790 wurden die Kote abgerissen. Um die vielfache Feuerung zu sparen, baute man 2 Siedehäuser. 1799 sind die letzten Kote verschwunden. Statt ihrer erstand das erste gemeinschaftliche Siedehaus der Pfänner im südlichen Teile der Halle (westlich der Zapfenstraße und des Freudenplans) 210 Fuß lang, 52 Fuß breit, für 40000 Taler; 1852 im Schweizerstil neu erbaut. — 1798/99 entstand das zweite Siedehaus im nördlichen Teil der Halle beim Talhaus, in der Mitte zwischen Marienkirche und Hallsaale. —

1869 wurde das Salzsieden auf der Halle für immer eingestellt. Die Pfännerschaft concentrierte ihren Salzbetrieb auf die ihr vom Staate überlassene Saline an der Schifferbrücke. 1871 wurden auch die Siedehäuser abgebrochen.

Auf der Halle entsprangen die vier großen Salzbrunnen: der deutsche Born, der Gutjahrbrunnen (Wendischer Born), der Meteritzbrunnen, der Hackeborn. Die drei ersten lagen dicht bei einander, der vierte lag beim Grasewege (vgl. Hackebornstraße). Der Gutjahr oder Wendische Born, heute noch allein in Betrieb, liegt im Keller des Hauses Oleariusstraße Nr. 9, er lag der Marienkirche am nächsten. Weiter im Tal, etwa 45 Schritt (24 Klafter) entfernt nach der Saale zu, stand der Deutsche Brunnen, von diesem etwa 7 Schritte nördlich der Meteritzbrunnen, also zwischen Olearius- und Dreyhauptstraße gelegen. — Ein fünfter Brunnen, Königsbrunnen wurde 1704 bei einer angestellten Reparatur eines Kotes entdeckt, er war bis 1710 in Benutzung, wurde dann zugedeckt und verspundet.[21a]) — Die vier Borne werden zum ersten Mal in der Urkunde des Erzbischofs Ruprechts 1263 erwähnt: Dhudesche borne, Wendische borne, Hackeborne, Meteritz.

Der Deutsche Born, der älteste, war wohl schon zur Zeit der Hermunduren bekannt und in Betrieb (die Sole wurde auf glühendes Holz gegossen, vgl. Tacitus). Im Mittelalter wird er weitaus am meisten erwähnt, in den Schöffenbüchern 152 mal, in den Lehnbüchern „fons teutonicus" 58 mal. 1266: in dem diudische borne — 1846 ist er ausgefüllt und zugedeckt worden.

Der Gutjahr- (Wendische) Born wurde erst in der Slavenzeit in Betrieb gesetzt. Der Wendische Born heißt ursprünglich Dobrujara = Gut Ertrag. Daraus ist verderbt Gutjahr entstanden, so bereits 1367: in deme gutjahre. Er ist nur 1 mal in den Schöffenbüchern, 34 mal in den Lehnbüchern erwähnt.

Der Meteritzbrunnen — ebenfalls aus der Slavenzeit — heißt stets: die meteritz, so 1295: in der meteritz, 1300: obir der meteritze, ebenfalls 1300: in der metresen, 1371: meteritz. Auch in den lateinischen Lehnbüchern wird er die meteritz genannt. — Im 17. Jhdt. schon: der „Meteritz" (= der Meteritzbrunnen). In den Schöppenbüchern wird er 3 mal, in den Lehnbüchern 47 mal angeführt, 1846 ist er ausgefüllt und zugedeckt worden.[22]).

Der Hackeborn ist der jüngste der Brunnen, entweder Born derer von Hacke, bezw. derer von Hackeborn, oder Born, dessen Sole durch Haken ausgezogen wird. Vielleicht ist er schon ums Jahr 1000 vorhanden oder er ist erst durch Erzbischof Ruprecht 1263 gegraben. Er wird in den Schöffenbüchern 2 mal, in den Lehnbüchern 26 mal erwähnt. 1371: hagkeborn, 1379: in dem hakeborne. Er ist im 19. Jhdt. ausgefüllt und zugedeckt worden.

Nach den Belehnungen (1350—1400) zu urteilen, steht der deutsche Born voran, es folgen der Meteritz, der Gutjahr- und zuletzt der Hackeborn.

Die Stärke der Sole war verschieden, trotzdem alle 3 bzw. 4 Brunnen untereinander in Verbindung standen. 1515 auf 1 Ztr. Sole des Deutschen Brunnens 24 Pfund Salz, des Gutjahr 22 Pfund, des Meteritz 20$^1/_2$ Pfund, des Hackeborn 18 Pfund. 1790 auf eine Berliner Kanne des Deutschen Brunnens 16 Lot Salz, des Gutjahr 15 Lot, des Meteritz 14 Lot, des Hackeborn 13 Lot. 1850 im Gutjahr 19$^1/_2$%, im Hackeborn 6%. — Die wöchentliche Abgabe des Deutschen Brunnens waren 9608 Zöber Sole (ums Jahr 1670), des Gutjahrbrunnens 4684, des Meteritz 1338, des Hackeborns 1050 Zöber.

Die Tiefe der Brunnen ist zu verschiedenen Zeiten gemessen worden. 1519 ist der Deutsche Brunnen 35 Ellen tief der Gutjahr 45 Ellen, der Meteritz 38$^1/_2$ Ellen, der Hackeborn 38$^1/_2$ Ellen. 1790: 35$^1/_2$ Ellen, 45 Ellen, 39 Ellen, 35 Ellen. 1845: 68 Fuß, 93$^1/_2$ Fuß, 90 Fuß, und 60. — Die Brunnen waren seit dem Mittelalter in ein „Bollwerk" gefaßt, der Gutjahrbrunnen oben weiter, unten enger, also trichterförmig, in der Mitte war viel Reisig um die Bohlen gelegt, damit die Erde nicht drücke; in der Tiefe lag ein Rost. Der Hackeborn lag an einem Felsen und war unten einige Ellen in die Länge wie ein Stollen gebaut. — 1824/25 wurde der Gutjahrbrunnen von neuem gezimmert durch Klein-Löbejüner Bergleute.

Die Sole wurde im Mittelalter vermittels eines Schwenkwerkes durch die Bornknechte hinaufbefördert. Im Deutschen Born standen zwei Haspeln, in den 3 anderen Brunnen je 1 großes Rad (Tretrad) von 10—12 Ellen Durchmesser, in dem 2 Radtreter gingen und traten. — 1731 wurde ein Roßgöpelwerk für den Deutschen Born und den Meteritz eingerichtet, 1831 eine Dampfmaschine für den Gutjahrbrunnen.

Bei Ueberschwemmungen der Saale, welche durch oder über die Hallmauer eintrat, wurden die Brunnen verspundet und verpicht, damit das „wilde Wasser" nicht in die Solbrunnen trat. Ueberschwemmungen, bei denen die Saale doch in die verspundeten Brunnen drang, sind 1365, 1374, 1427 (Pfingsten), 1432, 1469, (bis zur Nikolauskapelle in der Klausstraße!), 1501, 1546, 1566, 1573, 1595, 1636, 1655, 1658, 1661 usw. Das Salzwerk war also wegen seiner niederen Lage den Unbilden der Wasserfluten sehr oft ausgesetzt.[23]).

Die Brunnen waren mit einem Holzbau überdeckt, darin sich das Schöpfwerk befand. Neben jedem Brunnenhaus stand ein kleiner Anbau, das „Kapitul" (Aufenthaltsort für die Bornknechte). Von den Brunnen führen zu den einzelnen Koten Fußsteige aus Bohlen (der gepflasterte Fahrweg liegt niedriger), auf denen die Träger mit der Sole in den Zobern gingen. Neben den Stegen befanden sich Gräben oder Spulen, mit eichenen Bohlen ausgelegt, in der Erde. Der Deutsche Born hatte 2 Spulen, der Gutjahr 1, der Meteritz 2, der Hackeborn 2. In diese Spulen lief die verschüttete Sole und die überflüssige Sole der Brunnen, der Regen und der Schnee. Die Spulen mündeten in Bassins oder Zisternen an der Hallmauer, über denen die Spulhäuser standen, für jeden Brunnen 1, das des Hackeborn lag nördlich der Körberpforte, die anderen südlich der Körberpforte nach der Moritzkirche zu. Aus diesen Spulhäusern floß das Wasser in die Hallsaale. Bei Hochwasser wurden das Abflußloch wie die Pforten und sonstigen Oeffnungen der Hallmauer verstopft. Das in die Spulhäuser zusammengelaufene Wasser wurde alsdann mit Haspelrädern und Eimern in die Tröge emporgewunden und so in die Saale geleitet. Die Spulhäuser wurden wiederholt erneuert. Als einen Teil der Hallmauer läßt sie der Rat z. B. 1504 im Fundament neu erbauen.

Die Halle hatte ihre eigene Gerichtsbarkeit in dem Talamt, auch Talhaus, Talgerichtshaus genannt. Es lag, wenn man am Predigerhaus die Treppen hinabstieg, gleich rechts, also dicht unter der Marienkirche, 1464 erbaut,[24]) 1558 erneuert, 1607 und 1616 erweitert (gegen Revers in das Berggericht gerückt), 1882 als baufällig abgerissen. Es enthielt prachtvolle Renaissancezimmer, die jetzt in dem Museum der Moritzburg wieder aufgebaut sind. In diesen Prunkzimmern fanden die Festessen der Bornfahrt statt, so 1662 da der Administrator Augustus mit seinem Hof- und Regierungsgefolge teilnahm. Hier wurden auch die Urkunden, Werkstücke, Schwerter und Fahnen der Halloren aufbewahrt. Der Stil des Hauses war Gotik, durch die Renaissance fast verdrängt. Das Haus war zweistöckig, hatte 2 Erker im oberen Stock, darüber 2 kleine 2stöckige Giebel im Dachgeschoß. Die Erker waren dreiseitig mit 3 Fenstern versehen. Sonst befanden sich noch 4 Fenster in der ersten Etage. Im Unterstock führte rechts eine gewaltige, rundbogige Einfahrt ins Haus, links ein kleiner, viereckiger Eingang zur Talkasse. An der Wand dabei sah man das Hallorenwappen mit den beiden Salzhaken.[25]).

Das Gerichtsgebiet (Talgebiet) war durch Grenzsteine abgesteckt, es sollte alle 10 Jahre wieder begangen und besichtigt werden. Solche Grenzsteine standen noch zu unserer Zeit, einer an einem Hause am Moritzkirchhof (ehemals Nr. 7); er zeigte an zwei Seiten die gekreuzten Salzhaken der Halloren und die Jahreszahl 1593. Die andere Seite zeigte das hallische Stadtwappen. Olearius S. 317 berichtet: „Die Grenzen der Talgerichte wurden abermals 1593 (wie anno 1579 und hernach 1652) von fürstlichen Commissariis, Rat und Tale, Schulzen und Schöppen, Bürgern und Salzwürkern besichtiget." — 1579 waren Domherren, der Burghauptmann, der Kanzler und Räte zugegen.

Am Kote Kukuk wurden die Enthauptungen des Talgerichts vollzogen, die Erhängungen fanden im Zimmerhause des Tals an der Saale seit 1580 statt an einem Balken, der vom Scharfrichter aus dem Giebel gesteckt wurde, die Ausstäupungen am Kote zum Foken bei der Moritzkirche. Dieser Kot hat bei dem ehemaligen Hause Nr. 7 Moritzkirchhof gelegen.

1722 wurden die pfännerschaftlichen Talgerichte mit dem Kriminalgericht der Stadt Halle vereint, 1802 wurden sie ganz aufgehoben. Aber noch 1875 war das Gebiet der Halle von den Befugnissen der städtischen Polizei ausgeschlossen. — So konnte das Tal für manchen, der in der Stadt sich vergangen hatte, ein Asyl und eine Freistatt werden, namentlich für Studenten, die bei ihren Freunden, den Halloren, stets Aufnahme und Versteck fanden, was den Dutzkomment zwischen den beiden bekräftigte.

Das Gewirr der engen Gassen der regellos gebauten Kote, schmutzig, krumm, verräuchert, voll Qualm, mit Bohlenstegen belegt, hier und da durch zusammengestürzte Kote oder durch Haufen von Holz oder Kohlen unterbrochen, die vier Brunnenhäuser, die sich etwas stärker emporhoben, das Talhaus an der Marienkirche, das Spritzenhaus an der Kuttelpforte, das Zimmerhaus an der Gerbersaale, daneben nach der Moritzkirche zu bei der Saalpforte die ehemalige Kapelle S. Johannis, die vier Spulhäuser an der Hallmauer, eine große Holzwarte wo der Kot zum Blaufuß, die eine Stätte des Rügegerichts, lag, eine kleine Holzwarte, wo der Kot zum Geierfalken, eine andere Stätte des Rügegerichts, sich befand — dieser ganze Komplex wurde im Osten von der Anhöhe der Marienkirche begrenzt, von der zwei Treppen zu beiden Seiten herunterführten: im Norden und Süden von dem Häusergewirr des Klausviertels und des Moritzviertels, im Westen von der Hallmauer.

Die Hallmauer schloß die Halle gegen die Hallsaale oder die Gerbersaale und den Strohhof ab. Sie war mehrere Meter hoch sehr stark gebaut, schützte das tiefgelegene Gelände gegen die häufigen Ueberschwemmungen der Saale, sie war durchbrochen von der Kuttelpforte und von der Saalpforte.

Die Kuttelpforte lag etwas westlich vom Klaustor, der heutigen Hackebornstraße gegenüber. Die Anlage ist alt, der Name jünger, doch wird sie schon 1482 also genannt, ihr gegenüber auf dem Strohhof hatten die hallischen Fleischer ein Schlachthaus für ihre Ochsen. Sie pflegten die Gedärme des geschlachteten Viehes (die Kutteln) an dieser Pforte zu waschen.

Die kleine Kuttelpforte führte auf eine enge Holzbrücke zum Strohhof[26]). Neben ihr erhob sich an der Hallmauer ein Mauerturm, eine Schale mit spitzem Dach, erst Ende des Mittelalters erbaut. Später trug der Turm Wohnungen mit Satteldach. Er wurde im Volke die „Kanone" genannt und ist 1886 bei Bebauung der Halle abgerissen worden. Die kleine, hölzerne Kuttelbrücke wurde 1889 durch eine stattlichere, eiserne ersetzt. Als die Gerbersaale überwölbt wurde, fiel auch diese.

Südlich der Kuttelbrücke, etwa in der Mitte der Halle, lag die Körberpforte, nur ein kleiner Durchlaß, der zur Saale hinabführte. An ihrer Seite befanden sich 2 Spulhäuser. In ihrer Nähe lag wiederum ein Mauerturm, „Kaffeemühle" wegen seines Aussehens genannt. Auf dem runden Turm war ein rechteckiges Häuschen mit Doppelgiebel gebaut. 1885/86 wurde auch er abgerissen. — Ein anderer Turm war bereits 1818 abgerissen worden.

Ebenfalls südlich, dicht neben der Kuttelbrücke befand sich die sogenannte Röhrenbrücke (nicht passierbar). Sie bestand aus mehreren neben und über einander liegenden gußeisernen Röhren, in denen die Extrasole über den Strohhof dann in einer ähnlichen Brücke über die Schwemme unter der Schieferbrücke hinweg zur Saline geleitet wurde.

Über einige ehemalige, jetzt längst vergessene Gassenbezeichnungen des Hallgebietes mag Folgendes gesagt sein.

„An der Hallmauer" nannte sich ein kleiner Häuserkomplex westlich vom Graseweg; 1837: 8 Häuserchen, darunter (Nr. 847) das Talspritzenhaus an der Kuttelpforte. — Ferner die Hallgasse (s. unten), die vom Markte, von der Bärgasse, herunter in den Graseweg einbog und einmündete, zusammen mit der Bärgasse 17 Häuser (1837) zählte. — Dagegen zog sich die Bezeichnung „An der Halle" um die ganze Halle herum, von dem Freudenplan, wo das Talsarmenbeutelhaus lag, zum Fuß der Marienkirche, wo das Talhaus stand, die Talvogtei, des Tales Pfannenschmiede (Nr. 2237$^{b}$); 11 andere Häuserchen nach dem Grasewege zu rechneten noch zu ihr. — Das Talzimmerhaus gehörte zum Moritzkirchhofe (Nr. 2237$^{a}$) und das Talsarmenhaus (Nr. 846$^{a}$) zum Graseweg.

1869 wurde das Salzsieden auf der Halle für immer eingestellt. Die Pfännerschaft vereinigte ihren Siedebetrieb auf die ihr vom Staate überlassene Saline an der Schifferbrücke.— 1871 wurden die Siedehäuser abgebrochen. So stand nur noch das alte Fachwerkgebäude des Gutjahrbrunnens, geschwärzt mit hohen Schornsteinen, in dem die Sole aus dem Gutjahr gepumpt und zur Saline in Röhren getrieben wurde, etwa zwischen der heutigen Oleariusstraße Nr. 9 und der Dreyhauptstraße. Die alte Halle lag verlassen und einsam, ein großes freies Gelände, eine unheimliche Wüste, gemieden am Tage, noch mehr des Nachts. An der Gerbersaale hob sich die alte Stadtmauer mit ihren Trümmern und an ihr die Seilerbahnen, von Büschen und Bäumen bedeckt. 1882 wurde zuletzt auch das alte Talamt unterhalb der Marienkirche abgebrochen. Endlich kam am 17. Juni 1885 der Verkauf der Halle durch die Pfännerschaft an die Stadt für 350000 ℳ zustande. Die Stadt wollte einen neuen Marktplatz zwischen Marienkirche und Gerbersaale anlegen, und ein neuer moderner Geschäftsteil sollte hier entstehen. Alte Häuser der Nachbargassen wurden angekauft und abgebrochen, so noch 1885 für 164600 ℳ 12 Häuser. Bald schwanden die alte Hallmauer und ihre efeuumsponnenen, häuserbedachten Türme, die letzten Zeugen der ehemaligen mittelalterlichen Halle.

## Die Halle von 1885 ab.
### (Das neue Hallmarktviertel).

Der Plan der Stadt Halle war, einen neuen Stadtteil, um die alte Halle entstehen zu lassen. Die Halle selbst sollte ein neuer, zweiter, großer Marktplatz (Hallmarkt) werden — übrigens befand sich schon im Mittelalter ein kleiner Markt auf der Halle „der Hallmarkt" — und um sie herum sollten die alten, winkligen, engen, schmutzigen Gassen verschwinden und durch große, breite, neue Straßenzüge ersetzt werden.

1886 begannen die Anlagen der neuen Straßen auf dem Hallenterrain. Der Erwerb der Halle stellte sich auf 16187 qm, man rechnete auf den Marktplatz 2770, auf Schulbauten 3500, auf Privathäuser 9917 qm[27]). Schon 1886, entstand der Schulneubau in der Oleariusstraße; besonders das Jahr 1888 förderte den Ausbau der Halle weiter, die Futtermauer nebst Gitter an der Nord- und Westseite der Marienkirche wurden aufgeführt, der Hauptteil des Marktplatzes wurde gepflastert. 1890 ist der eigentliche Hallenausbau vollendet: Die Ufermauer der Gerbersaale und die Brücke nach dem Strohhof waren fertiggestellt. — 1893/94 wurde noch die Gerber- oder Hallsaale reguliert und überdeckt, die Kosten betrugen 280000 ℳ. Oberhalb der Moritzbrücke wurde das Flußbette mit Porphyrsteinen ausgemauert; der untere Teil der Saale, die eigentliche Hallsaale von der Moritzbrücke bis zur Klausbrücke, wurde in einen Kanal von 5,50 m lichter Weite und 3,30 m lichter Höhe gefaßt. Der alte Lauf wurde teilweise verlegt und das alte unbenutzte Flußbette zugeschüttet. Der Strohhof wurde dadurch mit dem Hallmarktviertel verbunden und einer Erneuerung und Umgestaltung in später Zeit nähergerückt.

Nunmehr ging man an die Niederlegung der alten Stadtteile. 1895 kaufte die Stadt eine große Anzahl Grundstücke alter angrenzender Straßen auf: 4 Häuser von Schülershof, 2 vom Hanfsack, 10 Häuser der Zapfenstraße, 6 Häuser vom Freudenplan, 3 vom Trödel, 2 von der Rittergasse, 1 von der Steinbocksgasse, zusammen für 392 606 ℳ. Der Abbruch brachte 5386 ℳ ein. Die gewonnene Bodenfläche betrug 2032 qm, davon wurden 884 qm für neue Straßen verwendet, 1148 qm blieben zum Verkauf übrig zu 75 ℳ für den qm.

Die neuen Straßen, die über den Hallmarkt und die angrenzenden Viertel gelegt wurden, sind von Norden nach Süden die Oleariusstraße im Osten und die Dreyhauptstraße im Westen des Hallmarktes; die Talamt- und die Salzgrafenstraße schließen nördlich und südlich den Hallmarkt ein; die Hallorenstraße zweigt von der Dreyhauptstraße zur Moritzkirche über der zugemauerten Hallsaale ab; die Hackebornstraße läuft nördlich parallel der unteren Talamtstraße; die Gutjahrstraße läuft südlich parallel der Salzgrafenstraße.

**Der Hallmarkt**, ein freier Platz, etwa 5 m tiefer als der Marktplatz gelegen, durch breite Treppen an der Südostecke („An der Marienkirche“) und durch die Talamtstraße an der Nordostecke mit ihm verbunden, im Norden und Süden von der Talamtstraße und der Salzgrafenstraße und deren hohen, modernen Häusern begrenzt, im Osten von der hochgelegenen Marienkirche, im Westen von der Dreyhauptstraße bezw. Strohhof beschlossen, mit einem Kranz von Akazienbäumen eingefaßt. Seit etwa 1888 ist er der zweite Marktplatz der Stadt Halle geworden für Fische, Fleischwaren, Butter, Eier, Käse usw.

**Die Oleariusstraße,** 1886 polizeilich benannt, führt den Namen von dem Theologen und Lokalhistoriker Gottfried Olearius, dem Verfasser der „Halygraphia oder Ort- und Zeitbeschreibung der Stadt Hall in Sachsen“ Leipzig 1667. — Die Straße ist seit 1886 entstanden, erstreckt sich über die ehemalige Halle, Anfang und Ende liegen in den alten, angrenzenden Vierteln, sie führt von Norden nach Süden, von der Kl. Klausstraße auf die Gutjahrstraße und durchschneidet Gr. Klausstraße, Graseweg, Talamtstraße, Salzgrafenstraße; sie zählte 1915: 14 Häuser. — Der Anfang der Straße ist noch im Entstehen: einige Neubauten, leere Baustellen, alte, häßliche Rückenwände der Häuser kennzeichnen ihn. Die alte Ellenbogengasse mündet dort, wo die Oleariusstraße die Gr. Klausstraße trifft.[28]). 1893 wurde die Straße durch die Kl. Klausstraße geführt, sodaß sie die Kl. Ulrichstraße mit der Hallgegend verbindet: Grasweg 4 und 19, Kl. Klausstraße 7, Gr. Klausstraße 8 wurden angekauft und niedergelegt. Nr. 1, 2, 3 der alten Hallgasse gingen in die Oleariusstraße auf, der südliche Teil der Oleariusstraße, jenseits des Hallmarktes, ist einheitlich neu entstanden und liegt auf dem Gebiete der Halle und des abgerissenen Viertels.

**Nr. 7**, eine Volksschule in Verbindung mit der Talamtschule Dreyhauptstraße 3, ein 4stöckiger, großer Bau in gelben Klinkersteinen mit gotischen Bogenfenstern im Erdgeschoß und 9 Fensterpaaren in den oberen Stockwerken, 1885/88 als Bürgerknabenschule erbaut, Wert 1888: 342786 ℳ, 1914: 738378 (mit der Dreyhauptstraße 3) — bis 1901 befand sich die gewerbliche Zeichenschule in diesem Gebäude, d. h. bis zum Bau der Handwerkerschule in der Gutjahrstraße, jetzt befindet sich die Katholische Volksschule in ihr (die Anfänge dieser Schule sind unbekannt, wohl um 1770, seit 1838 in einem Raum des Residenzgebäudes, 1864 von der Stadt übernommen, seit 1878 in der alten Neumarktschule in der Breitestraße, dann in der alten Volksschule, 1902 ein Rektor in ihr).

**Nr. 9** birgt den Gutjahrbrunnen im Keller. Der Brunnen ist 1888/89 gebaut, 3 m östlich von dem alten, 93 Fuß tief, hat 3 m Lichte, ist mit dem alten Brunnen in der Tiefe durch einen Kanal verbunden. Der alte Brunnen hat etwa 2 m Lichte und ist jetzt oben überdeckt. Die Sole wird durch elektrischen Betrieb auf den Boden des Hauses in ein Bassin gepumpt, von wo aus sie durch Eisenröhren (10 cm Lichte) 600 m hinüber zur Saline an der Schifferbrücke geleitet wird (s. später).

**Die Dreyhauptstraße**, 1886 polizeilich benannt, führt den Namen von Johann Christoph von Dreyhaupt, (1699 — 1768), dem Verfasser der Geschichte des Saalkreises und der Stadt Halle (1755). Seit 1886 entstanden, erstreckt sich die Straße von der Klausbrücke bis zur Moritzkirche, von Norden nach Süden, und begrenzt den Hallmarkt im Westen gegen den Strohhof. — 1897 wurde die Linie der Elektrischen Stadtbahn von Franckeplatz, Moritzzwinger durch die Dreyhauptstraße nach der Mansfelderstraße gelegt. — Sie zählt 1915: 4 Häuser (jetzt 7).

**Nr. 5** (jetzt 3) die Talamtschule, ein großes, langgestrecktes 4stöckiges Gebäude in gelben Klinkern, mit 9 Fensterpaaren, im Erdgeschoß Gotik 1889 entstanden als Bürgermädchenschule später Talamtschule genannt, Wert 1889: 278328 ℳ, 1914: 738 378 (mit Oleariusstraße 7).

**Nr. 6** (jetzt 4) das Polizeidienstgebäude, dreiseitig, die schmale Front blickt auf den unteren Hallplatz, die östliche Seite auf die Dreyhauptstraße, die westliche auf die Hallorenstraße; 1908—9 entstanden. 3 bezw. 4stöckig, in grauem, rauhem Putz, ganz massiv, die Treppen aus Granit, birgt eine Anzahl von Geschäftszimmern der Polizei (Baupolizei, Kriminal- und Sittenpolizei, Strom- und Jagdpolizei, Gesundheits- und Marktpolizei, Gesindepolizei, die politische Polizei und die Censur usw.) — Wert 1914: 590693 ℳ.[29]).

**Die Talamtstraße**, 1886 polizeilich benannt, 1892 werden Bärgasse 1—3 und 9 zur Talamtstraße geschlagen, ebenso 4—7 der ehemaligen Hallgasse (Hallgasse 1—3 wurden der Oleariusstraße einverleibt). Die Straße führt den Namen von dem alten Talamt der Pfänner und Halloren, südlich der Straße auf dem Hallmarkt unter den blauen Türmen gelegen; sie erstreckt sich vom Markt zur ehemaligen Hallsaale (Dreyhauptstraße) hinab, ist nur auf der nördlichen Seite bebaut, auf der südlichen liegen die Marktkirche und unterhalb der Hallmarkt. — 1897 wird die Verbindungslinie der Elektrischen Stadtbahn vom Marktplatz zur Dreyhauptstraße durch die Talamtstraße gelegt, 1915: 9 Häuser, 4stöckige, moderne Mietshäuser mit mehr oder minder reichen Fassaden außer Nr. 8 und Nr. 9.

**Nr. 9** die „Handelsbörse", ein älteres Haus, springt mit seinem spitzen Giebel malerisch an den Markt hervor.

Im Mittelalter ging eine enge Gasse mit Stufen von dem Markte (dem Gewandhause, s. später) hinab ins Tal, rechts standen alte Fachwerkbauten (die Schule St. Marien), links die Kirchhofmauer des Kirchhofs St. Gertrauden, eine Lehmmauer. Auf diesem Gottesacker standen allerlei baufällige Buden, Mist und Unflat wurden von den Salzladern auf ihn geworfen, erst 1464 wurde dem elenden Zustande ein Ende gemacht, indem man den Kirchhof reinigte und eine neue Mauer baute. — Diese enge Gasse mit Stufen ist die spätere H a l l g a s s e geworden, die man am Graseweg beginnen, am Marktplatz enden ließ. 1870: 8 Häuser.

**Die Salzgrafenstraße,** 1886 polizeilich benannt, führt den Namen von dem Salzgrafen, dem Stellvertreter des Burggrafen der Erzbischöfe, in dessen Namen er hohe und niedere Gerichtsbarkeit ausübte (bereits 1145 ein salis comes Meinfried) — sie erstreckte sich von Osten nach Westen und bildete die Südseite des Hallmarktes, ist daher nur auf der südlichen Seite bebaut, zählt 1915: 3 moderne 4stöckige Häuserbauten in grauem Putz, durch ihre Einheitlichkeit, Größe und Geschlossenheit von starker Wirkung.

**Nr. 2**, das Haus des Vereins für Volkswohl, 1904 erbaut; der Wert des dem Verein überlassenen Bauflecks wurde mit 50 ℳ für den qm angesetzt, der Verein hat 70 Jahre lang einen Erbbauzins von 400 ℳ jährlich an die Stadt zu zahlen, dann gehen die Gebäude in den Besitz der Stadt über. In dem Hause befinden sich die gemeinnützigen Anstalten: das Sekretariat, Lesehalle, die Volksbibliothek (1886: 6180 Bde., 1902 bereits 12000 Bde.,) der Verein (seit 1874, 1886: 500 Mitglieder) baute allmählich 7 Abteilungen aus: 1. die Fortbildungsschule (1884 von der Stadt übernommen), 2. die Volksbibliothek, 3. öffentliche Vorträge, 4. gegen Verarmung und Bettelei, 5. Ferienkolonie, 6. Volksküche, 7. Volkskaffeehallen (ehemals am Leipziger Turm, jetzt noch: Alte Promenade, Moritzzwinger, vor dem Steintor) später sind noch dazugekommen: Fürsorge für Lungenkranke, Arbeitsstätte, Jugend- und Volksspiele, Berufswahl und Krippe.

**Nr. 3**, das sogenannte Salzgrafenhaus, bildet die Ecke an der Dreyhauptstraße. Es ist wirkungsvoll durch seine drei Erker, ist ohne jeden Giebel und in seinen grauem Zementputz stilvoll erbaut. Der Name des Hauses ist Willkür, weder das Haus noch sein Baufleck hat je etwas mit einem Salzgrafen zu tun gehabt.

**Die Hallorenstraße,** 1899 polizeilich benannt und begonnen, nachdem 1893/94 die Hallsaale reguliert und überbaut worden war. Sie führt den Namen von den Halloren, den uralten Salzbearbeitern der Stadt und den ursprünglichen Bewohnern der Halle. Der Name der Halloren reicht bis ins 17. Jhdt. (1630) zurück, ursprünglich wohl das keltische halwr (Hallur gesprochen); im Mittelalter heißen die Salzarbeiter: Hallknechte, Hallburschen, Salzwirker. — Die Straße erstreckt sich von Süd nach Nord, von der Herrenstraße bis zur Dreyhauptstraße auf der überwölbten Saale. Die Ostseite bilden die Moritzkirche und das Polizeidienstgebäude, auf der Westseite 1915: 9 Häuser. — 1897 wurde die elektrische Bahnlinie vom Hauptbahnhof über den Moritzzwinger durch die Hallorenstraße nach der Mansfelderstraße geführt.

**Die Gutjahrstraße,** 1886 polizeilich benannt, führt den Namen von dem Gutjahrbrunnen, der zwar nicht in ihr, sondern in der Oleariusstraße (s. o.) entspringt. Sie verbindet die Südenden der Oleariusstraße und der Dreyhauptstraße miteinander und läuft von Osten nach Westen. Sie ist auf dem alten Gassengelände der Hallgegend erbaut, von dem noch ein altes Haus Nr. 1a zeugt, 1915: 3 Häuser.

**Nr. 1** die Handwerkerschule, 1900 erbaut, auf 1189 qm Bauplatz, die Gesamtgrundstückfläche: 1477 qm. Man fand erst in der Tiefe von $7^1/_2$ m tragfähigen Ton, bis dahin nur mit Salzkotresten durchsetzten Schlamm. Ein gewaltiger, stattlicher, 4 stöckiger Bau, dessen Stil einfache Frührenaissance mit spätgotischen Anklängen ist; Keller und Erdgeschoß sind in roten Backsteinen aufgeführt, das übrige ist mit Graukalk verputzt, die Architekturteile sind in roten Verblendern, die Hauptportale in rotem Miltenberger Sandstein ausgeführt, die Giebelflächen zeigen frei in Mörtel angetragene Ornamente. Die Baukosten betragen c. 400 000 ℳ, die Baustelle: 73 850 ℳ, der Wert 1914: 457 050 ℳ. — Die Handwerkerschule war als gewerbliche Zeichenschule 1870 gegründet. 1910: 40jähriges Jubiläum: 943 Schüler im W. 1909/10. Unterricht im Kunstgewerbe, Bauhandwerk, Maschinenbau, Metallarbeiten, Tischlerei, Glaserei, Klempnerei, Gärtnerei, Konditorei, Holzbildnerei usw.

In demselben Gebäude befindet sich die Städtische Handels- und Gewerbeschule für Mädchen, 1879 als Wildhagen'sche Frauenindustrie- und Kunstgewerbeschule begründet, 1903 von der Stadt übernommen: 297 Schülerinnen. Unterricht im Hand- und Maschinen-Wäschenähen, Schneidern, Putzmachern, in Textil- und Kunstarbeiten, Brennen, Schnitzen, Aetzen, Zeichnen, Malen, in allgemeinbildenden Fächern, Handelsschule, Seminar für Handarbeitslehrerinnen usw.

**Die Hackebornstraße,** 1886 polizeilich benannt, führt den Namen von dem vierten Solbrunnen, der ehemals hier dicht beim Graseweg neben der Schmiede gelegen hat, verbindet die Olearius- und Dreyhauptstraße im Norden, führt von Osten nach Westen, 20 Schritt breit, besteht aus 7 Häusern. Inmitten der neuen 4stöckigen Mietshäuser und ihrer Backsteinmauern 2 Häuschen aus der alten Zeit (Nr. 5 und Nr. 6), von Bäumen beschattet, auf dem alten Niveau der ehemaligen Halle viel tiefer als die Halle gelegen, mit Geländer eingefaßt.

## Der Alte Markt.

Der Alte Markt ist eine breite, platzartige, westwärts nach der Moritzkirche zu sich verengende Straße, in ihrer Mitte mit einem Brunnen geziert, hat 3 Ein- bezw. Ausmündungen: Schmeerstraße, Rannischestraße und An der Moritzkirche. — Er ist der älteste Teil der heutigen Stadt Halle und unter den Sachsenkaisern in Besiedlung genommen, darauf deutet die ehemalige Hauptkapelle dieser ältesten Stadt, die an diesem Markte lag, die Michaelskapelle: Michael war der Nationalheilige der Deutschen, der Retter in den schweren Ungarnkämpfen (955 auf dem Lechfelde) gewesen. Diese Kirche lag ostwärts (sie stand auf Nr. 2), offenbar einst frei inmitten eines kleinen Gottesackers. Die Befestigung der ältesten Stadt vor 1100 ging hart an der Michaelskapelle herum und schloß noch den Alten Markt in sich ein.[30]). — Gegenüber der Kapelle stand das alte Rathaus (auf Nr. 36) bis 1312, bis zum großen Brande der Stadt, danach ist es auf die Stelle des jetzigen verlegt worden. — Neben Rathaus und Michaelskapelle umgaben die Patrizierhäuser den Markt, alte, strohbedeckte Fachwerkbauten mit Holzwarten, Toren, Niederlagen, Oekonomiehöfen, Scheunen und Ställen, die sich später stattlicher mit Erkern, Zinnen, Türmen gestalteten. — Als nach 1100 der neue Markt (der heutige Markt) weiter nordwärts sich zu entwickeln begann, blieb dennoch der Alte Markt die vornehme Gegend der Patrizier und Adligen. So ragte die große Holzwarte der Holzwirte aus dem Häusergewirr (1411 holtwertes torm). Dieses mächtige Geschlecht führt m. E. seinen Namen von seiner Holzwarte. Aus den Holzwartherrn werden im Laufe der Jahrhunderte die Holzwirte (1296: Holtwort, 1320: Holtworde, 1368: Holtwerde, 1377: Holtwart, 1427: Holtwert, 1435: Holczwirt). 1266 ist Nikolaus von Holzwirt der Vormund der Kinder des Herrn von Freiberg; die Freiberge (Vriberge) saßen ebenfalls am Alten Markt. — 1437 erhielt den Holzwirtischen Hof der verschlagene und tüchtige Stadthauptmann Henning Strobart von der Stadt. Bei seinem Sturze mußte er 1454 auf dieses Haus wie auf seine anderen Güter verzichten. Diese Holzwarte ist vom westlichen Ausgang des Alten Marktes, etwa der Moritzkirche gegenüber zu suchen (An der Moritzkirche Nr. 1) dort, wo das Tor der ältesten Stadt ausmündete (damals existierte noch nicht das Moritztor!).

Neben dem Rathause wohnten die Herren von Nordhausen; ferner saßen die Drachstedte an dem Alten Markte, ein hochangesehenes Geschlecht, das Jahrhunderte hindurch blühte: 1473 war Alexander Drachstedt Kämmerer und Oberbornmeister in der Stadt, von ihm stammen alle späteren Sprossen der weitverzweigten Familie. — Auch die Ritter vom Rade (Rad, Rat, Rayth) wohnten am Alten Markt, ihr Name hat sich noch in den späteren Gasthöfen „Zum goldenen Rad" und „Zum weißen Rad" fortgeerbt. 1313 werden Hans, Peter, Thilo und 1270 Sander „vomme Rhade" erwähnt.

Andere bedeutende Häuser waren das Haus zum grünen Löwen (An dem grunen lewen), 1413 bereits erwähnt; es kaufte

Ludwig Hacke 1441 für 50 rh. Gulden und 15 Schock alte Groschen; ferner das Haus zum weißen Bracken (1441), dessen Name später auf einen Erbkot übertragen wurde (1482).

Der Alte Markt wird in dem ersten Bande der alten Schöffenbücher 8 mal, im zweiten (1400—1460) aber 45 mal erwähnt; (1266: von den alden markede, 1454: am alden markte).

1480 wurde die erste Wasserleitung auf unserem Platze angelegt (vgl. später Neumühle). 1504 wird das Quellwasser vom Lerchenfelde (Glaucha) in die Kunst geleitet. 1563 wird ein neuer Quell des Lerchenfeldes benutzt. Die Kunst war ein Röhrkasten aus Bohlen, die 1589 erneuert wurden. 1593 wurde eine steinerne Mannsfigur auf den Röhrkasten gesetzt.

1650 suchte eine Feuersbrunst den Alten Markt heim. — 1666 wurden die Stände der Land- und Stadtfleischer, die bisher auch auf dem Alten Markte das Fleisch feilboten, auf den Fischmarkt an der Marienkirche verlegt, der seitdem auch der Fleischmarkt hieß. — Die große Anzahl trefflicher Gasthöfe, um 1750 noch 4, nämlich „Das goldne Rad", „Die drei Kronen", „Der goldne Pflug", „Der grüne Helm" zeigen den lebhaften Verkehr und Handel noch um diese Zeit auf dem Alten Markte. 2 große Landstraßen mündeten durch das Moritztor und das Rannische Tor hier in die Stadt. Erst die Eisenbahn und die Bahnhöfe (nach 1840) verlegten den Verkehr nach dem Leipziger Platz (Riebeckplatz).

**Nr. 2.** Das älteste Bauwerk des Alten Marktes war bis 1906 die ehemalige Michaeliskirche oder -kapelle auf dem Platze des heutigen Grundstücks Nr. 2. Sie ist die älteste Pfarrkirche Halles. Ihre erste Anlage stammt wohl noch aus der Ottonenzeit. Den ursprünglichen romanischen Stil zeigt noch ein Würfelkapitäl mit primitiven, menschlichen Gesichtern (auf dem Stadtbauamt). Die Kirche wird 1211 dem Moritzkloster unterstellt. Hallesche Bürger dotieren sie. Der angesehene Ratmar gibt 1/2 Mark Zinsen 1238 für einen Steg, der zwischen der Kapelle und seinem Hofe von dem Turm usque ad mitram führt, den Steg zieht Ratmar zur Erweiterung seines Grundstücks ein. Die Kirche hat später eng an den Gehöften der Bürger gestanden. 1312 zerstörte sie wohl der furchtbare Brand der Stadt.[30b]). 1366 schenken die Herren vom Thore 5 Mark Geld zum Altar der kleinen Kapelle an Skt. Michaelschor. — Die Kapelle wird in den Schöffenbüchern 1266—1460 17 mal erwähnt, 1266: Sonte Michele, 1366: Sente Michahel. — Dem Jahre 1461 entstammt ein in Stein gehauener gekreuzigter Heiland an der Mauer der Kirche mit Maria auf der einen,

Johannes auf der anderen Seite und der Inschrift: sub pius ecce Jesus plagarum vulnere gemit Hans Nopel senior („Siehe den frommen Jesus, er seufzet unter den Rutenstreichen") offenbar ein Votivbild des damaligen Ratsmeisters (1462).[31]). Die Kapelle wurde um diese Zeit in Gotik verbessert, Spitzbogenfenster und Vorhangbogen werden hineingearbeitet. Erzbischof Ernst schätzt sie sehr hoch und beschenkt sie am 13. 2. 1502 mit einem Ablaßbrief[31a]). In der Reformationszeit wird sie Privatbesitz des Dr. Milde. Das Schiff wird teilweise abgerissen, der Turm bleibt stehen bis zum Dachsims, die Spitzbogenfenster werden in Renaissancefenster nach außen umgewandelt (im Innern bleiben sie noch Spitzbogen), der Turmhelm wird durch einen Renaissancegiebel ersetzt (geschweift und dreistöckig) in der typisch halleschen Bauform um 1550.[32]). Der Bau wurde dem Bürgerhause angepaßt, das sich auf der Stelle des ehemaligen Kirchenschiffes erhob, welches sich dreistöckig mit vier Fenstern Front und spitzbogiger Einfahrt darbot. Dieses Haus ward nachmals der Gasthof „Zum goldenen Rad", indessen „Das weiße Rad" in der Schmeerstraße lag. Wie schon gesagt, ein Nachklang des Namens der Ritter vom Rade, die wohl ursprünglich Rat geheißen haben mochten.[33]). — 1906 sind diese alten Überreste der Kapelle abgerissen worden, ein modernes, 4stöckiges Mietshaus in grauem Kalkbewurf mit runden Erkern und Etagenbalkons erhebt sich jetzt auf ihrer Stelle.

**No. 36.** Hier soll das alte Rathaus gestanden haben (nach Chroniken und mündlicher Ueberlieferung). Heute steht das 2stöckige Meßmer'sche Haus mit Freitreppe und Balkon daselbst. Vom alten Rathaus ist keine Spur mehr vorhanden. Des jetzigen Hauses Grundmauern stammen aus dem 16. Jhdt. Ein Pfeiler im unteren Geschosse links mit einem Bild, „Augustus" umschrieben, war ein Fensterpfeiler der Renaissancezeit. — Vor dem Brande (1136) hat die Stadt noch kein Rathaus besessen. Es hat also nur ein Rathaus, ein einfacher Fachwerkbau mit Holzschnitzereien nach der Bauart jener Zeit, hier gestanden.[34]). Hier hielt also der stolze, aufstrebende und die Stadt zu höchster Blüte treibende Patrizierrat Althalles seine Sitzungen ab, der 1258 in einer Urkunde zum ersten Mal in seiner Gesamtheit auftritt, voran die 8 consules oder Bürgermeister, darunter die Herren vom Graßhof, die Baldewin, die Bertram (die „Reichen") usw. — Nach dem großen Brande 1312 wurde das Rathaus an den neuen (jetzigen) Markt verlegt. So heißt es 1368 an deme alten rathuse, wo die Herren vom Tore ihr Besitztum verkaufen.

**Nr. 3.** Jetzt ein 4stöckiges, modernes Mietshaus mit Erkern und Balkonen, 1906 erbaut. Ehemals stand hier der „Altenburger

Hof". mit Doppeldach und 4 Dacherkern, in dem 1800—1806 General v. Renouard, der Chef des hiesigen gleichnamigen Regiments, wohnte.

**Nr. 6,** ein altes, 2stöckiges Haus mit Rundbogeneinfahrt und doppelten Dacherkern, wurde 1806 vom Oberbürgermeister Schröner bewohnt.

**Nr. 7,** gehörte um 1540 Kunz Wachsmut, ein prächtiges, 2stöckiges Patrizierhaus mit zwei ganzen und einem halben rundbogigen Renaissance-Giebelaufsätzen, wurde leider 1910 durch den Umbau im Erdgeschoß barbarisch verhäßlicht. Die Inschrift der Erbauung über der Haustür ist durch das Firmenschild verdeckt. Um 1750 ist es der Gasthof „Zu den drei Kronen", eins der vier großen am Alten Markt gelegenen Gasthäuser.[35])

**Nr. 11,** ein zweistöckiges, altes Haus, der Gasthof „Zur Goldenen Kette." Im Hausflur rechts hinter der Türe befindet sich ein in Stein gehauener Schild mit einer als Kranz gewundenen Kette in der Mitte und der Jahreszahl 1520. Bis 1616 besaß das Haus Caspar von Ludwiger, Pfänner und Ratsmeister zu Halle, der in diesem Jahre in der Moritzkirche beigesetzt wurde. Seine Gattin war Helena Seyfart, eines Pfänners Tochter aus dem „Güldenen Stern" (stirbt 1615). — Das alte Patriziergeschlecht der Ludwiger war 1597 durch Kaiser Rudolph II. geadelt worden; das Wappen ist im blauen Feld eine goldene Sonne mit 16 Strahlen. — Um 1666 ist unser Haus das „Hochzeitshaus zur Güldenen Kette". Am 1. 11. 1666 wird es durch Brand beschädigt.

**Nr. 12.** Das Haus der Assessor Müller'schen Stiftung wurde 1708 von Pfänner Karl Heinrich Reichhelm (1650—1724) erbaut. Berühmt war sein großer Garten, den der Besitzer hinter dem Hause angelegt und durch allerlei ausländische Gewächse geziert hatte. — Das Haus wurde nach dem Tode der Frau Oberlandesgerichtsassessor Rosa Müller (1895), an Wert 100000 ℳ, nebst 90000 ℳ Kapital der Stadt Halle vermacht. Es soll die Stiftung 6 ehrbaren über 40 Jahre alten mittellosen Töchtern von richterlichen Beamten freie Wohnung und 200 ℳ jährlichen Zuschuß gewähren, ebenso sollen im linken Seitenflügel arme hallesche Mädchen Unterkunft finden.

**Nr. 26,** ein altes, 2stöckiges Haus mit zwei Dachetagen, dessen Giebel frei an der Meteritzstraße steht und eine eingemauerte, vergoldete Kugel mit der Unterschrift: „Gedenke am 28. April 1813. Schmidt" zeigt: eine Erinnerung an jenen Schreckenstag, da das französische Lauristonsche Korps von der Heide gegen Halle anrückte und die Stadt beschoß (vgl. Strohhof).

**Nr. 27**, der „Goldene Pflug“ 1605 erbaut, einer der ältesten Gasthöfe des heutigen Halle, 2stöckig, zeigt über der Haustür einen Barockbogen, einen vorgekragten Giebel in der Mitte des hohen Daches. Der Gasthof ist der langjährige Stammsitz der Burschenschaft Allemannia auf dem Pflug, ebenfalls seit etwa einem Jahrzehnt der Sitz der Künstlerschaft mit dem Motto „Kunst pflügt“ in Anlehnung an den Namen des Hauses.

Ein **Brunnendenkmal** ziert die Mitte des Alten Marktes. Der Röhrkasten der alten Zeit (s. oben) ging 1868 ein. Es wurde ein Springbrunnen aus Zink angelegt mit freundlicher Einfassung, welche die Anwohner unter sich aufbrachten. 1905 stiftete der Kaufmann Martick 3500 ℳ zur Errichtung des jetzigen Brunnendenkmals. Es ist dies eine Schale aus Stampfbeton mit Masken als Wasserspeiern an der Seite. In der Mitte erhob sich eine Säule mit einer Kugel aus Sandstein. Jetzt steht eine Gruppe, ein Knabe, der einen Esel führt, auf ihr, die dem hallischen Wahrzeichen ihren Ursprung verdankt.[36]).

## Zwischen der Halle und dem Alten Markt.

Bereits 1895 wurde eine Anzahl der alten gebrechlichen und ungesunden Häuser dieser mittelalterlichen Hallengegend von der Stadt angekauft, Häuser der Zapfenstraße, des Freudenplans und der Rittergasse, und alsdann abgerissen. — 1898, 1910, und 1913 fuhr man darin fort, bis der Weltkrieg für längere Zeit den Aufschub gebracht hat. — Dieser uralte Stadtteil an der Halle entstand bereits unter Otto dem Großen: Ackerbauer, Handwerker, Krämer, Handelsleute aller Art siedelten sich neben den Salzquellen an.

**Die Zapfenstraße** wird in den Lehnbüchern 11 mal erwähnt, mindestens seit 1400 existiert ihr Name. 1401: tappenstrate, 1438 by der Zcappenstrasze uff dem froudenplane, 1440 Zappenstracze, 1667 Zappenstraße, 1755 Zappenstraße. — Sie ist eine enge, etwa 8 Schritt breite Gasse, die vom Alten Markt nach der Halle hinabführt, von meist hohen Gebäuden besetzt, ihr westliches Endstück ist bereits verschwunden. 1837: 16 Häuser, 1870: 21 Häuser; 1895 werden 10 Häuser gekauft und niedergelegt: Nr. 3 (7700 ℳ), Nr. 4 (5000 ℳ), Nr. 5 (6000 ℳ), Nr. 6 (8600 ℳ), Nr. 7 (8500 ℳ), Nr. 8 (15700 ℳ), Nr. 9 (9000 ℳ), Nr. 10 (11000 ℳ), Nr. 11 (11500 ℳ) und Nr. 15 (9000 ℳ); 1898 wird Nr. 2 (10680 ℳ) und 1910 Nr. 12 (6844 ℳ) zum Abbruch angekauft und niedergerissen. — 1915 existierten nur noch 6 Häuser: Nr. 1, Nr. 18—22.

**Der Sperlingsberg** ist eine kleine Sackgasse, sehr eng und kurz von der Zapfenstraße abbiegend. Ihr Name rührt nicht vom Kote Sperling her, wie man bisher angenommen hat, sondern der Kot, der nicht in der Nähe des Sperlingsbergs lag, empfing von der Gasse den Namen. Die Namen der Kote sind 1485 verordnet, vorher nannte man sie anders, zumeist nach den Namen des Besitzers; der Sperlingsberg wird aber bereits 1413: up deme sperlingesberghe und 1430: uff deme sperlyngsberge genannt (2 mal in den Schöffenbüchern). Bei Olearius wird der Sperlingsberg als einer der 9 „Berge“ Halle erwähnt, eine mittelalterliche Spielerei in Hinblick auf die 7 Berge Roms. 1837: 3 Häuser und 4 Wüstungen (Baustellen oder Gartenland) 1862: 2 Häuser, 1870: 1 Haus und 1915: 1 Haus.

**Der Freudenplan** wird in den Schöffenbüchern 14 mal erwähnt, zum ersten Mal 1403 vroudenplan, 1455 froydenplan. 1667 führt ihn Olearius als einen der 4 bzw. 5 Plane Halles an. Er ist schon in sehr alter Zeit eine Stätte der Freude, auch des Leichtsinnes und der Wollust; auch in anderen Städten sind solche „Freudenplane“ anzutreffen.[37]). In der Nähe der Wohnsitze der stolzen Geschlechter wie auch in der Nähe der Halle, der Kote, der Hallburschen und ihrer Weiber gelegen, wie auch in der Nähe des Friedhofs von St. Moritz. 1837: 9 Häuser 1870: 8 Häuser, 1895: 6 Häuser abgerissen: Nr. 2 (6500 ℳ), Nr. 3 (16700 ℳ), Nr. 4 (24500 ℳ), Nr. 5 (18500 ℳ), Nr. 8 (18000 ℳ), Nr. 9 (11500 ℳ). — Es war eine bauchige, dann sich verengernde, etwa 6 Schritte breite Gasse gewesen mit alten, kleinen, zweistöckigen, winkligen, gebrechlichen Häusern besetzt; jetzt geht man von der Ritterstraße auf ein wüstes Baugelände, von Planken umzäunt: des Freudenplanes sämtliche Häuser sind verschwunden.

**Die Ritterstraße** ist auch eine allmählich verschwindende, enge, dunkle, krumme und winklige, etwa 8 bis 10 Schritte breite Straße, von Jahrhunderte alten, schiefgeneigten Häusern mit vorspringenden Geschossen, 2- und 3stöckig, eingeengt. — Ihr Name rührt von der alten, adligen Familie Ritter (Riter, Rider) her, die in und um Halle viele Güter besaßen und bereits im 16ten Jhdt. ausgestorben waren. Dieses uralte Geschlecht führt das gleiche Wappen (3 rote Pflugscharen,) wie die v. Krosigk, Aus dem Winkel, die Köhler, die von Löbejün, die von Garsena, die Karle usw.; es wird schon um 1263 als im Saalkreis angesessen und in Verbindung mit den andern Gesippen erwähnt. Es stammt ursprünglich aus dem Ballenstedtischen, dem Orte Rieder: 936 Rederi, d. h. Leute, die den Ried bewohnen. — Unsere Straße wird in den Schöffenbüchern bis 1460 noch nicht erwähnt, 1665: Rittergasse, 1750: Rittergasse; Große und Kleine Rittergasse werden erst später, seit 1828, unterschieden. 1893 wird die Große Rittergasse Ritterstraße genannt, die Kleine heißt einfach Rittergasse. — Die Ritterstraße läuft von Osten nach Westen parallel dem Alten Markt, und zwar von der Zapfenstraße in die Meteritzstraße. — 1837 zählen Große und Kleine Rittergasse 18 Häuser, dazu 4 am „Rosenbaum", 1870: 19 Häuser, 1915: 15 Häuser.

**Nr. 17.** Der Rosenbaum war ehemals ein berühmtes Weinhaus, wurde von der Stadt 1913 für 52000 *M* (4 ar 73 qm Grundfläche) zum Abbruch angekauft, steht aber noch. Ein 5 fenstriges, 2stöckiges Haus; vier Steinstufen führen zu der hübschen, holzgeschnitzten Haustüre empor, über dieser steht im dreieckigen Giebelfeld der Rosenbaum farbig in Stein als Relief. Das Pfälzerdach zeigt in der Mitte einen größeren Giebelvorsprung, zu beiden Seiten je einen kleineren; ein 3 stöckiges, glattes, altes Hinterhaus zieht sich die Zapfenstraße entlang, die Scheune nach der Halle zu ist jetzt abgerissen. Das Innere zeigt hohe Zimmer mit Plafonds von alter Vornehmheit, dazu stimmen auch die hohen Fenster. — Der Rosenbaum war um 1600 ein beliebter Erholungsort für hallesche Bürger. Er geriet durch eine wüste, blutige Schlägerei im 30jährigen Kriege am 13. IX. 1639 in schlechte Erinnerung. Es waren im Rosenbaum beim Weine einige kaiserliche Kürassiere des Heydau'schen Regimentes mit Halloren in Streit geraten und übermannt worden. Auf ihrem Heimweg begegneten ihnen drei Halloren, denen sie ohne Ursache Maulschellen gaben und die sie beschossen. Diese flüchteten in die Halle und kamen alsbald mit Gewehren wieder, so daß sich ein Kampf entspann, in dem neun Soldaten und drei Halloren tot blieben. Nun verschanzten sich die Halloren in dem Tal und in den anliegenden Gassen mit Salzkörben und anderen Dingen, riefen auch die Bauern aus den benachbarten Dörfern zu Hilfe, die aber unterwegs durch starken Platzregen abgehalten wurden. Da die Halloren keine Munition hatten, flüchteten einige über die Schifferbrücke nach Passendorf. Hier schickte ihnen Oberst Heydau eine Kompagnie Reiter nach, es kam zum Kampfe, in welchem vierzehn Halloren, aber auch zehn Musketiere und sechs Kroaten fielen. Der Oberst wurde so erbittert, daß er etliche halbe Kartaunen vor die Halle rücken und die Salzkote in Grund schießen lassen wollte. Der Rat aber verbat sich dieses und brachte einen Vergleich zwischen den Soldaten und Halloren zu stande. Die Heydauschen Kürassiere sind darauf am 20. September abgezogen.

Der Grüne Helm lag an dem anderen Ende der Ritterstraße an der Ecke der heutigen Meteritzstraße. Er war schon zu Dreyhaupts Zeiten 1750 ein alter Gasthof, 1852 noch in Betrieb. Ueber seiner Haustür prangte ein Ritterhelm aus Stein, der an das Provinzialmuseum abgegeben sein soll. Seine Hintergebäude reichten bis zu jenem schmutzigen Winkel der Halle, wohin alle Unreinlichkeiten geschüttet wurden. Hier wurde am 13. 9. 1412 Hans von Hedersleben, der Salzgraf, durchaus unschuldig, von dem verhetzten und brutalen Pöbel, dem aufgestachelten Gesindel, in schmählicher Weise verbrannt.

**Die Rittergasse**, ehemals seit 1828 die Kleine Rittergasse, seit 1893 die Rittergasse genannt zum Unterschied von der Ritterstraße (Große Rittergasse), war eine kleine, enge, dumpfe, schmutzige Gasse, von dreistöckigen, vorgekragten Fachwerkhäusern besetzt, mit Schuppen, Ställen zur Seite. 1860: 2 Häuser und eine unbebaute Stelle, 1895 wird Nr. 2 für 28000 ℳ und 1913 Nr. 1 für 29000 ℳ angekauft und abgerissen. Jetzt ist die ehemalige Gasse Baugelände.

**Die Meteritzstraße** ist eine neue Straße, 1886 polizeilich benannt. Sie verbindet den Alten Markt mit der Gutjahrstraße. Der Name stammt von dem alten Meteritzbrunnen, der freilich hier keineswegs entsprang. Die Straße ist zur Hälfte fertiggestellt: 2 große, 4 stöckige, moderne Mietshäuser stehen auf der östlichen Seite, die westliche ist Baugelände.

## Moritzkirche, Moritzkloster und Kapellen.

Vor der Zeit der heutigen **Moritzkirche** soll eine kleine Kapelle St. Moritz um das Jahr 1000 bereits gestanden haben, etwa 50 Schritt nördlich von der heutigen Kirche[38]). 1156 wird die heutige Kirche erbaut, zunächst sehr klein, von einem großen Kirchhof umgeben, der von der Halle bis zum alten Stadttor (An der Moritzkirche Nr. 1) reichte. 1184 wird das Moritzkloster gegründet, es lag auf der Südseite der Kirche, auf der Stelle der heutigen Predigerwohnungen und Gärten. 1208 wird die Kirche im romanischen Stil vergrößert (vgl. den Unterschied oben im Gewölbe und den Pfeiler mit der Jahreszahl 1208). 1388 wird die Kirche wiederum verlängert und reichlich ausgeschmückt; den kostbaren hohen Chor in gotischem Stil erbauen Peter von Mordal (Morl) und Conrad von Einbeck. 1411 schafft der letztere das steinerne Mauritiusbild am dritten Pfeiler vom Altare aus, 1416 das große steinerne Salvatorisbild. 1448 wird der große Eingang auf Seiten der Pfarrwohnungen angelegt und erbaut. 1452/69 geschieht der große Dachumbau. 1472 weiht Erzbischof Johann vier Altäre ein unter dem tüchtigen Probst Paul Bussius aus dem hallischen Patriziergeschlecht der Bause[39]). 1493 werden die Fundamente zu zwei Türmen an der Saale (Gerbersaale) gelegt. 1541 am 27. August wird die Kirche durch Justus Jonas dem evangelischen Gottesdienst geweiht. 1557 erneuerte Nickel Hoffmann das Gotteshaus (Inschrift am Gewölbe). 1580 beginnt man die Emporen zu bauen (später mit biblischen Bildern, Namen und Wappen geziert). 1592 entsteht die kostbare steinerne Kanzel und 1604 die Decke über ihr, 1593 der Taufstein. 1601 stiftet Dr. Brunner die große Tür beim Pfarrhause, 1649 erneuert man den Altar und läßt vier neue Tafelgemälde anfertigen. 1661 werden die Gemälde des Abendmahls mit den Bildnissen der Kirchenväter und Pastoren auf den Altar gesetzt. 1694 errichtet man einen einzigen Glockenturm aus Holz auf den Fundamenten. 1789 stürzt dieser Turm in die Saale, seitdem ist die Kirche turmlos und hat wieder wie früher ein kleines Türmlein. Um 1800 ist das Gotteshaus so baufällig, daß es abgerissen werden soll, es wird 1840/42 vollständig erneuert, 1897/98 kosten die Wiederherstellungskosten 14 000 *M*.

Das **Kloster** stand auf dem Gelände der heutigen Predigerhäuser und Gärten, also im Süden der Kirche. Neben den Klostergebäuden befanden sich Einzelhäuser, so das, in dem Paul Bussius bis zu seinem Tode 1478 lebte. 1184 wird das Kloster durch Erzbischof Wichmann gegründet und mit Augustinerchorherrn besetzt. Mit dem Kloster wird eine Schule verbunden. 1520 versetzt Cardinal Albrecht die Paulermönche aus der Paulerkirche (später Dom) in das Moritzkloster. 1541 ziehen die Paulermönche in ihr altes Kloster (am Dom) zurück. 1546 überläßt der Erzbischof Johann Albrecht das Kloster dem Rate der Stadt.

Die **Kapelle der heiligen Elisabeth** lag dicht an der Moritzkirche bei des Probstes Wohnung (auf dem Moritzkirchhof am Hospital). Sie diente später zur Sakristei der Kirche (zur sogenannten „Neuen Sakristei"). Von wem und wann sie gebaut ist, weiß man nicht. 1472 weihte sie Erzbischof Johann. An einer noch erhaltenen Mauer sah Olearius ein steinern Bild und die Inschrift: anno MCCCCLXXXIV sabatho ante palmarum.

Die **Johanniskapelle** lag an der Saale nördlich vom Hospital in der Nähe der Saalpforte dicht an des Tales Zimmerhause, an der Ecke, wo man in die Halle nach der Saalpforte ging (etwa Südwestecke des Polizeidienstgebäudes). Sie war die Kapelle des Hospitals des Moritzklosters und war 1220 vom Marschall Wichmann wie auch das Hospital gestiftet worden. Als das Hospital (s. unten) 1571/76 nach Glaucha verlegt wurde, wurde die Kapelle 1580 an Privatpersonen verkauft, um sie zu Bürgerhäusern einzurichten. Ihr Chor im Westen wurde 1696 abgerissen, daß der Weg nach der Saale frei wurde, das Gebäude aber nach Osten vorgeschoben, in den Kirchhof hinein.

**Die Kapelle zum Heiligen Grab** (St. Sepulcri, 1390 tum hillgen grave, 1475 im heiligen grabe) lag im Tal auf dem Platze des späteren Kotes zum Ziemer, wohl östlich von der Johanneskapelle, also auf der Ostseite des heutigen Polizeidienstgebäudes. Der Platz zwischen beiden Kapellen wurde der Papenplatz genannt (also die südliche Seite des Polizeidienstgebäudes). 1338 bestimmten Rat und Moritzkloster, daß dieser Platz unbebaut bleiben sollte. Sie war schon etwa 1300 erbaut, da die Schöffenbücher zwischen 1296—1318 zwei Schenkungen an sie erwähnen. 1326 wurde sie vom Rate neu erbaut, es sollen nach Gelegenheit Messen in ihr gehalten werden. Sie war dem Moritzkloster incorporiert und bezog 4 Zöber Sole des deutschen Brunnens. 1475 erscheint sie als Versammlungsort der Salzwirker (Halloren).[40]).

**Das Hospital des Moritzklosters**, nördlich der Kirche an an der Gerbersaale gelegen (Moritzkirchhof 1—4) war 1220 durch den Marschall des Erzbischofs Albrecht, namens Wichmann, zur Unterhaltung armer Leute gestiftet. 1529 wurde das Cyriakshospital vom Klaustor (Residenz) in das Johannishospital, das der Cardinal Albrecht der Stadt überließ, verlegt. Das alte Hospital wurde erweitert und umgebaut und der jetzige Bau nördlich der Moritzkirche an der Gerbersaale (jetzt Hallorenstraße) bis fast zum Saalpförtchen aufgeführt und nun Cyriakshospital genannt. Der 2stöckige, langgestreckte Bau steht noch heute mit seinem Giebel, seinem hohen Dach, seinem kleinen Erker und Dachluken. Der eine malerische Ziergiebel in Backsteinen erhebt sich in verschlungenen, ovalen Backsteinarabesken an der Seite der Hallorenstraße. Dagegen ist der andere, ihm entsprechende Ziergiebel nach dem Moritzkirchhof um 1885 abgetragen worden. Unter ihm befindet sich das Stadtwappen, da ja die Stadt 1529 das Hospital erbaute. Das Hospital umfaßte in seiner Südhälfte die Häuserreihe Am Moritzkirchhof 1—4. Nr. 4 gehört der Stadt und wurde eine Zeitlang als Armenhaus benutzt.[41]). — Uebrigens wurde das Cyriakshospital 1571/76 vom Moritzkirchhof nach Glaucha verlegt. Das alte Johannishospitalgebäude wurde nun an Privatleute zur Einrichtung von Bürgerhäusern verkauft, und ein Stück vom ihm kaufte das Talgericht zur Anlage des Zimmerhauses. Das Talzimmerhaus stand sonst an der Hallmauer, wo ehemals die deutsche Spule war, da, wo der Giebel des nordwärts gelegenen langen Salinengebäudes hinwies.

## Umgebung der Moritzkirche.

**Am Moritzkirchhof.** Der Kirchhof an der Moritzkirche (für die Bürger der Stadt, nicht für die Mönche) dehnte sich ursprünglich über die Straße bis zur Ostseite des Alten Marktes und bis zur Halle aus, wo die Kapelle zum Heiligen Grabe stand. 1448 wird er erweitert und 1472 von neuem geweiht. 1529 hört er als Begräbnisstätte auf, wohl aber werden noch um 1750 gegen Bezahlung Leichen in der Moritzkirche beigesetzt. 1601 errichtet Dr. Brunner einen Salzkot auf dem nördlichen Kirchhof. Es entstehen im Norden und Osten die Häuserbauten, die wir teilweise noch heute sehen. Der Kirchhof wurde durch eine Lehmmauer gegen Osten abgegrenzt, so daß nur ein schmaler Weg vom Alten Markt zur Halle führte. Im 19ten Jhdt. wurde der Kirchhof zum Platze umgewandelt, den man mit Bäumen bepflanzte, und wir sahen noch bis vor 20 Jahren ein abgeschlossenes, höchst stimmungsvolles mittelalterliches Marktbild: die alte Kirche im Süden, im Westen das Johannishospital, im Norden und Osten alte 2- und 3stöckige vorgekragte Fachwerkbauten. Jetzt ist die Harmonie zerstört, die breite Dreyhauptstraße mündet als eine moderne Straße ein. Nr. 5 ist ein modernes, massiges, vielstöckiges Mietshaus, und Nr. 6 und 7 sind 1913 abgerissen (von der Stadt für 31000 ℳ und 13500 ℳ angekauft).[42]). Die Ostseite des Platzes ist noch in ihrer altertümlichen Art erhalten. Der Moritzkirchhof ist 1897 von der Moritzgemeinde für 10000 ℳ an die Stadt verkauft worden, welche Summe auf die Reparaturkosten der Kirche für die Gemeinde angerechnet wurde.

**An der Moritzkirche.** Diese Straße ist die Verlängerung, bzw. Berengerung des Alten Marktes, die ehemals zum Moritztor führte. Die Bezeichnung entstammt erst dem 19ten Jhdt., noch 1838 finden wir „Am Moritztor“, trotzdem das Tor bereits 1830 verschwunden war. — Die Straße mündet an der Stelle des alten Tores auf die Promenade (Moritzzwinger). Noch etwas eng und düster, erinnert sie an die Enge früherer Zeiten zwischen den Pfarrhäusern und gegenüberliegenden Häusern.

**Nr. 1** zeigt ein gotisches, hohes Tor, das ehemals in die „Neustadt" mündete, der Ueberlieferung nach die Stätte eines uralten Stadttores, das zu den Gärten der Moritzmönche (dem Gelände der heutigen Brunoswarte, Zenkergasse usw.) führte. Schwere Balkenlagen bilden den Innengang.

**Nr. 6 bis 8** sind die Häuser der Kirchengemeinde St. Moritz auf dem Boden des alten Klosters, ehemals Nr. 602 Küsterwohnung, 603 Diakonat und 604 Oberpredigerhaus, 1806/7 erbaut. Von ihnen, der Kirche und der Stadtmauer wird der Pfarrgarten eingeschlossen, ein idyllischer angulus terrarum, alte Bäume neigen sich über die Mauer, Sträucher decken die Lauben und das alte Gartenhaus; man vergleiche die anmutige Schilderung im „Schellenmoritz" von Pastor Hesekiel, der 1818—34 an der Moritzkirche amtierte. Der junge, ehrgeizige Pfarrerssohn Struensee träumte hier unter dem alten Mandelbaum am Pfarrershause seine stolzen Lebensziele, er, der im Leben die höchste Stufe erklomm und den tiefsten Fall tat, am 28. April 1772 in Dänemark hingerichtet wurde. Wilhelm von Kügelgen kletterte hier, ein Sechsjähriger, als Besuch auf die Äste der Bäume, in die Läden des alten Hauses, und seine Kameradin war Lore, des Konsistorialrates Senff Pflegetöchterlein. Friedrich Hesekiel, der Dichter, wanderte mit einem andern, dem Baron Friedrich de la Motte Fouqué dem Schöpfer der reizenden Undine, in den schattigen Gängen, unter den fußdicken, blütenblau übergossenen Zweigen des Flieders.[43]).

Ein altes Gebäude in unserer Straße am alten Moritztor gelegen war das Brauhaus des Hospitals; dieses Haus diente im Mittelalter den Klunkernonnen oder Beguinen zur Wohnung. Diese hielten sich zu verschiedenen Kirchen der Stadt.[44]). Olearius S. 20 erwähnt nur kurz „das Kloster der Klunkernonnen am Moritztore". — Nach dieser Zeit ward es Brauhaus des Hospitals S. Cyriaci, es hatte 20 Braustätten und brachte gute Einnahmen. Das Brauen wurde um 1800 eingestellt, das Haus wurde als Niederlage, auch als Schauspielhaus verpachtet, so 1797 an Karl Döbbelin, der 500 Taler auf die innere Einrichtung verwendete, dann aber nicht die königliche Erlaubnis erhielt. 1812 ward das Haus an den Zimmermeister Beeck für 170 Taler zum Niederreißen verkauft. 1813 wurde die Genehmigung durch den König Jerôme erteilt, 1829 erst abgerissen.

Das Glockengießer Beckersche Haus stand ebenfalls am Moritztore (Nr. 600); es wurde 1853 für 1055 Taler angekauft und abgerissen. Als Glockengießer von Glocken Halles und des Saalkreises nennen sich Peter Becker in den Jahren 1707—1738, Friedrich August Becker 1741—1774, Johann Friedrich Becker 1783, Gottlieb Becker 1788 und C. G. G. Becker 1800—1835.

Nach Westen über der Gerbersaale, den Pfarrgarten einschließend, liegt die alte Befestigungsmauer, die noch ziemlich unversehrt erhalten ist: eine Reihe von Flachbögen zieht sich hinter der Mauer hin, auf denen ein Laufgang zu den einzelnen Schießscharten (in umgekehrter T Form aus Sandstein) hinführt. Diese entstammen dem Ende des Mittelalters. Noch jünger sind jene Schießscharten aus Backstein, die unter den Bogennischen liegen. Die südliche Seite ist nur aufgeführte Gartenmauer. Hier erhob sich ehemals das Moritztor.

**Das Moritztor** stand dicht vor der Gerbersaale, nach der Herrenstraße zugekehrt. Es bestand aus 3 Teilen: dem Torhaus, das auf die Brücke führte, einem niedrigen, einstöckigen Hause mit Satteldach, daneben stand etwas südlich der feste Torturm, hinter diesem etwas stadteinwärts das Innentor, ein zweistöckiger Fachwerkbau, in welchem der Torwächter wohnte. — Das Moritztor ist eins der ältesten und festesten Tore der Stadt, wohl schon nach 1100 bei der Anlage der zweiten großen Befestigung entstanden. Es verband einerseits Glaucha und dessen Hinterland, andererseits auch den Strohhof mit der Stadt. Den Namen erhielt es von der Moritzkirche bzw. dem Moritzkloster, das neben ihm lag. Es war ursprünglich aus Holz, später aus Stein gebaut. Wegen seiner hohen Bedeutung erhielt es frühzeitig einen Turm, der 1478 bei dem Kampfe der Pfänner als Gefängnisturm diente (thorm vor dem moritztore). — 1457, als man die Stadt stark befestigte, wurde auch an dem Moritztore gebaut. Man ließ ein Marienbild ein über dem Tor mit den Worten: Ego mater pulc. delectionis und unter demselben zwei Wappen, dazwischen ein Drache zu sehen war (das Wappen derer von Drachstedt). Es entstand die Sage, daß es ein Basilisk sei, der wegen verweigerter Armensole am Osterabend den deutschen Salzbrunnen verstopfte und durch einen hinabgelassenen, strohernen Mann mit einem Spiegel den er nun anhauchte, sich selbst tötete.[45]) — 1471 wurde wiederum am Moritztore gebaut. — 1572 ist der Turm am Moritztor in seiner letzten Gestalt vollendet worden: unten von quadratischer Form, das zweite Stock achteckig mit spitzem Dach.

**Die Moritzpforte**, eine kleinere Pforte, führte zwischen dem inneren und äußeren Tore nach Glaucha. Dieser Weg ist sehr alt, bereits 1299 ließ ihn die Äbtissin Gertrud vom Glauchaer Nonnenkloster etwas verlegen und verbessern[46]). Es war ein Dammweg an der Gerbersaale entlang, an dem links der Stadtgraben sich befand. In diesem lag der sogenannte Korbteich, am

Ausgang der heutigen Mittelwache[47]). 1550 wurde hier ein Schwengel mit einem Korb aufgerichtet, in den man die Garten- und Felddiebe setzte und sie in das Wasser fallen ließ. — Erst 1710 wurde ein Tor durch die Stadtmauer gebrochen, der Korbteich und der Stadtgraben wurden zugefüllt, und es wurde der heutige breite Fahrweg nach Glaucha mehr östlich von der Saale und östlich von der Glauchaer Kirche angelegt und mit Häusern bebaut. — Das Tor ward 1828—1830 abgerissen, indessen behielt die Straße noch eine Zeit lang den Namen „Am Moritztor".

**Die Moritzbrücke** führte von alters her zum Strohhof, der 1323 vom Erzbischof Burkard an die Stadt verkauft wurde. Sie war ursprünglich aus Holz errichtet, 1498—1504 bezw. 1508 ist sie mit steinernen Pfeilern errichtet worden. Schon 1541 wird eine neue Brücke mit steinernen Sitzbänken gemacht. 1841 wurde die Moritzbrücke ganz massiv auf 2 steinernen Pfeilern mit 3 Bogen, 47½ Elle lang und 3½ Elle breit neu erbaut. 1845 wurde ein Fußsteig mit schmiedeeisernem Geländer an der Brücke hergestellt für 1148 Taler, da sich der Verkehr für den sich eröffnenden Moritzzwinger heben mußte. 1880 wurde die Moritzbrücke für 53450 ℳ neu erbaut. Als die Gerbersaale überwölbt wurde, fiel auch die Brücke endlich.

**Neustadt.** 1837 umfaßte die ehemalige Neustadt noch 19 Häuser. Sie mündete durch das Tor des Hauses An der Moritzkirche Nr. 1 auf die Moritzkirche und reichte damals bis zum Schnittpunkt der Zenkergasse. Später, um 1850, wurde sie etwa auf neun Häuser verkürzt, die bis zum ersten Knick der Straße lagen. 1892 wurde sie der Brunoswarte gänzlich einverleibt. — Der Name „Neustadt" ist verschwunden, und nur eine Neue Gasse südlich der Brunoswarte erinnert an sie. — Die Neustadt wurde 1551 gebaut auf dem Gebiete des Moritzklosters, das hier seine Gärten hatte. Nach Überweisung des Klosters an die Stadt (1546) wurden auch die Klostergärten besiedelt, und so entstand die Neustadt, niedrige Fachwerkbauten in enger Gasse, wie denn noch heute die Straße eng geblieben ist, indessen ihre Gebäude freilich vielfach durch hohe, jüngere ersetzt sind. Olearius führt die Straße unter den 26 Gassen Halles auf. Dicht am alten Toreingang, der gegenüber der Moritzkirche mündet, links befindet sich das „Predigerhaus" der Prediger des Cyriakushospitals in Glaucha (gehört jetzt zu dem „Torhaus" An der Moritzkirche Nr. 1). Es war erbaut, als das Hospital noch in den Räumen des Johannishospitals an der Moritzkirche untergebracht war. Das Haus wurde bis 1813 bewohnt, in diesem Jahre erlosch die Reihe der selbständigen Prediger des Hospitals (1567—1813). Es ward 1815 verkauft (Nr. 577); es ist ein 2stöckiges Gebäude mit Hinterhaus.

**Brunoswarte** führt den Namen nach einer jener Warten, die an und außerhalb der älteren Stadt lagen, vgl. Hagedornswarte (Ulrichskirche), Holzwirtswarte (Alter Markt). — Als die zweite umfassende Befestigung der Stadt nach 1100 entstand, mag dieser wohl schon befestigte Platz einbezogen worden und die Warte der Herren von Brun zum Schutze eines Tores (des Rannischen) erbaut worden sein. Die Herren von Brun lassen sich schon 1260 in den Schöffenbüchern nachweisen. Ihre mannigfachen Sprossen werden sehr oft erwähnt: der Geschlechtsname Brun, Brune, Bruno, Bruns ist aus dem Vornamen Bruno entstanden.[48]). Das vornehme Geschlecht steht um 1260 bereits in voller Blüte. 200 Jahre hindurch läßt es sich in unserer Stadt nachweisen. Schöffen und Bornmeister sind seine Sprossen. Es ist in der Brunoswarte, wo es einen großen und einen kleinen Hof besitzt, ansässig, auch in der Galgstraße usw. Hans Brun, Heinrich Brun werden um 1300 erwähnt, etwas später eine Alheit (Adelheid) Brun, Hinze Brunnes Tochter. Petrus Brun hat 1397 in Giebichenstein einen Hof; ein Hermann Brun erscheint um 1406, ein Kuno 1423, ein Hans mit seiner Frau Gertrud 1430. Heise (Heinrich) Brun und seine Frau Walpurg haben 1433 drei Söhne: Hans, Jakob, Paul. 1435 erscheint Moritz Brun und seine Ehefrau Anna, er wird noch 1450 genannt. Jakob Brun finden wir 1462 im Rate der Stadt, ebenso 1467. — 1286 verkauften die Herren Brun ihr Stammbesitztum brunes worth für 15 Mark Silber. Damit glaube ich endgültig die moderne Herleitung des Namens Brunoswarte aus dem Slavischen widerlegt zu haben, daß nämlich Brunoswarte aus dem slavischen branaza wraty=Verschluß hinter dem Tore erklärt werden müsse. — Auf dem Rittersitz mit seinem Hof, seinen Scheunen, Ställen und Gärten mögen sich um 1300 schon Ansiedler angebaut haben. – Brunoswarte wird in den Schöffenbüchern 22 mal erwähnt, 1266: Brunesworth, 1386: brunswurt. Olearius zählt die Straße als Gasse unter den 26 halleschen Gassen auf und nennt sie Braunens=Warte. Dreyhaupt 1755 nennt sie Bruns= oder Brauns=Warte. Im Volksmunde wird der Name zu „Braune Schwarte" verderbt. — Ursprünglich reichte sie bis zur Zenkergasse (s. oben Neustadt), seit 1892 wurde ihr auch die Neustadt einverleibt. — 1836 zählt sie 35 kleine Häuser, 1862: 20, 1915: 36. Sie beginnt an der Rannischenstraße und endet gegenüber der Moritzkirche; sie läuft von Osten nach Westen und zuletzt im rechten Winkel nach Norden. Noch heute sind ihre Häuser meist alt und unscheinbar, 2 bis 3 Stock hoch, ganz glatt geputzt, mit kleinen Giebeln ausgebaut, hier und da Steinstufen vor den Türen, einige neuere Backsteinhäuser liegen dazwischen. Die Gasse ist eng, etwa 8 Schritt breit.

Nr. 3 (in alter Zählung Nr. 511) ein altes, glattgeputztes 3stöckiges Haus, in dem sich ehedem, so in den 30er und 40er Jahren, die Hendelsche Buchdruckerei und ihr Verlag befand. Beides besaß die Familie seit 1717. Ihr Begründer ist Johann Christian Hendel (1692*) gewesen.[48a]). — Später erhob sich der Neubau: Moritzzwinger 12 (s. d.).

Nr. 13, ein altes, zweistöckiges Häuschen mit sechs kleinen Fenstern Front im oberen Stock, im unteren neben der Haustür beiderseits ein Fenster, in der Mitte des Daches ein kleiner Giebelfensteraufbau. Eine Marmortafel mit Goldinschrift über der Haustür berichtet, daß hier Robert Franz, der Liederkomponist, am 28. Juni 1815 geboren wurde.[49]).

Nr. 31, an der Zenkerstraße gelegen, ein 2stöckiger, geschmackloser Bau in hellen Backsteinen 1883 für 28000 ℳ erbaut: es ist die Volksküche, eine jener mannigfachen wohltätigen Einrichtungen, die ehemals für 25 ₰ die volle Mittagsportion, für 15 ₰ die volle Abendsportion ausgaben. 1884—85 wurden 61 383 Personen gespeist.

**Die Neue Gasse** ist eine Gasse, die sich bogenhaft über der Brunoswarte formt, eng, etwa 7 oder 8 Schritte breit, mit einförmigen, 2stöckigen, glattgeputzten und geweißten Häusern besetzt. — Der Name ist erst im April 1828 gegeben worden in Anlehnung an die Neustadt. — Die Neue Gasse zählte früher an 16 Häuser, da ein Teil zwischen Brunoswarte und Moritzzwinger bis 1880 auch Neue Gasse hieß. Erst seit 1880 wurde dieser Teil zur Zenkerstraße geschlagen, jetzt besteht die Neue Gasse aus 5 Häusern.

**Die Zenkerstraße**, bis 1893 Zenkergasse genannt, führt den Namen von der alten halleschen Familie der Zenker. Bereits um 1370 wird ein Martin Zenker (Merten Zeenker) erwähnt. 1379 ein Oltze Zenker (Zencker) und dessen Ehefrau Jutta. — In den Schöffenbüchern wird die Oertlichkeit nicht erwähnt. Merkwürdigerweise zählt auch Olearius die Gasse nicht auf, wenn er auch ihre Lage auf seiner Karte angibt. — 1836 zählt sie 6 Häuser und 3 „wüste" Stellen (d. h. unbebaut, meist Gärten). 1880 erhielt die Zenkergasse auch jenen Teil, der zuvor Neugasse (zwischen Brunoswarte und Moritzzwinger) hieß. Dieser Teil war 1865 von dem Moritzzwinger nach der Neugasse durchgelegt worden. So zählt sie 1915: 16 Häuser. — Die Straße ist eng, etwa 8—10 Schritte breit, und die Häuser sind meist neueren Datums. Nr. 7 wurde 1913 für 11000 ℳ von der Stadt erworben und abgerissen.

**Der Moritzzwinger** ist der ehemalige Stadtgraben zwischen der zweiten und äußersten, dritten, Stadtmauer. Die heutige Häuserflucht hält genau die alte Stadtmauer inne. In dem Graben, der 1452 vertieft und „zugerichtet" wurde, befanden sich mehrere Teiche, so der Korbteich am alten Moritztore (s. oben), der 1710 nebst einem Teil des alten Moritzzwingers bereits zugefüllt wurde. Aber auch nach dem Rannischen Tore zu befand sich im Zwinger ein Teich, der erst im 19. Jhdt. verschüttet ward. In heißen Sommern entwickelten sich diese Teiche zu Sümpfen und verpesteten die Luft. — 1843 wurde mit dem Freilegen und Herstellen des Moritzzwingers begonnen. Das Moritztor war bereits 1828—30 abgerissen worden. Die Moritzbrücke wurde erweitert, einige Häuser, so 1841 das ehemals Ruprecht'sche Haus am Moritztor für 1188 Taler erworben. 1848 kaufte man zwei Häuser, Nr. 2018 und 2019, an dem Moritztore an und 1853 das Glockengießer Beckersche Haus Nr. 600 an der Moritzkirche für 1055 Taler und 1855 das Waisesche Haus Nr. 2020 am Moritztor für 2350 Taler. — 1855 wurde der Moritzzwinger bereits zugefüllt und wurde nun reguliert, bekiest und bepflanzt; ein Fußweg wurde längs desselben angelegt. Der Gesamtaufwand betrug 18661 Taler. — 1864 wurde er polizeilich benannt. — 1865 erfolgte die Durchlegung einer 22 Fuß breiten Straße von dem Moritzzwinger nach der Neugasse, (die heutige südliche Zenkerstraße); auch wurde ein Teil der alten Stadtmauer hier niedergelegt. — 1868 wurden die Anlagen vom Franckeplatz bis zur Moritzbrücke im englischen Gartenstil durch den Verschönerungsverein geschaffen. — 1877 wurde der Zwinger trottoirisiert; in demselben Jahre wurde auch das Postamt Nr. 3 im Moritzzwinger Nr. 13 geschaffen. — 1889 wurde die Volkskaffeehalle eröffnet, die dritte des Vereins für Volkswohl. — 1897 wurde die elektrische Bahnlinie der Stadtbahn über den Franckeplatz durch den Moritzzwinger und durch die Halle nach der Mansfelder Straße gelegt. — Der Moritzzwinger ist nur einseitig (nördlich) bebaut. Die ältesten Häuser entstammen jener Zeit vor 60 Jahren, da der Moritzzwinger in stand gesetzt ward. Sie sind durch nichts bemerkenswert.

Nr. 12 ist das Geburtshaus der „Saalezeitung", die am 1. November 1867 zum ersten Mal 4 Seiten stark in kleinem Format erschien als der „Bote für das Saaletal" mit einer

Kopfvignette und dem Wahlspruch: „Arbeit ist unser Beruf“, zugleich als Kreisblatt für den Saalkreis.[19a]). Der Buchdruckereibesitzer Otto Hendel war der Herausgeber, dessen Verlag in der Familie schon seit 1717 bestand, vordem in der Brunoswarte Nr. 511 (s. d.).

## Die Rannischestraße.

Die Rannischestraße ist einer der alten Zugänge zum Alten Markt, zur ältesten Stadt, gewesen und um 1100 entstanden. Sie vermittelte den Verkehr mit dem Süden, dem Merseburger Gebiet, wenn Überschwemmungen im Elstertale nicht hemmten.[50]) Vor allem aber mündete in sie die wichtige Regensburger Straße, die den großen Salzexport nach Franken vermittelte. Diese Regensburger Straße führte aus dem Rannischen Tor in der Richtung der heutigen Liebenauerstraße über die Wüstung Kreniß, später an dem „Bäumchen“ vorüber, über das „Dreierhaus“ bei Radewell und Osendorf, über Döllniß, Burgliebenau, Lützen, Gera, nach Nürnberg und Regensburg. Sie wird auch die Salzstraße oder Salzkörnerstraße genannt.[51]) — So sah unsere alte Rannischestraße die 2rädrigen, großen Karren, mit einem Pferde bespannt, in Trupps zu 10, 20, 30 aus der Halle über den alten Markt durch ihre Tore ziehn, sie sah die Salzfahrer in Massen in die alten Gasthöfe der Straße, in die „Goldene Gans,“ in die „Goldene Rose,“ in die „Drei Schwäne“ einkehren, Gasthöfe, die nach 1750 meist nur von Salzgästen und Salzfuhrleuten besucht wurden.

Die Straße führt den Namen von Radewell (973 Rodibile), dem nächstgelegenen größeren Dorfe der alten Handelsstraße, so daß man die Rannischestraße eigentlich nur als Schlußglied der uralten wichtigen Regensburger Straße ansehen möchte. Sie wird 18 mal in den alten Schöffenbüchern erwähnt. (1377: Rodewelschestrate, 1458: Rodewelschestrasze). 1371 wohnt Johann vom Tore aus dem hochangesehnen Rittergeschlecht derer vom Tore oder zum Tore (de Valva) in der Rodelschen straten oder „in platea der Rodelschen“. Spittendorf nennt sie 1475 rodebellische strasze; das Verzeichnis der vermögensbestraften Pfänner 1479: „Ranische strasse.“ Zugleich findet sich 1473 „Randisches Tor“ und 1479 „Radewelsches Tor“; 1400 jedoch „Valva Rodelsche“. Also aus der längeren Form Rodewellische Straße oder Tor entwickelte sich daneben die kürzere Form Rodelsche Straße oder Tor und daraus bereits um 1470 Randische Straße oder Tor und zuletzt auch 1479 die jetzt noch übliche Form Ranische oder Rannische Straße oder Tor. Dieser Name wurde irrtümlich auf Ranstedt bezogen, das ja in der Nähe der großen Handelsstraße gelegen war.[52]) Olearius (1660) schreibt stets Ranische Straße,

Ranisches Tor; ebenso Dreyhaupt (1755); dagegen kommt 1772 (Hausen) der Name Rannisches Tor, Rannische Straße vor.

Die Straße zieht sich von Norden nach Süden. An ihrem Ausgang stand ehemals das Radewelsche, Rodelsche, Rannische Tor. Wann dieses Tor gebaut worden, ist unbekannt. Sicher bald nach 1100, als die neue Befestigung der Stadt angelegt wurde, ursprünglich aus Holz, später ein Fachwerkbau. Unser Tor war schon 1461 ein Doppeltor, wie das Moritztor, da das ungünstige Gelände zu einer stärkeren Befestigung gezwungen hatte[53]). Es bestand aus einem inneren, höheren und äußeren, kleineren Tor, festen Häusern mit einfachen Satteldächern. Beide Tore lagen nicht parallel zu einander, sondern das äußere Tor stand ostwärts nach dem Galgtor zugewendet, daher es das „Krumme Tor" (=schiefes Tor) genannt wurde. — 1461 fiel das Krumme Tor im Rannischen Tor ein, es wurde im folgenden Jahre neu gebaut mit dieser Inschrift: Anno a Nativitate Dei MCCCCLXII fer. secunda infra octavas sanctissimi Christi corporis, haec valva est incepta. Unter dem Kranze dieses Tores steht: Exaudi populum tuum Domine cum misericordia. Unter dem Krucifix mit Maria und Johannes: Sub pius ecce Jesus plagarum vulnere gemit. — Schon 1454—58 hatte man die Stadtgräben zwischen Radewellschen und Galgtor in diesem leicht angriffbaren Gelände vertieft und verstärkt. 1507 wurde die Brücke vor dem Tore über dem Zwingergraben neu gebaut. 1564 wurde das äußerste Rannische Tor an der Stadtmauer erneuert. — 1818—23 wurde das ganze Rannische Tor mit Stadtmauern abgerissen nebst einer langen Strecke von alten Häusern, an und auf ihnen, die Gräben wurden planiert, und der Franckeplatz entstand als der freie und weite Platz, wie wir ihn heute sehen. — Das innere Tor selbst hatte keinen Turm, wie Hertzberg III, 477 irrtümlich behauptet. Es war nur ein turmhaft hohes Haus, das 1818 abgerissen wurde.

Es war eine mittelalterliche Gewohnheit, das Evangelium auf St. Markustag (25. April) vor dem Rannischen Tore zu lesen, und so hatte der Rat ein Krucifix mit 2 Bildern 1516 dort setzen lassen. Es war dies ein Rastplatz für die heimkehrende, imposante Prozession der Priester der vier Stadtkirchen mit ihren Monstranzen und ihren Pfarrkindern, die erst durch die Hauptstraßen der Stadt, dann um die ganze Stadt gezogen waren. Die Priester lasen an verschiedenen Stellen den Anfang der vier Evangelien vor.

Die Rannische Straße war im Mittelalter nicht viel enger als heutzutage, besonders die Einfahrt in den Alten Markt gestaltete sich fast ebenso breit wie heute, ein Beweis für den großen Verkehr in dieser Straße, in der auch wie auf dem Alten Markt die reichen Pfänner wohnten, die neben ihren Häusern auch Stapelplätze der ausgetauschten Waren hier besaßen.[54]). — Die Straße ist etwa 20 Schritte breit. Sieht man vom Alten Markt nach Süden hinab, so erblickt man links erst die zwei hochragenden neuen Mietshäuser in grauem Cementbewurf, dann eine Reihe älterer, zweistöckiger, so daß die Straße hier noch ein altertümliches Aussehen zeigt. Rechts (westlich) ist leider nichts zu sehen, da die Straße eine gekrümmte Richtung verfolgt.

**Nr. 3** zeigt einen älteren Barockbogen über der Haustür. Es ist vor langer Zeit das Hotel de Prusse gewesen. In früheren Jahrhunderten muß hier der Gasthof zur „Goldenen Gans" gestanden haben, dessen Hintergebäude die Sternstraße entlang bis an den Kleinen Berlin reichten.

**Nr. 9** ist ein Eckhaus und zeigt einen Voluten-Renaissancegiebel in derselben Art wie Alter Markt Nr. 7, ist also etwa um 1550 erbaut worden.

**Nr. 15:** Hier hat ehemals der alte Gasthof zu den „Drei Schwänen" gestanden, der 1750 schon ein paar Jahrhunderte alt genannt wurde. Freilich, berichtet Dreyhaupt II, 568, wurde er damals nur von Salzgästen und Salzfuhrleuten besucht. Er war noch 1858 in Betrieb. — Um 1865 hatte sich hier die damals größte Maschinenfabrik und Eisengießerei von Jung und Must entwickelt (110 Arbeiter, die 14000 Zentner Gußwaren und 2000 Zentner Maschinenteile fabricierten.[55]). Jetzt befindet sich hier die Hallische Teigteil-Knet- und Mischmaschinen-Fabrik, die Hallische Motorenfabrik F. Herbst u. K.[56]).

**Nr. 17** ist ein älteres, stattliches Patrizierhaus, jetzt das „Marienheim", gegründet von der Ortsgruppe des deutschen evangelischen Frauenbundes, ein Heim für alleinstehende junge Mädchen, besonders für kaufmännische Angestellte.

**Nr. 19** ist der Gasthof zur „Goldenen Rose". Äußerlich wirkt das stattliche Haus mit seinen 7 Fenstern Front und dem sehr hohen Dach (drei Reihen Luken) besonders durch das schöne Portal: eine rundbogige Pforte, darüber ein Aufbau in Voluten, darinnen eine vergoldete Rose reliefartig steht. Zu ihren beiden Seiten liest man die Inschrift:

Dis Haus Sted In Gottes Hand
Zu Der Gulden Rosen Ist Es Genand 1593.

In den Bogenzwickeln sieht man zwei Köpfe, wohl die der Eheleute, die das Haus besaßen. Das Portal war nur für Fußgänger bestimmt, eine Neuerung: das Einfahrtstor — ebenfalls ein Portal — lag an der Seite in diesem großen Gasthof.

Der Bau ist 1593 errichtet, aber vor dieser Zeit stand schon das alte Haus zur „Goldnen Rose“ hier. Denn bereits 1479 erhielt der Gastwirt Cyriakus Eckard von der „Goldenen Rose“ durch den Erzbischof Ernst, dessen Anhänger er war, als Demokrat und Feind der Pfänner einen Teil von deren Solgütern. — Somit ist die „Goldene Rose“ wie der „Goldene Ring“, der „Schwarze Bär“ und das „Goldene Herz“ einer der vier ältesten Gasthöfe unserer Stadt.

## Anhang.

Vorbemerkung: Die Stadt Halle liegt unter 51° 29′ 59″ nördlicher Breite und 29° 36′ 37″ östlicher Länge. Sie liegt an der Saale, die im Mittelalter von Merseburg aus notdürftig schiffbar war und erst in der Neuzeit bis zum Zusammenfluß der Unstrut von größeren Schiffen befahren werden kann. In orographischer Hinsicht steht Halle auf einer Grenze: im Westen stoßen die letzten Ausläufer des hügeligen Harzvorgeländes an die Saale, im Osten beginnt bereits die große niederdeutsche Ebene, vom Süden streckt sich das Flußtiefland der Saale und Elster herauf, vom Norden stößt der Gebirgszug des Rotenburg-Petersberger Plateaus herab. Aber auch in geologischer Beziehung steht unsere Stadt auf einer Grenze: gerade bis zum Markt, bis zur Marienkirche reicht von Norden her das Porphyrkonglomerat, aus dem Süden aber stößt bis dahin die Sandsteinformation vor.

1. Vgl. Einhardi annales 806 [M. G. I, 93,], chronicon Moissiacense 806 [M. G. I, 308] und Anal. Fuld. I, 353. Im Chron. M. wird der Ausdruck civitas, bei den anderen Autoren castellum gebraucht. Die wertvollen Salzquellen mußten die Sorben zur Wiedereroberung reizen. Dies war wohl der Hauptgrund zur Anlage des Kastells; ein anderer, den Saaleübergang für weitere Kämpfe gegen die Feinde zu sichern. — 2. Vgl. auch Rauchfuß; „Die alte Stadtbefestigung Halles“ im Halleschen Kalender 1913. Ueber die Existenz des „Schwarzen Schlosses“ siehe später unter Moritzburg. — 3. Schon die Schriftsteller des 17ten Jhdts. berichten von dieser ältesten Stadtmauer: Olearius, Halygraphia S. 16, Dreyhaupt I, 767: „Die Rudera der Stadtmauer, die quer durch die Schmeerstraße gehen“, ferner Stibritz I, 464 und J. G. Briegers: Historisch topographische Beschreibung der Stadt Halle S. 19, Keferstein: Ueber die Halloren S. 57. Siehe auch unter Schmeerstraße „Goldenes Schlößchen“. Vielleicht entstand unter Otto II. diese Mauerbefestigung, und eine dunkle Erinnerung davon ist es, daß dieser Kaiser 981 den Ort Halle erweiterte und ihm das Stadtrecht gegeben habe. — 4. Wie in den Orten des keltischen Südens: Reichenhall, Hall bei Insbruck, Hall am Kocher, Hallstadt usw. Noch Olearius 1667 gebraucht nur die Form Hall, das spätere e in Halle ist entweder aus Assimilation an Halle [die Halle] entstanden, wie man ja auch den ältesten Stadtteil schon im 13. Jhdt. nannte [1266 in der Halle] oder aus dem Dativ zem hall = ze Halle [bei dem Hall]. — Das Hallesche Salzwerk ist eins der ältesten in Deutschland, das älteste im nördlichen Deutschland überhaupt. — 5. Ueber die Kämpfe der Magdeburger Erzbischöfe gegen die salischen Kaiser und ihre Folgen speziell in unserer halleschen Gegend vgl. auch mein Buch: Die Unterburg Giebichenstein S. 27 u. f. — 5a. vgl. Spittendorf: Denkwürdigkeiten ed. Opel S. 494. — 6. Ich bezweifle es und halte einen der mannigfaltigen Stadttürme zwischen Galgtor und Moritztor für den „Krämerturm“

Der Leipziger Turm nimmt eine Ausnahmestellung ein. Er ist speziell für den Umschau- und Wartdienst erbaut [siehe später]. 7. vgl. Spittendorfs: Denkwürdigkeiten S. 60. — 8. 1461 war das „Krumme Tor" im Rannischen Tor eingefallen, siehe das Nähere unter Rannisches Tor. — 8a Anfang 1547 ist die Bastei im Zwinger am Rannischen Tor erhöht und gebaut worden, auch warf man die Landwehr [Landwehrstraße] auf, da der Schmalkaldische Krieg drohte. — 9. Vor der Gründung des Moritzklosters soll eine kleine Kapelle des heiligen Moritz etwa 50 Schritte wohl nördlich von der heutigen Moritzkirche gelegen haben [siehe später Moritzkirche]. — 10. Dies Tor mündet in die „Neustadt", die später erst im 16ten Jhdt. noch „als eine Vorstadt" besiedelt wurde, so daß die Annahme viel für sich hat. — 11. Diese meine Vermutung wird durch die Betonung dieser hohen Warte gerechtfertigt [siehe Alter Markt]. — 12. Vgl. das Stiftungsprivilegium des Klosters Neuwerk durch Erzbischof Rüdiger ao. 1121 siehe Dreyhaupt I, 721. — 13. Olearius S. 146: Im Jahr 1136 ist die Stadt Hall im Feuer aufgegangen oder fast gantz ausgebrand. — 14. Olearius S. 157: In diesem Jahr 1312. am Tage Wenceslai d. 28. Septembris, ist zu Hall durch Verwahrlosung unachtsamer Leute / ein solch groß Feuer auskommen und gewesen / dadurch so viel Häuser weggebrandt / daß man auff dem Markte von einem Thore zum andern sehen / oder wie etliche setzen / auff dem Markte zu allen Thoren hinaus sehen können / daher der Tag Wenceslai alle Jahr bis Anno 1542 feierlich gehalten worden. — 14a. Dies schließe ich besonders aus der Stelle des Schöffenbuchs ao. 1457: an dem krame, gelegen in der smerstraßen kegen dem rathuse. Das nähere später. — 14b. Vgl. v. Ludewig: Rell. Mss. XII, 230: der Rat der Stadt Halle verkauft den Erben des Johannes von Nordhausen 1 Pfanne Deutschbrunnen für 25 Mark Freiburger Silber. Quae quidem pecunia ad usus nostrae civitatis videlicet ad exteriores valvas est exposita. — 15. Da die Häuserzahl einem Verzeichnis entstammt, das die Personen zur Verteidigung feststellen will, so sind in diesen 500 Häusern keineswegs Scheunen oder Stallungen einbegriffen; möglich wäre es, daß Glaucha und Neumarkt zusammen mit etwa 400 bis 500 Häusern eingerechnet sind. — 16. 1610 starben in Halle 1000 Menschen an der Pest, 1626: 3400, 1636: 3333, 1641: Pocken- und Masernepidemie, 1644: Fleckfieber, 1647: 254 Kinder an Pocken und Masern gestorben, 1682: 5670 Menschen an der Pest gestorben. — 17. Die Epidemien der Cholera hatten nicht die Bedeutung der früheren Pest: 1832 raffte die asiatische Cholera von 6. 1. bis 1. 7. gegen 500 Personen dahin, 1849 in einem halben Jahre 1204 Personen und 1850 in einem Vierteljahre 400 Personen. — 18. Die Differenz beträgt jetzt 5 m, im Mittelalter betrug sie etwas mehr, da die Halle etwas tiefer lag und ein „Berg" am Wagegebäude sich ehemals befand. — 19. Diese uralt wendische Bauart fand man noch in unserer Zeit, in manchen alten abgerissenen Privathäusern des Hallenviertels, auch in dem Talamt, das in einigen Teilen Blockwände, deren Bohlen mit Steinen verkleidet waren, zeigte. — 20. Vgl. Hertzberg: Gesch. d. Stadt Halle I, 140. — 21. Es galt, einen starken Widerwillen gegen die Steinkohlen zu überwinden, deren Rauch man für höchst giftig und gefährlich hielt. Schon im Mittelalter finden wir wiederholt Verbote gegen den Verbrauch von Steinkohlen in deutschen Städten. — 21a. Der Königsbrunnen lag etwa 50 Schritte südlich vom Gutjahrbrunnen nach der Gutjahrstraße zu. — 22. Die Meteritz vgl. die merkwürdige Sage über die Entstehung des Namens dieses Brunnens in der alten, handschriftlichen Hallorenchronik von 1666—1709: im Jahre 803 wurde der Meteritzbrunnen gegraben, wozu das Geld ein Mädchen gab, die es mit ihrer Ritze verdient hatte. Andere leiteten den Namen von meretrix = Buhlerin ab, weil die Sole nicht so reichhaltig wie in den übrigen Brunnen gewesen. — 23. Vgl. auch die mannigfachen Verordnungen bei Ueberschwemmungen in denen Talordnungen. — 24. Vgl. Hallesche Chronik

Manuskript Magdeburger Stadtbibliothek. Bl. 53a erwähnt, daß anno 1464 die Dingbank des Talgerichts „hinter dem roten Turm" genannt zuerst gestanden habe auf dem Kirchhof hinter St. Gertrudentürmen gegen das Mittelhaus beider Türme nach dem Tale zu. 1464 baute man das neue Haus [Talamt] und setzte die Dingbank darunter. Die Grenzen des Tals waren ehedem auch durch eiserne, in großen Pflastersteinen befestigte Ringe bezeichnet (Runde). — 25. Näheres über dieses in der Kunstgeschichte Halles hochwichtige Haus siehe Schönermark: Bau- und Kunstdenkmäler Halles S. 405. Vgl. auch Runde's handschriftliche Chronik: Das Talhaus besteht eigentlich aus zwei mit einander verbundenen Häusern: 1. aus dem alten Talhaus, welches die Hälfte bildet und gegen Mittag liegt; über dessen Tür befindet sich ein Talwappen und über demselben die Worte Domini 1556, wo es vermutlich erbaut ward. In den Jahren 1758 und 1760 wurde es von Grund aus repariert. 2. aus dem neuen, welches die andere Hälfte gegen Mitternacht ausmacht und von dem Rate zum Talhause überlassen worden ist, unter welchem ein Durchgang sich befindet. Der Talvogt führt die Aufsicht; seit 1824 befindet sich auch die Königliche Salzmagazinkasse darin. — 26. Die Kuttelbrücke war nur für Fußgänger passierbar, höchst primitiv aus Holz. Sie wurde 1852 gründlich erneuert. — 27. Bis Ostern 1887 verkaufte man bereits 1058 qm. — 28. Die alte Ellenbogengasse verband die Große und Kleine Klausstraße; sie verlief in krummer Richtung, begann etwas östlich von der Schmalen Gasse und stieß auf die Mündung der Kleinen Ulrichstraße. Sie war sehr eng, in der Mitte etwas ausgebuchtet und von hohen Gebäuden beiderseits besetzt. — 29. Die starke Verschiedenheit der Baustile in der Talamtschule, Handwerkerschule und in dem Polizeidienstgebäude innerhalb eines Zeitraums von 20 Jahren auf engstem Raume und an größten Gebäuden ausgeführt, wirkt keineswegs harmonisch. Die alten Stadtteile, die man hier abgerissen hat, klein, eng, ja verfallen, zeigten mehr Harmonie. — 30. D. h. auf der Ostseite der heutigen Häuserreihe stand die Befestigung, vgl. weiter unten das Tor gegenüber der Moritzkirche. — 30a. Halle war bereits 1127 ein wichtiger Markt- und Handelsplatz. Bischof Otto von Bamberg, der Pommern-Apostel, ließ durch seinen Oeconomos Rudolf auf dem Markt in Halle „herrliche, echte und kostbare Tücher billig aufkaufen" vgl. Herbords Lebensbeschreibung des Bischofs M. G. XII, p. 770 und p. 801 — 30b. Sehr zum Nachteil unserer Kapelle: andere Kirchen wurden größer und schöner nach dem Brande wieder aufgebaut, in Vergleich zu diesen erstand die Kapelle kleiner und unansehnlicher, obendrein zwischen den Häusern der Patrizier. Auch das Rathaus ihr gegenüber wurde nach dem neuen Markt verlegt. — 31. Diese Familie tritt um diese Zeit wiederholt in den Vordergrund. Hans Ropel wird 1456 im Rate und 1462 als Ratsmeister erwähnt, ebenso 1465 Hans Ropel „der alde". Hermann Ropel wird 1458 im Rate genannt. — 31a. Der päpstliche Legat in Deutschland Kardinal Raymundus erteilt den Ablaß am 13. 2. 1502; er ist abgedruckt in Ludewig Rell. Mss. tom. XI, 529. — 32. Vgl. dieselben Volutenrenaissancegiebel in der Rannischenstraße Nr. 9 und am Alten Markt No. 7. — 33. Eine der seltsamen Volksetymologieen aus Rad [der Rat] nd. rad wurde für das spätere Geschlecht „das Rad" — 34. Es ist ein Irrtum, von ev. 2 Rathäusern auf diesem Platze zu reden. Die Rathäuser treten verhältnismäßig spät erst in Erscheinung. — 35 das Haus ist 1540 erbaut worden. Ueber die Volutengiebel s. oben. — 36. die Einfassung und das Gitter des Denkmals wirken zu schwer, vielleicht auch die Schale im Verhältnis zur Gruppe. — 37. Oeffentliche Häuser wurden im Mittelalter geduldet, so 1466 auf dem Kühlen Brunnen [in der tauben Gasse] und die Finkenflucht im Kleinen Schlamm. Es war nach katholischer Anschauung ein verdienstliches Werk, ein öffentliches Mädchen aus solchem Hause zur Ehe zu nehmen. — 38. Vgl. die hdschr. Chronik des Salzsiedemeisters Joh. Bötticher [1694 geschrieben] S. 31, 34, 50 und Dähne und Wolf,' Gedenkschrift an das 700 jähr. Jubelfest der Moritzkirche zu Halle 1856. — 39. Vgl. die Geschlechtstafel bei Dreyhaupt II. Anh. S. 10. — 40. Die Angabe bei Olearius' Continuatio S. 5 ist ein Irrtum: S. Sepulcri oder zum heiligen Grabe an St. Moritz, welches jetzt die Sakristei der Kirche [!] ist und im Jahre 1418 bei Erbauung des größeren Eingangs auf Seiten des Klosters, an welchem die Kapelle zunächst stehet mit an die Kirche gebracht worden, wie ein altes Ms. oder schriftliches Verzeichnis besaget." — 41. 1898 wurde das Haus als Asyl für Obdachlose eingerichtet, da das in der Klosterstraße nicht mehr ausreichte. Als 1903 das große Asyl in den Weingärten errichtet war, ward es entbehrlich. — 42. An dem Hause No. 7 stand unter einem östlichen Fenster des Erdgeschosses ein alter Grenzstein der Talgerichtsbarkeit [s. die Halle]. An zwei Seiten des Steins sah man die gekreuzten Salzhaken der Halloren und die Jahreszahl 1593. — 43. Vgl. Nietschmann [Armin Stein]: „An der Saale hellem Strande" 1905. — 44. Sie hatten ein Bürgerhaus hinter dem Paulerkloster [Dom], später am Barfüßerkirchhof, eins in der Galgstraße [untere Leipzigerstraße] und dieses am Moritztore. — 44a. Um diese Zeit erfolgte noch eine diesbezügliche Bekanntmachung des Kirchenkollegiums zu St. Moritz. Sollten auch seit 1529 keine Toten mehr in der Stadt begraben werden, so waren die Kirchen dennoch zu Begräbnissen freigegeben, so besonders der Dom und die Barfüßerkirche [Universitätsplatz] — 45. Darunter standen die Worte: A. D. MCCCCLVII feria quinta post Bartholomei h. valva e. incepta. Die Inschrift von 1471 ist: A. D. MCCCCLXXI d. XXV. Novemb. fundatus hic lapis est. Bereits 1821 wurde das Torschreiberhaus im unteren Moritztor zum Niederreißen verkauft. — 1829. 4. November wurde das Moritztor zum Niederreißen von den Meistbietenden öffentlich für 75 Taler verkauft, den 16. November fing man an, dasselbe abzutragen und war Anfang Dezember damit fertig. — 46. Der Weg hart an der Gerbersaale war Ueberschwemmungen ausgesetzt. Die Aebtissin läßt den Dammweg durch eines Bürgers Krause Garten, also östlich vom Kloster, hindurchlegen, das wäre in der Richtung des Hospitalplatzes. — 47. Nach Knaut: Heimatkunde, lag der Korbteich auf der Stelle der Häuser 2018/19, die 1848 abgerissen wurden. Nach Hagen I, 180 stand Mittelwache No. 16 und An der Glauchaischen Kirche No. 1 auf der Stelle des vormaligen Teiches. Es führte dieses Haus daher auch den Namen „der Korb". — 48. Die alten Bürger hatten nur einen Namen, einen Vornamen, etwa bis zum Jahre 1200. Seit dieser Zeit vermehrter Bevölkerung trat das Bedürfnis näheren Unterscheidens ein; vielfach ward der Vorname, der in einer Familie üblich war, Geschlechtsname wie Bruno, Karl, Baldewin, Merkelin usw. und ein zweiter Vorname trat als wirklicher Vorname hinzu. — 48a. Er war der Sohn des Stadtchirurgus Christian Hendel in Aschersleben und heiratete die Witwe des Druckereibesitzers Johann Jakob Krebs in Halle. Diesem tüchtigen Geschäftsmanne folgte sein Sohn Johann Christian Hendel der Jüngere, diesem der älteste Sohn Johann Friedrich Gottlob Hendel, der jene Chronik von Giebichenstein [1818] und Beschreibung des hohen Petersberges [1808] neben anderen Sachen veröffentlichte. Sein Sohn war Otto Hendel, der Begründer der Saalezeitung 1867, ferner der Bibliothek der Gesamtliteratur des In- und Auslandes [1886]. Ebenfalls erschienen in seinem Verlag seit 1876 die Publikationen der historischen Commission für die Provinz Sachsen und das Herzogtum Anhalt, nämlich 1. die Geschichtsquellen, 2. Beschreibende Darstellungen der Bau- und Kunstdenkmäler, 3. vorgeschichtliche Altertümer, 4. Verzeichnisse der Wüstungen und wüsten Ortschaften, 5. Neujahrsblätter, im Ganzen bis zum Jahre 1917: 153 Bände. Otto Hendel starb am 13. Dezember 1898 und wurde auf dem Stadtgottesacker beigesetzt, ein jedem Prunk abholder, in seinem Werk fortlebender Mann. — 49. Robert

Franz war ein Sohn des Tals, stammte aus dem Hallorengeschlechte der Knauth, ein Unsterblicher in seinen Liederkompositionen. Seine bürgerliche Stellung war die eines Universitätsmusikdirektors. Er starb am 24. Oktober 1892 in Luisenstraße 8, eine schwarze Marmortafel ziert auch dieses Haus. — 19a. Der „Bote für das Saaltal" erschien anfangs wöchentlich zweimal, am Mittwoch und am Sonnabend, aber nach einigen Monaten schon täglich. Das Abonnement betrug pro Quartal 10 Sgr.; er verspricht „die Bekanntmachungen der Kreisbehörde, Erzählungen voll Scherz und Ernst wie das Leben, Anekdoten zum Lachen wie zum Weinen, wie man's nimmt, mitunter auch wohl ein Gedicht" zu bringen, ferner das Wichtigste aus den Tagesereignissen, sodann manches Körnlein auch für den Landwirt, zuletzt an dem Markttage genau die Preise des Getreides und anderer Lebensbedürfnisse. Die Insertionsgebühren betrugen 1 Sgr. für eine Zeile. — 50. Bei Ueberschwemmungen fand der Verkehr über Lauchstedt, Dölitz a. B. statt. — 51. S. das Nähere in meinen Saalkreiswanderungen. — 52. In der Tat finde ich bei Brieger: Historisch-topographische Beschreibung der Stadt Halle 1788, einem sonst wenig bietenden Buche, S. 172 die Bezeichnung „Rannstädtisches Tor", ebenso in Herzogs Briefen zur näheren Kenntnis Halles 1794 S. 18. — 53. Hertzberg irrt, wenn er I, 350 das gesamte Rannische Tor aus einem Tore bestehen läßt und dies das „Krumme Tor" nennt. Olearius sagt ganz deutlich: „1461 ist das Krumme Tor im Rannischen Tor eingefallen." Den Namen Krummes Tor erkläre ich wohl mit Recht auf die einfachste Art: das Tor stand krumm d. h. schief zu dem Inneren, dem Haupttore. — 1823 den 24. Mai war die Abtragung des unteren Rannischen Tores nebst mehreren dabei liegenden kleinen Häusern und die Ausfüllung des Zwingers dabei beendigt. [Runde, Chronik S. 45 ] — 54. So auch die Herren von Nordhausen und die Herren vom Tore. Manches dieser alten Geschlechter vermag man bis um 1250 hinauf zu verfolgen und mit Urkunden zu belegen, so die Balderwin, die Freyberge, die Graßhof, die Holzwirte, die Reichen [Divites], die vom Tore [De valva oder De valvis], die von Zerbst, die Bruno, die Pruve usw. Dreyhaupt bringt nur von wenigen eine Geschlechtstabelle. — 55. Sie wurde von Riedel und Kemnitz etwa um 1870 aufgekauft und bildet so einen Bestand der bedeutenden Halleschen Maschinenfabrik und Eisengießerei. — 56. Die Teigteilmaschine wurde etwa 1860 in Wien erfunden, wurde dort verbessert und hier in Halle besonders von der Firma Herbst und Brüning fabriziert, die sich ein großes Verdienst um die Einführung solcher Maschinen in die Bäckereien erwarb. 1890 wurden an 1000 Stück fertiggestellt.

## Große Merkerstraße und Nebenstraßen.

**Die Große Merkerstraße** gehört zu den älteren Straßen der Oberstadt. Sie entwickelte sich bereits um 1200, war wohl ursprünglich ein Hof, das Besitztum eines ritterlichen Geschlechts, an den Außenmauern der älteren Oberstadt hinter dem Alten Markt. — Um 1315 wird die Straße zum erstenmal als Merclines strate erwähnt, dann noch siebenmal bis 1400 und 33 mal bis 1460; sie scheint danach um 1400 mehr angebaut und bewohnt worden zu sein.

Den Namen führt sie nach dem Patriziergeschlecht der Merkline, deren Name wie so oft bei den Geschlechtern ursprünglich ein Vorname ist (vgl. die Karle, die Baldewine, die Brune usw.), und zwar ein altdeutscher. Merkelin, Markolin ist die Koseform von Markulf (Grenzwolf), Markwart (Grenzhüter) und Markwin (Grenzfreund). — 1266 wird Merkelin, Markwarts Sohn als einer der Schöppen der Oberstadt erwähnt, ein Haupt der Geschlechteraristokratie in Halle. Als Sprossen der Familie werden im 13. und 14. Jhdt. Markwart, Oltze (Ulrich), Sander (Alexander), Koppe (Jakob), Hans (Johannes), Busso (Burkhard) und Wrese als Frau genannt. Im 15. Jhdt. treten uns keine Glieder der Familie mehr entgegen. Das mächtige Geschlecht scheint bereits ausgestorben zu sein.

Die Straße, die nach den Merkelin benannt ist, heißt 1315 Merkeline strate, 1369 Merkilstrate, 1394 Merklin Strate, 1456 Mereklinstraße. Die spätere Namensform Merkelstraße leitet zu Merkerstraße über, bei Olearius und Dreyhaupt Märkerstraße. Diese Form mit ä verleitete zu der falschen Deutung, daß die Straße von der Märkern, den Studenten der märkischen Landsmannschaft, die hier hauptsächlich wohnten, ihren Namen erhalten habe. Die Straße muß also mit e und nicht mit ä, wie jetzt noch geschieht, geschrieben werden.

1369 wird als ein bedeutendes Haus das czu der wyntrubil (Weintraube) erwähnt, das Jakob Lindau, ebenfalls ein Patrizier, besaß.[1]) 1456 werden die Drei Herzen in unserer Straße genannt (zcu den dren herszen). Ein anderes Haus in späterer Zeit hieß der Blaue Engel. — Alte Adelsgeschlechter wie die von Ammendorf hatten mannigfachen Besitz in unserer Straße.

Die Merkerstraße endete ursprünglich im Kleinen Berlin am Gasthof Zum Goldenen Stern, eine kleine Gasse (die spätere Sterngasse) führte von hier in die Rannischestraße. Nach dem Brande auf dem Großen Berlin ist unsre Straße 1693 bis auf den Großen Berlin durchgeführt worden. — Olearius und Dreyhaupt kennen nur eine Merkerstraße, die unsrige, erst später ist die Kleine Merkerstraße benannt worden.

Die heutige Merkerstraße ist ziemlich eng, anfangs etwa 10 Schritt, später höchstens 12 Schritte breit, deswegen kommen ihre schönen, alten, hohen Häuser nicht sehr zur Geltung. Es sind alte Patrizierbauten mit oft sehr hohen Stockwerken, meist 3stöckig, auch mit hohen Dächern versehen, mit schönen Türbogen aus den Jahren 1600—1700 geschmückt, denn in dieser Zeit sind jene Häuser entstanden. So nimmt es uns nicht Wunder, daß die Merkerstraße noch um 1800 zu den vier schönsten Straßen Halles gerechnet, also der Steinstraße, Ulrichstraße und dem Alten Markt gleichgesetzt wurde. Sie gewährt bis heute einen vornehmen altertümlichen Eindruck und nur wenige neue Häuser sind in die alten hineingebaut worden.

**Nr. 5** ist ein Haus aus der Barockzeit, bemerkenswert durch seine stattliche Fensterfront und durch die geschmackvollen Girlandenverzierungen um die Fenster.

**Nr. 7** ebenfalls ein altes Haus, gehörte um 1837 einem Oekonomen Sachse. In dem Hause wohnte Bernhardy, der geistreiche und massenhafte Vielwisser unserer Universität, nach dem ja unsere Stadt eine Straße genannt hat.

**Nr. 8** zeigt ein prächtiges Portal, das nach der Stapelschen Zeichnung vor 1840 noch mit einem Gebälk geziert und mit dem Wappen des Erbauers mit der Jahreszahl 1595 gekrönt gewesen war. Ein Figürchen bildete den Abschluß. Jetzt sind über dem Türbogen nur noch die interessanten Zwickel einer Renaissancekunst vorhanden.[1a])

**Nr. 10** ist das bekannte Schwetschkesche Haus, ein alter Renaissanceeckbau 1558 erbaut. Es zeigt drei kleine Giebel nach der Merkerstraße und einen größeren Renaissancevolutengiebel nach dem Kleinen Berlin zu; es ist 2stöckig, hat acht und sechs Fenster Front. Bemerkenswert ist der schöne Barockeingang mit dem geöffneten Bogen und der sehr kunstvoll geschnitzten Türe, ferner die prächtigen Stuckdecken aus dem 17. Jhdt. — Der berühmte Philosoph Christian Wolff bewohnte und besaß dieses Haus. An seinem hundertjährigen Todestag, am 15. April 1854, brachte man die Gedenktafel an: Chr. Wolfius — Philosophus — Hic. Habitabat. — 1762 kaufte Johann Justinus Gebauer das Haus und verlegte seine Druckerei hierher.[1b]) 1819 trat Karl August Schwetschke, der sich mit der Enkelin Gebauers verheiratet hatte, in die Firma ein. In ihrem Verlag erschien der Hallesche Courier, die spätere Hallesche Zeitung (1851).[1c]) Die Druckerei hatte bereits 1880 Dampfbetrieb und 75 Arbeiter. 1902 ist die Firma Gebauer-Schwetschke in eine Gesellschaft mit beschränkter Haftpflicht umgewandelt. Sie befindet sich noch heute in dem altehrwürdigen Hause.

**Nr. 20**, jetzt ein neues Haus, hieß ehemals der Blaue Engel. In ihm befand sich 1845 eine Brauerei von Sioli.[1d])

**Nr. 21** ist ein älteres, stattliches Haus, in dessen erstem Stockwerk der Theologe Schleiermacher wohnte, der als Professor der Theologie und Universitätsprediger, ein ausgezeichneter Kanzelredner, von 1804—1806 in Halle weilte.[2]). Das Haus gehörte ehemals dem Geheimrat des Herzogs Augustus, dem Rittergutsbesitzer zu Döllnitz und Burg, Kurt (oder Karl) von Einsiedel. Der französische Refügié Jean Michael Millie oder la Fleur kaufte dies Haus und errichtete hier eine Ritterakademie, die Vorläuferin der späteren Universität, auch ebenfalls in dem Hause Nr. 22 (Nr. 454 und 455).

**Nr. 22** ist das Colbatzkysche Haus, ein 3stöckiges, glattwandiges Haus mit einer Front von zehn hohen Fenstern. Hier wohnte um 1800 der rührige Magister Colbatzky (Czlolbzacy), der die hallische Zeitung unter dem neuen Namen „Hallischer Courier" herausgab. Er wurde 1808 als Redakteur durch die westfälische Regierung abgesetzt und floh nach Burg, ins preußische Gebiet, wo er den „Burgischen Courier", seit 1817 den „Hallisch-burgischen Courier" begründete.[2a])

**Die Kuhgasse** hat ihren Namen aus den Zeiten des landwirtschaftlichen Betriebes in dieser Gegend, da noch Scheunen und Ställe an den Straßen und in den Höfen zu stehen pflegten. Unsere enge Gasse mag dergleichen besonders viel aufgewiesen haben. Uebrigens soll sie ehemals die Alte Taubengasse geheißen haben; eine „taube" Gasse hieß eine blinde Gasse, eine Sackgasse.

Im Mittelalter muß sie nach meinen Forschungen der Schuhhof gewesen sein (1266: Scohof), ein sehr alter Stadtteil. Dieser Schuhhof wird nämlich wiederholt in engster Verbindung mil der Schmeerstraße erwähnt, 1402: in der smerstrate unde op dem schuhofe, 1435: eyn hus gelegen in der smerstraße by dem schuhove. — Der Schuhhof wird bis 1400 an 16 mal und bis 1460 noch 15 mal erwähnt, er lag also in einer sehr belebten und bewohnten Gegend. Auf dem Schuhhofe standen auch Scharren, die Schuhscharren oder Schuhscherne, so c. 1275: sine duene scernen up me scohove. Schmeerstraße, Schuhhof und Schuhscherne werden auch c. 1300 zusammen erwähnt, siehe Hertel I. 73. — Auf dem Schuhhof lag auch das Haus zum Schwarzen Bock: 1456 uff deme schuhofe nehist am swarczen bocke. Der Schuhhof bildete als taube Gasse einen Sack. —

Der Name der Kuhgasse ist bereits bei Olearius erwähnt (1660), ebenso bei Dreyhaupt. Sie zählte 1837: 5 Häuser, 1862: 7, 1900: 10, 1915: 10 Häuser. Die Gasse ist eng, etwa fünf Schritte breit und kurz, sie verbindet die Große Merkerstraße mit der Schmeerstraße von Osten nach Westen. Die Nordseite ist in dem letzten Jahrzehnt durchaus neu erbaut. Die Südseite weist noch einige alte Häuser auf.

**Nr. 1** ist ein älteres, stattliches Haus, das Eckhaus an der Merkerstraße, in dessen Erdgeschoß sich seit einigen Jahrzehnten die Franziskanerhalle, eine altdeutsche Bierstube, befindet.

**Die Kleine Merkerstraße** ist zwar ein alter Straßenzug, doch ist ihr Name neueren Datums, Dreyhaupt erwähnt ihn noch nicht. Man bestimmte die Häuser als „hinter der Ulrichskirche“ liegend. Die Straße ist ein Komplex von drei Stücken, die in die Große Merkerstraße, Leipziger Straße und Kleine Brauhausstraße münden, heute ohne jeden einheitlichen Charakter: moderne, nüchterne Hintergebäude der Geschäfte der Großen Merkerstraße und ein paar alte Gehöfte vergangener Jahrhunderte. 1837: 6 Häuser, 1915: 11 Häuser.

**Nr. 1** ist das 3stöckige, in Rohbau 1892/3 aufgeführte Diakonatsgebäude der Ulrichsgemeinde; im Erdgeschoß befinden sich die Konfirmandenzimmer, in den beiden Obergeschossen die Wohnungen der Prediger.

**Nr. 3** ist ein altes, baufälliges, vornüber sich neigendes, 3stöckiges Gehöft mit großem, rundbogigem Haustor, malerisch wegen des obersten vorgekragten Geschosses und seiner kleinen Fenster unter dem Dach.

**Die Kutschgasse.** Ihr Name stammt ebenfalls aus der Zeit des ökonomischen Betriebes; vielleicht wurden hier in der Nähe der alten Post am Großen Berlin bezw. am Rathause Postchaisen, Fuhrwerke für Reisende feilgehalten. Ihr Name findet sich weder bei Olearius noch bei Dreyhaupt. Es ist eine enge, dunkle Gasse, etwa 6 Schritte breit, deren nördliche Seite nur alte 3stöckige Häuser, die südliche dagegen nur neue Gebäude aufweist. Sie verbindet von Osten nach Westen die Große Merkerstraße mit dem Alten Markt bezw. Rannischenstraße und zählte 1837: 3 Häuser (Fuhrgeschäfte), 1862: 3 Häuser, 1900: 3, 1900: 3, 1915: 5 Häuser.

**Die Sternstraße** bezw. Sterngasse wird bei Olearius und Dreyhaupt nicht erwähnt. Der Name ist also neueren Ursprungs, dagegen ist die Straße selbst alt, d. h. das Stück Sternstraße zwischen der Rannischenstraße und dem Kleinen Berlin, es steht auf dem Plane von Olearius verzeichnet, etwa 4 Gehöfte auf jeder Seite. Erst in unserer Zeit ist der Hauptteil der jetzigen Sternstraße zwischen der Kleinen Brauhausstraße und der Großen Merkerstraße geschaffen worden und zwar um 1890. Es ist dies eine durchaus moderne, breitere Mietshäuserstraße, die sich sehr schlecht ausnimmt, kalt, geschäftlich und prosaisch in dieses alte, trauliche Häuserviertel Halles ausmündet. Es sind fast sämtlich 5stöckige Häuser in gelben oder roten Mauersteinen, hier und da mit solchen von Kalkputz unterbrochenen, mit ziemlich stumpfen Fassaden, langweiligen, gleichmäßig hohen Fenstern. Dieses neue Straßenstück ist etwa doppelt so breit (16 Schritte) wie das ältere. — Die Straße führt den Namen von dem ehemaligen sehr alten Gasthof Zum Goldenen Stern, an der Ecke der Merkerstraße und des Kleinen Berlins (s. d.).

# Der Kleine Berlin.

Der Kleine Berlin hieß im Mittelalter der „Wenige Berlin“. Es wird c. 1320 ein vorderstes hus up dem wenegen berline erwähnt. Er tritt nur dieses eine Mal in den Schöffenbüchern (1266—1460) auf. Dagegen wird der Große Berlin 58 mal erwähnt, ein sehr bewohnter Bezirk. — Der Name ist von dem Großen Berlin übertragen. Weniger Berlin heißt kleiner Berlin, wie Wenigenjena Kleinjena ist und das Dorf Kleinkugel im Saalkreis wennyge Kubel (1381) heißt und in Erfurt ein Weniger Markt existiert.

Man führt den Namen auf die alte Familie Berlin zurück, deren Hof auf dem Großen Berlin gelegen haben soll, und meint, daß dieser wie die Merkerstraße, Brüderstraße, Ritterstraße, Graseweg, Schülershof, Bechershof den Namen von einer alten halleschen Familie erhalten hat. In den Schöffenbüchern wie in den Lehnbüchern, tritt die Familie in vielen Gliedern auf, sie wird „Berlin“, aber auch „von dem Berlin“ genannt, und zwar ist die letztere Schreibart die ältere: 1296 Thilo von dem Berline, c. 1300 Johannes von Berline, c. 1320 Claus von dem Berline, dagegen Heydenric Berlin (1312), ebenfalls Hans und Hinz Berline (1315). Die Brüder Sander Berlin, Heydenric, Syvord (Siegfried) und Margarethe ihre Schwester und Heydenric und Hinze Berlines son werden um 1369 erwähnt. Andere Sprossen der ausgedehnten und vornehmen Familie sind: Volmar, Pawel (Paul), Erwin (1370), Jordan und seine Ehefrau Sanna (Susanne) de berlin (1390), Markus up dem berlin (1375), Siegfried und seine Ehefrau Katharina (1397 und 1418), ferner Heidenreich Berlin (1425) und seine Ehefrau Saffe (Sophie), Heinrich Berlin (1425) und seine Ehefrau Margarethe (1432). Um 1430 scheint die Familie ausgestorben zu sein.

Dreyhaupt leitet den Namen des Platzes Berlin ebenfalls von der Familie ab. Das hindert nicht, daß der Name selbst ein wendischer ist: brlenj, brlinj bedeutet Stangenzaun, Wildgatter, Schutzgatter, umzäuntes Gebüsch, Brühl. Ein solcher Brühl mag sehr wohl vor dem ältesten Halle hier gelegen haben und nach 1100 in die neuen Befestigungsmauern einbezogen worden sein. Und von solchem Brühl oder Berlin mag sich eine Familie genannt haben, die ihn besaß, ähnlich wie die Graßhof sich von ihrem Grasehof nannten.

Der Kleine Berlin war bis 1683, dem großen Brande, ein im Norden, Osten und Süden abgeschlossener Platz, der in die Merkerstraße, Sterngasse und Kutschgasse seine Ausgänge hatte. 1683 wurde er nach dem Großen Berlin geöffnet und 1890 durch die neue Sternstraße nach der Kleinen Brauhausstraße. — Von den alten Häusern steht nur noch eins **(Nr. 1)**, jetzt der Gebauer-Schwetschkeschen Druckerei gehörig.

Das ehemals alte Haus **Nr. 2.** (Nr. 415) war die Zuckersiederei, die ein Kaufmann Krüger aus Magdeburg 1329 angelegt hatte (das Wächtersche, ehemals Westfalsche Haus.[2b]). In sie wurde 1846 die Brauerei von Wilhelm Rauchfuß, die vordem auf dem Bauhof lag, verlegt, bis sie 1890 auf dem Böllbergerweg eingerichtet wurde. Sie arbeitete hier mit 27 Arbeitern.

Das Haus **Nr. 3** (Nr. 416) lag im Süden des Platzes und bildete seit 1683 eine Ecke mit der Großen Merkerstraße. Es lag auf dem Platze der heutigen Sternstraße Nr. 14. Hier stand das alte Gasthaus zum Goldenen Stern, das der Sternstraße den Namen gegeben hat. „Der Goldene Stern in der Merkerstraße auf dem Kleinen Berlin" bei Dreyhaupt II. 568, in welchem unser großer Chronist des Saalkreises und der Stadt Halle geboren ward. Eine Tafel an dem jetzigen modernen Hause erinnert daran: I. C. Dreyhaupt, hier geb. d. 20 Apr. 1699 Ex astro ad astra.[2c]). — Sein Vater besaß das Haus nicht mehr lange. Nach 1700 besitzt es ein gewisser Grünicke. 1750 wurde das teuer gekaufte Haus zur Herberge für Arme eingerichtet, doch der 7jährige Krieg vernichtete die ganze Arbeit. Dies alte Haus zum Goldenen Stern wird bereits 1575 als Gasthof erwähnt, da der Blitz in ihn einschlug. Um 1600 gehört er der angesehenen Familie der Seifart (s. Alte Markt, Goldene Kette). 1683 brannte er in dem großen Brande nieder. 1694 d. 23. 10. erstach ein Student der Theologie, Sohn des Superintendenten Pfeifer in Lübeck, einen anderen Studenten namens Springer, einen Kaufmannssohn aus Leipzig, und entfloh alsdann. Noch 1840 führte das Haus den Namen „Der Goldene Stern". Es war ein 2stöckiges, 6fenstriges mit Tür und Toreinfahrt versehenes Haus mit Pfälzer Doppeldach, dessen 3stöckiger Giebel nach der Merkerstraße zu stand, und hinter ihm lag ein großer Gemüsegarten. Ein anderer Garten erstreckte sich auf Nr. 2, von dem ein Stück der Kommissionsrat Knorr abkaufte (s. Merkerstraße Nr. 10).

Am 17. September 1683 entstand am Wenigen Berlin zwischen den Häusern des Kämmerers Katzsch und des Hofrats Dr. jur. Johannes Dürfeld ein Brand. Es breitete sich bald eine furchtbare Feuersbrunst über die benachbarten Gassen und Gäßchen aus, die damals auch den Großen Berlin bedeckten, 24 Häuser mit Höfen, 10 Scheunen und viele Stelle brannten nieder. 10 Jahre lang blieb die Brandstätte ein wüstes Chaos, bis endlich 1693 der Durchbruch der Merkerstraße zum Großen Berlin bebaut und dieser selbst zum schönen großen Platz umgestaltet wurde.

Jetzt ist der Kleine Berlin ein Fleckchen, das seinen altertümlichen, idyllischen Reiz verloren hat durch die moderne Sternstraße, deren langweilige, gleichhohe Mietshäuser ihn überschauen. Er zählt zwei Häuser, ein älteres Nr. 1 und ein modernes, 4stöckiges Nr. 2.

## Der Große Berlin.

Der Große Berlin ist vor dem schweren Brande am 17. September 1683 mit 2 Reihen Häusern, die Rücken an Rücken standen, bebaut gewesen. Nur ein westliches Stück war frei, ein kleiner Platz. Im Norden, Osten und Süden liefen enge Gassen um den mittleren Häuserblock. Dieses gesamte Gelände hieß im Mittelalter der Berlin, eine sehr bewohnte Gegend, in den Schöffenbüchern 58 mal erwähnt: 1266 uppe deme berline' 1390 up deme berline, 1435 uff dem berline, 1478 uff dem berline. — Die schmale Gasse auf der kurzen Ostseite hieß der Sack, vermutlich in der Ecke der heutigen Synagoge, 1376: up deme berline in deme sacke. Olearius 1660 erwähnt ihn ebenfalls.[3]). Nach dem großen Brande 1683 verschwand diese Bezeichnung, statt ihrer hieß diese Ecke nun „Auf dem Brande" vielleicht in Erinnerung an die furchtbare Feuersbrunst.

Ferner lag vor 1683 hinter der Südreihe der Häuser zwischen dieser und den Befestigungsmauern der Stadt der alte und der neue städtische Bauhof, die sich in diesem Gelände bis zur Rannischen Straße erstreckten, also durch die Passage des heutigen Riesenhauses hindurchführten. Dieser Bauhof war 1488 von der Stadt errichtet worden; auf ihm wurde zum Beispiel auch der neue Galgen am 10. 5. 1643 von allen Zimmerleuten, wie es alte Sitte war, hergestellt und dann mit Fahnen, Trommeln und Pfeifen in festlichem Aufzug auf zwei Wagen mit zwei Pferden auf der Rannischenstraße über den Markt zum Galgtore hinaus auf das Hochgericht (jetzt Apollotheater) geführt. Auf dem Bauhof wurde auch eine merkwürdige, scheußliche Justiz gegen eine Sau mit sieben Ferkeln wegen der Sodomie eines Menschen aufgeführt. Häßliche Dokumente einer allzu derben Gefühlsweise unserer Vorfahren.

Am 17. 9. 1683 brach jener furchtbare Brand aus, über den wir bei dem Kleinen Berlin bereits berichteten. Zehn Jahre lang lag die Trümmerstätte, der Berlin, rauch- und brandgeschwärzt da. Da erst 1693 entstand jener bewunderte und vielgepriesene Platz des alten Halle, der Große Berlin, nun auch der „Neue Berlin" genannt.[4]). Mit Steinpflaster belegt, von stattlichen Häusern umgeben, sodaß er im 18. Jhdt. als einer der besten Plätze Halles genannt und für die vornehmste Gegend gehalten wurde, daß selbst Prinzen, Könige und Kaiser (Napoleon I.) an ihm ihr Quartier bezogen. Damals sah unser Platz das glänzende und ebenso demütigende Schauspiel einer vorübergehenden Residenz des Kaisers der Franzosen, den Stab glänzender Offiziere und die Corps von Elitetruppen aller Art, ebenso drückende wie unverschämte Eroberer! Aber ebenfalls sah er am 17. Oktober abends die ersten 31, dem übermütigen Verächter Deutschlands in der Schlacht bei Möckern-Leipzig abgenommenen Kanonen! — 1809 nahm man das Steinpflaster fort und bepflanzte den Platz mit Pappeln.

Heutzutage ist der Große Berlin ein noch immerhin stattlicher Platz, mit schattigen Bäumen bepflanzt, von 50 Schritt Breite und 110 Schritt Länge. Oestlich von dem alten stattlichen Haus mit der Freitreppe, südlich von dem sogenannten Riesenhaus flankiert, während das Eichamt im Westen und das große, 4stöckige Mietshaus im Norden trotz ihrer Vorzüge die altertümliche Vornehmheit des Platzes nur stören. Der Platz buchtet sich auf der Nordostecke in einen kleinen Sack aus, als dessen Abschluß die Synagoge der Juden steht. — Der Einheitlichkeit wegen wird die Südseite des Platzes, die in der heutigen Numerierung zur Großen Brauhausstraße gehört, früher aber mit besserem Recht zum Großen Berlin gerechnet wurde, auch hier besprochen werden.

**Nr. 7** ist die Synagoge der Juden, ein neuerer Bau in gelben Klinkern mit Zwiebelturm. — Die älteste Synagoge lag im ehemaligen Judendorfe (Gegend der Moritzburg) auf der Stelle der alten Bibliothek (Nordwestecke des heutigen Physikalischen Institutes). Die Juden wurden 1493 (1498) durch den Erzbischof Ernst aus Halle vertrieben. Erst 1692 erhielten einige Halberstädter Juden die Erlaubnis, sich wieder in Halle anzusiedeln. 1693 entstand ihr Friedhof am Töpferplan und 1700 ihre Synagoge zugleich mit der jüdischen Kantorwohnung, ganz verborgen in der nordöstlichen Ecke des Großen Berlins. 1724 wurde sie bei einem Tumulte vom Volke gestürmt.[4a]) 1815 zählte die Gemeinde 150 Seelen und stand unter der Aufsicht der Bezirksregierung. 1829 wurde die Synagoge nach gründlicher Erneuerung aufs neue feierlich eingeweiht. 1847 wurden die Juden zu Synagogenbezirken vereinigt. Der Synagogenbezirk Halle wurde durch einen Vorstand von drei Personen regiert. 1860 wurde ein eigener Prediger und Rabbiner angestellt. 1865 zählte die Gemeinde 450 Seelen. Ein neuer Friedhof an der Dessauerstraße, 2 Morgen groß, wurde 1864 für 2000 Taler erworben. 1869/70 erstand die jetzige Synagoge: den Juden wurden unterdessen die zwei unteren Zimmer der alten Petersbergerschule (ehemals Alte Promenade Nr. 10), für ihren Gottesdienst überlassen.[5]). Am 25. September 1870 fand die feierliche Einweihung der Synagoge statt, 1884 erweitert. 1902: 1230 Juden = 0,79 % der halleschen Bevölkerung.[6]).

Die jüdische Schule liegt neben der Synagoge. 1900: 150 Kinder von 7—14 Jahren, die auf sieben Klassen verteilt, am Sonntag Vormittag und Mittwoch Nachmittag unterrichtet wurden.

**Nr. 10.** Ein dreistöckiges, 7fenstriges, hohes, altes Haus mit Pfälzer Doppeldach und drei Dacherkern, einer Freitreppe in der Mitte, von Bäumen beschattet, ein malerisches Denkmal vergangener Zeiten.

**Nr. 14** der Großen Brauhausstraße ist ein neueres Haus, ehemals Nr. 431, das Eigentum des Professors und Geheimen Justizrates Pernice, der 1799 in Halle geboren, einer ursprünglich italienischen Familie entstammend, seit 1844 Kurator der Universität, der Regierungsbevollmächtigte in alter Weise war. Pernice erwarb sich auch in anderer Hinsicht bedeutende Verdienste, z. B. um die Begründung einer evangelischen Diakonissenanstalt auf dem Weidenplan 1857. Er starb 1861 in seinem Hause auf dem Großen Berlin.

**Nr. 15** der Großen Brauhausstraße, in alter Rechnung Nr. 432, am Großen Berlin ist ein 3stöckiges Haus von vornehmem Aeußeren, das ehemals der Kanzler August Hermann Niemeyer (1754—1828) besaß, ein Mann von ebenso umfassender Bildung wie vornehmer Geselligkeit, dessen Heim ein Mittelpunkt des geistigen Lebens unserer Stadt war, ein großer Liebhaber der Musik, der monatlich im Winter ein Konzert veranstaltete, zu dem er oft 60 Personen einlud und am Abendtisch bewirtete. — In diesem Niemeyerschen Hause hielten sich Göthe auf, als er bei Fr. A. Wolf in der Brüderstraße als Gast wohnte (s. Brüderstraße), und am 8. Juli 1803 Schiller, den 29. Mai 1803 Friedrich Wilhelm III. und Königin Luise,[6a]) vor allem aber Blücher, der Befreier Preußens, am 11. Oktober 1813 vor der Schlacht bei Leipzig. Siegesmutig tröstete er die vor Napoleons Zorn Bangenden: „Mit Gott wird es uns gelingen."

**Nr. 16** der Großen Brauhausstraße ist der Neubau des alten, berühmten Riesenhauses mit dem trefflichen Barock=

portal der alten Zeit. Zwei Riesen tragen die mächtige Türbekrönung, unter der die wunderbare, große Pforte ins Haus führt. Allerlei Verzierungen und Symbolik wie Inschriften weisen auf den Erbauer, den Postmeister von Mateweiß 1697. Mitten über dem Portal wird ein Reiter von einem auffliegenden Adler getragen mit der Inschrift: Stathmo-Metro. Arithmo. — Symb. ferimur. Motore. Supremo. — Act. XVII. V. 28. — Robuste. Juste. Venuste. — Friedericus Mateweis struxit — stathmice — Anno Parthenot. MDCLXCVII (d. h. mit Gewicht. Maß. Zahl. — Wahlspruch: Wir werden getragen von dem höchsten Beweger. Apost. Gesch. 17, V. 28. — Solide, Zweckmäßig, Schön, errichtete Friedrich Mateweiß dieses Gebäude — im Jahre des von der Jungfrau Geborenen 1697). Ueber der Inschrift mehrere Zirkel unter einer gleichstehenden Wage mit der Ueberschrift: Pro ratione status. — Mateweiß [7]) war sehr stolz auf den trefflichen Bau, der ihm 41 000 Taler gekostet hatte, die Rechnung fand man nach seinem Tode (1705); er nannte ihn in einem Schreiben an den König Friedrich Wilhelm I. Atheneum Salomoneum ad forum Neo Berolinense — Nach Mateweiß' Tode schlug die Stadt Halle 1706 der Regierung den Ankauf des Mateweißeschen Hauses vor, um dorthin die Universität zu verlegen, damit sie die Räume der Wage auf dem Markte wieder frei bekäme, doch vergebens. — Das Haus sah ebenfalls manchen berühmten Besuch: 1803 den Prinzen Heinrich von Preußen, doch ist dieser nicht der berühmte Bruder Friedrichs des Großen, 1806 den Kaiser Napoleon nach der Schlacht bei Jena und Auerstedt am 19. Oktober, am 2. Juli 1813 den König Jerome und am 17. Oktober den in der Schlacht bei Leipzig schwerverwundeten Prinzen Karl von Mecklenburg.[8]). — Das Haus gehörte im 19. Jhdt. dem bedeutenden Anatomen und Chirurgen Meckel von Hemsbach (1787—1833), einem Lehrer unserer Universität.[9]). Noch 1870 befand es sich im Besitze seiner Witwe, später in dem der Erben. In dem hinteren Seitengebäude lag früher das Meckelsche anatomische Cabinet aus 12000 Präparaten in drei Abteilungen aus physiologischen, pathologischen und zootomischen Präparaten bestehend. Es wurde 1836 vom Staate erworben, dann in der Residenz (s. d.) aufgestellt und seit dem Bau der Kliniken und der Anatomie an der Magdeburger-Straße dorthin überführt. — Zu unserer Zeit fand der gewaltige Umbau des Riesenhauses statt: ein 4stöckiges, mit Erdgeschoß versehenes Gebäude, dem ein kleiner, altertümlicher Giebel aufgesetzt war, erstand stilgerecht zu dem alten historischen Portal. Man schuf die große Saalezeitung-Passage, die etwa 55 Schritte lang den Großen Berlin mit der Neuen Promenade verbindet.

**Nr. 17** der Großen Brauhausstraße ist 1899 erbaut und das neue Heim der Saalezeitung, in dem sich ihre Redaktion und Expedition wie die der Halleschen Allgemeinen Zeitung befinden; ferner der Hendelsche Verlag der Bibliothek der Gesamtliteratur des In- und Auslandes und die Hendelsche Verlagsbuchhandlung und Buchdruckerei. Es ist ein 4stöckiges, hufeisenförmiges, in grauen Backsteinen aufgeführtes Gebäude, dessen Hof mit Eisengatter von der Straße abgegrenzt ist. — Ehemals stand hier ein altes Haus (Nr. 434), welches der Postmeister Mateweiß 1681 zu einem Postgebäude eingerichtet hatte. Es erinnerte daran der über der Tür in Stein angebrachte, auf einem gekrönten Adler reitende Postillon mit der Unterschrift: Sic portat gratia Jovae. Es befand sich dieses Haus um 1800 in dem Besitz des Schneidermeisters Lehmann, dessen Witwe Friederike Lehmann sich hohe Verdienste durch ihre unermüdliche Krankenpflege in den 1813 hier eingerichteten Militärlazaretten erworben hat. Sie wurde die Mitbegründerin des Frauenvereins und anderer Wohltätigkeitsvereine und starb in diesem Hause am 12. August 1833 hochgeehrt und tiefbetrauert von ihrer Vaterstadt.

**Nr. 11** (Großer Berlin) befindet sich gegenüber dem Saalezeitungsgebäude, ein Eckhaus, das mit seiner Hauptfront die westliche Seite des Großen Berlins einnimmt, die städtische Wage und das Eichamt. — Es ist ein 3stöckiger Bau in roten Backsteinen, 1883 erbaut für 89 913 ℳ, dessen Gesamtwert mit dem Grund und Boden 127 805 ℳ betrug.[10]). Leider stört der solide Bau die Wirkung dieses altertümlichen, historischen Platzes. — Das Wageamt befand sich früher in dem bekannten Ratswageamthause am Markte. Das Eichungsamt dagegen, bis 1847 in einem Privatlokale, wurde darauf in das Ratswagegebäude verlegt. Das Eichamt gehörte bis 1866 der Stadt und ging alsdann auf den Staat über, der es in Große Ulrichstraße Nr. 11 einmietete und 1873 in Große Ulrichstraße Nr. 52. Dorthin wurde auch das Wageamt 1873 aus der Wage verlegt. Beide Aemter wurden nun miteinander verschmolzen und 1883 in dem neuerbauten Gebäude am Großen Berlin eingerichtet. 1912 jedoch wurde das Eichamt wieder verstaatlicht und nach Kirchnerstraße Nr. 19 verlegt. Die Diensträume im Großen Berlin wurden eingezogen und umgebaut. Aber der Betrieb der städtischen Wage erhielt sich aufrecht. — In unserem Gebäude wurde 1885 die „Städtische Kunstsammlung“ aufgestellt, aus der sich später das „Städtische Museum für Kunst und Kunstgewerbe“ entwickelt hat. Man brachte eine Anzahl Gemälde und kunstgewerblicher Gegenstände aus dem Rathaus in einem Saal und vier Zimmern des zweiten Obergeschosses unter. Die Kunstsammlung wurde am 29. März 1885 eröffnet. Ihr Etat betrug anfangs jährlich 300 ℳ, 1887: 500 ℳ, 1888: 1000 ℳ. Ankäufe und Privatsammlungen vermehrten sie. 1890 kam als Geschenk der Rest der Riebeckschen Sammlung orientalischer Gegenstände hinzu (etwa 700), die Emil Riebeck auf seinen Forschungsreisen in Asien zusammengebracht hatte (Porzellane, Bronzen, Schnitzereien, Waffen, Gewebe, Lackwaren Elfenbeinarbeiten). Sie entstammten vorzugsweise China, Japan, Indien, Persien und Aegypten. Man erweiterte die Sammlung durch drei neue Zimmer und nahm 1894 das erste Stockwerk dazu. Von 1895 ab leistete die Stadt 2000 ℳ jährlichen Zuschuß, und der Versicherungswert betrug bereits 45600 ℳ für 93 Gemälde, 42 plastische Sachen, 850 kunstgewerbliche Gegenstände, 11000 Kunstblätter und 100 Münzen und Medaillen. 1901/2 wurde das städtische Museumsgebäude in der Moritzburg aufgeführt (s. d.). Unsere Sammlung zählte 1900: 9155, 1906: 17000, 1910: 13425 Besucher.

**Nr. 14** (Großer Berlin) ist ein altes, 2stöckiges Eckhaus mit 12 und 7 Fenstern Front in gelber Farbe und grünen Sommerfensterläden, freundlich und stilvoll; ein kleines Giebelfeld mit Urne läßt malerisch die südliche Front am Berlin hervortreten. Das Haus (Nr. 437) besaß ehedem der Professor Thilo (1794—1853), seit 1825 Professor der Theologie, ein vorzüglicher Kenner der Kirchengeschichte; später ward es ein Gasthof, „Englischer Hof.“ Jetzt ist es das Gasthaus zum Riebeckbräu.

## Große und Kleine Brauhausstraße, Passage und Bauhof.

**Große Brauhausstraße.** Der Name der Straße, die bis 1893 Große Brauhausgasse hieß, rührt von den Brauereien her, die hier lagen. Er ist jüngeren Ursprungs, erst 1828 gegeben, wenngleich schon die Bezeichnung Brauhausgasse um 1800 vorkommt. Die Brauereien lagen aber von alters her hier.[11a]) — An dem großen Berlin und in seiner Nähe, der heutigen Brauhausstraße standen, bereits im 16. Jhdt. einträgliche Brauhäuser, die der Rat aufkaufte, so 1569 das Seltenersche „auf dem Berlin“ für 500 Gulden, das Krausenersche 1572 für 800 Gulden, das Thomas Schulzesche 1589 für 800 Gulden, das Anna Kühnesche nebst Garten 1595 für 965 Gulden, das Matthias Untzesche 1606 für 640 Gulden und das Sebastian Bredausche im „Sacke“ für 800 Gulden. — Im 17. Jhdt. standen vier große Brauhäuser am und um den Berlin, in denen die 200

„Reihe brauenden Bürger", d. h. ursprünglich die Besitzer jener Häuser, die das Privilegium das Bier zu brauen und zu verkaufen hatten, brauten.[11]). Drei von diesen Brauhäusern gehörten der Stadt (das Bausensche, Sellentinsche[12]) und das Kühnsche), das dritte dem Sekretär Brandis. 1759 kaufte die Stadt auch dieses an. Da der Ertrag der Brauereien geringer ward, riß die Stadt zunächst das Kühnsche Brauhaus nieder und ließ Bürgerhäuser auf seinem Gelände bauen, das gleiche geschah mit dem Brandisschen Brauhaus. Es blieben also um 1800 in der Gegend des Berlin nur das Bausensche und das Sellentinsche (dieses für Braunbier) übrig. Als nun gar das Privilegium des Brauens unter der Westfälischen Herrschaft aufgehoben wurde, verkaufte 1813 die Stadt ihre vier Brauhäuser, darunter die zwei am Großen Berlin[13]), an eine Brau-Sozietät oder Brau-Kommanditgesellschaft, und zwar das Sellentinsche oder Brandbrauhaus für 405 Taler und das Bausensche nebst dem Malzhaus auf dem Bauhof für 3505 Taler. Da die Brauerschaft auch wenig Vorteile erwarb, verkaufte sie das Brandbrauhaus an den Oekonomen Sachse für 750 Taler, der das Brauhaus niederreißen mußte. Dieses Brauhaus lag Nr. 347/351 in der Brauhausstraße. Das andere Brauhaus, das Bausensche, lag am Bauhof und wurde 1816 zum Brauen wieder eingerichtet, es hieß seitdem das Neue Brandbrauhaus und führte die Nummer 310b (neben der Armenschule 310a). — In der Nähe des alten Brandbrauhauses in der Brauhausgasse errichtete 1815 der Stärkefabrikant Christian Gottfried Rauchfuß in seinem Hause ein neues Brauhaus (Nr. 357/359), in dem 1816 Bier, 1818 Broyhan gebraut wurde, das später 1846 sein jüngster Sohn Hermann übernahm, nach dessen Tode sein Neffe Hermann Freyberg, Sohn der jüngsten Schwester Hermanns, die Brauerei erhielt. Christians ältester Sohn Wilhelm gründete 1842 in dem der Brauerschaft gehörigen Neuen Brandbrauhause auf dem Bauhofe neben der Brauerei seines Vaters eine eigene Brauerei, die freilich bald (1846) nach dem Kleinen Berlin verlegt wurde (s. d.). — Die älteren Rauchfußschen Brauereien befinden sich noch in den 70er Jahren in der großen Brauhausgasse (Nr. 5—8). Unterdessen war in Nr. 28/29 eine neue Brauerei von Goldschmiedt entstanden, dieser folgte die große Günthersche Brauerei in den 90er Jahren (Große Brauhausstraße 27—28), die um diese Zeit als die einzige Brauerei in dieser Straße existierte.

Also in diesem Stadtteil der Bierbrauereien wurden jene zwei alten Straßenzüge mit Fug und Recht Große und Kleine Brauhausgasse genannt. — Die Große Brauhausstraße verbindet die Leipzigerstraße mit dem Großen Berlin und der Rannischenstraße, sie führt in südlicher, dann in westlicher Richtung und bildet so einen stumpfen Winkel. Ihr Ursprung an der Leipzigerstraße bildete im Mittelalter einen Sack, eine taube Gasse (1457: an der touwen gasse in der galkstraße); etwa vor einem Jahrzehnt ist hier sogar ein zweiter Abfluß des Verkehrs durch die Passage nach der Kleinen Brauhaus- und Sternstraße geschaffen worden. — 1915 zählte die Straße 31 Häuser. —

**Die Kleine Brauhausstraße** empfing wie die Große Brauhausstraße erst in neuerer Zeit (1828) ihren Namen von den Brauereien, die in diesem Stadtgebiet (in ihrem südlichen Teile) lagen. Sie war wie jene ein alter Straßenzug (bis 1893 Kleine Brauhausgasse). Eng, etwa sieben Schritte nur breit verbindet sie die Leipziger Straße (an der Ulrichskirche) mit der Neuen Promenade, wenigstens seit 1876, denn vor dieser Zeit mündete sie in die Große Brauhausgasse. Im Frühjahr 1876 wurde der Durchbruch durch die Grundstücke Große Brauhausgasse Nr. 11 und 12 und Neue Promenade gebildet. — Die Kleine Brauhausstraße hat keinen einheitlichen Charakter. Sie ist zwar durch keine ganz neuen Häuser und keine Mietskasernen gestört, zeigt aber auch keine bemerkenswerten älteren Gebäude, wie ehedem das alte Haus Nr. 7, das noch eine (gotische) Ausstattung eines Zimmers in Holzwerk, Gesimse und Decken in Holz aus dem 15./16. Jhdt. zeigte. Auch sah man gotische Andreaskreuze mit Nasen im ersten Obergeschoß gegen den Garten zu. — Der Eingang der Straße an der Ulrichskirche war ehedem eng und düster. Das Predigerhaus S. Ulrich lag bis 1834 hart an der Straße; es ist erst damals zurückgesetzt worden (Ulrichskirche). — In Gr. Brauhausstraße Nr. 30 befand sich von 1893 bis etwa 1910 die Hallische Zeitung.

**Die Passage** verbindet den Beginn der Großen Brauhausstraße (an der Leipzigerstraße) mit der Kleinen Brauhaus- und Sternstraße: eine dankenswerte Abkürzung. Man geht in der Großen Brauhausstraße Nr. 30 durch einen asphaltierten Torweg gewissermaßen auf einen asphaltierten Hof großer Gebäude und gelangt auf einen alten ehemaligen Sack an der Kleinen Brauhausgasse. Es liegen an diesem Sackstück das alte Haus Kleine Brauhausstraße Nr. 8 und das ebenfalls alte Eckhaus Nr. 9. — In Gr. Brauhausstraße Nr. 30 befand sich von 1893 bis etwa 1910 die Hallische Zeitung.

**Am Bauhof.** Die Straße empfing ihren Namen von dem Bauhof, der 1488 von der Stadt auf dem Gelände von der Galgstraße bis zur Rannischenstraße hinter den Befestigungsmauern der Stadt errichtet wurde (s. Großer Berlin). Auf dem Bauhof wurden die Materialien, Holz, Steine usw., welche die Stadt für ihre öffentlichen Gebäude brauchte, gelagert; ferner wurde hier auch gezimmert, Gerüste geschlagen, wie z. B. die Galgen, die, da sie aus Holz bestanden, sehr oft erneuert werden mußten; erst 1698 wurde der Stadt gestattet, einen Galgen (auf dem Riebeckplatz) aus Stein und Eisen zu bauen.

Schon Olearius erwähnt, daß auf dem Bauhof, zwar auf dem Teil am Großen Berlin, die Almosen an Brot und Geld nach vorgehendem Gebet täglich an die Armen ausgeteilt wurden.[14]). — Ferner lesen wir in der Topographie von Brieger 1788 S. 30, daß auf dem Bauhof eine Armenanstalt eingerichtet und damit eine Armenschule verbunden worden ist, in der täglich 3 Stunden lang in Lesen, Schreiben, Rechnen, Religion unterrichtet wurde. Einige angesehene Männer hatten sie im Jahre 1785 ins Leben gerufen. Diese Einrichtung scheint wenig Bestand gehabt zu haben, denn im Oktober 1800 gründete die Gesellschaft der Freiwilligen Armenfreunde eine neue Armen- und Erwerbsschule auf dem Bauhof.[14a]). 1820 wurde hier in dem Erwerbshause eine förmliche Armenschule eingerichtet. 1827: 2 Lehrer für 166 Knaben und 2 Lehrer für 166 Mädchen. 1837: 700 Kinder (Nr. 310a). — 1860 wurde die alte Armenschule abgerissen und die „Volksschule" an der Neuen Promenade erbaut, welche „Alte Volksschule" genannt wird (s. Neue Promenade).

Ebenfalls auf dem Bauhof gründete Wilhelm Rauchfuß 1842 im ehemals städtischen Neuen Brandbrauhause (Nr. 310b) jene Brauerei, die im Jahre 1846 nach dem Kleinen Berlin verlegt wurde (s.d.).

Heute ist der Bauhof eine Sackgasse, etwa sechs Schritt breit, die von beiden Seiten durch einige 4stöckige Häuser gebildet wird, von denen Nr. 4 (links) und Nr. 5 (rechts) bereits abgerissen sind. Er mündet auf ein breites Tor, das auf den Schulplatz der Alten Volksschule führt. — Nr. 5 wurde ebenso wie Neue Promenade Nr. 12 und Große Brauhausstraße Nr. 4 im Jahre 1911 für 165 000 ℳ zur Erweiterung der benachbarten Volksschule von der Stadt angekauft und abgerissen. Auf der Stelle von Nr. 5 steht jetzt die neue Turnhalle der Schule. — 1915 zählte die Straße sechs Häuser, alt und vielstöckig, abgesehen von Nr. 1.

## Die Neue Promenade.

Die Neue Promenade entstand auf dem Gelände der mittelalterlichen Befestigung und zwar vom Rannischen Tor bis zum Galgtor (s. S. 2). Zwischen den zwei inneren Stadtmauern und der dritten äußeren zog sich der etwa 40 m breite Wallgraben entlang, der verschiedene Teiche enthielt, linker Hand vom Rannischen Tore zwei Teiche im sogenannten Schwanengraben und ebenfalls zwei Teiche nach dem Galgtore zu zur Aufbewahrung der städtischen Röhren. Sonst füllten ihn Gärten und Schießstände aus. Am Galgtor (Leipziger Turm) war der Graben mit hoher Mauer, Tür und Tor abgeschlossen. Er hieß der Pfännergraben (bis zur Wendung nach Westen, an der heutigen Alten Volksschule).[15]). In diesem Graben übte wohl schon 1505 die Stadtschützengilde, von der sich erst nach 1560 die Büchsenschützengilde trennte (s. Poststraße). Die Armbrustschützen (im Gegensatz zu den Büchsenschützen), die Palästerschützen übten mit der Armbrust nach einem Vogel, der ehemals ein silberner war und das Geschenk eines Fürsten. Bis zum Herbste 1821 lag auch ihr Schützenhaus in dem Graben, das alsdann auf Abbruch nebst den vielen und schönen Obstbäumen verkauft wurde, für 431 Taler. Aus dem Pachtgeld von Gras und Obst konnte man jene 15 zinnernen Teller kaufen, die an den Schützenfesten erschossen wurden. — Dieser Pfänner- oder Palästergraben war ein höchst malerischer und idyllischer Winkel der Stadt Halle. Er war beiderseis mit starken, steinernen Mauern eingefaßt, von der Stadtseite aus ragten die hohen Schalen und viereckigen Türme, die Bastionen, Zinnen und Wehrgänge über ihn empor, aus der Tiefe rankten sich Efeu und Wein an dem Gestein herauf, weißer Hollunder und blühende Sträuche nickten über die Mauer herab. Gegenüber, auf der Galgtorvorstadt, lag der Mitreutersche Garten, die sogenannte „Mitreuterei", (Nr. 1661), dessen Wohnhaus eine beliebte Studentenherberge war.[16]) Von hier aus sah man in die tiefe, grünende, blühende Wildnis hinab, aus der Nachtigallen und Drosseln emporsangen, indessen von oben lustige Studentensänge und Zitherklänge herunterklangen. — Die Palästergesellschaft gab 1822 freiwillig der Stadt ihren Schießgraben zur Errichtung einer Promenade und löste sich (aus 17 Mitgliedern noch bestehend) auf und übergab ihr Reinvermögen größtenteils der Armenkasse.[17]) — Eine Promenade entstand vorläufig noch nicht. Es geschah zunächst nichts weiter, als daß man die vordere Mauer nach der Straße zu abtrug und den Graben allmählich mit Schutt und Asche auffüllte. Am anderen Ende des Grabens, am Rannischen Tore, auf dem heutigen Franckeplatz, begann man ebenfalls zu planieren. Aber erst 1845 (1841) trat man dem Plan näher, eine Fahrstraße an den Franckeschen Stiftungen entlang nach der Moritzbrücke hinab zu legen. Am 7. September 1847 begann man die Mauern, Eckbastionen, Türme abzubrechen und den Wallgraben einzuebenen (bis 1849). Das erforderte mancherlei Geldopfer: Der Abbruch der großen Eckbastion (vor der Volksschule) kostete 474 Taler, als Entschädigung für die Abtretung des Zwingers an den Franckeschen Stiftungen mußten diesen 2024½ Taler gezahlt werden. Sie hatten ihn 1734 für 100 Taler jährlichen Kanon von der Stadt in Erbpacht erhalten. — Der äußerst tiefe Graben an der heutigen Volksschule war vollständig verschwunden, ja man schüttete ihn bis an die Königstraße auf und legte terrassenförmige Verkehrswege an. Die Stiftungen verpflichteten sich, ein Straßengelände (die heutige Königsstraße) durch ihren Apothekergarten, der hier oberhalb lag, nach der Lehmbreite freizugeben. — 1864 wurde die Neue Promenade polizeilich benannt. — 1877/8 wurde das Plattentrottoir gelegt.

Geht man heutigen Tages vom Leipziger Turm die Neue Promenade entlang, so stehen nur rechts die Gebäude, jüngere, vielstöckige Häuser, vor ihnen das breite, mit Bäumen bepflanzte Trottoir, dann der Straßendamm und jenseits der Promenadenweg an den Anlagen entlang. Diese bilden eine Böschung von der Königstraße an den Franckeschen Stiftungen hinab entlang bis zum Franckeplatz, hinter der die Elektrische Bahnlinie (Hauptbahnhof—Hettstedter Bahnhof) führt. — Die Häuserreihe der Neuen Promenade verläuft fast im rechten Winkel, dessen Scheitelpunkt die Volksschule bildet. Ihr Aussehen ist nicht einheitlich: anfänglich stehen höhere Mietshäuser, hinter der Volksschule kommen noch alte Festungsmauern von gewaltiger, ursprünglicher Höhe mit ihrem Wehrgang zum Vorschein. Leider sind die malerischen Schalentürme verschwunden. Es ist sehr zu wünschen, daß dieser Rest alter hallischer Befestigung vor der leider oft zu rügenden Pietätlosigkeit geschützt würde. Andere Teile findet man in Häuser eingebaut. — Kleinere, ältere Gebäude wechseln mit modernen, größeren, bis das Börsenhaus und der große Neubau der Saale-Zeitung-Passage den Abschluß bildet.

**Nr. 1a** der 4stöckige, imposante Neubau der Saale-Zeitung-Passage (s. Großer Berlin).

**Nr. 2** das Börsenhaus: Erdgeschoß, dann fünf große Bogenfenster, die zwei Stock umfassen, ein geschmackvoller Bau.

**Nr. 5** ein auffallend niedriges, 2stöckiges Haus, dessen ältere Ansicht (1854) noch den vorgelagerten Streifen Stadtwall im Erdgeschoß zeigt; jetzt ein schmaler Zwischenraum, der durch ein Eisenstaket von der Straße abgetrennt ist. Die alte Stadtmauer, auf der das Haus erbaut ist, ist jetzt zum Parterre umgewandelt.

**Nr. 6** bestand bis 1874 aus einem Stück Stadtmauer und einem malerischen Schalenturm, dessen oberer Teil eine Wohnung, d. h. ein einziges, sehr geräumiges, 4fenstriges Zimmer bildete. Zu ihr stieg man vom Hofe aus auf einer dunklen Treppe, die oben mit einer Falltür geschlossen war, empor. Frühjahr 1874 wurde der Turm abgerissen und das jetzige Haus auf seiner Stelle erbaut (s. a. Große Brauhausstraße 11).

**Nr. 8** die Kaiser-Wilhelmshalle, etwa 1865 als Roccos Kaffeehaus erbaut, damals ein stattliches Etablissement in unserer Stadt, in dem am 11. 11. 1866 die heimgekehrten Sieger ihre Feier veranstalteten.

**Nr. 13.** Die Alte Volksschule, 1861/62 an Stelle der alten Armenschule (s. Bauhof) erbaut, für 59230 Taler mit 27 Klassen, mehreren Räumen für Konferenzen, Sammlungen und einer großen Aula, die vielfach für Ausstellungen, Konzerte usw. benutzt worden ist. Der Bau ist ein Eckhaus, jetzt in grauem, rauhem Putz, dessen östlicher Hauptteil heutigen Tages 4stöckig von zwei höher ragenden, turmhaften Teilen flankiert ist und 24 Fenster Front im ganzen hat, der südliche Teil dagegen ist 3stöckig und hat neun Fenster Front. 1866: 2457 Schüler und Schülerinnen in den 27 Klassen und 5 auswärtigen Klassen, vier Taler jährliches Schulgeld. Der Taxwert 1866: 50 800 Taler, 1871: 186400 ℳ, 1913: 359567 ℳ, 1914: 425068 ℳ. — 1911 wurden zur Erweiterung der Schule Neue Promenade Nr. 12, Brauhausstraße Nr. 4 und Bauhof Nr. 5 für 165 000 ℳ durch die Stadt angekauft. 1913 wurde die durch zwei Stockwerke gehende Aula umgebaut, durch Einziehung von Decken und Wänden gewann man neun Klassen, einen großen Zeichensaal und zwei Lehrmittelräume. — 1913 kaufte man das benachbarte Klinkhard- und Schreibersche Grundstück an und erbaute so eine Turnhalle (mit Schulmuseum im Dachgeschoß). Der bisherige Hof wurde wesentlich vergrößert, die alten Schuppen wurden niedergerissen. Die gesamten Kosten betrugen 191996 ℳ.[18])

## Die Leipziger Straße (Galgstraße) Unterer Teil.

Der ursprüngliche Name der Straße war Jahrhunderte hindurch bis zum Jahre 1827 3. 11 „Galgstraße“; 1266: galchstrate, 1422: galchstrasze, 1475: galckstraße. So hieß jedoch nur der untere Teil der heutigen Leipziger Straße, vom Leipziger Turm bis zum Marktplatz; der obere Teil (vom Leipziger Turm bis zum Riebeckplatz) hieß bei Olearius „Galgtorvorstadt“ und später noch 1836 „Leipziger Torstraße,“ wenngleich schon 1828 offiziell der Name „Leipziger Straße“ bis an das äußerste Tor fortgeführt war. — Galgstraße nannte man die Straße, weil sie ehemals zum Galgen, zum Hochgericht, das am Riebeckplatz auf dem heutigen Apollotheatergelände (Prinz Karl) stand, führte.[19])

In den Schöffenbüchern (1266—1460), wird die Galgstraße sehr häufig erwähnt (98 mal), sie war eine der fünf mittelalterlichen Hauptstraßen der Stadt (Alter Markt, Schmeerstraße, Galgstraße, Stein- und Ulrichstraße). Alte Patriziergeschlechter besaßen hier ihre Höfe: die Hagedorn ihre Hagedorns Worth (Ulrichskirche), die Brun (1266) den Hof, den die Karle (Kurle, Korle) kauften usw. Das Geschlecht der Hagedorne tritt schon 1243 auf. Burchard Hagedorn ist Zeuge beim Propste Poppo von Neumarkt. Ein bedeutendes Haupt der Familie war Busso Hagedorn, 1290 Schöffe zu Halle. Sein Bruder ist Tilo, seine Söhne Heise und Kuneke, seine Töchter Brese, Bete (an Heine von Dieskau verheiratet) und Sanne. Er besaß den halben väterlichen Hof und giebt ihn seiner Frau Elisabeth für 80 Mark, für bedeutendes Geld! Spätere Glieder der vornehmen Familie sind Heidenreich, Hans (1399), Heise und nochmals Hans (1436).

Auch standen manche Kapellen in unserer Straße: die Wolfgangskapelle östlich von der Servitenkirche (Ulrichskirche) und jene in Fugmanns Hof, deren Name schon zu Olearius' Zeiten vergessen war. 1339 erhielten die Neuen Brüder (Serviten oder Marienknechte) die Hagedorns Warte und begannen hier ihre Kirche und ihr Kloster zu erbauen. Auch ein Haus der Beguinen, wie solche eins am Moritztor (s. d.), am Paulerkloster (Dom) und am Barfüßerkloster besaßen, befand sich in unserer Straße, in der Nähe des Servitenklosters.

Der Weg war eng und winklich, von Fachwerkhäusern, Lehmhütten, Holzbuden, Scheunen und Ställen, Lehmmauern, und Torwegen gebildet. Ein „Sack“ befand sich an der Stelle der heutigen Großen Brauhausgasse, und ein anderes Haus bildete die „schwarze Ecke“ (1369: dat die swarze hecke het). [20]) — 1564 wurde ein Röhrkasten (Wasserkunst) an der Ulrichskirche aufgestellt, wie solche sich auch in den Kleinschmieden, in der Großen Ulrichstraße (bei der Spiegelstraße) auf dem Alten Markt (s.d.) und auf dem Markte (beim Schöffenhause) befanden.

Die Straße war seit dem 12. Jhdt. in dem neueren, jüngeren Halle entstanden, sie entwickelte sich aus der Heerstraße, die sich in das Meißnische (Kursächsische) Gebiet wandte (teils die Reideburgische Straße nach Osten, teils die Leipziger Straße nach

Südosten). An ihrem Austritt aus der Stadt war sie durch ein starkes Tor, das Galgtor (s. unten), geschützt. Vielfach mündete auch der Verkehr der Magdeburger und Berliner Landstraßen durch das Galgtor in die Stadt, so zogen der Große Kurfürst und am 1. (12.) Juli 1694 Kurfürst Friedrich III. zur Einweihung der Universität mit glänzendem Gefolge durch das Galgtor und die Galgstraße auf den Markt. Ein anderes Schauspiel brachte der Morgen des 19. Oktober; York mit seinem siegreichen Korps ritt nach der Leipziger Schlacht unter dem Jubel der hallischen Bevölkerung hier ein. — 1827 vertauschte zwar die Straße ihren häßlichen, alten Namen mit dem jetzigen „Leipziger Straße". Freilich waren schon längst Versuche, ihn zu ändern vorausgegangen. In Hendels „Adreßbuch" (1804) lese ich S. 20 „Kalbstraße" und S. 105 „Kalbtor". Aber schon damals drang die Bezeichnung „Leipziger Straße" immer mehr durch, so daß am 11. 11. 1811 ein Verbot des Magistrats erschien, die Galgstraße willkürlich Leipziger Straße zu nennen! Die Bürgerschaft verriet mehr Geschmack und Feingefühl als ihr Magistrat! Erst in den letzten vierzig Jahren erlebte die Straße eine durchgreifendere Veränderung als je zuvor: die einfachen Läden, die älteren Häuser verschwanden immer mehr, statt ihrer entstanden große Geschäftshäuser, großstädtische Verkaufsläden. Am 15. Oktober 1882 wurde die hallische Straßenbahn mit Pferdebetrieb auch in der Leipziger Straße eröffnet, 1898 mit elektrischem Betrieb, und am 30. Oktober 1902 wurde die elektrische Straßenbeleuchtung eingeführt.

**Nr. 1** ist der südliche Rathausflügel, ein 3stöckiges, dreigeteiltes, stattliches Gebäude, dessen mittlerer, 2fenstriger Teil ein zwei Stock hoher stattlicher Barocktorkomplex ist und dessen beide andere Teile sechs Fenster haben, im Parterre befinden sich große Verkaufsläden. Das Haus ist nach Abbruch des alten baufälligen Rathausflügels 1702 erbaut worden. — Das staatliche Postamt, am 8. Juni 1681 eingerichtet, befand sich ursprünglich am Großen Berlin (s. d.) und wurde bald nach dem Tode von Mateweis (1705) in die Galgstraße verlegt, neben den damals neuen, südlichen Flügel des Rathauses (also in Nr. 2). Erst hundert Jahre später (1805) mietete die Postverwaltung wegen des steigenden Verkehrs noch das Erdgeschoß des angrenzenden Rathausflügels rechts vom Toreingange und 1819 noch die Gewölbe und Läden links als Packkammer gegen eine jährliche Miete von 257 Talern an die Stadt. 1822 wurde die erste Schnellpost eingeführt. Die gewöhnliche Post erhielt nach und nach Verdecke, sodaß die Reisenden vor Sturm und Regen geschützt waren. 1825 entstand auch eine Fußbotenpost für Halle, sie beförderte Briefe und Pakete im Umkreise von drei Meilen. 1840 bezog man das neue Gebäude an der Steinstraße und Poststraße, das dem Neubau 1894 zum Opfer fiel. —

**Nr.** 2 dieses alte, in einem Winkel gebaute Haus ist die alte Post, die auch das Hinterhaus im Kleinen Sandberg Nr. 1 (s. d.) umfaßte. Hier im Vorderhause wurden die Reisenden abgefertigt und Briefe und Zeitungen angenommen und ausgeliefert. — Uebrigens wurde in dem alten Posthause (Nr. 2) 1660 der berühmte Professor der Medizin Friedrich Hoffmann geboren, der Erfinder der Hoffmannstropfen und Entdecker des Lauchstädter Heilquelles.[21])

**Nr.** 5 ist 1880 entstanden. Vordem befand sich hier das Leih- und Pfandhaus des Juweliers Poinlou, dessen Erben es bis 1829 besaßen, da es geschlossen wurde. Bis zirka 1840 führte eine große Freitreppe zu dem hohen Portale des Hauses empor, in dessen Mitte die Themis, weiter unterhalb die Spes und die Caritas thronten. Die lateinischen Inschriften enthielten ein Zwiegespräch zwischen der Philosophie und der Justitia.[22]) Ueber dem Türpfosten links stand: „In virtute et justitia — Stabitur domus" (d. h. Auf Tugend und Gerechtigkeit wird ein Haus fest begründet), und: „Alta cadunt vitiis, virtutibus infima surgunt" (Hohes fällt durch Laster, durch Tugenden steigt auch das Niedere). Ein schlanker Treppenturm auf dem Hofe trug die Inschrift: „Fide Deo, diffide tibi, fac propria, castas — Funde preces, paucis utere, magna fuge, — Multa audi, dic pauca, Tace abdita, scite minori — Parcere, majori cedere, ferre parem. — Tolle mores, mirare nihil, condemna caduca, — Disce pati, et Christo vivere, disce mori. — Ingratis servire nefas! — Nil admirari beatum facit! — Se nosse maximum. — M. A. R.[23]).

**Nr.** 6 ist das große, moderne Geschäftshaus von Weddy-Pönicke. (Das Geschäft ist 1866 begründet, bis 1900 in Leipziger Straße Nr. 7 betrieben). Die zwei unteren Stockwerke füllen sechs Fensterbogen aus. Ueber den beiden obersten erhebt sich das Dach mit einem Giebelbau in der Mitte. Der Bau ist von den Architekten Knoch und Kallmeyer ausgeführt worden. Ehedem residierte hier das Pfälzer Koloniegericht; eine große Freitreppe in der ganzen Frontlänge beengte die Straße und führt zu dem prächtigen, figurenreichen Portale empor, das uns rechts die Göttin der Jugend Hebe aus einer Amphora Nektar in eine Trinkschale gießend zeigt, in der Mitte Simson in vornehmer Barocktracht mit einem Löwen kämpfend und links Themis, die Göttin der Gerechtigkeit mit Wage und Schwert; darunter die Inschriften: „Splendida justitiae Simson spectatus imago — Immanem manibus dum neca ipse feram. — Justitiae soror est quae temperat omnia virtus — Hac notat occissae mel quod ab ore cadit."[24]) Der Portalpfeiler links trägt eine Sonne, darunter: „Sol justitiae", rechts eine Mondsichel, darunter: „Luna temperantiae", und die Jahreszahl 1601. — Das Erdgeschoß dieses Hauses wurde 1864/65 gänzlich umgebaut und zu modernen Kaufläden umgeschaffen, bis es im Jahre 1898 dem Neubau Weddy-Pönicke weichen mußte. Das Portal steht jetzt im Großen Sandberg Nr. 22.

**Nr. 17** (18), ein 3stöckiges, älteres, glattes Haus bewohnte ehemals Christian Gottfried Schütz, Professor der Philosophie und Weimarischer Hofrat, der Begründer und langjährige Herausgeber der ehemaligen Hallischen Literaturzeitung. Er verstarb in diesem Hause am 7. Mai 1832. (1747 zu Dederstedt im Mansfeldischen geboren).[25])

**Nr. 88** ist das Passage-Theater, ein 1912 eröffnetes Lichtspieltheater mit 877 Plätzen, durch dessen Konkurrenz die kleineren von 10 (1912) auf 8 (1913) vermindert wurden.

**Nr. 96.** Auf dem Platze dieses Grundstücks hat ehemals die S. Wolfgangskapelle gestanden. S. Wolfgang war Missionar der Böhmen unter Kaiser Otto II., dann Bischof von Regensburg.[25a]) Die Kapelle entstand wohl um 1300. Es erhielt 1531 ihr Turm die Glocken der alten Ulrichskirche vom Ulrichstor. 1665 war sie so baufällig, daß die Spitze ihres Glockengehäuses auf die Ulrichskirche übertragen und sie selbst gänzlich abgebrochen wurde.

**Nr. 100,** ein moderner, imposanter 1890 entstandener Bau, ist Freytags Kleiderwarengeschäftshaus (1865 in einem kleinen Laden, Leipzigerstraße Nr. 5 begründet). Ehedem lag hier an der Ecke der Kleinen Merkerstraße der altberühmte Gasthof Zum Goldenen Löwen (Nr. 386/387 und 1862 Leipzigerstraße Nr. 104). Er hatte von alten Zeiten her die Gastgerechtigkeit, wird bereits 1553 erwähnt (Feuer im Goldenen Löwen) und war noch 1878 im Betrieb. 1795 ist der Goldene Löwe nebst Goldenem Ring und Kronprinz der beste Gasthof in der Stadt. — In der Wand eines Seitengebäudes befindet sich noch das Wahrzeichen des ehemaligen Gasthofes: ein grobgehauener, sitzender, steinerner Löwe.[25b])

**Nr. 102** war das ehemalige Laufferſche Konditorgeschäft (Hallorenkuchen!). Das Haus ist 1882 neu erbaut worden; in dem alten Hause befand sich (wie an der Marienkirche) das hallische Wahrzeichen, ein mit einem Sack beladener Esel, der auf Rosen schreitet, jedoch ohne Treiber mit der Jahreszahl 1585. Das Steinrelief wurde damals dort in dem Restaurationslokal der neuen Börse wieder angebracht.

**Nr. 105**/106, Weiß's Herrenkleider-Geschäftshaus, ist ein großer Neubau seit dem Jahre 1890, dem auch die ersten Häuser der Großen Merkerstraße zum Opfer fielen.

## Der Leipziger Turm und das Galgtor.

Am Ausgang unserer unteren Leipzigerstraße, dort, wo Neue Promenade und Poststraße zusammenstoßen, lag das Galgtor. Es entstand zur Zeit der neuen Befestigung nach 1100. Ursprünglich ein Tor aus Holz, später aus Stein und Fachwerk, wurde es besonders in der Mitte des 15. Jahrhunderts stark befestigt und durch einen hohen Wartturm, den Leipziger Turm, bedeutend verstärkt. 1266: vor deme galgtore, 1477: galcktor. — Die Abbildung bei Olearius (1666) zeigt uns drei Torhäuser, das innerste zwischen Poststraßenecke und Neue Promenade, das äußerste dicht am Turm, südlich ihm angebaut. Große Torwege führen durch sie hindurch und Stufengiebel schmücken die vier Seiten. Dieser Bau stammt erst aus dem Jahre 1573, da das gesamte Galgtor neu erbaut worden ist. — Jedes Tor hatte einen Geleitsmann (Torhüter), und so wird auch der Geleitsmann des Galgtores 1477 von Spittendorf erwähnt: er läßt die Wagen ein und aus und nimmt den Zoll ein. — Durch das Aufblühen Leipzigs gewann die Leipziger Heerstraße wie auch unser Galgtor stärkeren Verkehr, aber auch höhere Bedeutung als Einfallspforte Meißens und Kursachsens. So erbaute man um 1450 den hohen Wartturm am Tore, der über 100 Fuß hoch weit das Gelände nach Osten und Südosten überschauen konnte. Ueber die Zeit der Entstehung dieses mächtigen Turmes ist uns keine Nachricht überkommen. Seiner Bauart nach (Stilform der Schießscharten) entstammt er zirka 1450. Um diese Zeit (1454) wurde auch der Zwinger am Galgtor zu bauen, d. h. zu vertiefen begonnen. In sechs Jahren (1460) war man damit fertig. — Der Name des Turms heißt in den alten Schriften: Turm am oder bei oder vor dem Galgtor (1478: thorm vor dem galkthore) oder „Runder Turm", erst seit 1827 Leipziger Turm, als die Galgstraße Leipzigerstraße genannt wurde. — Der Runde Turm ist ganz isoliert aufgeführt, ohne baulichen Zusammenhang mit dem ursprünglichen Torgebäude, das spätere ist ihm angebaut. Jedoch ging die äußerste Mauer über den Martinsberg wohl schon anfangs von ihm aus. Seine Mauern sind unten 2,80 m stark, die Lichte 3,30 m, die Zwischendecken sind aus Holz, im Westen befindet sich eine kleine, spitzbogige Eingangstür, in den einzelnen Stockwerken spitzbogige Ausguckfenster. Ursprünglich war er wohl mit einer Ziegeldachspitze bedeckt, später erst, wohl im 16. Jhdt. mit der welschen Haube, den vier Lukarnen und der Laterne. Der Turm ist aus Bruchsteinen erbaut. Dagegen sind die Umrahmungen der Türen und Fenster aus Sandstein, der Helm ist mit Schiefer gedeckt. — 1478 wird der Turm als Gefängnis benutzt; ob er der „Krämerturm" Spittendorfs ist, steht dahin.[26]) — Schon Ende des 16. Jhdts. diente er als Uhrturm: 1598 wurde ein großes Uhrwerk mit drei gedoppelten Stunden- und Viertelstundenweisern, einem Sonnenzeiger und zwei Glocken zum Stunden- und Viertelstundenanschlag gefertigt. Im November 1778 wurde die große Zeigerglocke wegen ihres mit der Sturm- und Feuerglocke übereinstimmenden „schrecklichen" Klanges abgenommen, zerschlagen, neugegossen und wieder aufgehangen. Am 6. 7. 1834 schlug der Blitz in ihn ein: das Schieferdach mußte fast gänzlich renoviert werden. 1866 wurden Uhr und Zifferblatt für 583 Taler erneuert.

Im Oktober 1816 wurde das Wachthaus des Galgtores zum Niederreißen verkauft, da es nicht mehr mit Militär belegt werden sollte. Im 18. Jhdt. war es mit 16 Mann Wache belegt.[26a]) 1819 fielen sämtliche Torbefestigungen außer dem Leipziger Turm, wodurch ein schöner, freier Platz gewonnen wurde.

Der Taxwert des Turmes betrug 1871: 34500 ℳ, 1907: 20750 ℳ, seit 1912 wurde der Turm wie der Rote Turm und die vier Marienkirchtürme in der Vermögensübersicht der Stadt Halle vor der Linie aufgeführt, werden also nicht direkt zum Reinvermögen der Stadt gerechnet.

## Die Ulrichskirche.

1339 schenkt ein Herr von Hagedorn (Haidorn, Haydorn Hayendorn) seinen altererbten Familiensitz, die Hagedornwarte (Hagedornsworth), den Neuen Brüdern (nigen bruderen = Marienknechte, Serviten), die ursprünglich auf den Klausbergen, dann seit 1306 auf dem Riebeckplatz, in der Nähe des Weinbergs, der hier lag, zwischen dem steinernen Kreuz und dem Alten Bahnhof ihr Kloster hatten.[27]) Sie rissen die Hagedornswarte nieder und begannen seit 1341 Kirche und Kloster in der Galgstraße zum Mißvergnügen des Propstes von Neuwerk zu erbauen. Kloster und noch mehr die Kirche entstanden sehr langsam. Erst 1435 wurde das metallne Taufbecken mit vier Füßen und 14 Bildern zu Magdeburg gegossen. 1488 entstand das

Altargemälde und das Schnitzwerk des Hochaltars in derselben Zeit. Doch erst 1510 wölbten die Brüder ihre Kirche. Offenbar hatte der Bau der großen Kirche die Mittel der Brüder überstiegen. — Auch das Kloster wurde erst 1483 ein gut Stück weiter gefördert und 1496 vollendet. Doch schon 1527 gingen die Brüder aus ihrem Kloster, das bald die Stadtschule aufnahm, und 1531, als die alte Ulrichskirche (an der Großen Ulrichstraße) durch Kardinal Albrecht abgebrochen wurde, wurde die Servitenkirche der Ulrichsgemeinde überwiesen und hieß nun fortan Ulrichskirche.

1541 wurde unsere Ulrichskirche in der Galgstraße lutherisch, 1565 wurde die Ulrichsschule mit der von St. Marien vereint, aus dem Kloster genommen und in das Barfüßerkloster, das Erzbischof Siegesmund dem Rate gegeben, gelegt und so das Gymnasium gegründet. 1573 wurde die Orgel zu St. Ulrich vollendet, 1588 die Kanzel erbaut, 1645 wurde die neue Kanzel eingeweiht. Sie stand bis 1663 auf der südlichen Wand, dann auf der Westseite. 1665 wurde die Spitze des Glockengehäuses von der St. Wolfgangskapelle übertragen und auf die Ulrichskirche gesetzt und die Kirchenglocken in das neue Gehäuse gezogen. Die alte Wolfgangskapelle selbst wurde wegen Baufälligkeit abgetragen. 1666 entstand das neue Portal mit lateinischer Inschrift. 1675 wurde die neue Orgel erbaut. 1726 erhielt die Kirche einen kostbaren Altarschmuck durch Königin Sophie Dorothea, ein Beweis ihrer Hochachtung für August Hermann Francke, der Pastor an der Kirche war. 1808 6. 12. fand der akademische Gottesdienst seit dem Einfall der Franzosen wieder statt und zwar in der Ulrichskirche (früher, 1806, in der Schul- oder Barfüßerkirche). 1825 wurde die Kirche erneuert. Man verkaufte den Salzkot zum Storch für 8750 Taler, um Geld für die Reparaturen zu gewinnen.. 1862 wurde die Lutherstatue aus Sandstein, vom Bildhauer Kirchhoff in Dresden modelliert, in der Kirche aufgestellt. 1863 wurde die Ulrichskirche von Grund aus erneuert.[28])

Die Ulrichskirche ist ein schmuckloser Bau, eine acht Joch lange Hallenkirche mit nur zwei Schiffen, dem Hauptschiff und einem gleichhohen Nebenschiff an der Nordseite, mit stumpfem Schluß im Osten. Die Kirche ist ohne Turm, im Westen mit der Spitze der alten Wolfgangskapelle geschmückt und im Osten mit einem Glockentürmchen mit welscher Haube verziert. Der Chor ist dreiseitig geschlossen. An der Nordseite befindet sich ein später aus Mauersteinen angebauter Treppenturm. Über dem nördlich gelegenen Haupteingang sieht man eine Skulptur: die Apostel tragen den Leichnam der Mutter Gottes zu Grabe. Auf der Südseite befindet sich ein Kreuzgang, welcher die Kirche mit dem Kloster verband. — Berühmt sind der Altarschmuck und die heiligen Gefäße der Kirche. Ueber die Epitaphien hat Olearius in seiner Beschreibung des hallischen Gottesackers im Anhang berichtet.

Das Predigerhaus neben der Kirche ist 1834 erbaut worden. Ursprünglich lag es hart an der Kleinen Brauhausstraße. Jetzt ist es zurückgesetzt und hat einen Vorgarten; ein 2stöckiger Bau.

1619 wurde die gesamte Altstadt in vier Viertel eingeteilt (Marien-, Ulrichs-, Nikolaus- oder Gertrauden- und Moritzviertel). Das Ulrichsviertel umfaßte das Gebiet, das vom Rathaus und Sandberg im Norden und von Schmeerstraße, Altem Markt und Rannischestraße im Westen begrenzt wurde. Es zählte 240 Wohnhäuser, 1829: 270 Häuser.

## Anhang.

1. Auch in Magdeburg existierte ein Haus zur Weintraube, in der Neustädter Straße Nr. 35 (1502: die wyndruffel). — 1a. Ein ähnliches Portal befindet sich im Hof des Provinzialmuseums. — 1b. Aus den Hausakten entnehmen wir folgende interessanten Kaufpreise: 1678 verkaufte der Oberbornmeister Schneider für 1900 meißnische Gulden das Haus an den Kommissionsrat Dr. Knorr. Dieser kauft ein Stückchen Garten für 90 Taler dazu 1709. 1733 verkaufen dessen Erben das Haus für 3350 Taler an den Geheimrat Heineccius. Dessen Erben verkaufen es 1741 an Wolf für 3425 Taler. Dessen Sohn veräußert es 1760 an Professor Weber für 3500 Taler. (Darinnen sind 100 Taler für die Benutzung eines Röhrenwassers und 700 Taler für die Braugerechtigkeit, die der Philosoph für sein Haus erworben hatte, enthalten). 1762 kauft es Gebauer für 4250 Taler. 1772 übernahm das Haus die Witwe für 7000 Taler und 450 Taler für die Braugerechtigkeit. 1776 kauft es der Sohn für 6000 Taler in altem Gold. 1820 wurde das Haus mit Hintergebäude und Garten auf 6500 bzw. 7500 Taler zur Feuerkasse taxiert. — 1c. Die Hallische Zeitung (ursprünglich „die hällischen Zeitungen“) war ein Privileg der Franckeschen Stiftungen (1708). 1768 werden von diesen „die hallischen Zeitungen“ an Kriegsrat Bertram und dessen Erben abgetreten. 1784 heißt das Blatt zum ersten Mal „Hallische Zeitung“. 1789 erscheint sie bei Colbatzky. Er nennt sie 1794 „Hallischer Courier“. 1808 verpachteten nach Colbatzkys Flucht die Stiftungen die Zeitung wieder. Professor Tieftrunk wird Redakteur und 1828 Carl Gustav Schwetschke. Die Zeitung erscheint 1828 als „Der Courier, hallische Zeitung für Stadt und Land“. 1851 giebt sie Schwetschke als „Hallesche Zeitung“ im eigenen Verlag heraus, nicht mehr als Privileg der Franckeschen Stiftungen. — 1d. Sioli besaß auch eine Brauerei in der Gr. Ulrichstraße, auf dem Terrain der heutigen Kaisersäle. — 2. Schleiermacher kam 1804 als prof. extr. und Universitätsprediger nach Halle, wurde 1806 prof. ord., ging in diesem Jahre der Katastrophe nach Berlin, wo er 1810 prof. ord. an der neuen Universität wurde. Er starb hier 1834. — Im Oktober 1806 wurde das große Haus Schleiermachers stark mit Einquartierung belegt. Er bekam einen Beamten des Kaiserlichen

Kriegsbüros, der seine besten Stuben in Besitz nahm. Als die Universität durch Napoleon aufgehoben und die Studenten vertrieben wurden, geriet Schleiermacher, wie viele andere Dozenten in große Not. Er bezog mit seiner Schwester die kleine Wohnung Heinrich Steffens, in der er die Schrift über den ersten Brief Pauli an Timotheus ausarbeitete. Steffens verkaufte zuletzt sein Silberzeug. — 2a. Colbatzky redigierte die Zeitung bereits 1789. Er kaufte 1793 den Bertramschen Erben das Privileg für 200 Taler ab und nannte die Zeitung 1794 „Hallischer Courier“. Der Zeitungskopf zeigt 1797 einen reitenden Postillon, vor ihm sitzt ein Bauer bei seinem Glase Bier. Der Courier erzählt dem Bauer die neuesten Ereignisse. Die Zeitung wurde durch Colbatzky für die breite Masse zugeschnitten, sie nahm durch ihren volkstümlichen Stil einen großen Aufschwung. — 2b. Die Zuckersiederei stellte 1830 schon 7000 Zentner Zucker her. — 2c. Johann Christoph von Dreyhaupt war der Sohn eines kursächsischen, in Halle eingewanderten, vermögenden Kaufmanns. Er sollte anfangs in Leipzig gleichfalls zum Kaufmann ausgebildet werden, studierte aber dann Jura und bekleidete späterhin die angesehensten Aemter (er ward Schultheiß, Salzgräfe, Kgl. preußischer Regierungs-, Kriegs-, Domänen- auch Konsistorialrat). Von Friedrich dem Großen wurde er 1741 zum Geheimrat, vom Reichsvikar Churfürst August von Sachsen in den Adelsstand erhoben. Der unermüdliche Sammler und gewissenhafteste Erforscher der Geschichte seiner Vaterstadt ließ sein gewaltiges Werk, zwei mächtige Foliobände, um 1750 auf eigene Kosten im eigenen Verlag erscheinen. Erst 1755 ging es in die Waisenhausbuchhandlung über. — 3. Es gab verschiedene „Säcke“ in dem eng und krumm gebauten Althalle, z. B. der Hanssack an der Halle, der „Sack“ an der Rannischen- und der „Sack“ an der Galgstraße (Leipzigerstraße); 1458: an deme sacke bie der Rodewelschen straßen. — 4. Madeweiß, der Erbauer des „Riesenhauses“, nennt dieses in einem Schreiben an den König Friedrich I. „Athenaeum Salomoneum ad forum Neoberolinense.“ — 4a. Einige Tage zuvor hatte sich ein Jude mit einen Studenten geprügelt und ihn beschädigt. Die Synagoge wurde fast gänzlich zerstört. — 5. Ursprünglich wollte man die neue Synagoge in einem Gartengrundstück auf dem Martinsberge erbauen. Es wurde aber Einspruch dagegen erhoben. — 6. 1772: 196 Juden unter 12866 Einwohnern; 1780: 145 Juden von 14479 E.; 1790: 104 von 15754 E.; 1800: 82 von 15159 E.; 1805: 85 von 14828 E.; 1810: 84 von 15201 E.; 1817: 74 von 20921 E.; 1825: 91 von 23000 E.; 1830: 114 von 25546 Einwohnern (Runde). — 6a. Sie empfingen die Deputierten der Kollegien, auch die Halloren, die außer anderen Geschenken einen wertvollen Glaspokal überreichten. — 7. Ueber Mateweiß (Madeweiss) s. meine Wanderungen durch den Saalkreis Band I. S. 13 und 16. Mateweis, der 1648 als Sohn eines Predigers zu Sonnentin in der Neumark geboren, längere Zeit Konrektor des Berliner Gymnasiums, des „Grauen Klosters“ gewesen war, suchte eine neue pädagogische Methode zu verwirklichen und erbaute deswegen, im Wetteifer mit Franckes Stiftungen, das riesenhafte Haus als eine neue Akademie, als ein Pädagogium, als sein Salomons „Athenäum“ Neun Professoren sollten „theosophische, juristische, medizinische, naturwissenschaftliche, moralische, mathematische, technische, historische, sprachvergleichende und hygienische“ Vorträge halten. Der Plan ging nicht in Erfüllung. Ein Saal im Dachgeschoß, der wohl als Observatorium dienen sollte, zeigte eine Decke, in deren Mitte die Weltkugel auf die aus allen Richtungen die Winde bließen, abgebildet war, ebenso Sonne, Mond und Sterne und eine Hand; ein lateinischer Hexameter umschlang dieses Bild: „Pondere mensura numero Deus omnia fecit.“ (cf. Weisheit Salomonis, XI. 22). — Das treffliche, im Barockstil erbaute Haus zeigte eigenartige künstlerische Fassadenbildung, und eine innere, wertvolle Ausstattung (prächtige Stuckdecken, ähnlich wie die Decken der Stadthauptkasse im Rathause, gut profilierte

Füllungstüren und figurenreiche Eisenbeschläge). — 8. Wie viele andere ließ sich der Prinz aus Furcht, das französische Heer würde nach Halle ausweichen, aus Halle fortbringen noch in der feuchtkalten Nacht des 18. Oktober, zum Schaden für ihn und die andern! — 9. Er hatte einen ehrenvollen Ruf nach London abgelehnt. Sein Vater war Philipp Friedrich Theodor Meckel, ebenfalls ein großer Anatom unserer Hochschule († 17. III. 1803). Er bestimmte, daß seine Leiche skelettiert und aufgestellt würde in seinem Museum, wie es auch geschah. Johannes Falk erzählt in seinen (handschriftlichen) Erinnerungen über eine Reise nach Halle, Wien (1803) mancherlei interessante Anekdoten über diese geistreiche und freigeistige Familie. — 10. Jetzt steht das Gebäude mit 107570 Mark in der Feuertaxe (1915). — 11. durch König Friedrich Wilhelm I. wurde 1717 die Braugerechtigkeit von den Bürgern wieder (wie ursprünglich) auf ihre Häuser übertragen und an diesen haftend erblich gemacht und zwar gegen Erlegung von 20000 Reichstalern, es zahlte also ein jeder Bürger 100 Taler. Es konnte aber jetzt das Braurecht eines Hauses auf ein anderes übertragen werden durch Kauf, Tausch, Schenkung usw. Jedoch die Zahl 200 blieb bestehen. — 11a. Hertzbergs Behauptung, daß die Brauhausgasse bereits Ende des 17. Jhdt. ihren Namen erhalten, ist nicht zu beweisen, ebenso, daß die Zenkergasse seit frühem Mittelalter so geheißen (II. 380 II. 541. 320). — 12. Das Sellensche Brauhaus hatte der Rat erst 1718 an sich gebracht. — 13. Die beiden anderen städtischen Brauhäuser waren das Litzensche am Kaulenberge und das Werderbrauhaus (s. später). — 14. Auf dem Bauhof am Großen Berlin stand das Bet- und Almosenhaus. Beim Wiederaufbau des Großen Berlin wurde es 1698 in die S. Jakobskapelle auf dem Sandberge verlegt (s. d.). — Nach gehaltener Betstunde erhielten die Armen ihre Almosen. — 14a. Viel Verdienste um die Entstehung der Gesellschaft erwarb sich Jacques Louis Bassenge, der Sprößling aus alter, protestantischer Refugiéfamilie († 1809). —15. Der Graben war den Pfännern vor Zeiten zur Verteidigung gegen die Feinde gegeben worden, wie Runde S. 574 erzählt. Er wird ihnen nicht zur Verteidigung mit den Armbrüsten, sondern zur Schießübung gegeben worden sein. Daß sie mit Armbrüsten schossen, hatte wohl einen anderen Grund. — 16. Unter anderen wohnte auch der Dicher Roquette in ihr. — 17. Zehn Mitglieder übergaben ihren Anteil der Armenkasse (jeder gab 37 Taler 11 Sgr. 5 Pf.). — 18. Die Kosten des Umbaues 107542 ℳ wurden dem Taxwerte nicht zugeschrieben, da sie den gemeinen Wert des Grundstückes nicht erhöhen. — 19. Der häßliche Name der Straße erregte den Unwillen der fremden Besucher und der Studenten. Augustin (1795. S. 20) meint, daß die Hallenser wenig Zartgefühl verrieten, eine Hauptstraße und eine Vorstadt nach dem Galgen zu nennen. Und ein beißendes Distichon ums Jahr 1830 sagt über die Umnennung: „Immer steigt die Kultur! Sonst gab mir der Galgen den Namen, Namen änderen sich, aber es bleibt die Natur.“ Schon 1819 hatte das Hallische Patriotische Wochenblatt (20. Januar) versucht, den „unheimlichen“ Namen durch „Leipzigerstraße“, „Leipziger Tor“ zu ersetzen. Doch der Maire Streiber tadelte am 11. 11. 181[illegible] in einer Bekanntmachung die Anmaßung der privati, die Namen der Straßen nach Gefallen abzuändern. — 20. Auch eine „Schöne Ecke“ gab es in dem mittelalterlichen Halle, um 1290: hinder der schonen ecken. Ein Haus zur Schönen Ecke gab es auch in Magdeburg (Breiteweg Nr. 141), ebenso in Braunschweig, dort 1348 erwähnt. Wie so oft kehrt auch hier eine Häuserbezeichnung in anderen nachbarlichen größeren Städten wieder. — 21. Er vermachte der Marienbibliothek den nicht medizinischen, besonders theologischen Teil seiner großen Bibliothek, ebenfalls seine Alabasterbüste. — 22. Der lateinische Text dieses in fünf Distichen enthaltenen Zwiegespräches steht in Hagen, Die Stadt Halle, Seite 176, eben daselbst auch die deutsche Uebersetzung. — 23. Baue auf Gott, mißtraue Dir selbst, sei tätig, verrichte

— Fromm Dein Gebet. Sei genügsam, meide das Große. — Hör' viel, doch nur Weniges sprich, verschweige Geheimes. — Lern' den Schwachen zu schonen, den Mächtigen erreichen, den Gleichen zu tragen. — Lerne zu dulden und lerne in Christo leben und sterben. — Undankbaren zu dienen ist unrecht. Nichts (neidisch) anzustaunen macht glücklich. — Das Höchste ist die Selbsterkenntnis. — 24. Simson als leuchtendes Bild der Gerechtigkeit ist hier zu schauen, — wie er mit eigener Hand tötet das schreckliche Tier. — Siehe! dem Rachen entströmt nur Honig; die Tugend, — ist sie verschwistert dem Recht, macht's auch zur Quelle des Heils. — 25. Ende 1803 wurden die beiden Professoren Schütz und Ersch von Jena nach Halle unter ehrenden Bedingungen berufen. Für die Verlegung der Allgemeinen Litteraturzeitung, deren Redakteure sie waren, wurden vom Könige 10000 Taler bewilligt, eine höchst stattliche Summe. Am 21. März 1818 feierte Schütz sein 50 jähriges Doktorjubiläum unter großer Beteiligung der Professoren und Studenten in diesem Hause. — 25a. Wolfgang ist auf den Bildern durch ein Beil kenntlich. Er schleuderte es von sich und dort, wo er es wiederfand, erbaute er sich seine Klause (Einsiedel). — 25b. In diesem Gasthof Zum Goldenen Löwen erschoß sich am 17. 1. 1828 der Sohn der berühmten Händel Schütz (Meyer). — Auch Christiane Goethe übernachtete in ihm am 21. 6. 1803, als sie in Lauchstedt zur Kur weilte. — 26. Er ist wohl lediglich Wartturm gewesen. Der Krämerturm, d. h. der Turm, den die Krämer (Kaufleute) zu verteidigen hatten, hat wohl zwischen Galgtor und Rannischem Tor gelegen, einer jener sechs Schalen- oder quadratischen Türme, die hier standen (S. s. 4). — 26a. Am 16. 4. 1763 desertierten 18 Mann des nach dem 7 jährigen Kriege eingerückten Bernburger Regiments. Sie überrumpelten die 16 Mann starke Wache unseres unteren Galgtores, sodaß diese sich anschlossen. Die Sache nahm übrigens einen üblen Ausgang: 17 wurden zum Tode verurteilt! Eine schreckliche Exekution fand am 16. Juli 1763 am heutigen Riebeckplatz statt: der Rädelsführer wurde von oben nach unten gerädert und die 16 anderen wurden an den Galgen gehenkt. — 27. Runde S. 51: „Dieses Kloster befand sich vor dem Leipziger Tor auf dem Fleck, welcher jetzt noch mit einer Kellerwand umgeben ist und dem ehemaligen Geleitseinnehmerhause, jetzt dem Herren Grundmann gehörig, gegenüber liegt. Der Grund und Boden ist zu Acker gemacht und gehört jetzt dem Oekonomen Salzmann." Gegenüber steht das steinerne Kreuz. (1831). — 28. Auch in der Ulrichskirche bestattete man noch Ende des 18. Jhdts.: 1770 erhält die Kirche vom Kriegsrat Nitsche und dessen Frau ein Legat von 500 Talern wegen einer Grabstätte in der Kirche.

---

## Der Große und Kleine Sandberg Albert Dehnestraße.

**Der Sandberg.** Die Trennung Großer und Kleiner Sandberg ist erst seit 1828 eingeführt worden. Bis dahin kannte man nur einen Sandberg. Den Kleinen Sandberg ließ man von der Leipziger Straße Nr. 2 in der Nähe des Marktes beginnen und in einem kurzen halben Bogen auf die Leipziger Straße zwischen Nr. 11 und 12 wieder ausmünden. Den Großen Sandberg ließ man in der Leipziger Straße zwischen Nr. 15 und 16 emporgehen und in die Rathausgasse gegenüber dem Karzerplan einmünden; jetzt nach dem Neubau des Zivilgerichts ist der Große Sandberg verkürzt und mündet schon in die neu angelegte Albert Dehnestraße.

Der „Sandberg" hieß in alter Zeit das Gelände zwischen der Galgstraße (Leipzigerstraße) und der Ostbefestigung der Stadt (Poststraße), das sich von 90 auf 96 m über N. N. erhob. In alter Zeit, da die Leipziger Straße etwas tiefer lag und der Hügelzug höher, betrug der Unterschied mehr als 20 Fuß, und so galt der Sandberg, zuletzt mit den Türmen und hohen Mauern der Befestigung gekrönt, als einer der 7 Berge, auf denen Halle einst wie Rom erbaut worden war.[1])

Der Sandberg führt seinen Namen mit Recht. Der Hügel besteht aus Sand, darunter sich Ton lagert. Ueber seinen Untergrund sagt schon Olearius bei Beschreibung des Kornhauses: „Der Grund des Kornhauses ist eitel harter Ton ohn an der Ecken, da die Pfeiler stehen, hat es bösen Grund," d. h. man fand Wasserläufe und sich schiebenden Sand vor, so daß der Bau am 9. 4. 1704 einstürzte. Mit Wasseradern und Sandgeschiebe hatte man auch noch beim Bau des großen Gerichtsgebäudes zu kämpfen.

Erst nach 1100 wurde das nach Osten ansteigende Gelände in die Befestigung Halles einbezogen. Die bisherige Befestigung zog sich nur über Markt und Schmeerstraße (s. S. 2). Die Natur bot hier wenig Schutz, das Gelände stieg weit und stark empor, und man hat später sehr durch hohe Mauern und Vertiefung der Gräben nachhelfen müssen.[2]) Vor der Hand zog man nur den Mauer- und Wallschutz und begnügte sich mit einigen Türmen, diesen zu befestigen. So baute Wieprecht von Groitsch, der Burggraf des Erzstiftes, der vielleicht die neue Befestigung Halles anlegte oder doch förderte, einen starken Mauerturm bei der S. Jakobskapelle, die er auf dem Sandberg errichtete.

Der Sandberg wird in den Schöffenbüchern (1266—1460) 30 mal erwähnt, 1275: uppme santhberghe; 1400: up dem santberge; 1454: uf deme santberge; 1478: sandtbergk. Er scheint das Quartier geringerer Leute gewesen zu sein.

Eine sehr alte Lokalität am Sandberg und an der Galgstraße wird an der vesterne genannt. Sie wird nur einmal in den Schöffenbüchern (I. 64) erwähnt, etwa um 1284: an den vesterne unde in der galstrate unde uppme santberghe.

Die St. Jakobskapelle, eins der ältesten Heiligtümer unserer Stadt, lag, wenn man den Großen Sandberg von der Leipziger Straße hinaufgeht, dort, wo es zum Kleinen Sandberg abzweigt, auf jener vorstoßenden Ecke auf dem heutigen Mitlacherschen Grundstück (Nr. 16). — Wieprecht II. von Groitsch, der Oheim des damaligen Erzbischofs Adalgoz, erbaute 1118 diese kleine Kapelle auf dem damals noch einsam gelegenen Sandhügel zu Ehren des Heiligen Jakob von Compostella. Die Kapelle war wohl zum Schutze der neuen Befestigung hier an der angriffbaren Ostseite angelegt worden.[3]) Wieprecht war zur Verbüßung seiner Sünden nach Spanien gepilgert und hatte, da er als Burggraf sich öfters in Halle aufhielt, dieses Heiligtum zu Ehren seines Schutzheiligen und für sich zum Gebete errichtet. Die Kapelle war wie unsere ältesten Kapellen der Umgebung (Lauterberg, Seeburger Schloß) ganz rund wie ein „heidnischer Tempel" gebaut gewesen, sie war wohl auch als eine Taufkapelle für die noch umwohnenden heidnischen Sorben gedacht worden. Vordem soll übrigens auch ein heidnischer Götzentempel der Sorben hier gestanden haben. Die Bauart der Kapelle (Rotunde) kann durch böhmische Vorbilder beeinflußt worden sein wie die Schloßkapelle zu Groitsch. Wieprechts Gemahlin war eine Böhmin.[3a]) — Die Kapelle wurde noch 1118 von Adalgoz dem ebenfalls von Wieprecht gestifteten Familienkloster Pegau inkorporiert. Sie stand auch später nie unter dem Kloster Neuwerk. Stets wurden aus Pegau ihre Geistlichen gesendet. — Olearius berichtet von der Sage, die lange Zeit im Volke lebte, daß eine Königin hier begraben liegen sollte. Sie entstand aus dem Mißverständnis einer alten Inschrift über dem Eingang: Elisabetha Uladislai primi regis Bohemiae filia. Und so hat man auch Wieprecht von Groitsch selbst für einen König gehalten.[4]) Die Kapelle wird in den Schöffenbüchern 25 Mal erwähnt; 1266: bi sancte Iacobe, bi sunte Iacobe, bi sante Iacobpe. Neben ihr erhob sich ein Glockenturm, ein Garten lag an ihr, darinnen zwei Häuser. Dann besaß sie die Einnahmen und Zinsen aus Häusern, meist vor dem Steintor und auf dem Petersberg (1651: 17 alte Schock Groschen 6 Pfennige). — Im 15. Jhdt. entstand auf Veranlassung dieser Kapelle eine Brüderschaft von Compostella. Sie wurde 1490 durch Erzbischof Ernst bestätigt und stand in Verbindung mit unserer Kapelle. — In der Reformationszeit wird das kleine Heiligtum wie das Kloster Pegau vom Kurfürsten August von Sachsen eingezogen. — 1554 wird sie an Hans Ebershausen verliehen, von diesem kam sie an Wolf Rauchhaupt auf Hohenturm, der sie 1568 an die Ulrichskirche in der Galgstraße, bzw. an den Rat der Stadt für 1500 Gulden verkaufte. Die Kapelle selbst wurde geschlossen und blieb wüst stehen. Ihre zwei Häuser wurden den Stadtpfeifern überlassen, die geistlichen Lehen zur Unterhaltung der Prediger bestimmt und die Zinsen dem Hospital geschenkt (1599). — 1653 wurde der Garten der Kapelle vom Hospital für 3 Gulden jährlichen Erbzinses verkauft. — 1698 wurde sie zu einem Bet- und Almosenhaus erneuert, da das Bethaus auf dem Bauhof abgerissen wurde (s. Bauhof). — 1727 wurde die sehr baufällige Kapelle wieder erneuert. — 1791 wurde der runde Glockenturm verkauft, welchen ein gewisser Lehn abtragen und neue Gebäude darauf erbauen ließ. — 1797 wurde die Kapelle durch den Stadtmusikus Wansleben niedergelegt, und Privathäuser erstanden auf ihrer Stelle.

Am Aufgang von der Leipziger Straße einige Häuser rechts befand sich die **Roßmühle**. Bereits 1523 wurde eine neue gebaut, die am 28. Juni 1638 durch den Blitz entzündet, dann aber wieder aufgebaut wurde.

1505—9 erbaute der Rat das **Korn- oder Zeughaus** auf dem Sandberg (auf dem Gelände des heutigen Zivilgerichts) nach den Stadtmauern zu, aber der Stadt zugekehrt.[5]) Es besaß 3 Stockwerke und 10 Fenster Front, ein hohes Dach mit doppelten Lukenreihen und einen Vorbau in der Mitte des Erdgeschosses. Sein Bau war mit schweren Hindernissen verknüpft. Das Haus barg einen tiefen Keller, der 56 Ellen lang war. 1509 wurde es gedacht und 2000 Scheffel Korn darauf geschüttet. — 1538 wurde hinter dem Zeug- und Kornhaus ein Rundel erbaut mit der Inschrift: turris fortissima nomen Domini est. — Am 9. 4. 1704 abends gegen 6 Uhr fing das Haus an einzufallen und hat „des folgenden Tages völlig über den Haufen gelegen“.

1715 wurde auf dem Platze des ehemaligen Kornhauses das **Zucht- und Arbeitshaus** (die spätere Bürgerschule) errichtet, ein 3 Stock hohes, ganz steinernes Gebäude mit 13 Fenstern Front, von denen die 5 mittleren durch einen Dachgiebel gekrönt wurden; das Dach war ein Doppeldach mit verschiedenen Reihen

Luken. Das Haus besaß sehr schöne Keller, eine eigene Kirche (1719 im mittleren Geschoß erbaut), in der Männer und Weiber durch eine hölzerne Scheidewand getrennt saßen, vor welcher das Katheder stand, und einen kleinen Turm mit einem kleinen Glöckchen, der später abgetragen wurde. Ein großer Hof zog sich um das Haus, von hohen, dicken Mauern umgeben. Die Insassen waren zumeist Verbrecher gemeinster Art: Diebe, Mordbrenner, Kindesmörderinnen, die mit Ketten und Klötzen rasselten, wenn die Predigt zu lange währte.[6]) Die Schlafräume waren in Ställe, „Kojen", eingeteilt, in welche die Sträflinge wie das Vieh hineingetrieben wurden, wo sie Winters und Sommers auf Stroh mit Lumpen bedeckt, von Ungeziefer zerfressen lagen. Im harten Winter 1739—40 erfroren 3 Männer und 1 Weib. In den Arbeitsstuben mußten Männer und Weiber spinnen, das fehlende Pensum wurde Sonnabends durch schrecklich klatschende Peitschenhiebe nachbezahlt. In einer großen Küche wurde das Essen, oft verfaulter Kohl, zubereitet.[7]) 1816 wurden die Gefangenen nach Lichtenburg gebracht. — Der Staat mietete nun das Haus für 400 Taler jährlicher Miete zu einer Irrenanstalt, die 1816 mit der Aufnahme einer gemütskranken Frau eröffnet wurde. Nach Erbauung der Provinzial-Irrenanstalt bei Nietleben wurde das Haus der Stadt zurückgegeben. -- Jetzt wurde die städtische Knabenschule, bisher im Wagegebäude, hierherverlegt. Das Haus wurde die sogenannte Bürgerschule[8]) am Sandberg (Nr. 2). 1852 brachte man die Provinzial-Gewerbeschule und 1882 die Bibliothek des Kunstgewerbevereins hier unter. — Die Knabenschule war ursprünglich 5stufig, seit 1840: 6stufig, seit 1872: 8stufig. Die Schule zählte 1865 in 12 Klassen 743 Knaben. Jeder zahlte 6 Taler jährliches Schulgeld. — Taxwert 1866: 26405 Taler; 1871: 103000 *M*. Am 1. Juli 1899 begann man mit dem Abbruch der alten Schule wie auch mit der hinter der Schule liegenden Lutzeschen Privatkaserne an der südlichen Ecke des Sandberges und der Rathausstraße.[9])

Der Große und Kleine Sandberg zählte 1837 26 Häuser. 1862 der Große Sandberg 13 und der Kleine 21 Häuser. — Als das große Terrain für das gewaltige Justizgebäude geschaffen wurde, fielen die Häuser Nr. 1—7 des Großen Sandberges, und auch Nr. 6—8 des Kleinen Sandberges ist Zivilgerichtsgebäude. Der Große Sandberg ist an seinem nördlichen Ende durch das vorgelagerte Gerichtsgebäude abgeschnitten worden. Er mündet also jetzt in die Albert Dehnestraße. In der Mitte hat er noch eine kleine, westlich sich senkende Abzweigung in den Kleinen Sandberg. Hier hat sich noch der alte Charakter der Straße teilweise erhalten.

**Der Kleine Sandberg** ist von den großen Neubauten des Zivilgerichts fast unbeeinflußt geblieben. Er hat seinen altertümlichen Charakter ziemlich gewahrt. Man findet noch einige Häuser aus dem Ende des 16. Jhdts. mit schönen Renaissanceportalen. Diese Portale haben einen Halbkreisbogen aus Sandstein, zu beiden Seiten halbkreisförmige Nischen in antiker Weise oben muschelförmig gestaltet, die Bogen sind reich mit Zahnschnitten, Perlstäben, Plättchen usw. verziert.

**Nr. 1** links, wenn man von der Leipziger Straße in den Sandberg tritt, ist ein prächtiger Fachwerkbau des 16. Jhdts. mit gut erhaltener Holzarchitektur, 3stöckig, mit hohem Giebel und vorgekragten Geschossen. Das Erdgeschoß ist massiv und hat eine rundbogige Renaissancetüre. Man liebte es schon in spätgotischer Zeit, das Erdgeschoß massiv in Steinen, die oberen Geschosse in Fachwerkbau herzustellen. — Das Gebäude ist der älteste Posthof von Halle, indem von hier aus die Posten von Kurbrandenburg nach Sachsen abfuhren und ebenfalls die von Kulmbach nach dem Lüneburgischen und die Reisenden hier abgefertigt wurden. Bereits 1479 erfahren wir von einer ordentlichen Landkutsche, (später „Ordinaripost"), die von Halle nach Leipzig fuhr, in der vornehme wie geringere Personen fuhren. Als das kurbrandenburgische staatliche Postamt 1681 eingerichtet wurde, fand der Postverkehr bis 1705 in dem Nebenhause des Riesenhauses auf dem großen Berlin (s. d.) statt, dann wieder hier (Leipziger Straße Nr. 2) und in dem neuerbauten Teile des Rathauses an der Galgstraße. An diese ehemalige Postzeit im Rathausflügel erinnerte das „Posthörnchen", in dem sich die ein- und ausfahrenden Reisenden erquickten.[10])

**Nr. 2** ist ein ebenfalls altes Haus, 3stöckig, glatt, mit hohem Giebel und malerischem Hof mit Holzgallerie.

**Nr. 15.** Das Erdgeschoß entstammt dem Jahre 1589, wie das schöne Renaissanceportal anzeigt, es hat einfache, aber sehr wirkungsvolle Zierrate (Brillantenquadern). An seiner Archivolte steht: Commendabo Domino vias meas et ipse diriget gressus meos 1589. Es hat Seitensitze, Nischen mit oben gewölbten Muschelformen.[11])

**Nr. 21** zeigt ein Renaissanceportal vom Jahre 1568 mit schwungvoller Reliefornamentik in den Bogenzwickeln und an den Nischen. Es besteht ganz aus Holz: „1568 L. D. Vertrau Gott, tue recht, scheue Niemand, alles andere steht zu Gott".

**Nr. 22** ist ein Neubau, gehört zur Leipziger Straße Nr. 6, aber vor den kleinen, engen Hof hat man das figurengekrönte Barockportal des ehemaligen Pfälzer Gerichtshauses hingesetzt, s. Galgstraße (Leipziger Straße Nr. 6).

**Albert Dehnestraße.** Es ist dies eine ganz neue, erst 1906 beim Zivilgerichtsbau entstandene Straße. Ihr Name stammt von Albert Dehne, dem ehemaligen Besitzer der großen Maschinenfabrik in der Schimmelstraße (1832 – 1906). Die Straße ist breit, aber nur kurz; sie führt von Osten nach Westen, von der Poststraße auf den Kleinen Sandberg, hat zur Rechten die lange Seitenfront des Justizneubaues, von Vorgärtchen eingefaßt, und zur Linken das große, neue Eckhaus der Poststraße (Nr. 12), in dessen Erdgeschoß die Filiale der Mitteldeutschen Privatbank Aktiengesellschaft sich befindet, dann mündet der Große Sandberg in die Straße und darauf folgt Nr. 1, ein ganz modernes, 4stöckiges Mietshaus, grau und rauh geputzt.

## Die Poststraße.

Die Poststraße, im Osten der Altstadt vom Leipziger Turm bis zur Post sich erstreckend, ist eine der jüngsten Straßen Althalles: sie entwickelte sich erst seit 1873 und entlieh ihren Namen von der (neuen) Post, die an ihrem Ausgang an der Großen Steinstraße 1839—1840 entstand. — Vor 1873 befanden sich zumeist noch die mittelalterlichen Grabenanlagen auf ihrem Terrain (s. S. 2 u. f.). Das Gelände besaß die städtische Schützengesellschaft als städtischen Schießgraben, der ursprünglich nur auf Zeitpacht ihr gegeben war. Die Stadt forderte ihn zurück, als sich das Bedürfnis, eine Straße durchzulegen, kundtat. Die Stadtschützengesellschaft weigerte sich ihn zurückzugeben, und so begann seit 1866 der Prozeß der Stadt mit der Gesellschaft. Die Stadt verlor den Rechtsstreit, und so verglich man sich endlich am 12. Mai 1870 dahin, daß die Stadt 38000 Taler an die Gesellschaft zahlte und daß dieser auch die vorhandenen Gebäude und alle Wirtschaftsstücke, auch verpflanzbare Sträucher überlassen wurden. Das Gelände sollte bis Ende 1872 der Stadt übergeben werden. So konnte endlich die Durchführung der Straße begonnen werden. — Die alte Postgasse, die sich an der westlichen Seite der Post schmal nnd eng auf den Karzerplan, wo die Rathausgasse und der Große Sandberg sich trafen, hinzog, fiel damit endgültig.

Die Gilde der Stadtschützen oder Büchsenschützen, wie ihr alter Name heißt, war ursprünglich eins mit der Gilde der Armbrustschützen. Erst nach 1560 findet die Trennung statt. Wohl schon um 1505 übte die Schützengilde in dem Schießgraben; dies war wohl der Pfännergraben (s. Neue Promenade)[12]). Nach 1560 übte die Büchsenschützengilde in ihrem eigenen Graben

(Poststraße). Die Gräben und Zwinger der Stadt verloren im 17. Jhdt. allmählich ihre militärische Bedeutung, man verpachtete einige Teile an die Schützengesellschaften zu Schießübungen, andere Teile zu Grasnutzungen, Wäschetrocknen usw.—Man errichtete sich einen einfachen Schießstand und baute sich dann ein kleines Haus zum Zusammensein, wie uns Olearius auf seiner Karte das einstöckige Häuschen mit Tür und Fenstern zeigt (1666). Nach dem 7 jährigen Krieg, 1764, war auch die Stadtschützengesellschaft ihrer Auflösung nahe. Da wurde das baufällige Schützenhaus am Eingang (in der Nähe des Leipziger Turmes) durch die Beihülfe Treffkorns erneuert, und 1796 konnte ein Teil dieses alten Hauses weggerissen und an seiner Stelle ein neues Gebäude errichtet werden, dessen Hauptseite nach Abend lag, mit schönem Tanzsaal, Billardzimmer usw. Um diese Zeit mußte die Gesellschaft den in der Mitte des Grabens von altersher aufgeführten Erdwall abtragen und planieren. Man fand dabei Braunkohle. Diese wurde durch Wettiner Bergleute gefördert und mit Erlaubnis des Königs, der $^1/_{10}$ des Reingewinnes erhielt, verkauft.[13]) Auch fand man ein großes Tor aus Quadersteinen rechter Hand vom Schießhaus aus, ungefähr dreiviertel Wegs auf der Schießbahn unter der Stadtmauer. — 1801 hörte das Vogelschießen nach der hohen Stange im Graben für immer auf, weil sich die Kugeln bis nach Diemitz, nach der Maille (auf der Magdeburger Straße) verirrten. — 1813 diente das Schießgrabenhaus als Lazarett; 143 in der Leipziger Schlacht verwundete Russen wurden hier verpflegt. — 1814 trat die Gesellschaft die nördliche Hälfte des Grabens (das jetzige Postgebäude) an Mellin ab (s. Post), dieser legte hier einen schönen Garten an. — Von 1823 ab zahlten die Schützen für ihr Gelände vom Leipziger Turm bis Mellins Mauer in Erbpacht jährlich 5 Taler an die Stadt. Man baute in diesem Jahre an den Tanzsaal ein neues Gebäude mit schönem Speisesaal für 4800 Taler. Die Zahl der Mitglieder stieg, man zählte über 200 1865: 272 Mitglieder.— 1859 hörten die Schießübungen im Garten auf.—

1872/3 fiel das Gebäude an die Stadt: die Gebäude und Einrichtungen (mehrere 2stöckige Häuser mit Sälen, Gesellschaftszimmern in Hufeisenform gebaut, Schießbahn wie Garten) wurden niedergelegt, die Gräben zugefüllt bzw. planiert, die Stadtmauern und Türme (ehemals zählte die Strecke 10 Türme!) wurden abgerissen, darunter auch der Karzer- oder Musikantenturm (s. Karzerplan). — 1873 entstand das erste Haus, das des Dr. Stephan (später Rechtsanwalt Otto). Die Straße wurde einseitig bebaut, nur auf der Westseite; die Ostseite wurde durch Anlagen gebildet. Der Gesamteindruck der neuen Straße, die etwa 1873/78 entstand, ihrer 3 stöckigen, nach damaligem Geschmack mit reichen Fassaden ausgestatteten Häuser, ihrer vielen stattlichen Läden, ihrer freien schönen Lage, ganz dem Osten geöffnet, war derart, daß man damals die Poststraße als die schönste und vornehmste Straße Halles feierte. 1875/6 entstanden die Privathäuser von Wächter, Kurzhals, Tausch und Gravenhorst; ebenso entstand der Flügel der Stadt Hamburg. — 1880 wurde das Landgericht aufgeführt. — 1882 erhielt die Straße Pferdebahn, jenen Nebenstrang der Straßenbahn, der von der Geiststraße (Davids Söhne) durch die Alte Promenade an der Tulpe vorüber durch die Poststraße fuhr und sich am Leipziger Turm mit dem Hauptstrang vereinigte. — 1904 wurde das Kaiser-Wilhelm-Denkmal enthüllt. — 1905 wurde das neue Zivilgerichtsgebäude eröffnet.

**Nr. 5** war das erste Haus, das in der Poststraße entstand. Als „Wiener Café" war es Jahre lang das erste und einzige derartige moderne Etablissement in unserer Stadt (jetzt Schultheiß-Restaurant); als zweites folgte ihm „Café Bauer" in der großen Steinstraße.

**Nr. 7** das ehemalige Gravenhorst'sche Haus, die Neubertsche Buchhandlung.

**Nr. 9 und 10** (und Großer Sandberg Nr. 10) gehören Kathe und Sohn. Ihre Luxuswagenfabrik ist 1833 gegründet (1890 : 30 Arbeiter).

**Nr. 12** ein großes, modernes, 1905 erbautes Eckhaus von der Albert Dehnestraße, in dessen Erdgeschoß sich die Filiale der Mitteldeutschen Privatbank befindet.

**Nr. 13.** Das neue Zivilgerichtsgebäude auf dem Gelände der alten Bügerschule und einer Anzahl anderer Häuser. Es war 1900 bereits geplant, die Stadt brachte den gewaltigen Bauplatz zusammen, (Gr. Sandberg Nr. 17 und 18, Kl. Sandberg Nr. 7 und 8 zusammen für 125000 Mk., ferner Poststraße Nr. 12, Rathausstraße Nr. 11 und Gr. Sandberg Nr. 1/7). Der Justizfiskus kaufte den Bauplatz für 600000 Mk. So entstand 1905 der gewaltige, 4 stöckige, massive Bau, mit der Hauptfront an der Poststraße und mit zwei Seitenflügeln an der Rathausstraße und an der Albert Dehnestraße. Die Hauptfront gliedert sich in ein Mittelteil mit hohem Giebel, an ihren zwei Seiten stehen zwei hohe, spitz auslaufende Türme. Der gesamte, verschwenderisch ausgestattete Bau zeichnet sich innen wie außen durch hohe Farbenfreudigkeit aus. Das wunderbar reich gestaltete Tor trägt Inschriften in leider sehr verschnörkelten gotischen Buchstaben, so über dem Gitter: „Zivilgericht 1905", in der Krönung: „Recht muß Recht bleiben" und über der Fensterreihe:

„Ein Volk, ein Kaiser, ein Reich,
Ein deutsches Recht für alle gleich!"

Schöne Sprüche, die in der Zeit der verratenen, verachteten und versklavten Proletarierrepublik unwahr geworden sind —

Das Kaiser=Wilhelm=Denkmal steht gegenüber dem Justizgebäude. Ehemals befand sich hier der dichtbelaubte Kugelfang, der 1814 neu entstanden war. Das Denkmal ist in das flachansteigende Gelände unglücklich hineingepreßt worden. Es ist ein Halbbogen=Bau in Säulen, vorn zu beiden Seiten mit turmartigen Abschlüssen versehen, die mit antiken Siegestrophäen gekrönt sind. Aus der Nische des Mittelbaues reitet die Erzfigur Kaiser Wilhelms, zu seinen beiden Seiten stehen Bismarck und Moltke, die Paladine, zu Füßen heben sich steinerne Najaden und Tritonen im Springbrunnenbassin. Das Halbrund ist vom Architekten Schmitz erbaut, die Figuren sind vom Bildhauer Breuer geschaffen worden. Das Wasser wird durch unterirdische Pumpwerke getrieben, das abgelaufene wird von neuem verwendet; nur ab und zu ist frisches Wasser nötig.

**Nr. 16** ist das Landgericht, ein einfacher, 3 stöckiger Bau, der 1880 im Renaissancestil entstand, das Erdgeschoß aus Sandsteinen und die höheren Geschosse aus Ziegelsteinen. Ehemals die Hauptzierde der Poststraße, ist es jetzt durch den neuen Justizbau gänzlich verdunkelt worden.

## Die Rathausstraße. Der Karzerplan.

**Die Rathausstraße.** Sie war im Mittelalter eine enge Gasse, die unter dem gotischen Bogen des Brückenganges [14]) von der Kreuz=Kapelle zum steinernen „Turm" des hölzernen Wagehauses nach Osten verlief, zuletzt von den Befestigungen begrenzt, nach dem Großen Sandberg einen Ausgang suchte, später erst, im 18. Jhdt., nach dem inneren Steintor (Postgasse). Auch die Verbindung aus der Großen Steinstraße, die Kleine Steinstraße, existierte im Mittelalter noch nicht; sie entstand erst nach Eingang der Kapelle S. Pauli und ihres Kirchhofs (s. Brüderstraße).

Im Mittelalter hieß unsere Straße einfach „Hinter dem rathuse" bei Olearius (zirka 1660): „Die Gasse hintern Rathause", sie war eine der 26 Gassen Althalles; ebenso noch bei Dreyhaupt (1750). Erst nach dieser Zeit bürgerte sich der Name „Rathausgasse" ein. An der Gasse hinter dem Rathause lag schon seit dem großen Brande Halles (1312) Schiff und Chor der heiligen Kreuzkapelle; etwa seit 1580 erhob sich einige Häuser weiter das stattliche Familienhaus derer von Jena (Jhene, Jhenne, Jene), ein anderes 3 stöckiges, stattliches Haus schloß sich ihm an, gegenüber an der Ecke der Kleinen Steinstraße (Rathausgasse Nr. 5) erstand ein Patrizierhaus, dessen ursprüngliche Bogenprofilierung des alten Portals auf noch ältere Zeit (zirka 1550) hinwies. Die neue Zeit trat auch in diese stille Gegend: als das Brauprivilegium gefallen war und neue Brauhäuser entstanden, legten die Gebrüder Wahnschaffe 1829/31 im Hause des Professor Jacob eine Brauerei an. Einige Zeit später zog der Brauer Hummelmann aus der Klaustorstraße („3 Kugeln") in die Rathausgasse, und so entstand die spätere Bauersche Brauerei. — 1837 zählte die Gasse 20 Häuser. — 1862/3 ward das Polizeigebäude an das Rathaus angebaut. — 1873 führte man die Gasse zur neu angelegten Poststraße durch. — 1883 erstand das ehemalige Sparkassengebäude an der Wage. — 1890 der Neubau der Bauerschen Wirtschaft. — 1893 ward die Rathausgasse zur Rathausstraße. — 1903/5 erstand der große Flügel des Justizgebäudes, die Verbindung mit dem Großen Sandberg hörte auf. — 1914/15 baute man das neue, geschmackvolle Sparkassengebäude. — So hat sich die schmale, von alten Häusern besetzte Gasse, wie wir sie noch kennen, allmählich in eine breitere, von stattlichen Neubauten besetzte Straße verwandelt. Die grämlichen, glattgeputzten, 3 stöckigen, düsteren Häuser sind immer mehr verschwunden, die uns noch Nr. 16 und Nr. 17 veranschaulichen, auch die alte Lutzesche Kaserne, aus deren Fenstern ehemals die Soldaten ihre Röcke klopften, Stiefel putzten und ihre Betten sonnten. —

**Nr. 1.** Die ehemalige „Städtische Sparkasse", ein einfacher, 3 stöckiger Bau in Ziegelsteinen, ward 1883 erbaut für 148302 ℳ Unkosten (111913 für den Bau, 36388 für den Bauplatz). — Bereits 1819 war von 17 angesehenen Bürgern die Hallische Sparkassengesellschaft gegründet worden. 1857 gründete auch die Stadt Halle eine Sparkasse, 1859 vereinigten sich beide Gründungen zur „Städtischen Sparkasse". 1883 erbaute man das Sparkassengebäude. 1907 wurde die Zweigstelle Halle-Süd in der Merseburgerstraße 8, 1908 die Zweigstelle Halle-Nord in der Großen Brunnenstraße Nr. 3a (Giebichenstein) eröffnet. [15]).

**Nr. 3.** Die Bauersche Gastwirtschaft und die ehemalige Bauersche Brauerei auf dem Hofe mit dem Ausgang in die Kleine Steinstraße. (1880: 15 Arbeiter). Ehemals (1845) besaß sie Hummelmann (Nr. 233).[15a]) Um 1862 wurde der Bauersche Garten in Giebichenstein (Burgstraßen- und Rainstraßenecke) angelegt und später auch die Brauerei dorthin verlegt. Das alte Wirtschaftslokal in der Rathausstraße wich einem neueren, einem 3 stöckigen Bau, mit großen und bogigen Fenstern im Erdgeschoß. — In dem alten Hause Nr. 233 wohnte ehemals (1837) Friedrich de la Motte Fouqué, der Nordlandsromantiker, der Schöpfer des reizenden Märchens Undine [16]). —

**Nr. 5/6.** Das neue Sparkassengebäude, ein grauzementierter, mit Erkern und Giebeln versehener, stattlicher Bau, erstand 1914/15 an der Ecke Rathausstraße und Kleiner Steinstraße auf dem Gelände des Grundstückes der Weinhandlung Schulze und Birner (1910 für 170000 ℳ gekauft) und der Rathausstraße 6a (für 61000 ℳ gekauft). Die Baukosten wurden 1913 auf 646000 ℳ veranschlagt. Auf dem Platze dieses Sparkassengebäudes erhob sich ehemals ein altes Patrizierhaus, Rathausgasse Nr. 6., 1907 abgebrochen. Es war das Wohnhaus des Kanzlers Johann Peter von Ludewig.[16 a]) Beim Abbruch entdeckte man alte Malereien im Obergeschoß aus der Renaissance.

**Nr. 7.** Die Grünsche Weingroßhandlung, 1852 in Geiststraße 52 gegründet, 1860 in Rathausgasse 2, 1885 in dem jetzigen, damals gebauten Hause. Das Weinrestaurant ist mit zahlreichen, von Professor Gosche gedichteten Sprüchen geschmückt.

**Nr. 11.** Das Zivilgerichtsgebäude, der Nordflügel, auf der Nordseite der Rathausstraße (siehe Poststraße). — Ehemals mündete hier der Große Sandberg ein; an seiner westlichen Ecke stand die Lutzesche Kaserne (Nr. 11, ehemals Nr. 12). Bereits 1817 plante der Staat den Bau einer Kaserne, zunächst auf dem ehemaligen Barfüßer Klostergelände (Universität), später in der Moritzburg. Man brachte unterdessen das Militär in Privatkasernen wie in Mietsquartieren unter. So lagen in der Lutzeschen Kaserne abwechselnd ein Bataillon des Infanterie-Regiments Nr. 36, dann Nr. 66, dann Nr. 27, später wieder Nr. 36. — 1881/4 entstand die Kaserne des Staats in der Reilstraße. 1899 fiel wie die benachbarte alte Bürgerschule auf dem Großen Sandberge (s. d.) auch die Lutzesche Kaserne, da man das Gelände für das neue Justizgebäude gebrauchte. Bei dem Ausschachten fand man die prächtige, silberne Krone und die Perlenkette, eins der wertvollsten Besitzstücke des Städtischen Museums in der Moritzburg.

**Nr. 15.** Das von Jenasche Fräuleinstift, eins der bedeutendsten Patrizierhäuser Althalles. Das imposante, 3 stökkige, vielfenstrige Gebäude mit dem hohen Dach (2 Lukenreihen) war ursprünglich ein Wohnhaus der altansässigen Familie von Jena (Ihene, Ihenne, Jene). Andere Häuser besaß sie in der Schmeerstraße und in Kleinschmieden (s. d.). Die Familie ist um 1350 in Halle ansässig (Heinrich von Ihene, 1428: Klaus von Ihene). Weitere Sprossen sind 1416: Dietrich; 1418 Glorius; 1427, 1434: Hans;

1471: Klaus von Ihene, Ratsherr; 1475 kam Peter von Ihene, in die Temenitze (s. Rathaus) zu sitzen „umb seiner unnutzen wort willen". Er war ein stolzer Pfänner, der 1478 vom Erzbischof Ernst seiner Güter verlustig erklärt ward, die der Demokrat Johann Meister nun empfing. — Von einem Zerbster Zweig der Familie, von Jakob von Jena (1560) und dessen Sohn Petrus († 1639), stammt Gottfried von Jena (1624—1703), Preußischer Geheimrat und Kanzler der 1694 gestifteten Universität, der Begründer des Fräuleinstiftes, das nach seinem Tode inauguriert wurde. Jena bestimmte sein eigenes, prächtiges Familienhaus zum Sitze des Stiftes, da er kinderlos starb[17]). Das Haus entstammt, nach dem Portale zu schließen, dem Ende des 16. Jhdts. Es zeigt in seiner alten Gestalt in den beiden oberen Stockwerken 14 Fenster Front, in dem Erdgeschoß links zwei höher gelegene Eingänge mit seitwärtigen Tritten, in der Mitte die große, rundbogige Einfahrt, rechts davon eine reichgeschmückte Pforte, die rundbogig mit Säulen, Gebälk und Aufsatz und geflügelten Engelsköpfen in den Zwickeln die vollreife Renaissance zeigt. Sie befindet sich jetzt im Garten des Stiftes. Heute befinden sich im Erdgeschoß eine Anzahl Läden unter breiten Bogenfenstern. — Die Seitengebäude sind jünger als das Haus, vielleicht erst vom Stifter geschaffen. – Eine Aebtissin steht den evangelisch reformierten, adligen Stiftsdamen vor (ehemals 10, dann 9, jetzt 7). Die beiden reformierten Prediger am Dom sind zu Kuratoren bestellt. Das Vermögen bestand (1865) aus dem Wohnhause mit Garten, $^1/_2$ Hufe Land, 51000 Talern Stammkapital, 11350 Talern Staatspapieren und einer Rente von hundert Talern durch die Stadt und von $146^2/_3$ Talern durch die staatliche Forstkasse. — 1803 schenkte der König zum Hundertjahrjubiläum 1500 Taler zu Ausbau und Reparatur des Stiftshauses. — 1808 entging das Stift nur mit Mühe der Einziehung seines Vermögens[18]). Es mußte die jährliche Auszahlung an 50 Arme aufgeben, da das Vermögen arg belastet wurde. — Noch heute sieht man am Stiftshause das preußische Wappen, das König Friedrich I. als eine besondere Zierde, als salva guardia, an das Stiftstor öffentlich anschlagen ließ.

**Nr. 19.** Das ehemalige Polizeigebäude der Stadt Halle, 1862/3, für 19845 Taler erbaut, aus Ziegeln, mit Schiefer gedeckt, ein einfacher, nüchterner Bau mit 3 Geschossen und 10 Fenstern Front. 1902: 66500 ℳ Taxe. — Dem Neubau fiel ein Teil der alten Kreuzkapelle zum Opfer, der 5 seitige Chor. Die gotischen Fenster des Chors waren bereits zur Hälfte zugemauert, die Kapelle war ja in zwei Geschosse verteilt worden. Der obere, hintere Raum diente als Stadt- und Berggerichtsstube, später als Komtor und als Registratur[19]). Mit der Kapelle sank auch der Holzbau der alten Ratsstube und die sog. „Gelbe Stube“ (s. Rathaus).

**Der Karzerplan** liegt am Ausgang der Rathausstraße (Nordseite), eine kurze, rechtwinklige Straße (kein Plan mehr!), der von der Rathausstraße nordwärts abbiegt und ostwärts in die Poststraße endet, nur von einigen älteren, mehrstöckigen Häusern (3) besetzt, von denen Nr. 2 merkwürdig eingebaut ist und nur eine zweifenstrige Front hat. Erst nach Erbauung der Poststraße, nach 1873, ward er zur heutigen Straße (durch das vorgebaute Grundstück Poststraße Nr. 14). Seine Breite ist etwa acht Schritte.

Der ursprüngliche Name ist „Katzenplan“, nicht Karzerplan — entgegen der bisherigen Ansicht, die auch Hertzberg III. 146 vertritt, daß nämlich der Name Karzerplan der ältere ist und erst im Volksmunde zum „Katzenplan“ entstellt ist. Denn schon Olearius (1667) zählt unter den vier Planen Halles den „Kayser- oder Katzenplan“ auf, und erst viel später benutzt die Universität den Turm an diesem Plane als Karzer, wodurch der Plan zum „Karzerplan“ wird. Merkwürdiger Weise haben wir auch im nahen Trotha, in seinem ältesten Teile, einen Katzenplan, der auch in Karzerplan umgenannt wurde. Daß der Name vielleicht von Katze abzuleiten ist, wird man zugeben können.[20]) Ebenso unaufgeklärt ist die Entstellung „Kaiserplan“.

Olearius' Karte zeigt uns einen kleinen, unbebauten, meist von Stadtmauern umgebenen Plan, in den gegenüber der Sandberg mündet. Doch schon zu Anfang des 18. Jhdts. sehen wir den Karzerplan durch eine schmale Feuergasse (spätere Postgasse) mit dem Ausgang der (unteren) Steinstraße (bei der Post) verbunden, bis eine neue Veränderung durch die Anlage der Poststraße (1873) geschah.

In diesem Jahre wurde auch jener prächtige Turm, der sogenannte Musikantenturm, abgerissen. Er lag östlich von unserm Plan, einige hundert Schritte südlich vom inneren Steintor. Der Turm, eine hohe Schale, entstammte dem 15. Jhdt. Als der jungen Universität die Stube in der Wage (ihrem Universitätsgebäude) als Karzer nicht mehr ausreichte, erbat sie sich im Juni 1696 unseren Turm als härteres Gefängnis für strafverfallene Studenten aus. Sie erklärte sich bereit, den Turm auf eigene Kosten herstellen zu lassen; die nach der Straße zugehenden Fenster und Löcher sollten zugemauert werden, ebenso die Türe, die vom Turm in den Stadtzwinger ging, damit den Umwohnern kein Schaden durch die inhaftierten Studenten geschähe. Bis 1711 wurde der Turm als Karzer benutzt, daher der Katzenplan nun den Namen „Karzerplan“ erhielt. Da der Turm aber zu kalt war und keinen Raum zur Wohnung eines Aufsehers darbot, wurde der Karzer in den neuen Anbau des Rathauses (s. d.) verlegt. — In dem Turme wohnte eine Zeit lang der Stadtmusikus, so wurde der Karzerturm zum „Musikantenturm“. Er wurde weiter ausgebaut, seine Schale wurde durch Fachwerk zu kleineren Wohnungen ausgestaltet, in denen arme Studenten und Familien hausten.[20a]) — Zuletzt diente er als Armenasyl, so fanden 1870 28 obdachlose Familien, d. h. 28 teils von ihren Männern verlassene Frauen mit 54 Kindern Aufnahme in ihm. Noch im März 1873 beherbergte er 11 Familien mit 31 Köpfen, im April ward er zum Abbruch geräumt. Der halbrunde Turm schloß mit gerader Fachwerkwand. Seine Dachspitze hatte Luken, und eine Holztreppe führte außerhalb an ihm empor.

## Die Brüderstraße, Neunhäuser, Kleine Steinstraße.

**Die Brüderstraße.** Schon vor dem 13. Jhdt. besaß an der S. Paulikapelle (sie stand ehemals auf Brüderstraße Nr. 10) das alte und reiche Rittergeschlecht derer von Pruve (Prube, Prove, Proeve, Brove) seinen Hof. An und auf ihm entwickelte sich schon um 1350 die Pruvestrate (1370: in der Pruvenstrate und Pruvenstrate).

Das vornehme Geschlecht tritt in den Schöffenbüchern der Stadt oft und ansehnlich hervor. Um 1270 besitzt Alexander Pruve den väterlichen Hof, sein Bruder Gebhard tritt ihm seine Hälfte ab (um 1300), da er einen eigenen Hof beim Steintor erwirbt. Ritter Alexander wird in der Urkunde vom 5. 4. 1305 proconsul (Ratsmeister) genannt. Sein Verwandter Heinrich, der honestus miles heißt, vertauscht die stattliche Bölberger Mühle 1291 (7. 12.) gegen drei Hufen in Hordorf (bei Mötzlich) und gegen die Rabeninsel. Alexander und ein Sohn Alexander (Prove junior) figurieren als Zeugen. Alexanders Bruder Gebhard hat eine reiche Familie, sechs Söhne und drei Töchter: Heinz, Gebhard, Kuno, Busso, Sander und Johann, Bethe (Elisabeth), Jutta und Ode. Ferner wird ein Brüderpaar Heinrich und Bodo (1319) und ein anderes Johann und Claus (1320) namhaft gemacht. Alle leben fast zu derselben Zeit, ein reichblühendes Geschlecht. Doch schon um 1400 verschwindet es; es scheint um diese Zeit ausgestorben zu sein. — Die Pruve hatten innerhalb und außerhalb der Stadt reichen Besitz. Außer dem Familienhof in der Brüderstraße besitzen sie einen Hof am Steintor, einen am Fuße der S. Petrikapelle (under sente Pidere um 1320) usw. —

Die Pruvestrate wird in den alten Schöffenbüchern acht mal bis 1400, dagegen 42 mal bis 1460 erwähnt. Danach ist erst um 1400 eine stärkere Besiedelung der Straße (vom Markte aufwärts) vor sich gegangen. Deshalb wird auch einige Zeit darauf (1469 oder 1474) der Durchbruch zur Großen Steinstraße (Neunhäuser) nötig geworden sein, da die Brüderstraße im Osten noch einen Sack bildete. Erst nach dem Eingang der S. Paulikapelle und ihres Gottesackers (in der Reformationszeit) entwickelte sich ein Durchbruch an dem Ostende.

Die verschiedenen Benennungen der Straße sind 1370: in Pruven strate; 1369: in der Prubenstrasze; 1379: in der Pruwenstrate; 1395: in der Pruvenstrate; 1432: in der Pruffenstrassen; 1437: in der Prufenstraße; 1458: in der Pruefenstraße; 1500: in der Preufelstraße und in der Prüffelnstraße. Aus diesen Uebergangsformen entwickelt sich die Form „Brüderstraße", die bereis bei Olearius (1667) erscheint.

Nach Aufhebung der S. Paulikapelle begann die stattliche Ausgestaltung unserer Straße. Ehemals deuteten die verschiedenen Renaissanceportale darauf hin, jetzt nur noch eins. Zunächst entstand auf der Kapelle selbst ein größeres Patrizierhaus, dann ihr gegenüber Häuser wie Nr. 6; einer etwas späteren Zeit gehören Nr. 5 und Nr. 3 an, und unserer Zeit verdanken wir den trefflichen Neubau der Löwenapotheke am Auszang zum Markt und das neue Haus auf der ehemaligen Kapelle. — Unsere Straße, von den hohen, 3stöckigen, vornehmen, älteren und neueren Häusern besetzt, macht noch immer den Eindruck einer alten Patrizierstraße. An alte, lustige Studentenzeiten erinnerte die „Halloria", eine ausschließliche Studentenkneipe (um 1850), in der es äußerst gemütlich herging, in der aber auch scharfe Contrahagen entstanden. Der Wirt gewährte ebenso unbegrenzt Credit, wie er ihn unerbittlich eintrieb.[20b]) 1837: 16 und 1915: 17 Häuser.

**Nr. 1.** Das große Geschäftshaus von Huth (Modewaren, Damen- und Kinderkonfektion), ein Neubau, der vor einigen Jahren entstand, in allen drei Stockwerken große Schaufenster. Hier lagen ehemals die Scharren oder Schärne, die sich hinter der Westseite der Neunhäuser von der Brüderstraße bis zur Steinstraße hinzogen (jetzt Brüderstraße Nr. 1 und Große Steinstraße Nr. 87 und Nr. 88.). — Von außen (Steinstraße und Brüderstraße) führten zwei Portale in einen Hof. Dieser war umgeben von einer Arkade Flachbogen, über welcher ein Fachwerksgeschoß lag. Die Säulen der Arkaden waren gedrungen, einfach toskanisch mit originell ausgearbeiteten Kapitälen. Das Fachwerkgeschoß darüber zeigte unter den Fenstern Quadratfächer, die mit Kreuzbalken gotisch beeinflußten Andreaskreuzen ausgefüllt waren. — Nach dem Abbruch der alten Verkaufshallen auf dem Markte (s. d.) in den Jahren 1504/9 ließ der Rat 1510 an der Prüfelstraße zunächst aus Holz die Fleischscherrn und das Schuhhaus und 1512 das neue Brodhaus und die neuen Schuh- und Fleischscherrn erbauen. 1552 ließ er die Scharrengebäude aus Stein aufführen. 1598 erneuerte und erweiterte er sie.[21]) Hier standen im Hofe Schwibbogen für die Fleischer und in den oberen Geschossen die Verkaufsstände für die Schuster, Kürschner und Tuchmacher. — Später wurden die Marktbuden in den unteren mittleren Schuppen und Schwibbögen aufbewahrt, die oberen Stockwerke vermietete man, so 1804 an einen Cafetier. In seinem Café hielt eine Gesellschaft Studenten ihre Zusammenkünfte ab, die sich nach dem Orte ihres Zusammenseins Scharnisten oder Schornisten nannten. Sie waren die Feinde der Kränzianer. Die Zwistigkeiten arteten aus, so daß in der Steinstraße eine förmliche Schlägerei entstand. Nun wurden die Häupter eingezogen und bestraft und alle Versammlungen aufs strengste verboten. Bald darauf, 1813 nach der Leipziger Schlacht, dienten die Scharren als Lazarett für 154 verwundete Franzosen. Aber noch 1830 verkauften einige Fleischer hier außer den Markttagen Fleisch. Auf der Seite nach der Steinstraße befand sich der Paukboden der Studenten. — 1836 wurde das sehr baufällige Gebäude für 6200 Taler verkauft. Erst in unserer Zeit mußte es dem Neubau weichen. An der Brüderstraße stand ein prächtiges, mit vielen altgotischen Figuren geschmücktes Renaissanceportal aus dem Jahre 1598. Das einfachere in der Steinstraße ist 1887 in das Provinzialmuseum gebracht worden. Beide Portale waren wohl mit Statuen gekrönt gewesen[22]).

**Nr. 3.** (Nr. 204) ist ein 2 stöckiges, 10 fenstriges, altes, vornehmes Wohnhaus mit einem Mansardengeschoß (8 Erkern); in diesem Hause wohnte ehemals der berühmte klassische Philologe Friedrich August Wolf, bei dem auch Goethe sich aufhielt, und zwar eine volle Woche, vom 10. bis 17. Juli 1802[23]). Niemeyer, Reil, Madeweis waren zu Ehren des berühmten Gastes zum Mittagsmahle am Sonnabend den 10. Juli von Wolf eingeladen worden. 1866 setzte man über die Haustür eine Gedenktafel: Frid. Aug. Wolfius, Philologus Heic Habitabat Goethium Hospitem Exipiebat[24]). Wolf hatte sich 1796 das Haus gekauft; er nannte es „Parabelhaus“, da es mit geschweifter Front der Straße folgte. Wolf ging 1807 nach Berlin und verkaufte sein Besitztum. — Schon 1837, ebenso noch 1878 gehörte das Grundstück der Bertramschen Familie.

**Nr. 5.** (Nr. 206), ein älteres, 3 stöckiges Patrizierhaus mit kleinem, leichtem Balkon über der hohen Haustüre, bewohnte ehemals Peter Krukenberg, der berühmte Leiter der Universitätsklinik. Die einfache Marmortafel besagt: „Hier wohnte Peter Krukenberg“. Als sich Krukenberg in den Ruhestand zurückzog (1861), wohnte er in seiner Villa am Kirchtor. Er starb am 13. 12. 1865.[25]) —

**Nr. 6** (Nr. 207) ist das älteste Haus in der Brüderstraße, wohl schon um 1540 entstanden, nach dem Eingehen der S. Paulikapelle und ihres Gottesackers. Dieses Haus ist zweifellos noch von Halles großem Baumeister Nickel Hoffmann erbaut, da man in den Werkstätten sein Steinmetzzeichen gefunden hat, auch sein Stil verleugnet sich nicht. Die Bauart zeigt noch Spuren der Gotik z. B. in den Fensterprofilen, doch die Tür ist eine der besten Schöpfungen hallischer Frührenaissance. Die rundbogige Tür hat in ihren beiden Bogenzwickeln je einen stark hervortretenden, bärtigen Männerkopf, der an einen gotischen Wasserspeier erinnern könnte. Der Fries ist von Blätterornamenten, Kartuschen und Stierschädeln erfüllt, die sich an antike Muster (Grabmal der Cäcilia Metella) anlehnen. In den seitlichen Nischen fehlen jetzt die Sitze. Die Tür wird beiderseits von einem cannelierten Pilaster und oben von einem Gebälk mit flachem Giebel eingerahmt. — Es findet sich in diesem Hause rechter Hand vom Flur nach dem Hofe zu eine gotische Spitzbogenwölbung. Die Sage geht, daß dies vor Zeiten eine Kapelle gewesen sei. Der Fußboden ist in diesem Gemach von alters her erhöht, und die Wände heben sich durch merkliche Stärke ab.

**Nr. 10**; auf diesem Grundstück, jetzt mit einem modernen, großen Mietshause bestanden, befand sich ehemals die Kapelle S. Pauli. Diese uralte Kapelle, eine der ältesten Halles, wurde bereits 1121 durch Erzbischof Roger dem Kloster Neuwerk incorporiert. Sie lag damals weit vorgeschoben im Osten der Stadt und mag um diese Zeit (der neuen Befestigung) wie die Jakobskapelle auf dem Sandberg (s. d.) im romanischen Stil entstanden sein. Ein Kirchhof umgab das kleine Gotteshaus. Die Kapelle wird in den Schöffenbüchern zweimal erwähnt: 1377 ihr Pfarrer Klaus Kolve (dy perrere von Sente Pawele) und 1392 (an sente Pawels capellen). 1340 (23. 6.) verkauft das Kloster Neuwerk dem Priester der Paulskapelle Johann von Schwabesdorf (Schwötzsch) zwei Mark jährlichen Zinses für die Kapelle, und 1430 wird ein der Kapelle zinspflichtiges Haus in der kleinen Ulrichstraße erwähnt, mit dem der Propst von Neuwerk 2 Frauen Margarete und Korstina, „die flynische“, belehnt. Um 1500 wohnte ein reicher Bürger, Ambrosius Schönberg, der Kapelle gegenüber und bedachte die Kapelle mit einem Legate, das später in ein Stipendium für Studierende verwandelt worden ist. 1546 den 25. Januar, am Tage S. Pauli Bekehrung, hat in dieser Kapelle M. Emeranus Tucher aus Magdeburg zum ersten Mal lutherisch gepredigt. Einige Jahre später, 1558, war die Kapelle eingezogen worden und zum Privathaus umgewandelt; das Portal des Gotteshauses blieb in den alten Mauern stehen, und es entstand jener altertümliche Bau „Das Lämmchen", den wir noch kennen. Eine spitzbogige Tür (aus dem 15. Jhdt.) führte in das düstere, dumpfe Haus. Ihre spätgotische Profilierung lief oben in einen Eselsrücken aus; Rundstäbe, Kehlen u. s. w. durchdrangen sich reizvoll wie an dem Marienkirchenportal. Die Spitze des Türbogens krönte ein kreisrundes Relief, in dem ein Lämmchen, das Agnus Dei, mit einem Fähnlein, in Stein ausgehauen war mit der Ueberschrift 1558: Laus Deo. Oblatus est quia ipse voluit (Gott Lob! Er wurde dargebracht, weil er es selber wollte). Dieses ist also später, erst 1558, bei der Verwandlung in ein Bürgerhaus, als Krönung angebracht, eine evangelische Betonung an dem ehemals katholischen Gotteshause. Die zwei Seitennischen an dem Portale, ursprünglich für Heiligenbilder bestimmt, wurden ausgemeißelt, um nun als Ruheplätze zu dienen. — Im Innern konnte man Holzdecken aus dieser, ev. noch aus der gotischen Zeit, aber auch Decken mit angetragenem Stuck aus dem 17. Jhdt. erblicken (1679).[27]) Jetzt steht seit 1907 ein hoher Neubau auf dem Gelände des einstigen „Lämmchens".

**Nr. 14.** Die Allgemeine Ortskrankenkasse von Halle.

**Nr. 17.** Die Löwenapotheke, ist ein moderner, vielstökkiger im altdeutschen Stil mit Erker und spitzem Giebel neu errichteter Bau. Der große, vergoldete Löwe, das alte Wahrzeichen, ist an dem Hause angebracht, wenngleich dies Wahrzeichen ursprünglich anders gedacht war: König Salomo, der Weise und Kenner aller Naturgeheimnisse, sitzt auf seinem Thron zwischen zwei Löwen. — Die mehr denn 400 Jahre alte Apotheke befand sich nicht immer in diesem Hause. Sie wurde 1555 durch Wolf Holzwirth, einen Sprößling der alten Patrizierfamilie (s. Alten Markt), nachdem er das Privilegium vom Erzbischof Sigismund erhalten, angelegt. Er hatte in Italien studiert und die Tochter des Kanzlers D. Klingen geheiratet. Nach seinem Tode erbte der Schwiegersohn Lorenz Hoffmann die Apotheke, dann dessen Sohn Andreas, der Bruder des bedeutenderen Dr. und Leibarztes Lorenz Hoffmann (s. Gr. Ulrichstraße Nr. 2).[27a]) Von dessen Erben gelangte sie an die Familie Becker (Andreas Becker, dessen Sohn Jeremias, dessen Sohn Andreas). Die Witwe des Andreas heiratete 1746 Christian Friedrich Zeppernick; so kam die Offizin in diese Familie. Holzwirths Apotheke lag ursprünglich am

Markte auf der Stelle des heutigen Lewinschen Hauses (Nr. 3), dann kam die Apotheke durch die Heirat in das „Marktschlößchen", in das Zepernicksche Haus (Nr. 13), darauf erst an den jetzigen Platz (schon vor 1837). — Die Löwenapotheke vereint die älteste Apotheke Halles, die Ratsapotheke mit sich. Diese war 1493 angelegt worden und bestand bis 1535 (bis zur Gründung der Blauen Hirsch-Apotheke) allein in Halle; diese alte Apotheke ging allmählich durch die Konkurrenz und wohl auch durch schlechte Verwaltung ein. Ihr Privilegium kaufte 1665 Andreas Becker für seine Löwenapotheke auf.

**Neunhäuser.** Diese westliche Verbindung der Brüderstraße mit der Großen Steinstraße wurde in der Zeit der stärkeren Besiedelung der Brüderstraße zum Bedürfnis und vom Rate endlich 1469 (1474), durchgeführt[28]), indem er den Hof eines gewissen Weinmeisters kaufte. Dieser Hof lag der Brüderstraße zugekehrt.

Die Familie Wynmeister, Wymeister tritt uns in den alten Schöffenbüchern wiederholt entgegen (1430: Hans und seine Frau Margarete; 1457: Jakob); sie besaß 1433 ihren Hof in der Clausstraße. Erst später erwarb sie das Besitztum des Bernd Jakob „vor den scherren an der Prufenstraßen". Bereits 1457 ist Jakob Wynmeister in dem Besitz des Hauses.

Im Jahre 1469 (nach Angabe des Olearius S. 202 und Dreyhaupt I, 676) oder 1474 (nach Spittendorf ed. Opel S. 476) beschloß der Rat, Weinmeisters Hof zu bebauen und uff beyden seyten heuser zu machen, das mitten ein gasse blebe. —

Die Straße hieß ursprünglich die „Neuen Häuser" (=Neue Gasse), wie die „Neustadt" an der Moritzkirche bald darauf einen ähnlichen Namen (Neustadt) empfing. Später wurde der Name in „Neunhäuser" entstellt, den schon Dreyhaupt (I, 676) berichtet: „wohin neun Häuser gebauet, und davon die Gasse die „Neun Häuser" genannt worden", ebenso Olearius (1667): „der Rat hat eine Gasse dadurch gemacht und die neun Häuser nennen lassen." — In der Tat zählte die Straße 1837 noch neun schmale Häuser, 1870 nur noch sieben und 1915 gar noch fünf.

Die westliche Seite der Straße ist durchaus neu, hier ist die Straße offenbar ehemals verbreitert worden. Der Komplex des modernen Huthischen Geschäfts, das sich auch zum Markt (Brüderstraße Nr. 1) und zur Großen Steinstraße (Nr. 86, 87) hinzieht, hat hier seine Hauptfront. — Die Ostseite hat noch ältere, glattgeputzte, 2 und 3stöckige Häuser.

**Die Kleine Steinstraße.** Die östliche Verbindung der Brüderstraße mit der Großen Steinstraße (bezw. auch mit der Rathausgasse), die heutige Kleine Steinstraße, entstand erst nach dem Eingehen der Paulikapelle (s. Brüderstraße) und ihres Kirchhofs, also nach 1550. Um den Kirchhof herum ging im Mittelalter die kleine, unansehnliche Paulsstraße (1315: in sente Pawelsstrate), die nur einmal in den Schöffenbüchern erwähnt wird.

Die Ostseite der Straße steht durchaus modernisiert da, vor allem durch den stattlichen Bau des Amtsgerichts (1906) und der Städtischen Sparkasse (1914/15), die Westseite dagegen zeigt noch alte Häuser (Nr. 1, Nr. 3, Nr. 4).

**Nr. 5** ist das Nebenhaus des Hallischen Bankvereins, dessen Hauptgebäude in der Großen Steinstraße (s. d.) liegt.

**Nr. 6,** ein einfaches, 2stöckiges Haus, gehörte ehemals dem Professor A. W. Volkmann [29]), jetzt der Möbelfabrik vereinigter Tischlermeister (1832 gegründet, 1856 im „Kühlen Brunnen", 1862 im Roten Turm, 1880 in der Großen Märkerstraße, im Franzschen Grundstück, 1886 hier in der Kleinen Steinstraße) 1901 verlegte man die gesamten Werkstätten aller Meister in einen Betrieb in die Beesener Straße Nr. 12.

**Nr. 7** ist das Amtsgericht, ein imposanter Neubau aus dem Jahre 1906, ein 4stöckiger, in der Mitte halbturmhaft und an den Seiten vorspringender Bau, in grauem Cementputz. — Das alte Amtsgericht, das hier stand, bestand ursprünglich aus zwei Häusern, aus Nr. 7 (Nr. 214) und Nr. 8 (Nr. 215). An der Stelle des westfälischen Ziviltribunals war nach 1815 das „Königliche Landgericht" getreten und in dem ehemaligen Kleinschen Hause (Nr. 7) eingerichtet worden, in welchem sich auch die Gefängnisse für die Kriminalgefangenen befanden. 1821 wurde es „Land- und Stadtgericht" genannt und war lediglich für Zivilsachen bestimmt. 1849 hieß es „Kreisgericht" und vereinigte nun das Kriminalgericht und das Patrimonialgericht mit sich. Später wurde es „Amtsgericht" umgenannt. — Bereits 1844 hatte man das Nachbargrundstück Nr. 8 zugekauft, das frühere Schmalzsche Haus. 1861 wurden beide Häuser im Innern umgebaut. Und so erhielt das alte Amtsgerichtsgebäude das Aussehen, das wir noch kennen: zwei verschieden gebaute, 3stöckige Häuser, von denen das linke, mit zwei Reihen Dachluken besetzt, eine Reihe kleinerer, tiefliegender Fenster in den oberen Geschossen besaß, in der Mitte des Erdgeschosses aber, einen halb zugemauerten, rundbogigen, barocken Eingang (der Haupteingang war im Nebenhause) von zwei kugelgeschmückten Säulen begleitet. Ueber diesem Eingang erhob sich der prächtige, 2stöckige, giebelbedachte Erker mit vielen Holzschnitzereien, der nebst dem Portal auch an dem neuen Gebäude wieder zu Ehren kam. Schöne Stuckdecken konnte man im Innern der Zimmer sehen. — Der große Hof von Nr. 8 wurde östlich durch eine Mauer von der Postgasse getrennt. In ihm erhoben sich zwei hohe, massive Hintergebäude: das vordere enthielt den Schwurgerichtssaal, Gefängnisse, Büros und Dienstwohnungen. In den Hintergebäuden des Grundstücks Nr. 7 befanden sich die Gefängnisse für Frauen und Kinder. Der Bau des Landgerichts in der Poststraße (1880) veränderte dies vielfach. 1906 baute man das jetzige Gebäude. — Das alte Haus Nr. 7 bewohnte 1791 der damalige Direktor der Universität, der juristische Professor Ernst Ferdinand Klein. Er ging 1800 wieder nach Berlin als Geheimer Obertribunalrat. — Das alte Haus Nr. 8, ein etwas höheres, 3stöckiges, einfaches Haus, bewohnte der juristische Professor Theodor Schmalz, der 1803 von Königsberg berufen, nach Kleins Weggang Direktor der Universität wurde. Er weckte seit 1808 durch seine gehässigen reaktionären Beschuldigungen und Verdächtigungen Mistrauen in ganz Deutschland. Johannes Falk geißelt ihn sehr und schildert sein Gesicht als falsch, satirisch mit breiten Hange- und Schlapperbacken.[30]) —

**Nr. 9** ehemals, 1914 für den Sparkassenneubau (Rathausstraße Nr. 5) abgerissen, war ein altes, 2stöckiges Haus mit großem Torweg, ein weiter Hof dehnte sich dahinter aus. Es gehörte zuletzt der Weinhandlung Schulze & Birner. An diesem alten Hause befand sich über der Türe die Inschrift: „Hier wohnte, und starb Johann Reinhold Forster, Weltumsegler.“ Forster, 1729 zu Dirschau geboren, begleitete Cook auf seiner zweiten Reise um die Welt und starb hier als Professor der Naturgeschichte am 9. Dezember 1798.[31])

## Anhang.

1. Diese Berge waren der Gerichtsberg an der Wage, der Schulberg, der Kaulenberg, der Schloßberg, der Sperlingsberg, der Sandberg und der Reddenberg (an der Moritzburg am Garnisonlazarett). — 2. Solange die Feuerwaffen nicht erfunden waren, war das Terrain für die Befestigung nicht so sehr verhängnisvoll. Andrerseits konnte man den Martinsberg und den Petersberg wegen der Weite des Umfangs nicht mehr in die neue Stadtbefestigung einbeziehen. — 3. Demselben Zwecke mögen das Moritzkloster am Moritztore, das Barfüßerkloster bei jener Erhebung im Wallgraben und die Ulrichskirche am Ulrichstore gedient haben. — 3a. Die Kapelle ist christlichen Ursprungs genau wie die runde Kapelle in Seeburg und auf dem Petersberge. Nebel (in einer Dissertation über den Petersberg) und sein Referent Heldmann schreiben mir die Ungereimtheit zu, daß ich solche „Heidenkapellen“ von Heiden erbaut sein lasse (statt daß in ihnen die Heiden getauft wurden, während ich doch ganz deutlich in der Geschichte des Saalkreises S. 83, S. 100 und S. 101 und noch ausführlicher im Kalender für Ortsgeschichte 1915, S. 51 über die Erbauung dieser Kapelle in christlicher Zeit spreche. Diese wie andere willkürliche Behauptungen werde ich im dritten Bande der

Wanderungen ausführlicher zu widerlegen wissen. — 4. Die erste Gemahlin Wiprechts soll Judith oder Elisabeth, des Königs Wratislaus von Böhmen Tochter gewesen sein. Diese ist jedoch 1109 bereits zu Bautzen gestorben und im Kloster Pegau begraben worden. — 5. Dreyhaupt II, 275 berichtet: „Solches Kornhaus hat E. E. Rath zu Verhütung der großen Theurung, und daß öfters viel Volk Hungers gestorben, Anno 1505 da es eben theure Zeit war, zu bauen angefangen, und Anno 1509 mit Ziegeln decken lassen, auch, nachdem es zu Stande gekommen, 2000 Scheffel Korn auf selbiges zum Vorrath aufschütten lassen." — 6. Aber auch politische Gefangene wurden in diese Hölle hineingesteckt, so jener prof. jur. Johann Ernst Philippi, der nach mancherlei Abenteuerlichkeiten und Excessen (s. Dr. II, 689) in diese Hölle von Friedrich dem Großen hineingesteckt wurde, weil er, ein Sachse von Geburt, gegen Friedrichs Verwüstung von Sachsen geschrieben hatte. Er wurde furchtbar in unserm hallischen Zuchthaus behandelt und so erlag er schon nach wenigen Monaten im Oktober 1758 dem Hunger und den Peitschenhieben der Zuchtknechte und des unmenschlichen Zuchtvaters. — 7. Nach den zeitgenössischen Aufzeichnungen eines Katecheten, der dort predigte. — 8. Die Mädchenbürgerschule blieb in der Wage. Beide Bürgerschulen standen bis 1884 unter einem Rektor (Scharlach 1837—1884); seit 1884 unter zwei Rektoren. Im Jahre 1891 gab es 2578 Knaben in 48 und 2357 Mädchen in 46 Bürgerschulklassen. — 9. Da der Staat in Halle noch keine eigenen Kasernen besaß, wurde das Militär in Privatkasernen untergebracht, außer in der Lutzeschen Kaserne in dem Hagemannschen Mietsquartier Augustastraße Nr. 6 und in dem Zanderschen Mietsquartier Graseweg Nr. 6 und in der Kaserne auf der Moritzburg (im Jahre 1880). — 10. Über die Post in Halle vergl. Leipzigerstraße Nr. 2 und Nr. 1, Großer Berlin, bezw. Gr. Brauhausstraße Nr. 17 und zuletzt Große Steinstraße Nr. 72. — 11 Ursprünglich alt ist nur das Erdgeschoß. Man baute im 16. und noch im 17. Jhdt. meist nur die Erdgeschosse massiv und setzte Fachwerkgeschosse auf, später riß man diese ab und ersetzte sie durch massive. — 12. Vor dieser Zeit fanden Vogelschießen und sogenannte Schützenhöfe (Schießfestlichkeiten) auf der Pfingstwiese (wie auch später noch) statt. Die Armbrustschützengesellschaft übte ganz sicher bereits 1538 in ihrem Pfännergraben (Neue Promenade). — 13. Man verkaufte die Kohlensteine 100 Stück für 18 Sgr und 1000 Stück für 6 Taler; aber schon nach einigen Jahren hörte man auf, da der Abbau sich nicht mehr rentierte (Rundes Chronik). — 14. Dieser gotische Brückengang war uralt, er führte in den massiven Archivturm in der Südwestecke der Wage, der wohl schon um 1341 entstanden war. — 15. Im Jahre 1906 gab es 82548 Sparkassenbücher nit 16107681 M. Einzahlungen und 15563082 M. Rückzahlungen und 46708563 M. Guthaben. Es kamen auf 100 Einwohner 48 Bücher und als Guthaben auf jedes Buch 566 M. und auf den Kopf der Gesamtbevölkerung 271 M. Im Jahre 1914 waren 105011 Bücher im Umlauf mit 60196811 M. Spareinlagen. Kurz vor Ausbruch des Weltkrieges geschah ein gewaltiger Ansturm auf die Sparkasse. Es konnte das Publikum nur mit Hilfe von Polizeibeamten abgefertigt werden. Die Kasse zahlte jeden beliebigen Betrag auch ohne Kündigungsfrist aus. Bei der ersten Kriegsanleihe zeichnete die Sparkasse mehr als 3 Millionen Mark und die Sparer 5859100 M. — 15a. Ursprünglich hatten 1829 die Gebrüder Wahnschaffe eine Brauerei in dem Hause des Professor Jakob eingerichtet. Jakob war 1827 in Bad Lauchstedt gestorben und am 24. 7. auf dem hiesigen Gottesacker beigesetzt. Er war lange Zeit in Charkow gewesen, wurde geadelt, kehrte zurück und besuchte Goethe, der schon früher in seinem Hause, in der Rathausgasse, verkehrt hatte, mit seiner bekannten Tochter (Talvj, Herausgeberin der Volkslieder der Serben) in Weimar. — 1831 ging die Wahnschaffesche Brauerei ein, dann folgte Hummelmann, dann 1848 der

Bayer Michael Guckenberger, der bayrisch Bier braute und zuerst hier verschenkte, und zuletzt 1861 die Firma C. Bauer. Um 1910 wurde die Brauerei von der Hallischen Aktienbrauerei aufgekauft, bis diese vor kurzem nebst anderen hallischen Brauereien vom Berliner Engelhardt aufgekauft worden ist. — 16. Fouqué, schon in seiner Kindheit mit Halle vertraut (der alte Giebichenstein übte einen gewaltigen Eindruck auf den phantasievollen Knaben aus), lebte 1831/42 in Halle. Er hatte sich hier mit Albertine Tode in zweiter Ehe verheiratet und hielt Vorlesungen über neueste Geschichte und Dichtung. Der einst schwärmerisch gefeierte Romantiker scharte einen Kreis junger Dichter und Dichterinnen um sich, der 1838 einen Band Gedichte „Werdelust“ herausgab; freilich hielt er sich auch, von Sorgen gedrückt, zu pietistischen Richtungen (Tholuck). 1842 wurde F. von dem „Romantiker auf dem Thron“ Friedrich Wilhelm IV. nach Berlin gerufen, starb aber schon im nächsten Jahre an einem Schlaganfall. — 16a. Ludewig besaß neben diesem Hause eine Villa vor den Toren der Stadt, das seither manigfach umgebaute Haus Ludewigs etc. an der Ludwigstraße (! statt Ludewigstraße !). Ferner nannte er sein eigen die Güter Benndorf (Mansfelder Seekreis), Pretz und Gatterstedt (Querfurter Kreis). Er hinterließ keinen Sohn, nur drei Töchter, mit vornehmen Männern vermählt. — Übrigens befand sich in diesem Hause die großartige Bibliothek Ludewigs in einem Saale; hier seine berühmte Sammlung deutscher Kaisermünzen; hier die Galerie vieler Bildnisse bedeutender Männer, eine Sehenswürdigkeit Halles. Der Student Gleim wie der junge Winckelmann ordneten dem alten Kanzler diese Bibliothek. Nach dem Tode Ludewigs wurden Bibliothek und Handschriftensammlungen verschleudert, ähnlich wie die Sammlung Dreyhaupts. — 17. Auf der Südseite des Doms befindet sich das prachtvolle Grabdenkmal Gottfrieds von Jena. — 18 König Jerome erklärte Stift wie Stiftsvermögen als Staatseigentum; erst nach einem Jahre gab er seine Ansprüche auf als an einem Eigentum der Familie von Jena, aber das Stift wurde mit öffentlichen Abgaben belastet. — 19. Pietätlos sind Maßwerkstücke, Simse usw. mißachtet worden. Der kunstsinnige Dr. Gustav Schwetschke rettete sie, ein Teil befindet sich noch in einem Privatgarten. — 20. Es erscheinen auch in anderen Städten Lokalitäten mit „Katze“ zusammengesetzt, so in Magdeburg; hier haben wir einen „Katzensprung“, einen „Katzenbuckel“ (auf dem Magdalenenberg) und einen „Katzensteg“, der ehemals von der Stephanbrücke nach dem Katzenbuckel führte. Diese Bezeichnungen scheinen aber doch von der Katze hergenommen zu sein. — 20a. Der halbrunde Turm schloß mit grader Fachwerkwand. Sein hochspitziges Dach zeigte verwetterte Luken, eine Holztreppe führte außerhalb an ihm empor. Kleine, schiefe Fenster schauten aus ihm heraus. Dicht hinter ihm zog sich die verfallene, malerische Stadtmauer entlang unter den grünen Wipfeln der Bäume des Stadtgrabens. — 20b. Die Halloria befand sich Brüderstraße Nr. 2 in einem alten, etwa 1550 erbauten, mit drei Volutengiebeln geschmückten Hause (s. Alter Markt Nr. 7). Es wurde 1896 abgebrochen. — 21. Dreyhaupt I, 677 schreibt, daß die Scharren 1552 erbaut wären, wie sie jetzo (1750) stehen; dagegen II, 361 berichtet er, daß ein Bürgerhaus angekauft und abgerissen worden sei, und daß darauf „die noch jetzo vorhandenen Fleischscharren“ Anno 1598 von Grund neu erbaut worden wären. Olearius giebt beide Jahreszahlen als Zeit der Erbauung an. — 22. Das Portal in der Brüderstraße war ein Rundbogen, der in seiner Mitte einen Löwenkopfschlußstein hatte, darüber die Jahreszahl 1598. Jederseits stand eine Säule mit reichverziertem Postament; sie trugen ein Gebälk über dem Rundbogen. In den so gebildeten beiden Zwickeln lagerte sich links eine männliche Figur mit Rechen, Schaufel und Sense, rechts eine weibliche mit Garbe und Dreschflegel. In den Feldern des Gebälks selbst sah man ebenfalls Reliefs auf Handel und Verkehr bezüglich. Das Portal in der

Steinstraße hatte noch eine Türe neben sich. Es war ebenfalls ein Rundbogen; auf jeder Seite stand eine auf dem Postament freistehende toskanische Säule, die ein mächtiges Gebälk über der Türe trugen. Die Gebälke haben wohl ursprünglich Standbilder getragen, wie das ehemalige Portal in der Leipziger Straße Nr. 5 und Nr. 6. — 53. Vergl. Hans Schulz: Goethe und Halle 1918. — 24. F A. Wolf war 1759 zu Hainrode, bei Nordhausen geboren, in Göttingen unter Heyne gebildet, 1782 als Rektor zu Osterode am Harz angestellt und 1783 als o. Professor nach Halle berufen worden. Er ward 1787 Begründer der philologischen Seminars und 1802/6 erster Vorsteher der Universitätsbibliothek. 1806 ging er nach Berlin. Er starb 1824 fern von der Heimat in Marseille. Wolf hat die klassische Philologie zu einer selbständigen Wissenschaft erhoben, die er als die alleinige Grundlage der wissenschaftlichen Ausbildung der höheren Lehrer erklärte. Im übrigen ist er durch seine Homer-Forschungen berühmt geworden, die Goethes hohes Interesse erregten. — 25. Krukenberg war 1787 zu Königslutter geboren. Er machte als Lützower Jäger den Befreiungskrieg mit, wurde 1814 als Professor berufen, trat 1861 in den Ruhestand und starb am 13. 12. 1865 in seiner Villa vor dem Kirchtore. Eines Tages, als hier ein früherer Kollege bei ihm war, brachte er das Gespräch auf den Zungenkrebs. Schließlich sagte er: „Einen musterhaft entwickelten Zungenkrebs können Sie bei mir studieren." Dabei öffnete er seinen Mund und zeigte dem erschrockenen Kollegen seine schon stark vom Krebse ergriffene Zunge. Am Zungenkrebs ist er dann auch 77 Jahre alt gestorben. — 26. Eine Stuckdecke zeigte in der Mitte einen Pelikan, der sich die Brust ritzt und so seine vier Jungen nährt (nach alter Fabel), in den vier Ecken Muschelornamente und Blumengeranke. Ein andere Decke zeigte in der Mitte die Ruhmesgöttin und in den Ecken Sirenen, deren Schwänze in Früchteguirlanden ausliefen. — 27a. Die Genealogie der bedeutenden Apotheker- und Medizinerfamilie findet man bei Dr. II, Anhang S. 65; der Urenkel des Apotheker Lorenz († 1593) ist der berühmte Arzt und Professor, der Erfinder der Hoffmannstropfen Friedrich Hoffmann (1660/1742), siehe auch Leipziger Straße Nr. 2. — 28. Weinmeisters Hof wird der Rat 1469 gekauft und erst 1474 zu bebauen begonnen haben. — 29. Er war der Vater des berühmten Chirurgen Richard Volkmann (Leander). Er war Professor der Chirurgie und Anatomie der Universität und kaiserlich russischer Hofrat. — 30. Vergl. in „Luginsland, Monatsblätter" Halle 1907. S. 44 u. f. meinen Aufsatz: „Joh. Falks Reise durch Halle im Jahre 1803." Schmalz war 1760 zu Hannover geboren, war 1789/1803 Professor, Konsistorialrat, Kanzler und Direktor der Universität zu Königsberg. Falk sagt mit Recht, daß er mehr Wortwitz als Sachwitz besäße; sein böser Mund wüßte von seinen Kollegen alles Schlimme, obgleich er keine drei Monate in Halle wäre. — 31. Sein Sohn ist der berühmte Georg Forster. Reinhold Forster ward von seinen Kollegen mehr geachtet als geliebt. Er war schroff und freimütig und beleidigte oft aufs gröbste. Er kannte nur Gerechtigkeit, aber keine Gnade. Und doch rühmte er in seinen Vorlesungen die Vorsehung Gottes und seine Güte und begeisterte sich bis zu Tränen. Seine sehr große Bibliothek kaufte die Berliner Bibliothek für 8000 Taler an.

# Kleinschmieden.

**Die Lambertikapelle.** Auf dem Platze, der von der Nikolaistraße, Kleinschmieden und dem Markt (Nordwestseite) begrenzt wird, stand schon im frühen Mittelalter eine der ältesten Kapellen Halles, die des heiligen Lambertus. Dieser Heilige war Bischof von Mastricht gewesen (um 700 n. Chr.), und sein Kult war von den Franken des Schelde- und Maasgebietes in unsere Gegend gebracht worden.[1]) Unsere Kapelle war also fränkischen Ursprungs wie die benachbarte Gertraudenkapelle.[2]) Sie war ursprünglich aus Holz gebaut und wohl um 1000 in Stein aufgeführt im romanischen Stil. Ein Gottesacker umgab sie nach altem Herkommen. — Lange vor der neuen Befestigung Halles (die nach 1100 geschah) erbaut, lag sie, ein einsames Gotteshaus, von ihrem Kirchhof umgeben an der ältesten Stadt, deren Mauer sich um die Gertraudenkapelle zur Schmeerstraße hinzog. Ein alter Heerweg von Norden (Giebichenstein) zog an ihr vorüber in das Tor der ältesten Stadt (am Hohenkräm „Schmeerstraße"). Nach 1100 wurde die Kapelle in die neue große Befestigung hineinbezogen. — 1121 wird sie dem neugegründeten Neumarktkloster einverleibt (capella sancti Lamberti), das von jetzt ab ihre Einkünfte verwaltet und ihren Priester bestellt. 1327 wurde die im Verfall geratene Kapelle auf Kosten des Klosters wieder hergestellt; 1418: an sente Lamprechtes capelle 1437: by sente Lamprechte. 1458 brannte das Dach des alten Gotteshauses in der Christnacht ab. Es wurde notdürftig wieder hergestellt, aber das Interesse der Bürger war erloschen. Die Kapelle lag bald wiederum wüst und verlassen da, wohl entheiligt durch allerlei Gesindel. Nachdem sie dem Rat vergebens als Baufleck angeboten war, mußte das Kloster sie auf Antrieb des Kardinals Albrecht dessen Günstling Hans von Schenitz im Scheinkaufe übergeben gegen den jährlichen Zins eines Kapaunes (7. 4. 1522. Dr. I, 940). Schenitz baute aus ihren Steinen die Häuser am Markt (Kornmarkt): die alte Hirschapotheke und ihr Nebenhaus, den „Kühlen Brunnen" und das Nachbarhaus an der Nikolaistraße.

**Kleinschmieden.** An der Kapelle und ihrem Kirchhof hatten sich östlich sehr früh Bürger angebaut, Handwerker, nämlich Schlosser und Klempner, also Kleinschmiede; eine Gasse entstand, die ursprünglich Lambertigasse hieß, bald aber nach ihren Bewohnern

„Zu den Kleinschmieden“ hieß, zuerst c. 1280: in dhen klensmeden; 1380: in den kleynsmeden. 1455: in den cleinsmeden; 1476: in der kleinschmiden. Der ältere Name Lamprechtsgasse ist um 1250 nicht mehr im Gebrauch,[3]) die Schöffenbücher kennen nur die Bezeichnung „In den Kleinschmieden“. Die Straße wird in ihnen 38 mal erwähnt (1266—1460). — Bemerkenswerte Häuser liegen in der Straße: Das Haus zur Schwarzen Henne (1451: zcu der swarczen hennen), das ehemals Andreas Henneberg nach seinen Namen nannte.[4]) Neben der Schwarzen Henne lag das Einhorn (1451: by deme einhorne), neben diesem wohnte Nikolaus von Jena (Jhene, Jenne), dessen unmündige Kinder dieses Haus wie andere Besitztümer wohl wegen mißlicher Verhältnisse verkaufen müssen.[5]) — 1522 baute Hans von Schenitz an den Kleinschmieden die Nordwestseite des Marktes, die entsprechende der jetzigen Nikolaistraße und den Kühlenbrunnen an: es entstand so ein stattliches Häuserquadrat. — Schon 1451 befand sich ein Born yn den cleynsmeden, 1509 war ein eichener Röhrkasten aufgestellt: er lag auf dem kleinen Platze, wo Ulrichstraße und Steinstraße einmünden; er erhielt ursprünglich sein Wasser aus der faulen Witschke. Später wurde sein eichener Röhrkasten durch einen steinernen ersetzt. 1594 wird sogar ein messingenes Mannsbild auf den Röhrkasten gestellt. 1694 entstand an der Straße (nach Gründung der Universität) die Universitätsapotheke zum Weißen Engel. — Hohe, schmale Giebelhäuser, Fachwerkbauten später durch massive ersetzt, säumten die enge Straße ein, so zählte die Westseite allein 10 Häuser! Die Ostseite dagegen 3! Noch 1837 werden 13 Häuser aufgezählt. — Wohl auch wegen der Zunahme des Verkehrs wurde 1868 das alte Wasserbassin abgeschafft. — 1882 wurde die Pferdebahn (Straßenbahn) durch die Straße gelegt (Hauptlinie über den Markt); 1888 wurde die neue Bauflucht zur Erweiterung der Straße festgelegt. 1893 und 1896 erweiterte sich die Straße auf etwa 20 Schritt Breite. Der Ankauf von Grundstücken kostete 227,656 *M.* Das große Michel'sche Geschäftshaus, das an der Stelle des geschmacklosen Pinthus'schen Eckhauses (Nordwestecke Markt) erbaut wurde (etwa 1900), ließ noch die drei ersten Häuser von Kleinschmieden verschwinden. Jetzt zählt die Straße noch zwei Häuser auf der Westseite und ein großes (Engelapotheke) auf der Ostseite. — 1902 erhielt sie elektrische Straßenbeleuchtung. —

**Nr. 1** (1900) das ehemalige jetzt verschwundene Elsässersche Haus zeigte in seiner Mitte einen schönen, 3stöckigen, oben mit kleinem Giebel bedachten Erker aus dem Ende des 17. Jhdts. Unter den Fenstern des Erkers (zwei vorn, je eins zu den Seiten) in den Feldern sah man ursprünglich bemaltes allerdings überladenes Holzschnittwerk, Sonnenrosen, Weintrauben und üppige

Arabesken, Früchte- und Blätterguirlanden hingen über den Fenstern und fielen an ihnen hernieder. In den vier Geschossen des Hauses befanden sich interessante Stuckdecken, an einer im ersten Obergeschoß stand die Jahreszahl 1688. Das schmale Haus wurde, um dem großen Michelschen Neubau (Eckhaus am Markt) Platz zu machen, 1900 abgerissen. Der Erker ist an dem Sparkassenneubau wieder angebracht worden (s. Rathausstraße Nr. 5/6).

**Nr. 6** die Engelapotheke befindet sich in dem großen, 4stöckigen, 1896 erbauten Eckhaus (Kleinschmieden und Gr. Steinstraße), das mit einer stattlichen Kuppel gekrönt ist, auf der eine Figur, ein überlebensgroßer Engel, schwebt. — Über dem Eingang zur Apotheke ist das alte Wahrzeichen, ein sitzender, goldener Engel angebracht. Die beiden unteren Stockwerke des modernen Hauses sind Läden und Lagerräume; die beiden oberen in Rohbau ausgeführten enthalten Wohnungen. Als die Universität gestiftet wurde, erhielt der durch die Franzosen aus Heidelberg vertriebene Kurpfälzische Hofapotheker Hoffstädt (Hopfstadt) am 4. 9. 1693 das Privileg eine neue (dritte) Apotheke in der Altstadt zu eröffnen, die er „zum Weißen Engel" nannte. Diese Universitätsapotheke zum „Weißen Engel" stand unter der Aufsicht der medizinischen Fakultät.

## Die Große Steinstraße.
## Unterer Teil.

**Das Steintor** ist nach 1100 bei Anlage der späteren, großen Befestigung unserer Stadt entstanden (s. S. 2). Es war zuerst ein Holzbau, dann frühzeitig vor allen anderen Toren der Stadt, schon vor 1182, ein Steinbau (porta, quae dicitur lapidea)[6]), daher auch die Straße, die von dem neuen Markte bzw. Kleinschmieden zu ihr führte, den Namen Steinstraße empfing (nicht etwa davon, weil sie zuerst Steinpflaster besessen hätte).[6a]) — Das Tor bewachte die große Heer- und Handelsstraße nach Osten (nach Kursachsen: Landsberg, Wittenberg; später auch nach Kurbrandenburg: Berlin). Die Zölle an seiner Pforte wurden vom Landesherrn, dem Erzbischof, verpachtet, so der Holzzoll an das Kloster Neuwerk (Urkunde von 14. 2. 1182). Holz mußte wegen des Salzsiedens schon damals eingeführt werden. — Schon im 13. Jhdt. siedelte sich eine Vorstadt vor dem Tore an, die Steintorvorstadt, die um 1300 (s. S. 7) ebenfalls ein Tor (das äußere Steintor ehemals an der Margarethenstraßenecke) erhielt. Auch Gärten und Höfe reicherer Hallischer Bürger finden sich hier. —

Das Tor heißt 1182: porta lapidea; 1266: vor dem stendore; 1369: an deme steyndore; 1456: vor deme steynthor. — Um 1450 wurden die Befestigungen der Stadt auch nach der Ostseite hin sehr verstärkt. Das Steintor erhält seine dreifache Gliederung: außer dem ursprünglichen „inneren" Turm (etwa zwischen Stadt Hamburg und Bankhaus Lehmann etwas vorgeschoben), das äußere Torhaus (zwischen den Eckhäusern Nr. 20 und Nr. 71) und das mittlere Torhaus. Das äußere Torhaus lag in dem äußeren Mauerzug, der vom Martinsberge zum Petersberge führte. Die Torhäuser waren hohe, giebelgeschmückte, 2stöckige, feste Gebäude, mit schweren Torflügeln, die Leute erschlagen konnten (so 1638 einen Kutscher). — Der architektonisch interessante Steintorturm war in Bruchsteinen erbaut, von quadratischer Grundform mit Sandsteinecken und in seinem unteren Teile noch frühgotisch (spitzbogige Tür); etwa im dritten Stockwerk setzte sich der jüngere Backsteinbau achteckig an. 1725 etwa wurde der Turm erneuert und mit einer welschen Haube bedeckt, später mit 8seitigem Dach, wie ihn noch Stapels Zeichnung zeigt.[7]) Der schöne Turm wurde leider am 6. 9. 1831 auf Veranlassung des damaligen Bürgermeisters Mellin als „Verkehrshindernis" auf Abbruch verkauft und niedergerissen, nachdem schon im April 1817 der größte Teil des inneren Tores niedergelegt worden war.

**Die Steinstraße** (erst im 18. Jhdt. die „Große" Steinstraße im Gegensatz zu der „Kleinen" Steinstraße genannt) empfing ihren Namen vom Steintore, denn an eine Pflasterung durch Steine ist im 12. und 13. Jhdt. nicht zu denken.[8]) Der Breite Weg z. B. in Magdeburg wird 1378 und schon früher als gepflastert bezeichnet (platea lapidea), die Steinstraße daselbst wird auch gepflastert gewesen sein (vicus lapideus). — In den Schöffenbüchern wird unsere Steinstraße 4 mal (1266—1400) und 29 mal (1400—1460) erwähnt, sie scheint nach 1400 mehr besiedelt worden zu sein; 1369: in der stynstrate; 1376: jegen der steynstrate; 1404: in der stenstrate; 1458: in der steinstraßen. — Höfe alter adliger Geschlechter und bemerkenswerte Häuser lagen in der Straße, die eine der Hauptwege in der neuen Stadt wurde als Fortsetzung einer alten Heerstraße wie die Ulrichsstraße und die Galgstraße und die direkt auf den Markt führte (bzw. in Kleinschmieden). Die Brüder Koppe, Kuno und Bernd von Ammendorf besaßen in der Steinstraße ihren Hof (1405); ferner standen hier das Haus zum Schwarzen Stern (1440 czu dem swarczen stern) und das zum Roten Scharre (1450 zcum roten scharn). — 1469 (1474) wurde die untere Verbindungsstraße mit der Brüderstraße, der „Neuen Häuser" geschaffen. — 1510 (1552. 1598) wurden die Scharren an unserer Straße durchgeführt. — Um

1550 entstand die obere Verbindungsstraße mit der Brüderstraße und der Rathausstraße, die Kleine Steinstraße: Beweise für die Zunahme des Handels und Wandels auch in unserer Straße. —

2stöckige Fachwerkhäuser mit vorgekragten Geschossen, mit Dachgiebeln oder Doppellukenreihen, mit „Tritten" (Steinstufen) vor den Haustüren, die oft ein Vordach haben, mit Steinbänken an der Hausmauer hie und da; dies altertümliche Gewand trägt die Straße noch im 18. Jhdt. Und doch preist sie Herzog 1794 nächst dem Großen und Kleinen Berlin als die beste Straße Halles. Dagegen nennt sie Carl von Raumer in seinem Leben von ihm selbst erzählt S. 33 eine „unfreundliche" Straße, wie Halle selbst eine unfreundliche Stadt.[8a]) Erst um 1860 beginnt sich die Straße merklich zu verschönern, so daß sie seit den letzten fünfzig Jahren ein durchaus neues Aussehen erhalten hat. Große 3stöckige, ja 4stöckige Häuser in den Baustilen der verschiedenen Jahrzehnte und ihre ununterbrochene Kette großer und glänzender Läden, das buntbewegte Leben, die elektrische Straßenbahn (seit 1892) und die elektrische Beleuchtung (seit 1902) geben ein vollendetes Großstadtbild. — 1837: 39 Häuser; 1915: 34 Häuser.

**Nr. 7,** die altbekannte Konditorei Pfautsch, die schon in den 50er Jahren vielfach von Studenten besucht war, ein älteres Haus mit modernisiertem Laden, dem die alten Steinstufen genommen sind.

**Nr. 8,** das östliche Eckhaus an der Barfüßerstraße, alt und 2stöckig. In ihm wohnte der Professor Dr. jur. Schmelzer, der jenen Sommersitz in Giebichenstein, den heutigen Bürgerpark, 1824 erwarb und 1839 auf der Höhe des Parkes den sog. „Oberschmelzer" erbaute. In diesem Hause Nr. 8 nahm York am 19. Oktober 1813 nach der Leipziger Schlacht sein Quartier. Schmelzers Töchter wanden dem Sieger einen Lorbeerkranz bei der Tafel, der jedoch bescheiden seinen tapferen Kampfgenossen den Dank aussprach.

**Nr. 9,** ein neueres Haus in gelben Klinkern, nach einem Brande der Fabrik erstanden. Die Lindnersche Wagenbauanstalt wurde hier 1823 gegründet (1890: 60 Arbeiter). Die Wagen der hallischen Stadtbahn sind in dieser Fabrik hergestellt worden. Jetzt liegt sie auf größerem Gelände in Ammendorf.

**Nr. 19** ist das Bankhaus Lehmann, ein großes Eckhaus der Steinstraße und der Alten Promenade, 3stöckig, 1867 erstanden. Das Bankgeschäft wurde 1788 durch Heinrich Franz Lehmann gegründet († 1846 in Giebichenstein), sein Sohn Ludwig (1802—1877) erbaute das neue Bankgebäude.

**Nr. 72** das Postgebäude. Es steht auf dem ehemaligen Stadtgrabengelände (vgl. Poststraße). Die Stadtschützengesellschaft trat die nördliche Hälfte ihres Grabens vom Steintor bis zum Zuchthaus (Bürgerschule) 1814 an den damaligen Stadtbaumeister Mellin ab. Dieser bezahlte die Erbpacht an die Stadt, brachte aber später durch allerlei Mittel das Grundstück in sein freies Eigentum. Eine Gartenmauer zog sich, wo heute die Front der Post steht, auf unebenem, hökrigem Gelände hin, eine Gartentür und eine Eingangspforte verschlossen den Garten, in dem linker Hand einige Wohngebäude lagen. Mellin hatte aus dem Stadtgraben Garten mit Parkanlagen, Blumenrabatten, Gemüsebeeten, Lusthäusern, Teichen und Lauben geschaffen. „Gesittete" Bürgerfamilien sollten Zutritt haben, doch man fand den Zutritt nie frei. Da Mellin nie zu wirtschaften verstand, belastete er das Grundstück arg mit Hypotheken, und so bot er es endlich der Regierung als Bauplatz für das neue Postgebäude an. Es hieß, die Regierung ging darauf ein, um Mellin von seinen Schulden zu befreien (1836). So wurde 1839—40 das große (ältere) Postgebäude hier erbaut.[9]) Es war ein einfacher, 3stöckiger Bau nach der Steinstraße zugekehrt, mit 13 rundbogigen Fenstern Front; in der Mitte führten etwa zehn Steinstufen zu drei rundbogigen Portalen empor: am Martinsberge erhob sich ein viereckiger, 4geschössiger Turm, an den sich ein Seitenflügel anschloß. Ein großer Garten erstreckte sich wie heute nach dem Süden. — 1894 erstand der jetzige Prachtbau der Post, ganz in Sandsteinen, in schwerer, romanischer Stilform, eine 3stöckige Hauptfront, in deren Mitte sich der hohe, viereckige, fensterdurchbrochene Turm mit den Fernsprechleitungen in der Spitze erhebt; zu beiden Seiten des Turmes eine Front von je 4 rundbogigen Fensterpaaren. Zwei gewaltige, 3stöckige Seitenflügel setzen sich nach Süden an. Hier liegt am Ende der Hof von zwei runden, spitzdachigen Türmen flankiert. Erweiterungsbau 1912. —

**Nr. 73** Hotel „Stadt Hamburg".[10]) Bereits 1836 stand ein Gasthof Stadt Hamburg hier, ein altes, 2stöckiges, glattgeputztes Haus, mit einer Steinbank an seinem Haustor und Hängelaternen an Drahtzug über der Straße. Auf der Stelle dieses alten Gasthofs und auch auf neuerworbenem Gelände wurde 1862—63 das neue Hotel erbaut, das zu verschiedenen Zeiten noch erweitert wurde, so 1870 und 1875—76 (nach der Poststraße zu). So entstand der palastähnliche Bau, damals der erste Gasthof der Stadt — an der Ecke erhebt sich der 4stöckige und 3seitige turmhafte Bau, dem sich zur Stein- wie zur Poststraße die vielfenstrigen, 3stöckigen Fronten ansetzen. Jetzt befinden sich im Erdgeschoß auch mehrere große Verkaufsläden.

**Nr. 74** ist das 4stöckige Stecknersche Geschäftshaus (1888—1890 erbaut), in dem das erste großstädtische Café unserer Stadt, Café Bauer, seiner Zeit errichtet wurde.

**Nr. 75,** das Geschäftshaus des Hallischen Bankvereins, 1895—96 erbaut, ist ein palaishafter, 3stöckiger Bau mit abgeschrägter und auffsatzgekrönter Ecke und 17-Fenstern Front in der Großen wie Kleinen Steinstraße. Dieser Bankverein wurde am 18.12. 1866 begründet, und am 15. 1. 1867 begann er sein Geschäft mit 280 000 Talern Einlage.[11]) 1871 baute er sein Geschäftshaus an der Kleinen Steinstraße, und nahm 1895—96 das Heynitzsche Haus dazu, denn ehemals stand auf seinem Platze das schöne, 2stöckige Patrizierhaus der Familie von Heynitz[12]). Ein runder Erker mit kupfergedeckter Haube zierte die Ecke, eine säulengeschmückte Tür mit Wappen und Jahreszahl über ihr und großer Freitreppe führte ins Haus. Ein Stufengiebel grenzte zur Kleinen Steinstraße, hier schloß sich ein Garten mit hoher Mauer, durch Strebepfeiler gestützt, an. Das Haus entstammte dem Ende des 16. Jhdts.

**Nr. 77 und 78,** das Geschäftshaus der Lippertschen (Niemeyerschen) Buchhandlung, ein neuer Bau. Die Lippertsche Buchhandlung wird bereits 1804 als Antiquariat erwähnt. 1869 erwarb sie Niemeyer. Ursprünglich lag sie in der Schulgasse (Nr. 143), dann am Alten Markt (Nr. 495), dann in der Großen Steinstraße Nr. 82 (Stadt Berlin). 1893 entstand ihr jetziges Heim. — Beim Ausschachten stieß man im Hofe auf vier große Mühlsteine, vielleicht hat in früheren Jahrhunderten hier eine Roßmühle (wie auf dem Sandberg) gestanden.

**Nr. 79 und 80** sind zwei der wenigen, alten Patrizierhäuser 3stöckig, mit breiten, vornehmen Fenstern. Jetzt gehören sie der Bethmannschen Möbelfabrik (1863 gegründet).

**Nr. 82,** ein 3stöckiges, älteres Haus, das um 1836 der Gasthof zur „Stadt Berlin" war[13]), vielfach auch Studentenkneipe, so des Corps Guestphalia bis 1847. Der Gasthof ging um 1850 ein, da Ludwig Lehmann ihn kaufte und sein Bankgeschäft bis 1867 in ihm betrieb.

**Nr. 86 und 87** ist das Huthsche Geschäftshaus (Modewaren, Damen- und Kinder-Konfektion)[14]), etwa 1905 entstanden, ein moderner Bau mit hohen, gewaltigen Schaufenstern in den Etagen Ehedem mündeten hier die Scharren (siehe Brüderstraße 1). Die Schärne waren 1836 Privatbesitz geworden, das Grundstück wurde geteilt und viel verbaut. 1887 verschwand gänzlich die Hälfte an der Steinstraße, ihr wuchtiges Portal findet man im Hofe der Residenz eingemauert.

# Anhang.

1. Lampertus, Lambertus war Bischof zu Tongern, dann zu Mastricht, er bekehrte die Zeeländer zum christlichen Glauben und soll später auf Anstiften einiger Vornehmen mit einer Lanze (die daher auf seinen Bildern erscheint) getötet sein, nach anderen auf Anstiften der Alpais, der zweiten Gemahlin von König Pipin. Nach seiner Enthauptung (?) ergriff er sein Haupt, ging zu der anderen Märtyrer Körper und sang eine Hymne! — 2. Die fränkische Ansiedlung in unserer Gegend fand 800—900 statt, in den Kämpfen der Franken gegen die Sorben. — 3. Noch 1210 kommt der Name S. Lambrechts-gasse oder -straße vor; s. Mülverstädt, Regesten II, 171. — 4. Andreas ging in die Fremde, und 1451 übergiebt das Haus seine Frau Anna Henneberg einem Fritze Schulten, der ihr Schwiegersohn ist, der verkauft es schon 1453 einem andern, der den Kauf nachher nicht halten will; auch Hans Henneberg, der Sohn, entsagt seinen Rechten zu Gunsten des Schwagers. Wie viel Kümmernisse lassen die kurzen Notizen der Schöffenbücher erraten! — 5. Ueber die von Jena siehe Rathausstraße (Jenasches Stift) und Schmeerstraße (das Haus zum Mohrenkopfe). — 6. Vgl. Dreyhaupt I, 725, Urkunde Erzbischofs Wichmann über die Privilegien des Klosters Neuwerk vom 14. 2. 1182. — 6a. Auch in Braunschweig finden wir ein Steintor (1290 valva lapidea), einen massiven, 4eckigen Turm von drei Stockwerken, und einen nach diesem genannten und auf ihn zuführenden „Steinweg". — 7. Eine Abbildung findet sich in Hertzbergs Gesch. d. Stadt Halle III, S. 474. — 8. Erst im 15. Jhdt. entwickeln sich kleine „Steinwege" an den Häusern und an den Höfen der Bürger; vgl. den Codex juris municipialis hallensis 1428 ed. Pernice S. 35. In Braunschweig finden wir bereits 1300—1350 Steinwege vor den Häusern, welche die Hausbesitzer herstellen und im Stand halten mußten. Auch der Raum zwischen den beiderseitigen Steinwegen in der Mitte der Straße scheint nach den Reinigungsbestimmungen gepflastert gewesen zu sein. — 8a. Carl von Raumer (1783* Wörmlitz) hatte 1803 in Halle studiert, Wolf und Steffens gehört, war 1811 Professor der Mineralogie in Breslau, 1819 solcher in Halle geworden. Er war der Schwiegersohn des bekannten Kapellmeisters Reichardt in Giebichenstein. 1821 gab er sein Lehrfach auf. — 9. Ueber die früheren Häuser der Post vgl. Großen Berlin, Kleinen Sandberg und Leipziger Straße Nr. 1 und Nr. 2. — 10. Die Häusernamen nach Städten sind größtenteils Gasthöfe. In diese kehrten wohl Fremde aus einer bestimmten Stadt regelmäßig ein, so daß der Wirt seinen Gasthof nach dieser Stadt nannte. Die Sitte kam in den deutschen Städten erst im 17. Jhdt auf, speziell in Halle erst viel später. Dreyhaupt (1750) erwähnt noch nicht einen einzigen derartigen Gasthof. Um 1835 werden außer „Stadt Hamburg" noch die „Stadt Berlin" (s. unten), die „Stadt Cöln" (in der Klaustorvorstadt, jetzt Mansfelderstraße Nr. 46), die „Stadt Zürich" (der frühere „Halbe Mond" in der Großen Klausstraße Nr. 41) und etwas später (1850) die „Stadt Wien" (vor dem Steintore Nr. 9, jetzt Walhallatheater) erwähnt. — 11. Der Reingewinn im ersten Jahre betrug bereits 15 180½ Taler, im zweiten schon 31 714 Taler; man zahlte 6% und 7% Dividende. Am 1. 7. 1869 wurde das Kapital auf 500 000 Taler erhöht und am 13 4. 1871 auf 1 Million Taler, 1876 auf 1½ Million Taler. — 12. Das Geschlecht derer von Heynitz entstammt dem Meißnischen: 1338 wird als erster der Richter Nicolaus de Heynicz erwähnt Das Wappen ist in Rot ein schwarz und weiß gestreifter Mann, der in der Rechten einen Kranz, in der Linken einen Spieß hält. — 13. Siehe oben Anmerkung 10. — 14. Siehe Brüderstraße Nr. 1 und Neuen Häuser. —

# Die Barfüßerstraße und Mittelstraße.

**Die Barfüßerstraße** geht von Süden nach Norden, verbindet die Marktgegend und die Große Steinstraße mit der Universität (ehemals mit dem Barfüßerkloster). Sie führt ihren Namen von dem früheren Barfüßer- (Franziskaner) Kloster, das auf dem Platze der Universität stand (s. unten).

Der Straßenzug ist alt, er ist nach 1224 entstanden aus einzelnen Siedelungen, die an einem Wege zum Kloster erwuchsen. Straßen, die sich nach Klöstern und Kirchen benennen, diesen mittelalterlichen Mittelpunkten religiösen und sozialen Lebens, gehören mit zu den ältesten; für Althalle kämen hier noch die Ulrichstraße und die Klausstraße in Betracht.[1])

Die Straße führt in den Schöffenbüchern verschiedene Bezeichnungen: „Bei den Brüdern" so um 1266: bi den bruderen, bi den broderen, hinder den broderen, 1290: bi den bröderen, oder: „Bei den geringeren Brüdern" so 1280: bi dhen minneren brodheren. die „minneren" Brüder sind die fratres minores, ebenfalls die Franciskaner. — Später verschwinden diese Bezeichnungen, und statt ihrer heißt es: „Bei den Barfüßern" so 1320: hinder den barveten, to der barvoten bruder hant, 1350: bi den barveten brudern, 1368: hinder den barveten. So wird unsere Straße bis 1400 15 mal und noch 20 mal bis 1460 erwähnt.

Adlige Familien hatten bei diesem Kloster wie bei anderen bezw. wie bei den Kapellen ihre Höfe. So stand bei den Barfüßern der Hof der hochangesehenen Familie der Stacius wie der Schön. — Die Familie der Stacius war bereits 1266 in führenden Stellungen in unserer Stadt und reich begütert in und außerhalb Halles.[2]) Als Glieder erscheinen 1270: Jan, 1300: Heidenreich und Nikolaus, 1300: Busso und seine Frau Zacharia nebst ihren Kindern (1318) Jutta, Heinrich und Hermann. Um 1350 lebt Hans Stacius mit seinen Brüdern Klaus und Heinrich und seiner Mutter Benigna, seine Frau hieß Saffe (Sophie) und seine Kinder Jan und Christolf, Saffe und Jutta. Er saß auf dem Familienhof bei den Barfüßern (1377 jeghen Stacius hof bi den barvuten bruderen) und war ein kluger, aber auch ein verschlagener Mann. Der treffliche Erzbischof Dietrich setzte ihn nebst zwei anderen hallischen Bürgern als Regierungskommission nach seinem Tode (1367) ein. Er führte ein prächtiges Haus und geriet in arge Schulden, so verkaufte er 1369 seinen Hof in der Galgstraße bei den Serviten mit allen

Rechten und 1377 den Hof, der bei den Predigern (am heutigen Dom) lag. Um dem gänzlichen Vermögensverfall zu entgehen, verfiel er auf das schlaue Mittel, sich mit dem Kreuz zu bezeichnen und eine Wallfahrt nach dem heiligen Lande zu geloben. Darauf erhielt er 1378 von dem Papst Urban VI. einen Schutzbrief an den Rat zu Halle, daß alle Prozesse bis zu seiner Wiederkehr unterbleiben sollten. Wir erfahren nur noch, daß er Vormünder aus den anderen adligen Sippen für seine Kinder einsetzte. Diese Kinder, wenigstens Jan und Jutte, müssen 1400 6 Höfe vor dem Steintore an Heideke von Hedersleben abtreten. — 1400 werden Hermann Stazius und seine Frau Felice aus dem Geschlecht derer vom Tore erwähnt, 1402 und 1405 Klaus als Ratsherr der Stadt. Beide werden 1401 vom Erzbischof Albrecht mit sieben Häusern am Martinsberg belehnt, ebenso mit vielen Talgütern und Zinsen in und außerhalb der Stadt. 1425 die Brüder Georg und Thomas Stazius; 1435 ist Jürgen Stazius Ratsherr; er stirbt vor 1440 und hinterläßt eine Witwe Katharina. 1478 wird Thomas Stazius nebst anderen Pfännern in die Themnitz (Rathausgefängnis) von den verräterischen Demokraten gesetzt. Um 1500 scheint die Familie ausgestorben zu sein.

Trotz der Reformationszeit hält sich der katholisch kirchliche Name der Straße in unserer Stadt, während er in anderen Städten abgeschafft wird[3]). 1609: in der Barfüsser gassen. Olearius und Dreyhaupt zählen die Barfüßergasse unter den 26 Gassen Althalles auf. — Am Ausgang der Straße an der Schulstraße ward ein Wasserständer der alten Saale-Wasserkunst errichtet. — Am 2. Mai 1676 äscherte eine große Feuersbrunst einen Teil der Gasse ein. Das Feuer entstand im Schlamm, raste über die Dachritzgasse, Große Ulrichstraße in die Barfüßergasse: 38 Häuser und 11 Scheunen fielen zum Opfer. — Im 19. Jhdt., schon um 1830, finden wir die Barfüßerstraße.

Unsere Straße hat noch einige alte Gebäude aus dem 16., 17. und 18. Jhdt., so Nr. 1 mit Giebelaufsatz, Nr. 4, Nr. 13, Nr. 16, Nr. 17. Aus jüngster Zeit ist der große Eckbau Nr. 11 zu erwähnen. Ihr Beginn an der Großen Steinstraße ist enger (etwa acht Schritt breit), ihr Ausgang an der Schulstraße breiter (etwa 12 Schritte).

**Nr. 11**, das Geschäftshaus der Strubeschen Druckerei, ist etwa um 1900 entstanden, ein großer, stattlicher Eckbau, der auch an der Schulstraße gelegen ist. — Auf dem Platze stand vordem ein einfaches, dreistöckiges Eckhaus, glatt geputzt mit hohen Fenstern, höchst geräumigem Hausflur und breiten Treppen, ein altes Patrizierhaus aus dem 18. Jhdt. Hier wohnte der Professor Gruber, berühmt durch zahlreiche Schriften und durch die Herausgabe seiner Encyklopädie (Ersch und Gruber). Er starb am 17. August 1851 in diesem Hause.[4]) Ebenfalls wohnte hier der Professor der klassischen Philologie Heinrich Keil (seit 1869 neben Bernhardy)[5]). — Das alte Haus zeigte eine bemerkenswerte Haustüre im Barock, über dem durchbrochenen Bogen mit einem Kriegerkopf in Schlüterscher Manier geschmückt. Das eine überflüssige Oberlichtfenster (es gab deren zwei) deutete darauf hin, daß ehemals eine kurze Freitreppe auf dem Bürgersteig zur Türe hinaufführte. Die Stufen wurden später in das Haus hineinverlegt, und die Türe mußte nochmals durch ein Oberlichtfenster verlängert werden.

**Nr. 14** ist die Buch- und Stein-Druckerei ehemals von C. A. Kämmerer u. C., jetzt Männel. Sie ist 1845 aus kleinen Anfängen entstanden. 1906 wurde der jetzige Bau in gelben Klinkern aufgeführt.

**Nr. 16** ist ein altes, 3stöckiges Haus mit großem, rundem Renaissanceportal, mit Brillantquadern besetzt. Es ist, nach anderen Portalen zu urteilen, etwa 1580 entstanden. Das Tor hat keine Nischen, dagegen in das Lichten hervortretende Prellsteine.

**Nr. 20,** das Hotel zum Pilsener Urquell, ist ein Bau, der 1870 entstand, „ein freundliches Wohnhaus auf dem Goedeckeschen Gartengrundstück aufgeführt.“ — Die „Böhmischen Bierhallen“ entstanden 1869 in Barfüßergasse 5 und wurden als Gast- und Bierhaus „Zum Pilsener Urquell“ 1902 in das gegenüberliegende Grundstück (Nr. 20) verlegt.

**Die Mittelstraße** führt parallel der Brüderstraße von Süden nach Norden, von der Großen Steinstraße zur Schulstraße. Sie ist enger denn die Brüderstraße (etwa acht Schritt breit) und ist auch in ihrem Aussehen einfacher. Manche einfache ältere Gebäude stehen noch.

Der noch nicht alte Name der Straße bezeichnet eine Straße der Mitte, nämlich zwischen Alter Promenade und Barfüßerstraße gelegen, er ist erst um 1850 eingeführt worden. Die ältere Bezeichnung ist „Fleischergasse“ oder „Knochenhauergasse.“ — Sie wird in den Schöffenbüchern bis 1400 nur zweimal erwähnt, nach 1400 jedoch 15 mal, sie scheint also nach 1400 mehr besiedelt worden zu sein; 1300: in der vleisstraze (Fleischstraße); 1320 in dhere vleschowerestrate; 1379: in der knokenhowerestraten; 1401: yn der knokenhowerestrate by den barveten (bei dem Barfüßerkloster); 1450: in der knochenhawerstrasze. Die Straße ist von ärmeren Leuten bewohnt gewesen. — Olearius rechnet die Fleischergasse zu den 26 Gassen Althalles, ebenso Dreyhaupt. Sie gehört dem Marienviertel an

(Einteilung vom Jahr 1619).[6]) — Die Straße besaß auch einen öffentlichen Röhrwasserständer der alten Wasserkunst (s. d.). — Als der Neumarkt 1817 eingemeindet wurde, nannte man unsere Fleischergasse im Gegensatz zur Neumarktfleischergasse die „Stadtfleischergasse“, so noch 1845. Um diese Zeit tritt der Name Mittelstraße ein. — 1645 am 13. März brannte die Fleischergasse nieder; ihr Feuer sprang über die beiden Stadtmauern und den Stadtgraben auf die Steintorvorstadt über. 1837: 21 Häuser, 1915: 18 Häuser. —

**Nr. 9** ist ein neueres Eckhaus in gelben Klinkern, etwa 1890 erbaut. Hier stand ehemals ein altertümliches Studentenwohnhaus, die „Karschnerbude“; ausgetretene Stufen führten in das winklige, dunkle Haus; kleine, krummdielige Zimmer wurden von niederen Fenstern erhellt. In allen Stockwerken wohnten Studenten, unter anderen 1884 und 1885 Joh. Schlaf, der Schöpfer des naturalistischen Dramas, der Vorläufer Gerhart Hauptmanns.[7])

**Nr. 11/13** ist der Neubau der Plötz-Nietschmannschen Druckerei, die als Plötzesche Druckerei schon vor 1830 in der Kleinen Ulrichstraße, um 1835 in der Großen Ulrichstraße (Gesamtnummer 21) bestand. 1868 übernahm sie Reinhold Nietschmann, und nach dessen Tode († 1893) sein Sohn Curt, und als dieser 1905 starb, Franz Könnecke. — Bereits um 1900 siedelte sie in das neu erbaute Ochsesche Haus in der Mittelstraße über, in den Rohbau aus gelben Backsteinen. Seit 1918 ist die Druckerei mit der von Karras (Steinweg) vereinigt worden. — Ehemals wohnte in den alten Häusern (Nr. 9, 10, 11, 12) der Professor der Theologie Tholuck, der von 1826 bis 1877 an unserer Universität wirkte.[8]) Seine Witwe stiftete 1879 das Tholucksche Konvikt für Studierende der Theologie, vorläufig für acht Konventualen, die Wohnung, Beköstigung und Bedienung erhielten. Das Grundstück Nr. 9 samt Mobiliar, Tholucks Bibliothek und einem Kapital von 30 000 Mark wurden dazu geschenkt. Weitere Schenkungen folgten später. Jetzt liegt das Konvikt in der Cäcilienstraße.

## Die Schulstraße.

Die Schulstraße beginnt von der Großen Ulrichstraße und steigt in östlicher Richtung zur Alten Promenade empor, eine enge, etwa sieben Schritte breite Straße, die noch bis 1893 „Schulgasse“ genannt wurde. Olearius und Dreyhaupt erwähnen die Straße noch nicht, man rechnete ihre Häuser zum

Schulberg. Erst im Beginn des 19. Jhdts. erscheinen Schulberg und Schulgasse getrennt, zur Schulgasse rechnet man 1836 nur sechs Häuser, zum Schulberg dagegen 17. Die Straße führte damals auf den inneren Zwinger zwischen der zweiten und dritten Stadtmauer; der Durchbruch in die jetzige „Alte Promenade" geschah erst um 1842 (Haus Nr. 144). Am Durchbruch südlich hatte man schon 1839 die erste Kinderbewahranstalt errichtet, Alte Promenade Nr. 1 (Nr. 145).

Vermutlich der untere, nach der Großen Ulrichstraße gelegene Teil unserer Straße war im Mittelalter die „Schenen- oder Schon- oder Schönstraße", die nach dem alten Patriziergeschlecht der Schöne oder Schene genannt war. Der Straßenname ist bis zum Jahre 1619 nachweisbar.[9]) Die Straße wird in den Schöffenbüchern bis 1400 schon achtmal, bis 1460 noch 16mal erwähnt, sie muß also in einem mehr bebauten Gelände der Stadt gelegen haben. 1368 zum ersten Mal: in Schenen strate; 1395: in der Schenenstrate; 1456: in der scheenstraßen. — Das vornehme Geschlecht der Schone, Schöne oder Schene — es scheint sich frühzeitig in zwei Äste Schone (Schöne) und Schene geteilt zu haben — tritt bereits 1286 mit Dietrich von Schone (Diderich die Scone) in Halle auf (seine Ehefrau Margarethe). Vor 1320 ist er gestorben. 1366: Merten Schone, 1377: Olrik Schöne, 1380: Hermann, der sich merkwürdiger Weise stets Schone Hermann nennt. Glorius Schöne kauft 1369 das Haus zum Roten Schild am Fischmarkt; es bleibt bis 1440 im Besitz der Familie. 1409 klagt ein jüngerer Glorius Schöne wegen einer Garbude an den Garbrätern (garbredern) d. h. an der heutigen Marktreihe Nr. 4—7, und 1432 giebt er 30 Gulden zu einer anderen Garbude by dem nuwen thorme (am Roten Thurm). 1403: Heinemann Schöne und 1409 Olrik Schön, der in der Großen Ulrichstraße wohnt. — Von den Schenen, (mit e) werden zirka 1350 Hans Schene, Hinze und 1368 Claus Schene, dann Kune (mit Ehefrau Hanne) und Thile (mit Ehefrau Sophie) genannt, 1405 Hinze Schene, ebenso 1434 und und 1451 hat Martine Schene in der Kleinen Ulrichstraße Besitz. Nach 1460 scheint das Geschlecht ausgestorben zu sein.

**Nr. 1a.** Die Reichardtsche Buch- und Kunsthandlung, die seit 1880 in diesem Hause sich befindet. 1869 ist sie begründet worden. Das Haus rechnete noch 1878 als Schulberg Nr. 20 (ehemals Nr. 115).

**Nr. 12.** Die Wolffsche Leihbibliothek, sie wird bereits 1804 erwähnt, damals gab es schon sechs Leihbibliotheken in einer Stadt von 14828 Einwohnern! 1845 befand sie sich in der Brüderstraße (Nr. 223), später in der Barfüßerstraße 6b und An der Universität Nr. 1, jetzt im Eckhaus Gr. Ulrichstraße 52.

# An der Universität [Am Schulberg].

„An der Universität“ wurde bis 1893 „Am Schulberg“ genannt. Da die alte Schule, das alte Stadtgymnasium, in den Räumen des ehemaligen Barfüßerklosters bereits 1808 aufgehoben und seit 1832/4 die Universität auf ihrem Platze entstanden war, nannte man mit Recht die Straße um. Olearius führt den Schulberg als einen der sieben Berge Althalles auf; der Name ist natürlich kein mittelalterlicher, er ist erst nach 1565 entstanden, als das Kloster zur Schule umgewandelt war. Neben Schulberg ist auch die Bezeichnung „Barfüßerkirchhof“ gebräuchlich. Mitten auf dem Gelände zwischen Kaulenberg und Schulstraße, Alter Promenade und Schulberg erhob sich der quadratische Gebäudecomplex des Klosters und seines Kirchhofs. Im Mittelalter hieß unsere Straßengegend 1266: hinder den broderen, 1368: hinder den barveten. — Stattliche Höfe alter Patriziergeschlechter wie die der Stacius und der Schöne lagen in ihr. Auch hatte das Kloster nach dem Kaulenberg zu ein Brauhaus, das wohl ehedem das Beguinenhaus gewesen war.[10]) Ferner wohnten nahe am Kloster die Franziskanerinnen[11]) in einem Hause. Ihnen gehörte auch das kleine Häuschen am Eingang des Kreuzganges (Gelände des Archäologischen Museums).[12]) Beide Häuser bewohnten später die Lehrer. Und in evangelischer Zeit hatte die Marktkirche ein abgabenfreies Predigerhaus am Schulberge. —

1616 entstand Feuer auf dem Schulberge, wobei die Schulkirche und ihr Turm anfingen zu brennen; am 1. 11. 1644 brannte Dr. Seiferts Haus nebst zwei benachbarten nieder, so daß das Schulgebäude in großer Gefahr war. Jedoch am 13. 3. 1645 brannten in einem großen Feuer sämtliche Häuser des Schulbergs nieder.

Es dauerte geraume Zeit, bis sich der Schulberg und der Platz der Universität so gestaltete, wie wir ihn heute sehen. So zog sich ehemals die eine Häuserreihe (Nr. 14, Nr. 13) westwärts bis auf das Gelände des Archäologischen Museums und grenzte dicht an den Kloster- (Schul-) Komplex, wie wir das auf den Plänen von Olearius und Dreyhaupt sehen. Durch den Bau der Universität wurde das Terrain freier, doch erst 1874 wurde mehr Raum hier geschaffen: die Universität kaufte Schulberg Nr. 8, das 2stöckige, 8fenstrige Haus des Dr. med. Gesenius für 60000 Mark und riß es nieder. 1891 entstand der schöne Bau des Archäologischen Museums, nachdem die Front Nr. 15/17 das stattliche Aussehen erhalten hatte; vordem standen hier fünf

2- und 3stöckige, glattgeputzte Häuser mit altertümlichen Dacherkern. — Zur Spielgasse (Spiegelstraße) führte eine sehr steile, unbequeme, geschmacklose Freitreppe hinab, etwa 1880 wurde eine bequemere Treppe errichtet und viel später erst die jetzige. — Die alte Häuserreihe nach der Spiegelstraße hinab wich in dem neuen Jahrhundert dem Neubau des Melanchthonianum, und der alte Schulberg selbst erhielt bei seinem Beginn den großen, stattlichen Neubau Nr. 1. —

Als kulturgeschichtliches Kuriosum sei erwähnt, daß hier am Schulberg am 19. 4. 1786 die Kaffeebrennnerei des Kaffee-Entepreneurs Gründler auf Friedrichs des Großen Befehl angelegt wurde. Um den unnützen Kaffeeverbrauch einzuschränken und das Geld im Lande zu behalten, mußte hier jeder Kaufmann der Stadt seinen Bedarf entnehmen und durfte bei harter Strafe keinen Kaffee brennen. Er wurde in blechernen Büchsen, welche 1 Pfund enthielten, ausgegeben und das Lot zu 10 Pfennig verkauft. Die Ware war aber so schlecht, daß der Absatz sehr gering war. Am 1. Juni 1787 wurde durch den neuen König Friedrich Wilhelm II. die Kaffeebrennerei zur Freude aller wieder aufgehoben. Die hohe Steuer wurde gemildert, statt sechs Groschen Accise auf das Pfund nur noch 1 Groschen 4 Pfennig. Es durften alle Kaufleute selbst ihren Kaffee brennen.

Heutigen Tages liegt „An der Universität" eine Anzahl bemerkenswerter Gebäude der Universität, allmählich seit 1832 entstanden (s. Die Universität):

**Nr. 8, 9.** Das Melanchthonianum.

**Nr. 10.** Das Universitäts-Verwaltungsgebäude.

**Nr. 10a.** Das Thomasianum.

**Nr. 11.** Die Universität.

**Nr. 12.** Das Archäologische Museum.

Von den übrigen Gebäuden sei **Nr. 17** erwähnt, das große 4stöckige Eckhaus nach der Schulstraße, die Hellersche Buchhandlung.

## Das Barfüßerkloster
## und das spätere Lutherische Stadtgymnasium.

**Das Barfüßerkloster** stand ehemals auf dem heutigen Universitätsgelände. Es soll bereits um 1224 erbaut worden sein,[12a]) allerdings in mäßigem Umfang. Der Stifter ist unbekannt. Es war bewohnt von dem ersten Orden des H. Franciscus, von den „Minder Brüdern" (geringeren Brüdern, fratres minores), die, weil sie barfuß gingen, auch Barfüßer genannt wurden; 1266: die minneren brodher, die minren; 1377: die barfüten brüderen, die barwzen und fratres S. Francisci ordinis minorum.

Das Kloster war schlecht und recht, jedoch dauerhaft in starken Steinmauern aufgeführt. Es konnte als Zufluchtsort dienen und verteidigt werden. So setzte sich hier in den letzten Kämpfen der demokratisch-erzbischöflichen Partei gegen die Pfänner die erstere fest, am17. 9. 1478. — Es lag dicht an der Stadtmauer an einem sehr gefährlichen, wenig geschützten Punkte,[13]) so daß es wohl hier zum Schutze der Stadt angelegt wurde[14]) auf einem damals noch unbebauten Hügel.

Der Klosterbau bildete ein geräumiges Viereck. Seine Südseite (nach der heutigen Häuserreihe „An der Universität" Nr. 15 – 17 zu gerichtet) bildet die große, schieferbedachte Klosterkirche, deren Chor nach der Alten Promenade wies, zwischen diesem und dem 5 Fenster langen Schiff erhob sich der kleine, spitze Turm[15]), ein noch kleinerer nach der Stadt zu hatte Uhr und Zeigerblatt. Nur der größere Turm hat sich bis ins 19. Jhdt. erhalten. Auf der Westseite, auf der Höhe des Geländes über der heutigen Freitreppe setzten sich bis hierher zwei 2stöckige Klosterhäuser (später Schulgebäude) an, dann auf der Nordseite in der Linie der Universität stand ein längeres, 2 stöckiges Haus und die Ostseite an der heutigen Alten Promenade bildete ein 2stöckiges, etwa 12 Fenster langes Gebäude. In dem Viereck befand sich ein Garten, außerhalb des Klosters, besonders nach dem Kaulenberg zu, ein großer Baumgarten. — Der stattliche Klosterbau war durch reiche Gaben von nah und fern ermöglicht worden.

1350 war ein so großes Sterben (schwarzer Tod) in Halle wie in ganz Deutschland, daß in dem Barfüßerkloster nur drei Brüder übrig blieben. — 1479 wurde das Dach über dem Chor der Kirche erneuert, man setzte Reliquien vom Kripplein und vom Kreuze Christi[16]) in den Turmknopf. 1487 wurde die hölzerne Decke der Kirche vollendet, denn die Kirche hatte kein Gewölbe, sondern nur eine bretterne Decke. — In dem Kreuzgange des Klosters standen an der Mauer die Leichensteine der Bestatteten, (so 1495 ein gewappneter Ritter, Otto von Dieskau). Er führte in die Altarseite der Kirche ein. In der Kirche befand sich unweit des Altars zur linken ein Gemälde des H. Franciscus, auf dem zehn Männer und neun Frauen knieten; es war mit dem Dieskauschen Wappen versehen und war entweder von Otto oder Giseler von Dieskau gestiftet, der in dieses Franziskanerkloster als Laienbruder eingetreten war und in einer grauen Franziskanermönchskutte zwischen den anderen auf dem Bilde erscheint.[17]) — 1561 befanden sich im Kloster noch ein Guardian, fünf alte Mönche, zwei Laienbrüder und ein weltlicher Priester. 1564 wurde das Kloster von ihnen geräumt[17a]), und Kloster wie Kirche wurden vom Erzbischof Sigismund dem Rate der Stadt geschenkt. — 1565 am 17. 8. wurden die Ulrichs-, Moritz- und Marienschule in das Kloster gelegt und zur „Stadtschule", zu dem Lutherischen Gymnasium, vereinigt.[18]) Die Barfüßerkirche wurde seitdem „Schulkirche" benannt. — Die Kirche wurde wie die Moritz- und Ulrichskirche (s. d.) weiter zum Bestatten der Leichen benutzt.[19]) So wurde der berühmte Philosoph, der „Baron" Wolf, am 9. April 1754 hier bestattet, 74 Jahre alt, und am 9. Juli 1759 seine Gattin 60½ Jahr alt. — Kostbare Epitaphien schmückten ihre Wände, so das des Rektors Gueinzius († 1656), der Frau von Schlegel († 1606), des Pfänners Hammel († 1615), seiner Frau Elisabeth († 1660), der Gertrud von Holzhausen († 1658), des Barons von Posadowsky († 1713), usw. — 1591 wurde das Dach der Kirche von neuem repariert. — 1616 beschädigte das große Feuer Schulkirche und Turm (s. An der Universität). — 1648 am 16. 11. feierte man das große Dankfest aus Anlaß des Westfälischen Friedensschlusses in ihr. — 1663 wurde ein neuer Altar erbaut, ebenfalls die Emporen im Osten, Norden und Westen; im Süden stand eine Reihe steinerner Pfeiler, an deren einem sich die Kanzel befand. — 1665 wurde die Kirche zum bevorstehenden hundertjährigen Schuljubelfest erneuert. — 1699 (1692) wurde die Kirche auch der Universität (auf der Wage) zum Gottesdienste überlassen. — 1719 sind Dach und Turm wiederum ausgebessert worden. 1763 benutzte man die Kirche als Getreideaufschütteraum. — 1770 wurde die Kirche auch Garnisonkirche: nach dem akademischen Gottesdienst soll der Garnisongottesdienst stattfinden.[20]) · 1790 hört der akademische Gottesdienst wieder auf. 1805 wurde er wieder hergestellt: Schleiermacher hält die erste Predigt. 1806 war sie Magazin und wurde darauf erneuert. Am 3. 8. war akademischer Gottesdienst in ihr, doch im Oktober, in der Kriegszeit, war sie schon wieder Magazin. — 1809 schenkte die westfälische Regierung dem Oberbergrat Reil das Gotteshaus als Schauspielhaus (!): die Särge wurden anderweitig bestattet, die Krypta zugefüllt, der Kirchenschmuck demoliert, nur die vier Mauern blieben übrig. 1811 am 3. 2. fand die erste Vorstellung in der Theaterkirche statt: Emilia Galotti. Nach Reils Tode († 1813) wurde sie von den Erben an den Schauspielunternehmer

Bornschein verkauft.[21]) 1827 am 28. 12. fand die letzte Vorstellung in ihr statt: die Oper Johann von Paris. Sie war für 9300 Taler an die Universität verkauft worden. — Im Sommer 1828 wurde sie niedergerissen, um Platz für die Universität zu machen.

**Die Stadtschule** oder das lutherische Stadtgymnasium, auch die „hohe Schule, die Schola Halensis, das Ascecterium genannt, wurde am 17. 8. 1565 gegründet, ursprünglich sollte es eine der beiden Landesschulen, die in Magdeburg und Halle aus den Klostergütern zu stiften seien, werden.[22]) Die Klosterräume der drei Flügel des Klostervierecks (der vierte war die Kirche) wurden zu Schulräumen hergerichtet, zu Klassenzimmern, zu einer Scholarchenstube (seit 1663) und einer Komödienklasse, zu einem Redesaal, zu Wohnungen für die Lehrer und den „Kalefaktor", zu Karzer- und Krankenstuben. In dem obersten Geschoß befanden sich die Zellen und die Bettkammern der Chorschüler. — Ein gewölbter Kreuzgang führte um den Innenraum. Hier befand sich der Hof (mit einem Brunnen) und die kleinen Gärten der Lehrer, durch eine Mauer vom Hof getrennt. — Die Schule bestand aus zehn Klassen, von denen die vier oberen zur Universität vorbereiteten. Der Patron war der Rat der Stadt. — 1588 wurde der große Schulgarten nördlich des Klosters errichtet; es war der ehemalige Kirchhof. 1665 am 17. 8. feierte man das hundertjährige Stiftungsfest im Beisein des Hofes, des Herzogs Augustus, auch mit einem Vortrag über die „göttlichen Wohltaten der Reformation." Die Schule stand in ihrer höchsten Blüte, man zählte in allen zehn Klassen über 500 Schüler (am 15. 3. 1662).[23]) — Durch die Errichtung der Universität kam eine häßliche Kopie des Studentums, ein elender bramarbasierender Ton in die Schüler. — 1765 am 28./30. 8. feierte man (nach verbessertem Kalender!) das 200jährige Jubelfest des Gymnasiums (Predigt, lateinische Reden, Vorträge usw.) — Die Schule war nach Gründung der Universität und der Franckeschen Stiftungen in Verfall geraten: bis 1773: zehn Lehrer, von da ab neun und 1778: acht Lehrer und 2 Collaboratoren.—1808 am 28. 2. wurde die Schule durch die westfälische Regierung wie das reformierte Gymnasium am Dom mit der Latina der Franckeschen Stiftungen vereinigt. Die Schulbibliothek wurde auch überwiesen, die Einkünfte und Besitzungen des Gymnasiums verblieben der Stadt. 1813 dienten die Schulgebäude als Lazarett: 738 Preußen, Franzosen und Russen lagen hier.[23a]) — In demselben Jahre wurden zuerst zwei Nebengebäude für 365 Taler von der Stadt verkauft, andere Räume vermietet. — 1818 wurden allmählich die alten

Schulgebäude abgetragen.[24]) Das lutherische Gymnasium wurde für 3500 Taler verkauft, 1820 ein Flügel und Nebengebäude für 1000 Taler, und endlich wurde der Trockenplatz und Garten (der nördliche Teil des heutigen Platzes) an die Universität für 1148 Taler veräußert. — 1824 erscheint der Schulberg als ein erhöhter, mit einigen Bäumen besetzter Platz vor dem Schauspielhause (Barfüßerkirche), der als Trockenplatz benutzt wurde.

## Die Universität.

Schon 1827 bewilligte der König Friedrich Wilhelm III. für den Bau eines neuen Universitätsgebäudes 40 000 Taler, 1831 legte er weitere 24 300 Taler hinzu. Das Gelände (über 2 Morgen) war von der Stadt erworben worden (s. oben), von Bornschein wurde das Theater (Kirche) abgekauft. — 1832 am 3. August, am Geburtstage des hochverdienten Königs, wurde der Grundstein zum neuen Universitätsgebäude unter Pernices Prorektorate gelegt; am 31. Oktober, am Reformationstage 1834, wurde sie feierlichst eingeweiht.[25]) Den Plan des Baues hatte Schinkel entworfen; da die Flügel des Mittelstückes nicht ausgeführt wurden, blieb dieses ein Torso, ein Rechteck, dessen Fronten 118 bzw. 88 Fuß lang sind. Es ist aus Mauersteinen gebaut, verputzt, drei Stock hoch. Die Hauptseite liegt nach Westen, nach unbedeutender Gegend, eine breite steinerne Treppe führt empor. Ganz oben unter dem Dach steht in vergoldeten Buchstaben: Friedericus Guilelmus III Rex universitati Litterariae Friedericianae A. MDCCCXXXIV. Von der Freitreppe aus betritt man durch 3 Pforten die geräumige Vorhalle, links liegt die Wohnung des Kastellans, sonst Hörsäle, im Osten befinden sich Zimmer für die Dozenten. Eine breite Aufgangstreppe führt in der Mitte des Hauses empor, sie empfängt ihr Licht durch den Aufsatz auf dem Dache. Im Oberstock befindet sich östlich die Aula. Büsten schmücken die Aula und die Wandelgänge und Wandgemälde das Treppenhaus. 1850 waren die Büsten von Niemeyer und Gesenius (durch Rietschel angefertigt) in der Aula aufgestellt worden, 1869 auch die Büste Schleiermachers (von Walger gearbeitet). In demselben Jahre stellte man acht Büsten die der Kunsthändler Eichler in Berlin schenkte, in dem Treppenhause auf (Homer, Sophokles, Euripides, Sokrates, Demosthenes, Plato, Aeschylos, Aristoteles). 1870 hing man die Oelbilder des Kurfürsten Friedrichs des Weisen und des Königs Friedrich Wilhelms III. in der Aula auf. 1870—71 wurden Wände und

Decke der Aula reich ausgeschmückt: die Rotunde der Decke zeigt die Embleme der vier Fakultäten, die eine Wand vier Bilder aus der Ilias und der Odyssee[26]), die Südseite ist mit korinthischen Säulen verziert und mit einer Damentribüne versehen; über der mittleren Eingangstür ist eine Gedächtnistafel aus Marmor mit den Namen der 22 im Kriege 1870/1 gefallenen hallischen Studenten eingelassen. 1884/5 malte der Historienmaler Spangenberg die vier Wandgemälde im Treppenhause, die Fakultäten darstellend. 1894 schenkte die Stadt zum 200 jährigen Jubiläum die treffliche Bronzebüste des großen Juristen Thomasius, von Fritz Schaper modelliert, die man in dem Aufgang aufstellte. Zu ihren beiden Seiten hing man 1919 die zwei Tafeln der in dem Weltkriege gefallenen Studenten auf (über 440!!!; im Kriege 1870/1 nur 22!).

Das Universitätsgebäude lag auf einem von Anfang an zwar freien Platz, aber dennoch nicht sehr günstig. Die Bosketanlagen im Osten (nach der Alten Promenade zu) entstanden erst, zudem stieg hier das Gelände höher an, im Süden näherte sich die Häuserreihe, auch standen hier noch Reste des alten Kreuzganges der Barfüßer. Die Hauptfront des Gebäudes sah nach Westen, nach der Spiegelgasse hinab, einer unbedeutenden Gegend, eine steile, unbequeme, geschmacklose Freitreppe führte zu ihr hinunter; im Norden am Kaulenberg erhoben sich alte Fachwerkgebäude. — Der Platz verschönerte sich allmählich. Nach Süden wurden die Häuser bis auf Nr. 13 zurückgedrängt (durch den Abbruch des Geseniusschen Hauses), nach Westen wurde etwa 1880 eine bequeme Freitreppe und später die jetzige angelegt: 1868 hatte man bereits die gußeisernen Löwen von dem Marktbrunnen auf die Freitreppe der Universität gebracht. 1874 baute man freilich in geschmacklosen, gelben Klinkern das Verwaltungsgebäude am Kaulenberg, 1891 dagegen das geschmackvolle Archäologische Museum im Süden, 1902 das große 3stöckige fensterreiche Melanchthonianum an Spiegelstraße und Kaulenberg und 1911 das Thomasianum zwischen Verwaltungsgebäude und der „Tulpe" am Kaulenberg.

Das Universitätsverwaltungsgebäude wurde 1874 in gelben Klinkern 3stöckig aufgeführt. Es liegt im Norden am Kaulenberg. Erst später, etwa 1915, ist es mit einem kleinen Oberstock versehen und grau verputzt worden, damit es mit den andern Bauten harmoniere. Ursprünglich war das Gebäude der Verwaltung als Flügel an der Universität geplant gewesen. Man legte in den neuen Bau die Geschäftsräume der Quästur, des Kurators, das Sekretariat, die Seminare usw. sowie zwei

Lesezimmer für den akademischen Leseverein, der 1874 als Ersatz für das ehemalige „Museum“ (1863/1874) gebildet worden war.

Das **Archäologische Museum** befand sich ehemals im Erdgeschoß der Bibliothek am Paradeplatz (s. d.). 189 /2 baute die Stadt für zirka 150000 M. das neue Museumsgebäude im Süden der Universität, einen geschmackvollen, vornehmen Bau als Gegenleistung für die der Stadt überlassene Alte Reitbahn. Es wurden in ihm die Sammlungen der Antiken untergebracht, die besonders von Ludwig Roß (1844/1859), Alexander Conze (1863/1869) und Heinrich Heydemann (1874/1889) zusammen gebracht waren; ferner die Kupferstichsammlungen, die berühmte Münzsammlung, die ehemals Johann Heinrich Schultze (1687—1744), der bedeutendste Numismatiker seiner Zeit, gesammelt hatte. 1768, stattlich vermehrt, wurde sie durch Geheimrat Fichel der Universität geschenkt. Sie war erst auf der Wage aufgebaut, dann 1788 mit der Bibliothek vereinigt worden.

Das **Melanchthonianum** wurde am 1. 11. 1902 aus Anlaß der 400 jährigen Feier der Universität Wittenberg eingeweiht und zu Ehren Melanchthons benannt. Es enthält weitere Hörsäle und Seminarzimmer. Das große, lichthelle, graugeputzte Gebäude liegt nach der Universität zu 3stöckig, nach der Spiegelstraße und dem Kaulenberg zu 4stöckig.

Das **Thomasianum** zwischen „Tulpe“ und Verwaltungsgebäude gelegen, enthält weitere Seminare (juristische und altphilologische). Es ist ein 3stöckiges, zu den übrigen passendes Gebäude, das 1910/11 erbaut und nach Thomasius, dem ersten großen und populärsten Juristen unserer Universität benannt.

## Die Spiegelstraße. Der Kaulenberg.

**Die Spiegelstraße** läuft der Großen Ulrichstraße parallel von Süden nach Norden und mündet in den Kaulenberg. Sie ist eine der ältesten Siedlungen, die sich von der Hauptstraße, der Großen Ulrichstraße, abzweigten. Man siedelte in ihr die Spielleute an, und die Straße empfing daher den Namen,[26a]) denn ursprünglich heißt sie die Spielleutestraße, abgekürzt Spielstraße, verderbt Spiegelstraße. Sie ist also eine jener Straßen, die ihren Namen einem Gewerbe verdankten, das sich in ihr zusammendrängte.[27])

Die Straße wird in den alten Schöffenbüchern bis 1400 nur zweimal und bis 1460 noch viermal erwähnt, eine offenbar ärmliche Gegend. Zum ersten Mal um 1300: an dheme winkele an dher speleludestrate; 1308: in der spelstrate; 1403: yn der spelstrate; 1418: in der speelstraßen. — Die Form „Spielstraße“ hat Olearius und noch Dreyhaupt (1750); ja sogar in Hesekiels „Blick auf Halle und Umgebung“ (1824) erscheint sie (S. 15). Aus einer Nebenform Spieselstraße entwickelte sich die heutige ungerechtfertigte Benennung Spiegelstraße. Die Spiegelgasse wurde erst 1893 zur Spiegelstraße wieder erhoben und erlangte so die höhere Würde der Straße wieder.

Die Spielleute der Stadt, die Pfeifer, haben jedoch schon im 15. Jhdt. in der Nachbarschaft unserer Straße ihr Heim; 1462 wird ihr Haus bei der Bagardie (bei dem Beguinenhaus) im Kaulenberg am Bäckerturm abgerissen, und in dem Judendorf (wo jetzt die Moritzburg steht) wird ihnen durch den Rat der Stadt das alte Taufhaus gegeben[28]).

Unsere Straße hat nur noch wenig Altertümliches; durch den gewaltigen Neubau des Melanchthonianums, der sich 4stöckig vom Universitätsplatz in die kleine Straße hinabstreckt, ist ihr Charakter sehr modernisiert. 1837 hatte sie noch zwei Oekonomieen (Nr. 60, Nr. 61), deren eine sich schon einige Jahre später zur Speisewirtschaft umwandelte. Nur die beiden 2stöckigen Häuser (Nr. 10 und Nr. 11) mit vorspringendem Obergeschoß weisen heute noch auf frühere Jahrhunderte zurück.

**Der Kaulenberg** führt in östlicher Richtung von der Großen Ulrichstraße empor zur Alten Promenade, eine engere Gasse. Der Name ist wenig geklärt, er ist zweifelsohne viel älter als das Jahr 1462, da er uns zum ersten Mal überliefert ist. Damals riß der Rat das Haus der Pfeifer bei der Bagardie (s. oben Spiegelstraße) nieder „da itzundt der Kaulenberg geschütt ist, vor der Becker Thorme“. Bagardie und Pfeiferhaus standen auf der nördlichen Seite der Gasse am Ausgang zur heutigen Promenade. Den Pfeifern wies man also einen neuen Wohnsitz an, die Beguinen blieben jedoch weiterhin wohnen, ja man nannte diesen Häuserteil „die Bakardie hinter den Barfüßern“ (1434: in der backardye hinder den barfoszen)[29]) die Beguinen (1377: bacharde, bagarde, begharte, Beguinen) — diese freie religiöse Vereinigung zur Pflege der Armen und Kranken[30]) — hielten sich zu den verschiedenen Kirchen und Klöstern der Stadt, diese also zu den Franziskanern, andere zu den Paulermönchen (Dom), oder zum Moritzkloster, oder zu den Serviten. —

Ich vermute, daß auch hier nach Aufhebung der Beguinen ihr Klosterhaus zur Brauerei umgewandelt wurde, wie es beim Moritzkloster geschah. Es wäre dann das Barfüßerbrauhaus geworden, das später das sogenannte Litzen-Brauhaus ist, das am Kaulenberge lag, wohl auf der Stelle des Hinterhauses des Reichshofs. Es wurde 1581 vom Rate der Stadt für 900 Fl. angekauft, eins der mannigfachen Brauhäuser der Stadt (s. Große Brauhausstraße), die diesen Erwerbszweig als Privilegium ganz in ihre Hände bringen wollte. 1750 sollte in unserm Brauhaus Weißbier, in den übrigen Braunbier gebraut werden. Als das Brauprivilegium durch die westfälische Herrschaft aufgelöst wurde, verkaufte die Stadt das Brauhaus für 1280 Taler an die Brau-Sozietät, die sich gegründet hatte, und diese verpachtete — bei weiterer fallender Rentabilität — das Litzenbrauhaus 1826 und verkaufte es 1829 für 2050 Taler an Lehn. Der ließ es niederreißen und baute ein Bürgerhaus an seine Stelle.

Der Kaulenberg hat ursprünglich tiefer gelegen, ein etwas morastiger Stadtteil (vgl. Schlamm). Ein Bachlauf führte in alter Zeit von dem „Berge" in das niedriger gelegene südwestliche Bruchland des „Schlamms". Er wird, wie wir sehen, um 1460 aufgeschüttet nach dem Bäckerturm zu, also nach der Alten Promenade. Dieser Turm stand zwischen der heutigen Tulpe und dem Reichshof. Er empfing seinen Namen, weil das Gewerke der Bäcker ihn zu verteidigen hatte. Er war 2stöckig und hatte einen stärkeren Anbau neben sich. Der Kaulenberg endete hier am Bäckerturm (1475: uff der becker thurm) auf den inneren Zwinger der Stadtmauern. Als 1830 die Alte Promenade in Angriff genommen wurde, wurde auch der Kaulenberg hier geöffnet.

Olearius rechnet den Kaulenberg zu den sieben bzw. neun „Bergen" der Stadt. 1836 zählte er 6 Gehöfte, 1915: 7 Häuser.

**Nr. 1** das Koburger Hofbräu wurde ehemals die Dresdener Bierhalle genannt. In ihr begründete sich Ostern 1868 die Litteraria, ein litterarischer Verein unter der Leitung der Professoren Gosche und Pott, im oberen Saale.

**Nr. 7** ist das Universitätsverwaltungsgebäude (s. Universität).

**Nr. 8** ist das Melanchthonianum (s. Universität).

## Die Alte Promenade.

Die Alte Promenade erstreckt sich von dem ehemaligen Steintor zum ehemaligen Ulrichstor auf dem Gelände der alten Stadtbefestigung in der Richtung Südost Nordwest. Sie trennt die Altstadt Halle von der Petersberger Vorstadt (Ringleben) und der Amtsstadt Neumarkt. Die Alte Promenade oder die Promenade, wie sie ursprünglich hieß (vor Anlage der Neuen

Promenade s. d.), begann sich erst zu entwickeln, nachdem der Plan, das neue Universitätsgebäude auf dem alten Klostergelände zu bauen, gefaßt war. Auf des Bürgermeisters Mellin Veranlassung trat eine Verschönerungs-Kommission am 25. 3. 1828 zusammen und zwar sechs achtbare Männer der Stadt und Universität, die aus dem alten idyllischen Wallgraben „moderne" Anlagen schaffen wollten. Zunächst riß man 1830 das äußere Ulrichstor ein und 1831 den schönen Steintorturm, dann begann (1831) der Abbruch der alten Stadtmauern, Bäume und Sträucher wurden aus dem Zwinger gerodet, und man fing an, zu „planieren", um neue Anpflanzungen zu machen nach Art der Leipziger „Allee", des beneidenswerten Vorbildes. Die schöne Idylle des Stadtgrabens wurde gänzlich zerstört, die romantische Abwechslung des Terrains stumpfsinnig vernichtet. Die alte Porphyrkuppe (zwischen Universität und Theater), die an 60 Fuß hochstieg, wurde gesprengt und nordwestlich der Graben mit seinem Teiche durch sie ausgefüllt. Zuletzt deckte man noch mit der undurchlässigen Tonerde, die man beim Postgebäude ausgeschachtet, die Anlagen. Sie drohten gänzlich zu verkümmern. — Neuen Reiz der Promenade zu verleihen, fügte man der Universität (1832/34) den Neubau des (alten) Schauspielhauses beim Abhang des Petrikirchhofs, der Universität schräg gegenüber, 1837 hinzu. Endlich 1842 im Oktober verschwand das große häßliche Doppelhaus zwischen Promenade und Post (1839/40), alt, braunrot angestrichen, von halb abgestorbenen Pappeln bekränzt und von ganz armen Leuten bewohnt, ein elender Verschluß der Promenade und ein häßliches Häuserglied der Steinstraße. Doch erst fast zwanzig Jahre später folgten eine Anzahl stattlicher Neubaue: 1859 ward das Königliche Bankgebäude (zwischen Schulstraße und jetzigem Museum) erbaut, um 1860 erstand die Restauration der Tulpe (Wirt Lüttich), dann der Neubau Lehmanns an der Großen Steinstraßenecke. Er veranlaßte eine Umgestaltung der Promenade von der Steinstraße bis zum Schauspielhaus, die in der Fluchtlinie hinderlichen Akazien wurden beseitigt, man pflasterte die Straße bis zur Schulstraßenmündung für 240 Taler. Kaffee David entstand (auf dem Gelände des Reichshofs). 1871 wurde das Siegesdenkmal endlich! für die 1866 Gefallenen eingeweiht. 1876/7 wurde eine Fahrstraße in der unteren Alten Promenade, vom Kriegerdenkmal bis zur Geiststraße, und ein Kandelaber und eine Fontaine angelegt nebst neuen Anpflanzungen, sehr kostspielig für 22.226 und 30.687 Taler. Die alten Linden am Tuchmacherzwinger wurden beseitigt. — 1882 legte man die Pferdestraßenbahn von der Geiststraße sich abzweigend an der Schulstraße und bei Lehmann vorbei durch die Poststraße. 1884/6 wurde das jetzige Stadttheater erbaut. Der Blick nach dem Theater von der Post aus wurde freigelegt, die die Fassade des Theaters verdeckende Baumgruppe wurde rasiert. — 1888 wurde die Kaffeehalle des Vereins für Volkswohl errichtet. — 1889/91 entstanden Café Monopol, der Reichshof, das Archäologische Museum. Man verlegte die Pferdebahn von der Poststraße über die Friedrichstraße und den Mühlweg. — Auch eine Bedürfnisanstalt, ein Fachwerkbau, am westlichen Ausgang entstand für 7800 M. — In demselben Jahre (1895) legte man die Alte Promenade bis zum Paradeplatz durch (Abbruch der Alten Reitbahn). Die andere kleinere Bedürfnisanstalt wurde westlich der Post, 1901 errichtet, kostete 2503 M. — Weiteres folgte: das große Geschäftshaus von Pottel und Broskowsky (1897), Davids Konditorei, das Astoria Lichtspielhaus (1914). Die prächtige Marmorbüste von Robert Franz wurde inmitten Dattel- und Fächerpalmen in den Anlagen enthüllt. Eine Reihe Geschäftsläden zieren den westlichen, allmählich ganz bebauten Teil von der Universität bis zur Geiststraße.

**Das Siegesdenkmal** steht zwischen Theater und Post in der Mitte der Anlagen von Blumen- und Rosenbeeten, zu Ehren der 1866 gefallenen Helden, nach den Entwürfen des Oberbaurats Hitzig in Berlin, in der Merkelschen Werkstatt zu Halle ausgeführt. Die die Säule krönende Borussia, ebenso die beiden Löwen nach den Häuserreihen gerichtet auf dem Unterbau am Fuße der Säule sind vom Bildhauer Fritz Schaper in Berlin modelliert und dann in Erz gegossen worden. Die Inschrifttafeln wurden in der Kunstgießerei Glücks hergestellt. Das Denkmal wurde erst 1871 eingeweiht, da man sich lange über den Platz der Aufstellung nicht hatte einigen können. Es kostete nebst den Anlagen 4264 Taler.

**Nr. 1, Nr. 1 a, Nr. 1 b** sind moderne, elegante Mietshäuser, um 1890 entstanden, in hellgelben Backsteinen, mit Giebelfassaden und Erkern geschmückt und mit großen Läden in den Erdgeschossen. In Nr. 1 a: Die Musikalienbuchhandlung von Reinhold Koch (vormals Karmrodt, gegründet 1851). — In Nr. 1 b befindet sich das Café Monopol, das zeitlich dritte große Café in Halle (nach dem Wiener Café und Café Bauer um 1890 entstanden). — Ehemals befand sich auf dem Gelände (bis 1889) die erste Kinderbewahranstalt, im Sommer 1837 durch tüchtige Bürger wie Wucherer, Dryander, Wilke begründet[31]); erst in einem gemieteten Lokal (Nr. 143) untergebracht, dann seit 12. 10. 1839 im eigenen, neuerbauten Hause Alte Promenade Nr. 1 (Nr. 145) bis 1889, also 50 Jahre (von da ab in Sophienstraße Nr. 23). Die Anstalt zählte 1864: 100 Kinder, sie hatte 1167 Taler Einnahmen und 7125 Taler Kapitalfonds.

**Das Stadttheater.** 1836 wurde auf dem Platze des jetzigen Theaters durch eine Aktiengesellschaft das „neue Schauspielhaus" erbaut: das alte war die 1828 abgerissene Barfüßerkirche gewesen (s. d.). — Es war ein kleines, 1stöckiges, im Innern aber doch geschmackvolles Haus. Eine Freitreppe führte in ein rundbogiges Portal, neben dem auf jeder Seite ein größeres rundbogiges Fenster sich befand; ein Giebeldach mit drei Fenstern krönte das Ganze. Baumeister waren hallische Bürger Kreye und Schulze, eröffnet wurde das Theater am 2. 4. 1836 durch die Bethmannsche Truppe mit Schillers Braut von Messina. — Hinter dem Hause stieg der alte Petrikirchhof bergan, in seiner Mitte lag die uralte Petrikapelle. Diese fiel 1875, der Kirchhof wurde 1883 abgetragen, seine Gräber wurden zerstört und sein Porphyruntergrund gesprengt. Nach den Plänen des Architekten Seeling wurde das jetzige Stadttheater 1883/1886 erbaut. Eine Theateranleihe von 450 000 M. wurde von der Stadt aufgenommen. Am 9. Oktober 1886 wurde das Theater eingeweiht. Es ist ein großer, 2stöckiger Bau mit einem Vorbau von zwei Etagen, Säulen, von grauen Backsteinen erbaut; im Norden erhebt sich eine gewaltige Wellblechkuppel. Bis 1913 befand sich in den unteren Räumen ein Restaurant (für 8000 M., später für 5000 M. verpachtet). Das Gebäude wurde 1888 abgeschätzt auf 1.280 204 M. und 1902 auf 1 336 000 M. 1912 erneuerte man die Malereien und das Gestühl für 44.268 M. 1913 wurde eine Probebühne in den ehemaligen Restaurationsräumen errichtet. 1914 kosteten die Erneuerungsarbeiten im Erdgeschoß, Treppenaufgang und in den Wandelhallen etwa 25 500 M.

**Nr. 5.** Das Hotel Tulpe ist etwa 1860 entstanden als Hotel garni (Alte Promenade Nr. 3); es lag dicht an der Universität, von einem kleinen, freundlichen Vorgarten an der Promenade umgeben. Das Vorgebäude war drei Stock hoch, das im Winkel zurückliegende Nebengebäude nur zwei Stock. Etwa 1899 fand die Erweiterung und Erhöhung des Gebäudes statt. Seit 1919 ist die Tulpe eine akademische Speiseanstalt, die Burse, geworden, die mit Inventar für 320.000 M. gekauft worden ist.

**Nr. 6.** Der imposante Eckbau (am Kaulenberg) der Preußischen Lebensversicherungs-A.-G., entstand um 1890. Das Gebäude ist teilweise in Sandstein ausgeführt, ist 4stöckig und hat etwa 15 Fenster Front nach der Promenade. Erker und Altane schmücken die oberen Stockwerke, in dem unteren befindet sich der Reichshof, eine große Restauration, dann mannigfache Läden. Darunter die Antiquariate von Eckard Müller und

J. Krause (gegründet 1860). — Ehemals stand hier das freundliche und vornehme Café David, ein aus verschiedenen Häusern entstandenes Hotel, es war 2stöckig, der Mittelteil 3stöckig und zählte 13 Fenster Front. Vor 1869 wurde das Grundstück Café und Konditorei, das ehedem dem Oberbergrat Duncker gehörte. Die trauliche und behagliche Wirtschaft lag etwas tief, kleine, durch Vorhänge getrennte Nischen zogen sich an den Fenstern entlang, hinter dem Hause lag ein Garten, schmal, aber langgestreckt und in Terassen abfallend. Die Konditorei hatte zur Erweiterung ihrer Anlagen den angrenzenden Tuchmacherzwinger erworben. Ein Springbrunnen plätscherte in der Mitte, und vom kleinen Orchesterpavillon erklangen an schönen Sommerabenden die Konzerte; man saß im Garten oder auch im Saal, dessen Türen und Fenster weit offen standen.

**Nr. 7.** In dem Erdgeschoß befindet sich die Evangelische Buchhandlung von Gloeckner und Niemann, die Vereinigung von J. Frickes (gegründet 1854) und A. Mühlmanns Buch- und Kunsthandlung (gegründet 1821).

**Nr. 9.** J. Lucius, Buchhandlung und Antiquariat (gegründet 1884).

**Nr. 11** ist ein älteres, 3stöckiges Haus, in dessen Erdgeschoß sich ehemals eine vielbesuchte Studentenkneipe, „das Moabit“ befand, später „das Bratwurstglöckle“. —

# Anhang.

1. Eine „Barfüßerstraße“ findet sich daher in vielen Städten, ich nenne hier nur Braunschweig 1361: „Bei den Barfüßern“, westlich vom dortigen Kloster, und Magdeburg. — 2. So werden Belehnungen in Schönewitz, Reideburg, Bölberg, Dieskau und Morl erwähnt. — 3. Z. B. in Magdeburg, hier wird die Barfüßerstraße in eine „Dreiengelstraße“ umgenannt (wohl nach einem so benannten Hause). — 4. Joh. Gottfried Gruber war 1774 in Naumburg geboren, wurde 1815 in Halle Ordinarius, feierte 1843 sein 50jähriges Jubiläum, sowohl als akademischer wie als städtischer Bürger. — 5. Keil starb 1894. — 6. Im Jahre 1619 wurde die Altstadt Halle in vier Stadtviertel geteilt, in das Marien-, Ulrichs-, Niklaus- und Moritzviertel. Das Marien-Viertel umfaßte die Gr. Ulrichsstraße, die Spielstraße (Spiegelstraße), den Barfüßerkirchhof (Schulberg), die Barfüßergasse, die Fleischergasse, die Steinstraße, die Brüderstraße, die Neuen Häuser, halb Kleinschmieden, den Saumarkt, den Markt zur linken Hand bis an die Wage und von hier hinauf (Rathausgasse) bis zur Stadtmauer; im Ganzen 141 Häuser (1619). — 7. Er war Michaeli 1884 vom Domgymnasium zu Magdeburg abgegangen und verlebte mit uns seine ersten Semester, die wir schon zu Magdeburg den Schülerbund „der Lebendigen“, Pioniere der neuen Literatur, gegründet hatten. Hermann Conradi war das Haupt von uns Klosterschülern. — 8. Friedrich August Gotttreu Tholuck (* 1799 zu Breslau),

1823 außerordentlicher Professor in Berlin, begann 1826 in Halle als „missionierender Pietist" den Kampf gegen den damals herrschenden Rationalismus. Er war u. a. wie Pernice ein eifriger Förderer der Diakonissenanstalt, die 1857 auf dem Weidenplan eröffnet wurde. — 9. Vgl. Kresses Annalen I. Bl. 178. — 10. Aehnlich wie man das Beguinenhaus am Moritzkloster in ein Brauhaus verwandelt hatte, s. S. 36. — 11. Diese Nonnen vom dritten Orden (der Buße) durften Güter besitzen, lebten von ihrer Hände Arbeit und hatten eine Tracht, ein grobwollenes Kleid, mit einem Strick gegürtet, ohne Skapulier und Mantel, trugen einen weißen und darüber einen schwarzen Weihel auf dem Kopf und gingen barfuß auf Sandalen. — 12. Das größere Haus gab ihnen 1469 Erzbischof Johannes nebst zehn Gulden jährlichen Zins, das kleinere Haus kauften sie für 100 Gulden 1478 dazu. 1503 wurden die baufälligen Häuser erneuert. Sie lebten von 42 Gulden jährlichen Einnahmen. 1561 fanden sich nur noch drei Nonnen vor, deren eine 56 Jahre, die andere 47, die dritte 8 Jahre im Kloster lebte. — 12a. Mülverstedt (Magdeb. Gesch. II, 459) setzt die Gründung zwischen 1240/1290. — 13. Es ragte aus dem Wallgraben, zwischen dem Kloster und der Petersbergkapelle (heutigem Theater) eine hohe Porphyrklippe auf, welche die Stadtbefestigung beherrschte. — 14. Wie das Moritzkloster zum Schutz des Moritztores diente, die Jakobskapelle auf dem Sandberge zum Schutze der dortigen Ostmauer der Stadt uud die Ulrichskirche zum Schutze des schwachen Ulrichstores. Man pflegte Heiligtümer (Kirchen, Kapellen, Klöster), die sozusagen unverletzlich und neutral waren, an solchen schwachbefestigten Punkten anzulegen.— 15. Die Ordensregel der Bettelorden verbot große oder prächtige Türme und Glocken. — 16. Besonders diese sollten gegen Feuer schützen, vgl. auch die Kreuzkapelle am Rathause. — 17. Dieses vornehme Geschlecht entstammte dem nahen Dieskau, das Nähere siehe in einem späteren Bande der Saalkreiswanderungen. — 17a. Sie wurden nach Halberstadt gewiesen. Das Kloster besaß noch viel Ornate, heilige Gefäße, Kostbarkeiten und eine Bibliothek von 354 Büchern. — 18. Lutherisches Gymnasium im Gegensatz zu dem späteren (1700 gestifteten) „Reformierten Gymnasium." — 19. So wurden 1642 nach der Schlacht bei Breitenfeld zwei schwedische Offiziere beigesetzt, die schwedischen Soldaten wurden auf dem Barfüßerkirchhof begraben. Ferner alle j ne, deren Epitaphien in der Kirche hingen. — 20. Wie Schleiermacher als Universitätsprediger hielt auch Lafontaine, der bekannte Romanschriftsteller, als Garnisonsprediger in der Kirche den Gottesdienst ab; dieser hielt Charfreitag 1800 seine Abschiedspredigt als Feldprediger. Er trat in den Ruhestand. — 21. Zeitgenossen berichten über dieses älteste Theater unserer Stadt: von der Decke hing ein Kronleuchter, wohl ein eiserner Reif, auf dem eine Anzahl Oellampen, mit Blendschirmen versehen, standen. Andere Oellämpchen waren an den Wänden befestigt, also Dämmerlicht ringsum. Die Bühne war durch eine Reihe Lampen besser beleuchtet. Die Sitzplätze bestanden aus hölzernen Bänken, welche keine Lehnen hatten. Hier im Parterre saßen die Studenten, welche durch Trommeln und Scharren mit Füßen und Stöcken ihren Beifall oder ihr Mißfallen kundgaben oder wohl gar selber mitspielten. — 22 Aehnlich wie die Landesschule Pforta oder die Landesschule zu Meißen. Die Landstände zu Magdeburg hatten darauf angetragen. Welche hohe Kultur der damaligen „neuen" Zeit und welch tiefer Niedergang der heutigen „neuen" Proletarier- und Proletenzeit! — 23. Dreyhaupt II, 196: „Eine große Menge berühmter Leute sind darinnen aufgezogen worden." Freilich zeigten sich auch bedenkliche Symptome bereits: 1653 fand eine Untersuchung gegen 40 Schüler statt, wegen Beschimpfung ihrer Lehrer, sie wurden teils ins Gefängnis gelegt, teils relegiert. Die Schüler des Gymnasiums waren teils Stadtschüler, teils solche, die in den Klostergebäuden wohnten. — 23a. Ein Lazarett von den 16 in der Stadt! — 24. Der Staat bestritt das Eigentumsrecht der Stadt.

Der Grund und Boden sollte ihm verbleiben. — 25. Zwei bemerkenswerte Daten, die m. E. nicht immer in der Erinnerung dieser Universität blieben. 26. Diese wurden von dem Professor Knoblauch und der Frau Professor Krukenberg geb. Reil gestiftet. — 26a. Wie in Magdeburg der Pfeifersberg von den Stadtpfeifern, die man hier angesiedelt hatte, 1463: pyppersberch. — 27. Wie die Schmeerstraße, Kleinschmieden, die Knochenhauer- oder Fleischerstraße (Mittelstraße). — 28. Das Chronicon Hallense (1100/1570). sagt freilich: „Das Pfeiferhaus wird abgebrochen und in das Judendorf gesatzt." — 29. Hertel Schöffenbücher II, 375 verlegt die Lokalität irrtümlich hinter das Predigerhaus (am Dom). — 30. Diese Art der Religiosen stammte aus den Niederlanden, wo sie sich z. B. in Gent bis auf den heutigen Tag erhalten haben. Es waren Vereine zu Werken der Barmherzigkeit, ohne sich den Klostergelübden zu unterwerfen. Sie widmeten sich den Armen und Kranken, aber auch als Versorgungsanstalt unverheirateter Mädchen und der Witwen dienten sie. Siehe auch S. 36. — 31. Der nähere Anlaß war, daß am 21. 12. 1836 im Hause Nr. 118 am Schulberg drei Kinder erstickten, während der Vater auf Festung saß und die Mutter sich auf Wäschen befand. —

## Die Große Ulrichstraße.

Die Große Ulrichstraße führt vom Mittelpunkte der Stadt nach dem Norden, eine der fünf großen Hauptverkehrsadern der mittelalterlichen Stadt.[1]) Ihr Straßenzug (nebst Kleinschmieden) und seine Fortsetzung im Neumarkt: die Geiststraße, und deren jüngste Fortsetzung: die Bernburgerstraße, sind die Abzweigung eines uralten Heer- und Handelsweges, der Halberstädter (Magdeburger) Heerstraße, eine Abzweigung, die durch die Stadt lief, während der sogenannte Magdeburger Weg (1473: der meydeborgsche wegk) außerhalb der Stadt, östlich von ihr am späteren Grünen Hof vorbei auf den Platz vor dem äußeren Galgtor (Riebeckplatz) auslief (also in dem Straßenzug der heutigen Wucherer- und Magdeburger Straße). Der Straßenzug der Ulrichstraße ist demnach uralt: dieser Zweig der Heerstraße zog schon vor 1100 an Feldern, Kapellen, Gehöften vorüber durch das Tor am Hohen Kräm (s. d.) in das älteste Halle, auf den Alten Markt. Als die Stadt nach 1100 ihre neue Befestigung erhielt, wurde dieser uralte Handelsweg eine der ersten Straßen, die man — allerdings etwas planlos — anbaute. An ihrem Ausgang, wohl zum Schutze der neuen Stadtbefestigung, also in der Nähe des Tores und des Grabens, erhob sich alsbald das Heiligtum des Sankt Ulrich[2]), eine Pfarrkirche für die vielen neuen Ansiedler, etwa um das Jahr 1150. Sie ward die vierte der Pfarrkirchen unserer Stadt[3]) und verlieh der Straße den Namen „Sankt Ulrichstraße."

**Die (alte) Ulrichskirche.** Sie lag zwischer Großer und Kleiner Ulrichstraße und Jägergasse nach Norden zu, dort, wo zu Dreyhaupts Zeiten die Ratsschmiede stand, etwa dem heutigen Hause Gr. Ulrichstraße Nr. 37 gegenüber. Sie war ursprünglich im romanischen Stil erbaut, später in reichem gotischen erneuert. Nach 1423, vermute ich, hat ein größerer Umbau stattgefunden, so gibt 1423, ein Hans Vrolig dem Gotteshause czu sente Ulriche 30 rheinische Gulden czu syme gebuwe. — Die Pfarrkirche kam unter die Jurisdiktion des Klosters Neuwerk, behielt aber ihre eigenen reichen Einkünfte, die das Kloster 1377 vergeblich an sich bringen wollte. Sie hatte auch als Filial die kleine Kapelle auf dem Petersberge (s. Alte Promenade). Ein Pfarrer (plebanus) stand der Kirche vor, ihm waren die verschiedenen Kaplane und Altaristen untergeordnet, denn die Kirche erhielt durch viel Ablaßprivilegien und Schenkungen eine Anzahl Altäre wie auch ansehnlichen, kostbaren Kirchenschmuck und silberne Statuen (so eine Ulrichs- und eine Marienfigur).[3a]) Die Altäre sind 1. der Altar Petri und Pauli (1442 durch Margarethe Subach gestiftet); 2. der Altar Erhardi (durch dieselbe gestiftet, 1452 konfirmiert); 3. der Altar S. Crucis, Andreae und Mariae Magdalenae (durch die Witwe Wedderstedts gestiftet, 1464 konfirmirt); 4. der Altar Corporis Christi (durch die älteste Brüderschaft des Fronleichnams in Halle, bei Sankt Ulrich gestiftet etwa um 1470)[4]); 5. der Altar Jacobi majoris und Matthaei etwa 1518 gestiftet; 6. der Altar Nicolai und der 10000 Ritter und 11000 Jungfrauen, 1519 durch den Ratsmeister Jacob Gumprecht gestiftet. — Besonders der Kirchenvorsteher Peter Subach und dessen Frau Margarethe brachten der Kirche die reichsten Spenden dar. Aus den vielen Zuwendungen und Stiftungen der Bürger (vgl. Dr. I. 1049) sei nur 1517 die solenne Messe von S. Anna mit Läuten der großen Glocke und Schlagen der Orgel alle Dienstage erwähnt. 140 Tage Ablaß wurden dazu erteilt. Auch zwei Wohnhäuser bei den Barfüßern gehörten der Kirche. —

Das Pfarrhaus soll auf der Stelle des ehemaligen Dryanderschen Hauses gelegen haben, also in der Kleinen Ulrichstraße nördlich an der Bergstraßenmündung. — Der Kirchhof zog sich um die Kirche herum, deren Chor der Ulrichstraße zugekehrt lag Der Kirchhof wird bereis 1211 urkundlich erwähnt (Regesten Mülverstedts II. 171). Er grenzte im Westen an das Judendorf (die Westreihe der Häuser der Kleinen Ulrichstraße steht noch auf seinem Gelände!), im Norden an die Befestigung der Stadt, im Osten an die Ulrichstraße, im Süden reichte er bis zur heutigen Jägergasse. 1866/7, 1887 wie um 1900 sind wiederholt Gräber und Knochenmassen gefunden worden, ja noch

Spuren der greulichen Beinhäuser, in denen man die Leichen der Armen anhäufte. — Nordwestlich von der Kirche am Kirchhof und am Pfarrhaus lag die Schule der Ulrichsgemeinde, die 1437 von dem reichen und frommen Kaufherrn Peter Subach und seinen Freunden nach Art der 1414 errichteten Marienschule ins Leben gerufen wurde. Sie kam später (153.) mit der Pfarre in die Galgstraße in das Servitenkloster (s. d.) und ward einige Jahrzehnte darauf mit den anderen Schulen in das Barfüßerkloster verlegt. — Bei der Ueberrumpelung der Stadt durch die Erzbischöflichen am Sonntag den 20. 9. 1478 setzten sich diese in den Besitz des Ulrichstores wie des Ulrichskirchhofs und schossen mit Armbrust und Handbüchsen aus dem Kirchhof auf die herbeieilenden Pfänner und ihren Anhang.

1531 wurde die schöne gotische Kirche von dem Kardinal Albrecht abgebrochen. Ihre Steine und ihr Holzwerk wurden zum Neuen Stift (Residenz) gebracht, wie auch das Material des Klosters Neuwerk. Dem Pfarrer, den Kaplanen, den Schulmeistern wurde das Servitenkloster in der Galgstraße zugewiesen, wohin sie am 20. 11. 1531 in feierlicher Prozession zogen. Die dortige Servitenkirche wurde so die heutige Ulrichskirche. Die Glocken wurden auf den Turm der Wolfgangskapelle (s. Leipzigerstraße) aufgehängt. Durch den Abbruch der Kirche und ihrer Häuser erhielt Albrecht eine „Schloßfreiheit" für seine Residenz, die Moritzburg.

**Das Ulrichstor** lag am Ausgang der Großen Ulrichstraße an den Befestigungen zwischen der Stadt und dem sich jetzt entwickelnden Klosterdorf Neuwerk. Es war, nach 1100 entstanden, zunächst ein Holztor, wie die übrigen Tore der Stadt (vgl. das Steintor). Das Tor galt von Anfang an als schwach und schwer zu verteidigen. Im April 1435 mußte es deswegen Hennig Strobart beim Anrücken des kursächsischen Heeres zumauern. Als um die Mitte des 15. Jhdts. die Befestigung unserer Stadt großartig verstärkt wurde, wurden auch das Ulrichstor, wie der Graben, 1461 neu verstärkt und ausgebaut. So bestand das Kastell aus drei Gebäuden: das innerste, zwischen den heutigen Eckhäusern der Straße gelegen, war ein 2stöckiger Turm, später mit einer welschen Haube gedeckt. Das äußerste, bei der Wallstraße gelegen, war ein einfaches, 1stöckiges Torhaus, das mittelste Gebäude war ein zweites derartiges Haus. Der Graben war vertieft worden und stand teilweise mit tiefem Wasser gefüllt. Dieses Tor wurde das Verhängnis der Stadt: am 20. 9. 1478, eines Sonntags, wurde es von dem Verräter Weissack den Erzbischöflichen überliefert: die Unfreiheit der Stadt war damit besiegelt. 1537 wurde das Kastell des Ulrichstores wesentlich erhöht und verstärkt, denn der Kardinal Albrecht; befürchtete Eingriffe und Ueberfälle Kursachsens. Bald darauf ist aber die Stadt wieder im Besitz des Tores, Albrecht klagt gegen den Kaiser 1541, daß der Rat sogar Schießscharten im Tore gegen seine Moritzburg habe anbringen lassen. Der Kaiser Karl V. bestätigt scheinbar den Besitz des wichtigen Tores dem Rate der Stadt (1547), aber schon im nächsten Jahre am 15. 10. muß man die Schlüssel dem Erzbischof Johann Albrecht zurückgeben. Erst 1599 wurde der alte Streit um den Besitz des Ulrichstores dahin beigelegt, daß der Torwärter des Erzbischofs das Tor schloß, daß aber der Rat den Kastellturm unbehindert besitzen sollte und daß dem Torwärter der Zutritt zu den Geschützen der Stadt nicht zustehen sollte. — Bemerkt sei noch, daß Ende des 17. Jhdts. die Reformierten das Privilegium erhielten, nur das Ulrichstor (in Abwesenheit der Wachen) zu besetzen, alle übrigen Tore mußten die anderen Bürger besetzen. — Das 19. Jhdt. sprengte auch hier die Fesseln der Stadt: 1816 fiel das Wachthaus, weil die unteren Tore der Stadt nicht mehr mit Militär belegt werden sollten; 1821 (27. 6.) wurde das Torschreiberhaus auf Abbruch verkauft; 1828 wurde das Ulrichstor ganz abgerissen.

**Die Ulrichstraße** tritt in den Schöffenbüchern bis 1400 30 mal, bis 1460 sogar 69 mal auf: ein Beweis für die große Bedeutung, für die starke Besiedlung unserer Straße in jenen älteren Zeiten. Sie heißt anfangs nur „Ulrichstraße", 1266: in sancte Olrikes strate; 1373: in sente Olrikes strate; 1403: in sente Ulrikes strate; 1422: in der Ulrichsstrasze; 1438: in der groszen Ulrichsstrasze. – Um 1435 wird die Straße als „große Ulrichstraße" von der Kleinen unterschieden, die bereits 1415 als „Kleine Olrikstrate" erwähnt wird. Als besondere Lokalitäten seien erwähnt: der „Sack", der heutzutage noch, die Einbuchtung bei Nr. 21 und Nr. 22, existiert,[4a]) ferner der Torand (Turand), der vielleicht in der kurzen Jägerstraße zu sehen ist (s. Jägerstraße).

Bedeutendere Häuser lagen in unserer Straße ein Haus „zum Roten Helm" (1422: czu dem roten helme), ferner „zum Schwarzen Pflug" (1430: czum schwarczen phluge; 1453: zcum schwarczen pfluge); ferner, zum Weißen Schwane (1424: czu dem wiszen swanen); besonders aber das Haus zum Christoferus oder Christoffel. Es hat verschiedene Häuser dieser Bezeichnung in unserer Stadt gegeben.[5]) Dies Haus (1412: In dem [illegible]) wurde in diesem Jahre an Hentze Schöne aus dem

Patriziergeschlecht der Schöne oder Schene (Schcne) verpfändet. Es entspann sich ein Prozeß und es kommt zum Konkurs durch den ehemaligen Besitzer. 1430 hat es Andreas Henneberg inne, der für 50 Gulden das Haus czum Cristofero versetzt. Später gehört das Grundstück zwei Besitzern: 1454 dy helfte des hofes in der groszen Ulrichsstraßzen gelegen czum Kerstoffele.

In der Ulrichstraße wohnte der reiche und fromme Kaufmann Peter Subach, der sich um das kirchliche Leben seiner Kirche hochverdient gemacht hatte. Um 1405 hatte er sich mit einer ebenso gottesfürchtigen Frau (Margarethe) verbunden. 1416(?) und 1429 erscheint er als Ratsmeister der Stadt, 1423 als Altarmann von S. Ulrich. Er besaß einen Kram in der Schmeerstraße, Häuser und Hypotheken in der Brüderstraße und anderwärts. Von seinen Reichtümern machte er wie seine Frau trefflichen Gebrauch. Um 1440 ist er gestorben. — Von anderen Sprossen des Geschlechts werden Kuntze (1398) und Hans Subach (1432) erwähnt. —

Ferner wohnte in unserer Straße der Ratsmeister Hahn († 1626), bei dessen Witwe den 22. 8. (1. 9.) Tilly wohnte, als er Gustav Adolf zur Schlacht bei Leipzig entgegenzog. Dieser Zeit entstammt das berühmte Wuchersche Haus Nr. 57 (1621 erbaut). —

1503 wurde von der faulen Witschke (nordöstlich der Ludwig Wuchererstraße), das Wasser in die Stadt geleitet durch Holzröhren in die Große Ulrichstraße. 1508 wurde der eichene Röhrkasten an der Abzweigung der Spielstraße (Spiegelstraße) aufgestellt; später (1548) wurde er durch das Wasser der Saale-Wasserkunst gespeist (s. d.)[5a]. 1532 wird die alte Ulrichskirche am Ausgang durch den Kardinal Albrecht abgerissen, ihr Gelände dient später als Bauplatz. Am 13. 3. 1645 entstand in der Mühlgasse ein furchtbarer Brand, der auch auf unsere Straße übergriff; es sanken 83 Häuser und 16 Scheunen in Asche. Am 13. 2. 1646 entstand im Wirtshaus zum Goldenen Arm[6]) wiederum Feuer. Am 2. Mai 1676 breitete sich nachts vom Schlamm ein großer Brand über die Dachritzgasse auf unsere Straße aus. 1681 schlich sich die Pest von Eisleben in Halle ein. Sie inficierte zuerst das Haus zum Goldenen Arm in der Ulrichstraße; es starben 1681 nur 84 Personen, 1682 aber 5367 und 1683 noch 22, zusammen 5473 in Halle und in den Vorstädten. —

Die Straße war eng und krumm und blieb so Jahrhunderte hindurch bis in unsere Zeiten trotz ihres starken Verkehrs. Nichtsdestoweniger schmückte seit dem 16. Jhdt. eine stattliche Anzahl prächtiger massiver Häuser ihre Fronten. Noch wir konnten ihre steinernen Renaissanceportale bewundern. Besonders die linke (westliche) Seite der Straße war wegen ihrer weiten Höfe bevorzugt.[6a]) — Das 19. Jhdt. brachte die gänzliche Umgestaltung der mittelalterlichen Straße. 1828 wurde das düstere, beengende Ulrichstor abgerissen, vor dem nun freien Ausgang wurde die (alte) Promenade angelegt, Doch der Engpaß am Beginn der Straße blieb noch Jahrzehnte. Dennoch wurde durch ihn wie durch die Straße überhaupt 1882 die Straßenbahn (Pferdebahn) gelegt. Die heutige Nikolaistraße stieß über 3 Meter in die Ulrichstraße vor. 1893 wurde der Schnittpunkt der drei Straßen Kleinschmieden, Gr. Ulrichstraße und Gr. Steinstraße erweitert. In den folgenden Jahren fielen die alten Häuser bis Nr. 5. 1900 werden von Nr. 4 und Nr. 5 allein für 33668 M. Straßenland angekauft. Ebenso wurde in der Mitte der Straße die enge Biegung erweitert. An Nr. 23/24 war die engste Stelle der Straßenpassage gewesen. Die Stadt kaufte beide Häuser mit 1392 qm. Flächeninhalt für 529000 M. Die Häuser wurden abgebrochen und die Straße selbst fast auf das Doppelte, von 6½ m auf 11 m ausgedehnt. Nr. 8 wurde 1907 behufs Straßenerweiterung für 116150 M. angekauft. Und von Nr. 18 wurden 1900 für 19793 M. Land zur Straßenverbreiterung erworben. Trotz aller Erweiterungen und Verschönerungen behielt die Straße ihre krumme Linie, ihre Biegungen und Bogen bei, nicht zum Nachteil, sie bietet dem Auge ein immer neues, reiches und überraschendes Bild. Viele neue, großartige Geschäftshäuser entstanden, leider mußten die alten, ehrwürdigen Renaissancebauten ihnen Platz machen, eine Kette großstädtischer Läden zieht sich auf beiden Seiten dahin, die in elektrischen Lichterglanz getaucht ist. Statt des Pferdebetriebs trat 1898 elektrische Kraft auf der Straßenbahn ein, 1902 wurde die Straße elektrisch beleuchtet. Bereits 1895 war die alte Reitbahn gefallen, sodaß der Ausgang der Straße auch nach links in freie schöne Promenade münden konnte.

**Nr. 2** ist das große Geschäftshaus der Geschwister Löwendahl (Damen-Konfektion), ein grau geputzter Neubau im modernen, fensterhellen Stil. Auf seinem Gelände standen ehemals zwei bemerkenswerte Häuser: Nr. 4 und Nr. 5 (nach alter, durchgehender Zählung). Nr. 4, das alte Zeizsche Haus, hatte drei hohe, spitze Giebel nach der Straße zu, Renaissanceportal und großes Einfahrtstor. Um 1835 war es der Gasthof zum Schwarzen Adler (Besitzer Hübenthal). Seine Gasthofswürde währte nicht lange, um 1840 ist sie bereits eingegangen. — Nr. 5 entstammte dem Ende des 16. Jhdts. Es ist das mehrfach umgebaute und veränderte Wohnhaus des berühmten Thomasius gewesen. Man las über dem großen Torweg diese Worte in Goldschrift: „Hier wohnte und starb Christian Thomas (Thomasius) geb. den 1. Januar 1655 (zu Leipzig), gestorben am 23. September 1728." Die Erinnerungstafel war am 1. Januar 1855 zum 200. Geburtstag des großen Deutschen angebracht, der zum ersten Mal seine Vorlesungen in deutscher Sprache hielt, der große Aufklärer der deutschen Jugend, der feste und klare Kämpfer gegen Hexenwahn und Gespensterseherei. Das Haus war 2stöckig, massiv und besaß eine stattliche Reihe Fenster. Es barg in seinem Innern wunderbar weite Corridore, die den erhitzten Knaben im Spiel der Räuber und Indianer kühle und verborgene Verstecke darboten. In diesem Hause fand man beim Abbruch 1906 merkwürdige Holzdecken voll satirischer und humoristischer Anspielungen. Sie waren für Dr. Laurentius Hoffmann, den Großoheim des berühmten Mediziners Friedrich Hoffmann, hergestellt worden. In bunter Reihe wechselten Episoden aus der Tierfabel, wie der Fuchs den Gänsen predigt oder wie das Wildschwein auf den Jäger mit dem Schwerte eindringt, mit Spottbildern auf Mönch und Nonne, auf den Zecher und seinen Bierkrug (der Zecher ist als wandelnde Kufe, der Bierkrug als Kanonenrohr dargestellt) ab, alles von renaissancehaften Blätterranken umgeben: ein hochinteressantes Kulturstück von dem Humor und der Satire der damaligen Vorfahren.[7]) — Auf dem Hof des großen Grundstücks wurde das „Neue Theater" (Novum) 1870 erbaut. Im Herbst 1870 wurde es als Konkurrenzunternehmen gegen das (alte) hallische Theater eröffnet.

**Nr. 10** Grand Restaurant Mars la Tour ist ein 4stöckiges Haus mit überladener Fassade, etwa 1885 entstanden. Auf seinem Platze stand Nr. 12 (nach durchgehender, alter Zählung) wo ehedem Wilhelm Gesenius, der berühmte Gelehrte der orientalischen, speziell hebräischen, Sprachforschungen wohnte, ein freier, kritischer und nicht dogmatischer Geist. Er starb in diesem Hause am 23. 10. 1842 und ward auf dem Stadtgottesacker begraben.[8])

**Nr. 11** ist ein neues Haus aus den 90er Jahren; ehedem stand hier das Haus des alten Patrimonialen Landgerichts.

**Nr. 12.** Hier stand ehemals das Predigerhaus der französisch-reformierten Gemeinde (seit 1749). Das erste Predigerhaus für den französischen Prediger Jean Vinielle war 1687 ein Haus auf dem Jägerplatz.[9]) In dem Predigerhaus der Ulrichstraße wohnten zwei Prediger und der Küster. Am 8. 2. 1797 brannte das Haus nieder, es wurde besser und bequemer wieder aufgebaut. 1809 wurde die französische Gemeinde mit der deutsch-reformierten vereinigt. 1885 wurde das Haus von der reformierten Gemeinde (Dom) für 108100 M. verkauft und dafür Kl. Klausstraße Nr. 12, das jetzige Predigerhaus, gekauft.

**Nr. 13/15** ist das große Eisenwarenhaus von Leonhard und Schlesinger (1884 gegründet). 1896 wurden die drei Häuser niedergelegt. Ein Neubau entstand. 1913 Ausbau sämtlicher Räume; so entstand das jetzige, moderne Geschäftshaus, grau geputzt mit 2 runden Erkern nach den Eckseiten. — Im alten Hause Nr. 14 wohnte im Jahre 1876 Dr. Ule, der als Leiter der Feuerwehr bei einem Brande tödlich verunglückte.

**Nr. 16** ist das Geschäftshaus des „General-Anzeigers" (seit 1918 „Hallische Nachrichten"), ein 4stöckiges Gebäude in gelben Backsteinen mit Kuppelturm, über der Tür in der Dachritzstraße ein Wappen mit drei Fischen und der Jahreszahl der Erbauung 1896/7. Zu dem Häusercomplex der Zeitung gehören noch Dachritzstraße Nr. 12/14 und Bölbergasse Nr. 1 (1905 erworben). Die Zeitung wurde 1889 am 21. 3. vom Buchdruckereibesitzer Kutschbach begründet und zwar in der Zinksgartenstraße 4a (später Nr. 13) im Hinterhause. Gleich im ersten Jahre zählte sie 15000 Abonnenten. 1896/7 wurde das Grundstück Gr. Ulrichstraße-Dachritzstraße gekauft, auf dem baufällige Gebäude, Scheunen und Ställe standen. Hier wurde im Hofe die Druckerei mit den modernsten Einrichtungen und Maschinen errichtet, 1909 erwarb August Huck diese Zeitung. Jetzt sind die Besitzer die Huckschen Erben, und das Blatt zählt über 70000 Abonnenten.

**Nr. 18** ist jetzt ein moderner, 4stöckiger Bau in gelben Backsteinen. Es stand hier ehemals Nr. 21 (nach durchgehender Zählung), das bemerkenswerte Patrizierhaus der Plötzschen Buchdruckerei. Das 2stöckige, etwa 5fenstrige Haus war 1548 erbaut worden, es zeigte deutlich den Uebergang von Gotik zu Renaissance, zwei schöne Renaissancevolutengiebel sahen auf die Ulrichstraße, ein dritter in die Bölbergasse (s. Alte Markt Nr. 7). Dagegen zeigt das Portal noch spätgotische Profilierung, vielleicht war es etwa 15 Jahre älter. Ueber dem Portal war ein Wappen angebracht, eine Wagschale. B. W. 1548 gezeichnet, von zwei dockenartigen Säulchen eingerahmt, über diesen spannte sich ein Flachbogen, in dem in erhabenen Buchstaben: zur gulden wage stand. Auch befanden sich in dem Hause alte, interessante Wandmalereien. Ob das Haus auch ehemals ein Gasthof gewesen, steht dahin; wie sein Name zur „Goldenen Wagschale" oder zur „Güldenen Ketsch" zu erklären, ebenfalls. Schon um 1835 befand sich die Buchdruckerei von Plötz in diesem Gebäude, später geht diese an Nietschmann über (1880: 23 Arbeiter). Am 1. 7. 1888 wurde das Hallische Tageblatt hier in

Pacht gegeben, der Verleger war der Magistrat (1880: 3310 Auflage). Das Haus wurde 1897 abgebrochen.[10]) Die Druckerei siedelte nach Mittelstraße 11/13 über.

**Nr. 22/23** ist das moderne, große Geschäftshaus der Modewaren von Brummer und Benjamin.

**Nr. 33/34** am Ausgang der Straße westlicher Seite das Geschäftshaus der Delikatessenhandlung von Pottel und Broskowski (ehemals Gr. Ulrichstraße Nr. 28). Der gewaltige Bau entstand um 1897, von den Architekten Knoch und Kallmeyer erbaut. Im Obergeschoß befindet sich seit 1906 das bekannte „Weinhaus Broskowski."

**Nr. 36** (östliche Seite der Straße) nennt sich „Heckerts Hof" (1865 Besitzer: Glasermeister Heckert), der auch Alte Promenade Nr. 8, 8a, 9 und Nr. 10 und Kaulenberg Nr. 4 umfaßt. Es ist ein großes, langgestrecktes, vielfenstriges, 3stöckiges Haus mit großer Einfahrt, die von zwei Säulen flankiert ist. Das Haus gehörte ehemals dem Oberbergrat, Professor der Medizin, Reil.[11]) Am 22. 9. 1806 vor der unglücklichen Schlacht bei Jena stiegen hier Friedrich Wilhelm III. und Louise ab. Anderen Tages setzten sie ihre Reise nach Naumburg fort. Einige Wochen später logierte der preußische Kommandierende Prinz von Württemberg und dann der Generalfeldmarschall Bernadotte am 17. 10. im Hause Reils, eine Erlösung für das unglückliche Halle, das von siegestrunkenen Banditen schamlos geplündert und drangsaliert wurde. Nach Reil bewohnte Professor Hohl[12]) das Haus, später auch der Professor Blasius und der Historiker Leo. — Auch sah dieses Haus die ersten Anfänge der höheren Töchterschule unter der Leitung des Fräulein Haym (1871: 114 Schülerinnen). Erst 1884 ward die Schule in das jetzige Haus (Gartenstraße) verlegt.[13])

**Nr. 37** ist das „Goldene Schiffchen", ein neues Haus, das alte wurde im Sommer 1883 abgerissen, es war mehrere hundert Jahre alt, hatte vorgekragte Geschosse mit geschütztem Balkenwerk (gedrehten Stricken gleich).[14])

**Nr. 38** ist das große Geschäftshaus der Buch- und Kunsthandlung und der ständigen Gemäldeausstellung von Tausch und Grosse, etwa 1905 von den Architekten Lehmann und Wolf erbaut, ein 4stöckiger, wirkungsvoller Bau mit Erker und Giebel. Die Handlung wurde 1862 gegründet, sie hat die alte Buch- und Kunsthandlung Schrödel und Simon (gegründet 1792) in sich aufgenommen.

**Nr. 42** ist ein etwa 1895 erbautes, 3stöckiges Haus in roten Backsteinen. Auf dieser Stelle stand das alte Patrizierhaus, in dem unser großer Historiker Dreyhaupt gewohnt hat und gestorben ist. Aus Anlaß seines hundertjährigen Todestages hatte der Thüringisch-Sächsische Geschichtsverein eine Gedenktafel an diesem Hause anbringen lassen: „Hier starb J. C. v. Dreyhaupt den 12. Dezember 1768.“ Sie ist in das neue Haus eingefügt worden.[15])

**Nr. 43** ist heute das älteste Haus in der Ulrichstraße, ein 3stöckiger, glattgeputzter Bau aus dem 16. Jhdt. mit einem kleeblattförmigen Portal mit einem Sitzplatz und Nischen. Dieser Bogen der Tür, der mit einem Fries von Akanthusblättern ornamentiert ist, zeigt noch Anklänge an die Gotik. Dies und die Fenstergewände des Hauses lassen seine Entstehung ums Jahr 1540 vermuten.[15a])

**Nr. 49,** das moderne, 4stöckige, fensterhelle Geschäftshaus von G. Aßmann (Herrengarderobe) liegt auf dem Schnittpunkt der Ulrichs- und Spiegelstraße. — Ehemals stand hier der „Alte Dessauer“, ein schöner Fachwerkbau, erst 1891 abgebrochen. Den Namen führte dieses Haus, nicht weil der alte Dessauer (Fürst Leopold) in ihm gewohnt hatte, sondern weil es ein Schild führte, das den Feldherrn darstellte. Es war ein Wirts- und Speisehaus gewesen, das ein Soldat des Regiments Anhalt nach seinem Austritt aus dem Kriegsdienst angelegt hatte, ungeachtet des Protestes, den der Rat damals im Interesse seiner eigenen Ratskellerwirtschaft beim Fürsten erhob. Am 7. 5. 1830 suchte ein Feuer das Haus heim. 1891 entstand ein neues Haus auf dem Platze, das bald dem jetzigen weichen mußte.

**Nr. 51**, die „Kaisersäle“ entstanden um 1890 als die größten Säle Halles. Auf dem Gelände befand sich ehemals (um 1845) die Brauerei von Sioli, dann die von Faldix (um 1865) als Münchener Brauhaus (1880: 8 Arbeiter). Der Brauerei war der Münchener Keller in Giebichenstein (Burgstraße) angegliedert. — Leider erhielten die Kaisersäle bei dem Umbau 1919 ein höchst geschmackloses Portal.[16])

**Nr. 57,** das alte Wuchersche Haus, ist ein 3stöckiger Bau mit hohem Dach und dem Rest eines Treppenturms auf dem Hofe, der im Bilde der Stadt überall auffällig hervortrat, durch seine beiden Kuppeln, in deren Mitte sich die Laterne befand. Im Erdgeschoß des Hauses befinden sich große Läden. Die Fenstergewände wurden durch Fruchtbündel in den Obergeschossen verziert. Auf einem Gewände steht das Erbauungsjahr 1621. Das Dachgeschoß beleben zwei Reihen Luken, abwechselnd ausgemauert. Der ehemalige Eingang war mit Kreuzgewölben, die sich auf Konsolen setzten, überdeckt. Auch befanden sich merkwürdige Decken in dem Hause, so eine einfache Holzdecke und eine andere cassettierte, die bemalt und vergoldet gewesen wie die des jüngsten Talhauszimmers. Leider ist in dem bemerkenswerten Hause immer mehr barbarisch verbaut und beseitigt worden. Das Haus besaß ehemals Matthäus Wucherer († 1804),[17]) dann sein Sohn Ludwig Wucherer († 1861).[18])

**Nr. 58** ein moderner Bau, ist etwa um 1900 entstanden in gelben Backsteinen mit hohem Giebel und Erkervorbauten. Jetzt befindet sich die Nordseefischhalle in ihm.[19]) Ehemals befand sich hier ein sehr altes Haus, das Café Peter, im Erdgeschoß waren die Konditorei, im Obergeschoß die Cafézimmer, bis es für 180000 M. an die Firma Zorn (Delikatessengeschäft) verkauft wurde. Das Haus entstammte dem 16. Jhdt. und war eins der ältesten und interessantesten Gebäude Halles. Es war 1543 1stöckig von den Barfüßern erbaut worden, 1659 wurde das zweite Stock aufgesetzt. Zur Zeit A. H. Franckes wurde zwei Jahre lang eine Schule in ihm untergebracht. Im Innern sah man kunstvolle Stuckdecken, auch eine Betsäule aus der Barfüßerzeit.

**Nr. 59** ist ebenfalls ein moderner Bau, der Konditorei und dem Café Blau gehörig.

**Nr. 60/61** ist das 4stöckige Waren- und Verkaufshaus des Hamburger Engroslagers Leopold Nußbaum G. m. b. H. — Ehemals stand hier das sehr alte Ertelsche Haus, sein großer Hof reichte bis zur Barfüßerstraße. Es besaß sehr tiefe und stets halbdunkle Zimmer und riesige, weite Dachböden, welche für die Kinder sagenumrankte Stätten des Grauens wurden. Man erzählte sich, daß hier ehemals ein Kloster gestanden und verfluchte Nonnen als Gespenster herumgingen und keine Ruhe fänden. Das Knarren der alten Dachsparren und Rinnen, der Wind, der klagend durch sie zog, und das Gerümpel der Böden vermehrten das Unheimliche.

## Anhang.

1. Die fünf Hauptverkehrsadern, die auf den Markt wie in ein Sammelbecken den Handel und Wandel von auswärts leiten, sind außer der Ulrichstraße die Steinstraße, die Leipzigerstraße, die Schmeerstraße und die Klausstraße. — 2. Sankt Ulrich, 890 dem alten Grafengeschlecht von Kyburg enstammend, wurde in Sankt Gallen erzogen, 923 Bischof von Augsburg. Er hielt die Stadt 925 tapfer gegen die Ungarn und starb in hohem Ansehen bei Kaiser und Reich 973 in seinem Bistum. Ihm schrieb man — außer anderen Wundertaten — zu, daß im ganzen Stift Augsburg

keine Ratten (glires) zu finden wären und daß solche, sobald sie hierhin gebracht, sterben müßten, daher wird er auch mit einer Ratte abgebildet. — 3. Die vier Pfarrkirchen sind: Gertrud, Marien, Moritz und Ulrich. — 3a. Der Kardinal Albrecht erzwang sich die Silberstatue des heiligen Ulrich für sein berühmtes „Heiligtum" (1519). Im siebenten Gang zum elften wird das Bild beschrieben: 7 Partikel vom Körper des Heiligen und Stücke seiner Kleider waren in ihm. Es wurde 1428 hergestellt und am 14. 9. Ablaß dazu erteilt. Der Bischof hält übrigens einen Fisch auf dem Buche (!) vgl. Dr. I. 870. vielleicht ein Mißverständnis des Zeichners. — 4. Das Fronleichnamfest wurde 1451 in Halle eingeführt. Es gab drei Brüderschaften des Fronleichnams (Corporis Christi) in Halle, die der Ulrichskirche ist die älteste, wie überhaupt das religiöse Leben in diesem Ulrichsviertel zu jener Zeit wohl das regste in Halle war. — 4a. Die Bezeichnung „Sack" ist noch 1837 gebräuchlich, es ist Nr. 26 (durchgehende Zählung) und heißt „wüst". — 5. Besonders das hochinteressante Haus zum großen Christoph, am Markte gelegen. In anderen Städten gab es ebenso benannte Häuser, in Magdeburg stand auf dem Breitenwege Nr. 171 und Nr. 172 das Haus zum großen Christoph. In Arnstadt stand am Riethmarkte ein Haus mit einem großen gemalten Bilde des Christophorus. Steinbilder aber auch Malereien, die auf den Namen Bezug hatten, werden die Häuser unsrer farbe- und darstellungsfrohen Vorfahren geziert haben. — 5a. Diese Wasserleitung der faulen Wischke hatte Neumarkt angelegt, der Rat von Halle wollte das Wasser für den nördlichen Stadtteil benutzen. Da es aber nicht gut war (zu eisenhaltig), verbesserte er seine Saale-Wasserkunst und leitete deren Wasser auch hierher. — 6. Diese Hausbezeichnung war auch anderswo beliebt, in unserer Nachbar- und Zwillingsstadt Magdeburg befand sich auf dem Breitenwege Nr. 149 ein Haus zum Goldenen Arm, es existierte aber auch ein Haus zum Grünen Arm, nach dem die Grüne Armstraße benannt worden ist. — 6a. Um 1400 kostete hier ein Haus 60—80 Gulden; um 1620 dagegen 1400—1800 Gulden, während für eins in der Kanzleigasse 670 Gulden bezahlt wurden. — 7. Die Holzdecken lagern in dem Denkmalskeller der Moritzburg, vgl. die Abbildungen in dem Hallischen Kalender 1914 (Moritz). Dr. Laurentius Hoffmann war ein angesehener und bedeutender Mann unserer Stadt. Er war 1582 als Sohn des Apothekers Hoffmann in Halle geboren, ließ sich nach einer großen Bildungsreise durch Italien, England und Holland 1606 in Halle nieder, wo er die Tochter des Arztes Dr. Brunner (s. Moritzkirche) heiratete, und wurde später Leibarzt des Kurfürsten Johann Georg I. von Sachsen. Er wurde in den Adelsstand erhoben und starb zu Dresden 1630. Die Familie des Hoffmann war um 1550 aus Bamberg eingewandert vgl. Dr. II. Anhang S. 65. — 8. Gesenius war 1786 zu Nordhausen geboren, ward Professor an der Schule zu Heiligenstadt, ward nach Halle 1810 als a. o. Professor berufen, 1811 o. Professor, 1828 Konsistorialrat. 1830 wurde er als „Rationalist" von den neuen Pietisten Halles befehdet. Von seinen Werken seien genannt: Die hebräische Grammatik, die hebräischen Lexika und seine Vorlesungen über die Einleitung in das Alte Testament. Er zählte an 400 und mehr Zuhörer in einer Vorlesung. — 9. Als Kirche war den französischen Flüchtlingen erst die kleine Kapelle über dem Tor der Moritzburg, dann die Maria-Magdalenen Kapelle ebendaselbst eingeräumt worden. — 10. Das Portal des Hauses ist in das Museum der Moritzburg eingebaut worden. — 11. Johann Christian Reil 1758 zu Rauden in Ostfriesland geboren, wo sein Vater Prediger war, sollte Theologie studieren, wählte aber die Medizin, ließ sich 1783 als Arzt in Ostfriesland nieder, wurde 1787 ao. Prof. in Halle, 1788 wurde er ord. Professor. Er erhielt vom König den spitzen Weinberg des Amtes Giebichenstein, den er mit schönen Anlagen verzierte (den heutigen Reilsberg.) Das Unglück von Jena stimmte ihn ernst. Er gründete, um Halle eine neue Erwerbsquelle zu schaffen, eine Badeanstalt (s. Fürstental.)

1810 ging er nach Berlin. In der Zeit des Befreiungskrieges wurde er zum Oberleiter der Lazarette ernannt. Bei einem Freundesbesuche in Berlin vom Typhus angesteckt reiste er, kaum genesen, nach Halle, wurde von neuem krank und starb am 12. 11. 1813 in Halle. Seine Leiche wurde nach seinem Landsitz in Giebichenstein geführt und auf der Spitze des Berges beigesetzt.— 12. Hohl war 1790 zu Lobenstein geboren, wurde 1830 Privatdozent und 1836 ordentlicher Professor und Direktor des Entbindungsinstitutes. — 13. Im Jahre 1878 wurde die städtische Beihilfe zu dieser Privatschule von 600 Mark auf 3000 Mark vermehrt, die Zahl der Schülerinnen in diesem Jahr betrug 206 in 8 aufsteigenden Klassen. — 14. Die Bezeichnung „Goldnes Schiffchen" wie auch „Goldener Anker" ist für Gastwirtschaften auch in anderen Städten gebräuchlich, so besaß Magdeburg ein „Goldenes Schiffchen" in der Werftstraße Nr. 30 und einen „Goldenen Anker" am Johannisförder. Auch in Halle tritt schon in älteren Zeiten die Bezeichnung „Goldenes Schiffchen" für eine Gastwirtschaft auf. — 15. Dreyhaupts Geburtshaus war der Goldene Stern, (s. Sternstraße Nr. 14.) Noch am 10. 8. 1768 feierte unter großer Beteiligung der hallischen Bürger, Studenten und Halloren der hochangesehene Mann sein 50 jähriges Studentenjubiläum im Gasthof zum Kronprinz, er war am 10. 8. 1718 unter dem Prorektor Hoffmann inskribiert worden. Er war zweimal verheiratet gewesen, jedoch in kinderloser Ehe. Nach seinem Tode zog die Witwe Henriette Sophie Feuerbaum auf ihr Rittergut nach Ermsleben; ihr Vater war Prediger zu Langenstein bei Halberstadt gewesen. Dreyhaupt hatte sein großes Werk zunächst im eigenen Verlage mit ungeheuren Kosten erscheinen lassen, später hatte er es dem Waisenhaus-Verlag übergeben. Dieses veräußerte erst die kostbaren Kupferplatten, kaufte sie aber später wieder zurück. Dreyhaupt hatte viele Seltenheiten und Sammlungen (Versteinerungen, Landkarten, Münzen, päpstliche Bullen usw.) zusammengebracht. Alle diese wertvollen Sachen wurden 1771 Schulden halber verauktioniert. Uebrigens befindet sich ein Dedikationsexemplar seiner Saalkreisgeschichte mit eigenhändiger Einschrift auf der Marienbibliothek. — 15a. Nach Analogie des Rundbogenfrieses am Domportal in Halle (1525) und des Blattfrieses des Innenportals (1525) und der Fenstergewände des Rathauses (1540).— 16. Er erscheint für die geringe Höhe des Tores viel zu groß, und die Disharmonie wirkt wie angeklebte Architektur. — 17. Matthäus Wucherer war zu Offerdingen im Württembergischen geboren. Er sollte Theologe werden (sein Vater war Prediger), zog aber den Kaufmannsstand vor, ward 1768 Schwiegersohn der verw. Frau Pastor Müller, der Besitzerin der Deyenschen Fabrik. So kam die Fabrik in die Hände des betriebsamen Mannes. 1780 verheiratete er sich zum zweiten Mal mit der jüngsten Tochter des hiesigen Kaufmanns Lauer. Seine große Golgas- Berill- und Sergedruckfabrik (wollene buntgedruckte Zeuge) vergrößerte sein Sohn Ludwig noch mehr (1804: 61 Arbeiter!). Wucherer starb am 12. 4. 1804, tief betrauert, ein großer Wohltäter der Armen. — 18. Ludwig Wucherer wurde am 30. 5. 1790 geboren, machte die Freiheitskriege mit, war Rittmeister, Stadtrat, Vorsitzender der Handelskammer für Halle und Geh. Kommerzienrat. Der hochverdiente Mann starb allgemein betrauert am 15. 12. 1861. Seine Gartenwohnung befand sich vor dem Steintor Nr. 1519 am Beginn der Ludwig Wuchererstraße, die nach ihm genannt ist. — 19. Es kostete 1912 ein Pfd. Schellfisch 18 Pfennig in ihr, in der Zeit der Republik 3 Mark und mehr! —

# Die Kleine Ulrichstraße.

Die Kleine Ulrichstraße läuft parallel der großen Ulrichstraße, von Süden nach Norden. Sie beginnt von der Kleinen Klausstraße und endet jetzt auf der seit Abbruch der alten Reitbahn (1895) erweiterten Alten Promenade. — Den Namen führt die Straße von der alten Ulrichskirche, die an ihrem nördlichen Ende östlich lag (s. Große Ulrichstraße). — Um 1379 ist die Straße noch nicht als Kleine Ulrichstraße unterschieden [1]). Um 1415 wird sie die Kleine Olrikesstrate genannt. Sie kommt in den Lehnbüchern (1400—1460) 19 mal vor, 1454: yn der cleynen Ulrichstraßen. Olearius und Dreyhaupt erwähnen sie als eine der 12 Straßen Halles.

Die Straße endete etwa bei der heutigen Jägergasse auf Kirchhof und Kirche S. Ulrich. Das Pfarrhaus stand an der nördlichen Ecke der heutigen Berggasse, weiter nördlich schloß sich diesem die 1437 gegründete Ulrichschule an. 1531 wurde die alte Ulrichskirche durch den Kardinal Albrecht abgebrochen, ebenso die Pfarre und das Schulhaus. Der Kardinal gewann einen freien, weiten Platz für seine Residenz, die Moritzburg, deren Haupteingang er auch nach Osten (ehemals ging er nach Norden) verlegte. Dieser untere, frei gelegte Teil der Kleinen Ulrichstraße hieß in der Tat lange Zeit bis zum Ende des 17. Jhdts. die „Schloßfreiheit“ oder die „Freiheit“.

In der Kleinen Ulrichstraße wohnte auch jener Drews (Andreas) Schlegel, der aus altadligem Geschlecht stammend, das damals auch Moritz besaß, in eine unliebsame Angelegenheit verwickelt, 1478 die Bürgerschaft in viel Unruhe stürzte [2]). Er war 1475/1494 7 mal Meister im Rat gewesen, ein skrupelloser, gewalttätiger Mann. — 1600 am 27. 1. entstand in unserer Straße ein großes Schadenfeuer durch Leichtsinn [3]). Am 13. 3. 1645 legte jener große Brand, der in der Mühlgasse entstand, auch einen großen Teil unserer Straße in Asche (wie auch viele Häuser der Großen Ulrichstraße, des Schulberges, der Mittelstraße usw.) In dem öffentlichen Ziehbrunnen, der sich in der Straße befand, endeten wiederholt Selbstmörder ihr Leben, oder Dirnen töteten hier ihre neugeborenen Kinder (so 1664, 1665 u. w.). — Zur Zeit des Herzogs Augustus, der in der Residenz wohnte und nicht mehr in der verfallenen Moritzburg, entstanden auf der „Freiheit“ wiederum Häuser, ja selbst wo die Kirche gestanden. Der Plan des Olearius (um 1660) zeigt uns die nördliche Seite der Berggasse und ihre Umbiegung und die Kleine Ulrichstraße als häuserleer, nur von einer Mauer, die von dem Tore der Moritzburg herführte, besetzt. 1675 baute man hier das Haus des Jägermeisters Hörnick, dann erhob sich das stille, vornehme Palais des „Alten Dessauer“, des Fürsten Leopold von Dessau, hier. Der Block von der Jägergasse bis zur Reitbahn ist 1660 vollständig bebaut. Um 1700 ist die Kleine Ulrichstraße eine der verkehrreichsten Straßen gewesen, besonders durch das Militär. Schlittenfahrten und Maskenzüge der Studenten und der Offiziere passieren sie. So begann man die bisher wohl nur chaussierte, mit breiten Steinen in der Mitte versehene Straße am 24. 4. 1704 zu pflastern; die Steinsetzer waren aus Magdeburg. Zwei berühmte Gasthöfe lagen an ihrem Anfange, einander schräg gegenüber, der Gasthof Zu den drei Königen und die Preußische Krone. Einige treffliche Barockbauten entstanden, so das Haus Nr. 7. Und noch am Ende des Jahrhunderts schlug die Ressourcegesellschaft in unserer Straße ihr Heim auf. — Aus dem alten Kneiplokale der Burschenschafter, der „Quelle“, fand am 7. 2. 1822 der berühmte Studentenauszug nach der Broihanschenke statt. — Nahe neben der Quelle lag das bürgerliche Kneiplokal, die „Ressource“. — Eine merkwürdige Ueberschwemmung erlitt die Straße am 20. 8. 1816: bei einem schweren Gewitter stürzte der Kanal hinter der Mühlgasse zusammen, sodaß das Wasser nicht abfließen konnte, so stand es in der Straße beim Gasthof Zu den drei Königen zwei Ellen hoch.

Das Ende des neuen Jahrhunderts brachte eine starke Neugestaltung der Straße. 1895 entstand der Durchbruch der Straße, die alte Reitbahn fiel, und die Promenadenanlagen wurden geschaffen; bis dahin war die Straße in rechtem Winkel südlich der Reitbahn in die Große Ulrichstraße gemündet. Aber auch der südliche Eingang der Straße wurde verbessert und verbreitert. Nr. 1 wurde 1898 für 34000 ℳ von der Stadt angekauft, und 100 qm entfielen zur Straße; und im nächsten Jahre 1899 wurde Nr. 2 für 40000 ℳ erstanden und 94 qm wurden für die Straße verwendet, während 97 qm der Baustelle verblieben. — Die Straße zählte 1837: 33 Häuser, 1915: 40. Altertümliches bietet nur noch die Südhälfte, wenn man z. B. von der Kanzleigasse eintretend nordwärts die Straße hinabschaut.

**Nr.** 2 ist der 1912 erstandene Neubau der Domgemeinde; siehe Kleine Klausstraße Nr. 12. —

**Nr. 5**, der ehemalige Gasthof Zur Preußischen Krone, ist ein 2stöckiges, 7fenstriges, altes Haus, glattgeputzt, mit einigen kleinen Läden im Parterre, und zwei unteren kleinen Giebelfenstern auf der südlichen Seite des Daches. Er erhielt den Namen nach dem 1701 entstandenen Königreich Preußen. Schon

1707 existierte er [8a]), denn am 27. 2. logierte die Fürstin Ragotzky in ihm. Der Gasthof wurde 1712 durch den Hugenotten Jan Michel erworben, der sogar das Privilegium, fremde Weine und Biere zu verschenken, erhielt [4]). Ehemals besaß der Gasthof einen weiten Hof, ja einen Hintergarten. In diesem Hause wohnte seit der Michaelis-Messe 1716 die in Ungnade gefallene ebenso stolze wie schöne Mätresse des Kurfürsten und Königs von Polen, Augusts des Starken, die Gräfin Anna von Cosel. Sie weigerte sich, das Dokument auszuliefern, indem ihr August versprochen hatte, sie nach dem Tode der Königin als rechtmäßige Gemahlin anzuerkennen. Der König von Preußen (Friedrich Wilhelm I.) ließ sie verhaften und am 22. 11. 1716 an August ausliefern gegen dessen Versprechen, alle preußischen Deserteure von nun an ausliefern zu wollen [5]). Die Gräfin wurde nun auf die sächsische Festung Stolpen gebracht und starb hier nach 45jähriger Haft als 80jährige Matrone im Jahre 1759 [6]).

**Nr. 7** ist ein altes, schönes Patrizierhaus in schlichtem, aber vornehmem Barock. Ueber der reichgeschmückten Tür erhebt sich der gebrochene Torbogen, auf dessen Hälften sich je eine weibliche allegorische Figur lagert, auf dem Schlußstein in der Mitte erhebt sich ein vergoldetes Herz, aus dem ein vergoldetes Herz emporwächst. Es trägt die Inschrift „Sublimiora peto“ (Ich strebe nach Höherem). In diesem Hause befinden sich auch einige schöne Stuckdecken und Türen mit Beschlägen.

**Nr. 8.** In dieser „alten Ressource“ (Nr. 1019) befand sich um 1850 der Fechtboden der Universität.

**Nr. 11**, heir befand sich ehemals ein altes Haus, in dem eine Kanonen-Kugel als Erinnerung an den schrecklichen Tag Halles, an die Beschießung durch die Franzosen am 28. April 1813, eingemauert war (vgl. Alter Markt Nr. 26).

**Nr. 14**, hier ließ sich die Stadtressourcegesellschaft nieder. Sie war erst 1782 im Strykschen Hof (s. Kl. Klausstraße, Gasthof zum Kronprinzen) begründet worden, dann kaufte die Gesellschaft dieses Haus. Sie bestand bis 1806, da sie der Krieg auflöste. Ihr hoher Eintrittspreis betrug 20 Taler und der jährliche Beitrag 4 Taler.

**Nr. 18.** Auf dem Platze dieses Grundstückes stand im Mittelalter bis 1531 das Pfarrhaus von S. Ulrich, sowie nördlich daneben die Pfarrschule. Kardinal Albrecht ließ sie niederreißen und machte eine „Schloßfreiheit“ vor der Moritzburg. 1675 erbaute man hier das Haus des Jägermeisters Hörnick. Dann entstand das schöne Barockhaus mit 2 Geschossen und 9 Fenstern Front und dem 3fenstrigen und dem 3stöckigen Giebelmittelbau, in dessen Mitte die säulenumfaßte Barockhaustür mit gebrochenem Bogen sich befand. In diesem Hause wohnte der Fürst Leopold von Anhalt von 1720 bis 1730, der Chef des hiesigen Regiments Anhalt, der es, der Ueberlieferung nach, auch erbaut haben soll. Um 1760 kaufte der berühmte Jurist Nettelbladt [7]) das Haus, nach ihm bewohnte es sein Schwiegersohn, der Kriegsrat Dr. Lichotius, bei dem am 3. und 4. Juli 1799 der König Friedrich Wilhelm III und Louise wohnten [8]). Am Beginn des 19. Jhdt. gelangte das Haus in den Besitz des Justizrates Dryander (1782—1850), von dem es seine Söhne, der Konsistorialrat Dryander (Vater des Oberhofpredigers) und der Justizrat Prof. Dryander, erhielten. 1887/8 ist leider dieses historisch bemerkenswerte Haus abgerissen worden.

**Nr. 33.** Die Ecke des Erdgeschosses dieses sehr alten Eckhauses an der Dachritzstraße ist abgeschrägt, die entstandene Fläche ist oben mit dem hallischen Stadtwappen und der Jahreszahl 1591 auf einem Bande geschmückt.

**Nr. 36**, der ehemalige Gasthof Zu den drei Königen, ist ein großes, mehrstöckiges Haus mit neuerer, überladener Fassade. Ueber der Haustür befindet sich das alte, kleine Steinbild der heiligen drei Könige. Der Gasthof ist sehr alt, 1584 war er ein Weinhaus, in dem ein Reiter einen anderen erstach. Dreyhaupt (1750) erwähnt (I. 568), daß er Gast- und Weinschankgerechtigkeit schon seit einigen Jahrhunderten besessen. Noch um 1900 wurde die Wirtschaft betrieben [9]).

**Nr. 37**, ein großes, altes, teils 3, teils 4stöckiges Haus mit einer Restauration „Zur Schützei", empfing seinen wunderlichen Namen wohl von dem einstigen Besitzer, einem gewissen Schütze, der das Haus um 1840 besessen hat (Nr. 977). Südlich von ihm, wo heute das Eckhaus (Kleine Ulrich- und Nikolaistraße) steht, war am Ausgang des 17 Jhdts. Vorgarten des Händelhauses (Nikolaistraße), ebenso wie östlich dieses Händelschen Hauses.

## Die Umgebung der Kleinen Ulrichstraße.

Die Kleine Ulrichstraße verbinden mit der Großen Ulrichstraße, also ostwärts, drei ziemlich enge Straßenzüge, Jägergasse, Bölbergasse und Dachritzstraße. Mit dem Westgelände, mit der Moritzburg, dem Mühlen- und dem Domquartier, ist sie durch fünf Straßenzüge verbunden: Bergstraße, Kleine Schloßgasse, Mühlberg und Große Schloßgasse, Kanzleigasse; ein Beweis für die ehemalige starke Belebtheit und für die Bedeutung der Kleinen Ulrichstraße.

**Die Jägergasse** war im Mittelalter nur ein enger Durchgang südlich des Ulrichkirchhofs zur Kleinen Ulrichstraße. Vielleicht hat hier am Südrande des Kirchhofs der Torand oder Turand gelegen. Der Torand wird dreimal in den Schöffenbüchern erwähnt: 1398 ein Haus up dem torande in sente Ulrikesstrate; 1399: up dem thurande und 1407: Martin Spittendorf hat ein Haus ub dem turande von Heinrich Hedersleben erhalten. — Als Torant ist die Gasse noch zu Olearius' Zeit (1660), der ihn unter den 26 Gassen Althalles verzeichnet, ja noch zu Dreyhaupts Zeiten (1750) bekannt gewesen. Jetzt ist die Lage der Gasse mit Sicherheit nicht mehr festzustellen.

Der Name der Jägergasse hat sich erst in den letzten Jahrhunderten entwickelt, als von dem Herzog Augustus ein Jagdhundehaus, ein Jagdzeughaus, ein Jägereihaus auf dem Nord- und Ostgelände vor der Moritzburg errichtet worden waren [10]). 1828 wurde der Name Jägerstraße endgültig festgelegt. (Olearius und Dreyhaupt erwähnen ihn nicht); wenige Jahre darauf heißt er bis heutigen Tages Jägergasse. Die Gasse ist etwa 7 Schritte breit und heute ganz von modernen Häusern besetzt, nur die südliche Seite rechnet zu ihr (zwei Häuser), die nördliche rechnet zur Kleinen und Großen Ulrichstraße, so schon von alters her.

**Nr. 1**, ein großes, vielstöckiges Haus ist 1907 erbaut worden. Ehemals befand sich hier ein altes, mehrstöckiges Gebäude mit einer Barocktür, die im Bogenfelde kriegerische Sinnbilder (Kriegsmaske, Fahnen usw.) aufwies. Diese Tür ist am Westende des neuen Hauses wieder angebracht worden [11]). Die Sage geht, daß das alte Gehöft hier ehemals den Dominikanern gehört haben soll, später sei es in Privatbesitz übergegangen. Die zum Hause gehörigen Nebengebäude enthielten große Schuppen, die im 17. Jhdt. als Spritzenhaus benutzt gewesen sein sollen.

**Nr. 2.** Hier stand ehemals das „Akademische oder Chemische Laboratorium" oder das „physikalische Institut", ein altes Haus mit weiten, großen Räumen. — Bis zum Jahre 1801 besaß die Universität keine eigene physikalische Sammlung. Professor Gren lehrte Physik und Chemie und las mit seinen eigenen Apparaten. 1801 wurde Grens Sammlung für 1000 Taler angekauft, und seit 1804 wurde eine jährliche Dotation von einigen hundert Talern gewährt. 1811 erbte man eine Sammlung technologischer Modelle des Kloster Berge; 1820 einige Sachen der Universität Wittenberg. 1824 wurde das Privatgrundstück Jägergasse Nr. 2 erworben und so der Grund zu einem physikalischen Institut gelegt. [11a]) Aber erst 1862 wurde ein zweites Stockwerk aufgebaut, so daß das Auditorium ins Erdgeschoß wieder verlegt und die physikalischen und technologischen Sammlungen in zwei Stockwerken aufgestellt werden konnten. 1881 wurde ein besonderes physikalisches Laboratorium eingerichtet und 1887/90 endlich das physikalische Institut am Paradeplatz (s. d.) erbaut.

**Die Bölbergasse.** Ihr Name ist unerklärt. Ich vermute, daß die Gasse ursprünglich Bölgergasse geheißen und der Namen von einer in Halle sehr ausgebreiteten Familie Belger hergenommen ist. Im Laufe des 17. Jhdts., in jener Zeit nach dem 30jährigen Kriege und den großen Peststerben, ist der Name durch die neu einströmende Bevölkerung entstellt worden in Belbergasse, vielleicht in Anlehnung an das nah gelegene und oft genannte Dorf Böllberg. Olearius und Dreyhaupt (wie auch die Schöffenbücher) erwähnen unsere Gasse nicht, wohl aber führen sie hinter der Dachritzgasse eine Liebgensgasse auf. — Die Schöffenbücher erwähnen, so viel wie ich sehe, allerdings unsere Gasse, doch ohne Namen, sie nennen sie gasse zwizschen beiden Ulrichstrassen (1433) und zwizschin beiden Ulrichzstraszen (1435). —

Bereits um 1300 ist ein Berthold (Betzold) von Belgern erwähnt, seine Tochter ist Katharina, sein Sohn Heise Belger, der einen Hof in der Klausstraße besitzt. 1350 werden Klaus und sein Bruder Conrad genannt, sie haben Besitz am Schuhhof, 1370: Otto Belgher und seine Frau Gese. Hans Belger war 1407 nnd 1424 Ratsmeister, seine Frau ist Klara, seine Kinder Heise und Gerhard; er besaß einen ansehnlichen Hof vor S. Moritz, 100 Gulden wert, und mit seinem Bruder Betzold und seiner Schwester Sanna Häuser auf dem Sperlingsberg und Schülershof. Das ansehnliche Geschlecht ist mit anderen Stadtgeschlechtern versippt.

Die kleine enge Gasse hat keine Erinnerungen hinterlassen. 1837 wird nur ein Haus zu ihr gerechnet, denn das zweite und dritte gehörten zur Kleinen Ulrichstraße, das vierte zur Großen. 1915: 3 Häuser, denn Nr. 1 und Nr. 5 werden zur Großen Ulrichstraße gerechnet.

**Die Dachritzstraße** wird in den Schöffenbüchern zum ersten Mal 1417: in der Tachritzstrate erwähnt, zum letzten Mal 1430: in der tacherwitzerstrasze (im ganzen 7 mal!). Bei Olearius heißt sie Tacheritzgasse, eine der 26 Gassen im alten Halle.

Den Namen empfing sie vom Dorfe Dachritz bei Halle, von einer dorther entstammenden eingewanderten Familie, bedeutet also Gasse der Familie Tacheritz. Solche Familie findet sich 1400 in den Schöffenbüchern, allerdings nicht mehr in der Gasse wohnhaft, aber doch wohlbegütert und angesehen, so 1379 Mertin Thacherwitz und seine Frau Bethe; 1422: Mertin Tacherwitz und seine Frau Margarethe, sie besitzen einen Hof in der Klausstraße; 1434: Mathias Tacherwicz, er besitzt ein Haus in der Schmeerstraße.

Am 2. Mai 1676 entstand eine große Feuersbrunst auf dem Schlamm, die auch die Dachritzgasse wie die Große Ulrichstraße und die Barfüßergasse ergriff und 38 Häuser und 11 Scheunen in Asche legte. — 1837 zählte die Gasse 17 Häuser, 1915: 14 (bezw. 9) Häuser. — 1893 wurde die Dachritzgasse zur Dachritzstraße erhoben, dennoch ist sie eine enge, bisweilen nur 4 Schritt breite Gasse geblieben, sie ist bei ihrem Anfang an der Großen Ulrichstraße von Neubauten eingefaßt (Druckerei der Hallischen Nachrichten, Leonhard und Schlesinger), sonst sind einige alte Häuser neben neueren Bauten in ihr, jedoch ohne jede Bedeutung vorhanden.

**Die Kanzleigasse** mündet vom Westen (Domplatz) in die Kleine Ulrichstraße, eine kurze, enge, etwa 7 Schritt breite Gasse, die ihren Namen empfing, weil sie ehemals zu der fürstlichen Kanzlei auf dem Domplatz führte. Olearius (1660) nennt sie bereits unter den 26 Gassen als „Canzlei- oder Residenzgasse“. Der Name Kanzleigasse wurde 1828 endgültig festgelegt. — Im 18. Jhdt. sah besonders diese Gasse oft das häßliche Schauspiel des Spießrutenlaufens, eine exemplarische Strafe für militärische Delinquenten [12]).

Ehemals sah man bemerkenswerte alte Häuser in ihr: Fachwerkbauten mit geschnitzten Gebälken und Holzkonsolen, so an den Häusern Nr. 1 und Nr. 2, auf deren Stelle sich etwa seit 1914 ein großes, 3stöckiges Mietshaus in grauem Putz und mit hohem Giebelaufsatz erhebt. — Nr. 3 ist noch ein altes, 2stöckiges Haus mit altertümlichem Hof. Die andere (südliche) Seite der Gasse rechnet zum Domplatz Nr. 9, ein alter, scheunenhafter Backsteinbau.

**Der Mühlberg** ist eine neuere Bezeichnung für den westwärts von der Kleinen Ulrichstraße nach der Mühle hinabliegenden Straßenzug; Dreyhaupt belegt die heutige Mühlgasse am Domplatz mit dem Namen Mühlberg, und Karten um 1850 nennen sogar den heutigen Schloßberg fälschlich Mühlberg. Der mittelalterliche Name für die sicherlich sehr alte Straßenlinie ist uns nicht überliefert, man umschrieb wohl: die strate, als man in die möle ghet. Noch um 1837 führt der untere Teil der Straße den Namen „An der Mühlwüste“. In der Tat führt uns eine südlich abzweigende Sackgasse noch heute in eine verlorene Einsamkeit und Wüste, eine Häuserschlucht von vorgekragten, altersgeneigten Gebäuden, von mittelalterlichen Mauern und Höfen umgrenzt. — Der Name „Mühlberg“ für den gesamten heute so benannten Straßenzug scheint erst Mitte des Jahrhunderts durchgeführt worden zu sein. — Die Straße senkt sich zu dem Tiefstand der Mühle (Neumühle) hinab, sie ist etwa

9 Schritte breit; hier an ihrem unteren Ausgang stehen noch einige alte, vorgekragte Häuser.

**Die Große Schloßgasse** biegt vom oberen Mühlberg nördlich ab und wendet sich alsbald im rechten Winkel westwärts zum Schloßberg. Sie ist etwa 7 Schritte breit, von alten, teilweise mit vorgekragten Geschossen und Giebelfenstern auf den Dächern versehenen, 2 und 3 Stock hohen Gebäuden besetzt; besonders ist das glatte, alte 2stöckige Haus Nr. 1, das an der Biegung der Straße liegt, wegen seines Renaissanceportals bemerkenswert; es entstammt wohl noch dem 16. Jhdt. —

Den Namen führt die Gasse von der Moritzburg, da diese noch Residenz (Schloß) war, sie erhielt ihn also noch vor der Zeit des Olearius, der uns daher schon den Namen „Schloßgasse" (allerdings ohne eine Große und Kleine Schloßgasse zu unterscheiden) mitteilt. Erst 1828 wird offiziell die Kleine Schloßgasse betitelt. — 1837 zählen Große und Kleine Schloßgasse zusammen 16 Häuser; 1915: die Große Schloßgasse 13 Häuser und die Kleine Schloßgasse 7 Häuser.

**Die Kleine Schloßgasse** wird 1828 als Kleine Schloßgasse von der Großen unterschieden. Hesekiel 1824 führt noch den Namen Spitzrutengasse an, wie ich vermute, verderbt aus Spießrutengasse, man hat wohl ähnlich wie die Kanzleigasse auch diese lange, enge Gasse für die furchtbare Strafe des Spießrutenlaufens benutzt, lag sie doch dicht an der Moritzburg und am Paradeplatz. — Es ist ein offenbar nicht allzu alter Straßenzug, schnurgrade angelegt, nur 4 Schritte breit. Er verbindet die Kleine Ulrichstraße mit dem Paradeplatz. — In der Mitte befinden sich noch einige alte Häuser. — 1915 zählte die Kleine Schloßgasse 7 Gebäude.

**Die Bergstraße** ist heutigen Tages eine fast durchgängig moderne Schöpfung. Schnurgrade und 11 Schritte breit, ist sie von hohen, modernen Gebäuden besetzt, wenn man von dem einen alten, 3stöckigen und 7fenstrigen Hause Nr. 4 absieht.

Den Namen empfing die Straße von dem Jägerberg, der durchweg „Der Berg" genannt wurde. 1828 wird der Name durch den Magistrat als „Berggasse" ausdrücklich festgelegt. 1893 wurde die Gasse zur Straße erhoben.

Die Straße verbindet von Osten nach Westen die Kleine Ulrichstraße mit dem Paradeplatz; ehemals war sie eng und dumpf. Die hohen Gebäude der Universitätsbibliothek standen an der Ecke der Bergstraße und des Paradeplatzes, weit auf dem heutigen Straßengelände. - Berggasse Nr. 5 wurde 1868 zur Vergrößerung der Bibliothek erworben. Erst um 1887 wurde das Bibliotheksgebäude abgerissen und die Straße verbreitert. Auf dem Plane von Olearius (um 1660) sehen wir nur erst die südliche Seite bebaut, die nördliche wird durch die Mauer, die von der Moritzburg (Torturm) herkommt, gebildet.

## Anhang.

1. Die Hausfrau von einem gewissen Nagel besitzt 1379 einen Hof in sente Olrikesstrate, dy der lyt an der ecke, als man in die möle ghet (also wohl an der Ecke der heutigen Mühlstraße). — 2. Es diente eine Magd bei ihm, deren Vormund er war und die von ihm schwanger wurde. Die Magd heiratete den Talvogt, und dieser nebst den politischen Feinden Schlegels machten die Sache beim Rat wie beim Probst von Neuwerk anhängig. Schlegel suchte Magd und Talvogt in seine Hände zu bekommen, was neue Erbitterung hervorrief. Kulturhistorisch ist der Verlauf dieser Angelegenheit sehr interessant. Spittendorf (ed. Opel) berichtet sie S. 347 und S. 442. — 3. Es war ein Mann mit einer Fackel in seinen Kuhstall gegangen, der Feuer fing. — 3a. Dreyhaupt (II, 568) irrt also, wenn er den Franzosen Jan Michel als ersten Besitzer aufführt. — 4. Dies Privilegium hatten sonst nur der Ratskeller und der Universitätskeller, siehe aber auch den „Alten Dessauer" in der Großen Ulrichstraße. — 5. Die sächsische Grenze war ja in einer halben Stunde zu erreichen in Reideburg wie in Passendorf. Beides waren beliebte Zufluchtsorte der Soldaten wie auch der Studenten (nach verhängnisvollen Duellen). — 6. Sie war eine geborene von Brockdorf (1680 auf Deppenau im Holsteinschen). Ihr Gatte, der sächsische Kabinettsminister vom Hoymb, hielt die sehr schöne Frau auf seinen Gütern verborgen, bis er in Rausch und Übermut einstmals vor August ihre Reize schilderte. Dieser ließ sie von Hoymb scheiden und durch den Kaiser zur Reichsgräfin von D erheben. Der König baute einen eigenen Palast für sie in Dresden. Auch Dukaten (die berüchtigten Coseldukaten) ließ er ihr zu Ehren schlagen! Neun Jahre lang behauptete sie die Gunst des flatterhaften Fürsten, bis die Eifersucht sie stürzte. Sie erlebte noch den 7jährigen Krieg und die Besetzung Sachsens durch Friedrich, der ihr die Pension in den schlechten nachgeprägten sächsischen Münzen (Ephraimiten) auszahlen ließ, aber sie benagelte die Wände ihres Zimmers mit ihnen. Die Gräfin war eine der schönsten, geistreichsten und literarisch hoch gebildetsten Frauen. — 7. Nettelbladt war 1719 zu Rostock geboren, ward 1746 Hofrat und Professor an hiesiger Universität und 1776 Direktor der Universität. Er starb am 4. 9. 1791 in diesem Hause. Nettelbladt besaß auch einen Weinberg auf dem großen Weinberggelände, das sich von der wilden Saale bis auf die heutige Nietlebener Irrenanstalt hinzog; vgl. meine Wanderungen durch den Saalkreis, Band I. — 8. Abends Empfang des Offizierkorps; anderen Tages: Empfang der Halloren, Besichtigung des Waisenhauses, des Tals der Brüderschaft, Abnahme der Wachparade auf dem Paradeplatz, Besuch der Moritzburg, Frühstück der Universität im Botanischen Garten, Abfahrt nach Giebichenstein, wo man das Fischerstechen ansah. Man fuhr zurück, aß zu Mittag und reiste um 4 Uhr nach Dessau ab: ein sehr reichhaltiges, fast wilhelminisches Programm! — 9. Die heutigen „Drei Könige" in der Kleinen Klausstraße 7 haben nichts mit dem ehemaligen alten Gasthof zu tun. — Die Hausbezeichnung „Zu den drei Königen" ist sehr alt. Sie läßt sich in Magdeburg bereits um 1400 an einem Hause, das auf der Spiegelbrücke lag, nachweisen. Halle besaß auch eine Kapelle zu den heiligen drei Königen, die am Ausgang des Trödels an der Halle lag (vergl. Trödel). — 10. Das Haus des Jägermeisters Hörnick war 1675

auf der sogenannten „Freiheit“ erbaut worden. s. Kl. Ulrichsteaße Nr. 18. — 11. Ein Beispiel, das sehr zur Nachahmung zu empfehlen und trefflich gelungen ist. Um wie viel kunstgeschichtlich bedeutende Portale ist unsere Stadt in den letzten drei Jahrzehnten ärmer gemacht worden! — 11a. Dennoch mußte wegen der beschränkten Räume Prof. Knoblauch zehn Jahre hindurch die Vorlesung über Physik in seiner Privatwohnung (Merkerstraße Nr. 6) mit Hilfe seines eigenen guten physikalischen Kabinetts halten. — 12. Das Spießrutenlaufen fand lange Zeit öffentlich in engen und längeren Straßen und Gassen der Stadt statt, so in den Neunhäusern, in der Kleinen Steinstraße, in der Brüderstraße (1783), seit 1803 jedoch im Hofe der Residenz (s. d).

## Die Moritzburg und Umgebung.

**Das Schwarze Schloß.** Auf dem Gelände der Moritzburg (südliche Hälfte) soll ehedem das Schwarze Schloß gestanden haben, das aus dem Franken-Kastell hier entstanden sei. Es ist sehr unwahrscheinlich, daß das Frankenkastell, die Befestigung König Karls, 805 hier angelegt worden ist. Das Kastell sollte zum Schutz der Salzquellen und als fester Punkt gegen den slavischen Osten dienen, sollte den Westen mit dem Osten über der Saale verbinden. Der uralte Uebergang über die Saale befand sich an der Klausbrücke; dies und die Nähe der Halle, der Soolquellen, machen es sehr annehmbar, daß das alte Frankenkastell auf dem Gelände der heutigen Residenz errichtet worden ist; zudem lag es hier auf günstigem Terrain, auf einem Hügel, der die Talniederung und Heerstraße wie Brücke übersah und nach Norden durch einen tieferen Abfall (zu der heutigen Neumühle) geschützt war [1]. Ein Kastell auf dem Moritzburgterrain hätte in damaliger Zeit, da man sich dem zu schützenden Gegenstand so nahe wie möglich hielt, seinen Zweck verfehlt, es ist auch späterhin eine Befestigung zum Schutze der Stadt hier so unglücklich wie möglich gelegen gewesen.

Das Schwarze Schloß, dessen Existenz wir nicht zu leugnen brauchen [2], ist demnach nicht die Nachfolgerin des alten Franken-Kastells gewesen. Ich vermute, daß es ein kleines Kastell auf dem südlichen Terrain der Moritzburg gewesen ist, das bei der neuen Befestigung Halles nach 1100 entstand; wohl zum Schutze der höchst schwachen hallischen Nordbefestigung, und zwar in den kriegerischen Zeiten der fränkischen Kaiser. Vielleicht ist es von Wiprecht von Groitsch selbst erbaut, der ja die Jakobskapelle und den festen Mauerturm daselbst zum Schutze der Ostbefestigung entstehen ließ, vielleicht, daß er auch hier in seinem Kastell durch die Feuersbrunst tödlich verletzt wurde [3]. Es mag den Burggrafen und anderen fürstlichen Besuchern als Absteigequartier gedient haben, wenn sie sich in Halle aufhielten, teilweise ein Fachwerkbau, mit Mauer und Wall umgeben. Schon zu Erzbischof Ruprechts Zeiten hatte das aufstrebende Patriziat der Stadt Halle das Kastell in seiner Hand, denn es wollte die Juden ihm nicht übergeben, die um das Kastell wohnten, also muß der Erzbischof keine Macht im Kastell gehabt haben. — Große Bedeutung wird ihm nicht zuzusprechen gewesen sein, in den Schöffenbüchern wird es nicht einmal erwähnt, sehr oft dagegen sein Abhang, der Reddenberg (Rodenberg); nach diesem werden die Höfe bestimmt und genannt, nicht nach dem Schwarzen Schloß. Es mag bei der stärkeren Entwicklung des Judendorfes der Verlassenheit und dem Verfall ausgesetzt gewesen und als ein altes, baufälliges, verräuchertes Haus bei der Erbauung der Moritzburg im Jahre 1484 abgerissen worden sein.

**Das Judendorf.** Nach 1100 entstand an der Nordwestecke der Stadt innerhalb der neuen Befestigung im Halbbogen um das Schwarze Schloß herum auf damals unbesiedeltem Gelände die Ansiedlung der Juden, das sogenannte Judendorf. Bereits um 1200 ist diese Kolonie von zahlreichen Juden bewohnt, die durch ihre Geldgeschäfte und ihren Wucher reich wurden [4]). Das Judendorf wuchs im Laufe der Zeit; es erstreckte sich in seiner Blütezeit von den nördlichen Befestigungsmauern (auf dem Gelände des heutigen Jägerberges, der damals noch Ebene war) bis nach Süden an die Mühle und im Osten bis zur Grenze des Ulrichskirchhofs (s. d.). Ihre Synagoge oder Judenschule stand nach Dreyhaupt (II. 494) dort, wo die alte Reitbahn sich befand, also auf der nordwestlichen Ecke des heutigen physikalischen Instituts. Ihr Friedhof dagegen befand sich außerhalb der Befestigungsmauern, auf dem nördlichen Gelände des (später aufgeschütteten) Jägerberges. 1401 wird er nach Norden zu (nach dem Jägerplatz hin) vergrößert [5]).

Im Laufe der Jahrhunderte fällt das Judendorf verschiedenen Zerstörungen anheim [6]). — 1205 wird das Judendorf wegen des Wuchers der Juden zerstört. — 1263 brandschatzt der Erzbischof Ruprecht die Juden; der hallische Rat, der sich die Gewalt über die Juden unrechtmäßig anmaßen will, muß ebenfalls bezahlen. Bald darauf wird wieder das Judendorf wüst, vielleicht 1312 nach dem furchtbaren Brande. — 1314 übergiebt der Erzbischof das ehemalige Judendorf dem (benachbarten) Kloster Neuwerk; es wird bald darauf wieder hergestellt. — 1350 liegt das Dorf wieder wüst. — 1352 verkauft der Erzbischof Otto für 370 Schock Groschen das Judendorf an den Rat der Stadt Halle, die Juden sind nun Mieter, sie müssen einen jährlichen Zins von den Häusern geben und 12 rh. Gulden für die Synagoge. Die Juden siedeln sich wiederum an. —

1382 wird das Judenviertel wieder geplündert und zerstört. Der Rat muß 1391 für die Ausschreitungen 300 breite Schock Groschen an den Erzbischof zahlen, die Juden müssen für die Häuserbewilligung 1000 und 1500 ℳ Silber an Erzbischof und Rat zahlen [7]). — 1451 entstehen neue Irrungen mit den Juden, sie sollten keinen Wucher mehr treiben, sie verlassen deswegen die Stadt und verklagen sie verleumderisch bei dem Kaiser, dem schlaffen und egoistischen Friedrich III. Synagoge und Häuser nimmt die Stadt mit Recht in Anspruch, sie überläßt wie wir bereits sahen (s. Kaulenberg) 1462 das Taufhaus der Juden ihren Spielleuten als Pfeiferhaus [7a]). Die verklagte Stadt rechtfertigt sich vor dem Kaiser, doch dieser schenkt die Synagoge 1467 seinem Günstling Nikolaus Pflug. Mit diesem gerissenen Geschäftsmann muß sich die Stadt vergleichen [8]). — 1470 sollen die Juden (nach Gueinzius) wiederum unmäßigen Wucher getrieben haben. — 1493 endlich zwingt der Erzbischof Ernst die Juden aus dem Erzbistum zu gehen (ohne jede Gewalttat). Die Reste des Judendorfs um die Moritzburg werden abgerissen und der Erde gleich gemacht. Erzbischof Albrecht, sein Nachfolger, vernichtet auch den Judenkirchhof, auf dessen Gelände er die große Schanze (den Jägerberg) aufführen läßt [9]).

**Die Moritzburg.** Am 25. 5. 1484 legte Erzbischof Ernst feierlich den Grundstein zur Moritzburg [10]), die sich auf dem Platz des Schwarzen Schlosses und einem Teil des Judendorfes (im Norden) erhob. Den Namen empfing sie von Moritz, dem Schutzheiligen des Erzstiftes seit Ottos des Großen Gründung. Die Burg sollte eine Zwingburg gegen das besiegte Halle sein (arx munitissima, arx insuperabilis). — Grade nach 18 Jahren Bau bezog sie der Erzbischof am 25. 5. 1503 (vgl. s. Testament vom 8. Juli 1503 „gescheen uff unserer newen burg zu Halle"). Die Baukosten betrugen die ungeheure Summe von 150 000 Gulden; viele polnische Arbeiter hatte der Baumeister Hanschke verwendet. Es zeigte übrigens der Untergrund der Burg bald gewachsenen Boden und keine Spur von größeren früheren Bauten oder eines Kastells der Karolinger. — Der Stil der Burg ist ein Ausklang der Gotik („Schwanenlied der Gotik für Halle"), Renaissancemotive dringen bereits ein. Der Bau ist ganz aus Bruchsteinen ausgeführt mit Sandsteinumfassungen der Portale, Fenster usw.

Der Grundriß der Burg ist ein unregelmäßiges Viereck [11]) von 71 329 Quadratfuß Flächeninhalt, in der Länge mißt es 85 Meter, in der Breite 72 Meter. Das Ganze ward von einem durchschnittlich 10 Meter tiefen und 20 Meter breiten Graben ursprünglich doch wohl auf Bewässerung durch die Saale berechnet umgeben. Vier gewaltige Ecktürme, mit Schießscharten versehen, flankierten das Schloß, von ganz verschiedenem Bau und Zweck: im Westen zwei kolossal starke, mit hohem Spitzenhelm versehene Türme mit nur 5 Meter Lichte gegen den äußeren Feind; auf der Ostseite sind die Türme nachlässiger aufgeführt, besonders als Bastionen für die Geschütze gegen die Stadt erbaut mit 12, bezw. 15 Meter Lichte. — Die Burg hatte von Anfang an zwei Ein- oder Ausgänge; einer, der hauptsächliche, war nach Norden gerichtet, er führte auf geradem Wege zur Burg Giebichenstein, die gewissermaßen ein Vorkastell gegen äußere Feinde wurde, der andere führte auf der Ostseite in die Stadt (Ulrichskirchenviertel) und war wohl schon mit einer Art turmhaften Baues zur Beobachtung und zum Schutz gegen die Stadt versehen [12]). Er war die Ausfallspforte gegen die Stadt. Das gewaltige Gebäudeviereck zwischen den vier Türmen gliederte sich so: Nord- und Westseite waren die Hauptgebäude; außer den gewaltigen Kellergewölben maßen sie 2 kolossale Stock, die Dächer waren mit je drei großen Treppengiebelbauten, gekrönt. Der Westen enthielt die erzbischöflichen Prunk- und Staatsgemächer mit herrlichem Blick über Saale, Wiesen, Weinberge bis zur fernen Heide. Eine gewundene, noch erhaltene Treppe führte vom Schloßhof zu ihnen empor. Zweistöckige, riesige Keller stiegen bis zum Saalespiegel nieder. Die Nordseite hatte ebenfalls Kreuz- und Tonnengewölbe, auf Pfeilern von grandioser Stärke ruhend, zum Schutz für das Landesarchiv und die Akten der Regierung in Kriegszeiten. Im Osten der Nordseite befand sich die zwei Jahre nach Ernsts Einzug 1505 begonnene große, prächtig ausgeschmückte Hofkapelle der h. Maria Magdalena, erst 1509 vollendet und geweiht. Acht Pfeiler trugen die Decke, steinerne Emporen erhoben sich über den Gewölben (jetzt noch vorhanden) [13]). Manche teilweise verborgenen Eingänge mündeten in sie. Ihr Grundriß ist der einer dreischiffigen, turmlosen Hallenkirche, aus drei Jochen bestehend. Der Schluß der Außenmauern im Osten wird durch drei Seiten gebildet. Die Kapelle mit 29 Personen zum Kirchendienst sollte mehr denn eine Hof- und Schloßkapelle werden: Ernst wollte ein Kollegialstift vornehmer und gelehrter Geistlicher mit ihr verbinden. Albrecht weiht sie 1514 als Kirche des neuen Stiftes ein; sie blieb das, bis 1523 der Dom als neue Stiftskirche erstand, in den auch die Fülle der Reliquien, die teilweise schon Ernst zusammengebracht hatte, überführt wurde. — Auf der Südseite der Burg befanden sich die Wohnung des Hauptmanns, die Domkapitelstube der Magdeburger Domherrn und wohl auch die Wirtschaftsräume und Stallungen [14]). Auch die Münzstätte existierte hier in einem südöstlichen Keller. — Auf der Ostseite, der Kampfseite gegen die Stadt, zog sich zu beiden Seiten des mit Turm versehenen Ausgangs ein großer, bedeckter Wehrgang hin; seine Säulen wurden erst zu Anfang des 19. Jhdts. abgerissen. —

Erzbischof Ernst starb am 3. 8. 1513 auf der Moritzburg. Sein Nachfolger Albrecht residierte nun auf dem Schloß, (seinem Lieblingsaufenthalt trotz vieler anderer Residenzen am Rhein und Main) dem er beachtenswerte Veränderungen zufügte, deren Charakter nicht mehr der einer Zwingburg für Halle, sondern der einer Residenz und auch einer Schutzwehr gegen einen äußeren Feind (Ansprüche des sächsischen Kurfürsten als Burggrafen vom Erzbistum) war. Er errichtete ein gewaltiges Fort im Norden dicht vor der Burg (den heutigen Jägerberg) auf dem ehemaligen Judenkirchhof und der Schimmelgasse des Fleckens Neumarkt (1534/1537) und verlegte den Haupteingang der Burg von der Nordseite auf die Ostseite [15]). Er erbaute über ihm den sechseckigen Turm (1514/17) von nicht besonderer Stärke und Befestigung [16]). Eine kleine Kapelle befand sich in ihm, die Wunderstube (die wunderstubenn), in der Albrecht die Messe zu hören pflegte. Ueber dem Pförtchen neben dem Haupteingange findet sich sein Wappen, auf dem Bande steht: Soli Deo Gloria, unter dem Wappen die Jahreszahl 1517. Ueber der Mitte des Tores steht das Bild der H. Katharina mit den Bruchstücken des Rades, der Schutzheiligen des Erzstiftes. — Damals sah die Moritzburg viele hohe Gäste: allein 1536/38 den Kurfürsten Joachim II. von Brandenburg und Georg von Sachsen (wiederholt), den Erzbischof von Köln, den Herzog Heinrich von Braunschweig, ferner Gesandte des Papstes, des Königs von Polen und des Königs Ferdinand usw. Beim Besuch Joachims II. und seiner Gemahlin Ostern 1536 wurden in 14 Tagen 50 000 Gulden verpraßt! — Auf der Burghofseite des Ostturms in ziemlicher Höhe sehen wir das brandenburgische Wappen des Nachfolgers Albrechts, des Erzbischofs Johann Albrecht, mit der Unterschrift: Von Gottes Gnaden Johannes Albertus, Erzbischof zu Magdeb. Marggraf zu Brandenburg. Obiit Anno M. D. L. — Der Charakter einer Hofburg ward auch durch die Errichtung einer Reitbahn bei dem Schloß (des späteren Ballhauses) und durch die Freilegung, durch die sogenannte Schloßfreiheit (s. Alte Ulrichskirche), verstärkt, ebenfalls durch den zweiten großen fürstlichen Garten, der auf dem Klostergarten von Neuwerk, nördlich vom alten Judenkirchhof (auf dem Gelände des botanischen Gartens) entstand. — Bären und Hirsche hielt man in dem Graben des Schlosses [16a]).

Der 30jährige Krieg brachte der stolzen Burg den Untergang. Noch 1616 zeigt sie sich uns auf der ältesten Abbildung, die wir besitzen, in prächtigem Glanze [17]), noch hatte Christian Wilhelm 1611 die stattliche Reitbahn östlich der Burg (heute verlängerte Alte Promenade) angelegt. Doch schon 1626 am 12/13. 6. entführte ihr Wallenstein die große erzstiftische Bibliothek, um sie seinem Astronomen Pinnovius zu schenken. Dann aber entstand in der Nacht vom 6./7. Januar 1637 durch den Leichtsinn kursächsischer Soldaten eine furchtbare Feuersbrunst, die Burg brannte bis auf die drei Türme nach der Stadt zu aus. — Am 19. 3. 1639 wurde noch der südwestliche Turm durch die Schweden Banners zur Hälfte in die Luft gesprengt. — 1641 kehrte der junge Kursächsische Administrator Augustus nach Halle zurück: er verlegte seine Hofhaltung in die Residenz, ebenso wie aus den Kellern der Moritzburg das verwahrloste Landesarchiv in die „Neue Kanzlei“ (s. Domplatz) überführt wurde. Statt der ausgebrannten Maria-Magdalena-Kapelle wurde die vom Kardinal Albrecht erbaute Domkirche als Hofkirche erklärt [18]). — Am 27. 8. 1659 fielen Dach und Oberteil des Eingangsturmes (Ostseite) ein. — Am 16. 3. 1668 stellte man die Münzstätte an der Südostecke der Burg wieder her. — Ferner wurden auf dem südöstlichen Aufgang des alten Schanzwerkes (Jägerberg) ein Jagdhaus und auf der mittleren Höhe ein Jagdhundehaus erbaut. Das alte Reithaus des Kardinals wurde zum Ballhaus für die Pagen umgewandelt, ein weiterer Bau daneben als Komödienhaus eingerichtet. Dazu kam die Infirmerei (Krankenhaus) nahe am Ulrichstore. — Beim Tode des letzten Administrators am 4. 6. 1680 besetzten 3 Kompagnieen brandenburgischer Musketiere (Regiment Arnim) die Burg. — Auch bei dem neuen Regiment („Anhalt“ seit 1717 in Halle) blieb eine Hauptwache auf der Burg bis 1721 (dann auf dem Marktplatz). — 1686 wurde die kleine Kapelle (die ehemalige „Wunderstube“) im Eingangsturm den französischen Einwanderern gegeben, am 3. 6. 1687 fand hier der erste öffentliche Gottesdienst statt [19]). 1690 26. 10. hielten sie den ersten Gottesdienst in der Magdalenenkapelle (800 Taler Baukosten durch eine Landeskirchenkollekte erhoben). — 1727 wurden die ehemaligen Staatszimmer des Erdgeschosses nach der Saale zu mit Erde ausgefüllt und in Obst- und Gemüsegärten umgewandelt (durch die beiden Kammersekretäre Brünner und Glaube). 1739 versetzte der Fürst Leopold die Hauptwache wieder in die Burg, der Paradeplatz vor der Burg wurde geschaffen. 1745 wurde eine neue Mauer um den Graben der Burg für 300 Taler aufgeführt. Professor Simonis legte auf den Ruinen einen sehr schönen Garten an, in welchem ein kleiner, fast auf dem höchsten Gipfel der Mauer nach Abend angebrachter Altan die herrlichste Aussicht gewährte [20]). Nach seinem Tode ging die schöne Anlage fast ganz zu Grunde. — 1750 wurde ein 2stöckiges Fachwerkhaus (auf der Mitte des heutigen Museums) erbaut, in dem sich die Waffen der Garnison und die Werkstätten der Schuster und Schmiede befanden. Am Osteingang wurde die steinerne, 4bogige Brücke über den Wallgraben gebaut. — 1777 wurde der Eingangsturm ausgebessert [21]), ebenfalls wurde rechts vom Eingang, also auf dem nördlichen Teil der Ostseite, das Militärlazarett erbaut; seine Barocktüre ist bemerkenswert: Säulen mit Wulsten und Gebälk flankieren die Türe, die im Halbbogen das Monogramm des großen Preußenkönigs trägt, über dem Halbbogen die Inschrift: Valetudinarium Legionis Anhalt Bernburg est in Curat. Medic. Milit. 1777 [21a]). — Um diese Zeit sind auf der ganzen linken Seite der Burg wie in dem Graben Gärten angelegt. — In der westfälischen Zeit wurde die Kapelle als Stroh- und Hauptmagazin benutzt (1806/8), dann wieder als Gotteshaus der französischen Gemeinde, bis diese 1811 mit der deutsch-reformierten (des Doms) verschmolzen ward. Sie wurde für 1000 Taler an den Staat verkauft. — 1811 bekommen die Böttcher die Kapelle als Reifenmagazin, da sie ihr Reifenhaus der (alten) Bibliothek auf dem Paradeplatz abtreten mußten. — 1813 belegte man die Kapelle als Lazarett mit 177 Russen. — 1852 ging die Burg wieder für 24 800 Taler in den Besitz des Staates über: fünf große, geräumige Keller waren für militärische Zwecke eingerichtet. Der nördliche Graben, mit Obstbäumen bepflanzt, diente als Militärturnplatz (abgeschätzt zu 1420 Talern); die Fabriken und die Lagerräume auf der Südseite, ebenso ein Grundstück der Polizeidirektion verschwanden, auf des letzteren Fleck wurde 1865 das Militärlazarett erbaut. — 1866 wurden gefangene und verwundete Oestreicher im südöstlichen Turme gepflegt. — 1870 belegte man die Kapelle, die Keller der Westseite und das Haus der Südseite mit verwundeten Franzosen. — Seit 1895 wurde die Nordseite der Burg zur Universitätsturnhalle und zum Fechtsaal der Studenten ausgebaut. — 1897 trat der Staat den Ost-, Süd- und Westflügel zu Museumszwecken der Stadt Halle ab. Die Anlagen im Burggraben entstanden. Die Stadt zahlte 80700 ℳ der Militärverwaltung als Entschädigung und für den Nordgraben 25 000 ℳ; für Straße und Brücke über die Saale waren 150000 ℳ veranschlagt. Die Promenade war nach Niederlegung der alten Reitbahn (s. d.) weitergeführt worden, und die Ueberbrückung des Mühlgrabens erfolgte noch 1897/8 (s. Paradeplatz). — 1902/4 wurde das neue städtische Museum auf der Südwestecke erbaut, eine Nachbildung des alten Talamthauses (s. d. Halle) mit einigen getreu wieder erstandenen Zimmern (Beratungszimmer, Brautgemach) für 104 000 ℳ. (Joh. Albert Schmidtsches Legat). [22]). 1903 ging auch der östliche Turm in den Besitz der Stadt über. — 1908 wird der Torturm für 12000 ℳ erneuert.

1911 wurde der Eingangsturm gründlich ausgebessert, die leeren Fenster wurden mit Butzenscheiben versehen. Der alte Laufgang zwischen Eingangsturm und Museum wurde wieder aufgebaut: offene Rundbogen bilden das Erdgeschoß, im Obergeschoß sind die Zimmer des Museums fortgesetzt worden (für Porzellan und Fayencesammlungen). — 1913/4 wurde der Südostturm ausgebaut und im Innern ausmöbliert. — Das Museum wurde 1911 von 12576 und 1974 (zahlenden) Personen besucht, es wurden für 15 800 ℳ Ankäufe gemacht, besonders im Kunstgewerbe, im Jahre 1912: 17 255 ℳ (für Gemälde 1600 ℳ, für Kunstgewerbe 16 126 ℳ). —

**Der Jägerberg** ist die durch den Kardinal Albrecht 1534/37 aufgetragene gewaltige Schanze im Norden der Moritzburg zu ihrem Schutz gegen auswärtige Feinde; von der Burg war sie durch den breiten und tiefen Graben getrennt und durch eine Brücke mit ihr verbunden. Ebenfalls war sie im Norden durch einen tiefen Graben geschützt, im Westen durch die Saale, über welche eine Brücke zu den Wiesen führte, die im 30jährigen Krieg zerstört wurde. — Sie steht auf dem Gelände des mittelalterlichen Judenkirchhofs und der Schimmelgasse des Fleckens Neumarkt [23]). — Herzog Augustus legte die Schanze in Gartenanlagen und errichtete am südöstlichen Fuße ein Jagdhaus (auf dem Gelände des der Loge heute benachbarten Hauses, Paradeplatz Nr. 5) und auf mittlerer Höhe des Berges ein Jagdhundehaus, grade gegenüber dem alten Nordausgang der Burg. Die Höhe empfing daher den Namen Jägerberg. Olearius überliefert ihn noch nicht, ebenfalls nicht Dreyhaupt (I, 676.) — 1837 nannte man die Gegend: „Bei der Moritzburg" und 1845 „Jägerberg" aber 1855 hieß sie wie heute „Paradeplatz." —

Nach dem Tode des Herzogs († 1680) verwilderten die Anlagen und vereinsamten die Häuser. 1687 wohnte der französisch-reformierte Prediger Jean Vinielle (1686—1705) auf dem Jägerberg in dem Jagd- oder Jägerhaus, hier fand auch der erste Gottesdienst der Gemeinde statt, später in der Turmkapelle, dann in der Magdalenenkapelle [24]). Die übrigen Häuser und der Berg wurden von der Regierung an Fabrikanten von Wollwaren (französische Eingewanderte) verpachtet, die hier ihre Fabriken anlegten, so an Abel Arbaletier (1712—1722), an dessen Schwiegersohn Guillaume Bringuier (1722—1751), der noch ein größeres Nebengebäude aus den Steinen der Moritzburg hinzufügte, und zuletzt an Johann Andreas Jansen aus Leipzig (1751—1777). 1789 ging das Grundstück auf dem Berge in den Besitz des Oberstwachtmeisters von Renouard über [25]). Von diesem kaufte es für 4300 Taler am 3. 3. 1792 die Loge (zu den drei Degen), die noch heute die Besitzerin des Grundstückes ist. — Damals 1793 standen auf der Höhe etwa vier 2stöckige, kleinere Häuser (mit 4 oder 5 Fenstern Front), denn die Loge hatte noch ein Lusthaus und auch ein Badehaus (offenbar an der Saale, 1805 abgerissen) erbaut; nach 1805 wurde ein neues aber unansehnliches Gartenhaus errichtet. Die Gebäude waren zum Teil im Fachwerkbau aufgeführte, mit gewalmten oder mit Pfälzer Doppeldach gedeckte Häuser, malerisch in dem grünen Garten gelegen; eine hohe Mauer fiel wie noch heute steil zum Moritzburggraben hernieder; ein breiter Fahrweg, links von einer meterhohen Bruchsteinmauer begrenzt, führte vom Paradeplatze aus empor. — 1817 wurde der Garten verschönert (durch die Brr. Weise und Mellin), kostspielige Mauerbauten geschahen, auch eine Kegelbahn für 230 Taler wurde angelegt, die nur kurze Zeit bestand. — 1822 riß die Loge die idyllischen Gehöfte nieder und erbaute von Osten nach Westen ein 2stöckiges, nüchternes, sehr lang gestrecktes Haus, ohne jede Verzierung, in einen Mittelbau mit Eingang und niedrigem Giebeldach und zwei Flügel mit je fünf bezw. sechs kahlen Fenstern gegliedert. Im östlichen Erdgeschoß befanden sich die Kastellanwohnung, dann die Gesellschaftslokale, in dem Uebrigen ein großer Speisesaal, ein Konzertsaal und die Arbeitssäle der Brüder. Die schönen Anlagen des Berges schuf der Stadtrat Br. Bertram, der die des neuerbauten Hospitals in Glaucha (1825) und die des Stadtgottesackers auch ins Werk setzte [26]). — 1868 wurde der westliche Flügel erneuert und erweitert für 27000 Taler: breiter und länger, stach er gar scharf gegen die alten Teile ab (Speisesaal, Tanzsaal mit schwarzen Säulen, zwei kleinere Säle und Rauchsaal in ihm). — 1875 mußte man die starken Mauern an der Nordwestecke des Berges, die ein gewaltiger Sturm in der Nacht vom 12/13. 3. zerstört hatte, für 1500 ℳ wieder aufbauen. — 1888 riß man den alten Mittel- und Ostbau (aus dem Jahre 1822) nieder und ergänzte das Haus nach dem bereits 1868 aufgeführten Westflügel. Am 28. 4. 1889 wurde das neue Haus in den erneuten prächtigen Gartenanlagen feierlichst eingeweiht. Es ist wiederum dreigeteilt, wirkt freilich durch seine Länge bei zwei Stockwerken ebenfalls etwas störend, belebt aber durch Schmuck der Säulen, der Nischen, der Figuren in diesen und durch die Fensterumrahmungen viel mehr als das alte Haus [27]). Im Mittelbau befinden sich ein schöner Vorsaal mit Treppen und Eingängen in die beiden Flügel, im neuen Ostflügel im Erdgeschoß der Meistersaal und die Räume der täglichen Geselligkeit, dann der Arbeitssaal der Lehrlinge und Gesellen außer anderen kleinen Zimmern. — Die gesamten Baukosten mit innerer Einrichtung betrugen 272500 ℳ. Das Reinvermögen der Loge betrug 1892: 214734 ℳ, der Grundwert wurde auf

55 685 ℳ, der Wert der Gebäude auf 340 000 ℳ und der des Mobiliars auf 25 020 ℳ geschätzt.

Die Loge zu den drei Degen wurde am 24. 8. 1765 durch A. W. von Vietinghoff, Hauptmann im Regiment Anhalt, gegründet. Zwei andere Logen gingen ihr voraus, die bald wieder sich schlossen [28]); auch diese Loge blühte nach mancherlei Krisen erst unter Goldhagens Leitung seit 1778 kräftig auf. Die bedeutendsten hammerführenden Meister waren außer dem bekannten Arzt und Professor Goldhagen (1778 — 1786) Madeweis (1786—1807), Germar (1827 — 1853), Eckstein (1853—1863), W. Franke (1864—1874) und Göcking (1876—1885). — 1781: 48 Br.; 1808: 67 Br., 12 Beamte, 8 E. M. und 1816: 76 Br. 12 Beamte, 6 E. M. 1842: 190 A. M. in der Bauhütte (außer den Ehrenmitgliedern und dienenden Brr.) 1893: 360 A. M 1907: 372 (dazu 25 E. M, 33 ständig besuchende Brr. 20 dienende Brr.) — Die Loge wurde 1767—1789 im Hause des Majors von Hagen in Kleiner Ulrichstraße Nr. 977 (neben den Drei Königen Nr. 978) abgehalten, heute Nr. 37, und seit 1789 bereits auf dem Jägerberge. Neben dem Logenterrain zwischen Moritzburg und der Reitbahn lag der große „französische Garten" (Jardin à la place de parade situé devant le Moritzburg), den die französischen Reformierten 1736 von Dr. Gedeon Alion geschenkt wurde. Man verpachtete ihn an den Seidenfabrikanten Bourdeau, dann 1796 an die Familie Kreye in Erbpacht, wodurch er der Gemeinde verloren ging.

**Der Paradeplatz.** Ehemals stand auf seinem Gelände das Judendorf, die Synagoge auf der Nordwestecke des Physikalischen Institutes. Unter Erzbischof Ernst wurde es bei Anlage der Moritzburg endgültig zerstört (s. oben). Unter dem Kardinal Albrecht wurde die alte Befestigungslinie, die ursprünglich vom Ulrichstore direkt westlich zur Saale hinablief (etwa in den Graben der Moritzburg) nach Anlage der gewaltigen Schanze (Jägerberg) etwas verändert: sie sprang in die jetzige Große Wallstraße vor, die heute noch bei Nr. 1 den rechten Winkel zeigt. Die westliche, bezw. südliche Seite der Straße ward durch einen großen Wall der Stadtbefestigung gebildet, der auf die neuangelegte Schanze zulief. — Mitten auf dem heutigen Platz (wo die Anlagen sind) baute der Kardinal das Reithaus, grade im Osten von dem Eingangsturm des Schlosses (1528). Wappen, Namen und Titel ließ er in Stein einhauen und an der Ecke der Südseite einfügen. Wenige Jahre später (1531) schuf er eine große Schloßfreiheit, die vom Schlosse bis in die Große Ulrichstraße reichte, durch Niederreißen der alten Ulrichskirche, ihrer Pfarr- und Schulhäuser und ihres Gottesackers (s. Gr. Ulrichstraße). [28a]) Dergestalt blieb der große Platz weit über hundert Jahre bestehen, außer daß Christian Wilhelm 1611 eine neue Reitbahn im Norden an der Stadtbefestigung (wo jetzt der schmale Streifen Anlagen in der Gr. Wallstraße ist) erbaute. Das alte Reithaus wurde in ein Ballhaus zur Belustigung der Pagen verwandelt — man spielte in ihm mit Bällen — und zuletzt mit einem östlichen Anbau versehen, als Komödienhaus vom Herzog Augustus benutzt, in dem Singspiele und schwülstige Dramen gemäß dem Zeitgeschmack aufgeführt wurden. — Herzog Augustus ließ die „Freiheit", das große Gelände (s. Kleine Ulrichstraße), teilweise wieder bebauen. Die Moritzburg lag ja in Trümmern, er residierte in der „Residenz". Der gesamte Platz vor der Burg wurde durch eine Mauer abgeschlossen, die von der Südostecke der Burg über den (heutigen) Platz lief, die Nordseite der Berggasse und die Westseite der Kleinen Ulrichstraße bildete. Innerhalb dieser Mauer lagen das Ballhaus [29]), das Reithaus und hinten der Jägerberg mit seinem Park und seinen Jagdhäusern. — Das Ballhaus, dem seit Gründung der Universität (1694) ein Ballmeister vorstand, wurde 1738 zur Erweiterung des Paradeplatzes abgerissen. Es war zuletzt sehr baufällig und ganz zu liederlicher Wirtschaft mißbraucht worden: der berüchtigte Königlich preußische Hofkomödiant Eckenberg führte mit seiner zügellosen und sittenrohen Truppe Seil- und Luftsprung-Exerzitien, Haupt- und Staatsaktionen mit musikalischen Arien und Hanswurstiaden wie gewagte Ballette auf [29a]). Der östliche Anbau, der nach Augustus' Tode als Salz- und Bötticherhaus diente [29b]), wurde 1727 von Professor Coschwitz als anatomisches Theater benutzt (s. später Residenz). Es ist der Fleck, wo später der Nordteil der 1777 erbauten Bibliothek stand.

Auch eine Hinrichtung fand merkwürdiger Weise auf unserem Platze zwischen Moritzburg und Reitbahn am 10. 11. 1685 statt: ein Weib, das zwei Männer gehabt hatte [29c]).

Um 1740 erhielt der Platz seinen jetzigen Namen: 1739 legte der Fürst Leopold, der Chef des Regiments Anhalt, die Hauptwache wieder in die Moritzburg, und der Platz, der erweitert, planiert und gepflastert worden war, diente nun zum Exerzieren, zum Aufstellen und Einteilen der Wachparade; auf der östlichen Seite (s. Kleine Ulrichstraße Nr. 18) bewohnte ja der Fürst sein palaishaftes Haus. — 1745 wurde der Platz am Schloßgraben durch eine neu erbaute starke Bruchsteinmauer abgegrenzt für 300 Taler. — 1777 wurde (auf dem Platze des heutigen physikalischen Institutes) das Universitäts-Bibliotheksgebäude erbaut, das den Platz wesentlich einschränkte und sein Aussehen stark veränderte. — 1803 wurde er ringsum mit englischen Pappeln besetzt und mit einigen Ruhebänken verziert, nachdem man schon 1801 das Pflaster herausgerissen (des Exerzierens wegen) und ihn neu geebnet hatte. — 1810 sah man, ein Resultat widersinniger Kriegsdespotie und Verwüstung, eine Menge englischer Waren als Contrebande von Amtswegen in Flammen aufgehen. — 1889 wurde das Grundstück Paradeplatz Nr. 6 durch die Stadt angekauft und 1894 noch Nr. 5, um den Durchbruch Reitbahn-Moritzburg zu verwirklichen. — 1895 wurde die alte Reitbahn niedergerissen. — Der Paradeplatz konnte nun durch ein Stück Promenade mit der Alten Promenade verbunden werden. Wiederum hatte sich eine neue imposante Schloßfreiheit entwickelt. Zugleich wurde die Mühlsaale überbrückt und dadurch eine Verbindung mit der Kleinen Wiese (Würfelwiese) und der Robert-Franzstraße geschaffen und das Ende des um die Altstadt führenden Promenadenringes erreicht. Die neue Straße zur Moritzburgbrücke wurde durch eine Futtermauer gegen den tiefer liegenden Burggraben abgegrenzt. Die neue Brücke ist eine Bogenbrücke, die eine Spannweite von $32^1/_2$ m besitzt. Die Brücke ist 13 m breit ($7^1/_2$ m die Fahrbahn, $1^3/_4$ m der nördliche und $3^3/_4$ m der südliche Bürgersteig), ihre Fahrbahn ist Holzpflaster, ihre Bürgersteige Asphalt. — Endlich 1910 wurde der Platz gärtnerisch hergerichtet, und weiß gestrichene Bänke wurden aufgestellt, er war vorher nur mit einzelnen Bäumen bestanden gewesen. Der südliche Teil wurde in einen großen Spielplatz umgewandelt (Gesamtkosten 5000 ℳ).

**Nr. 7** das Physikalische Institut (ehemals Jägergasse Nr. 2. s. d.) ist 1887/1890 erbaut auf dem Platze der ehemaligen Universitätsbibliothek, mit einer Hauptfront von 11 Fensterpaaren und 54 m Länge und einem nördlichen Seitenflügel von 25 m Länge (mit seinem Vorgarten an die Promenade grenzend,) und einem südlichen Seitenflügel an der Bergstraße. Das 3 stöckige Gebäude ist in Ziegelrohbau aufgeführt, in der Mitte der Hauptfront erhebt sich ein viereckiger Turm und ein sechseckiger Aufsatz zu 33 m Höhe. Das Kellergeschoß enthält die Dienerwohnung, die Feuerungsanlagen, einen Raum für Maschinen, für chemische Arbeiten usw. Die Zimmer im Erdgeschoß dienen als Arbeitsräume für selbständige Untersuchungen, im südlichen Flügel befinden sich die Zimmer für magnetische und galvanische Versuche, sie sind vollkommen eisenfrei gebaut, ebenfalls ist eine erschütterungsfreie und sichere Aufstellung der Instrumente vorgesehen worden; in der Nordwestecke ist ein Mauerpfeiler isoliert vom übrigen Gebäude aufgeführt, der im Erdgeschoß eine Sandsteinplatte trägt, ebenso an mehr als 20 Stellen fundierte Sandsteinplatten im Fußboden. Der erste Stock wird hauptsächlich von den Sammlungen eingenommen, im zweiten Stock befindet sich die technologische Sammlung und die Wohnung des Direktors.

Der Turm ist zu meteorologischen Zwecken, Fall- oder Pendelversuchen, drahtloser Telegraphie usw. bestimmt.

Auf dem Gelände des Instituts standen ehemals die Gebäude des Salzamtes. Um 1777 entstand der seiner Zeit vielgepriesene Bau der Universitätsbibliothek (bisher in einigen Zimmern der Wage aufgestellt). Sie wurde in dem oberen und zweiten Stock untergebracht [30]), in dem unteren befand sich vordem die Anatomie (vorher im Salz- und Böttcherhaus und noch früher im „Kühlen Brunnen"), die nun 1788 in die untere Etage der Residenz (s. d.) verlegt wurde. In den freigewordenen Parterreräumen erstand im 19. Jhdt. das archäologische Museum, bis es 1892 den Neubau bei der Universität bezog. — Zuoberst des $2^1/_2$ stöckigen ziegelgedeckten und 164 Fuß langen Baues leuchtete die Inschrift: „Apollini et Aesculapio S." Unter den Fenstern des Hauptstockwerkes standen in Nischen die Büsten des Aristoteles, Hippokrates, Chrysostomos, Euklides, Herodot, Homer und Demosthenes. — 1809 wurde das Gebäude durch das Haus der Böttcher in der Berggasse erweitert [31]). — 1828 wurde es von neuem ausgebaut und zweckmäßiger eingerichtet. — 1880 (im Herbst) bezog die Bibliothek das neue Gebäude in der Friedrichstraße. — Etwa 1886/7 wurde die „alte Bibliothek" abgerissen. — Die Bibliothek zählte 1788: 15000 Bände (die Geschichte am besten vertreten), 1850: 45000 Bände, 1865: 100000 Bände [32]), 1890: 200000 Bände in 20 Abteilungen.

**Die alte Reitbahn** lag westlich vom Ulrichstor, südlich an der alten Stadtbefestigung an der Großen Wallstraße. Ihr großes Terrain zog sich noch in unserer Zeit vom Reithaus[32a]), an welches das 2stöckige Wohnhaus des Universitäts-Stallmeisters und das Stallgebäude stieß, bis zur Biegung der Wallstraße hin und war von drei teilweise scheunenhaften Gehöften besetzt. Vor diesen Gebäuden lag die große offene Manege; der alte Mauerwall war in Gartenanlagen umgewandelt. — Eine hohe Mauer mit großem Tor schloß sie nach der Ulrichstraße ab, ein zweiter Ausgang führte auf den Paradeplatz. — 1611 hatte sie Christian Wilhelm erbaut auf dem damals bereits ausgefüllten Teile des Stadtgrabens. Ein Stallmeister für die Ritterakademie wurde 1688 vom Berliner Hof hier mit 600 Talern angestellt, man schickte auch 12 Pferde her und wies das Geld dazu an. Er wohnte in dem 2stöckigen Wohnhaus. Diese Stallmeisterstelle hat sich bis heutigen Tages unter dem Namen „Universitätsreitlehrer" erhalten. — 1692 30. 4. belustigten sich die Studenten in der Reitbahn, indem die gräflichen, freiherrlichen und adligen Studiosi ein „Karussel" in ihr abhielten. In der alten Reitbahn befanden sich im 19. Jhdt. die Reit-, Fecht- und Turnsäle der Studenten (jetzt in der Moritzburg). Auch die Nutschesche Schauspieler- und Tänzergesellschaft hatte hier am 22. Juni 1809 zu spielen begonnen [32b]). 1888 erwarb die Stadt die Universitätsreitbahn, um hier die Alte Promenade zu verlängern, denn das Reithaus sperrte den Paradeplatz und die Moritzburggegend vollständig vom Verkehr ab. — Noch Anfang August 1894 feierten wir den großen Kommers des 200jährigen Bestehens der Universität in ihr. — 1895 wurde sie abgebrochen und die Alte Promenade bis zur Moritzburg verlängert (1895—1898). Damit ging eine vollständige Umwandlung der Gegend vor sich. Südlich des Durchbruchs entstand das große Geschäftshaus von Pottel und Broskowski, auch endete nun die Kleine Ulrichsstraße ihre neuen Häuser auf die Promenade, zuletzt stand an ihrem Ausgang das Lustspielhaus Astoria (1914) [33]), und an der Geist- und Wallstraßenecke erhob sich seit 1910 der stattliche Neubau der Konditorei David Söhne, in dessen Umgebung noch ein paar alte Nachbarhäuser ehemals der Wallstraße, jetzt der Alten Promenade, träumerisch, griesgrämig und wie in Scheu in diese neu erstandene Welt blicken.

**Der Schloßberg**; sein Name wird bereits bei Olearius (1666) erwähnt, er rührt von dem „Schlosse“ Moritzburg her, kann also frühestens erst im 16. Jhdt. entstanden sein. Im Mittelalter hieß der Berg der Rodenberg, Rudenberg oder Reddenberg und seine Lage wird in einer Urkunde vom 29. 9. 1304 bezeichnet: in monte canum apud novum molendinum et apud Judaeos, also Hundeberg, Rüdenberg, ist der ursprüngliche Name des Berges. Olearius erwähnt zwar neben dem Schloßberg getrennt den Reddenberg als einen besonderen Berg, es ist aber sehr wahrscheinlich, daß Olearius den Namen nur noch aus Urkunden gekannt hat [34]). Da aber unser Historiker den Mühlberg nicht aufführt, könnte man höchstens noch an diesen als an den Reddenberg denken [35]).

In den Schöffenbüchern wird der Rodenberg 15 mal bis 1400 und 5 mal bis 1460 erwähnt, 1266: an deme rodenberge haben die Herren Barath, eine der angesehensten alten Patrizierfamilien, Besitz (zwischen der Mühle und dem Judendorf). Diesen Hof giebt Bertram Barath seiner Hausfrau zu eigen, und diese wiederum giebt ihn ihrem Sohn Bertram, während sie andere Hofstätten um 1300 an Johann von Nordhausen aufläßt (oppe dem rodenberghe), dann auch den Hof an deme rudenberghe. Dieser schenkt 11 Vierdunge an diesem Eigen uf deme rudenberge dem Gotteshause zu Sankt Gertrud (1304 29. 9.), eine ganze Reihe von Häusern (unam stratam) zu seinem und seiner Vorfahren Seelenheile. 1275 wird eine Stube (stove) op dheme rodhenberge erwähnt, also eine

Badestube für öffentliche Bäder. Solche „Stuben" dienten auch häufig zum Zechen, waren Wirtshäuser, bisweilen auch Bordelle. Im übrigen waren sie den Armen und Kranken, auch anderen, bei den vielen Krankheiten des Mittelalters sehr notwendig. — 1421 verkauft Bodo von der Mühle (der Müller) sein Eigen uff dem roedenberge. Der Berg heißt von jetzt ab Rödenberg (Reddenberg) 1450: uff deme roedenberghe. 1451: vor deme Roedenberge. —

Zu Olearius' Zeiten war, wie gesagt, der alte Name Reddenberg bereits außer Gebrauch [35 a]. Der „Schloßberg" führte zum Schlosse Moritzburg jetzt empor, auf der rechten Seite mit einigen Häusern bestanden, die zum Teile jetzt noch stehen, so das malerische, hochgieblige, vorgekragte Eckhaus an dem Mühlberge, auf der linken Seite Gehöfte der Mühle und eine Mauer, die einen großen, freien Garten (also südlich der Moritzburg) umschloß. Auf diesem Gelände entstanden (so schon auf Dreyhaupts Karte) im 18. Jhdt. verschiedene Gehöfte und Lagerräume, im 19. Jhdt. entwickelte sich hier die Fritsch'sche Landesproduktenhandlung, Oelraffinerie, Weinessigfabrik, Kreideschlämmerei, Kartoffelmehlfabrik und zuletzt noch die Russische Dampfbadeanstalt; diese wurde im Sommer 1826 errichtet (das Bad pro Person 1 Taler an Badetagen, sonst 3 Taler!) — Lagerräume und Fabriken wurden um 1864 abgerissen, ebenso das Fritsche'sche Wohnhaus, das die Stadt Halle für die Königliche Polizeidirektion hatte mieten müssen [36]. 1865 wurde auf der Stelle des Fritsche'schen Hauses das Garnisonlazarett erbaut; der Militärfiskus hatte zu diesem Zweck auch noch das südlich gelegene Haus für 3700 Taler zum Abbruch angekauft. Das auf der Moritzburg gelegene Lazarett galt als Hilfslazarett [37]. Der Hof neben und hinter dem Garnisonlazarett hieß der Malzhof, er wurde zur Lagerung der Röhren der alten Wasserleitung benutzt (s. d.).

## Anhang.

1. Vgl. S. 1 u. flgd. „die älteste Befestigung Halles" und später „der Domplatz, die Residenz". — 2. Das Schwarze Schloß wird erst 1584, also hundert Jahre nach seinem Abbruch gedruckt erwähnt, (in Werners Chronik von Magdeburg) handschriftlich wohl fünfzig Jahre früher, jedoch soll die mündliche Ueberlieferung über dies Schloß viel weiter zurückgehen. Es läßt sich demnach die Existenz eines solchen Kastells schwerlich ganz abstreiten, wohl aber mag die Vermischung mit dem Frankenkastell als Irrtum unterlaufen sein. — 3. Der Name Wieprechts ist mit dem des Schwarzen Schlosses verknüpft. Dreyhaupt (I, 934) bringt als erster die Angabe gedruckt: daß Wieprecht sich im Schwarzen Schloß tödlich verbrannt habe, die alten Quellen sagen nur „als er sich in Halle aufhielt". Es scheint aber Dreyhaupts Angabe uralte lokale Ueberlieferung gewesen zu sein. — 4. Den Christen waren jegliche Geldgeschäfte verboten. Die Juden nutzten ihr Privilegium weidlich

aus. Hoher und niedriger Adel (Grafen von Wettin, von Brehna, Markgrafen von Meißen) wie Geistliche Herren (Pröpste vom Petersberg) in Halles Nachbarschaft sind den Hallischen Juden verschuldet. Der Propst Dietrich vom Petersberge muß 24 Hufen des Klosterbesitzes verkaufen, um seine gewaltigen Schulden bei den Juden zu begleichen! Vgl. meine Wanderungen durch den Saalkreis I, 186. — 5. Es ist ein Irrtum Dreyhaupts (II, 494), Wohnungen der Juden auch außerhalb der Befestigungsmauern anzunehmen: Die Eck- und Schwellensteine mit hebräischer Schrift in den Häusern des Neumarkts sind Steine des Judenkirchhofs gewesen. — 6. Es ist durchaus irrig und einseitige Geschichtsschreibung, der auch Hertzberg anheimgefallen ist, die Judenverfolgung und Judenverachtung lediglich einem Volkswahn (Brunnenvergiftung) zuschreiben zu wollen. Die Sache hatte einen sehr realen Hintergrund, nämlich den des ungeheuren Wuchers der Juden. Schon um 1200 ist vielfach hoher und niedriger Adel den Juden verschuldet. Und wie furchtbar jüdischer Wucher noch um 1795 unter unserer Studentenschaft hauste, erzählt der sehr glaubwürdige Augustin S. 31: „Die reichen Wechseljuden achten einen geringen Profit wenig, sie lassen sich daher bloß auf höhere Summen ein und schnellen desto stärker. Sie leihen bloß solchen, deren Vermögensumstände ihnen bekannt sind, besonders reichen Edelleuten, und hier überschreiten ihre Betrügereien allen Glauben (auch bei den Bürgern sind ihre Forderungen ungeheuer!) So borgt ein hallischer Wechseljude einem jungen Baron ein Kapital von 800 Talern, der Baron muß dem Juden 4000 Taler bezahlen. Ein anderer Student erhält 900 Taler in Säcken, die unter Zeugen als 5000 Taler angenommen werden müssen." — 7. Die so oft wiederkehrenden großen Abfindungssummen der Juden lassen auf ihren riesigen Reichtum wie auf den ebenso riesigen Wucher schließen. — 7a. Es ist ein Irrtum, wenn Busch, der Propst von Neuwerk, erzählt, der Rat habe aus der Synagoge eine Marien-Kapelle gemacht. 8. Dieser hatte bereits in Erfurt Synagoge, Häuser und Kirchhof der Juden in seinen Besitz bekommen, sodaß diese ihm und seinen Nachkommen einen Zins entrichten mußten. — 9. Zweihundert Jahre hindurch durften keine Juden im Erzstift Magdeburg wohnen. Erst 1692 erhielten einige Halberstädter Juden die Erlaubnis, in Halle ihre Geschäfte treiben zu können. Sie wohnten in der Gr. Merkerstraße und in Kleinschmieden. 1693 durften sie den Begräbnisplatz am Töpferplan erwerben und 1700 eine Synagoge am Großen Berlin erbauen (s. d.). — 10. Die Gest. Archiep. Magd. ed. Schum S. 480 geben den 17. Juni an; nach der Magdeburger Schöppenchronik S. 417 wurde der 9. Juni berechnet. Ernsts Kriegsbaumeister hatten erst den Martinsberg, dann den kleinen Petersberg als Bauplatz ausersehen. — 11. Die Anlage des Schlosses soll nach der des Utrechter Schlosses gebildet sein vgl. Nicol. Mameranus in Cat. Exercit. Caes. Caroli V fol. 85. — 12. Die Ausführungen von Rauchfuß im Hallischen Kalender (1915) irren sehr grob, wenn sie den Ostausgang erst durch Kardinal Albrecht entstehen lassen; also die Burg hatte nach Rauchfuß nur einen Ausgang nach Norden ins Freie, nach Giebichenstein zu. Die hallischen Bürger konnten sich über eine solche Zwingburg wirklich freuen! — 13. Albrecht, der Kardinal, weihte sie am 11. 8. 1514 ein (vgl. die Weihetafel daselbst). Die Wappen Ernsts und Albrechts zierten die Wände. Albrecht schmückte sie obendrein mit vielen Reliquien, Bildsäulen usw. Das Herz des Bischofs Ernst wurde in ihr beigesetzt, ferner liegen Johann, Albrecht († 1550) und Sigismund († 1566) hier begraben. Doch hat man ihre Gräber bei den Erneuerungsbauten nicht gefunden, keine Inschriften deuten sie an. — 14. Hier befand sich auch ein darauf hindeutender Brunnen. Einen zweiten entdeckte man 1911 im Südostwinkel des Burghofs. — 15. Ueber dem ehemaligen Haupteingang (Nordseite) sieht man noch jetzt fünf in Stein gehauene Wappen des Erzbischofs Ernst, über ihnen erhob sich das Moritzstandbild, der Schutzheilige des Erzstiftes wie der Burg, die ja nach ihm den Namen führte. Neben dem Haupttor befand sich ein schmales Ausfallpförtchen. Eine Zugbrücke führte über den Wallgraben. — 16. Die Tendenz der Zwingburg war auch hier offenbar fallen gelassen und die der Hofburg trat mehr in den Vordergrund. — 16a. 1595 wollte ein Knabe seinen Hut holen, den der Wind ihm weggeweht hatte. Der Bär vor dem Schlosse an der Kette giebt ihm einen solchen Schlag, daß er davon stirbt. 1647 greift ein großer Hirsch im Schloßgraben einen trunkenen Soldaten an. Man scheucht ihn durch brennendes Stroh fort, der Hausmann der Marienkirche denkt, es brennt und läutet die Sturmglocken. — 17. Die Abbildung stellt ein Feuerwerk dar, das in dem gegenüberliegenden Schloßgarten (auf der Kleinen Wiese) beim Tauffeste der erstgeborenen Prinzessin des Administrators Christian Wilhelm abgebrannt wurde. — 18. In der Moritzburgkapelle fanden jetzt nur noch Taufen von Kindern der Soldaten statt. Augustus ließ die Kapelle notdürftig (aus Pietät gegen die beigesetzten Erzbischöfe) herrichten. Auf die Wiederherstellung der übrigen Burg ging er trotz Aufforderung der Landstände nicht ein. Uebrigens gehörte die Moritzburg in kirchlicher Beziehung zu Glaucha, also zum erzbischöflichen Amte Giebichenstein, denn die Burg lag außerhalb Halles in kirchlicher Hinsicht. — 19. Der Plan des Großen Kurfürsten, wenigstens einen Teil der Burg (Westfront) wieder herzustellen, ward durch seinen Tod vereitelt. Der schwächliche und verschwenderische Nachfolger hatte kein Geld dafür. Unter solchen Regierungen leiden alle Kulturwerke, wie wir auch heute bitter erfahren müssen. — 20. Vgl. Rundes hdschr. Chronik S. 533. An verschiedenen Tagen bewirtete er hier die vornehmste Gesellschaft der Stadt, auch den Chef des Regiments, den Fürsten von Anhalt-Bernburg. — 21. Vgl. die Inschrift in der Nische der Katharinenstatue „J. G. Wey 1777". — 21a. Vgl. auch Schloßberg, Garnisonlazarett. — 22. Links am Eingang befindet sich eine steinerne Tafel mit dieser Inschrift: „Dieses Haus wurde in Jahre 1902 auf alten Grundmauern aus den Mitteln des Johann Albert Schmidt'schen Vermächtnis als städtisches Museum errichtet." — 23. Zwei Reihen Häuser (22 Gehöfte) mußten für 1600 Gulden angekauft und niedergerissen werden. Die Schimmelgasse war wohl erst neuerdings erstanden. — 24. Vgl. Große Ulrichstraße Nr. 12. — 25. Vgl. Alter Markt Nr. 3. Renouard wurde 1800 als Nachfolger Thaddens Chef des tapferen Regiments. — 26. Eine breite Lindenallee führte zu der Terrasse, die zu der Saale abfiel. Hier oben hatte man den vielgerühmten, einzigartigen, meilenweiten Umblick über Nächstes wie Fernstes in wunderbarer Abwechslung. — 27. Das Gebäude ist mit den Statuen der Schönheit, Weisheit, Stärke am östlichen Eckteile durch private Freigebigkeit ausgeschmückt worden und durch die Statue der Wahrheit in dem Vorsaal. — 28. Aeltere Logen waren die Loge zu den drei goldenen Schlüsseln (die älteste), durch den siebenbürgischen stud. jur. Samuel von Bruckenthal 1743 gegründet; Mitglieder waren Professor Nettelbladt und der frz. reformierte Prediger Galafré. Die Zusammenkünfte fanden in dem Hause von Arbaletier, Gr. Ulrichstraße 6 (wo jetzt Nr. 3 steht) statt. Die Loge ging 1749 wieder ein. Ferner die Loge Philadelphia, 1756 gestiftet, Mitglieder waren Goldhagen, der stud. jur. Hermann Dryander, ebenso der stud. jur. v. Bischofswerder, bekannt aus der Geschichte Fr. Wilhelms II. Die Loge wurde 1764 geschlossen. Die Zusammenkünfte fanden in der Märkerstraße Nr. 411 und in der Gr. Steinstraße Nr. 130 (heute Nr. 11) statt. Diese Loge wie die zu den drei goldenen Rosen leitete eine Zeit lang der etwas zweideutige Superintendent Rosa aus Köthen auf Neumarkt in der Breitenstraße (seit 1759). Auch diese dritte ging nach wenigen Jahren wieder ein. — 28a. Sogar ein Kalkofen wurde um 1533 auf dem Platze an der Moritzburg errichtet, nämlich während des Baues des „Neuen Stiftes". — 29. Das Ballhaus wurde 1638 durch einen starken Sturm größtenteils zerstört, später aber wieder erneuert und wie erwähnt durch einen Anbau in ein Komödienhaus durch den kunstliebenden Herzog Augustus umgewandelt. – 29a. Eckenberg war ursprünglich ein Bernburger Sattlergeselle, der sich zuerst als „starker Mann" hatte sehen lassen. Die Darstellungen seiner Truppe waren durch ihre Sittenlosigkeit ein öffentlicher Skandal. Aber der Mann war der besondere Günstling König Friedrich Wilhelms I. — 29b. Hier wurden die Salztonnenreifen der Königlichen Saline aufbewahrt. Das Salzhaus war im Februar 1693 eingerichtet worden. — 29c. Durch den Delitzscher Scharfrichter Paul Scheermesser, da Halle damals keinen eigenen Scharfrichter hatte. — 30. Die meisten Bücher standen im mittleren Stock, aber die wichtigsten im oberen, dieser war für die Studenten ständig verschlossen. Die Bibliothek war nur Mittwochs und Sonnabends zwei Stunden und im Winter gar nur eine Stunde geöffnet, auch wurde nur e i n Buch an Studenten verliehen. So erzählt Augustin (1795). Natürlich war unter solchen Umständen ein ersprießliches wissenschaftliches Arbeiten ein Unding. — 31. Den Böttichern wurde zur Aufbewahrung ihrer Reifen die Magdalenenkapelle der Moritzburg (s. d.) 1809 überlassen. — 32. Unsere Bibliothek wuchs aus sehr kleinen Anfängen langsam empor, zunächst aus der Simonschen Bibliothek und aus Dubletten der Kurfürstlichen Bibliothek in Berlin und durch ein Legat des Herzogs Ludwig von Würtemberg. Sie erhielt noch nicht einmal einen jährlichen Zuschuß. Erst die Sammlung des Freiherrn Dan. Ludolf von Dankelmann (des Kurators der Universität) bedeutete eine stattliche Vermehrung. Durch die Beiträge der Studenten und sonstige Subsidien verfügte man jährlich über 200 Taler, später (c. 1750) über 400, 1787 über 500 Taler. Durch Fr. A. Wolfs Vermittlung als Bibliotheksdirektor erreichte man einen jährlichen Staatszuschuß von 1500 Talern; 1815: 3000 Taler; 1860: 5000 Taler. Um 1800 wurde die Bibliothek durch die Sammlungen aufgehobener Stifter und Schulen (so des Klosters Berge, des Doms in Magdeburg) bedeutend vermehrt. 1823 durch die Ponikausche Sammlung und durch Teile der alten Wittenberger Universitätsbibliothek, später durch freigebige Zuwendungen des Königs Friedrich Wilhelm IV. — 32a. Am Reithause war eine eiserne Tafel mit Inschrift befestigt: D. G. Christian Wilhelm. De Sereniss, Electorali. Brandenb. Familia. Princeps. Ecclesiae. Magdeb. In Germania. — Primarie. Archipraesul. Dux. Boruss. Pacis. — Et. — Belli. Stu — Dia. Post. Pietatem. Regnor. Fulcra. Fovendi. Cupidiss. Structuram. Hanc. Sumptu. Magnifico. Erectam. — Equestrib. Exercitiis. Dicatam. Voluit. Anno MDCXI. („Von Gottes Gnaden Christian Wilhelm aus der erlauchten Familie der Kurfürsten von Brandenburg, Erzbischof der Kirche von Magdeburg, der ersten in Deutschland, Herzog von Preußen, des Friedens und des Krieges Wissenschaften, welche nächst der Frömmigkeit der Länder Stützen sind, begünstigend, hat dies in bedeutenden Kosten aufgeführte Gebäude der Spielkunst widmen wollen. Im Jahre 1611.") 32b. Als Reil sein Bad bei dem Fürstengarten am 7. Juni 1809 eröffnet hatte. — 33. Das Lichtspielhaus Astoria wurde nach dem Vorgang des Passagetheaters 1914 gegründet (s. Leipzigerstraße). Es enthält 951 Plätze. Während des Krieges schlossen einige Kinos, sodaß 1915 nur noch 6 spielten; diese 6 Theater hatten 2549 Sitzplätze (1913: 2118), davon nahmen die beiden großen Theater 877 und 951 Plätze ein. — 34. Das läßt schon die merkwürdige Reihenfolge in der Aufzählung erkennen: bei dem Sperlingsberg als letztem der Berge Althalles wird er genannt. — 35. Dann bliebe immer noch die Frage offen, wie im Mittelalter die viel bedeutendere Bergerhebung des heutigen Schloßberges geheißen hat, auch deutet die lateinische Bestimmung: bei der Neuen Mühle und bei den Juden (Judendorf) viel eher auf den heutigen Schloßberg, der sich von der Neumühle zum Judendorfe emporhob. — 35a. So heißt es 1682: auf dem S c h l o ß b e r g erschoß am 7. 1. eines Trompeters Sohn seiner Schwester Kind. — 36. Im Jahre 1853 hatte unsere Stadt nach dem Gesetz über die Polizeiverwaltung vom 1. 3. 1850 trotz ihres Mißbehagens königliche Polizei erhalten. Oberst von Bosse übernahm am 15. 8. 1853 die Polizeiverwaltung über die Stadt und den weiteren Kreis. Der Stadt erwuchsen neue Kosten, u. a. mußte sie 140 Taler Miete für die benutzten Räume des vormals Fritsche'schen Hauses vergüten. Am 15. 10. 1861 übernahm die Stadt selbst die Polizeiverwaltung wieder. — 37. In dem Haupt- und Hilfslazarettgebäude in der Moritzburg (s. d.) befanden sich die Wohnungen und Gelasse des Lazarett-Rechnungsführers sowie der Lazarettgehilfen und der Krankenwärter. —

## Die Mühlpforte: die Mühlen.

**Die Mühlpforte** [1]) liegt in der Senke zwischen dem Hügel des heutigen Domgeländes im Süden und dem der Moritzburg im Norden. Ehemals durchbrach hier eine Pforte die Stadtbefestigung an der Saale, mindestens schon um 1280. Sie war eine der fünf Pforten der mittelalterlichen Stadt, die aber wie die Kuttelpforte eine eigene Brücke besaß [1a]) und die obendrein jenseits der Brücke zum Schutze der Mühlen mit einer starken, hohen Stadtmauer beschirmt und befestigt gewesen war. Ehedem war die Brücke aus Holz gebaut, noch 1850 ist sie teils mit Brettern belegt, teils gepflastert. 1890 wird eine eiserne Konstruktion erbaut, die Brücke ist jetzt ein gänzlich gepflasterter Fahrdamm.

Die Orts- und Straßenbezeichnung „An der Mühlpforte" wird erst im 19. Jhdt. offiziell gebraucht. 1837 liegen hier an der Mühlpforte nach alter Numerierung Nr. $1050_a$ ($2196^a$) die vordere Mühle (Neumühle), Nr. $1050^b$ ($2196^b$) die Metzschreiber Wohnung, Nr. $1050_c$ ($2196^c$) das Mühl-Wagehaus, Nr. $1050^d$ (2197) die Wasserkunst, Nr. $1050_e$ (2198) die Schleifmühle, Nr. $1050_e$ (2199) die Bäckermühle und Nr. 2182 (2200) die Walkmühle Fehlings. — Heutigen Tages liegen an der Mühlpforte Nr. 3/5 die Neumühle am Beginn der Brücke rechts (nördlich), dann daneben in der Saale gelegen der große 4stöckige Rohbau in gelblichen Mauersteinen, die Bäckermühle, beide im Besitz der Hildebrandschen Mühlenwerke (Bölberg), beide durch einen oben befindlichen Brückengang miteinander verbunden; dann folgt nach der Robert-Franzstraße zu die ehemalige Schleifmühle (Nr. 2) und die Mühle, einstmals von Valery erbaut (Robert-Franzstraße Nr. 20). Dieser gegenüber (Robert-Franzstraße Nr. 21) auf der linken Seite (südlich) ausgangs der Brücke in roten Mauersteinen die ehemals Ronneburgschen Saalemühlen: beide letztgenannten Mühlen sind jetzt im Besitz von Huthmann. Sie sind ebenfalls durch einen hohen Brückengang mit einander verbunden.

Der gesamte Saale-Mühlgraben ist von alters her in verschiedene Gerinne geteilt gewesen. Das erste Gerinne dicht an der Stadtmauer gehörte der Neumühle, das zweite Gerinne enthielt das Rad der alten Wasserkunst (s. unten), das dritte Gerinne gehörte der ehemaligen Schleif- und Poliermühle und ferner der Bäckermühle und das vierte Gerinne (an der heutigen Robert-Franzstraße) gehörte zwei Walkmühlen.

Die historisch topographische Entwickelung der verschiedenen Mühlen sei im Folgenden klargelegt.

**Die Neumühle,** die älteste der Mühlen, dicht an der ehemaligen Mühlpforte, rechts, nördlich von ihr gelegen, vor der Mühlbrücke, zeigt sich noch heute als ein alter, malerischer Gebäudecomplex. Entlang der Saale gestreckt liegt der alte Mühlenbau aus dem Jahre 1582, 2stöckig, in cementgrauem Putz, mit hohem Satteldach; über dem rundbogigen Renaissancetor sieht man das hallische Stadtwappen mit der Unterschrift: Hoc molendinum a senatu hujus urbis denuo exstructum est coss. Dno. Jacobo Redel et Dno. Johan Kost. Anno 1582[2]). und einen späteren Zusatz: „Uebernommen und ausgebaut den 13. August 1840. C. F. Otto" — Ueber dem Wappen erhebt sich der Renaissancevolutengiebel. An der Südostecke des Hauses sind die besonders hohen Saale-Wasserstände seit 1582 angezeichnet worden, der höchste am 2. 3. 1595, dann etwas geringer die schreckliche Hochflut vom 25. 2. 1799, sodann die Ueberschwemmungen der Jahre 1658, 1661, 1601, 1752, 1682, 1709, 1618.[3]) Auf der Mühle steht an dem nördlichen Ende im rechten Winkel das alte Mühlenwagegebäude, die südliche Seite des großen Hofes begrenzt nach der Straße zu ein alter Schuppen mit hohem Dach. —

Die Neumühle ist kurz vor 1283 erbaut worden an dem rechten (östlichen) Ufer der Saale (des Mühlgrabens) unterhalb des Paulinerklosters einerseits und des Judendorfes andererseits. — 1283 erhielt das Kloster Neuwerk die Mühle, die also bereits wohl von den Paulinermönchen[4]) erbaut ist, und den Mühlplatz, den die Stadt den Paulinern geschenkt hatte, als Entschädigung für die eingegangene Glauchaer Mühle oberhalb des Georgen-Klosters (s. später) und zwar für 50 Mark Silber. Weil die Mühle die jüngste bei Halle gewesen, wurde sie Neue Mühle, Neumühle novum molendinum (1283) genannt; 1393 us der nuen mole, 1538: die nauen mohle. — 1393 erläßt der Erzbischof dem Kloster Neuwerk auch für die Neumühle den Mühlenzins: ein Wispel Roggen an die Burg Residenz Giebichenstein zu liefern. — 1464 ist die Neumühle von neuem erbaut worden. — 1529 übergibt der Kardinal Albrecht bei Auflösung des Klosters Neuwerk die Mühle der Stadt Halle gegen Revers, u. a. 12 gemästete Schweine jährlich dem Neuen Stift zu liefern. Mit der Mühle wurde die dabeiliegende Walkmühle ebenfalls übergeben.[5]) — 1538 zahlt der Rat statt der Schweine 60 Gulden jährlich an das Stift. — 1582 wird die baufällige Mühle von Grund aus durch die Stadt neu erbaut, vgl. die obige Inschrift; die Baumeister sind Casparus Rost und Andreas Glaser, wohl Schüler des großen Nickel Hoffmann. — Um 1700 hat die stattliche Mühle 7 Mahlgänge und 1 Graupen- oder Schrotmühle, die Wasserräder sind wie bei allen Mühlen unterschlächtig. — 1720 wird eine Mühlwage bei der Neumühle angelegt und ein Mühlschreiber eingesetzt, weil sich die Bäcker, die ihr Mehl mahlen ließen, durch die Müller übervorteilt sahen. — 1769 wird stark an den Mühlen gebaut. – 1817 finden große Reparaturen statt. — 1826 besitzt die Mühle 4 unterschl. Wasserräder, 7 Mahlgänge, 1 Schrotgang. — 1840 werden die städtischen Mühlen (Neumühle mit 8 Mahlgängen und Bäckermühle) vererbpachtet (bisher in Zeitpacht) von der Stadt an den Mühlenbesitzer Otto für ein Erbstandsgeld von 21000 Talern und einen jährlichen Kanon von 2800 Talern. Die Werttaxe der Mühle beläuft sich auf 48047 Taler, und die Reinertragtaxe auf 4341 3/4 Taler. Am 13. 7. 1854 wird der Kanon durch 61571 Taler abgelöst, und die Mühle wird Privateigentum. — 1855 besitzt Weineck diese Mühle wie die Bäckermühle, und 1867 ist Jung der Besitzer [6]). Bald werden die Porzellanwalzen, auch glatte Hartgußwalzen eingeführt (statt der Mühlsteine, auf denen bisher das Getreide gemahlen wurde). — 1908 erstehen die Hildebrandschen Mühlenwerke (Bölberg) die beiden Mühlen für 200 000 ℳ. Sie werden 1908 gänzlich umgebaut für 153000 ℳ, nur noch für Roggenmahlen eingerichtet; alles wird durch Maschinen besorgt, vom Aufschütten des Kornes an bis zum Zermahlen in Mehl; ein Wasserrad und 2 Turbinen (120 Pferdestärken entwickelnd) treiben an [7]).

**Die Bäckermühle** entstand 1588 auf der Stelle, wo die städtische Schneidemühle gestanden hatte. Der Rat hatte bereits 1569 diese auf den Holzplatz vor dem Schiefertore (die spätere Weineckſche Mühle am Wehr) verlegt. Die Bäckermühle hieß so, weil die Bäcker in ihr das Getreide mahlten. Der Bau kostete 6 340 Taler. Sie besaß 2 Wasserräder in 4 Gängen. Am 30. 1. 1630 brennt die Mühle durch Verwahrlosung nieder. — Erst 1669 wird sie wieder aufgebaut [7a]). Man brachte das Stadtwappen mit der Unterschrift an: Molendinum hocce a Vulkano A. 1630 destructum a Senatu hujus urbis iterum erectum est A. 1669 [8]). — 1690 9. 7. zerstörte wiederum eine Feuersbrunst die Mühle, die nun 1693 von neuem erstand; man brachte eine zweite Tafel, von Amoretten getragen, an: Mola frumentaria A. 1690 M. Junio incendio casuali exusta A. 1693 restaurata curia coss. regent. D. Christiani Zeisii et D. Christiani Gueinzii

D. Casp. Til. Wessneri et inspectoris aerarii civit. D. Andreae Bastinelleri [9]). Man baut der Mühle noch eine Gewürzmühle an, deren Wasserrad auch die Poliermühle treiben kann. Die Mühle besitzt um 1700 5 Gänge, 1 Graupenstock und 1 Schneidemühle mit 2 Sägen. — 1769 und 1817 finden große Umbauten auch an der Bäckermühle statt. — 1826 besitzt die Mühle 3 unterschl. Wasserräder, 4 Mahlgänge, 1 Schleifmühle. — 1840 wird mit der Neumühle auch die Bäckermühle vererbpachtet an den Mühlenbesitzer Otto. Die Werttaxe der Mühle beträgt 32640 Taler und die Reinertragtaxe 2326 Taler. — 1854 wird auch die Bäckermühle durch den abgelösten Kanon Privateigentum von Weineck, dann von Jung und zuletzt Besitz der Hildebrandschen Mühlenwerke, die sie 1908 gänzlich umgebaut haben.

**Die städtische Walkmühle** wird bereits 1529 erwähnt; sie gehörte vordem mit der Neumühle dem Kloster Neuwerk und ging um diese Zeit ebenfalls in städtischen Besitz über. — 1630 erlitt sie durch den Brand der benachbarten Bäckermühle mancherlei Beschädigungen, ebenso 1690. — 1750 zählt sie Dreyhaupt (II, 363) noch zu den städtischen Mühlen. — Die Walkmühlen hatten sich durch die französischen Einwanderer und ihr Tuchmacher- und Strumpfstrickereigewerbe bedeutend gehoben; um 1750 ist der Höhepunkt der Gewerke wie der Walkmühlen, um 1800 ist der Gewinn auf die Hälfte gesunken [10].)

**Die französische Walkmühle** (Robert-Franzstraße Nr. 20) erbaute 1687 Abraham Valéry, ein französischer Flüchtling aus Bédarrieux. Die heute noch sichtbare Inschrift besagt: „Durch Privilegium des Kurfürsten Friedrich Wilhelm vom 14. Februar 1687 erbaut von Abraham Valéry, neuerbaut von F. H. M. Küstner 1848". — Valérys [11]) Nachfolger Philippe Meunier kam c. 1695 in Bankrott. — Später bekam der Franzose Figuier die Konzession, um vor allen den französischen Tuchmachern zu dienen, deren Gewerbe damals den Höhepunkt erstieg. — Um 1800 war die Tuchmacherindustrie stark zurückgegangen. — 1814 kaufte für 1900 Taler Küstner die Mühle von einem gewissen Lincke. Küstner machte eine Schneidemühle mit 1 Wasserrad daraus. Er kaufte auch das der Walkmühle gegenüberliegende Färberhaus der Tuchmacher (Eigentum der Gewerkes) im Jahre 1829. — 1817 legte er eine Graupenmühle an, 1819 wurde sie in eine Mahlmühle umgewandelt; 1842 erhielt sie den zweiten Mahlgang. — Der spätere Besitzer Krimmling brachte die tägliche Leistung um 1875 auf $1^1/_2$ Tonnen (2 Räder). — 1911 kaufte Ronneburg die Mühle zu der seinigen. — 1913 erwarb Huthmann beide Mühlen und baute sie gänzlich um. Die Mühle diente nur noch zum Mehlmischen und zum Silo.

**Die Ronneburgische Mühle** (Robert-Franzstraße Nr. 21) erstand auf dem Flecke des ehemaligen Färberhauses. 1824 kaufte sie Fehling für 2400 Taler. Sie besaß 5 Walklöcher und 6 Paar Hämmer. 1844 wurden 2 Mahlgänge eingerichtet. — Schon um 1855 besitzt sie der Bäckermeister E. Ronneburg. — 1867 werden 3 amerikanische Gänge in der Mühle angelegt. — 1874 wurde die abgebrannte Mühle neu aufgebaut und die tägliche Leistung von früher $1^1/_2$ Tonnen auf 5 Tonnen erhöht. — 1884 verbesserte man sie durch Walzenstühle. — 1911 erstand Ronneburg auch die Krimmlingsche Mühle. — 1913 kaufte Huthmann beide Mühlen und baute sie gänzlich um. Der ganze Mahlbetrieb wurde damals in die Ronneburgische Mühle verlegt: statt der 3 Wasserräder wurde 1 Rad von etwa 60 Pferdestärken eingebaut, so daß die tägliche Leistung von 7 Tonnen auf 10 Tonnen erhöht worden ist, und zwar werden $^2/_3$ Roggen und $^1/_3$ Weizen vermahlen (1915 : 8 Arbeiter).

## Die Mühlpforte: die alte Wasserkunst.

Die älteste Wasserleitung der Stadt Halle, die sogenannte „Alte Wasserkunst", lag an der Mühlgrabensaale, an der Mühlpforte, und zwar nördlich dicht an der Neumühle. Ein Wasserrad, das ursprünglich in dem zweiten Gerinne des Mühlgrabens lag, gehörte zu dem Wasserkunstturm; dieser war unregelmäßig achtseitig erbaut (mit schmäleren und breiteren Seiten), etwa sechs Stock hoch mit einer Treppe von 72 Stufen, mit einem massigen Schieferzwiebeldach gekrönt, umbaut von kleineren Nebengebäuden (Wohnung des Röhrmeisters usw.) [12]. Im untersten Raum des Turms drehte sich ein großes Wasserrad, das ein Druckwerk von vier Pumpen in Bewegung setzte. Das Druckwerk hob das Wasser in einer eisernen Röhre 50 Ellen empor in die Höhe in einen kupfernen Kasten, von wo es in die vier Hauptröhren (Oberrohr, Unterrohr, Sandbergrohr, Marktrohr) lief, die es den 162 Röhrwassern mitteilten (1865). — Zwei Eingänge führten zu der Kunst, der eine von der Mühlbrücke direkt zur Wohnung des Rohrmeisters (Saalseite) [13], der andere links neben dem Militärlazarett (s. Schloßberg) auf den Hof der Kunst, den sogenannten Malzhof.

Die Wasserkunst war von unseren sonst so scharfsichtigen Vorfahren höchst unglücklich angelegt und zwar in zwiefacher Hinsicht, erstlich lag sie gänzlich ungeschützt, jedem feindlichen Angriff von Westen preisgegeben (die Moritzburg war 1470 noch nicht erbaut!), zweitens lag sie am unteren Laufe der Saale, der bereits allen Unrat der Stadt aufgenommen hatte.

1462 regte ein Franziskanermönch an, durch eine Wasserkunst in Röhren das Wasser auf öffentliche Plätze und in die

Häuser zu leiten. — 1467 schickte man den Prior der Dominikaner auf Reisen, sich Wasserleitungen anderer Städte anzusehen. Dann bildete sich eine Gesellschaft der reichsten Bürger, welche auf ihre Kosten die Kunst erbaute, und so lief 1474 zum ersten Mal das Wasser aus dem Marktbrunnen (s. Markt). Durch Holzröhren leitete man das Wasser des Pumpwerkes in die bestimmten Häuser und in die öffentlichen Ständer. Eine Röhrwasservorrichtung im Hause wurde beim Hauskauf noch 1750 mit 100 Talern bezahlt (vgl. Gr. Merkerstraße Nr. 10). Große öffentliche Röhrkästen wurden auf dem Markte vor dem Rathaus, später vor dem Schöffenhaus erbaut, auf dem Alten Markt (s. d.) und in Kleinschmieden. Eichene Röhrtröge und Ständer befanden sich (1750) beim Neumarkttor, an der Gr. Ulrichstraßen- und Spiegelstraßenecke, an der Barfüßerstraßen-Schulstraßenecke, in der Mittelstraße, bei der Ulrichskirche, auf dem Berlin. Um 1800 werden statt dieser neun öffentlichen Röhrkästen 16 in der Altstadt gezählt[14]). — 1548/49 wurde die Wasserkunst erneuert und verbessert, oben in den Turm wurde eine kupferne Pfanne gesetzt. — 1564 baute man eine zweite Wasserkunst südlich neben der ersten, einen vielstöckigen, viereckigen, mit vierkantigem Dach gekrönten Turm: 62 Hausbesitzer der höheren Stadtteile (Schulberg, Barfüßerkirchhof) legten sie für 2951 Taler an. — 1594 übernahm der Rat die Wasserkunst, jeder Besitzer eines ganzen Röhrwassers zahlte jährlich 2 Taler Wasserzins und ein Kapital von 100 Talern (später nur 4 Taler Wasserzins). — 1605 wurde das Wasser durch neue Vorrichtungen besser vom Schlamm und Sand gereinigt. — 1667 wurde der Turm von neuem erbaut, statt des Pumpwerkes wurde ein Saugwerk angelegt (4 Hauptröhren und 114 ganze Röhrwasser für die Häuser). — 1739 erneuerte man wiederum den Turm und verwendete statt des Saugwerkes ein Druckwerk. Der Ratsmaurermeister Forweg hatte die Kunst gänzlich ruiniert, die Röhren waren in der Erde zersprungen. Um Metall zu schaffen, wurde der „guldene“ Mann auf dem Röhrbrunnen in Kleinschmieden eingeschmolzen. 1840 regelte man die Rechte der Wasserkunst gegenüber der Erbverpachtung der Neumühle: die Mühlen mußten zusetzen, wenn die Kunst nicht den genügenden Gang hatte usw. — Um diese Zeit verunreinigte die aufblühende Industrie immer mehr das Saalwasser, und man sann seit 1838 auf Vermehrung wie auf größere Reinigung des Saalewassers. Bereits 1856 dachte man an eine Verlegung der Wasserleitung, aus dem Kiesbecken südöstlich der Stadt das Wasser herzuleiten. 1865 legte man einen Versuchsbrunnen bei Beesen in der Aue an der Gerwische an. 1868 wurde die neue Beesener Wasserleitnng fertiggestellt. 1870 verkaufte die Stadt die alte Wasserkunst an den Besitzer der Neumühle Jung für 5725 Taler und den angrenzenden Malzhof an den Militärfiscus für 1000 Taler. — 1875 brannte der alte Turm der ehemaligen alten Wasserkunst bei der Neumühle nieder. Nach einigen Jahren wurden auch die Ruinen des Turmes abgerissen. —

## Die Mühlpforte: das chemische und pharmaceutische Institut.

Links an der Mühlpforte (südlich) gegenüber der Neumühle liegt das chemische und pharmaceutische Institut (Nr. 1), zwei große Gebäude, die sich an dem Mühlgraben entlang ziehen (unterhalb des Domgeländes), und in einem Winkel an der Mühlpforte umbiegen.

Der älteste Bau ist 3stöckig, liegt der Saale entlang von der er nur durch ein Gärtchen getrennt ist, und hat 9 Fenster Front, ist 57 m lang und 13³/₄ m tief. Er enthält zwei große Arbeitssäle mit 48 bezw. 24 m Arbeitstischen, Nebenräume und Räume für Sammlungen und Hörsaal. Das Erdgeschoß ist gewölbt und zwar ziemlich niedrig (2,8 m hoch), die Mauern sind sehr stark und die Fenster klein, sodaß es einen kellerartigen Charakter hat. Dieser Bau ist 1862—63 auf der Stelle der früheren chirurgischen Klinik (des reformierten Gymnasiums, der ehemaligen Klostergebäude) aufgeführt worden. Bis 1842 gab es keinen besonderen Lehrstuhl für Chemie an unserer Universität. Von 1842—62 wurde das Chemische Laboratorium in Privathäusern untergebracht, so von 1851—62 in dem Gruberschen Haus in der Barfüßerstraße Nr. 11. —

Der jüngere Bau ist 1891—92 nicht sehr geschmackvoll in gelben Klinkern erbaut, ein Eckgebäude an der Mühlpforte, 2stöckig mit 8 Fenstern Front an dem Mühlgraben. Er enthält u. a. einen großen Hörsaal mit 152 nummerierten Sitzplätzen. — Das Institut ist mit den neusten vortrefflichen Ventilationseinrichtungen versehen (4 verschiedene Arten!). Die Luft der großen Arbeitssäle kann binnen einer Stunde gänzlich erneuert werden. — Hier standen ehedem die Gebäude der pathologischen Anatomie und des Reilschen Bades.

Über die älteste Geschichte des Geländes siehe Domplatz: Kloster S. Pauli.

## Die Mühlgasse.

Die Mühlgasse ist ein alter, bereits im 13ten Jhdt. bestehender Straßenzug. In den Schöffenbüchern wird er zuerst 1419 als molenstrasze erwähnt und anderswo 1357 bereits als platea molendini[14 a]) 1441: in der mollgasse; 1451: yn der molgassen; 1455: in der mölgassen. — Im 17ten Jhdt. erwähnt Olearius sie unter den 26 Gassen Alt-Halles. —

Die Gasse war im Mittelalter linker Hand (südliche Seite) von dem Kirchhof S. Pauli und zwei Häusern, die an ihm lagen, begrenzt; rechter Hand (nördliche Seite) war sie wie heute von Häusern bestanden. In einem dieser Bürgerhäuser, das dem Propste von S. Moritz zinspflichtig war, wohnten die Beguinen (1377 bacharde, Begharte), und zwar hinder Ameken hove, die sich zu den Dominikanern[15]) hielten. 1408 verlieh der Propst dies Haus jedesmal einer Beguine als Lehnsträgerin auf Lebenszeit.

Dagegen wohnten auf der linken (südlichen) Seite der Gasse neben dem Pauler Kirchhof in zwei den Predigermönchen gehörigen Häusern die Dominikanernonnen oder Conventsnonnen (1377: dy conventesnunnen) und zwar noch 1561. — Diese Nonnen vom dritten Orden S. Dominici oder Von der Buße bekannten sich nicht zu allen drei Ordensgelübden, aber sie lebten hier wie an manchen anderen Orten wie Nonnen in einem Hause, ernährten sich von Almosen und von ihrer Hände Arbeit und hielten ihren Gottesdienst in der Klosterkirche ab[16]). —

1645. 13. 3. brach in der Mühlgasse früh 9 Uhr der große Brand aus, der die Kleine und Große Ulrichstraße und den Schulberg ergriff, über die Mauern der Stadt in die Steintorvorstadt hinübersprang und 83 Häuser und 16 Scheunen einäscherte. — Am 5. 4. 1770 fand so schnelles Tauwetter statt, daß die Hochwasser bis an die Mühlgasse gingen, ebenso am 29. 2. 1784. Noch höher stand das Hochwasser am 25. 2. 1799 in unserer Gasse. Am 23. 11. 1806 entstand Feuer in dem „Himmelreich“ durch das Pulver, welches man dort angesammelt hatte.[17]) —

Noch heute besteht die Mühlgasse nur aus einer (nördlichen) Seite Häusern, die altertümlich, bisweilen vorgekragt, 3 und 4 stöckig früheren Jahrhunderten entstammen. 1837: 7 Häuser, darunter Nr. 1036 eine Tuchfabrik von Lauterhahn und Nr. 1041 eine Tapetenfabrik von Kummer, (1855 die Häuser Nr. 6 und Nr. 1). —

## Anhang.

1. Die Mühlpforte hieß in einer Urkunde des Kardinals Albrecht von 9 5. 1541 (Magd. Archiv): Saalpforte, „die Sallpforte“ wieder zu gebrauchen wird den Paulermönchen erlaubt. — 1a. Die fünf Pforten gingen alle auf die Saaleseite im Westen aus: die Mühl-, Kuttel-, Körber-, Saal- und Moritzpforte. Nur die Mühl- und die Kuttelpforte hatten Brücken. Ueber die Kuttelpforte und Körberpforte siehe S. 17 und 18. — 2. „Diese Mühle ist von dem Rate

dieser Stadt 1582 unter den Konsuln Jakob Redel und Johann Kost von Neuem erbaut". — 3. Vgl. auch die Ueberschwemmungen der Halle S. 15. — 4. s. Dreyhaupt I. 783. Es steht deutlich in der Urkunde: aream, in qua situm est novum molendinum. Die Mühle muß schon existiert haben. — 5. Dr. II. 370: „Die Mühle zwischen S. Moritzburg und dem Neuen Stifte binnen und außerhalb der Stadtmauer zu Halle an der Saale gelegen, samt der Walckmühle denselbiger Gebeuden anhengig mitbegriffen." — 6. Jung war einer der ersten, der die Handelsmüllerei in die Provinz einführte, also daß das Mehl als Handelsartikel gemahlen und verhandelt wurde, so daß der alte Brauch, daß sich die Bäcker, Landwirte usw. das Getreide in den Mühlen selbst mahlen, ganz verschwunden ist. — 7. Um 1870/90 verarbeiteten die zwei Stadtmühlen 3 — 4000 Tonen, nach dem Umbau 1909 aber 25 Tonnen täglich. — 7a. Wegen der großen Baunkosten mußte ein jeder Bäcker mehr Mehl beisteuern.—8.„Diese 1630 vom Vulkan (d. h. dem Feuer) zerstörte Mühle ist vom Senate dieser Stadt 1669 wieder aufgebaut worden." — 9. „Diese im Jahre 1690 durch eine durch Zufall entstandene Feuersbrunst zerstörte Getreidemühle ist im Jahre 1693 wieder aufgebaut unter den städtischen Konsuln Herrn Christian Zeise, Herrn Christian Gueinzius, Herrn Kaspar Til. Weßner und dem Kämmerei-Inspektor Herrn Andreas Bastinellert." — 10. So war z. B. die Walkmühle an der Steinmühle ums Jahr 1800 dem Einsturz nahe, man ließ aber die Mühle eingehen. — 11. Abraham Valéry war ein reicher Tuchfabrikant aus Bédarieux in Languedoc. Der Große Kurfürst stellte ihm den Ort der Niederlassung frei. Er entschied sich für Halle, schickte seine Arbeiter und Werkzeuge zuvor her und kam zu Anfang 1687 mit seiner Gattin Susanne geb. Valescure in Halle an. Er ist der Begründer der französischen Kolonie. Er hatte in der Kleinen Klausstraße [s. d.] seine Tuchfabrik und beschäftigte 1687 bereits 50 Arbeiter und 300 Spinnerinnen. Nach dem Tode seiner tatkräftigen Gattin ging das Geschäft bergab. Er heiratete zwar die Tochter Philipp Meuniers (1691), dem er Fabrik und Mühle abgetreten hatte, doch ohne den Bankrott aufhalten zu können. Meunier selbst starb im Schuldturme. — 12. In der Südseite des Turmes befand sich ein Fenster, wo zum Vergnügen des Volkes und der Kinder eine Fratze auf und nieder ging. — 13. Dieser Eingang führte auf den sog. „Mönchsgang," den Kardinal Albrecht z. B. von der Moritzburg zum Neuen Stift sich ausbedungen hatte vom Rate der Stadt (der gang sso auss unserm schlosse sant Moritzburk uber das slaffhaus biss in die kyrche gehet Vgl. Urkunde Albrechts v. 9. 5. 1541 Magd. Archiv. — 14. Diese 16 öffentlichen Röhrkästen liegen: Gr. Ulrichstraße, Schulberg, Barfüßerstraße, Fleischergasse, Katzenplan, Sandberg, Galgstraße, Gr. Berlin, Schülershof, Alter Markt, Markt, Kleinschmieden, Mühlgasse, Mühlberg, An der Moritzburg, Hinter der Accise. Dazu kommen 12 Röhrwasserleitungen in öffentliche Gebäude. — 14a. Vgl. Krühne Urk. d. Klöster der Gfsch. Mansfeld S. 445 Nr. 138. — 15. Halle zählte vier Beguinenhäuser: Am Moritzkloster, am Servitenkloster, am Franziskanerkloster und am Paulerkloster. Das Nähere ist an diesen Stellen erwähnt worden. — 16. Sie werden auch Mantellatae nach ihrer Kleidung genannt: sie trugen über einem weißen Rock und Skapulier einen schwarzen Mantel vom Kopf bis zu den Füßen; den Kopf bedeckte ein weißer, darüber ein schwarzer Weihel. — 17. Die Hausbezeichnung „Himmelreich" findet sich auch in Magdeburg: hier hieß Breiteweg Nr. 18: „Zum Himmelreich," die Himmelreichstraße empfing nach ihm den Namen. —

## Der Domplatz: das Kloster S. Pauli und seine Verwandlungen.

**Das Kloster S. Pauli** zum heiligen Kreuz oder das Paulerkloster, das Predigerkloster, das Dominikanerkloster genannt, lag an dem Mühlgrab n entlang, nördlich vom Dom, dort, wo jetzt das chemische Institut steht. Es erstreckte sich sein südlicher Längsbau aufwärts bis dahin, wo die Kreuzgangmauer das heutige Zoologische Museum berührt. Der Kreuzgang nahm den Raum zwischen Dom und diesem Längsbau ein, er stand auf dem heutigen oberen Predigergarten, der mit Rasen und Bäumen bewachsen in seinen Tiefen noch Gewölbe birgt. Südlich des Kreuzgangs schloß sich die Kosterkirche (der spätere Dom) an.

1271 soll das Kloster von einem Adligen der Stadt Halle mit Beihilfe anderer Adliger (besonders derer von Ammendorf) erbaut worden sein. Die Stadt schenkte einen Teil des Platzes, das Gelände an der Saale,[1]) und selbst das der Neumühle, auf dem die Mönche eine kleine Mühle errichteten. 1283 wird diese Mühle an das Kloster Neuwerk abgetreten (s Neumühle). — Das Kloster der Bettelmönche vergrößerte sich: der ursprünglichen Westfront an der Saale und der Südfront am Kreuzgang schlossen sich eine Nordfront (an der Mühlpforte) und eine Ostfront (auf dem Gelände des Zoologischen Museums) an. Der Begräbnisplatz der Mönche lag im Kreuzganggarten, der der Bürger östlich vom Kloster nach der Mühlgasse und dem Domplatz zu. Im Kloster befanden sich ein Sommer- und Winterremter (Refektorium, Speisesaal), die Küche, das Hospitz, die Bibliothek[2]), die Wohnung des Priors, die Zellen der Mönche, daneben ein Brauhaus, eine Destillierstube, eine Badestube. Auch eine Kirche (wohl größere Kapelle) mit einem Turm befand sich am Kloster; sie lag zu Dreyhaupts Zeiten noch in Trümmern[3]). Die eigentliche Klosterkirche war der heutige Dom, allerdings kleiner und nicht so gewaltig, massiv und imponierend wie dieser jetzt ist (s. Näheres unter „Dom"). — 1461 wurde das Kloster mit Gewalt unter Erzbischof Friedrich einer Reformierung unterzogen. 1484 wurde das Kloster nach Osten zu vergrößert unter dem Prior Johannes Horstetten (Hettstedt, aus Hettstedt?). — 1520 versetzte Kardinal Albrecht die nicht ganz willigen Paulermönche in das Moritzkloster (s. d.) um ihr Gelände und ihre Gebäude für sein Kollegiatstift zu benutzen, dagegen gehen die Augustiner des Moritzklosters in das neugegründete Kollegiatstift über. — Die alten Klostergebäude werden umgebaut, bezw. erweitert. Einige Privathäuser, die am Kloster lagen, werden einbezogen, doch ihre Türen sind geschlossen zu halten. Den einzigen Eingang bildet ein Torweg (wohl auf dem jetzigen Domplatz!). An der unteren Mühlgasse (auf der südlichen Seite) liegt das Brauhaus des Stiftes, das Kornhaus dagegen den Mühlen gegenüber, das Schlafhaus setzt sich auf dem Gelände des chemischen Institutes südwärts fort zum Kreuzgang (an dessen Westflügel), daran setzt sich das neu erbaute Haus für den Propst (die heutige Pfarrwohnung. — 1541 kehren die Paulermönche in ihr altes Kloster zurück Sie benutzen aber die umgebaute Klosterkirche (den Dom) nicht mehr für ihren Gottesdienst. — 1561 ward ihnen Läuten und Messehalten im Kloster verboten. Sie verließen ihr Kloster und zogen nach Halberstadt und ins Niedersächsische. — Fast hundert Jahre diente der alte Klosterbau keinem bestimmten Zwecke. Als aber der Herzog Augustus, der letzte Administrator, die Residenz bezog (s. d.), wurde das Kloster als Schlacht- und Waschhaus für seine Hofhaltung benutzt. — Nach dem Tode des Herzogs († 1680) stand es wiederum frei ohne landesherrliche Verwendung. 1703 schenkte es König Friedrich von Preußen den evangelischen Reformierten erb- und eigentümlich für alle Zeiten, ein eigenes Gymnasium, Lehrer- und Pfarrwohnungen hier einzubauen und einzurichten. Nur die Gewölbe sollten fernerhin zum Schlachten und Waschen bei königlichen Besuchen benutzt werden können. So wurde das Reformierte Gymnasium, das Gymnasium illustre et regium, wie der damals übliche Titel auch für andere Gymnasien der Reformierten (der König von Preußen gehörte ja dem reformierten Glaubensbekenntnis an) lautete, 1703 bewilligt[4]).

**Das reformierte Gymnasium** befand sich also in den neu umgebauten und erweiterten Gebäuden des Paulerklosters[5]) — Ursprünglich hatte schon 1693 (12. 2.) der Kurfürst des Hofrats Ellenberger Haus in der Gr. Ulrichstraße gekauft, um die reformierte deutsche Schule daselbst anzulegen. — 1704—07 wurde das Schulhaus an der Stelle der alten Klosterkapelle errichtet: am 2. 6. 1704 wurde der Grund gelegt für die Schul-, Priester- und Kollegenhäuser (nach dem Waschhaus zu). — 1707 wurde das zweite Gebäude an der Saale aufgeführt und beendigt (die Westseite des alten Klosters); es diente als Wohnung des Ephorus oder des Direktors. — Ein drittes Gebäude sollte als Pensionat dienen: man begnügte sich, ein kleineres Haus an der Mühlgasse aufzuführen und ein Convictorium (Pensionsanstalt) für einige Schüler hier einzurichten; 1799 wurde es wieder aufgehoben. — Die Schule wurde zu 5 Klassen eingerichtet, die unterste Klasse war die deutsche, die eigentliche Vorschule oder Volksschule[6]). Es lehrten am Gymnasium der Rektor (Ephorus) und vier Lehrer, obendrein zwei reformierte Professoren, die zugleich an der Universität lehrten, einer der Theologie und einer der Kirchengeschichte[7]). — 1711 wurde die gesamte Schule aus dem alten

Cratzischen Hause (neben der Dompfarre) in die Um- und Neubauten überführt. — 1714 ist der Bau des Gymnasiums gänzlich beendet. Um 1740 blühte die Schule auf, doch gegen Ende des Jhdts. nahm sie sehr ab: 1790 waren nur je 5 Schüler in den zwei obersten Klassen[8]), 1799 zusammen nur 6. — Bereits 1802 wollte man die Schule modern umgestalten (etwa zu einem Realgymnasium). — 1806 am 21. 9. wurde ein Feldlazarett in dem Gymnasium eingerichtet (die Klassen wurden in die Domtöchterschule verlegt). — 1808 am 17. 7. wurde durch die westfälische Regierung das lutherische wie das reformierte Gymnasium mit dem Waisenhaus vereinigt. Die Einkünfte und die Bibliothek des Gymnasiums gingen an das Waisenhaus über. Der Grund und Boden und die Gebäude wurden von der westfälischen Regierung widerrechtlich den Reformierten entzogen und der Universität gegeben; diese richtete durch Professor Reil die medizinischen Kliniken in ihnen ein.

**Das medizinische Klinikum.** Erst 1786 wurde durch die Universität ein Klinisches Institut errichtet.[9]) Es wurden jährlich 1100 Taler bewilligt, 1000 für die Kranken und 100 für den Direktor. Der erste Direktor war Prof. Goldhagen, er starb schon 1788. Jetzt wurden das medizinische und das chirurgische Klinikum getrennt. Das medizinische erhielt 850 Taler, das chirurgische 250. Der Direktor des ersten war Reil (nach ihm Krukenberg), der Direktor des zweiten war Meckel (nach ihm Dzondi). Die Kliniken wurden 1808 in das alte reformierte Gymnasium gelegt und zwar in zwei getrennte Gebäude; das medizinische Klinikum hatte den Eingang vom Domplatz, das chirurgische an der Mühlpforte (Nr. 1050g) in der Gegend der Neumühle. 1861 wurden beide Kliniken in dem erweiterten Gebäude Domplatz Nr. 4 (dem heutigen Zoologischen Museum) untergebracht.

**Reils Bad.** Einen anderen (nördlichen) Teil des reformierten Gymnasiums an dem Mühlgraben nach der Neumühle zu richtete Reil zu einem Solbad ein, teils aus eigenen Mitteln, teils durch Aktien. Er wollte der verarmten Stadt eine neue Quelle von Einkünften schaffen. Die Sole lieferte die Königliche Saline unentgeltlich. Die Badegäste gelangten über die Holzbrücke bei der Neumühle sogleich in das „Fürstental". Dieser Nordteil des ehemaligen Fürstengartens des Herzogs Augustus wurde von Reil als großer Kurpark umgestaltet und mit Anlagen, Promenaden Rasen- und Blumenbeeten versehen. Es wurde auch ein Salon, etwa der Domkirche gegenüber, errichtet, nach welchem dieser Teil des Parkes auch „Salonplatz" genannt wurde, der bald der Sammelplatz der eleganten Welt, aber auch eine Stätte des Hazardspiels wurde. Park und Salon wurden von Einheimischen und Fremden gern aufgesucht und gerühmt[10]). — Am 7. 6. 1809 wurde das Bad eröffnet. — 1814 wurde im Salon ein Fest zu Ehren der heimkehrenden Krieger durch den Kanzler Niemeyer gegeben: die Weimarschen Schauspieler gaben die Vorstellung, die Anlagen des Fürstentals waren durch bunte Lampen brillant erleuchtet worden. Bad und Park blieben bis 1827 in den Händen der Reilschen Familie; Reil selbst war bereits 1810 nach Berlin gegangen und 1813 gestorben[11]).

**Das Zoologische Institut** (Domplatz Nr. 4). In dem ältesten Gebäude (Mittelbau) des jetzigen Zoologischen Institutes war das medizinische Klinikum untergebracht worden (Nr. 1050h). 1859—60 wurden dem Gebäude die zwei großen Seitenflügel angebaut so, wie es sich noch heute uns darstellt: ein zweistöckiger Bau, das etwas zurückliegende Mittelteil hat 7 Fenster Front, nördlich und südlich springen die schmalen Seitenflügel vor mit 2 Fenstern Front und etwa 21 Fenstern Front in der Längsseite. Nun wurden 1861 beide Kliniken in diesem Gebäude vereinigt. Die Kosten des Neubaues mit allen Einrichtungen betrugen 56000 Taler. — Als die Kliniken in die Magdeburgerstraße verlegt waren, wurde 1885 das Gebäude zum „Zoologischen Institut“ (das es seit dieser Zeit erst gibt) umgebaut. — Das „Zoologische Museum“ war bereits 1815 in Halle eingerichtet worden, es war im Erdgeschoß der chirurgischen Klinik (am Mühlgraben) untergebracht, 1833 in der neuerbauten Universität (in einer Hälfte der obersten Etage), der Konservator bekam später ein Lokal im Residenzgebäude. 1886 wurden Sammlungen wie Diensträume und Arbeitszimmer auf den Domplatz Nr. 4 verlegt. — Der Begründer der großartigen Sammlungen war der Wittenberger Professor Nitzsch († 1837) und sein Nachfolger Burmeister (bis 1861) Die Sammlungen umfassen alle Teile der Zoologie: Säugetiere, Vögel, Amphibien, Insekten,[12]) Spinnentiere, Krustaceen, Würmer, Konchylien, Korallen, Schwämme, vorweltliche Tiere usw. Man findet Kollektionen von Skeletten, Schädeln, trockenen und Spiritus-Präparaten usw., Eier- und Schuppensammlungen. — Das Gesamtareal des Instituts beträgt 3939 qm Bodenfläche (bebaut und Garten).

## Der Domplatz: der Dom.

Der Dom erstand aus der alten Klosterkirche der Pauler Dominikanermönche, aus der Kirche, die südlich, höher gelegen, durch einen Kreuzgang mit dem nördlich, tiefer an der Saale gelegenen Bettelmönchskloster verbunden gewesen. Die Ansicht, daß Kardinal Albrecht den Dom 1520 von Grund aus neu erbaute, ist von der Hand zu weisen[13]).

1271 wurde das Paulinerkloster gestiftet. Etwa um 1300 begann man die damals schon ziemlich große Kirche in frühgotischen Formen zu bauen, den Chor (wie üblich) zuerst, das Schiff später. Die Bauweise war nicht allzusolide, das Material auch nicht das beste, die Achtsamkeit nicht so bedeutend, so daß die Joche nicht einmal gleichmäßigen Abstand hatten. Die Größe war wohl $^2/_3$ der jetzigen[14]). Die Umfassungsmauern der Kirche boten lange gotische Fenster, die mit Strebepfeilern abwechselten. Das Dach war ein einfaches, spitzes Satteldach. Die Sakristei an der Nordostecke stand bereits. Der Haupteingang lag im Norden: ein spitzbogiges Portal (jetzt vermauert); spitzbogige Türen mündeten aus der Nordwand in den Kreuzgang. Auf dem turmlosen Dache befand sich ein kleiner Reiter. Vielleicht war der Chor kleiner, etwa von halber Höhe. In der Kirche fanden schon damals Bestattungen statt: ein bemerkenswerter noch erhaltener Leichenstein stammt aus dem 15. Jhdt., die Grabplatte einer Frau mit einem Wickelkind, 1,15 m breit und 2,20 m hoch[14a]). Die Kirche hieß zum „Heiligen Kreuz" (ad sanctam crucem olim titulata). —

1520 wurden die Paulermönche durch den Kardinal Albrecht in das Moritzkloster gesetzt. Albrecht wollte ein großes Stift auf dem Gelände des Klosters und des südlicher gelegenen Cyriakhospitals gründen, zunächst als eine Musteranstalt, als ein Reformstift gegenüber den älteren verweltlichten Stiften (erst später erscheint die Kampftendenz gegen Luthers Lehre). — Die alte Klosterkirche wurde zur Dom- und Stiftskirche, zur Haupt- und Musterkirche der ganzen Stadt (alle Kirchen der Stadt werden ihr unterstellt), zur ersten Kirche des Erzbistums nächst dem Magdeburger Dom ausgebaut, umgebaut und vergrößert. Sie wurde dem Patron des Erzstiftes, dem heiligen Moritz, der Maria Magdalena (der Heiligen der Moritzburgkapelle) und zum Goldenen Schweißtuch geweiht[15]). An der Westecke der Südseite erhob sich ein imposanter Turm (der grossze thorm)[16]), auf dem die 1521 gegossene 170 Zentner schwere Glocke Susanne hing. Er ward erst 1536 vollendet und wurde schon 1541 wieder abgebrochen nicht bloß wegen schlechter Fundamente, sondern auch, weil er der Moritzburg bedrohlich werden könnte. Vielleicht stand er auf der Nordseite am Kreuzgang, das würde besser passen zu der wiederholten Wendung: der K i r c h h o f, darauf der thorm stehet. — Die Außenwände des Schiffs und des Chors wurden höher geführt; das spitze Dach wurde mit einem Kranz von runden Giebeln auf allen vier Seiten umgeben (je 8 an den Längsseiten), und zwar aus roten Backsteinen: über je ein

Kirchenfenster wurde ein Giebel aufgeführt (1525, 1534, 1535 fertig gestellt) vollkommen disharmonisch zum gotischen Stil und zum Baumaterial (Backsteine statt Bruchsteine)[17]. Zwei neue Portale schmückten die Kirche, besonders das an der Südwand ist ein Denkmal der jugendlichen Renaissance voll überquellender Lebenslust[18].

Das Innere der Kirche Albrechts zeigte jetzt eine 3schiffige Hallenkirche mit 8 vollständigen Jochen, 2 Reihen von je 7 achteckigen Pfeilern teilten den Raum in 3 Schiffe. Das mittlere Hauptschiff (28 Fuß breit) endete im Osten in den hochgeführten Chor mit schönem, einfachem Kreuzgewölbe. Die Kirche war 68 m lang, 20 m breit und 18 m hoch. — Die Kanzel aus weißem Kalkstein in Kelchform stand zunächst an der zweiten Säule vor dem Altarraum in der Nähe der Sakristei[19]), ein treffliches Zeugnis junger Renaissance, 1526 errichtet (Inschrift an der Treppenwandung), voll von Darstellungen des Reichtums des Gotteswortes (Moses, die vier Evangelisten, die fünf Schriftsteller, Apostel, die vier Kirchenväter, der leidende Christus oben an der Tür). Jetzt befindet sie sich an einer Säule der nördlichen Reihe in der Mitte des Schiffes. — Zu beiden Seiten des Altarraumes stand das Chorgestühl, 23 Sitze, an den Seitenwänden mit den holzgeschnitzten Bildern der Magdalena, des Augustinus, des Johannes, des Christophorus, des Ritters Georg geschmückt. — An den 14 Pfeilern waren kunstvolle, lebenswahre Statuen angebracht auf Sockeln und mit Baldachin gekrönt, die südliche Reihe vom Altar beginnend: Christus, Paulus, Johannes, Bartholomäus, Jacobus d. J., Philippus, Judas Thaddäus; die nördliche Reihe: Petrus, Andreas, Jacobus d. Ä., Thomas, Matthäus, Simon, Matthias; an der Orgelempore Moritz und Magdalena, die Schutzheiligen der Kirche, und der Nebenpatron Erasmus. Alle Figuren waren wie die Kanzel farbig bemalt. — Sodann erhielt die Kirche wohl schon die Emporen, freilich noch nicht so weit vorgebaut und soweit ausgedehnt wie jetzt, auf der Nord- wie auf der Südseite, auch wohl beide Emporen auf der Westseite, hier befand sich auch eine prächige Orgel. — Der Chor war durch einen Lettner abgeschlossen. In diesem kostbaren Chore befand sich der märchenhaft geschmückte Hochaltar: ein silberner, wohl aus dem Grabe steigender Heiland in der Mitte, zur rechten und linken Hand zwei große, silberne, übergoldete Särge mit 17 Skeletten der 11000 Jungfrauen, auf dem Altare selbst eine kolossale Fülle kostbarer Reliquien in Gold, Silber und Edelgestein. Die Bildnisse Karls V. und Albrechts umstanden den Altar, mit Gold, Silber und Edelsteinen übergossen. Eine Menge großer Leuchter spendete teilweise ständiges Licht. Den schönsten Schmuck bildete das überlebensgroße, schlanke, silberne Standbild des heiligen Moritz. — Neben dem Hauptchor des Mittelschiffes entstanden im Ostende der Seitenschiffe, durch Mauern zwischen den Pfeilern vom Hauptchore getrennt, südlich der Chor der Jungfrau Maria aus einem Ciborienaltar, nördlich die Kapelle Allerheiligen, wo die zahllosen Reliquien aufbewahrt wurden; außerdem befanden sich noch 18 Altäre (altaria minora) am Lettner, an den Pfeilern, an den Wänden, so der Kreuzaltar mit einem großen Kruzifix; freilich der Magdeburger Dom zählte 48 Altäre! Fast sämtliche Altäre waren mit Oelgemälden bedeutender Meister (Grünewald, Simon von Aschaffenburg, Lukas Cranach, vielleicht auch Dürer) geschmückt. Auch ein „Grab des Herrn" befand sich in einer Seitenwand der Kirche. Neben dem unendlichen Schmuck von Statuen, Gemälden Tafeln, Reliefs, Teppichen — die Kirche sollte die Begräbnisstätte des Kardinals werden [19a]) — strahlte als das Großartigste die beispiellose Reliquiensammlung, die 1535 auf 1 Million geschätzt wurde (1521 21.441 Partikeln und 42 ganze Skelette, 1526 noch um die Hälfte mehr)[20]). In der Sakristei auf der Nordseite des Doms und wohl in dem „Gewölbe" daneben stand der Schrank der Kirchenfabrik (fabrica ecclesiae), in dem die Gelder für Bau und Erhaltung der Kirche, ihre Reliquien, Kleinodien, Ornate aufbewahrt wurden (1536). — Die Baumeister an der Kirche waren Bastian Binder, der Steinmetz des Magdeburger Doms (1520), Conrad Fogelsberger (1524), auch wohl Hans Schenitz.

Am 9. 2. 1541 wurde das hallische Stift aufgelöst, am 7. 12. 1541 wurde die Stiftskirche geschlossen, aller ihrer Reliquien und transportablen Schätze beraubt. Hundert Jahre stand sie teils völlig verlassen, teils als ein unsicherer Besitz sich bekämpfender Feinde da. 1589 öffnete sie der Administrator Joachim Friedrich und weihte sie zur Heiligen Dreifaltigkeit (consecrata Sanctae Trinitati) als lutherische Dom- und Schloßkirche. —, Am 30. 6. 1630, im 30jährigen Krieg, weihten sie die Katholiken wieder und peitschten Altar und Kanzel mit Ruten, da sie den Ketzern gedient hätten. — Am 11. 9. 1631 (a. St.) ließ Gustav Adolf von Schweden nach der Schlacht bei Leipzig in ihm predigen und seine tapferen gefallenen Offiziere in ihm bestatten [21]). Noch andere Einsenkungen tapferer, gefallener Offiziere folgten in dieser Kriegszeit [22]). Ueberhaupt weist der Dom in diesem wie im folgenden Jahrhundert die meisten und prunkvollsten Grüftebegräbnisse auf: eine Anzahl ebenso ausgezeichneter wie charakteristischer Grabdenkmäler steht jetzt an der Nordseite der Kirche, so das kostbare Epitaphium des Kanzlers Chilian Stisser († 1620) mit der Verkündigung Mariä, Geburt und Kreuzigung [23]) oder jenes mit Christus, das Kreuz tragend, Oelmalerei 1618, oder das, auf dem Christus den Jüngling zu Nain erweckt, mit den lebensgetreuen Porträts von Mann und Frau[24]). — Eine große Leichengruft befindet sich unter der Kanzel. —

1644 ließ der Herzog August den Dom wieder öffnen; durch ihn erhält die Kirche den dritten Baustil, nach dem frühgotischen und nach der Renaissance den Barock, und zwar zumeist am Altar, an den Emporen, durch den Fürstenstuhl und vom Orgelchor, jedoch in einer langen Reihe von Jahren. — Der Altar wird 1662 fertig: auf dem alten Steinbau stellt man ein 62 Fuß hohes und 30 Fuß breites Bildwerk auf, in 3 Teile gegliedert (zu unterst das heilige Abendmahl, darüber der Gebetskampf in Gethsemane, zuoberst der im Lichte erhöhte Heiland). An das Gesamtbild schließt sich rechts das Bild des Herzogs mit seinen 5 Söhnen, links das der Herzogin mit ihren 6 Töchtern an. An der Westwand legt man 2 Orgelemporen neu an: die untere auf ionischen Säulen mit einer Widmungstafel (1665/67 erbaut), die obere auf korinthischen Säulen mit dem von Lorbeerzweigen umschlungenen Namenszug des Herzogs und der Herzogin. Die ihrer Zeit berühmte Orgel (2 Manuale, 28 Stimmen, 1500 Pfeifen) wird mit vergoldeten Palmenbäumen, Laubgewinden, Fruchtschnüren und musizierenden Kindern überreich geschmückt. — Die Emporen an den Längsseiten werden bis an die Westseite verlängert und in den Schiffsraum bis über die Pfeiler vorgeschoben, in ihre Felder malt man Sprüche, umrahmt diese mit goldenen Palmenzweigen und läßt sie durch vergoldete, hölzerne Tücher, welche Kinder halten, tragen. — Der (jetzt versetzten?) Kanzel gegenüber erbaut der Fürst in der unteren Empore seine Kirchenstube, den Fürstenstuhl, von Mauern umschlossen, vorn mit riesigen Engeln, Frucht- und Blumenguirlanden, goldenen Tüchern und Spruchschildern, mit goldenen Palmenzweigen umrahmt, geschmückt. — In dem Altarraum fällt der Lettner, und man richtet beiderseits einen schwerfälligen, gänzlich verschlossenen Chorstuhl her, ebenfalls reich verschnörkelt und überreich vergoldet. [25]) — Auch im Aeußeren verschönert der fromme Herzog sein Gotteshaus: unter dem Dach des Ostgiebels läßt er 5 kleine Glocken in einem spitzen Dachreiterturm aufhängen und die Bogenkrone des Daches läßt er mit Urnen (auf und neben den Bögen) verzieren.

1680 starb der Herzog Augustus, der Dom hörte als Hofkirche auf zu bestehen. 1688 wurde den Deutsch-Reformierten die Kirche für ihren Gottesdienst eingeräumt (am 16. 4. erste reformierte Predigt im Dom und am 3. 6. erste reformierte Kommunion). Am 20. 11. 1692 verblieb nach Abzug des lutherischen Konsistorialrates Schrader nach Dresden der Dom allein den Reformierten (1713 : 129 Köpfe). 1809 ziehen auch die Französisch-Reformierten, mit den Deutsch-Reformierten zu einer

Gemeinde verbunden, aus ihrer Kirche (s. Moritzburg, Magdalenenkapelle) in den Dom ein; am 16. 7. 1809 wird die letzte französische Predigt im Dom gehalten und am 23. 7. 1809 die feierliche Vereinigung der französisch- und deutschreformierten Gemeinden vollzogen (1796 nur noch 120 Französisch-Reformierte!). — Das 18. Jhrhdt. sieht nur kunstlose, häßliche Veränderungen in der Kirche: die Gestühle werden weiß gestrichen, die Wände, auch der Fußboden wird mit schlechten Backsteinen gepflastert, allerlei Kirchenstübchen, mit Stühlen, Bänken, Kissen ausstaffiert, tapeziert oder gestrichen, nisten sich ein vor dem Altar, an der Orgel, in dem Schiff der Kanzel gegenüber usw. An den Fürstenstuhl hängt sich eine Zwischenempore, in eine Reihe kleiner Gemächer geteilt: alles häßlich, plunderhaft, ärmlich überladen. —

Das 19. Jahrhundert reinigt und vereinfacht: 1834 erneuert man die Bogenkrone und nimmt die barocken Verzierungen fort. 1837 wird das Dach repariert. — 1838 belegt man den Altar mit neuen Fliesen und entfernt die zwei großen Chorstühle. — 1851 schafft man die neue Orgel in dem gotischen Gehäus für 3900 Taler an. — 1853 verbessert man die nördlichen Strebepfeiler und das Deckengewölbe. — 1863 hängt man statt der 5 kleinen Glocken (25 Zentner schwer) 3 neue auf (47½ Centner). — Die Kirchenstübchen kehrt man aus und ersetzt sie durch freie Bänke. Die zahlreichen Epitaphien, die an den Pfeilern und sonst zerstreut in der Kirche standen, werden meist auf die nördliche Empore gebracht. — 1864 wird die sogenannte kleine Kanzel (für die Liturgie) unter der großen Kanzel aufgestellt. — 1868 baut man eine Luftheizung (Kaloriferensystem) mit einem 80 Fuß hohen Schornstein für 3000 Taler ein. — 1878 wird die Sakristei erneuert. — 1881 führt man Gasbeleuchtung ein. — 1883 und 1885 findet eine durchgreifende Erneuerung der Kirche (für 32 000 Mark) statt: die Fenster werden erneuert, die Wände verschiedentlich getönt, die Kasten und Stübchen entfernt, ebenso die Brüstung, die den Altar von dem Kirchenschiff abschloß, die alten Chorstühle werden in dem Altarraume wieder aufgestellt, der überwuchernde Schmuck der Emporen fällt, der Fürstenstuhl bleibt, doch seine schweren Mauern bricht man ab. Zuletzt führt man eine neue Heizung ein (Niederdruck). — 1907 wird die Kirche wiederum erneuert (Unkosten 53 000 Mark) [26]: das gesamte innere Schiff wird mit milden Farben ausgemalt, eine neue Heizungsanlage wird hergestellt, auch werden 2 Figuren (Christus und Petrus) jede zu 3000 Mark(!) ausgebessert!

Die **Domgemeinde** zählte 1905: 5173 Reformierte (1800: 1200). Man erhob (1905) 12% Kirchensteuern (12 540 Mark). Das Vermögen der Kirche betrug 1871: 14 778 Taler, das der Gemeinde 23.212 Taler. 1888 bestand das gesamte Vermögen der Gemeinde aus dem Pfarrhaus, dem alten Schulhaus, dem Hospital Henriettenstraße Nr. 26, dem Predigerhaus Kl. Klausstraße Nr. 12, aus einer Hufe Ackerland und einem zinstragenden Vermögen von 105 903 Mark (eingerechnet 45 617 Mark Legate)

**Das Predigerhaus** (Domplatz Nr. 3a) steht auf dem Domhof und auf der Westseite (Saaleseite) dem Dome angebaut, ein 2stöckiges, etwa 9 fenstriges altes Gebäude, das sich mit hohem Pultdach an den Dom anlehnt. Es ist schon zur Zeit des Kardinals entstanden, um 1525. Es war das Haus der Stiftspröpste (Ryder, Greißel, Dithmann, Lobisser, 1532 Behe Sauer). Aus ihm, aus dem sogenannten Kardinalszimmer, mit einem erzbischöflichen Wappen geschmückt, führte ein Gang in die untere Empore an der Westseite des Doms, ihn benutzte der Kardinal, wenn er dem Gottesdienst als Privatperson beiwohnen wollte. — Es wurde das Haus 1689 dem ersten reformierten Prediger als Wohnung gegeben, der zweite wohnte bis 1713 in der Residenz. Dann war er wie der dritte Prediger auf ein Wohnungsgeld (50 und 30 Taler!) angewiesen. Erst 1809 gewannen sie feste Dienstwohnungen in der Gr. Ulrichstraße Nr. 12 (s. d.) und seit 1885 in der Kl. Klausstraße Nr. 12. —

**Das alte Schulhaus** das von Cratzische Haus, (Domplatz Nr. 3a) südlich dem Predigerhaus angebaut, 2stöckig, mit sehr hohem Dach (drei Reihen Luken) auf dem Domhof gelegen, schenkte der Kurfürst Friedrich III. den Reformierten, eine deutsch-reformierte Knabenschule (Volksschule) hier anzulegen. — 1700 wird ein Rektor mit 100 Talern Gehalt angestellt (statt des bisherigen deutschen Schullehrers), die Schule wird eine niedere Lateinschule. — 1702 wird ein Konrektor mit 50 Talern (1703: 100 Talern) Gehalt angestellt, 1703 ein dritter Lehrer auch mit gleichem Gehalt. — 1703 wird das alte Paulerkloster zum Umbau eines reformierten Gymnasiums den Reformierten geschenkt. — 1711 wird die Lateinschule aus dem Cratzischen Hause in das neue Schulgebäude verlegt, und das „Reformierte Gymnasium“ mit 5 Klassen wird begründet; siehe das Kloster S. Pauli. — Das alte Schulhaus hatte die Gemeinde verkauft, hat es aber 1856 für 2335 Taler zurück erworben, um es zu vermieten. —

**Das Küsterhaus** (Domplatz Nr. 3) liegt vorn am Domplatz und schließt den Domhof gegen den Platz ab, ein altes, 2stöckiges Haus mit 7 Fenstern Front und einer kleinen Freitreppe in der Mitte. 1800 ist es durch Anbau für 1216 Taler erweitert worden. — Schon vor 1700 wurden hier die Töchter der Reformierten in einer einklassigen Schule unterrichtet. 1802 wird diese zu einer Erwerbsschule umgestaltet (60—70 Mädchen), mit

18 Stunden Handarbeitsunterricht. — 1808 wird wieder eine gewöhnliche Schule (aber nur mit 2 Klassen) eingerichtet. — 1859 wurde die Domtöchterschule aufgelöst, und die Kinder wurden in die mehrklassigen Stadtschulen überführt. — Das Küsterhaus ist an den Arkadengang von drei Bogen, der zur Kapelle (Bibliothek) des Kardinals führt, an- und eingebaut. Dieser Gang mit kleinerem oberen Stock zeigt nach dem Domplatz eine große Pforte nebst einer kleinen (Renaissance), durch die das Publikum Eintritt zu des Kardinals Stiftskirche hatte.

## Der Domplatz: die Residenz.

**Das Frankenkastell.** Auf dem Gelände der heutigen Residenz und des Doms lag aller Wahrscheinlichkeit nach das Kastell (civitas), das König Karl, der Sohn Karls des Großen, 806 zum Schutze der Salzquellen in der Halle und des Uebergangs über die Saale nach dem slavischen Osten errichtete (s. S. 1). — Gründe, die dafür sprechen, daß hier das Kastell und nicht auf dem Moritzburggelände lag, sind folgende: erstlich ist bei den frühmittelalterlichen Waffen und der Kampfesart aus nächster Nähe das Kastell so nahe wie möglich dem zu beschützenden Objekt (Halle, Saaleübergang) gelegen zu denken, zweitens ist der Saaleübergang uralter Heeresstraßen von alters her am Klaustor gewesen (nie bei der Moritzburg). Vor 1172 wird bereits die bedeutendste und größte Brücke Althalles (die hohe Brücke) hier über die Saale aufgeführt, sogar in Stein (s. später). Ihr Name läßt eine ältere, niedere Brücke bereits voraussetzen. Diesen wichtigen Saaleübergang in der Hand zu haben und zu behalten, konnte nur einer Befestigung unmittelbar an der Saale gelingen. Drittens besitzt das Moritzburggelände eine durchaus unbedeutende, einseitige und jedem historischen Verkehr entfernte Lage. Zudem war die Lage des Kastells auf dem Domhügel eine viel geschütztere und bessere: sie übersah die Siedelung vollkommen, sie war im Norden durch die Mühlpfortenniederung geschützt, sie war im Osten durch einen breiten Streifen Bruchland (Gr. und Kl. Schlamm und Umgegend) gedeckt. — Zur Bedeutung des Saaleüberganges will ich bemerken, daß auf ihn die uralte „Frankenstraße“ über Mainz, Frankfurt a. M., Erfurt, Eckartsberga, Freyburg, Braunsdorf, Reipitsch, Zscherben (am Gotthardsteich), westlich von Merseburg, Delitz a. B. einmündete, ferner die alte von Naumburg über Benndorf, Schadendorf, Lauchstedt, auch Abzweigungen des uralten Thüringer Heerweges über Niederklobikau usw. hier einliefen.

Der Einfall der Ungarnhorden, besonders 906, zerstörte das Kastell wie die Solquellsiedelung. In der Zeit der Ottonen diente es als Brückenkopf und Ausgangspunkt der älteren Stadtbefestigung (s. S. 1). Nach 1100, als die neue Befestigung entstand, verlor das Kastell seine Bedeutung als Schutzwerk der Stadt. Uebrig blieb nur die Torbefestigung, der Schutz des Saaleübergangs, das Klaustor.

**Das Cyriakshospital.** Auf dem Platz der heutigen Residenz an der Domstraße, nördlich des ehemaligen Klaustores an der Klausbrücke, entstand 1341 das Cyriakshospital des Rates und der Bürger der Stadt Halle. Es wird in den Schöffenbüchern 4 mal bis 1400 und 4 mal bis 1466 erwähnt. — Nach seiner Lage wird es das Haus bei St. Nikolaus Tore oder das Spital bei St. Nikolaus Tore genannt (1343: spietal bei Scte Nicolaus Dore, hus by scte Nycolaus Dore oder 1471: Hospitale novum intra muros oppidi juxta valvam S. Nicolai situm). Es wird auch das „große Hospital“ genannt (um 1500), zumeist aber und schon anfangs das „neue Hospital“, so um 1350 die armen lude (Leute) in dem nigen spietale, 1471: novum hospitale. Es heißt das „neue Hospital“ im Gegensatz zum „alten Hospital“, dem heiligen Geisthospital in Neumarkt (Geiststraße-Harz-Albrechtstraße), das der Rat im 13. Jhdt. als Hospital der Aussätzigen gegründet hatte.

1341 wird das neue Hospital zu bauen angefangen zur Aufnahme aller armen, kranken Leute, die sich nicht selbst helfen können und die auf den Kirchhöfen und Gassen liegen. Später (so schon 1525) konnten sich auch rüstige Leute in das Spital einkaufen. — 1343 wird eine kleine Kirche oder Kapelle bei dem Hospital zum Gottesdienst für die Hospitaliten erbaut, mit Erlaubnis des Propstes vom Kloster Neuwerk[27]), sie wird dem heiligen Cyriakus geweiht[28]), ebenfalls wird ein Kirchhof daneben angelegt. — 1381 und 1415 werden der Kapelle verschiedene Ablässe verliehen. Kapelle und Priester werden reich beschenkt. — 1471 wird in der Kirche ein Altar (Petrus, Anna, Barbara, Jungfrau Maria geweiht) durch Hans und Heyne (Heinrich) Brachstedt gestiftet und 12 Gulden jährlichen Zins. — Dem Spital stehen 2 Vorsteher oder Verwalter (provisores, 1427: vorsteher des nyen spittales) vor. — Schon um 1377 besitzt das Hospital eine ganze Anzahl zinspflichtiger Häuser, es wird von vornehmen und angesehenen Bürgern reich beschenkt; so vermacht um 1368 einer der Baldewine seinen Hof dem nigen spitale; ein anderer vermacht ihm 1380 sein Haus nach seinem und seiner Frau Tode. Um 1420 besitzt das Spital auch eine Badestube (stoven) am Klaustor. Die „Stoven“ waren ein dringendes

Bedürfnis, sie gewährten besonders Armen und Kranken (Hautkranken) freie Bäder. Auch in Braunschweig lagen an mehreren Torbrücken solche „Stoven". —

Als Kardinal Albrecht das Neue Stift gründete, ist ihm das Spital im Wege. Er braucht den Grund und Boden als Baufleck, obendrein verschlechterten Kirchhof und Krankenhaus die Luft. Er gewinnt für sich den Rat der Stadt durch mancherlei Abtretungen und Schenkungen (Neumühle und Walkmühle). So werden 1529 das Hospital und seine Gebäude, seine Kirche abgebrochen und der Kirchhof beseitigt. Der Rat verpflichtet sich ein ganz neues Hospital zu bauen, jedoch benutzt er das alte Johanneshospital am Moritzkloster, das ihm Albrecht überläßt. Er erweitert dies und legt das Spital hierhin (s. das Spital des Moritzklosters S. 34). —

**Das Neue Stift** (1520: das nawe Stift, das naue Stift). Schon Erzbischof Ernst († 1513) hatte den Plan, ein Domstift vornehmer und gelehrter Geistlicher in Halle zu gründen, und zwar in der Moritzburg; Stiftskapelle sollte die Magdalenenkapelle werden. — 1520 nimmt Kardinal Albrecht, sein Nachfolger, den Plan wieder auf. Als Platz wählte er erst das Paulerkloster, später aber das Land bis zum Klaustor, von dem Paulerkloster im Norden und dem Cyriakshospital im Süden besetzt. — 1520 versetzte er die Paulermönche in das Moritzkloster (s. d.). 1529 wird das Spital nebst seinen Gebäuden abgerissen.

Die Stiftsherrn (Canonici communis vitae) wohnen zunächst im alten Paulerkloster. Der Kardinal bedingt sich (1520) einen freien Gang und Zutritt von seiner Moritzburg zu dem Stifte (Kloster) aus vom Rate der Stadt und zwar an der Stadtmauer über die Mühle und bei der Wasserkunst bis in das Kornhaus vom neuen Stift (der „Möchsgang", siehe Alte Wasserkunst Anmerk. 13). — Außer dem Kornhaus wird auch das Brauhaus des Stiftes erwähnt (wohl das alte Brauhaus des Klosters). Es lag an dem Ausgang der Mühlgasse. — Das Stift besteht aus 4 Privaten (Propst, Dechant, Kustos, Scholastikus) und 12 Kanonikern, 16 Vikarien, 12 Chorales (Chorschüler), 1 Prediger 1 Kantor, 2 Kämmerern, 1 Küster, 4 Unterküstern, 1 Organisten, 1 Kalkant und 4 Knaben[29]), statt der ursprünglich 29 Personen (s. Moritzburg) jetzt aus 53 Personen. — Dem Propst des Neuen Stiftes werden alle Geistlichen und Kirchen der Stadt unterstellt; Pröpste sind 1520 Johann Ryder, Stephan Greißel, Johann Dithmann, Johann Lobasser, Michael Vehe, 1540—41 Johann Sauer. Unter den Kanonikern sei Crotus Rubianus (Johannes Jäger aus Dornheim), der berühmte Humanist, der Mitverfasser der Briefe der Dunkelmänner erwähnt[30]). — 1535 wird das Stift als Universitas studii in der Zahl der Universitäten eingereiht, die Stiftsherren werden als Universitätslehrer anerkannt, doch bleibt es nur Idee! Sämtliche Gebiete um Halle waren bereits protestantisch. — Der Titel des Stiftes ist: ecclesia collegiata St. Mauricii et Mariae Magdalenae ad velum aureum sive sudorium Domini „Stift des heiligen Moritz und der Maria Magdalena zum Schweißtuch des Herren" (nach einer hochheiligen Reliquie, einem Stück Leichentuch Christi, die in der Stiftskirche aufbewahrt werden sollte). Es ist geweiht dem Moritz, der Maria Magdalena und dem Nebenpatron, dem heiligen Erasmus.[31]) — Die Stadt zahlte 8000 Gulden bzw. 340 Gulden jährliche Zinsen Beitrag zum Stift und sicherte sich so bedeutende Rechte an ihm. —

1530 wird das Neue Stift oder das „Neue Gebäude", wie es zuerst heißt, zu bauen begonnen. — Es sollte das Gebäude der neuen Universität werden, später 1533 eine „Behausung" für den Kardinal selbst! Hans Schenitz wird der Leiter, der „Bauverweser", Conrad Fogelsberger der eigentliche Baumeister. Das Material wird aus dem alten Hospital, aus dem Abbruch des Klosters Neuwerk, aus der alten Ulrichskirche (1531) herbeigeschafft. Sein Grundriß bildet ein verschobenes, längliches Rechteck. Die längste Seite ist die Westseite, auf gewaltigen Fundamenten an der Saale (Mühlgraben) errichtet. Ihr gegenüber die Ostseite an der engen und düsteren Domstraße; die kürzeste, aber hochragende Südseite grenzte an das ehemalige Klaustor, die Nordseite an den Domhof. Sie schließen den großen Hofraum ein, dessen Aussehen sich vielfach geändert hat: unter Herzog Augustus Bären-, Schweine- und Fuchshatzen so am 19. 10. 1669, seit 1803 das häßliche Schauspiel des Spießrutenlaufens auf ihm, jetzt mit Gartenanlagen versehen, in deren Rasen merkwürdige Steine und Versteinerungen stehen[32]). Die 2stöckige Westfrontwand der Saale wurde vom Kardinal mit 10 hohen Giebelbauten ähnlich denen am Dom versehen (in Holzfachwerk nochmals mit einer Giebelspitze gekrönt), ferner mit vier langen, durch verschiedene Stockwerke gehenden runden Erkern. Schon zu Albrechts Zeiten führte eine Holzbrücke zu dem gegenüberliegenden Lustgarten. Die kurze Südseite erhob sich imposant. Das große Eingangstor und das kleine Pförtchen für den Personenverkehr auf der Ostseite sind wie zu des Kardinals Zeiten erhalten geblieben, auch das Wappen Albrechts über der Pforte. Heute sieht der Bau schmucklos, eintönig aus; nach der Saale wie nach der Domstraße zeigen sich nach außen zwei lange, öde Fensterreihen, jene über 25 Fenster zählend, diese 20 Paar teilweise geblendeter Fenster. Der untere Stock der Saalefront ist teilweise in Bruchstein und in Sandstein ausgeführt (schlechtem Mauerwerk). Eine Anzahl Kragsteine deuten noch als Träger auf die frühere Brücke und Ausbauten; der obere ist ganz in Backsteinen geschmacklos erneuert.

Treten wir in den Hof, so haben wir rechts das ehemalige 2stöckige Bibliotheksgebäude des Kardinals mit zugemauerten Arkaden, daran schließt sich ein hoher, erneuerter Bau zur Westseite an; diese ist in Backsteinen erneuert, 2stöckig, hat einen Turmaufgang und eine Front von 9 und 6 Fenstern. Die Südseite ist 1stöckig, hat 5 Fenster, ist ganz unscheinbar, die Ostseite zeigt im Unterstock zugemauerte Arkaden, im Oberstock 9 breite Bogenfenster und einige kleine.

Anfangs dehnte sich der gewaltige Hof des „Neuen Gebäudes" bis zum Dom. Doch schon Albrecht teilte ihn, indem er 1537 seinen Bibliotheks- und Kapellenbau (heutige Garnisonkirche) nebst angrenzendem Bau errichtete und ihn dadurch in zwei Hälften zerlegte. Den ganzen Hof des „Neuen Gebäudes" umgeben flachbogige Arkaden (jetzt in der Ost- und halben Westseite noch erkennbar), Säulengänge im unteren Stockwerk, die um 1800 an der Ostseite noch nicht zugemauert waren[33]). Der Baumeister ist hier wie im Kühlen Brunnen Hans von Schenitz, der in Italien weilend, um Einkäufe für den Kardinal zu machen, die Renaissance dort kennen gelernt hatte. — 1537—38 (1538—39) wurde die Kapelle am „Neuen Gebäude" gebaut (Nordseite, heutige Garnisonkirche), deren eines Stock für die reiche und prächtige Bibliothek[33a]) dienen sollte. Die Gewölbe sind aus Backsteinen, mit Putz überzogen, errichtet, ebenso Gesimse und Fenster des Obergeschosses. Ein wohl kuppelförmiges, kupferbedecktes Türmchen zierte das Dach. Die Kapelle war nach Dr. I, 952 „Allen Heiligen" geweiht (Omnium Sanctorum), in ihr sollen die kostbaren Reliquien und der Kirchenschatz aufbewahrt worden sein, es ist aber diese also benannte Kapelle die des Doms (s. d.) gewesen.[34]) — Auch ein Lustgarten auf dem gegenüberliegenden Ufer der Saale war durch Schenitz 1532 angelegt worden, ein Labyrinth (Irrgarten) in ihm, mit Gebäuden versehen, ferner wurde ein Weinberg „gebaut". Der Lustgarten kostete 195 Gulden, das „Laborint" 4 Gulden. —

1541 wird das Stift aufgelöst; der letzte Dompropst Dr. Joh. Sauer (1540—41) wird mit einer Pension von 50 Goldgulden entlassen und bekommt ein Häuschen am Stift, die Infirmerei (Krankenhaus), zur Wohnung, die Stiftskirche wird geschlossen, das „Neue Gebäude" und die Propstei werden für Regierung und Verwaltung des Erzstifts bestimmt. Die „Stiftsschreiberei" hat hier ihren Sitz[34a]); doch das Haus zum Grünen Hof (offenbar in oder an dem Stift) behält Albrecht für sich. — 1547 wohnt nach der Schlacht bei Mühlberg Kaiser Karl V. 16 Tage lang in ihm: am 17. 6. 1547 tat der Landgraf Philipp von Hessen im großen Saal der Westseite den Fußfall vor ihm. — 1574 wohnt König Heinrich III. von Frankreich bei seiner

Rückkehr aus Polen einige Tage im „Neuen Gebäude", vom Administrator Joachim Friedrich herrlich empfangen. —

1644 zieht der neue Administrator Herzog Augustus in das „Neue Gebäude" ein, da die Moritzburg durch den Krieg unbewohnbar geworden. Er residiert hier bis zu seinem Tode (1680), so daß das „Neue Gebäude" von nun an „Residenz" heißt. Er läßt es umbauen und mit vielen Gemächern versehen. Eine Holzbrücke (1788 abgerissen) führt auf das jenseitige Gelände der Saale, wo der Fürstengarten neu angelegt wird. Die Holzbrücke wird alle Abende aufgezogen. Der Fürstengarten war eine Gartenanlage des Barock, er lag der Residenz und dem Klostergelände gegenüber, ein großes Quadrat, von Bäumen eingefaßt, das in 3 Reihen von je 5 Gartenquadraten geteilt wurde, in der Mitte stand statt des 8. Quadrates das Lusthaus mit Kuppeldach. Neben dem Park lag nördlich der schon ältere Gemüse- oder Kohlgarten[35]). Auch eine jener beliebten Spielereien, eine Wunderburg (Irrgarten), befand sich hier, auch aus älterer Zeit[36]). Der garten- und naturfrohe Herzog verschönerte sehr den Garten: Komödien ließ er hier aufführen und prächtige Feuerwerke abbrennen.

Zeitgemäße Barockheiten in des Herzogs Hofhaltung: in dem Hofstaat befand sich ein Narr: am 2. 9. 1679 fiel sich der Hofnarr Schaller in der Residenz zu Tode; sein Vater war Superintendent (!) in Freyburg; ferner ein Riese Paul Buchmann, 4 Ellen lang, dessen Finger eine Spanne maßen. Sein Bild wurde mit den entsprechenden Versen verziert. —

1680 starb der Herzog in der Residenz (Aufbahrung im Dom, Ueberführung nach Weißenfels.)[36a]) Der Hofstaat wurde aufgelöst. Das Land fiel an Preußen. Die Residenz stand leer. Nur bisweilen stiegen preußische Herrscher in ihr ab, so am 12. 6. 1681 der Große Kurfürst bei der Huldigungsfeier der Stadt Halle, der Kurfürst Friedrich III. am 29. 5. 1689 aus gleichem Anlaß, derselbe Fürst am 11. 12. und 13. Juli 1694 bei der Einweihung der Universität (in der Wage) und 1708 auf der Durchreise nach Karlsbad, nach ihm sein Sohn Friedrich Wilhelm I. zu verschiedenen Malen.[37]) — Andere Fürstlichkeiten, die hier herbergten, waren Karl III. von Spanien (auf der Reise von Wien nach Spanien) und die Königin Maria Anna von Portugal (auf der Reise nach Portugal) und vor allem der Zar Peter auf seiner Reise nach Holland am 10. 5. 1698.[37a])

Teile der Residenz wurden Privatpersonen und Kammerbeamten zur Wohnung gegeben, auch wird der Accisehof für einige Zeit in sie verlegt. Ebenfalls wurde (bis 1704) das Salz der Saline in einem Raume aufgeschüttet. — 1735 räumte man auf Befehl des Königs vier Säle in der Westseite der Universität Vorlesungen ein, da die Wage zu wenig Raum hatte. Studenten wie Professoren fanden die Auditorien zu ablegen, und so schlief die Sache 1738 wieder ein trotz der Drohung des Königs[38]). Der große Saal wurde vielmehr für Festlichkeiten, Bälle, Konzerte benutzt, ja auch für das Johannisfest der ersten Loge (aux trois clefs d'or) 1744.

**Der große Saal** wird 1759 den Katholiken zu ihrem Gottesdienst gegeben (3 Altäre und eine Orgel). 1712 begann die katholische Propaganda in dem streng lutherischen Halle: Pater Markus Verkühlen als Priester des jungen Grafen (Studenten) Pilati wie später der Hofmeister des Grafen v. d. Natt, ein Jesuit. Es wird eine Privatkapelle eingerichtet in dem Hause des Grafen, Große Steinstraße (das spätere Türk'sche). — 1723 wird ein kleiner Saal der Residenz der anwachsenden katholischen Gemeinde gegeben. — 1731 wird der Gottesdienst in den großen Saal der dritten Etage des Kühlen Brunnens verlegt (26. 12. erster Gottesdienst hier)[39]). Zwei „Missionare" (Franciskaner) wurden gehalten. — Durch die höchst rührige Propaganda wächst die Gemeinde so, daß sie 1759 den großen Saal der Residenz für ihren Gottesdienst erhält. — 1796 werden den katholischen Priestern auch die pfarramtlichen Handlungen zugestanden: Taufen, Trauungen[40]). — 1806 ist der Saal als Lazarett für die französischen Soldaten eingerichtet. — 1812 wird ein kleiner Turm über der „Kirche" erbaut und mit 2 Glocken versehen, die am 15. 11. 1812 zum ersten Mal zum Geburtstag des **Königs** von Westfalen geläutet werden (!!). — Vom 20. 10. 1813 ab ist der Saal wiederum Lazarett, und zwar bis Weihnachten 1813 (für die Schweden.) — Später wird der Kapellen- und Bibliotheksbau zur katholischen Kirche umgestaltet. 1902 wird dieser Bau Garnisonkirche, die Katholiken beziehen ihre neuerbaute Kirche an der Mauerstraße. — Ins Erdgeschoß der Ostseite wurde die katholische Schule 1838 verlegt (s. S. 21), ebenfalls die Wohnung des Lehrers, während der katholische Pfarrer seit 1796 in einem Hause der Domstraße, der Residenz gegenüber, wohnte (s. d.).

**Die Anatomie** wird 1788 in die Residenz gleichfalls verlegt. Um Raum zu gewinnen, wird die Holzbrücke über die Saale abgerissen und das Tor in der Residenz zugemauert (1788). — Ursprünglich befand sich ein kleines und schlechtes theatrum anatomicum auf dem Boden der Wage (Universität): Vorlesungen und Sektionen von Leichen fanden bald hier, bald im „Kühlen Brunnen", bald im Zuchthaus statt, da man nur Leichen von Verbrechern zukommen ließ. 1727 legt Prof. Kloschwitz ein anatomisches

Theater auf eigene Kosten an und zwar im östlichen Anbau des alten Komödienhauses auf dem Paradeplatz (s. d.). Jeder nachfolgende Professor mußte es von den Erben des Vorgängers kaufen und unterhalten[41]). 1778 verlegt man die Anatomie in den untersten Stock der neu erbauten Bibliothek (s. Paradeplatz), 1788 in die Residenz, und zwar in die vielfach umgebaute Westseite. Hier wird auch das große anatomisch-zootomische Museum untergebracht, auch das Meckelsche Cabinet (1836 erworben, 1840 vereinigt), das vordem im Meckelschen Hause am Großen Berlin sich befand (s. S. 59). 1882 siedelt das Anatomische Institut in die Magdeburger Straße über.

Auch das **Entbindungsinstitut** wird 1808 nach Wiederherstellung der Universität durch die westfälische Regierung in die Residenz verlegt, und zwar in das obere Stock der Ostseite an der Domstraße, ebenso das Institut zur Ausbildung von Hebeammen, von Meckel († 1803) begründet. Später wird es nach Erbauung der Kliniken an der Magdeburger Straße dorthin verlegt.

**Die Hallische naturforschende Gesellschaft** erhält 1809 auch einen Raum für ihre Zusammenkünfte in der Residenz. Sie war 1778 gestiftet worden (von dem stud. theol. J. G. G. Löwe). An ihrem 50jährigen Stiftungsfest (3. 7. 1829) zählte sie 600 Mitglieder. Ihr Organ ist: „Abhandlungen der naturforschenden Gesellschaft zu Halle". Mitgliederzahl 1865: 39, meist Professoren, Ärzte usw. 1891: 49. — Ihre Bibliothek (1865): 5000 Bände, im Residenzgebäude (1891).

**Die mineralogischen und geologischen Sammlungen** der Universität werden ebenfalls in der Residenz untergebracht (1809) Steffens, damals Professor der Mineralogie, stellt sie sehr unglücklich in hohen, unbehilflichen Schränken und in dem dunklen, feuchten Erdgeschoß der Ostseite auf. – Die mineralogische Sammlung wird 1809 durch die Sammlung der aufgehobenen Universität Rinteln vermehrt. Die geologischen Sammlungen werden angelegt und besonders durch Oberberghauptmann von Veltheim vermehrt. Die Bergämter und die „Bergeleven", die in großer Zahl hier studierten, erforderten die Einrichtung eines solchen Museums. Die Kollektionen der Versteinerungen vermehrte Prof. Germar (†1853) durch Tier- und Pflanzenversteinerungen aus dem Löbejüner-Wettiner Steinkohlenreviere).[42]). 1840 nahm man neue Räume der Residenz dazu, die ehemals die chirurgische Klinik benutzt hatte. 1875 schenkt Dr. Sack (Rannische Straße) seine Sammlung der Universität. Andere kleine Sammlungen werden dazu gekauft.

— 1885: weitere Ausdehnung im Westflügel der Residenz. — 1888 werden die früheren Räume der Anatomie für das mineralogische Institut und die Geologie verwendet, so konnte $^1/_{20}$ des Bestandes zur Ausstellung gelangen. Abteilungen sind die heimatlichen Pflanzen- und Tierversteinerungen der Provinz Sachsen und Umgebung (1900: 6200 Nummern), die Tierversteinerungen in zoologischer Aufstellung (1900: 2700 Nummern), die Pflanzenversteinerungen in botanischer Anordnung (1900: 1600 Nummern) und die Mineralienräume (1900: 2500 Stufen enthaltend).

**Das Provinzial-Museum** (Museum für heimatliche Geschichte und Altertumskunde der Provinz Sachsen) wird am 21. 3. 1884 im östlichen Flügel der Residenz im unteren wie oberen Stockwerk (ehedem Entbindungsanstalt usw.) untergebracht. Die Anfänge des Museums reichen bis 1812 zurück. 1821 regt Hardenberg eine Zentralstelle zur Erhaltung und Erforschung historischer und vorhistorischer Altertümer an. Man kaufte verschiedene, z. T. schlecht verwendbare Sammlungen ein. Als die „Historische Kommission für die Provinz Sachsen" gebildet wurde, faßte man den Plan, ein Provinzial-Museum zu begründen. Die Sammlung des Dr. Schultheiß in Wolmirstedt (für 3000 ℳ von der Provinz angekauft) nebst den Ausgrabungen des Dr. Klopfleisch in Jena wurden von Merseburg nach Halle überführt und mit den Sammlungen des Thüringisch-Sächsischen Geschichtsvereins in der Residenz zusammengelegt. 1882 wurden die Räume der ehemaligen geburtshilflichen Klinik für das Museum eingerichtet. 1880 war die Sammlung des Oberpostsekretärs Warnecke in Halle sowie 1885 die des Kaufmanns Potzelt erworben worden. So wurde 1884 das Museum in dem oberen Stockwerk der Ostseite eröffnet, und zwar in 7 Sälen, die nach dem Hof hinaus lagen. Hier wurden in Glasschränken nach den Kreisen der Provinz die vorgeschichtlichen Urnen, ebenso in Tischen in der Mitte der Zimmer Waffen und Gebrauchsgegenstände, eingeordnet (für den Regierungsbezirk Magdeburg nur 1 Zimmer, für den Erfurter gar nur ein halbes! für den Merseburger dagegen 5!). Ferner Sammlungen von Schlüsseln, Schlössern, Münzen, Siegeln, Glocken usw. Im langen Korridor (nach der Domstraße zu) standen Schränke mit den alten Trachten der Bauern, Halloren usw., Sammlungen von Sporen, Hufeisen usw. In dem unteren Stockwerk wurden kirchliche Altertümer gesammelt (Altarschreine, Heiligenfiguren usw.). Auch Oelbilder z. B. des Herzogs Augustus und seiner Gemahlin, der Könige Friedrichs I. und II., des Großen Kurfürsten, des Kardinals Albrecht waren vertreten. — 1915 ist das Provinzial-Museum (Landesanstalt für Vorgeschichte) in ein eigenes Gebäude (Richard Wagnerstraße Nr. 9 und 10) übergesiedelt.

## Der Domplatz und Umgebung.

**Der Domplatz** hieß zu Olearius' Zeiten (1667) der „Domkirchhof"[43]), der Name entstand natürlich erst, als die alte Bettelmönchskirche zum Dom umgeschaffen worden war. Im Mittelalter hieß die Lokalität bi sante Paule by den predigern (s. Mühlgasse). Die Bestattungen auf dem Kirchhof der Pauliner, der im Mittelalter bis mitten in den heutigen Platz eingerückt war, hörten 1529 nicht auf. Der Kardinal scheint den Platz erweitert zu haben. Hofbeamte und Gesinde sollten auf dem Kirchhof, der nun dem Stift gehörte, beerdigt werden, dagegen die Räte und Sekretäre des Erzbischofs, sowie die Ratsherren, Grafen, Barone, Adlige der Stadt im Kreuzgange des Doms. — Bei Auflösung des Stiftes bat der Rat vergeblich den Kardinal, den Kirchhof mit Bürgerhäusern bebauen zu dürfen.[43a]) —

Umfang und Gestalt des Domplatzes waren schon im 17. Jhdt. fast die gleichen wie heute: im Süden von der stattlichen Kanzlei, im Osten von einigen Gebäuden (damals der Accise) begrenzt, im Norden von drei oder vier einfachen Bürgerhäusern, auf der Westseite freilich fehlte das Küsterhaus, und die Kirchhofsmauer sprang beim Dome mehr in den Platz vor und zeigte in der Mitte einen hohen Torweg. — Zu Dreyhaupts Zeiten ist der Name Domplatz gebräuchlich[44]). Der Platz wird im April 1701 mit Linden besetzt, von denen 1750 noch einige standen. 1919 erhielt der Platz einen Kandelaber mit elektrischer Beleuchtung. —

**Nr. 1** ist ein altes, dem 16.—17. Jhdt. entstammendes, 2stöckiges, 12 Fenster langes Gebäude, dessen hoher Treppengiebel sich an der Flutgasse erhebt, jetzt ist es mit 9 Giebelfenstern auf dem Dache versehen. Es war ehemals das im 17. Jhdt. gekaufte Landschaftshaus, Sitz der erzbischöflichen Kammer, der fürstlichen Kanzlei (Olearius); hierhin hatte man das Land- und Regierungs-Archiv aus den Kellern der Moritzburg gebracht, in denen der Archivarius mit Harken seine Aktenstücke zusammenharkte. Seitdem wurde das Haus die „Neue Kanzlei" genannt. 1714 wurden Archiv wie Regierung nach Magdeburg verlegt, man brachte jenes zu Schiffe dorthin. Der König Friedrich Wilhelm hielt Magdeburg als starke Festung für sicherer. — Viel später wurde unser Haus der Sitz des Oberbergamts, das 1815 von Rothenburg a. Saale nach Halle verlegt wurde; bis 1782 hieß es Magdeburgisch-Halberstädter Oberbergamt (1772 durch den Minister von Heynitz begründet), seit 1782: Magdeburg-Halberstädtisches Rothenburgisches Oberbergamt, 1803: Niedersächsisches Oberbergamt, 1815: Niedersächsisch-Thüringisches Oberbergamt, später Oberbergamt für

Sachsen und Thüringen. 1835 trat auch der ostelbische Teil der Provinz Sachsen hinzu. Es umfaßte 1861 den Oberbergamtsbezirk der Provinzen Sachsen, Brandenburg und Pommern: 424 Bergwerke, 8 Salinen (darunter Halle, Dürrenberg, Artern, Kösen, Staßfurt), und 147 Hütten, welche 94 127 247 Zentner produzierten im Werte von 16 293 776 Talern. — Das Oberbergamt wurde 1884 nach Friedrichsstraße 13 verlegt (1882—84 erbaut). Bedeutend ist die Bibliothek der Behörde, 1900: 18 000 Bände und 530 Handschriften. — Nach dem Abzug des Oberbergamtes erhielt unser Gebäude die zahnärztliche Klinik der Universität, später das Laboratorium für angewandte Chemie und das für Nahrungsmittelchemie.

**Nr. 2** ein altes, mehrstöckiges Eckhaus mit Freitreppe.

**Nr. 3.** Domkirche, Predigerhaus mit Nebenhaus und Küsterhaus, siehe oben. Nach alter Zählung 2187a und 2187b.

**Nr. 4** das zoologische Institut, siehe oben.

**Nr. 5—8** sind 4 ältere, mehrstöckige Häuser der Nordseite.

**Nr. 9** ist ein älteres, 3stöckiges Haus der Ostseite, seinen Hof begrenzt an der Kanzleigasse ein unschöner, alter, hoher Fachwerkgiebel von Backstein.

**Nr. 10** ist ein altes, 2stöckiges Haus mit Pfälzer Doppeldach und 4 Giebelchen auf ihm. Ehemals stand hier das Haus, das der Herzog Augustus mit seinem Hofstaat bis zur Einrichtung der Residenz, (nach andern das Oberbergamt) bewohnte. Dann wurde es (1737) der Accisehof, der Sitz der neuen Steuerbehörde. Die „Accise" wurde von dem Großen Kurfürsten eingeführt.[45]) In den Accisehof mußten sich sofort alle Reisenden und Fuhrleute begeben und alle accisebaren Sachen und Waren versteuern und das, was sie weiter führen wollten, mußte hier so lange verwahrt bleiben. Die Torschreiber an den Toren schrieben die Zettel aus, den Betrag der Steuer rechneten die Einnehmer und Kontrolleure aus, das Geld selbst nahm ein Steuersekretär ein,also eine dreifache, sehr vorsichtige und kluge Kontrolle und Gegenkontrolle. Für die deponierten Güter wurde auf dem Accisehof ein Buchhalter und ein Güterverwalter, ferner ein Acciseeinnehmer für die mit der Post ankommenden, schnell abzufertigenden Reisenden angestellt. — 1686 stand die Accise in ihren Anfängen: zwei Zimmer des Rathauses, dem Ratskeller gegenüber, genügten; dann war sie einige Jahre in der Residenz untergebracht und seit 1737 in gänzlicher Umgestaltung in dem Hause am Domplatz. Mit dem Steueramt war der sog. Packhof (Kl. Klausstraße Nr. 12) verbunden (s. d.). Das Gesamtgrundstück wurde 1837 vom Fiscus an den Verein für den hallischen Handel unentgeltlich abgetreten, der es für 30 000 Taler an Privatleute verkaufte.

**Die Domstraße** (bis 1893 Domgasse) ist eine altertümliche, immerhin enge und durch das hohe Residenzgebäude auf der Westseite verdunkelte Straße. Olearius und Dreyhaupt erwähnen den Straßennamen noch nicht. Schon 1837 zählte die Domgasse 4 Häuser und das Residenzgebäude als fünftes wie noch heute. Die Häuser sind alt außer Nr. 4, seinem neuzeitlichen rohen Backsteinbau.

**Nr. 2.** war das ehemalige katholische Pfarrhaus (Nr. 836), das von dem polnischen Fürsten Oginsky 1796 der katholischen Kirche gekauft und geschenkt wurde. 1805 brannte es fast ganz nieder.

**Die Flutgasse** ist eine enge, nur 4 Schritte breite, düstere Gasse von wenigen, alten, 3stöckigen, hohen Gebäuden hüben und drüben besetzt. Nr. 1 gehört zum Domplatz Nr. 1, zu dem alten Kanzlei- und Oberbergamtsgebäude. Die linke Seite der Gasse (Ostseite) zählt zur Großen Klausstraße Nr. 23 und zur Kleinen Klausstraße Nr. 9. — Der Name der Gasse ist weder bei Olearius noch bei Dreyhaupt erwähnt. Ich vermute, daß der „Hohe Steg", die „Hohe Stiege", die in den Schöffenbüchern und bei Olearius genannt werden, unsere Flutgasse gewesen ist. Es werden wegen Ueberflutungen bei Hochwasser von altersher hohe Stiege zu der Kapelle, dem uralten Heiligtum, emporgeführt haben; 1451: kegen Sente Nicolausze uff dem hogen stige. — Auch erwähnt die hohen Stege Olearius zwischen der Kanzlei und dem Graseweg. In zweiter Linie könnte auch die „Schmale Gasse" in betracht kommen für die „hohen Stege". —

# Anhang.

1. Auch dieses Kloster lag dicht an der Stadtmauer wie das Moritzkloster, das Franciskanerkloster (s. d.). Es diente zum Schutze der Befestigung. Eine enge Pforte (Mühlpforte) durchbrach hier die Stadtmauer, von wo eine schmale Holzbrücke zur Wiese hinüberführte. — 2. Sie zählte bei der Inventuraufnahme 1561 an 261 Bücher „groß und klein, gut und böse". — 3. Sie soll außer dem Hauptaltare noch 4 Nebenaltäre besessen haben, silberne Kelche und Meßgewande usw. Nur scheinen diese Nachrichten sich auf die größere Klosterkirche (den heutigen Dom) zu beziehen, den Dom läßt Dreyhaupt erst durch den Kardinal Albrecht erbaut sein. Dies ist irrig, s. später „Dom". Dagegen läßt sich eine kleinere Kirche (Kapelle) am Kloster nicht wegleugnen. Noch 1840 bot die Regierung dem Presbyterium eine Kapelle in den alten Klostergebäuden zum Gebrauch an; s. H. Albertz: der Dom und die Domgemeinde 1888 S. 33. — 4. Es erfolgte am 20. 6. 1703 die Uebergabe des Grundstücks wie damals üblich durch Ueberreichung des Hausschlüssels, Anzünden des Feuers auf dem Herde, Abhauen eines Stückchen Holzes von der Türe usw. — 5. Der große Umbau und Ausbau wurde durch Kollekten und Beiträge

fast aller reformierten Fürsten Deutschlands vollführt. Der König von Preußen stiftete allein 2500 Taler. — 6. In ihr befanden sich die meisten Schüler, das Schulgeld kostete 3 Taler, in den oberen vier Klassen je 4 Taler. Bei der Auflösung (1808) waren in den vier oberen Klassen 46 Schüler und in der untersten allein 54, im ganzen also 100 Schüler. — 7. Ihr Gehalt war reichlich: 500 und 300 Taler, dagegen erhielten der Ephorus und die vier Lehrer: 200, 170, 150, 150 und 145 Taler. — 8 Halle erfreute sich damals vier Gymnasien: Der Latina, des Pädagogiums, des lutherischen (Stadt) Gymnasiums und des reformierten Gymnasiums. Es war zuviel für die damalige Stadt von etwa 15000 Einwohnern. — 9. Im Jahre 1716 hatte das Waisenhaus ein Klinikum eingerichtet (durch Professor Junker, Arzt auf dem Waisenhause), und unterstützte dieses durch die dortige Apotheke; es existierte bis 1786. — 10. Vergl. Hesekiel: Blicke auf Halle und seine Umgebungen 1824 und K. H. Weise: Halle und Merseburg 1824. — 11. Siehe Große Ulrichstraße Nr. 36 und Anmerkung. — 12. Bemerkenswert ist die große Sammlung von Schmetterlingen (zum großen Teile ein Kefernsteinsches Legat). — 13. Ich will betreffs dieser wichtigen viel umstrittenen Frage „Umbau oder Neubau" nur einige bemerkenswerte Gründe anführen: 1.) wenn Kardinal Albrecht den Neubau 1520 begann, konnte er trotz etwas „leichtfertiger" Bauweise nicht schon 1523 die Einweihung der gewaltigen Kirche feiern; 2.) es ist schwer glaublich, daß er den frühgotischen Stil damals in der Zeit der absterbenden Gotik und der aufstrebenden Renaissance so nachahmte, wie der Dom ihn zeigt; die Marktkirche zeigt deutlich, wie man damals Kirchen baute; 3.) auf die Gedächtnistafel schreibt er nicht aedificavit et dedicavit „baute und weihte" (wie es üblich gewesen wäre), sondern nur dedicavit „er weihte"; 4.) die Mönche selbst schreiben: sie hätten übergeben ecclesiam nostram ad sanctam crucem olim intitulatam una cum monasterio nostro et domibus eidem adiacentibus; sie trennen also deutlich das eigentliche Kloster, die übrigen Gebäude und die Kirche; 5.) der gleichzeitige „Summarische Bericht" eines Hallensers (im Hauptstaatsarchiv zu Dresden) berichtet, daß die Kirche um- und ausgebaut worden sei; dazu vergl. man auch das Schreiben des erzbischöflichen Baumeisters Konrad Vogelsperger an den Kardinal, Halle den 20. 6. 1524 (Staatsarchiv, Magdeburg). — 14. Ein Gotteshaus von der jetzigen imposanten Größe haben die Bettelmönche nicht besessen, es wäre sicherlich den Chronisten bemerkenswert gewesen; so aber gehen sie mit Stillschweigen über die Dominikanerkirche hinweg. — 14a. Die junge Frau in der reichen und vornehmen Tracht der Patrizierinnen starb wohl im Wochenbett und hält ihr Kindlein im reichen Wickel in ihrem linken Arm. Sie steht auf einem Ungetüm (Hund?). Die Sage erzählt, die Stiftsbrüder (!) hätten diese Frau einmauern wollen, aber die Katze hätte so geschrieen, daß Menschen sie gehört und errettet hätten. — 15. In honorem Sanctorum Mauricii et Mariae Magdalenae ad velum aureum cf. Consens des Convents der Prediger-Mönche 28. 6. 1520 f. Dr. I, 790. — 16. Ein großer Turm, der seitwärts am Eingang in das heutige Dompfarrhaus gestanden haben soll. Olearius erwähnt nur diesen einen, das Weihebild des Heiligtumsbuches, auf dem der Kardinal seine neue Kirche hält, zeigt dagegen zwei Türme. Ist es lediglich ein Phantasieprodukt oder ein später fallengelassener Plan? — 17. Dieser Giebelkranz sollte wohl die Außenmauern belasten und sie so zum Tragen der Gewölbe stärken, sie waren ursprünglich mit Zieraten versehen, die vom Herzog Augustus von neuem in geschmacklosem Barock erneuert wurden. — 18. Das andere Portal führt in die Sakristei in einfacherer Form. Das Portal an der Südwand ist in das Provinzialmuseum überführt und durch eine getreue, wetterharte Nachahmung ersetzt worden, überreich an Details, eine sich überstürzende Ornamentik! — 19. Vielleicht ist sie erst durch Herzog August wegen des Fürstenstuhls an den jetzigen Ort verlegt worden. — 19a. Nach der Sitte der damaligen Zeit traf der

Kardinal schon zu Lebzeiten alle Anordnungen für sein prunkvolles Begräbnis in der hallischen Stiftskirche: wie die Gruft im Chore beschaffen sein sollte, wie die Grabplatte darüber; ferner mußte Peter Vischer ihn im Relief abbilden (jetzt in Aschaffenburg), auch war der große, silberne, vergoldete Sarg schon in unserer Kirche aufgestellt, Engel trugen über dem Grabe das Wappenschild und man las die Inschrift: Vivit post funera virtus. — 20. Diese großartige Reliquiensammlung ist in dem „Hallischen Heiligtumsbuch" 1520 dargestellt und abgebildet, vergl. Dr. I, 853. Der Besitz einer Reliquie bewirkte gewissermaßen eine Lebensgemeinschaft mit dem Heiligen. — 20a. Vergl. ein Inventarverzeichnis d. a. 1615 (Magdeburger Archiv): nur die nötigsten Geräte waren vorhanden, auf dem Hochaltar stand ein altes, holzgeschnitztes Krucifix. — 21. Wir finden die kunstvoll ausgeführten Sandsteingrabplatten an der nördlichen Seitenschiffwand 1,10 m breit und 1,90 m hoch. Die Ritter stehen in voller Lebensgröße, den Helm zwischen den Füßen, in den vier Ecken die vier Ahnenwappen. Ehedem standen die Platten dort, wo man die Särge in die Grüfte gesenkt hatte, auch waren die Monumente mit Fahnen, Schärpen, Kränzen usw. umwunden gewesen. So gewährte die Kirche einen seltsam überladenen und zugleich abgestorbenen, verwelkten Anblick. — 22. So am 15. 11. 1642 der Hauptmann Otto von Spiegel, der kursächsische Rittmeister Alexander Gleißentaler, der nachmittags den 3. 3. 1636 zwischen 4 und 5 Uhr vor Halle von den Feinden geschossen worden und hernach am Sonntag den 6. März Vorm. 3/4 8 Uhr „in Gott selig entschlafen, dessen Seele Gott genade". Am 23. 10. 1642 wurde der Kapitän Christoph de Mortaigne, 25 Jahre alt, gefallen in der Schlacht bei Leipzig, ebenfalls bestattet. – 23. Dieser wunderliche Mann ließ sich aber nicht im Dom, sondern auf dem Gottesacker bestatten. — 24. Aus den vielen bemerkenswerten Bestattungen erwähne ich nur die des Christoph A. d. Winkel auf Wettin, Magdeburgischen Landrats († 1636), des Hieronymus von Dieskau († 1636) des Kurt von Einsiedel auf Döllnitz († 1668), ferner des Kanzlers von Jena, dessen großes Epitaph an der äußeren Südwand steht, des Regierungspräsidenten Nikolaus Freiherr von Danckelmann, auch die von Äbtissinnen und Stiftsdamen des Jenaschen Stiftes. — 25. Einer dieser Kirchenstühle steht noch unter der Orgelempore. — 26. Zwei Drittel Unkosten trug der Staat, ein Drittel die Gemeinde. Wegen der hohen Kosten konnte man leider nur zwei der kunstvollen Statuen ausbessern lassen. — 27. Dem Pfarrer der Gertraudenkirche zahlten die Hospitalvorsteher jährlich eine Mark für den Ausfall seiner Einkünfte zur Entschädigung aus. — 28. Es giebt mehr denn 30 heilige Cyriaci! Hier ist der, dessen Heiligentag der 8. August ist, gemeint. Er war um 300 der Sklave des reichen Römers Thraso, er tat Wunder, heilte Besessene, bis er von Maximinus mit Pech übergossen und enthauptet wurde cf. Acta Sanctorum 8. Aug. — 29. Dazu kommen 2 Priester, 3 Chorales und 1 Küster im kleinen Chor der Kirche; vergl. Kopie der Stiftungsbulle des Papstes vom April 1519 (Magdeburger Archiv). — 30. Crotus Rubianus erst Luther- und Evangeliumfreundlich gesinnt, wandte sich nach 1521 (wie die meisten Humanisten) der katholischen Kirche wieder zu. 1531 wird er Kanonikus unseres neuen Stiftes. — 31. Erasmus war einer der 14 Nothelfer, Bischof und Märtyrer in Kleinasien. Der Kardinal wollte durch ihn an seinen Zeitgenossen, den gelehrten Humanisten Erasmus von Rotterdam, erinnern und ihm huldigen. Auf dem Titelbild des Heiligtumsbuches (1520) sind die drei Patrone dargestellt: Moritz, Magdalena und Erasmus mit seinen Eingeweiden auf der Haspel. — 32. So „aufgeblasene" Knollensteine, armdicke Bohrkerne, baltische Feuersteine, riesige Ammonshörner, kindesleibstarke verkieselte Cypressenbäume und zuletzt jener gewaltige Findling aus dem dunkelroten Granit Finlands, ein Wanderer aus der Glazialzeit, den man bei Ausschachtungsarbeiten am Harz hier etwa 1910 fand. — 33. Ihre Säulen (Renaissance-Einflüsse) sind bereits gefälliger als die des „Kühlen

Brunnens" (s. d.). — 33a. Die Bibliothek Albrechts wurde von den Zeitgenossen hochgerühmt: er sei ein zweiter Ptolemäus. Hier in der „Liberei" standen für den Kardinal ein Thronhimmel, drei Polstersitze und ein Tisch davor: hier sas er und laß in den Alten und freute sich der prächtigen Miniaturen seiner Codices. — 34. Auch die Magdalenen-Kapelle der Moritzburg hat die Bezeichnung „Aller Heiligen" geführt. Hier war der kostbare Kirchenschatz in der Tat im sichersten Gewahrsam, schon 1529 und früher befindet sich ein Teil hier in der Burg. — 34a. Vgl. Urkunde d. Aufhebung des Stifts, Kalbe 9. 2. 1541. auch sollen unsere beide nawe und alte heuszere bey dem stifte zur cantzley und rathstuben gebraucht werden. — 35. Also auf dem Gelände des heutigen Pfälzer Schießgrabens. Wegen des Kohlgartens hieß die kleine Wiese oder die Würfelwiese früher Kohlwiese. — 36. Der Administrator Christian Wilhelm ließ hier 1616 Ostern zu Ehren seines Gastes, des Kurfürsten Johann Georg I. von Sachsen, ein prachtvolles Feuerwerk abbrennen. Der Irrgarten war vom Kardinal Albrecht 1532 errichtet worden, eine schon damals beliebte Spielerei; vergl. Dürers Tagebuch über den Königshof zu Brüssel. — 36a. Man führte die Leiche aus dem Dom die Kleine Klausstraße hinauf und die Große Klausstraße hinunter durch das Klaustor. 37. Seit dieser Zeit hört die Residenz auf, Absteigequartier der Hohenzollern zu sein: Friedrich II. blieb bei seinen beiden Besuchen nur wenige Stunden in Halle; Friedrich Wilhelm III. und Louise wohnten bei angesehenen Bürgern (Niemeyer, Lichotius, Reil), und seine Söhne logierten später im „Kronprinzen". — 37a. Der Vertreter des Kurfürsten, Danckelmann, traktierte ihn; nachmittags um 4 Uhr fuhr er nach Leipzig ab; er wollte sich von Niemandem sehen lassen, und die Kutsche, darinnen er saß, war mit grünen Vorhängen zugezogen. — 38. Er wollte die widerspenstigen Professoren auf die Festung bringen lassen. — 39. Jedoch fand der Gottesdienst ohne Glockengeläute, Prozessionen usw. statt, auch durften die katholischen „Missionäre" keine pfarramtlichen Handlungen vollziehen. Dies Recht ward der katholischen Gemeinde erst am 18. 11. 1796 zugestanden. — 40. Vordem tauften die evangelischen Geistlichen, während die Trauungen in den Wohnungen der Priester nur mit Erlaubnis der evangelischen Behörde vorgenommen wurden. — 41. Erst Professor Böhmer erließ 1784 der Universität die Summe (200 Taler), die er seinem Vorgänger 1741 gezahlt hatte. — 42. Darunter ein fast vier Fuß breiter vollständiger Palmenwedel. — 43. Olearius stellt ihn mit den anderen Kirchhöfen von Moritz, Ulrich, U. L. Frauen und den Barfüßern zusammen. — 43a. Vergl. Urkunde Kalbe 9. 2. 1541 (Magd. Archiv): und soll derszelbig glockenthorm (der Stiftskirche, des Doms) gebrochen werden und doch der kirchhoff bleiben und 15. 5. 1541: das wir den kirchhoefen darauf der thorm stehet, dem rhate einrewmen sollen, ist unns nit thunlich, weil es eine geweite stedt und albereit etliche corper darauff begrabenn denselben ad prophanos usus gebrauchen zu lassen. — 44. Dreyhaupt zählt neben ihm noch 3 andere Plätze auf: Paradeplatz und Großer und Kleiner Berlin. Die Vorstellung des Kirchhofsplatzes ist durchaus geschwunden. — 45. Es war eine Steuer auf alle in den Städten zu verbrauchenden Waren und Lebensmittel vgl. die Generalsteuer- und Konsumsordnung für die Städte des Herzogtums Magdeburg vom 30. 11. 1686. —

## Die Kleine Klausstraße, der Kühle Brunnen.

**Die Kleine Klausstraße.** Ihr Straßenzug hat wohl der ältesten Befestigungslinie Halles entsprochen: von dem alten Frankenkastell (Residenz und Domgelände) führte diese ostwärts am Heiligtum S. Nikolai vorbei zum Lamberti-Heiligtum, nördlich durch den breiten Morastgürtel des Schlammes geschützt, dann quer über den heutigen Markt in die Schmeerstraße (s. S. 1). In den Schöffenbüchern wird unsere Straße nur 2 mal erwähnt und zwar 1450: yn der cleynen Clausstraszen und 1451: yn der cleynen Clausstraszin. Sie wird um diese Zeit erst von der (Großen) Klausstraße als Kleine Klausstraße abgetrennt und namentlich unterschieden worden sein. Vorher hat sie meines Erachtens den Namen „in den pecmengern" geführt, d. h. sie ist nach ihren Bewohnern, den Pechhändlern, den Peckkrämern genannt worden, so um 1300: in den pecmengern zu sente Niclaus hant; 1330: in den pecmenger; 1350: an den pekmengeren. Alsdann verschwindet dieser Name, um dem neuen „Kleine Klausstraße" Platz zu machen. — Olearius zählt sie unter den 12 Straßen Alt-Halles auf. — Den neueren Namen empfing sie von der uralten und hochberühmten Nikolauskapelle, die zwischen ihr und der Großen Klausstraße lag (s. Gr. Klausstraße).

Unsere Straße zieht sich parallel der Großen Klausstraße, von der sie sich beim Beginn am Markte nordwärts abzweigt, von Osten nach Westen geht und auf den Domplatz mündet, während die südlich von ihr sich hinziehende Große Klausstraße und das Klaustor in die Klaustorvorstadt führt. Die ziemlich enge Straße hat noch heutigen Tages ein altertümliches Aussehen und ist fast gar nicht durch moderne Einbauten gestört. 1837: 21 Häuser (dazu wird der „Kühle Brunnen" gerechnet), 1915: 18 Häuser, davon Nr. 13 (an der Kleinen Ulrichsstraße) nicht existiert.

**Nr. 6,** der goldene Schwan, ist 1893 neu erbaut, ein 4stöckiges Haus in gelben Klinkern, aber das Wahrzeichen des alten Hauses, ein goldener Schwan, ist pietätvoll über der Haustür wieder angebracht, darunter die Inschrift: „Dies Haus steht in Gottes Hand, zum Güldenen Schwan ist es genannt". —

**Nr. 7** ist ein großes, 4stöckiges Eckhaus in grauem Putz, an der Oleariusstraße, 1903 erbaut. Das alte Grundstück wurde für 80 000 ℳ von der Stadt gekauft, 90 qm wurden zur Straßenverbreiterung genommen, die Restbaustelle von 777 qm wurde verkauft. Die neue Wirtschaft „Zu den drei Königen" liegt in ihm (s. Kleine Ulrichstraße Nr. 36).

**Nr. 8** ist der Platz der ehemaligen uralten Nikolaikapelle gewesen (s. Gr. Klausstraße). Das hügelhaft sich anhebende Gelände ist nach der Straße ein Stock hoch untermauert. Man steigt eine Steinstufentreppe zu dem kleinen, hochgelegenen, Garten und dem ehemals 2stöckigen, idyllischen Hause empor. Es gehörte (Nr. 917) dem Hofrat Christian Keferstein und dessen Vater, dem langjährigen Syndikus (seit 1786) und Ratsmeister (seit 1806) Gabriel Wilhelm Keferstein, der am 15. 4. 1755 zu Cröllwitz geboren, am 16. 6. 1816 in diesem Hause gestorben ist. Keferstein hatte sich besonders um die Einführung der Braunkohlenfeuerung in Halle seit 1790 sehr verdient gemacht[1]). Das Haus befand sich noch 1862 im Besitze des Hofrats. Etwa seit 1890 wurde es umgebaut, mit Rohbau versehen, einer Kinderbewahranstalt eingeräumt, in der eine große Zahl kleiner Kinder (1891: 96) gepflegt werden konnten, ein Zweighaus der ersten hallischen Kinderbewahranstalt (vgl. Alte Promenade Nr. 1, bzw. Sophienstraße Nr. 24).

**Nr. 12** ist das Grundstück der Domgemeinde. Ursprünglich lag hier der sogenannte „Kleine Packhof", ein weitläufiges Besitztum mit guten Gebäuden und großem Hof. Es hatte auf der Ostseite des Domplatzes seinen zweiten Ausgang und zwar mit dem Acciseamt verbunden (s. Domplatz Nr. 10). Im Packhof lagerten die steuerpflichtigen Güter unter staatlichem Gewahrsam bis zu ihrem Verkauf oder Weiterbeförderung steuerfrei; an seinem Tor war der Preußische Adler angeschlagen. — 1837 wurden dem „Vereine für den hallischen Handel" vom Fiscus die Ostseite des Domplatzes und Kleine Klausstraße Nr. 12, der Accisehof (Hauptsteueramt und Packhof), unentgeltlich überlassen, gegen Mitbenutzung des neuen Packhofes in der Ankergasse, den der Verein 1836 erbaut hatte. Der Verein verkaufte nun das gesamte Grundstück des Accisehofes an Private für 30 000 Taler. — 1885 kaufte die Domgemeinde das Haus aus dem Erlös des verkauften französisch-reformierten Predigerhauses in der Großen Ulrichstraße Nr. 12 (s. d.), welches 1809 durch die Vereinigung beider Reformierten der Domgemeinde gehörte; und zwar für 100 000 *M*. — 1890 wurde hier in dem Hinterhause das reformierte Studentenkonvikt errichtet. — 1912 wurde der große Neubau des Konviktsgebäudes auf dem Hofe vollendet (für 12 Studenten), das andere neue Gebäude wurde als Mietshaus eingerichtet (Kl. Ulrichstraße Nr. 2), und in dem neuen Gemeindehause wurden die Räume für die Jugendvereine, die Diakoniesitzungen usw. hergestellt. In dem älteren, stattlichen, 3stöckigen Vorderhause an der Straße mit breiten Treppen und weiten Korridoren wohnen der zweite und der dritte Domprediger. — Tritt man durch das große Hausportal in den Hof, so gehen links Steinstufen in das Haus empor, gleich rechts auf dem Hofe befinden sich die Konfirmandenzimmer, gradaus über den Hof liegen die neugebauten drei Häuser, deren Front nach der Kleinen Ulrichstraße gerichtet ist.

**Nr. 13** (existiert nicht mehr, es lag an der Ecke der Kleinen Ulrichstraße Nr. 1) war ehemals das Wohn- und Sterbehaus des Oberbergrats, Prof. der Mineralogie Dr. Ernst Friedrich Germar, s. das Neue Stift oder die Residenz: die mineralogischen und geologischen Sammlungen[2]).

**Nr. 15** die Weingroßhandlung von Struve.

**Nr. 16.** Evangelisches Vereinshaus, Hotel Kronprinz, ein alter, etwa 22 Fenster langer, 2stöckiger Bau mit reicher Geschichte. Dieser Gasthof, lange Zeit hindurch der vornehmste Alt-Halles, wurde 1696 vom Pfälzer Philipp Ernst Engel aus Mannheim angelegt (mit Weinschankgerechtigkeit). Im nächsten Jhd. vergrößerte er sich durch Stryks Hof. Die vornehmsten Reisenden, die in der Post im Rathausflügel abgestiegen waren, kehrten hier ein[2]), leider auch ungebetene Gäste an der Spitze ihrer Truppen, so der planmäßige Ausplünderer Halles im Siebenjährigen Kriege, General der Reichstruppen Weczey am 1. 8. 1759. Die angesehensten Bürger der Stadt feierten im Kronprinzen ihre privaten Feste wie die öffentlichen, so unser großer Chronist Dreyhaupt sein 50 jähriges Studentenjubiläum[3]) am 10. 8. 1768, und die ersten Bürger der Stadt feierten das Friedensfestmahl am 18. 1. 1816 hierselbst. Auch die erste Loge Halles „Zu den 3 goldenen Schlüsseln" veranstaltete 1744 hier unter ihrem Meister stud. jur. v. Bruckenthal ihr Festessen (44 Brüder)[3a]). — Der Gasthof stand auf solcher Höhe, daß Friedrich Wilhelm III. seinem Besitzer Reuter versicherte, sein Gasthof könne es mit jedem Berliner aufnehmen. Der Kronprinz Friedrich Wilhelm (IV.) weilte mit seiner Frau wiederholt in ihm (so am 30. 5. und 23. 6. 1831), auch Prinz Wilhelm, der nachmalige siegreiche Kaiser, am 11. 6. 1831 zur Truppenbesichtigung, und schon vorher am 7. 3. 1829 zur Einholung der Braut, die Prinzessin Auguste von Weimar. — Professorengesellschaften wie die Montagsgesellschaft (um 1820) tagten hier, und Schauspielertrupps, wie die Böttnersche gaben hier Gastspiele (am 7. 11. 1831 u. f.). — 1897 wurde der Verein „Evangelisches Vereinshaus" gegründet mit dem Zweck, ein evangelisches Vereinshaus einzurichten und zu betreiben. Der Verein kaufte den „Kronprinzen" und richtete ihn der Neuzeit entsprechend ein. Am 23. 10. 1900 wurde das Haus eingeweiht und in Betrieb gesetzt. „Das evangelische Vereinshaus Hotel Kronprinz" ward nun eine vollständige Gastwirtschaft mit Restaurationszimmern, war aber auch mit größeren und kleineren Sälen versehen, die evangelischen Vereinszwecken dienen sollen, ferner mit 19 Fremdenzimmern. — Während des Weltkrieges diente das Haus als Lazarett. —

Das Nebenhaus war der ehemalige Strykſche Hof (Der „Kronprinz" Nr. 929 und Stryks Hof Nr. 930), zwischen Kronprinz und Kühlem Brunnen gelegen. Er empfing seinen Namen von dem berühmten Juristen Samuel Stryk, dem „Cicero seiner Zeit", der ein Wittenberger Professor, vom Kurfürsten Friedrich III. mit einem Gehalt von 1 200 Talern für Halle gewonnen wurde und am 17. 12. 1692 unter allgemeinem Zulauf mit Pauken und Pfeifen gefeiert seinen Einzug in Halle hielt[3b]). Am 27.3.1749 brannte das Haus nieder. — Nach seinem Aufbau begründete sich hier 1782 die Stadtressourcengesellschaft, s. Kleine Ulrichstraße Nr. 14. Dann war eine Zeitlang die Hendelsche Druckerei in dem Erdgeschoß und in den oberen Räumen das Lese-Museum. Es ist ein in der dunklen Ecke des Kühlen Brunnens gelegenes, fast verlassenes und totes Haus, 2 Stock hoch, mit 7 Fenstern Front.

**Kühle Brunnen (die Taube Gasse)** heißt die kurze enge, etwa fünf Schritt breite, düstere, von hohen Gebäuden besetzte Gasse, die sich beim Beginn der Großen Klausstraße nordwärts abzweigt und alsbald westwärts sich wendet und in die Kleine Klausstraße am Kronprinzen einmündet. Ihre rechtwinklige Ecke auf der rechten Seite bildet der ehemalige Weinschank „Zum Kühlen Brunnen", nach dem die Gasse zwar erst im 19. Jhdt. den Namen erhielt; denn noch 1837 ist sie zur Kleinen Klausstraße gerechnet, doch 1845 wird sie als selbständige Gasse „Kühler Brunnen" aufgeführt.

Im Mittelalter heißt unsere Gasse die „Taube" oder „Tobe Gasse", es ist also eine Sackgasse, die vom Markte nordwärts lief ohne Verbindung mit der Klausstraße; Olearius und Dreyhaupt nennen sie ebenfalls so. In Kresses Annalen ist sie 1619 auch „Taube Gasse" genannt. (vgl. Handschrift Bl. I, 177.). — Die enge Gasse verlief im Mittelalter westlich von dem Lambertikirchhof (s. Kleinschmieden), der seit 1458 samt seiner Kapelle immer mehr verwilderte und vernachlässigt dalag. Dort, wo jetzt der Kühle Brunnen liegt, am Ende der Sackgasse, stand ein Dirnen- oder Frauenhaus schon von alters her, aber wohl nicht das einzige öffentliche privilegierte, bereits seit dem 14. Jhdt. nachweisbar.[4]). Denn nur hier mag der „Tyttenklapp" gelegen haben, der 1372 erwähnt wird: Hans von Ostrau schenkt 1372 ein Schock Groschen an dem Tyttenklapp (up deme thyttenklape) dem kleinen Altar der Michaeliskapelle auf dem Alten Markte. Der Name „Tittenklapp" ist niederdeutsch (hochdeutsch: Zitzenklappe), er ist offenbar als Bezeichnung für ein Frauenhaus beliebt, ich erwähne nur den Tittenklapp in Magdeburg und in Halberstadt[5]). Der Name kann zwiefach gedeutet werden[6]). Das etwas größere Braunschweig hatte vier privilegierte Häuser (das rote Kloster genannt) für die „gemeinen offenbaren Weiber“ in der Echternstraße, welche der Henker, der auch dort wohnte, beaufsichtigte. Sie waren 1396 erbaut, aber schon vorher bestanden dort Freudenhäuser; obendrein wohnten auch noch in der Mauernstraße Dirnen in concessionierten Häusern. — 1522 begann auf dem Gelände des abgerissenen Frauenhauses, erweitert durch den Lambertikirchhof, Hans von Schenitz seinen Palast zu errichten. Der Günstling des Kardinals hatte das gesamte Terrain zwischen Kleinschmieden, Markt, heutiger Nikolaistraße und der Tauben Gasse rechtzeitig sich gesichert und erhalten und außer dem Lambertikirchhof auch die halb verfallene Kapelle, auch wurden ihm Backsteine und anderes Baumaterial aus dem abzubrechenden Neuwerkkloster abgelassen. Er bebaute das Terrain mit Häusern (s. Kleinschmieden), und vor allem baute er seinen Palast, den „Kühlen Brunnen“, unter sehr großen Kosten (für etwa 20000 Gulden,[6a]) und wohl Jahre hindurch. Das Wappen am Treppenhause ist wohl 1532 zu datieren[7]).

**Der Kühle Brunnen** (das Grundstück), ein hohes, 4stöckiges, giebeliges, mit einem mehrstöckigen Erker versehenes, eine innere Ecke bildendes Gebäude, ist in Frührenaissance aufgeführt, ähnlich dem Neuen Stift (Residenz). Schenitz selber wird der Baumeister gewesen sein, der in Italien auf den Reisen für den Kardinal die Renaissance kennen gelernt hatte. Auf dem Hofe am Hinterhause zog sich ein stattlicher Arkadengang entlang, etwa 6 Bogen mit kräftigen, unterhalb achteckig gekanteten Säulen, leider ist er 1905 bis auf einige Spuren zu Gunsten eines geschmacklosen Backsteinbaues verschwunden. Ebenfalls auf dem Hof erhebt sich auf der Seite des Hauptgebäudes ein kunstvolles Portal am Treppenhause, das noch heute mit dem Wappen des Erbauers in gebranntem Ton geziert ist (einem schreitenden Löwen, der in der rechten Klaue eine Krone emporhält). Zwei Pilaster tragen ein Gebälk mit doppelt gebogenen Simsen, oben mit einer Muschel gekrönt. In dem Gesims, ebenfalls von zwei kleinen Pilastern begleitet, ist das Wappen, von einer männlichen und weiblichen Halbfigur gehalten, von prächtigen Ornamenten umrahmt.[8]) — Im Inneren des Hauses waren die Gemächer prachtvoll ausgestattet, mit zierlichen, reichlich bunten Deckentäfelungen, polychromen Holzschnitzereien: nur weniges ist im Laufe der Zeit erhalten geblieben. Im Erdgeschoß ruhen rippenlose Kreuzgewölbe auf Säulen. Ueber der Tür befindet sich ein mehrstöckiger Erker, mit gotischer Konsole, den der Hofrat Dr. Biester (um 1780) anlegte oder wohl erneuerte (?). Das sog. Bischofsbett, die geheime Treppe und anderes, was sich auf den unglücklichen Lebensroman des Hans von Schenitz bezieht, ist nicht mehr vorhanden.

Hans von Schenitz entstammte einem wohl adligen böhmischen Geschlecht. Der Großvater Gregor verkaufte den Familienstammsitz Schenitz bei Barub in Böhmen und siedelte 1440 nach Sachsen über (Oschitz, Chemnitz) und starb 1495 zu Leipzig. Sein Sohn Martin, Bürger, Pfänner und wohlhabender Tuchhändler in Halle, vermählt in dritter Ehe mit Margarethe Prellwitz (s. Schmeerstraße: Goldenes Schlößchen), starb 1510. Dessen Sohn, Hans Schenitz (1499*), erst Kaufmann, dann Baumeister, Hofsekretär, Geheimkämmerer, ward der Günstling des Kardinals Albrecht; ihm wie seinem Buder Anton wurde durch Kaiser Karl V. der Adelsstand erneuert. Er erbaute z. T. mit veruntreuten Geldern des Kardinals seinen Palast, den Kühlen Brunnen, wie die übrigen Häuser. Deswegen und vielleicht auch wegen einer anderen Untreue (Verführung der Geliebten des Kardinals, einer italienischen Sängerin) machte ihm der betrogene Kardinal den Prozeß und ließ ihn am 21. 6. 1535 auf dem großen Galgenberg in Giebichenstein hängen. Im Kühlen Brunnen, im Obergeschoß soll Kardinal Albrecht die Zusammenkünfte mit der schönen Italienerin gehabt haben.[8a]) Hier im Obergeschoß befand sich neben einer großen Stube auch eine Kammer, in der man noch bis um 1800 das sogenannte Bischofsbette zeigte, eine sehr alte und große hölzerne Bettsponde, in der der Kardinal mit seiner Kurtisane zu übernachten pflegte, wenn er auf heimlicher Treppe und verborgenem Gange ganz unvermerkt zu ihr geeilt war. Weise (1824: Halle und Merseburg) berichtet, daß erst der vorige Besitzer des Hauses diese Bettstelle zerstört hätte (S. 16 und 151)[8b]). — Schenitz hatte die Sängerin aus Italien mitgebracht und hatte schon unterwegs die Treue seinem Herren gebrochen. Ein Hofnarr verriet das Liebesverhältnis dem Erzbischof. Dieser suchte und fand bald die Gelegenheit, aus geheimem Versteck den intimen Verkehr der beiden festzustellen, auch überzeugte er sich von den respektlosen Reden des Günstlings über ihn selbst. So ward dieses Haus in zwiefacher Hinsicht das Verhängnis seines Erbauers. — Der Kardinal hatte, trotz des großen Widerspruchs des Rates der Stadt Halle, dem Hause die Weinschankgerechtigkeit verliehen.[9]) —

1535 ließ der Kardinal das Haus wegen des Prozesses der Familie Schenitz gegen ihn mit Beschlag belegen. Erst nach dem Tode Albrechts 1546 traten Anton von Schenitz und die Kinder des Hans wieder in ihren Familienbesitz. Nach dieser Zeit mag vielleicht das Wappen im Hofe mit dem Spruche zur Erinnerung an den Erbauer angebracht sein. — Der Schenitzsche Häuserkomplex verblieb in der Familie bis auf Salomon von

Schenitz († 1591), den Enkel des Hans. Durch dessen Witwe, Maria von Goldstein, ererbten ihn die Dürfelds (ihr zweiter Mann war Wilhelm Dürfeld), diese traten ihn 1647 an die Goldsteins ab, die ihn 1664 für 4300 Taler an den Rat der Stadt Halle verkauften. Das Haus am Markt wie das in dem Schlamm (Nikolaistraße) veräußerte man an Privatpersonen, den Kühlen Brunnen mit dem Weinschank behielt man selber. Der Weinschank war seit Schenitzens Zeiten betrieben worden: 1637 fand man im Weinhause zum Kühlen Brunnen auf der Wüsten einen Menschen tot; 1661 ertränkte sich der Weinschenk zum Kühlen Brunnen aus Melancholie in der Saale. —

In der Zeit des städtischen Besitzes wurde im Erdgeschoß der Weinschank weiter betrieben: die Wirtschaft wurde teils allein, teils mit dem Ratskeller zusammen vom Rate verpachtet. Die große Stube des Obergeschosses trat man an Innungen und Handwerker für deren Zusammenkünfte ab. Im obersten Geschoß befand sich seit 1731 die katholische Kapelle, und zwar bis 1759 (siehe das Neue Stift: der große Saal). — Auch fanden seit Gründung der Universität (1694) Sektionen und anatomische Vorlesungen im Kühlen Brunnen wie im Zuchthaus und in der Wage statt (vgl. Das Neue Stift: Die Anatomie) und zwar bis 1727. Man brachte also in das Haus dieser öffentlichen Wirtschaft (!) die Leichen der Verbrecher und Selbstmörder. —

Später kaufte der Hofrat Dr. med. Johann Siegismund Biester das Haus (* 1735, seit 1779 Dr. med.), der auch den Altan anlegte (?). Er verkaufte es nach einigen Jahren an den Pächter der Schankgerechtigkeit des Universitätskellers, daher es allgemein „Universitätskeller" genannt wurde.[10]) 1837 wird der Kühle Brunnen (Nr. 931) als „Universitäts Wein- und Bierkeller" aufgeführt. Besonders das Billardspiel wurde hier betrieben, und im Dezember 1806 gastierte hier auch die Richtersche Schauspielergesellschaft. — Um 1820 ist unser Haus eine beliebte Bürgerrestauration, wo man den Broihan, das hallische Nationalgetränk, in langen gläsernen Stangen mit einem „Schnäpschen" trinken konnte. — In der Folgezeit verlor er an Ansehen. — 1872/74 fand ein bedeutender Umbau des alten historischen Gebäudes statt. — Bis in unser Jahrhundert wurde eine Wirtschaft in ihm betrieben. Um 1905 baute man den häßlichen Rohbau auf dem Hofe, der die alten Arkaden verschwinden ließ, jedoch das alte malerische Gebäude mit dem breiten, rundgewölbten Torweg nach der Nikolaistraße steht noch.

# Die Nikolaistraße, der Schlamm.

**Der Schlamm** war der gemeinsame Name für den Großen und Kleinen Schlamm bis in das 19. Jhdt. Olearius (1667), auch Dreyhaupt (1750), wie auch das gesamte Mittelalter fassen beide Straßenzüge mit dem Namen „Schlamm" zusammen. Der Schlamm galt als eine einzige Gasse unter den 26 Gassen Alt-Halles.

Den Namen erhielten die zwei Straßenzüge von dem ehemaligen Bruchland, das sich hier hinter der Ulrichstraße westlich ausdehnte und in das ehemals von der Senke des Kaulenberges (s. d.) ein Bachbett hinabzog. Halle hatte ja an verschiedenen Stellen morastigen Untergrund[11]). Dies war auch der Grund, weswegen die Besiedelung dieses Geländes erst im späteren Mittelalter sich vollzog. – In den Schöffenbüchern wird der Schlamm erst nach 1400 erwähnt, je später, desto häufiger, im ganzen 19 mal; zum ersten 1411: up deme slamme. Wir erfahren, daß ein Haus czu der guldenen kronen auf dem Schlamme lag, das 1425 für 50 rheinische Gulden verkauft wurde, ferner, daß 1437 ein Vorwerk auf dem Schlamme stand (vorwerk uff dem slamme), auch Scheunen werden genannt, also daß die Gegend einen durchaus landwirtschaftlichen, dörflichen Eindruck gemacht haben muß. Der Preis der Häuser in diesen Jahrzehnten (1420/1450) ist 30, 40 und 50 Gulden. –

1466 wird ein zweites Frauenhaus in unserer Stadt eingerichtet, es war ein Haus „hinter dem Schlamme", also im kleinen Schlamm, das den bezeichnenden Namen „Finkenflucht" führte. Dieses privilegierte Haus behielt seine Freiheiten Jahrhunderte hindurch, es war eins der Freihäuser, die auch nach der Reformation unter der Jurisdiktion des Amtes Giebichenstein (und nicht des Rates der Stadt) standen. Um 1540 war übrigens die Finkenflucht schon wieder ein anständiges Privathaus im Besitze eines Dr. Eberhausen[11a]).

Auch eine Schankwirtschaft befand sich im 15. Jhdt. auf dem Schlamme. Hans Pawel wird als Gastgeber hierselbst erwähnt, ein niedrig geborener und demokratischer Anhänger des Erzbischofs Ernst, der als solcher 1479 Solgüter und Kothe der ihres Vermögens beraubten Pfänner erhielt.

1642 besitzt der Kanzler des Herzogs Augustus Carpzovius sein Wohnhaus auf dem Schlamme. Die Mauer an seinem Hause fällt wegen aufgegrabener Röhren ein. Carpzov stammte aus angesehenem Geschlecht und war einer der höchsten Beamten des Administrators.[12]) –

Am 2. 5. 1676 brach eine große Feuersbrunst auf dem Schlamme aus. Sie ergriff die Dachritz-, Gr. Ulrich- und Barfüßerstraße und legte 38 Häuser nebst 11 Scheunen und Hintergebäuden in Asche. — Aber schon damals scheint diese Gegend des Schlammes wegen der Händel und des Treibens berüchtigt gewesen zu sein: am 24. 6. 1704 wurde der stud. jur. Ernst Liehe aus dem Mecklenburgischen am Abend von einem anderen hier erstochen.

**Die Nicolaistraße** führt erst seit 1891 den jetzigen, höchst unglücklich gewählten Namen[13]), vordem hieß sie der „Große Schlamm" im Gegensatz zu dem „Kleinen Schlamm", der seit 1891 den einfacheren Namen „Schlamm" führt. — Der Große Schlamm, die heutige Nikolaistraße, war im Mittelalter und auch noch späterhin eine bedeutende und wichtige Straße, sie führte von Osten nach Westen, und ich sehe in ihr das Bindeglied der Wittenbergischen Heerstraße mit der Eislebener, die Verlängerung der Großen Steinstraße, die auf die Kleine Klausstraße und durch die Domgasse auf das Klaustor mündete. Sie verband also das östliche Deutschland mit dem westlichen, so zogen auf ihr die Heerwagen des Grafen von Barby im August 1477 entlang, sie kamen von Leipzig, zogen durch das Steintor, die Steinstraße einher durch den Schlamm (Nikolaistraße) zum Klaustor auf die Eislebener Straße. Man muß bedenken, daß bis vor einem Menschenalter kein Weg über den Markt und über die Halle zur Klausbrücke führte, und daß der andere Weg, die Große Klausstraße, derartig eng war, daß noch am 14. 12 1827 eine Polizeiverordnung erlassen werden mußte, daß die Wagen, die hineinführen, die Große Klausstraße benutzen sollten, die aber aus der Stadt herabführen, die Kleine Klausstraße.

Erst in unserer Zeit ist die Straße etwas erweitert und verschönert worden; der altertümliche Eindruck, namentlich auf der südlichen Seite, ist ihr geblieben. Ehemals sprang sie, ziemlich eng, über 3 Meter in die Große Ulrichstraße und Kleinschmieden vor, aber 1893 wurde der Schnittpunkt der drei Straßen bedeutend vergrößert (s. Kleinschmieden und Große Ulrichstraße). Eine weitere Verbesserung erfuhr die Straße durch den Neubau der Restauration zum S. Nikolaus (etwa 1912), der sich stattlich und stilvoll auf dem Gelände dreier abgerissener alter Häuser, etwas zurückliegend, erhebt. 1837: 12 Häuser; 1915: 9 Häuser in 12 Nummern.

**Nr. 2** (auf der Südseite) ist ein altes, zweistöckiges, an beiden Seiten turmhaft zu drei Stockwerken erhöhtes Haus, oben in der Mitte mit dem Wahrzeichen einer goldenen Krone geschmückt;

es ist ehemals 1522 von Hans von Schenitz zugleich mit dem Hause am Markt wie mit dem Kühlen Brunnen (s. d.) auf dem Gelände des Lambertikirchhofes erbaut worden. Noch heute hat es mit dem Kühlen Brunnen gemeinsamen Hof, zu dem ein hoher Torweg führt, und von dem man einen malerischen Blick auf die alte zugebaute Holzgallerie des Hauses hat. Es ist aus den Steinen der Lambertikapelle (und aus solchen des Neuwerkklosters) erbaut worden, im 18. Jhdt. das Hossische Haus genannt.

**Nr. 3** sind alte Hintergebäude des „Kronprinzen" (siehe Kleine Klausstraße Nr. 16). Wohl um dieselbe Zeit wie dieser erstanden.

**Nr. 5** (auf der Nordseite) ein altes, dem 18. Jhdt. entstammendes Gebäude, auf dem Gartengelände des Händelhauses entstanden.

**Nr. 6** ist das Geburtshaus Georg Friedrich Händels, des großen Tondichters, ein 2stöckiges Haus mit 12 Fenstern Front. Bei der Erneuerung sind die Namen der Musikstücke Händels in Medaillons unter den Fenstern des Obergeschosses angebracht, auf der westlichen Seite zwischen den Fenstern ist obendrein die Riesenbüste des Komponisten, auf der östlichen Seite das Wahrzeichen des Hauses, der gelbe Hirsch, eingefügt; zudem ziert noch eine Gedenktafel das schon überreichlich gekennzeichnete Haus. Händel ist in diesem Hause am 23. 2. 1685 (a. St.) geboren[14]) in demselben Jahre wie Johann Sebastian Bach. Der Vater Georg war der Sohn des Kupferschmiedemeisters Valentin Händel, der aus Breslau eingewandert, 1609 in Halle das Bürgerrecht erwarb und ein Haus in Kleinschmieden (Nr. 3 ehemals, auf seinem Gelände steht das Michelsche Haus) besaß. Georg wurde Chirurg, „Feldscheer" in kursächsischen, schwedischen, kaiserlichen Diensten, um 1645 Amtschirurg des ganzen Amtes Giebichenstein und 1660 nach glücklich vollbrachter Heilung des gebrochenen Armes des Herzogs Augustus, dessen Kammerdiener und Leibchirurg. 1665 erwarb er das Haus zum Gelben Hirsch, ein damals alleinstehendes, von Vorgärten umgebenes Haus, „ein Eckhaus zwischen der Kleinen Ulrichstraße, der Kleinen Klausstraße und dem Großen Schlamm". An dem Hause hing ein altes Privileg des Weinausschanks. Trotz des Widerspruchs und der Klage des Rats beim Reichskammergericht in Speier erneuerte Händel die Weinwirtschaft und ließ sie bis 1684 durch einen Pächter ausführen.[15])

**Nr. 8** zeigt ein altes Renaissanceportal, in der Mitte des Rundbogens steht ein Löwenkopf.

**Nr. 9/11** das Vereinshaus zum S. Nikolaus, 1913 erbaut, ein moderner großzügiger Bau in grauem Cement, 2stöckig mit hohem Dach, das durch eine Dachfensterreihe belebt wird; ein 4stöckiger Volutengiebel krönt die Ostecke, an dem sich ein kleiner Erker befindet. — Beim Ausschachten des Baugrundes fand man am 27. 2. 1913 ein frühmittelalterliches Bronzebecken in einer ehemaligen Senkgrube. Wenn das Becken kirchlichem Dienste angehörte, entstammte es wohl der Lambertikapelle, vielleicht war es in dem Pfarrhaus, das hier gelegen sein konnte, verloren gegangen[16]).

**Der (Kleine) Schlamm** führt von der Mitte der Nikolaistraße nordwärts zur Dachritzstraße. 1837: 13 Häuser; 1915 ebenfalls 13 Häuser, 3stöckige, glattgeputzte, alte Gebäude; eine enge Straße, die ihren alten Charakter gewahrt hat. — **Die** Straße ist die letzte jener Straßen und Gassen, in denen früher Gewerbsunzucht betrieben wurde. Solche waren der Freudenplan, die Kellnergasse, die **Kleine** Rittergasse usw. Seit etwa 1905 wurde die Gewerbsunzucht nur noch in der Straße Schlamm ausgeübt, und zwar in den 13 Häusern; 1908 übten 66 Dirnen ihr Gewerbe aus: 1909: 78; 1910: 73; 1911: 71; 1912: 60; 1913: 75. Außer diesen wurde etwa die doppelte Zahl wegen unsittlichen Lebenswandels festgenommen und jenachdem unter Polizeikontrolle gestellt.[16a])

## Die Große Klausstraße.

**Die Sankt Nikolaus- oder Klaus-Kapelle,** die der Großen wie der Kleinen Klausstraße den Namen gegeben hat — ja sogar einem ganzen Stadtviertel, denn das Gertraudenviertel heißt später auch das Nikolaiviertel[17]) — war eins der ältesten und angesehensten Heiligtümer unserer Stadt. Es lag zwischen der Großen und Kleinen Klausstraße, grade in der Mitte des westlichen unteren Häuserblocks, der zwischen den beiden Straßen oberhalb der Flutgasse, auf einer leichten Anhöhe, die noch heute in der Kleinen Klausstraße (Nr. 8) sichtbar ist. Hier auf dem Hügel lag die **Kapelle** des Heiligen, der das ihm anvertraute Gebiet des Tales, der Halle, besonders vor Ueberschwemmungen zu schützen hatte. — Nikolaus war ein heiliger Bischof (zu Myra in Kleinasien) zur Zeit Konstantins des Großen. Er starb 326; der Schutzpatron der Schiffer, der Helfer gegen Wassernot und Ueberschwemmungen, daher er auch mit einem Fisch dargestellt wird.[20]) —

Die Kapelle wird in den Schöffenbüchern bis 1400 an 13 mal und bis 1466 noch 7 mal erwähnt; 1266: by sancte

Nycolause; 1275: an sante Nycolawes torne; 1410: an sente Nicolaus kerken, by sente Nicolaus. — Die Kapelle stand als Tal-Heiligtum schon vor 1100, an ihr zog sich die älteste Befestigung Halles (vor 1100) von dem alten Frankenkastell empor (s. S. 1), die Nikolaistraße bildete die ungefähre Nordgrenze der Stadt. — 1121 wird die Kapelle durch Erzbischof Roger dem neugegründeten Kloster Neuwerk inkorporiert. — Da die Kapelle in engster Beziehung zur Halle und ihren Koten stand, empfing sie eine stattliche Sole, 96 Zöber!, von denen 24 Zöber im Kot zum Hirsche, 24 im Kot zum Fuchse, 24 in der Taube, 24 im Kalbe gesotten wurden. Aus dem Erlös wurden die Nikolauslichte hergestellt: 2 ($27^1/_2$ Stein schwer) für die Nikolauskirchen in Kattau und Sennewitz und ein drittes für unsere Nikolauskapelle in Halle: das Licht wurde in der Wage gefertigt und am Nikolausabend (6. 12.) mit Pauken und Pfeifen in die Kapelle getragen. Nach der Reformation hat man dergleichen Lichter nicht mehr geopfert; der Erlös wurde durch landesfürstliche Genehmigung (1566 und 1584) für andere Zwecke verwendet. — 1445 brannte das Kirchlein gänzlich ab, das Feuer tat keinen weiteren Schaden; die Kapelle wurde wieder aufgebaut und schon 1452 wird im Neubau ein Altar der H. Katharina durch den frommen Erzbischof Friedrich bestätigt.[21]) — 1469 war ein derartiges Hochwasser, daß das Wasser bis vor die Kapelle stieg. — In der Reformationszeit verfiel das verödete Heiligtum, es wurde endlich 1564 durch Erzbischof Sigismund dem Rate geschenkt, dieser ließ 1569 die Kapelle abbrechen und mit ihren Quadersteinen das Nikolaustor erbauen; der wüste Platz wurde verkauft, und Bürgerhäuser wurden darauf errichtet, teilweise wohl noch auf den Fundamenten des Kirchleins. —

**Das Klaustor oder Nikolaustor** lag am westlichen Ausgang der Großen Klausstraße, südlich an der Residenz (vordem am Spital), an dem uralten Saaleübergang, an der Klausbrücke. Es war ein hochwichtiges Tor, durch das der gesamte Verkehr des östlichen wie nördlichen und südlichen Hinterlands Halles nach dem Westen geleitet wurde und das schon um 806 den festen Stützpunkt der Franken gegen die Slaven des Ostens bildete. — Ueber die Gestalt des mittelalterlichen Klaustores ist nichts bekannt. Es wird in den Schöffenbüchern 5 mal erwähnt, um 1275: an sente Nikolaus dore; 1451 wird eine Badestube by dem Claustore aufgeführt, sie gehörte dem Cyriakshospital und war ein Freihaus. — 1569 wurde das Tor mit den Quadersteinen der alten Nikolauskapelle, welche der Erzbischof Sigismund der Stadt geschenkt hatte, gänzlich erneuert und zwar innerhalb 19 Wochen. Es war das einfachste von allen Toren der Stadt da es ja am geschütztesten hinter dem breiten Saalearm lag: ein einfaches, 2stöckiges Torhaus, das oben die Wohnung des Pförtners barg, zu beiden Seiten mit einem Stufengiebel geschmückt, dessen Form in späterer Zeit etwas verändert erscheint. — 1816 wurde das Wachhaus am Klaustore (wie auch das am Ulrichstor und am Galgtor) zum Niederreißen verkauft, weil die inneren Tore nicht mehr mit Militär belegt werden sollten. — 1817 ist das Klaustor ganz abgerissen worden.

**Die Klausbrücke,** die über den Saalearm, den Mühlgraben, der sich hier aus dem Zusammenfluß der Hallsaale und der Strohhofsaale bildet, führte, war ursprünglich aus Holz und ist in den Kriegszeiten des Mittelalters wiederholt zerstört worden. — Bei der Erneuerung des Klaustores wurde sie 1576 durch eine steinerne ersetzt. — 1842/43 wurde sie von Grund aus mit 16206 Talern Unkosten aus Sandsteinquadern erbaut mit 4 überwölbten Oeffnungen von je 25 Fuß Weite und einer breiten Fahrbahn nebst 2 schmalen, 1864 mit Granitplatten belegten Fußsteigen. — 1908 wurde die Klausbrücke in Eisenbeton verbreitert, und zwar von 8 auf 16 Meter, der Zunahme des Verkehrs entsprechend. Konsolen tragen die Ueberbauung nach der Dreyhaupt- wie nach der Robert-Franzstraße. —

**Die Große Klausstraße** führt von Osten nach Westen, vom Markte zum Klaustore, zur Saale hinab auf die uralte Heerstraße, die bereits die Franken benutzten. Die Straße ist noch heute ziemlich eng, etwa 11 Schritte im Durchschnitt breit, dem ehemaligen lebhaften Landstraßenverkehr nicht gewachsen, so daß der Magistrat 1827 die Verordnung erließ, daß die von der Saale hochfahrenden Wagen die Große Klausstraße, die von der Stadt herabfahrenden Wagen die Kleine Klausstraße benutzen sollten, ein Gebrauch, der schon im Mittelalter (s. Nikolaistraße) befolgt worden zu sein scheint. — Vor Jahrhunderten hat die Straße erheblich tiefer gelegen. Sie begann am Markte zwischen dem Gewandhause am Marienkirchhof und den Buden auf der Marktseite am Lambertikirchhof (s. Markt); Gewandhaus und Buden waren aber durch hölzerne Brücken mit einander verbunden, und unter diesen ging der Fahrweg der Klausstraße hinab. Bei Kanalausschachtungen hat man die allmähliche Auffüllung des Pflasters (dreifach übereinander) feststellen können. — Erst 1564 wurden noch Gänge über dem Fahrweg abgeschafft. — Als 1509 der Markt von seinen Bauten gesäubert wurde, verlegte man die Garküchen, die erst auf dem Markte am Roten Turm gestanden hatten, in den Anfang der Klausstraße, wo man einige Häuser dafür ankaufte. Noch 1603 stehen sie hier: ein Junge von

15 Jahren erstach damals einen Mann in ihnen. — Auch stand ein alter Brunnen in unserer Straße, der sogenannte Bischofsbrunnen, er wurde im März 1707 abgebrochen und am 4. 7. mit einem Gewölbe zugemauert.

In den Schöffenbüchern wird unsere Straße als „Klausstraße" (nicht als „Große Klausstraße") oft aufgeführt: 11 mal bis 1400 und 36 mal bis 1460; die Straße scheint demnach erst im 15. Jhdt. mehr ausgebaut worden zu sein, Höfe, Stallungen, Grasplätze usw. werden zu Wohnstätten ausgenutzt worden sein. Um 1300: in Sente Claus strate: 1392: in sencte Nicolausstrate, in sunte Nicolaus strate; 1350: in sente Nicolawesstrate; 1416: yn sente Nicolaus strate; 1456: in der Clausstraszen. — Als „Große Klausstraße" wird die Straße erst im 15. Jhdt. bezeichnet: 1451: in der grossen Clausstraszin. — Erwähnt wird noch in unserer Straße ein Haus zum Grünen Dill (czum grunen dille), das 1425 einem Hans Hake gehörte. —

Das altertümliche Aussehen hat die Große Klausstraße sich bis heutigen Tages bewahrt. Gleich wenn man vom Markte aus in sie hineintritt, sieht man ein hohes, vorgekragtes Giebelhaus vor sich, das die Straße gewissermaßen spaltet: links in den Graseweg und rechts in die eigentliche Klausstraße. Blickt man diese hinab, sieht man andere vorgekragte Häuser, teilweise mit Giebeln besetzt, meist 3stöckig, die der ziemlich engen Straße ein etwas düsteres Aussehen verleihen. Leider sind die mannigfachen alten Hausportale längst verschwunden, so auch jene Barocktüre in Nr. 14[22]); ebenfalls fielen die Steinstufen (Tritte) vor den Häusern, die das Behagliche vermehrten, wie auch die Erker, die über der Straße hingen. 1837: 40 Häuser; 1915: 40 Häuser. —

**Nr 3**, ein höchst malerisches altes Haus, springt etwas vor, zeigt sich 3stöckig mit kleinem Dachgiebel und wuchtigem Erker an der Ecke, hinter dem sich die Front 4stöckig nach dem Graseweg fortsetzt.

**Nr. 18.** Hier war ehemals der Gasthof zum Goldenen Hahn, (etwa der Domstraße gegenüber gelegen), in alter Zählung Nr. 883. Schon 1830 stand der Gasthof hier, kurze Zeit vorher (1824) lag er noch jenseits der Klausbrücke, schräg gegenüber auf der Ecke des Mühlgrabens und der Mansfelderstraße. 1855 existiert er noch. 1861 finde ich ihn eingegangen.

**Nr. 40** (ehemals Nr. 41) in alter Zählung Nr. 936 und 937 war ehemals der alte Gasthof zum Halben Mond, schon von Dreyhaupt (1750) als „uralter Gasthof" bezeichnet[23]). 1659 starb im Halben Mond der Gastwirt Markus Ruland, ein „vornehmer" Bürger, der, über 86 Jahr alt auf dem Gottesacker bestattet wurde. Er scheint den 30jährigen Krieg gut überlebt zu haben. Der alte Gasthof war ein 2stöckiges, 4fenstriges Gebäude mit hohem Satteldach. — Zu Anfang des 19. Jhdts. wurde der Gasthof „zeitgemäß“ in „Stadt Zürich“ umgenannt[24]), so existiert er noch 1878. — Später ward er ein Restaurant „zum Augustinerbräu“ dann „zur Fortuna“ (1900). Jetzt ist er das Geschäftshaus der Möbelfabrik Reinicke und Andag. — Zu des tollen Magisters Laukhard Zeiten, um 1782, befand sich rechter Hand in der Klausstraße unweit vom Halben Mond ein Freudenhaus, der „Hanauer Puff“ genannt. Christel, die Tochter der Besitzerin (Frau Dörnerin), war Laukhards erklärte Geliebte; es kamen viele hübsche Mädchen und Studenten hier zusammen (!). —

**Die Ellenbogengasse** verband ehemals die Große Klausstraße mit der Kleinen, etwa in ihrer Mitte, parallel der weiter unterhalb (westlich) gelegenen Flutgasse. Heute ist sie in den neuen Straßenzug der Oleariusstraße aufgegangen, die seit 1886 entstand[25]). Sie war sehr eng, in der Mitte etwas ausgebuchtet und von hohen Gebäuden beiderseits besetzt. Kümmerliche Spuren ihrer ehemaligen Existenz sind noch zu bemerken. Eigene Häuser hat sie nie besessen, da sie nur von Hintergehöften gebildet wurde. Der Name der alten Gasse wurde erst 1818 offiziell eingeführt, er ist nicht alten Datums, wie wir aus ähnlichen Bezeichnungen in anderen Städten schließen können[26]). Der Ellenbogen war der Ausdruck für eine krumme, geknickte Straßenlinie. —

## Der Graseweg, die Schmale Gasse, die Salzstraße.

**Der Graseweg** ist eine enge Parallelgasse der Großen Klausstraße, die bei Nr. 3 sich abzweigt, wie diese von Osten nach Westen führt, aber auf die Halle mündet. Offenbar ist der obere Teil der Gasse der ältere, denn der untere verlief sich im Mittelalter in die Kote der Halle um den Hackeborn (vgl. die Hackebornstraße S. 24). —

Hier im oberen Teil auf der Nordostseite der Halle ist auch der Rittersitz zu suchen, nach dem die Gasse ihren Namen erhielt: der Grashof (viridarium). Es war dieser Punkt wohl eine sehr alte Verschanzung, die noch aus der Zeit vor 1100 stammte, als die älteste Befestigungslinie etwas nördlich von der Nikolauskapelle zu der Lambertikapelle hinüberlief (s. Neues Stift: das Frankenkastell). Der Name dieser Verschanzung rührte wohl von einem verwilderten alten, außer Gebrauch gesetzten Friedhof her, solche verlassenen Begräbnisstätten nannte man „Grashöfe“; vielleicht, daß hier die älteste Gräberstätte der Hallbevölkerung, der Halloren zur Zeit der Ottonen, zu suchen ist. —

Auf dem Kastell saß ein Rittergeschlecht, das später von ihm den Namen annahm und sich „vom Grashof“, de viridario nannte. — 1243 wird ein Johannes de Viridario als Zeuge des Propstes Poppo von Neuwerk erwähnt. — 1258 ist Heidenricus de Viridario Proconsul von Halle. — In den Schöffenbüchern wird das Geschlecht um 1300 häufig erwähnt. Heidenreichs (Heideke vomme Grashove) Kinder sind Busso vomme Grashove, Heydaz (Heidenreich) und Saphie (Sophie) um 1314. Busso war sehr begütert im Schuhhof, in der Schmeerstraße; er besaß auch die Lehmgruben bei Sankt Martin (Gottesacker). Neben diesem Busso lebt ein Vetter Busso, der Sohn Ludegens vomme Grashove. — Als Schiedsrichter zwischen dem Kloster Neuwerk und denen von Freiberg wird Burchard vom Grashof 1290 genannt. — Um 1318 kam der Rittersitz derer vom Grashof in die Hände der Baldewine. Das Geschlecht ist dem Aussterben bald nahe: um 1370 wird Anne, Grashoves dochtere, als letzte genannt; sie beschenkt mit vielen Gütern die Kapelle zum Heiligen Kreuz (s. d.) am Rathause zu einer ewigen Messe für ihr Geschlecht.

**Die Kapelle S. Matthiae und der zehntausend Ritter** lag auf dem alten Rittersitze am Grasewege[27]). Sie wurde etwa um 1300 von den Herrn vom Grasehof gestiftet, 1310 (20. 8.) mit einen Ablaß auf 40 Tage durch Bischof Heinrich von Breslau beschenkt, 1318 gaben Busso und Heidenreich vom Grashof sente Mathias unde siner cappel uppe deme grashove und dem Kaplan $4^1/_2$ Mark Silber; damals war die Kapelle mit dem Rittersitz in die Hände der Baldewins gekommen, die (Heyse Baldewin) ebenfalls dem Priester größere Einnahmen stifteten (c. 1350: tu sente Mathias capellen in sime hove). Die Kapelle war den 10 000 Rittern geheiligt, die auf dem Berge Ararat gekreuzigt sein sollten, ihr Gedächtnis wurde am 22. Juni begangen. — Zur Zeit der Reformation ging die Kapelle ein, der Rat verwandelte sie in eine Garküche, wie sie ja auch in der benachbarten Klausstraße standen. In der ersten Hälfte des 18. Jhdts. wurde sie vom Stadtchirurg Harnisch gekauft, niedergerissen und ein Wohnhaus auf ihrem Fleck erbaut.

**Der Graseweg.** Sein Name kommt im Mittelalter noch nicht vor, die Schöffenbücher erwähnen nur den Grashof, und diesen nur ein oder zwei mal (1318 de grashof). Erst im 16. Jhdt. kann ich den Namen nachweisen: 1576 hat ein Hallknecht einem anderen auf dem Grasewege den Kopf zerschlagen. — Eine düstere Sage, die durchaus das alte Rittergeschlecht und seinen Herrensitz vergessen hat, leitet den Namen des Graseweges anders ab: als 1350 die furchtbare Pest in Halle hauste, wollte man sich durch Absperren vor Ansteckungen retten. So vermauerte und vernagelte man alle Ausgänge des Grasewegs, in dem die Pest aufgetreten war, trotz des Flehens und des Jammergeschreies der Einwohner, die elend verhungern mußten. Erst nach zehn Jahren riß man die Absperrung nieder, da fand man hohes Gras auf der Straße stehen, aus dem die weißen Knochen der Skelette der Verhungerten und der an der Pest Gestorbenen schimmerten. Von diesem gänzlich vergrasten Wege erhielt die Straße fortan den Namen Graseweg. Vielleicht ist die Sage eine letzte Erinnerung an eine ehemalige Begräbnisstätte hier. — 1637 finden wir das Stockhaus (Zuchthaus) in unserer Gasse, in das die erbosten Kursachsen den tapferen schwedischen Hauptmann der Moritzburg Wancke warfen, aus dem ihn aber die Hallknechte retteten. —

Die enge, etwa 7 Schritt breite Gasse hat in ihrem oberen Teil an der Großen Klausstraße ihr altes Aussehen erhalten durch die hohen, zum Teil vorgekragten Häuser. Der Durchbruch der neuen Oleariusstraße,[28]) der die Gasse in zwei Hälften trennt, schuf einige Neubauten, ebenso der Austritt der Gasse in die Halle einige häßliche Backsteingehöfte. 1837: 23 Häuser, darunter Nr. 846a das alte Talarmenhaus; 1855: 24 Häuser; 1900: 18 und 1915: 16 Häuser.

**Nr. 16** das letzte Haus der Gasse oben an der Großen Klausstraße ragt quer in die Klausstraße hervor, trennt diese vom Grasewege, ist ein altes, malerisches, 3stöckiges Giebelhaus mit vorgekragtem Giebel.

**Die Schmale Gasse** ist ein ganz enger Durchschlupf in der Mitte des Grasewegs nördlich zur Großen Klausstraße, erst 4, dann 3, 2, 1 Schritt breit. — 1828 wurde ihr der Name offiziell gegeben, wenn schon ihren Straßenzug Olearius aufweist. Möglich, daß hier im Mittelalter die hohe Stiege zur alten Nikolauskapelle emporführte (1451 uff dem hogen stige). (Vgl. die Flutgasse). — Die Gasse führt keine eigenen Häuser, sie wird nur aus alten, hohen 3 und 4stöckigen Hintergebäuden des Grasewegs und der Großen Klausstraße gebildet. Ein spöttisches Distichon, um 1830 von Studenten gedichtet, läßt sie sagen:

Fremdling! verachte mich nicht, das Nadelöhr bin ich von Halle,
Aber durch mich hindurch' gehet wohl manches Kamel! —

**Die Salzstraße** verbindet ebenfalls den Graseweg mit der Großen Klausstraße, parallel und unterhalb (westlich) der Schmalen Gasse. Ehemals hieß sie die Talgasse, nach dem „Tal“, der Halle, genannt. Nach der Eingemeindung von Cröllwitz in unsere Stadt (1900) wurde sie in Salzstraße umgenannt, weil man in

Cröllwitz bereits eine Talstraße hatte. Unsere Salzstraße ist eine kurze altertümliche Gasse, etwa 5 Schritte breit, mit 2 und 3stöckigen alten Gehöften besetzt. — Noch 1837 rechneten die Häuser der Talgasse zur Hallgasse (Nr. 854—858 und 881 Hinterhaus), einige Jahre später ist der neue Name Talgasse für sie eingesetzt. 845: 6 Häuser, 1862: 6, 1900: 6 und 1915: 6 Häuser.

## Die Bärgasse.

**Die Bärgasse** ist eine Sackgasse, die auf der Nordseite des Marktes am „Marktschlößchen" eng und kurz auf den Gasthof „zum Schwarzen Bären" stößt, von dem sie den Namen erhalten hat, der erst 1828 offiziell eingeführt worden ist. —

Die Gasse zählt nur 5 Häuser, von denen Nr. 1 ein 3stöckiges Haus mit 2 Fenstern Front auf der linken (südlichen) Seite liegt, gradaus steht Nr. 2, der „Schwarze Bär", und die übrigen Häuser Nr. 3 ein neuer, Nr. 4 und Nr. 5 zwei alte, 4 und 3stöckige Häuser mit 3 und 6 Fenstern Front stehen auf der rechten (nördlichen) Seite. Links vom Bären am Ende der Gasse ist ein Häuserdurchgang (durch Talamtstraße Nr. 8) zum Hallmarkt. — Ehemals zählte die Bärgasse mit der Hallgasse zusammen die Häuser, so 1837 und 1845: 12 Häuser; später (1855) gehören diese 12 Häuser allein zur Bärgasse. 1893 werden Bärgasse Nr. 1—3 und Nr. 9 zur neuen Talamtstraße geschlagen, seitdem ist die Gasse auf 5 Häuser beschränkt.

**Nr. 2** (in alter Zählung Nr. 818) ist der Gasthof „zum Schwarzen Bär", ein im rechten Innenwinkel erbautes altes Haus mit hoher Toreinfahrt auf den leider mit rohen Backsteinwänden verbauten Hof; es ist 2stöckig mit der Front von 2 Fenstern über dem Tor und 6 Fenstern auf der Nordseite im Oberstock. Den Gasthof nennt bereits Dreyhaupt uralt. 1453 wird der Schwarze Bär zum ersten Mal erwähnt (in den Schöffenbüchern): Christine, die Witwe von Rudolf Maschwitz, einem Patrizier, gibt ihr Haus zum Schwarzen Bären (zcum swarczen beren genannt), auf dem Kornmarkte gelegen, dem Mathias Gawe zu eigen. Am 20. 10. 1657 brannte der Gasthof in einer furchtbaren Feuersbrunst nieder, es war nämlich abends in der Witwe Müller Haus am Markt ein Feuer entweder durch Leichtsinn oder durch Brandstiftung ausgekommen; der Wind vermehrte es, so daß 22 Häuser in Asche gelegt wurden, darunter die alten Gasthöfe zum Schwarzen Bären und zum Blauen Hecht Die Kirche und die Pfarrhäuser, das Talhaus, die Salzkoten, die Häuser bis an die Residenz waren in großer Gefahr. — Noch im 19. Jhdt.

war der Bär ein besuchter Gasthof zum Ausspann, günstig am Markte gelegen: er folgt gleich hinter den besten Wirtshäusern der Stadt (Kronprinz, Ring, Löwe). — Die Bezeichnung zum Schwarzen Bären war eine sehr beliebte im Mittelalter: der Bär war ja der ursprüngliche König der Tiere in den Fabeln der Deutschen (statt des späteren Löwen); in Magdeburg z. B. lassen sich sogar zwei Häuser zum Schwarzen Bär nachweisen[29]). Außer dem Schwarzen Bären besaß Halle noch ein Haus zum „Roten Bären", das 1435 auf dem Roßmarkt (vermutlich einem anderen Teil des Marktes) gelegen hat.

Neben dem Gasthof zum Bären (Nr. 818) hat ehemals ein zweiter Gasthof „zum Blauen Hecht" (Nr. 817) gelegen, und zwar südlich, also an der heutigen Talamtstraße etwa auf Nr. 8. Beide Gasthöfe werden von Olearius als „hinter der alten Marienschule gelegen" bezeichnet. Auch diesen nennt Dreyhaupt uralt; zwar in den Schöffenbüchern (bis 1460) wird er noch nicht aufgeführt, doch im 30jährigen Krieg ist Johann Gregorius schon Gastwirt im Blauen Hecht, er starb 1659 grade an seinem Geburtstage, 77 Jahre alt; schon 1615 hatte er sich in Halle verheiratet. — Der Name „Blauer Hecht" (keine üble Bezeichnung für einen Gasthof!) findet sich auch in anderen Städten für Wirtshäuser, so in Magdeburg, wo in der Berliner Straße (in der alten Kuhstraße) ein großer Gasthof und Ausspann zum Blauen Hecht sich befand, in dessen Hof die Bartholomäuskapelle früher gelegen hatte.

Die ehemalige **Hallgasse** empfing ihren Namen erst 1828 offiziell, nach der Halle, die sie nördlich begrenzte, in der Richtung der heutigen Talamtstraße. 1837 zählte sie mit der Bärgasse zusammen 12 Häuser und dann noch besonders 5 Häuser. Später zählte sie (ganz getrennt von der Bärgasse) 8 Häuser, und zwar die alten Nummern Nr. 809 (Nr. 6) und Nr 830—836 (Nr. 1—5 und 7—8), die sich zum Graseweg herunzogen. 1893 gingen Nr. 1—3 der Hallgasse in die Oleariusstraße auf (s. S. 21).

**An der Kuttelpforte** nannten sich die Gehöfte, die an der Großen Klausstraße begannen, an und gegenüber der Hallsaale und der Kuttelbrücke (s. S. 18) lagen. Der Graseweg mündete mitten in diese kleine Häuserreihe hinein direkt auf die Kuttelbrücke. Auf den Streifen von der Klausstraße bis zur Kuttelpforte lagen an der Hallsaale noch zwei Häuser, Kuttelpforte Nr. 4 und Nr. 5 und ein Garten. In dem Hause, Kuttelpforte Nr. 4, an der früheren Kuttelbrücke gelegen, war ehemals eine Gastwirtschaft, „zur Kanone" genannt. Diesen Namen führt das Haus im Volksmunde weiter, nicht so allgemein der Mauerturm an der andern Ecke[30]). 1837 nannte man die Gehöfte noch „An der Hallmauer". 1845 ist der Name „An der Kuttelpforte" schon gebräuchlich. Damals umfaßt sie 8, doch 1855 nur 5 Häuser, die, klein und altertümlich, nur von Arbeitern und kleinen Handwerkern bewohnt waren. Bei der Erneuerung der Halle fielen auch sie, und jetzt zieht die breite Dreyhauptstraße über ihre Stätten dahin.

# Anhang.

1. Keferstein entstammte der bekannten Familie der Papiermüller in Cröllwitz. 1782 heiratete er des Ratsmeisters und Kriegsrates Thebesius Tochter. Er wurde am 18. 5. 1807 widerrechtlich von den Franzosen mit anderen angesehenen Männern als Geisel nach Pont à Mousson in Lothringen weggeführt. Ein einsichtsvoller Mann inmitten der stürmischen Napoleonischen Zeit! Vergl. Chr. Kefersteins Erinnerungen 1855 S. 21. — 2. Germar war am 3. 11. 1786 zu Glauchau im Schönburgschen geboren und ist am 8. 7. 1853 hier in der Kleinen Klausstraße gestorben. 1811 habilitierte er sich an unserer Universität, 1817 ward er a. o., 1823 o. Professor. Er leitete von 1827 bis 1853 die Loge zu den drei Degen s. Jägerberg. — 3. Er war am 10. 8. 1708 unter dem Prorektorat Hoffmanns als stud. jur. immatrikuliert worden. Zu Ehren des Jubilars fand eine große Abendgesellschaft im Kronprinzen statt, die Studenten brachten einen Fackelzug dar, die Halloren einen Festaufzug ihrem „Salzgrafen". Doch schon vier Monate später am 13. Dezember 1768 schied der treffliche Mann aus dem Leben. — 3a. Aus dem Protokoll: „Sodann begaben sich die Brüder nach 12 Uhr zur Tafel, welche auf dem Kronprinz auf Veranstalten des ehrw. Br. Stürz zubereitet war. Während der Mahlzeit ließen sich Trompeten und Pauken hören, und nachdem dieselbe aufgehoben, ward eine Summe Geldes von 30 Talern an die Vorsteher der öffentlichen Almosenkasse, daß solche unter die Armen verteilt würde, behändigt. Die Br. ergötzten sich hierauf bei allerhand Erfrischungen mit einem angenehmen Gespräch und nachdem sie die Abendmahlzeit eingenommen, gingen sie gegen 10 Uhr ohne alle Umwandlung auseinander". Die Loge feierte hier ihr erstes Johannesfest, es waren Brüder [meist Studenten]; heiterer Lebensgenuß war der Hauptzweck. Auch eine Medaille in Silber und Gold wurde zur Erinnerung geprägt. — 3b. Stryk ward der Senior der neuen Juristenfakultät bei Gründung der Universität; unter seinem Präsidium fand der Zusammentritt der juristischen Professoren statt, welche Urteile und Gutachten in Prozessen ausfertigten wie auch der hallesche Schöppenstuhl: am 3. 1. 1693 hatte die Fakultät das privilegium respondendi erhalten. Stryk war 1640 zu Lenzen in der Priegnitz geboren, war 1690 Präsident des Juristenkollegiums in Wittenberg, wurde 1692 nach Halle berufen und starb hier am 23. 7. 1710. Ueber sein Leben und seine vielen Schriften s. Dreyhaupt II. 731. — 4. 1466 wird ein anderes privilegiertes Dirnen- oder Frauenhaus eingerichtet und zwar die „Finkenflucht" im Schlamm [s. d.]. — 5. In Magdeburg ist noch 1807 der Name Tittenklappe neben Trommelsberg gebräuchlich. Der Trommelsberg führt in Stufen von der Johannisfahrtstraße nach der Großen und Kleinen Junkerstraße empor, eine zweifelhafte Gasse; 1552: „Zitzen Klap". Offenbar nach einem bestimmten Hause „Tittenklapp" hieß die gesamte Gasse so, wie sie auch nach einem Hause „Zinne" [Eckhaus in der Johannisfahrtstraße] ebenso genannt wurde; bezw. wurden Teile der Gasse „Tittenklapp"

oder „Zinne" genannt. Neben Tittenklapp auch „Tutenklapp". — In Halberstadt gibt es ebenfalls eine Gasse Tittenklapp, offenbar auch nach einem Frauenhause genannt. — 6. Nämlich entweder als „Brusttuch" (vgl. das Brusttuch in Goslar) das Tuch, das auf den Titten liegt, oder die Klappe oder Tittenklappe ist eine Klappe, Spelunke, Bude der Titten, d. h. pars pro toto der Dirnen, wie der derbe Volksmund auch „Schürzen" und andere Teile für „Mädchen" gebraucht. — 6a. Hans von Schenitz gibt, um sich zu reinigen, nur die Summe von 9—10 000 Gulden an. Es war kostbarer als das des Kardinals, das in unfertigem Zustand bereits 20 000 Gulden gekostet hatte. 7. Das Wappen ist auch in einer Kopie ehemals im Hause Marktplatz 17, auch einem Schenitzschen Besitz, jetzt im Moritzburg-Museum erhalten; diese zeigt die Jahreszahl 1532, welche am Portalwappen nicht mehr zu finden ist. Man vermutet mit Recht, daß die Wappen wegen des merkwürdigen Spruches, der auf den elenden Tod des Erbauers hinzudeuten scheint, nebst der Jahreszahl 1532, der Adelserhebung des Erbauers, erst später von den Nachkommen angebracht worden sind; der Spruch lautet: „Zu from, willik und vil vertrauen, schwecht, kurtzet und bringet großen rauen!" — 8. Das Ornament, die Figuren, die Buchstaben weisen freilich auf eine entwickelte Renaissance hin. — 8a. Quellen dafür sind die „Tradition" so wie einige handschriftliche alte Hauschroniken, siehe Dreyhaupt II, 514, Quellen, die also schon zu Dreyhaupts Zeiten als „alt" bezeichnet werden. In den Anklage- und Verteidigungsakten war dieser Punkt nicht besonders angegeben, deshalb auf ihn als Märchen zu schließen, ist unstatthaft. Die Sache ist für den Kenner der Lebensweise damaliger hoher Prälaten absolut nichts Unerhörtes und Gravierendes. Albrecht lebte im Konkubinat wie seine Priester, noch 1542 klagt er, alle seine Priester seien Konkubinarier. — 8b. Rauchfuß (im Hallischen Kalender 1917—18) urteilt, wie so oft, sehr vorschnell und ohne nähere Kenntnis, wenn er S. 51 Hagen die Erzählung vom Bischofsbett und das oben Erwähnte als unrichtige Darstellung kund gibt. Hat er nicht Dreyhaupt II 361 nachgesehen und weist nicht schon dieser auf „alte" Traditionen zurück? Weiß er nicht, daß Luther schon früher sehr erbittert über die sexuellen Sünden des Kardinals losgezogen hatte? Der kluge Kardinal hat sicherlich die schweren und hohen Unterschlagungen Schenitzens in den Vordergrund gerückt, in jener Liebesaffäre wird er sich diplomatisch gemeistert und verstellt haben. — 9. Der Rat ward dadurch in dem alleinigen Besitz des Weinschankprivilegiums seines Ratskellers (s. d.) geschädigt. — 10. Die Universität hatte das Recht, einen eigenen „Wein- und Bierkeller" (Ausschank) zu haben. Sie überließ diese Gerechtigkeit entweder dem Magistrat gegen eine jährliche Pacht oder einer Privatperson; am 30. 12. 1699 wurde der Universitätskeller auf dem Alten Markt in Meister Strahmers Hause eröffnet. — 11. In Althalle z. B. den Großen und Kleinen Berlin (= Brühl) im weiteren Halle den Vorort Glaucha (glouch = Sumpf), ferner im Vorort Petersberg den Weidenplan, die Lucke, zuletzt östlich von der Ludwig-Wucherer-straße die faule Witschke. — 11a. Dr. Eberhausen war ein Rat des Kardinals Albrecht, der 1528 aus den städtischen Diensten in den fürstlichen übergetreten war. — 12. Der Stammvater des später sehr ausgedehnten und bekannten Geschlechtes ist Simon Carpzow, Bürgermeister zu Brandenburg, dessen Sohn Benediktus (1565—1624), Professor in Wittenberg, dann Kanzler in Dresden, hatte 5 Söhne und als ältesten Conrad, Kanzler und Geheimrat in Halle. Er war 1593 geboren, starb am 12. 2. 1658 und wurde am 22. 2. in der Domkirche bestattet. Der Grabstein seiner Frau Christine († 1672) befindet sich noch im südlichen Seitenschiff. — 13. Die Nikolaistraße ist dasselbe wie Klausstraße, denn Nikolaus und Klaus ist derselbe Name. Wir haben also in engster Lage 3 Klausstraßen beieinander! Das hätte sich der Magistrat überlegen sollen! Zudem liegt der Beginn der Straße am alten Lamberti-Kirchhof, also Lambertistraße mußte der neue Name sein! Hier wie so oft fehlt den maßgebenden Herren das nötige historische Verständnis, öfter auch die Pietät, jetzt freilich wohl noch mehr denn früher!! — 14. Nicht im Hause Großer Schlamm Nr. 3, wie Händels Biograph Friedrich Chrysander annahm. — 15. Näheres über Händels Familie siehe Opel in: Neuen Mitteilungen des Thür. sächs. Alt. Vereins 1885. S. 1—10 und 66—73 und H. Kretzschmar (1883) G. F. Händel. — 16. Vgl. Hallischer Kalender 1914 Abbildung und Beschreibung: Warum Sauerland es aus der abgelegenen Nikolaikapelle entstammen läßt, weiß ich nicht, kannte er die näher gelegene Lambertikapelle nicht? Vielleicht ist das Becken beim Brande der Kapelle unbrauchbar geworden. — 16a. Der wüste Magister Laukhard gibt uns in seinem „Leben und Schicksalen" eine interessante Notiz über das hallische Dirnenleben um 1780: „es gibt zwar keine Bordelle öffentlich in Halle, aber es giebt doch Löcher, worin der Auswurf des weiblichen Geschlechts dem tierischen Wollüstling mit ihrer halbfaulen Fleischmasse für ein geringes Geld zu Gebote steht. Die Zahl dieser Löcher hat sich seit einiger Zeit sehr vermindert. Früher waren der „Puffkeller" (unter dem Rathaus s. d.), die „Tiefe Demut", das „Rote Läppchen", der „Korb" da. Ueber den „Hanauer Puff" s. Große Klausstraße. — 17. Die Altstadt Halle war 1619 in 4 Viertel eingeteilt worden, in das Marien-, Ulrichs-, Nikolai- oder Gertrauden- und Moritzviertel. 1619 enthielten sie 141, 240, 263 und 270 Häuser, also 914 insgesamt; 1660: 216, 240, 249 und 276 Häuser, also 981 insgesamt, die öffentlichen Stadt- und Staatsgebäude nicht mitgerechnet. Das Nikolaiviertel umfaßte von Kleinschmieden ab die Nordseite des Marktes zur Halle hinab, die Residenz, den Dom, Schloßberg, Schloßgasse, Mühlgasse, Kleine Ulrichstraße, Kleine und Große Klausstraße, die Liebgens- und Dachritzgasse, den Großen und Kleinen Schlamm und die Westseite von Kleinschmieden. — 20. Um seine kluge Leitung der Kirche in der stürmischen Zeit der arianischen Kämpfe anzudeuten, bildete man ihn mit einem Schiff (Symbol der Kirche) auf stürmischer See ab. So faßte man ihn irrtümlich als Patron der Schiffer, Fischer, Brauer auf, kurz aller, die mit Wasser zu tun haben, und ferner als Helfer in Wassernöten. Seine Verehrung wurde besonders durch die Niederländer in Deutschland (nach 1150) weiter ausgebreitet, durch die Flamländer, die aus wasserreichem und überschwemmtem Gebiet nach Deutschland eingewandert waren. Allein im Saalkreis waren über ein Dutzend Kirchen ihm geweiht vgl. Geschichte des Saalkreises S. 102, 103, 126 u. ö. — 21. Die Einkünfte dieses Altars, welche die Kotze und die Nordhausen schenkten, wurden später in ein Stipendium für Studierende umgewandelt. — 22. Sie war von schlanken Pilastern begleitet, im durchbrochenen Bogen über der geschnitzten Haustüre saß ein flugbereiter Adler. — 23. Die Häuserbezeichnungen „zum Mond", zum „Halben Mond", zum „Vollen Mond" finden sich auch in anderen Städten, so z. B. in Magdeburg: in der dortigen Schönneckstraße befand sich ein Haus zum „Vollen Mond" (zum „Mond") und in der Neustädterstraße ein Haus zum „Halben Mond" noch 1807. — 24. Ueber die Stadtbezeichnungen der Häuser speziell der Gasthöfe s. S. 110 Anmerkung 10. — 25. Ueber die Oleariusstraße s. S. 20 und über die Ellbogengasse s. Anmerkung 28 Seite 47. — 26. So existiert in Magdeburg der „Krumme Ellenbogen". Sein alter Name (1552) ist „Krumme Straße"; im Straßenverzeichnis von 1807 kommt neben dem alten Namen der neue, nämlich „der Krumme Ellenbogen" vor. — 27. Mülverstedt (Gesch. bl. v. Magdeburg II, 474) nennt sie ohne Angabe der Quelle S. Matthiae et XI millium virginum also Kapelle des h. Matthias und der 11000 Jungfrauen.—28. Graseweg Nr. 4 und Nr. 19 wurden 1893 bei dem Durchbruch der Oleariusstraße angekauft, s. Seite 21. — 29. Nämlich in der Vogelgreifstraße und auf dem Bärplatz, der von einem dieser Häuser, dem alten Brau- und Gasthaus zum schwarzen Bären (heute Stadt Prag) den Namen erhalten hat. Außerdem gab es in Magdeburg ein Haus zum Grauen Bären (auf dem Breiten Weg) und zwei Häuser zum Weißen Bären (in der Weinfaßstraße und auf der Spiegelbrücke). — 30. Nach einer gütigen Mitteilung des Herrn Friedrich Hüter hierselbst. —

## Schmeerstraße und Nebenstraßen.

**Die Schmeerstraße.** Eine der ältesten Straßen Alt-Halles ist die Schmeerstraße; etwa um 980 bereits finden sich ihre Anfänge, als sich der Ort südlich und östlich des Hallengebietes ausdehnte. Noch zu Dreyhaupts Zeiten standen uralte Stadtmauerreste in einigen Höfen der Straße, und das von unserer Straße in den sogenannten Hohen Kräm führende Tor galt als eins von den zwei ältesten Toren Halles (Runde).[1]) Hier mündete damals der Heerweg von Norden ein, die Magdeburger Heerstraße, welche die erzbischöflichen Vasallen, sei es von Magdeburg, sei es von Giebichenstein her, benutzten.

Nach 1100, bei Erweiterung der Stadtgrenze, erhielt die Straße bereits ihre heutige Richtung und auch ihren Namen, die Schmeerschneiderstraße, weil sich in ihr die Schmeerschneider, d. h. die Schweineschlächter, angesiedelt hatten. Sie ist die in den alten Schöffenbüchern wohl am häufigsten erwähnte Straße Alt-Halles, über hundertmal; 1266: in der smersnidere strate, in der smerstate, in den smersnidern; 1458: in der smerstraßen.

Der mittelalterliche Eindruck der Straße würde uns heute enttäuschen, sie war um die Hälfte enger denn heute, war von vorgekragten, giebeligen Fachwerkhäusern, von Scheunen, Ställen, Buden, Oekonomietoren eingedämmt, ungepflastert bis nach 1400, nach dem Markte zu von den Buden der Schuster und Gerber zu einem „Loch" verengt, hinter dem sich die hohen, 3stöckigen Kram- und Gewandhäuser erhoben, die auf dem Markte standen. — Eine Anzahl Herbergen entwickelten sich in dieser sehr belebten Handelsstraße. Bei Spittendorf reiten die Räte der Fürsten von Sachsen, Heinrich Einsiedel und Nikolaus Pflug, durch die Schmeerstraße in die Herberge 1476. Am bekanntesten war die zum „Goldenen Schlößchen", in der ja auch Luther 1545 herbergte. — Allerlei Wahrzeichen erblickte man an den Häusern: da hieß das eine das „Weiße Rad", nach dem Herren von Rat genannt (1419 czu dem wizsen rade), dessen Name später auf einen Rot übertragen wurde.[2]) Ein anderes Haus nannte sich 1438 czu den lebarden (Leoparden), ferner 1452 eins zu dem „Weißen Löwen" (czu deme wieszen lawen). Ein viertes zeigte einen schwarzen Mohrenkopf (1441: czu deme morkoppe), ein anderes einen bunten Ochsen (1417: czu dem bunten ossen). Das Haus zum

Bunten Ochsen war später ein Fleischscherne, den der Rat nebst anderen für 350 Gulden kaufte. Ein Haus zum „Strauße" (tu dem struse) findet sich 1417. Es war eine Herberge, die ein leichtsinniger Besitzer inne hatte, dem Wein und Hausgerät von Antonius Goldschmidt gepfändet wurde. Dieser erwirbt darauf das Haus und vermacht es 1453 seiner Frau zum Witwensitz.

Häuser, Herbergen, Scheunen, Grashöfe, auch ein Holzhof, alles wechselt in bunter Reihe in unserer Straße. Dieser Holzhof (holthof in der smerstrate) gehörte 1275 den Nonnen von Georgen in Glaucha. Sie geben ihn Volkmar aus dem ansehnlichen Geschlecht der Koyan (Cogen). Noch 1370 wird dieser Holzhof erwähnt. —

Die Schmeerstraße wie der ihr benachbarte Hohe Kräm war eine Gegend der Kramer, der Tuch- und Stoffhändler, die in Halle die erste und älteste Innung bildeten. Hier hatte auch Hans Schenitz sein Haus, ehe er seinen Palast im Kühlen Brunnen baute. Er war ursprünglich Großhändler in Tuchen und war mit der Familie Schüler (vgl. Schülershof) nahe verwandt. —

1508 (1509) gewann die enge Straße wenigstens einen freien Durchgang und Ausblick zum Markte; das „Loch", die Lederbuden, die Gewandhäuser verschwanden. 1614 suchte ein großes Schadenfeuer die Straße heim. Doch die große Enge blieb noch bis zu unseren Zeiten. Erst 1888 kaufte die Stadt zur Verbreiterung die Gebäude Nr. 1—11 an, welche einen Gesamtwert von 483 277 *M* repräsentierten, darin noch die Gebäude des Hohen Kräms von 1—5 enthalten waren. So wurde die Schmeerstraße von 5 Metern auf 12 Meter durch den Abbruch dieser Grundstücke verbreitert. — Kurze Zeit darauf legte die Stadtbahn ihre Linie durch die Straße zum Rannischen Platz. 1902 wurde elektrische Beleuchtung zugeführt. 1837: 23 Häuser, 1915: 28. — Heute ist der altertümliche Charakter der Schmeerstraße durch den Neubau des Ratskellers und anderer Häuser auf der Ostseite fast ganz zerstört, auf der Westseite dagegen stehen noch einige Jahrhunderte alte Häuser.

**Nr. 2**, das „Goldene Schlößchen". Es wird bereits 1412 erwähnt (tu dem guldyn slosze). Damals besaß es Berthold Winscheck. Um 1435 entbrannte ein Prozeß um das Haus wegen einer Hypothek von 34 Gulden. Wir erfahren auch, daß die Altarleute der vier Kirchen der Stadt, von Marien, Gertrauden, Ulrich und Moritz anderthalb Mark Geld am Hause stehen haben. Zu dieser Zeit besitzt Barbara Kalis 2 Teile an dem „golden slosse". Dann verpfändet ihr Ehemann das Haus an einen anderen. Neue Streitigkeiten entbrennen, bis 1440 Klaus Kalis endgültig aus dem Hause gewiesen wird. — Es sind das keine großen Ereignisse, die das heute noch berühmte Haus bei seinem ersten geschichtlichen Auftreten treffen, aber sie zeigen uns doch daß Menschen- und Häuserschicksale schon vor einem halben Jahrtausend genau dieselben waren. 1471 wird das Haus neu erbaut, das besagt die Inschrift, die heute noch im ersten Stock sich befindet: Anno dni MCCCCLXXI papa Paulo Friderico imperatore ac Joanne archiepiscopo magdeburgensi laurentius prelwicz fundavit. Also sein Erbauer war Laurentius Prelwiz (Prellewiz) aus einer altangesessenen hallischen Familie (1379 Hermann Prellwitz und seine Ehefrau Hanne; 1430: Ulrich Prellewitz und seine Ehefrau Margret). Von dem reichen Lorenz Prellwitz wissen wir noch, daß er den Altar des H. Hieronymus unter den blauen Türmen der Gertrudkirche stiftete und daß sich seine Tochter Margarete an Martin Schenitz verheiratete und so Mutter von dem bekannten Hans Schenitz und seinem Bruder Anton wurde. — Damals wurde das Wahrzeichen des Hauses ein vergoldetes Vorlegeschloß von mittelalterlicher Form, in Stein gehauen, in die Mitte des Hauses über der Haustür eingelassen, zwischen zwei flankierenden Fialen von einem Eselsrückensims überdacht. Unter dem Schloß sehen wir jederseits einen Kopf als Konsole, wohl für Heiligenbilder bestimmt, darunter spielen zwei krokodilartige Ungeheuer. Die Darstellung ist durchaus gotisch mittelalterlich. Ebenso war die Tür gotisch spitzbogig, und ihre Gewände waren in gotischer Weise profiliert. Ein stattlicher Turm stand über dem Haus, jetzt ist der Turm (seit etwa 1750) verschwunden, und das 3stöckige: im oberen Stock 7fenstrige, im Mittelstock 4fenstrige Haus, das älteste in Halle, ist durch moderne Läden im Erdgeschoß häßlich entstellt. — Das Haus war zu Luthers Zeiten eine Herberge. Unser großer Reformator stieg hier ab, wie noch die Inschrift meldet: „Hier in der Herberge zum „Güldenen Schlößchen wohnte Dr. Martin Luther im Anfang August 1545“ (genauer am 5. August). Der Rat der Stadt Halle löste ihn aus und beschenkte ihn mit einem goldenen Becher[3]). Damals beim Gastmahl in der Herberge machte Luther auf seinen Freund Jonas ein lateinisches Distichon, in dem er anspielend auf die Gebrechlichkeit des Menschen und speziell auf seine das Glas ihm reichte:

Dat vitrum vitreo Jonae, vitrum ipse Lutherus,
Ut fragili vitro similem se noscat uterque,

das heißt: „Es gibt das Glas dem Jonas, er selber ein Glas, Luther. Damit Jeder von beiden erkennt, wie ähnlich er dem zerbrechlichen Glase sei“. Nach 1700 hat das Haus aufgehört ein Gasthaus zu sein. Es wurde Wohnhaus, um das sich lange Zeit der Aberglaube spann, indem sich manche Leute scheuten einzuziehen, weil Dr. Luther hier einst logiert hätte, und öfter, wenn sie gemietet hatten, die Miete wieder auffagten. — Bemerkt sei noch, daß in dem Hof des Goldenen Schlößchens ehemals ein Rest der ältesten Stadtmauer Halles zu sehen war. Leider wurde er, etwa 1866, bei einer neuen Magazinanlage auf der Ostseite des Hofes dieses Hauses mitverbaut.[4])

**Nr. 13**, ein älteres, 4stöckiges Haus, hat das Wahrzeichen eines goldenen Einhorns, ein etwa zwei Fuß hohes Relief über der Tür. Nachweislich schon über hundert Jahr wird das Haus **zum Einhorn** genannt.

Das Haus zum Mohrenkopfe (1441: zcu deme morkoppe) besaß 1568 Peter von Jena, Pfänner und Talschöppe, der 1611 starb und einen nachgebornen Sohn Peter hinterließ. Die alte Familie derer von Jhene, Jhenne, Jene, Jena erscheint schon 1287 in Leipzig, um 1350 in Halle mit Heinrich von Jena. Claus von Jhena ist 1428 und 1432 Ratsherr. Er wohnte in Kleinschmieden bei dem Einhorn. Seine Kinder verkauften das väterliche Haus 1451.

**Der Hohe Kräm.** Diese uralte Gasse entwickelte sich im 12. Jhdt. bereits mit der Schmeerstraße als die Stätte der Krämer, d. h. der Gewand- und Tuchhändler, und zwar als der **Große Kräm** (1266: an den groten kremen), denn das ist der älteste Name, nicht der Hohe Kräm, und zwar im Gegensatz zu einem Kleinen Kräm. Um 1400 ist der alte Name im Verschwinden. Von 1266—1400 wird der Große Kräm 8 mal erwähnt, von da ab bis 1466 der Hohe Kräm 19 mal, zum ersten Mal 1416: up den hogen kremen. — Um 1431 lag hier das Haus zu den „Zwei Hähnen“ (czu den cwen hanen).[4a])

Der Hohe Kräm oder die Hohe Kräme war noch zu unserer Zeit eine nur wenige Schritte breite Gasse, deren Enge durch die alten, hohen, 4stöckigen Häuser mit ihren vorspringenden Stockwerken und den hohen Steinstufen vor den Haustüren noch verstärkt wurde. Die alten verwitterten Rennen, die knarrenden, schiefen Läden, die spärlichen Laternen, die Holzbalkone und Galerien vermehrten den Eindruck des Altertümlichen. Man trat vom Markte aus durch ein Tor zwischen dem alten Ratskeller und der Pfännerstube hinein in die Gasse, die sich bald im rechten Winkel umbog und in die Schmeerstraße kurz vor dem Goldenen Schlößchen ebenfalls durch ein Tor ausmündete.

Der Name wird ursprünglich als Pluralform gebraucht: die groten kremen, ebenfalls bei Olearius und Dreyhaupt: die hohen Kräme.

1837 zählte die Gasse 8 Häuser. Uebrigens brach am 6. Januar 1832 in diesem dumpfen Winkel die Cholera aus, diese asiatische Seuche, die seit 1830 unsere Stadt besuchte.

Der Hohe Kräm wurde 1889—90 beim Neubau des Ratskellers niedergelegt. Auf seinem Gelände steht jetzt der Ratskellerkomplex. Die Stadt kaufte die Schmeerstraße Nr. 1—11, ebenso die Gebäude des Hohen Kräms Nr. 1—5.[5]) Arbeiter und kleine Handwerker waren damals die Insassen der ehemals hochgeachteten, von reichen Tuchhändlern bewohnten Gasse.

**Der Wenige oder Kleine Kräm.** Neben dem Großen Kräm existierte noch ein Kleiner oder Weniger oder Lütger Kräm, der luttike oder der weinige krem (1275: under den weinigen kremen, an dhan luttiken cremen). Er scheint frühzeitig eingegangen zu sein, nach 1350 verlieren sich seine Spuren. Er wird in den ältesten Schöffenbüchern 5 mal erwähnt. Er muß ehemals auch am Markte gestanden haben.

**Bechershof.** Dem Hohen Kräm auf der östlichen Seite der Schmeerstraße entsprach Bechershof auf der westlichen Seite, eine ebenfalls enge, mit vielstöckigen Häusern besetzte, im rechten Winkel wieder zum Markt ausmündende Gasse. Sie existiert noch heute und hat wenig von ihrer Altertümlichkeit eingebüßt.

Der Name der Gasse rührt von der alten hallischen Familie der Becher her, ähnlich wie der benachbarte Schülershof von der Familie der Schüler.[6]) In den halleschen Schöffenbüchern wird der Bechershof noch nicht erwähnt, während der Schülershof sehr früh und oft genannt wird; vermutlich ist er nach 1450 erst entstanden. 1676 suchte das Feuer die Gasse heim. 1837: 9 Häuser; 1915: 11 Häuser.

## Schülershof, Trödel und Umgebung.

**Schülershof.** Der Name ist sehr alt: bereits um 1296 wird Schülershof, jedoch als Besitztum, noch nicht als Straße erwähnt. Busso Reiche der Alte giebt dez schulers hof Heinemann Almar und seinen Söhnen. Er wird bis 1400 17 mal und bis 1469 noch 12 mal erwähnt, zum ersten Mal 1266: hinder des scoleres hove, um 1300: des sculeres hof. Der Hof d. h. die ansehnliche Oekonomie entwickelte sich nach 1300 zu einer Straße: im 14. Jhdt. werden Grundstücke „up Schulershofe“ erwähnt. — Der Hof muß in sehr alter Zeit, schon im 13. Jhdt., einem gewissen Schüler gehört haben, wohl dem Vorfahren der später im 15. und 16. Jhdt. berühmten Familie Schüler. Daraus, daß die Familie in den Schöffenbüchern noch nicht erwähnt wird, der Schülershof aber schon 1266 existierte, die Ableitung des Namens von der Familie leugnen zu wollen, liegt kein Grund vor. Die Familie tritt mit Burkard Schüler um 1479 in die hallische Geschichte ein. Er war Krämer (Hutmacher und „Filzhüter") und erhielt als Anhänger des Erzbischofs Ernst, als Demokrat, pfännerschaftliche Salzgüter; er ist 1510—1523 Oberbornmeister. 1531 ist Lewin Schüler Ratsmeister. 1521—1531 hilft Thomas Schüler, ein Feind des Kardinals Albrecht, die Reformation in Halle einführen. Im 17. Jhdt. ist das Geschlecht in Halle ausgestorben.[7]) — Am 3. Juli 1677 brach eine Feuersbrunst auf dem Schülershof aus. —

Der Schülershof erstreckte sich von der Südseite des Marktes zur Halle hinab in allmählicher Senkung, im Bogen nach Westen. Der enge Anfang erweiterte sich bauchförmig in der Mitte, zu beiden Seiten von hohen, vorgekragten, zwei und drei Jahrhunderte alten Fachwerkbauten besetzt, mit Steinstufen vor den Türen, mit Giebeln und Erkern auf den Dächern. Leider ist dieses malerische, höchst interessante Stadtquartier seit 1895 bereits barbarisch verwüstet worden, man hat die traurige Oede damaliger Mietskasernen auch hierhin übertragen wollen. Die gänzliche Demolierung, die 1912—1913 beginnen sollte, verhinderte der Weltkrieg, und so sieht man jetzt vom Markte in eine weite, gähnende Oede, die einstige Schülershofgasse, die sich zur Halle hinabsenkte; sie ist nur noch zur Hälfte von Häusern besetzt, Holz- und Flickwände anderer benachbarter Häuser, enge Höfe und kahle, hohe, moderne Mauern starren dem Besucher entgegen. — 1895 wurden die Häuser Nr. 8, 14, 17, 18 für 14 250, 4 500, 30 000 und 30 000 ℳ von der Stadt angekauft und niedergelegt; 1913 ebenfalls Nr. 1 (126 qm) für 18 000, Nr. 12 und 13 (187 qm) für 48 000, Nr. 15 (140 qm) für 21 800 und Nr. 16 (280 qm) für 45 000 ℳ. — So existieren nur noch einige der alten Häuser. Die malerischsten sind verschwunden wie z. B. Nr. 15. Dieses Haus stand bei einer Wendung, so daß es eigentlich ein Eckhaus bildete und ein eigenartig gebrochenes Dach zeigte, die Profilierung seines Gebälkes war bemerkenswert, ehemals mit roter, blauer, gelber und grüner Farbe bemalt. — Das Nachbarhaus Nr. 16 war vielfach angebaut und ausgebessert, es hatte im Innern sehr schöne in Eisen geschmiedete Türbänder. — Altertümlich wirkt noch heute besonders Nr. 11, ein malerisches Gerümpel, ein halbkreisförmiges Eckhaus, das in eine Art Turmgiebeldach ausläuft, ursprünglich eine alte Schmiede, die an der Ecke der Zapfenstraße lag.

**Der Trödel.** Dieser uralte Stadtteil gehört dem ältesten Halle an, wenn auch sein Name nicht in den frühesten Jahrhunderten unserer Stadt urkundlich belegt ist, möglich, daß er in den Schöffenbüchern unter anderem Namen auftritt. Bei seinem Beginn am Markt gleicht der Trödel einem engen Hohlpaß, kaum fünf Schritte breit, dann erweitert er sich zu einem kleinen Platz, etwa zwanzig Schritte breit, und engt sich nachher wieder ein. Diese in der Mitte sich platzartig erweiternde Gestaltung diente seit alten Zeiten zu einem Markt oder Verkaufsplatz, wie ihn noch Olearius unter die vier Marktplätze Halles, auf denen Markt abgehalten wurde, rechnet (Alter Markt, Großer Markt, Hallmarkt und Trödel).

Anfänglich ist der Trödel wie der benachbarte Schülershof und Bechershof das Quartier alter stolzer Patriziergeschlechter gewesen. Hier erhoben sich ihre hochgiebligen, vorgekragten, balkengeschnitzten und buntbemalten Fachwerkhäuser; den Glanz jener alten Zeiten mag man vielleicht noch heute an einigen spüren. Hier wohnten die Salzjunker, die Pfänner wie z. B. die Kellner auf ihren Höfen, in die der Austausch für das Salz, die reichen Ladungen Waren einfuhren. Aus ihnen gingen die Frauen und Töchter, reichgekleidet und prächtig geschmückt, in die Messe zu Sankt Marien oder Gertrauden und in die nahe Kapelle zu den heiligen drei Königen am Fuße des Trödels. Hier standen sie und frohlockten, dem kriegerischen und hochfahrenden Erzbischof Günther einen Schlag versetzen zu können, und schauten dem grausigen Schauspiel zu, wie der verhaßte Salzgraf Hans von Hedersleben, der auf dem Markte verurteilt war, sofort den Trödel hinabgeführt wurde, um in dem schmutzigsten Winkel der Halle (hinter dem Grünen Helm) verbrannt zu werden.

Am Ausgang des Trödels, dicht an der Halle gelegen, erhob sich die Kapelle zu den heiligen drei Königen (Sanctorum trium regum). Ueber ihre Gründung und Geschichte weiß man wenig. Sie soll um 1360 von Baldewin Heise erbaut und dem Kloster Neuwerk einverleibt worden sein. — 1530 gibt der Kardinal Albrecht die Kapelle seinem Günstling Hans Schenitz. Dieser bricht sie ab, benutzt die Steine für sein Haus am Kühlen Brunnen und baut sich einen Salzkot an ihrer Stelle[8]). Auch einen „Oelberg" an der alten Ulrichsstraße hatte Schenitz deswegen erhalten.

Als die große Erneuerung der Stadt bezw. des Marktes nach 1508—1509 stattfand, zogen die Geschlechter allmählich aus dem Trödel fort. Sein Markt sank zum Trödel- und Tandelmarkt herab, und er empfing den Namen, den er noch heute führt. Man verkaufte nun allerlei alte Waren hier, alten Hausrat, alte Möbel, alte Kleider, auch alte Schmuck- und Ziersachen. Ursprünglich wurde solch Markt zu bestimmten Tagen oder Zeiten abgehalten, später haben sich dauernd Läden und Trödelgeschäfte hier angesiedelt. In die alten stattlichen Patrizierhäuser drängten sich ärmere, schmälere, niedere Häuschen, auch noch stroh- und schindelbedacht, über die der trockene Staub der ungepflasterten Gasse im heißen Juli dahinwirbelte und der dichte Qualm der nahen Halle im nebelignassen November sich senkte, vermischt mit dem Geruch der Schweinekoben auf den engen Höfen und der Dunghaufen auf der Straße. — So bestand die Gasse bis auf unsere Tage aus solchen Trödelläden und Handwerkerwohnungen und aus Schenken, in denen das ärmere Volk an den Markttagen sich versammelte, sich vergnügte, „verlustierte" und betrank. —

Der Trödel ist noch immer einer der malerischsten Winkel Halles, ein Straßenbild von überraschenden Wirkungen, trotzdem man bereits Hand an ihn gelegt hat. Alte Häuser drängen sich dicht aneinander, 3, 4stöckig, mit hohen spitzen Giebeln zur Straße schauend, vorgekragte Stockwerke, deren Balken geschnitzt und farbenverblaßt sind, die Dächer krumm und eingesunken, die Läden schief und verwettert. Die Stufen vor den Haustüren seit Jahrhunderten ausgetreten, die alten Rennen im nächtlichen Sturme knarrend: so sieht man hier, besonders wenn der Vollmond über der Gasse steht, ein Stück mittelalterlichen Städtebildes, einen Gruß der Vorfahren. Man sollte, wie man Naturschutzparke schafft, auch die ältesten Teile einer Stadt, den Ursprung, die Wiege, unverletzlich halten und sie kommenden Geschlechtern bewahren. Es gilt den rohen Nutzungsgedanken und den pietätslosen Geist einer Stadtverwaltung zurückzudrängen. Allzu viel hat uns schon dieser Geist geschadet! Es gilt, Achtung zu haben vor dem mühsam Erworbenen und langsam durch die Vorfahren Aufgebauten und sie unserem entarteten Geschlechte wieder einzuflößen, diese religio, diese echte Bildung tut unserer arg versunkenen Zeit wieder not! Einen Damm soll das Alter dem tumultuosen und schändlich dahinrasenden Strome dieser Generation schaffen, daß sie sich endlich besinnen und erkennen lerne.

1837 zählte der Trödel 18, 1890: 22 Häuser. Bereits 1895 wurden die Häuser Nr. 7, 8, 9 für 6 400, 7 750 und 20 000 ℳ angekauft und niedergelegt; dann wurde auch Nr. 6 für 19 800 ℳ angekauft und abgerissen, eins der malerischsten Häuser, das 3stöckig, hochgieblig in einen Winkel zurücksprang. Nr. 10 existiert auch nicht mehr, 1898 für 10077 ℳ angekauft; es hatten seine vorspringenden Geschosse hochinteressante Holzschnitzereien, (das Holz war gedrehten Stricken gleich kunstvoll mehrfach übereinander geschnitzt) und die Inschrift war: A 1592 W. — Von den jetzt noch stehenden Häusern ist besonders die altertümliche Front Nr. 18—22 bemerkenswert; die höchst eng gebauten Giebelhäuser Nr. 21 und 22 gehören zum Markte Nr. 10 und Nr. 9.

**Der Hanfsack.** Nur noch auf einem Straßenschild an einem Bauzaunwege lesen wir heute „der Hanfsack“, er ist ein von Gebäuden abrasiertes Gelände. 1837 zählte er 2 Häuser und eine Wüstung. 1864: 4 kleine niedere Häuser. 1895 begann man sie als gesundheitsschädlich aufzukaufen und niederzulegen, Nr. 1 für 13 600 und Nr. 2 für 9 600 ℳ, 1913 folgten Nr. 3 für 14000 (95 qm!) und Nr. 4 für 30 000 ℳ (131 qm!). — Der Hanfsack ist ursprünglich, wie der Name besagt, eine Sackgasse gewesen, ehemals hat er die „Bitzenburg“ geheißen, so wird 1587 berichtet: „im Sack auf der Bitzenburg kam Feuer aus, daß des Hauses Oberteil abbrannte“. — Die Bezeichnung „Bitzenburg“ muß irgendwie genereller Art gewesen sein. Sie findet sich für ein Häuserquartier auch in dem nahen Dorfe Eisdorf in Mansfeldischen Seekreis. — Am 27. 6. 1776 brach wiederum Feuer in dem sogenannten „Hanfsäckchen“ aus (Runde.) —

**Die Steinbockgasse.** Von dieser Gasse sind auch nur noch kümmerliche Spuren übrig: zwei alte Häuser, die beim Aufgang zum Trödel stehen, 3 und 2stöckige, glattgeputzte Fachwerkbauten. 1837 zählte die „Bocksgasse“ drei Häuser, andere hießen „am Röhrchen“; dieses war eine enge Schlippe, die nördlich und parallel der alten Steinbockgasse vom Trödel auf die Halle führte, sie zählte 1837: 5 Häuserchen. Nach 1850 verschwindet der Name. — 1862 bestand die Steinbockgasse aus 5, 1900 aus 4 Häusern. 1895 wurde Nr. 1 für 13 600 ℳ angekauft, 1912 zur weiteren Erschließung des Trödelviertels Nr. 2—5 für 12 500, 16 500, 13 800 und 18 300 ℳ. —

Der Name der Gasse rührt von dem Salzkot „Steinbock“ her, der zu den mittleren Koten gehörte und grade am Ausgang der Steinbockgasse lag.[9])

**An der Marienkirche.** So heißt heute die Reihe neuer Häuser südlich der Marienkirche, die sich vom oberen Markt bis zur Halle (Oleariusstraße) erstrecken an der breiten Treppe von Granitstufen vorüber; es sind Nr. 1—3 die Predigerhäuser und Nr. 4 das Leihhaus. — Noch bis 1840 hieß nur der untere Teil an der Halle; „An der Marienkirche“, alte gebrechliche Häuserchen, in denen der Turmläuter und der Kirchenhüter wohnten (Nr. 784—787 in alter Zählung); der obere Teil hieß „Am Fleischmarkt“, er erstreckte sich vom alten Schöffenhaus (Hotel zur Börse) bis um die Ecke (Marienbibliothek) zu den Predigerhäusern. Dies Gelände war an der Kirche bis 1607 noch teilweise unbebaut, es war noch Kirchhof von Sankt Gertrauden. Der Fleischmarkt selbst war erst 1666 verlegt worden an diesen Teil des Marktes, welcher Fischmarkt war.[10]) Auf dem Flecke der alten Gertraudenpfarre und auf dem eines Hallorenhäuschens wurden 1699 die 4 Pfarr- und Diakonatshäuser 3 Stock hoch aus Holz erbaut. —

Die Marienbibliothek (Nr. 802). 1607 kaufte man auf Anregung des Superintendenten D. Joh. Olearius das Haus von Jeremias Schaller am Markte für 400 Gulden, riß es nieder und legte am 30. Juni den Grundstein zum alten Marienbibliotheks-Pfarr- und Superintendenturhaus. In drei Jahren gemäß der Inschrift am Nordgiebel wurde der Bau vollendet. 1609 wurde der Knopf des Bibliothekstürmchens aufgesetzt. Das stattliche Haus kostete 14 000 Gulden, war massiv erbaut, 3stöckig, ließ nach dem Markt 9 Fenster Front, nach der Kirchseite 8 Fenster Front sehen. Im Erdgeschoß am Markte befanden sich von Anfang an 4 rundbogige Verkaufsläden nebst dem verzierten Renaissanceportal. Je zwei freistehende toskanische Säulen flankierten es auf jeder Seite, sie trugen ein Gebälk. Die Türe war rundbogig, und Kartuschen füllten ihre Zwickeln oben aus. Ueber das hohe, mit zwei Lukenreihen besetzte Dach (ehemals mit 3 Erkern geschmückt) schaute der schlanke, 8eckige Treppenturm, der im Hofe in der Ecke der beiden Flügel lag; nach der Kirche zu wendete sich der hohe Giebel des Hauses, dem sich die tiefer gelegenen Pfarrhäuser anschlossen. Das sehenswerte Haus enthielt außer Wohnungen die Räume der Bibliothek, den großen Saal in dem ersten Stockwerk, dann auch das Lutherzimmer, und sehr schöne tiefe Keller. 1819 stürzte das Deckengewölbe des Saales ein, der nun eine Balkendecke erhielt.[11]) — 1832 wurde der Turm der Bibliothek vollständig neu erbaut.

1886 begann man den alten Häusercomplex „An der Marienkirche" einzureißen. Im Herbste fielen die alten Prediger-häuser und 1889 das alte Bibliotheksgebäude selbst. Es erhoben sich auf ihren Stätten das große Eckhaus am Markte (Nr. 11) und die 3stöckigen Predigerhäuser („An der Marienkirche 1—3) in rötlichen Backsteinen, schieferbedacht, mit Erkern, Türmchen, auch Dachgiebelchen geziert und 14 Fenstern Front. In den Hintergebäuden der Predigerhäuser befindet sich im ersten Stockwerke die Marienbibliothek in vollkommen moderner Einrichtung auf eisernen Rosten usw., ferner ist ein Lutherzimmer[12]) und eine Gertraudenkapelle mit ihr verbunden. Die Straße wurde verbreitert, sie ist an 20 Schritt breit und doch wegen der Höhe der Kirche und wegen der Nordlage etwas düster. Den Schluß bildet das Leihhaus (Nr. 4), ein großer, 5stöckiger Bau in gelben Steinen, mit hohen, runden Fenstern, 1888 für 206 236 ℳ erbaut.[13]) Vor diesem Neubau befand sich das Leihamt im Alten Ratskeller (s. d.).

Ehe man die 27 breiten Granitstufen zur Halle hinabschreitet, biegt ein Weg auf die den blauen Türmen der Kirche vorgeschobene, aus der Halle hochgemauerte Bastei ab, von der man auf den weiten Hallmarkt und auf sein buntes Gewimmel an den Markttagen hinabsehen kann. Vor 1885 führte grade von der Mitte der blauen Türme eine einfache Steinstufentreppe mit einem Holzgeländer versehen auf die Halle hinab; die Futtermauer, die sie durchbrach, lag viel näher an der Kirche heran. —

# Anhang.

1. Siehe Seite 25 und 36. Ferner auch die handschriftliche Chronik von Runde. — 2. Siehe Seite 25. „Zum Goldenen Rad" lag am Alten Markte. — 3. Luther ist einige Monate später wieder in Halle gewesen, hat am 6. und 28. Januar 1546, wenige Wochen vor seinem Tode, in der Marienkirche gepredigt. Er hat aber damals nicht im Goldenen Schlößchen geherbergt. — 4. Siehe Seite 45. Anmerkung 3 und die Chronik von Runde. — 4a. Häuser zum Hahn, ja sogar zum Roten Hahn auch in Magdeburg, so 1502 „tom Roden hahnen in der fornerschen strathen" [in der Venedischen Straße.] — 5. Siehe oben unter Schmeerstraße. — 6. Solche Straßennamen auf „Hof" nach Familien genannt finden sich häufig, so hat Magdeburg einen „Königshof" nach der Familie König und einen „Lödeschen Hof" nach der Familie Lode. — 7. Dreyhaupt im Anhang des zweiten Bandes erwähnt einige Sprossen des Geschlechtes. — 8. Olearius bezeichnet die Lage der Kapelle: „an der Hall uff Kelners Hof gelegen". Es muß also das Geschlecht der Kelner hier einen Hof besessen haben, denn an den Kelnershof auf dem Strohhofe ist nicht zu denken! — 9. Ähnlich wurden nach Koten genannt das „Paradies" nach dem Roten Paradiesvogel, die „Pelikanbrauerei" und der Gasthof „zum Pelikan" nach dem Kote Pelikan. Auch Häuser der Stadt wurden nach Koten, vielleicht auch diese nach jenen genannt, so finde ich 1451 ein Haus „zur Goldenen Leuchte" am Markte, ebenfalls einen solchen Kot, desgleichen ein Haus zum Weißen Rad (Schmeerstraße), zur Rose, zum Pflug, zur Weintraube, zur Kanne, wie auch die ebenso benannten Kote. — 10. Siehe unter „Markt". — 11. Die Marienbibliothek oder Bibliothek bei der Kirche zur Lieben Frau — so lautet der alte Name — wurde 1560 durch den Prediger an S. Marien, durch M. Boetius (eigentlich Boete), gegründet als „Librarey oder Bibliothec für Geistliche und Laien". Sie befand sich anfangs in dem oberen gewölbten Teil der Sakristei in der Kirche. 1561 bittet Boetius in einem Schreiben um weitere Beiträge zur Bibliothek. Er kauft alsbald in Leipzig für 128 Gulden Bücher, vor allem theologische, die Schriften für und gegen die Reformation. Dazu gingen Geschenke von Büchern ein, so von der Familie von Selmnitz, mit der Luther eng befreundet war, von Felicitas († 1558) und ihrem Sohn Georg († c. 1570), siehe meine Geschichte der Familie von Selmnitz, Halle 1914. — 1581 wird D. Joh. Olearius, der Superintendent und Geschichtsforscher, Verwalter der Bibliothek. Er bewirkt den Bau des Bibliotheksgebäudes und vermehrt die Bücherei besonders um geschichtliche Werke. — 1612 schenkt der Rat der Stadt die von ihm für 4200 Gulden angekaufte Bibliothek des Kanzlers Diestelmeyer. Die Bibliothek wird jetzt in drei Abteilungen: libri theologici, juridici und historici aufgestellt. Sie zählte

1619: 5000 Bände. — Spätere Bibliothekare wie Joh. Cäsar, Johann Melchior Hoffmann († 1708) vermehrten die Bibliothek mit Glück. Bedeutende Zuwendungen und Vermächtnisse erhielt man unter Stiebritz' Verwaltung († 1772), jedoch brachte die Franzosenzeit viele Verluste. — 1865 betrug die Zahl der Bücher 18000 und jetzt etwa 50000. -- Die Werke umfassen besonders Theologie, vaterländische, Provinzial- und Hallesche Geschichte. Unter anderem befindet sich Ecksteins Sammlung von Büchern und Handschriften, auf Halle bezüglich, hier; ferner die Chronik von Christian Gottlieb August Runde, der eine Fortsetzung und Nachträge zu Dreyhaupts Chronik von 1750 bis 1831 lieferte, aus der auch ich sehr schätzenswerte Notizen schöpfte. — Näheres über unsere Bibliothek findet man bei Hagen, die Stadt Halle I, 579/590. — 12. In dem Lutherzimmer befindet sich die bekannte Maske Luthers, die man von dem Toten, der in der Marienkirche aufgebahrt lag, abgenommen hatte. Man hat in letzter Zeit die Echtheit anzweifeln wollen, ohne jedoch zu überzeugen. Man vergaß wohl, daß man den Toten abmalte, wie viel eher wird man von dem Hochverehrten und Geliebten einen Abdruck genommen haben. Der Maler war Lucas Fortennagel, ein geborner Augsburger, in Halle ansässig. Vgl. Olearius, aus dem Bericht vom seligen Abschied Luthers durch D. Jonam usw. Wittenberg 1546. — 13. Der Versatz im Leihamte betrug 1913: 38875 Stück mit 318516 ℳ Darlehen, die Einlösung; 36795 Stück mit 294939 ℳ. Der Versteigerungsverkauf bezog sich auf 2809 Stück und brachte 22357 ℳ ein. —

## Der Marktplatz.

Das Gelände des jetzigen Marktes wurde zum großen Teil erst nach 1100 in die Stadt Halle einbezogen, nur der westliche Teil lag bereits innerhalb der ältesten Mauern der Stadt, die sich also von der Großen Klausstraße her an der Lambertikapelle quer über den Markt nach dem Hohen Kräm, Schmeerstraße, an das alte Stadttor, hinzogen.[1]) Der kleine, gedrungene, romanische Bau der ursprünglich fränkischen Gertraudenkapelle (auf dem Fleck der heutigen Marienkirche) und ihr Kirchhof lagen an der Grenze: sie bildete das erste Gebäude des späteren Marktes. Alte wichtige Heer- und Handelsstraßen stießen hier zusammen, sie sind es gewesen, die den Ursprung zum heutigen Markte gaben: von Westen (etwa Große Klausstraße) zog die alte Frankenstraße empor, von Norden (etwa Große Ulrichstraße) der Heerweg Giebichensteins und Magdeburgs, von Osten (etwa Große Steinstraße) die Heerstraße aus dem Meißner Lande, und weiter südlich (etwa Leipziger Straße) die Straße aus der Landsberger Mark. So war also der Keim zu dem neuen Markte schon vor der neuen Befestigung gegeben: dieser Markt lag in der Tat sehr günstig, dicht an der Altstadt, an der alten Handelsstraße, der Schmeerstraße, oberhalb der Halle, der ältesten Siedelung und der Salzbereitungsstelle, im Schnittpunkte vier großer Heer- und Handelswege. Auch seine Grenzen waren bereits markiert:

im Westen durch das Gertraudenheiligtum, im Norden durch die Lambertikapelle, im Süden durch die Schmeerstraße, die Ostgrenze freilich wurde erst durch den Bau des Neuen Rathauses nach 1312 festgelegt.

Erst nach dem Großen Brande (1136) begann der Markt sich zu entwickeln. Dicht an der Gertraudenkirche, östlich von ihr, entstand um 1140 die Marienkirche, zunächst ihr Chor. Ihr Kirchhof dehnte sich nach dem heutigen Siegesbrunnen aus, während der Gertraudenkirchhof nach dem (späteren) Trödel zustrebte. So war der größte Teil der Westseite des späteren Marktes von den Kirchen und ihren Begräbnisstätten mit Beschlag belegt, von Kirchhöfen, die sich nicht immer vorteilhaft entwickelten: niedrige, unansehnliche Lehmmauern schlossen sie ab, ein schmaler, oft schmutziger, nur wenige Schritte breiter Weg führte zwischen dem Chor der Gertrauden- und den Türmen der Marienkirche hindurch. Kapellen verengerten die Stätten der Toten, in die Beinhäuser wurde die Masse des Volks geworfen, während die Reichen in die Kirchen gesenkt wurden. Schmutz, Kehricht allerlei Art lud man an den Stätten der Gräber ab, auf dem Gertraudenkirchhof stapelten zwischen häßlichen Buden die Hallknechte all ihr Gerümpel und den Abfall auf.[2]) —

Doch an dem uralten Querweg unseres heutigen Marktes entwickelte sich alsbald das erste Marktgetriebe. Hier entstand der mittelalterliche Markt, nicht etwa als großer Platz gedacht, sondern als Baugelände für Markt- und Geschäftshäuser, Verkaufshallen und Buden allerlei Art. Hier entstand das erste **Kaufhaus**, domus mercatorum der Kramer (Krämer), zu deren Innung auch die Gewandschneider und Tuchhändler gehörten, das wohl schon unter Erzbischof Wichmann noch im 12. Jhdt. erbaut wurde. Es zog sich quer über den heutigen Markt von der Schmeerstraße in Richtung nach Kleinschmieden auf der Westseite hin. Ursprünglich ein 1stöckiger Holzbau, wurde es in den folgenden Jahrhunderten ein drei Stock hoher Holz- und Fachwerkbau (niederste, mittelste, oberste Gewandkammer), in dem man mit Tüchern, Gewändern, Schnittwaren handelte, denn Halle wurde ein Hauptbandelsplatz dieser Sachen, die es durch seinen reichen Salzhandel in der Ferne eintauschte.[3])

Dem ersten Kaufhaus folgten bei dem aufblühenden Handel unserer Stadt bald andere nach, die ebenfalls in den Markt, den Handelsplatz, hineingebaut wurden. Sie schlossen die Ostseite des Marienkirchhofs und später auch seine Nordseite vollkommen ein, dehnten sich dann auch auf der Osthälfte des Marktes aus.

Hinter diesem ersten Kaufhause, also in der Richtung der heutigen Markthäuserreihe Nr. 4—7, baute sich allmählich die

Straße der Garküchen auf (1398: in den garbredern; 1509: jarkoche,) eine Straße kleiner Häuser, in denen die Garköche (garbräder) warme Speisen feil hielten. Man bestimmte in den Schöffenbüchern die Lage der Häuser, die hier standen, nach diesen Garbrätern. Es waren leichtgebaute Buden aus Holzwerk (1410: buden yn den garbredern; 1415: yn den garbuden; 1432: czu der buden in den garbredern). Ebenfalls entwickelten sich dergleichen Buden bei dem später (erst um 1418) begonnenen Roten Turme (1418: garbude by dem nyen torme; 1456: die garbude an deme nuwen thorme u. ä.).

An die Garbräter schlossen sich nach der Schmeerstraße zu, also etwa vor Lewins Hause, die Lederkrame, die Buden für den Lederverkauf an (1314: under den lederschernen; 1509: lederkrame), also daß nach der Schmeerstraße nur ein enger Gang, das „Loch", vorhanden war. Die Schöffenbücher erwähnen das „lok" 7 mal (1275: bi deme loke; 1421: in der smeerstraße in dem loche; 1509: welcher gang dasz loch oder vor dem loche genant wart).

Dem Kaufhause gegenüber, also auf der östlichen Seite des Marktquerweges, entwickelte sich zunächst eine Anzahl Krambuden (1231: apotecae institutorum), in welchen Gewürzkrämer ihren Handel hatten. — Später machten sie Platz der „Gewandkammer" (wantkammer, gewantkammer), die sich also, vor der Nordostecke der Schmeerstraße beginnend, gegenüber dem Kaufhaus erhob und nur durch eine schmale Gasse von diesen geschieden war, ein ebenfalls 3stöckiger Fachwerkbau.

Und noch ein anderes langes, schmales, hohes Haus, eine neue Gewandkammer, erhob sich später, als das Bedürfnis da war, östlich von der vorigen, also vor Rathaus und Wage: das Rathaus lag freilich mehr in den Markt vorgeschoben als heutzutage.

Waren so der östliche und südliche Teil des Marktes mit Baulichkeiten besetzt (der westliche wurde durch die Kirchen und ihre Kirchhöfe ausgefüllt), so mangelten diese auch im nördlichen nicht. Von der Nordecke des ersten ursprünglichen Kaufhauses (also etwa an der Stelle des späteren Roten Turmes) zog sich am Marienkirchhof entlang nach der großen Klausstraße zu eine mehrstöckige Markthalle, in deren unteren Geschossen Bäcker, Fleischer und Schuhmacher, in den oberen aber Kürschner und andere Kaufleute ihre Waren auslegten und feilboten. Nördlich von dieser, also vor der Kapelle und dem Kirchhof S. Lamberti in der Richtung der heutigen Häuserreihe Nr. 15—18, stand eine Anzahl Kaufbuden und Scharren. So war der Kirchhof S. Marien wie S. Lamberti mit Verkaufshäusern und Buden umbaut, und zwischen ihnen ging ein Weg, tief unter der jetzigen Straße (Klausstraße). Ueber ihnen waren hölzerne Brücken von Buden zu Buden gelegt[4].)

Das Rathaus selbst, nach dem großen Brande im Jahre 1312 vom Alten Markt auf den jetzigen Markt verlegt, stand anders als heutzutage. Dieses erste Rathaus war auch noch ein Fachwerkbau, der vorgekragt, winklig, mit Turm und Erkern versehen, mit Gebälkschnitzerei und -bemalung verziert war, wie wir das bei unseren wenigen ältesten Ratshäusern noch beobachten können. Er schob sich weiter nach Osten in den Markt vor, so daß seine südliche Ecke sich der Schmeerstraße näherte; zwischen dem Rathaus und dem vorgelagerten Gewandhaus blieb nur ein schmaler Platz übrig.

Nördlich vom Rathaus war gleichzeitig mit diesem die Kapelle zum Heiligen Kreuz erbaut worden, ein schöner Bau in bester Gotik, daneben erhob sich, durch eine schmale Gasse getrennt, die alte Wage, die im 15. Jhdt. als ein größerer Holz- und Fachwerkbau erscheint, mit Gastwirtschaft, so daß alle Bürger der Marienparochie, über 200, darin Platz finden konnten. — An der südwestlichen Ecke der Wage, wohl schon seit 1341 erhob sich ein massiver Turm, der mit dem Rathause durch eine spitzbogige Brücke verbunden war. — Nördlich von der Wage befand sich der kleine Hügel, der „Berg“, auf dem bis 1341 der hölzerne Roland stand als Zeichen, daß hier die Gerichte abgehalten wurden (auf dem Platze der heutigen Wage). Wohl um 1270 bereits mag der Roland hier errichtet worden sein. — Schon um 1400 wurden jedoch die Gerichtssitzungen (außer den Blutgerichten) in einem Hause abgehalten, in dem Schöffenhause, (1405: under der schepen huse); es stand schmal, eng, winklig, ein Fachwerkbau, auf dem Fleck des heutigen Hotel Börse (am Eingang zum Trödel) und nahm die Hälfte des Raumes dieses Hauses ein.

Etwas vor 1418 begannen die hallischen Patrizier den stolzen Campanile der (alten) Marienkirche, den „neuen Turm“ (Roten Turm) in der Ecke der Gewandhäuser, die von der Schmeerstraße nach Norden (auf der Westseite des Marktquerweges) sich hinzogen, und der Kaufhalle, die sich nördlich der Marienkirche erhob. Erst 1470 war der Sandsteinbau bis zum gewaltigen Helme emporgeführt, um 1506 ist der Glockenturm beendet. —

Die älteste Ansicht des Marktes gleicht also einem stark verbauten Stadtviertel, absolut keinem freien, weiten Platz. Unsere Vorfahren liebten es, in Buden, Kauf- und Gewandhäusern zu kaufen, noch nicht in Läden, die rings in der Stadt in

Privathäusern zerstreut lagen, und nur einzelne kleine Plätze dienten bestimmten Händlern zum Verkauf ihrer Waren unter freiem Himmel, wohl auch schon an gewissen Markttagen.[5])

Unter diesen Plätzen, die sich an der Peripherie des also bebauten Marktes entwickelten, ist einer der ältesten der **Kornmarkt** (c. 1319: up deme kornmarkede; 1453: uff deme kornmarkte). Er lag am Lambertuskirchhof und der heutigen Bärgasse. — Ein ebenfalls sehr alter Platz ist der **Fischmarkt**, er wird nicht weniger als 27mal in den Schöffenbüchern erwähnt (1275: ob me vischmarkete; 1401: an deme vischmarkede), er lag am Roten Turme (1450: an deme vichmarkte bi dem nuwen thorme). Ihm benachbart liegt der **Heringsmarkt** (1421: uf dem heringmarkte); er wird wohl sonst umschrieben mit Bezeichnungen wie: in den heringmengheren (1286) oder an den heringmeingern (1319) d. h. bei den Heringsmengern, bei den Heringskrämern. Es gab auch Heringsbuden (1275: die heringboden; 1315: an der heringbude) und Heringscharrne, die, ein kostbares Gut, vererbt oder verkauft wurden, denn die Heringe bildeten im Mittelalter einen sehr bedeutenden Nahrungs- und Handelsartikel. – Der „**Gropenmarkt**" (Topf- und Kesselmarkt) lag an dem Pfarrhof von S. Marien, also etwa da, wo die Talamtstraße zum Hallmarkt hinabführt. Er wird 1369: an dem gropenmarkete zum ersten Mal erwähnt (1453: ut deme gropenmarkte zum 7. und letzten Mal erwähnt.)[6]) — Der „**Hoppenmarkt**" d. h. Hopfenmarkt, befand sich bei der S. Lambertikapelle (1418: an dem hoppenmarkte).[7]) — Der **Topfmarkt**, auf dem die Töpfer ihr Geschirr feilboten, wird erst im 15. Jhdt. erwähnt, 1442: an dem topfmarkte. Er lag vor dem heutigen Hotel zur Börse. Hier stand das Schöffenhaus, ein giebeliger Fachwerkbau, der erst 1558 abgerissen und durch einen steinernen ersetzt wurde. — Vermutlich ist auch der in den Schöffenbüchern erwähnte **Roßmarkt** an der Peripherie unseres Marktes zu suchen. Sicherlich ist nicht an den heutigen Roßplatz zu denken, der damals Acker der Diemitzer Dorfflur war und unter Giebichensteiner Hoheit stand. Das Weichbild der Stadt reichte nur bis zum Grittgenberg (Sophienstraße). Der Roßmarkt wird 3 mal erwähnt; 1387: an dem roßmarkete.

Manche **stattliche Häuser der Patrizier** erhoben sich an diesen einzelnen Teilen des Marktes. An dem Kornmarkt (Bärgasse) stand 1453 das Haus „zcum swarzen bern", der heutige Gasthof zum „Schwarzen Bären"; er gehörte damals dem alten Geschlechte derer von Maschwitz. Ferner lag hier das Haus zum „Schwarzen Löwen" (1430: czum swarzen leuwen), ebenfalls das zum „Blauen Hirsch", welches im Dezember 1504 bis auf den Grund niederbrannte. Eine Erinnerung an dieses ist die

Hirschapotheke (ursprünglich erst Apotheke zum „Blauen Hirsch"). — An dem Fischmarkt lag das Haus zum „Roten Schilde" (1369: zcum roten schilde). Glorius Schöne, ein Sproß der alten Patrizierfamilie, erwarb es 1369, doch nur die eine Hälfte, denn 1415 vermacht Koppe von Popendorf seinen halben Hof tu dem roten schilde an dem Fischmarkt seiner Ehefrau zum Lebensunterhalt. Glorius' Sohn oder Enkel, ebenfalls Glorius genannt, übergibt 1433 das Haus seiner Ehefrau Katharine zum Witwensitz und setzt ihr obendrein die stattliche Summe von 50 rhein. Gulden nach seinem Tode aus. Doch schon im nächsten Jahre gibt es die Ehefrau ihrem Gatten wieder, und bald darauf sehen wir das Haus wieder im Besitz von Klaus Fosse, und kurze Zeit später ist Hans Gieseler der Besitzer. Der häufige Wechsel der Besitzer ist nichts Ungewöhnliches, denn von einem ständigen Besitz kann im Mittelalter nur wenig die Rede sein. — An dem Roßmarkte lag um 1435 das Haus zum „Roten Bären" (by dem roten bern uff dem roß markte), sodann das Haus zum „Roten Löwen" (1450: czum roten lawen). Ebenfalls lag am Markte das Schrothaus (1450: dat scrothus dar de gropere sitten) und das Haus zum „Goldenen Ring", dort wo es heute noch steht (tu dem guldynen ringe), das 1412 Hans von Hedersleben besitzt; Markwart Holtwert (Holzwirt) klagt gegen ihn um Lehen und Zinsen daran, die Hans von Hedersleben versetzt hat. Nach dem Rathause zu steht das Haus zur „Weißen Rose" (1436: zcu der wiessen rosen) und vor dem Rathause das Haus zum „Roten Wolfe" (1431: czum roten wolffe). Dort, wo heute noch das alte Hausbild an die Sage erinnert, sehen wir das Haus „czun ruchen kindern" (1436), ferner das Haus zur „Goldenen Leuchte" (1451: czu der guldenen luchte), ebenfalls das Haus zur „Grünen Linde" (1415: hus tu der grunen linden). Dieses besitzt Bernhard Lindow, aus altadligem Geschlecht. Er war 1408 Kämmerer und 1416–22 Ratsmeister von Halle. Offenbar nach dem Namen des Geschlechts bekam das Haus seine Bezeichnung. 1420 besitzt es bereits Hermann Ißleben, der es sofort an Hermann Schroter verkauft. — Schon im 14. Jhdt. kam die Sitte auf, die Häuser durch Beinamen zu unterscheiden. Wie diese zum Teil entstanden sind, lehrt uns das oben erwähnte Haus zur Grünen Linde. Die Familien gaben öfters ihren Häusern die Beinamen nach ihren Geschlechtsnamen. So nannte auch die Familie Henneberg das Haus, das sie in Kleinschmieden bewohnte, zur „Schwarzen Henne".

Schon um 1504 begann man den mittelalterlich verbauten Markt von den alten Kauf- und Gewandhäusern, jenen hohen, schmalen, häßlichen Fachwerkbauten, zu befreien. Der Rat kaufte sie den Bürgern ab. Aber erst 1509 (nach dem Manuskripte der

Magdeburger Stadtbibliothek) oder 1508 (nach Olearius) begann man gründlicher aufzuräumen und den Markt von allem Baulichen zu reinigen. Die Fleischscharren, Schuhscharren, Gewand- und Seidenkrame wurden abgebrochen, ebenso die Garküchen und die Buden des Fischmarktes. Zwar wurden Scharren und Buden wiederum anderswo aufgebaut, aber die jetzt auftretenden neuen Bezeichnungen von Marktteilen zeigen, daß man Kraut, also Gemüse, Fleisch, Holz usw. auf freiem Markte verkaufte, wir finden einen Fleischmarkt, Krautmarkt, Kranzmarkt, Holzmarkt, Saumarkt, ferner einen Bauernmarkt namhaft gemacht. „Fleischmarkt" z. B. hieß noch bis 1840 jener Teil des Marktes, der sich vom Trödel bis zu den Predigerhäusern von S. Marien hinzog, also um die Ecke der Marienbibliothek — ein Häusercomplex, der erst zu Anfang des 17. Jhdt. entstand. Der „Lerchenmarkt" befand sich am heutigen Bürgersteig nach dem Café Roland zu. Hier verkauften die Hallorenweiber die gefangenen Lerchen.[8])

Die alten Kirchhöfe von S. Marien und S. Gertrauden wurden einige Zeit später geschlossen und aufgehoben. Der Markt hatte eine gänzliche Umwandlung erfahren. Der Rote Turm, der Glockenturm zu Unser Lieben Frauen war 1506, ganz aus Sandstein, der Helm aus Holz mit Kupfer bedeckt, beendet worden (vor 1418 begonnen), ein einzigartiger Schmuck des Marktes. Freilich verunzierten ihn bald (1532) ungleichmäßig angebaute, häßliche Fachwerkbuden, nachdem man 1513 den Roland aus der Nähe des Roten Turms (wo er seit 1341 gestanden) weggeschafft und wieder an dem Turm bei der Wage aufgestellt hatte. Dann waren 1529—30 die Gertrauden- und Marienkirche bis auf die Türme abgerissen worden, die der geniale Baumeister Nickel Hoffmann durch ein neues Schiff (die heutige Marienkirche) verband. Dadurch gewann der Markt einen großen neuen Raum zwischen Hausmannstürmen und Rotem Turm und eine imposante, viertürmige, stolze Kirche. — Zuletzt war das Rathaus selbst stattlicher und schöner, ein steinerner Bau, aufgeführt und mehr nach Osten zurückgelegt worden, also daß man auch auf dieser Hälfte des Marktes neuen Platz gewann.

Andere Verschönerungen folgten. Schon 1502 hatte man eine Wasserkunst vor das neue Rathaus geführt. Das Wasser kam vor dem Steintor her und stieg in einem Ständer, aus dessen Löwenköpfen es auf steinerne Schalen floß. 1532 erbaute man einen großen steinernen Röhrkasten. Das Wasser kam jetzt aus der Saale und trat in einen Ständer, auf dem ein eherner Mann stand, der 13 Ct. wog und über 500 Gulden gekostet hatte. Dieser Röhrkasten wurde 1560 von dem Rathaus weggebracht, und auf dem Kornmarkt baute man einen neuen aus Holz, also dort, wo heute der Siegesbrunnen steht. — Hier auf dem Kornmarkt hatte man bereits 1558 das alte Schöffenhaus (auf der Stelle des heutigen Hotels „zur Börse") niedergerissen, und man führte 4 Jahre hindurch ein neues prächtigeres, steinernes auf. — 1594 erweiterte man den Röhrkasten und ersetzte ihn durch einen steinernen. Man brachte ganze Laden von Gebeinen aus dem ehemaligen alten Marienkirchhof, die man nach dem Gottesacker schaffte. 1596 war der Bau fertiggestellt. Ein Meerweib, eine Melusine, wurde auf seine Säule gesetzt, weswegen er der Melusinenbrunnen genannt wurde. Erst 1710 wurde dieser Brunnen wegen Baufälligkeit abgerissen. —

Schon 1486 begann man den (alten) Ratskeller zu bauen, 1501 ist der Bau vollendet. — 1505 wurde der „Goldene Ring" neu erbaut, als der vornehmste Gasthof der Stadt. — 1513 wurde der Roland wieder am Turm bei der Wage aufgestellt. — 1522 riß Hans von Schenitz die alte Lambertuskapelle ab und bebaute die Nordseite des Marktes mit einem neuen, prächtigen Hause. — Hohe Backsteingiebel, ähnlich denen am Johannishospital, schauten auf den Markt hernieder, und Schönitzens stolzes Palais selbst, der Kühle Brunnen, blickte über den freieren Vorhof eines Gasthofs auf den Markt herab. — 1532 entstanden die allerdings unschönen Läden am Roten Turm als Ersatz für die an der alten Marktkirche, welche abgerissen wurden. — 1537 wurde die Pranger- und Staupsäule auf dem Markt in der Nähe des Rathauses erneuert. — 1547 wird der Roland wieder von der Wage fortgenommen und am Roten Turm aufgestellt (bis 1718). — 1564 wird der Marienkirchhof gänzlich planiert, ferner wird der schmale Fahrweg nach der Marienschule hinter der Kirche erweitert, und die Brücken (Gänge) über den Fahrweg werden abgeschafft. — 1565 wird die Marienschule, die nördlich der Kirche lag, nebst der Ulrichsschule (in der Galgstraße) in das Barfüßerkloster verlegt und zum Gymnasium vereinigt. — 1568 erbaute Nickel Hoffmann den großen Turm des Rathauses. — 1573 wurde die alte Wage, ein Holzfachbau, abgebrochen und 1581 das neue jetzige Wagehaus beendet. — 1593 setzte man die steinerne Staupsäule bei dem Brunnen hin. In ihrer Nähe erhob sich auch später der Soldatengalgen. — 1607—09 wurde die (alte) Marienbibliothek erbaut an der Ecke den Hausmannstürmen gegenüber. 1625, im 30jährigen Kriege, wurde die Justiz (auch für die Bürger) auf dem Markte von den Wallensteinern aufgerichtet (Galgen und Rad). — 1630 wurde das Wachhaus auf dem Markte abgebrochen. — 1657 entstand eine große Feuersbrunst am Markte: die zwei Gasthöfe zum „Schwarzen Bären" und „Blauen Hecht" brannten ab, die Marienkirche war in großer Gefahr. — 1666 wurde der

Fleischmarkt der Stadt- und Landfleischer von der Wage an die Marienkirche auf den Fischmarkt verlegt, um der Stadtfleischer Verdienst zu fördern und der Landfleischer Unterschleif zu hindern. Seitdem hieß dieser Teil des Marktes von der Marienbibliothek bis zum Trödel der Fleischmarkt (bis in das 19. Jhdt.). — 1672 wurde ein neuer Soldatengalgen statt des alten gesetzt[9]) und 1698 wiederum einer bei der Hauptwache, daneben wurde der hölzerne Esel, auf dem die Soldaten reiten mußten[10]), und der Pfahl (die Staupsäule) aufgestellt.[11]) — 1680 6. Juni wurde von den brandenburgischen Truppen nach dem Tode des Herzogs Augustus ein bretternes Corps de Garde auf der Stelle der Hauptwache erbaut, 60 Ellen lang und 11 Ellen breit. —

1699 wurden die 4 Pfarr- und Diakonatshäuser S. Marien, 3 Stock hoch, aus Holz- und Fachwerk, erbaut. — 1702 wurde der Rathausflügel an der Leipziger Straße wieder erbaut. — 1718 erweiterte man die Hauptwache, einen hölzernen Bau, südöstlich vom Roten Turm. — 1719 wurde das jetzige Rolandstandbild an Stelle des verbrannten hölzernen verfertigt und an dem Schöppenstuhl (Hotel „zur Börse") aufgestellt (bis 1817). — 1728 wurde der Markt mit 4 auf Pfählen befestigten Oellaternen beleuchtet. 1738 am 19. 6. wurde die Hauptwache vom Markt nach der Moritzburg verlegt. — Um 1750 wurde der Marktbrunnen, ehemals Melusinenbrunnen, gänzlich erneuert, und mit einem steinernen Standbild des Neptun geschmückt. — 1807 am 14. 8. wurde der Soldatengalgen in der Nähe des Springbrunnens auf Befehl des französischen Kommandanten nachts 11 Uhr umgehauen. — 1808 wurde die in der Nähe befindliche Staupsäule oder der Pranger weggeräumt. — 1817 baute man das Schöppenhaus um, das in Privatbesitz übergeht. Der Roland wird fortgenommen und auf den Hof des Rathauses geschafft. — 1821 erhält der Marktbrunnen ein neues (1849 umgearbeitetes) steinernes Bassin, die Statue des Neptun wird weggenommen; 1823 wurden 2 gußeiserne Löwen zu seinen beiden Seiten aufgestellt, weswegen er der Löwenbrunnen genannt wurde (von Heinrich Heine besungen). — 1824 nahm man auf dem Markt und auf dem Fleischmarkt das Steinpflaster fort, planierte den Platz und stellte die neuen großen, auf steinernen Postamenten ruhenden Laternen auf, sie kosteten 510 Taler. — 1825 entstand der Anbau des Roten Turms aus Backsteinen in gotischen Formen. Die häßlichen Buden wurden abgerissen; ebenso wird die südöstlich vom Turm stehende Hauptwache niedergelegt, ferner die zwei „Gevatterbuden" nördlich vom Roten Turm und die „Schnudelbude" vor dem Ratauskeller am Eingang zum Hohen Kräm. — 1854 wurde die Rolandssäule neben der Hauptwache am Roten Turm aufgestellt. Am 14. 12. 1856 wurde der Markt zum ersten Mal mit Gas beleuchtet und zwar durch zwei Gaskandelaber und durch Gaslaternen an den Seiten. — 1859 am 1. Juli wurde das Standbild Georg Friedrich Händels enthüllt. — 1865 wurde der westliche Markt mit kleinen, behauenen Petersberger Steinen bepflastert, es war der Gemüse- und Fleischmarkt; der östliche Markt wird als Topf- und Krammarkt benutzt. 1868 errichtete man statt des Löwenbrunnens eine große Fontäne, da die neue Beesener Wasserleitung vollendet war; die Löwen wurden auf der Freitreppe der Universität aufgestellt. — 1877 – 78 wurde der jetzige Siegesbrunnen aus Anlaß der im deutsch-französischen Kriege gefallenen 72 Söhne der Stadt erbaut. — 1882 (15. 10.) wurde die Straßenbahn (Pferdebahn) über den Markt gelegt. — 1883 gestaltete man die Fassade des Rathauses um. — 1890—91 riß man den alten Ratskeller, den Hohen Kräm und die Schmeerstraße Nr. 1 — 10 nieder, baute bis 1893 den neuen Ratskeller und erweiterte die Schmeerstraße. — 1889 brach man die alte Marienbibliothek ab. Es entstand das jetzige 5 Stock hohe Eckhaus. — 1891 wurde die Hauptwache im Roten Turm nach Erbauung der Roßplatzkaserne aufgehoben. — 1892 wird die Stadtbahn (elektrischer Betrieb) über den Markt gelegt. — 1902 wird der Markt elektrisch beleuchtet. —

Der hallische Marktplatz ist ungefähr 132000 Quadratfuß groß. —

## Das Rathaus.

**Das alte Rathaus.** Das erste Rathaus auf dem jetzigen großen oder neuen Markte entstand nach dem großen Brande von 1312, wohl zu derselben Zeit wie die Kapelle des Rates zum Heiligen Kreuz. Es lag anders als der heutige Bau. Seine Nordecke stand wohl nahe an der Kreuzkapelle. Die Südecke schob sich aber mehr in den Markt vor gegen die Schmeerstraße zu.[12]) Dieses alte Rathaus war noch ein Fachwerkbau mit vorgekragten Stockwerken und geschnitzten, bemalten Balkenlagen. Zur Aufbewahrung der Urkunden benutzte man einen steinernen Turm und sein Gewölbe, der nördlich vom Rathause stand (jetzt Südwestecke des Wagegebäudes) und nur vom Rathause aus zugänglich war durch eine gotische Ueberbrückung (1377: an deme thorne). — Das alte Rathaus wird in den Schöffenbüchern bis 1400 11 mal und bis 1460: 23 mal erwähnt nur rathus genannt im Gegensatz zum alten Rathaus am Alten Markt (1368: an deme alden rathuse).

**Die Kapelle zum Heiligen Kreuz.** An dem nördlichen Ende des (alten) Rathauses gegen die Rathausgasse zu entstand zu derselben Zeit wie das Rathaus nicht lange vor 1327 die **Kapelle zum Heiligen Kreuz**, ein steinerner Bau im gotischen Stil, damit der Rat in ihr die Messe hörte, ehe die Sitzungen begannen. Sie empfing den Namen, weil in ihr ein Stück Holz vom Kreuze Christi als Reliquie aufbewahrt wurde.[12a]) 1669 wurde dieses in einer erbrochenen Mauer wieder aufgefunden.[13]) Die lateinischen Bezeichnungen der Kapelle lauten 1390: capella in honorem et sub vocabulo Sanctae Crucis; 1414: in capella Sanctae Crucis in viridario sita sub theatro sive praetorio; 1451: capella in honore Sanctae Crucis fabricata. Ihr volkstümlicher Name ist in den ältesten Schöffenbüchern und in den deutschen Urkunden: under dem rathuse in unser capellen. So wird sie bis 1400: 3 mal erwähnt, ebenso in der Urkunde von 1366. Ein anderer Name ist: die capellen under dem grashofe, so noch 1480; vielleicht lag ein Grashof, ein uralter Begräbnisplatz, hier (vgl. der Graseweg) oder der Name kommt von Graß-Verhaftung, weil in ihrer Nähe das Gefängnis für die Bürger lag (Grashaus = custodia civium). — Bedeutende Ablaßschenkungen an die Kapelle fanden 1327, 1390, 1451 (durch Nikolaus von Cusa) und 1464 statt. 1414 ward der Kapelle der stille Gottesdienst trotz des Interdiktes gewährt.[14]) Ferner hatte die Kapelle reiche Einnahmen an Sole, aus der Münze, aus Erbzinsen von Häusern.[15]) Es stand auch ein Altar Sankt Dorotheen in ihr. Ihr Priester wohnte auf dem Sandberge in einem Hause, das der Kapelle gehörte. — 1501 wurde das kleine Gotteshaus nach vorn durch einen viereckigen Ausbau mit Spitze und Giebel in Bruchstein erweitert (mit einer viereckichten aussladung und zcirlichen Gebille.) — Um diese Zeit erhielt es auch das weibliche Heiligenstandbild, das heute noch an der Ecke zu sehen ist. Es stellt entweder die H. Katharina, die Schutzpatronin des Erzstiftes, dar oder hier an der Kreuzkapelle die H. Helena, die ja das Kreuz und die Nägel Christi wieder aufgefunden hatte (um 300 n. Chr.). Sie hält im rechten Arm ein Kreuz oder einen Balken, der senkrecht steht, im linken ein Buch. Eine Metallkrone schmückte bis 1883 das Haupt. Der Faltenreichtum, die üppige Fleischgestaltung weist bereits auf die nahende Renaissance. — Eine Spitzbogentür als Zugang zu der Ratsloge (Empore) wurde eingebrochen (sie führt vom Bürgersaal hinein). Die Kapelle wird von neuem (?) massiv eingewölbt. — 1506 erhält sie eine Orgel. — Um 1533 zur Zeit der Reformation wurde die Kapelle geschlossen. Es wurden Wochenpredigten in den Frühstunden für den Rat angeordnet. Ihre Einkünfte überwies der Rat teilweise der Moritzkirche. Man teilte in roher Weise das Schiff in zwei Geschosse und richtete es für profane Zwecke her, das untere diente wohl bald zu Läden, das obere für die Kämmerei. — 1669 wurde der obere hintere Teil (Chorpartie) als Stadt- und Berggerichtsstube eingerichtet. — 1862 wurde die Kapelle zum Teil abgebrochen, die polygonale Chorpartie, da man das Polizeigebäude anbauen wollte. Neben der Kapelle stand ein alter, hoher Bau aus Holz, der die alte Ratsstube und das Arrestlokal für die Honoratioren (die sog. gelbe Stube) enthielt. Auch dieser Bau fiel dem neuen Hause zum Opfer. — 1910 wurde die bisher als Bibliothek und Archiv benutzte Kreuzkapelle frei. Die alte Malerei wurde freigelegt[16]), Wände und Fenster wurden hergerichtet, auch ein alter Barockkamin (aus dem „Scharren" Hause) an der 1863 entstandenen Abschlußwand eingebaut.

**Die Kapelle Sanct Annen.** Olearius läßt sie „hinter dem Rathaus" liegen, nach dem Sandberg zu. Er erwähnt, 1575 sei das Haus zu S. Anna wegen der Bierfuhre zum tiefen Keller auf dem Sandberge abgebrochen worden. Sie war vorher in Privatbesitz gekommen. Näheres ist über sie nicht bekannt.

**Das neue Rathaus.** Zur Zeit des großen baulichen Aufschwungs der Stadt (vgl. auch die Befestigung) entstand der Neubau des Rathauses, d. h. ein steinernes, massives Haus. Vielleicht ist das Jahr 1466 der Beginn, denn der Keller unter dem jetzigen ältesten Teil soll 1466 angelegt worden sein. Genauere Angaben der Zeit sind nicht mehr vorhanden. — Es war ein einfacher, mehrstöckiger, schmuckloser Bau, zunächst die nördliche Hälfte des heutigen Hauses, die sich von der Kapelle des heiligen Kreuzes bis zum Rathausturme hinzog. Die Westseite der Kapelle und des Rathauses bildete eine gerade Front. Dieses neue Rathaus lag mit seinem späteren südlichen Teile weiter östlich zurück denn das alte. — Vor der Türe des Hauses lag ein Tritt, einige steinerne Stufen. Auf dem Dache hoben sich einige hohe und spitze Luken. Nördlich neben dem Eingange war eine steinerne, zierliche Laube vorgebaut, eine offene Vorhalle vor dem Ratssaale. Neben dieser Laube befand sich der Eingang in die Kapelle. In dem Durchgang rechts lagen die Gefängnisse des Rates meist zu ebener Erde, niedere, dumpfe, dunkle Kerker, die Thenitz oder Temnitz (slavisch = Kerker) genannt. Der kleinste, ganz finstere, nach dem Hof zu gelegene, hieß das Weinfäßchen. Offenbar war er nicht größer als ein Weinfaß. Die furchtbare Folterkammer lag wohl unter der jetzigen, 1862 erbauten Treppe nach dem Obergeschoß[17]). Das Frauengefängnis, ein eigener Bau, lag links auf dem Hof, gegenüber der Wage, es hieß die „Blandinenstube" nach der ersten hier eingesperrten

„Blandine“ oder das frauenkemmeriche (1475). Im oberen Stockwerk befand sich die sogenannte gelbe Stube[17a]), die zur leichteren Verwahrung um Schulden oder anderer Ursachen halber arretierter Honoratioren benutzt wurde. In einem Stein in der Mauer unter dem Fenster der alten Temnitz rechts, wenn man das Rathaus betrat, las man bis zum Jahre 1883:

Wirdes tu alhier wetzen[18])
Szo wirde man dich
In die Thenitz setzen 1520 (oder 1526).

1480 setzte der Rat an der Südwestecke die steinerne Moritzstatue auf, die das Domkapitul von Magdeburg ihm geschenkt hatte. Ihr entsprach später an der Nordwestecke (an der Galgstraße) die Statue der heiligen Katharina (Helena). 1501 entstand die Erweiterung, der vierseitige Turm vor dem Eingange des Rathauses und der Vorsprung der Kapelle zum heiligen Kreuz. — 1501 oder 1526 setzte man einen Flügel in der Leipziger Straße stumpfwinklig an, der nicht mehr in Quadern, sondern in Bruch- und Ziegelsteinen erbaut wurde. Die Giebel stellte man sogar in Backsteinen her. — 1558 baute Nickel Hoffmann, der Meister der Marktkirche und des Gottesackers, an Stelle der alten Laube eine neue, eine zwischen Turm und Kapelle angelegte Kolonnade. Flache Bögen spannten sich über die unteren ionischen Säulen; korinthische Säulen befanden sich darüber. Dieser Bau wurde der „Steinerne Gang“ genannt, auf welchem die Huldigung vor dem Erzbischof und ferner die Verkündigung des neuen Rates alljährlich stattfand. 1627 wurde dieser Gang vermauert. — 1568 wurde der Turm durch Nickel Hoffmann verändert, er bekam einen vierseitigen Backsteinaufsatz und darüber einen achtseitigen Fachwerkbau und eine Kuppel mit Metall (Kupfer) umkleidet, weswegen er der „grüne“ Turm genannt wurde. Auf ihm hing die Bürgerglocke, und an seiner Nordwestecke befand sich das Halseisen für geringere Verbrecher, die der Pöbel auf Kosten des Rates mit faulen Eiern bewerfen mußte. 1603 baute man die Stufen der Rathaustreppe neu[19]). 1695 baute man einige Gefängnisse im Rathause zu einem Keller zum halischen Bryhan um Dieser Rathauskeller war zu Laukhards Zeiten zum niedrigsten Bordell herabgesunken; er wurde für 12 Taler jährlich vermietet (um 1780). — 1702 wurde der baufällige Rathausflügel an der Galgstraße abgerissen und drei Stock hoch mit mächtigem Torportal, aufs neue erbaut. — 1749 wurden die drei spitzen, hohen Türmchen auf dem Dache des Südflügels abgebrochen, und nur das eine Türmchen auf der ehemaligen Kreuzkapelle blieb übrig. — 1805 wurde als Post der eine Teil des Erdgeschosses des Rathausflügels in der Galgstraße, 1819 der andere Teil nach dem Markte zu eingerichtet, für jährlich

257 Taler Pacht. 1838 wurde das Dach des Rathauses für 1951 Taler erneuert. — 1858 wird der Bürgersteig vor dem Rathaus mit Granitplatten belegt. — 1861 wird der nach der Wage zu gelegene Eckladen und 1863 der Laden in dem Flügel der Leipziger Straße eingerichtet. — 1863 wird das in der Rathausstraße gelegene ehemalige Polizeigebäude angebaut für 19 845 Taler (1871 mit 65 300 ℳ abgeschätzt). — 1866 wird der südwestliche Eckladen am Rathaus ausgebaut. — 1883 wurde das Rathaus äußerlich erneuert und erhielt die Front, die bis 1919 beibehalten wurde. Auch stellte man die alte Form des Treppengiebels der Kreuzkapelle wieder her.

Auf der Ostseite des Hofes steht ein Gebäude aus Bruchsteinen mit Backsteingiebel und spitzbogigen Türen. Es hieß der „Marstall", war 1516 erbaut, und des Rates Pferde standen in ihm, oben befanden sich Schutt- und Getreideböden. Er hörte 1806 auf, da die Franzosen ihn ausplünderten und die zwei letzten Wallachen und Kutschen hinwegführten. Seit 1822 war der Bau Zeughaus des 4. Landwehr-Infanterieregiments für 100 Taler jährlicher Pacht. Erst 1890 wird von der Stadt das Landwehrzeughaus an der Nordwestseite des Roßplatzes erbaut. —

Das Rathaus wurde 1865 mit 50040 Talern abgeschätzt; die Läden, Keller und eine Wohnung brachten 3069 Taler Miete ein. 1871 wurde es mit 162000 ℳ, 1902 mit 180500 ℳ und 1912 mit 1358000 ℳ (mit Anbau) abgeschätzt.

## Der Ratskeller.

**Der alte Ratskeller.** Der Ratskeller ist nach Olearius und Dreyhaupt 1486 zu bauen begonnen, vielleicht aber auch schon etwas früher[19a]). Einige Bürgerhäuser wurden niedergerissen und der Bau massiv aufgeführt. 1501 war der Bau aus Bruchsteinen und Quaderecken fertig: 2 hohe Stockwerke mit Schieferdach, das mit Lukentürmchen und Spitzen geschmückt war. Zwei gotische Türen führten hinein, vor denen Tritte mit steinernen Stufen lagen. 8 fast quadratisch große Fenster nahmen das Erdgeschoß ein, in der Mitte befand sich ein großer Saal, zu den Seiten Nebenräume und oben die Wohnung des Wirtes, die Keller waren gewölbt, 2 Stock tief. An der abgestumpften Ecke nach der Galgstraße zu stand über dem Erdgeschoß das Standbild der heiligen Magdalena in losem Haare unter einem Baldachin, eine mäßige Arbeit. — Der Ratskeller nahm die Südseite des Marktes und zwar die östliche Hälfte der Strecke Merker- und Schmeerstraße ein.[20]).

1693 wurde das Theatrum von der Wage auf den Ratskeller gebracht. — Uebrigens wurden die Veröffentlichungen des Magistrats an dem Ratsbierkeller angeschlagen zur Kenntnis der Bürgerschaft. —

1695 wurde zwischen den Türen in der Front ein barocker, 5eckiger Vorbau mit turmhaftem Dach, das bis zum ersten Stockwerk reichte und hier einen kleinen Balkon für den Saal bildete, angelegt. — 1736 am 16. 5. wurden die drei Türme auf dem Ratskeller wegen Baufälligkeit abgenommen. Ein mittelster wurde aufgerichtet und am 26. 8. fertiggestellt. — 1787 wurde das obere Geschoß in eine 11fenstrige, langweilige Front umgewandelt, innen wurde ein großer Saal mit 3 Seitenzimmern geschaffen, und das Dach wurde mit 5 Mansardenluken ausgebaut, um als Wohnung zu dienen. Der Saal wurde für Ballfeste, Theater, Koncerte bestimmt, später für eine Museumsgesellschaft, dann auch für Versammlungen, Schwurgerichte usw. 1813 diente er als Lazarett. — Am 1. 1. 1829 wurde das Allgemeine Hallische Museum auf dem Ratskeller eröffnet. Eine Kunst- und Gewerbeausstellung wurde bereits am 3. 8. verwirklicht, und am 14. 10. 1829 gab der berühmte Nicolo Paganini ein Konzert in dem Museumssaal: „es war übermenschlich, was er spielte". Entree: 2 Taler, über 300 Zuhörer! 1856 wurde das städtische Leihamt in dem Saale eröffnet, es blieb hier, bis es an die Marienkirche verlegt wurde. 1866 mußte noch der Oberboden für die Aufnahme der Pfänder eingerichtet werden, da jeden Tag etwa 260 Geschäfte stattfanden. — Im Erdgeschoß lag die Wirtschaft, die, besonders solange die Wage Universitätsgebäude war, eine belebte Studentenkneipe war. Aber auch ehrsame Bürger tranken hier den Broihan in langen Glasstangen.

1866 wurde der Ratskeller auf 18838 Taler abgeschätzt. Die Läden, Keller, Böden und Wohnungen brachten 3421 Taler ein. 1871 war die Taxe 373000 ℳ. — 1889—90 wurde der alte Ratskeller zu gunsten des neuen abgerissen.

**Die Pfännerstube.** Neben dem Ratskeller zur Schmeerstraße hin erstreckte sich die Pfännerstube, ein Torweg führte zum Hohen Kräm hindurch. Sie war ehedem ein Fachwerkbau. Aus ihm musterte Christian Wilhelm, der Administrator, 1619 die Bürgerwehr beim drohenden Nahen des 30jährigen Krieges. Dieser Bau wurde im April 1694 abgetragen. Dann entstand das 3stöckige Eckhaus mit 5 Fenstern Front und einer doppelten Lukenreihe auf dem Dache. Eine Freitreppe führte in der Mitte des Erdgeschosses empor. — Die Pfännerstube war das Kasino der Ratsherren, Pfänner und anderer Honoratioren, besonders der Kramer (Kaufleute), weshalb es auch das Kramerinnungshaus genannt wurde. Der Wein wurde vom Wirt aus dem Ratskeller geholt, da die Stube keine Schankgerechtigkeit hatte. Schon vor 1750 wurden die Räume an einen Billardeur, später an einen Kaufmann Müller und seine Familie auf 50 Jahre für 120 Taler jährlicher Miete verpachtet. — 1855 wurde das Haus umgebaut, die Freitreppe wurde abgerissen und Läden im Erdgeschoß eingerichtet, die für 830 Taler vermietet wurden (1865). — 1866 wurde das Haus auf 4 780 Taler abgeschätzt und 1871 auf 18 600 ℳ. — 1889—90 ist die Pfännerstube niedergelegt worden, um dem neuen Ratskeller Platz zu machen.

**Der neue Ratskeller.** Ein allzustattlicher, schwerer Bau in spätgotischem Stil mit überreicher Fassade ist der neue Ratskeller, der 1891—93 auf der Südseite des Marktes zwischen Merker- und Schmeerstraße auf dem Komplex des alten Ratskellers, der Pfännerstube, des Hohen Kräms und der Schmeerstraße Nr. 1—10 (s. d.) erstand. In seinem Erdgeschoß befinden sich 4 Läden mit großen Bogenfenstern, in der oberen Etage die Ratskellerwirtschaft und in dem obersten Stockwerk, von 3 gewaltigen, rundbogigen Fenstern belichtet, zwischen denen die überlebensgroßen Standbilder deutscher Herrscher stehen: Karl der Große, der große Kurfürst, Friedrich I. und Kaiser Wilhelm I., der große Sitzungssaal der Stadtverordneten. Drei große Giebel schmücken das Dach, ein Turm erhebt sich in der Mitte des Sattels. Das Gebäude ist mit zwei runden, betürmten Ausbauten verziert. Seine Fortsetzung in der Schmeerstraße hat im Erdgeschoß ebenfalls Läden, im Zwischen- und Hauptgeschoß Büroräume. Ein weiterer Anbau dient ebenfalls städtischen Büros. — 1901 wurde das Grundstück für 1 496 460 ℳ abgeschätzt (Feuertaxe 481 611 ℳ).

## Die übrigen Häuser am Markt.

**Nr. 3** (nach alter Zählung Nr. 725), Lewins Geschäftshaus, liegt zwischen Schmeerstraße und Bechershof auf der Südseite des Marktes, ist etwa 1890 entstanden, fünf Stockwerke glasheller Verkaufs- und Lagerräume mit flachem Dach. Ehedem stand hier ein imponierendes, 4stöckiges Patrizierhaus mit 6 Fenstern Front zum Markte und 4 Fenstern zur Schmeerstraße und drei Giebeln auf dem Dach im 18. Jhdt.[21]). Es war das Krausesche Haus, in dem vor 1750 die Apotheke Holzwirts gewesen war. Dieser Hausfleck hat eine unheilvolle Geschichte für Halle gehabt. Hier an der Ecke Schmeerstraße-Markt wohnte im 15. Jhdt.

Jacob Weißack (Wiessack, Wissack, Wiszsack, Weissack), der berüchtigte Demokrat und Verräter hallischer Freiheit an Erzbischof Ernst, der Obermeister der Schuhmacherinnung[22]). – Seit 1509 ist das Haus im Besitz Gregor Ockels, eines späteren Ratsmeisters der Stadt[23]), eines eifrigen Katholiken, der die Partei des Kardinals Albrecht im Kampf gegen den jungen Protestantismus nahm. So wurde das Haus aus mehr denn einem Grunde das Haus des Unheils (domus infelicitatis) vom Volke genannt.

**Nr. 4 und Nr.** 5 (nach alter Zählung Nr. 736/8) sind ursprünglich drei ganz gleiche, äußerst schmale, 2 fenstrige, hohe, 4 stöckige Häuser gewesen, die ein einziges Dach mit 2 Schornsteinen bedeckte, so im 18. Jhdt. – 1815 sind es drei ganz hohe spitze Dächer, von denen das mittelste noch ein kleines Mansardengeschoß unter sich hat. — Jetzt sind die beiden ersten der 3 Häuser zu einem einzigen, Nr. 4, vereinigt, also 4 fenstrig, und mit einem Dach mit Giebelaufsatz bedacht. In ihnen befindet sich das Herrengarderobegeschäft von Bauchwitz. — Das dritte schmale Haus ist selbständig geblieben als Nr. 5. — Die drei merkwürdig schmalen, ganz gleichen Häuser sind bereits im Mittelalter vorhanden und werden schon 1436 zu den rauhen Kindern genannt (zun ruchen kindern). Damals hatte Hans Holzwirt eine Forderung von 25½ Groschen am Hause. Auf dem mittelsten Hause erblickt man noch heute ein altes Relief, welches einen Baum mit zwei darunter stehenden Kindern darstellt, zu welchen ein drittes in den Zweigen sitzendes Kind herablangt mit der Unterschrift zum drei rouchen Kindrē! Das sind die drei rauhen, wirschen Kinder! Eine Sage umspann dies Bild offenbar schon in alter Zeit: ein Vater hatte drei Kinder, die im ständigen Hader miteinander lebten; um jedem zanksüchtigen Kinde gerecht zu werden, teilte er sein Haus in drei ganz gleiche Teile.[23a])

**Nr. 6** (nach alter Zählung Nr. 739), ebenfalls noch auf der Südseite des Marktes gelegen, ist das Haus zum Großen Christoph. Drei Häuser unserer Stadt hießen im Mittelalter so: auf dem Markt, in der Gr. Ulrichstraße und Vor der Mühle. Unser Haus wird 1430 erwähnt: czum Christofero; es besitzt Andreas Henneberg (Kleinschmieden) für 50 Gulden. — Das jetzige Haus ist 4 stöckig, hat 4 Fenster Front und kleinen Giebel auf dem Dach. — Das Haus ist alt, wohl 1606 erbaut. Ehemals, nach 1830, trug es über seiner Haustür ein Steinbild, das den heiligen Christoph darstellte mit einem langen, bis auf die Brust herabfallenden Barte, mit der linken Hand stützt er sich auf einen belaubten Baum, auf der rechten Schulter trägt er das Christuskind mit der Weltkugel in der Hand. Auch hängt an des Mannes rechter Seite eine Tasche, aus welcher ein Fisch herauskommt. Neben dem Kopf steht die Jahreszahl 1606 und unter dem Bild folgender Vers:

Wir alle bauen feste
Und sind doch nur fremde Gäste;
Und wo wir sollten ewig sein,
Da bauen wir gar wenig ein.

Ehedem befand sich über des Mannes Kopf noch folgender Reim:

Dies Haus steht in Gottes Hand,
Zum Großen Christoph wird es genannt!

Um 1530, oder vielmehr später, gehörte das Haus dem Neuen Stift (s. d.), dessen Offizial in ihm wohnte, denn zunächst wurde dem Offizial ein Haus an der Nikolaikapelle als Amtswohnung bestimmt, das den Magdeburger Domherrn auch als Absteigequartier dienen sollte.[23b.]) Das Haus war laut Revers, den 1540 Kardinal Albrecht dem Rate gab, ein Freihaus, d. h. es war frei von den Steuern der Stadt und stand unter erzbischöflicher Gerichtsbarkeit. — Jeder Besitzer erhielt noch im vorigen Jhdt. einen Lehnbrief von dem jedesmaligen Vorsteher des Hospitals St. Cyriaci, dem jährlich 5 Gulden Erbzins gezahlt werden mußten. — Noch am Ende des 18. Jhdts. kamen jährlich ein oder auch mehrere Male Mönche, die, wie der spätere Besitzer Goldschmidt erzählte, sein Vater auf den Boden geführt habe. Was sie gewollt, ist ihm, dem Knaben, nicht zu Ohren gekommen. Auf diesem Boden befand sich aber noch später ein altes, aus Holz geschnitztes Bild, welches einen Geistlichen im Talar darstellte.

**Nr. 7**, ein altes, 4stöckiges Haus (ehemals Nr. 740), an der Ecke zum Schülershof, wurde 1913 durch die Stadt angekauft für 110000 ℳ (2,76 ar), um den Eingang in Schülershof zu verbreitern. Es ist darauf niedergerissen worden.

**Nr. 8** (nach alter Zählung Nr. 799) ist das „Hotel zur Börse", auf der Westseite des Marktes südlich gelegen, das Eckhaus am Eingang zum Trödel. Das Haus bildet von den ältesten Zeiten her einen Vorsprung in den Markt; es ist 4fenstrig und hat 5 Stock mit flachem Dach; auf den drei unteren Stockwerken sind seit etwa 1860 noch zwei Stock aufgesetzt worden, die sich nach allen vier Seiten frei abheben; vordem ragten zwei steile Giebel mit zwei größeren und darüber zwei kleineren Fenstern hier empor. Das Haus befindet sich seit 1817 im Privatbesitz, man richtete ein Café „Roland" ein, später das „Hotel zur Börse", Jahrzehnte hindurch im Besitz der Familie Scharre. — Das Gebäude ist das alte „Schöffenhaus" oder der „Schöffenstuhl" der Stadt Halle gewesen, in dem die Schöffen ihre Gerichtssitzungen abhielten. Die hallischen Schöffen tagten ursprünglich unter freiem Himmel auf dem Platze vor der (späteren) Wage auf einem Berge, daher sie die Schöffen vom Berge genannt wurden (s. die Wage). Hier stand auch der Roland. Später, im 15. Jhdt., traten sie nur noch beim Blutgericht hier unter freiem Himmel zusammen, sonst in einem kleinen, allmählich baufälligen Fachwerkhause hier am Markt und Trödel, zum ersten Mal 1405 erwähnt: under der schepen huse; 1422: under der schepphen huse; 1425: under der schepphin huse. — 1558 kaufte der Rat ein benachbartes Haus zur Bunten Hose, ließ beide Gehöfte niederreißen und ein steinernes Haus aufführen. Während der Bauzeit (4 Jahre) mietete der Rat das Haus Viktors von Schenitz zum „Schwarzen Löwen" am Kornmarkte für die Schöffenzusammenkünfte. 1562 wurde das neue Schöffenhaus bezogen. Hier wurden die Schöffenbücher aufbewahrt, in denen man seit 1266 alle Eigentums- und Rechtsübergaben von einem auf den andern: Schenkungen, Verpfändungen, Testamente, Käufe, Verkäufe, Streitigkeiten usw. kurz aufgezeichnet hatte[24]). Hier fanden die Gerichtssitzungen statt, die hochnotpeinlichen Halsgerichte, jedoch vor dem Hause; hier wurde der Schultheiß eingeführt hier vor dem Hause stand der Roland (bis 1817), so daß das Schöffenhaus auch „der Roland" hieß. Hier tagte auch das Schöffenkollegium (ursprünglich der Schultheiß und 11 Schöffen, 1584: 8 Schöffen, 1829: 5 Mitglieder), um seinen Spruch für auswärtige, ihm zugesendete, wichtige Rechtsfälle und Blutprozesse zu finden (früher 1584 Montags, Mittwochs, Freitags 2—5 Uhr, später Dienstags und Freitags), bis endlich jedem Mitglied des Schöffenkollegiums die Akten in seine Wohnung zugestellt wurden. — Als Schultheiß und Senior des Schöffenstuhls stirbt 1768 J. C. Dreyhaupt, unser großer Geschichtsforscher. Auf einer Bühne vor dem Schöffenhause, die mit rotem Tuche ausgeschlagen war, wurde sein Nachfolger Gueinzius feierlichst eingeführt. — 1783 wurden die bisherigen Berggerichte wie auch die Talgerichte aufgehoben und statt ihrer das Stadtgericht (für Zivilsachen, später auch für Ehescheidungen, Hypothekensachen usw.) eingesetzt mit Sessionen an jedem Dienstag und Freitag. — In der westfälischen Zeit 1808 wurde das Stadtgericht beseitigt und das „Friedensgericht" in das Schöffenhaus verwiesen. — Nach der Aufhebung des Friedensgerichtes (s. Kl. Steinstraße Nr. 7) wurde 1817 das Schöffenhaus oder der sogenannte Roland öffentlich an den Meistbietenden für 2500 Taler von der Stadt verkauft.

**Nr. 9** (nach alter Zählung Nr. 800) liegt an Nr. 8, sich westlich fortsetzend in den Winkel der ehemaligen Marienbibliothek.

Es ist ein 4 stöckiges Haus mit 4, 3, 2 Fenstern Front im zweiten, dritten, vierten Stockwerk, von einem zierlichen Volutengiebel der Renaissance gekrönt. Eine Schießscheibe ist an das Haus gemalt, das manche Jahrzehnte hindurch eine Schankwirtschaft barg; es geht übrigens nach Trödel Nr. 22 durch.

**Nr. 10** (nach alter Zählung Nr. 801) ist ein altes, 4stöckiges, malerisches Haus, von vier schmalen Fenstern Front, deren zwei mittleren einem Erker angehören, der auch von je einem Seitenfenster erhellt wird. Dieser Erker geht durch drei Stockwerke und ist oben mit einem kleinen Giebel verziert, wird unten aber durch einen einzigen Pfosten, auf dem ein Querbalken ruht, gestützt.

**Nr. 11** ist ein neues, großes, 5stöckiges Gebäude, sich auf der Westseite des Marktes nach Norden fortsetzend, in grauen Backsteinen, das 1890 auf dem Gelände der alten Marienbibliothek (Nr. 802, s. „An der Marienkirche") entstand. Im Erdgeschoß befinden sich große moderne Geschäftsläden, ebenfalls auch auf der Nordseite des Eckhauses, der Marienkirche gegenüber. Auf der Ecke des stattlichen Hauses erhebt sich eine welsche Haube mit langer Spitze. Das Dach ist flach, mit einem Gitter umzogen.

**Nr. 12.** Die Hausmannstürme s. d. Marienkirche.

**Nr. 13** (nach alter Zählung Nr. 822) wird das „Marktschlößchen" genannt, es ist das ehemals Zepernicksche Haus, ein prächtiges, altes Patrizierhaus, nach drei Seiten, nach der Talamtstraße (hier mit zwei), nach dem Markt, nach der Großen Klausstraße mit vier einwärts geschweiften Renaissancegiebeln verziert. Das Haus ist drei Stock hoch, hat auf der Marktseite sieben Fenster Front. Im ersten Stockwerk befindet sich die Restauration zum „Marktschlößchen", von deren Fenstern man den besten Blick auf das wechselnde Marktgetriebe hat. In den Erdgeschossen der drei Seiten sind verschiedene flachbogige Ladenfenster. — Das Haus, von jeher ein stattliches Geschlechterhaus, entstammt der Spätrenaissance: um 1746 besitzt es Christian Friedrich Zepernick; er heiratete die Witwe des Apothekers Andreas Becker, Christiane Elisabeth Gueinzius (1721 — 1772) und erwirbt so dessen Apotheke zum goldenen Löwen, die er vom Markt (jetzt Nr. 3) in sein Haus verlegt (s. Brüderstraße S. 96./97.), in das Erdgeschoß an der Gr. Klausstraße. Sein Sohn ist der bekannte Carl Friedrich Zepernick, kgl. preußischer Oberlandesgerichtsrat, Salzgraf und Senator des Schöppenstuhls (1751—1839). Seine Kinder starben vor ihm, so vermachte er bei seinem Tode die Marienbreite (das jetzige Gelände der Kliniken) der Stadt, unter der Bedingung, daß sie für ewige Zeiten unbebaut bliebe und den Namen „Zepernick-Breite" trüge. Diese Beschränkungen aufzuheben hat der Stadt späterhin große Schwierigkeiten gemacht.[26])

**Nr. 14** (nach alter Zählung Nr. 938) steht westlich von der Gasse des Kühlen Brunnens, also benachbart dem ehemaligen alten Gasthof zum Halben Mond oder Stadt Zürich (s. Gr. Klausstraße). Dieser Hausfleck war zur Zeit des Hans von Schenitz unbebaut, so hatte das Palais in der Ecke der Gasse, das der reiche Günstling des Kardinals sich erbaute, einen freien Blick auf den damals verschönerten Markt. Aber nach seinem Tode, etwa 1550—70, entstand ein großes, 3 stöckiges Eckhaus mit hohem Volutengiebel auf diesem Platz. Jetzt steht ein 4 stöckiges Geschäftshaus, Renners Herrengarderobengeschäft, hier.—

**Nr. 15.** (Nr. 939) steht östlich der Gasse des Kühlen Brunnens, ein schmales, 4 Fenster breites Haus. Im Mittelalter grenzte auf dieser Nordseite des Marktes bis Kleinschmieden die Mauer des Lambertikirchhofs an, der sich die Buden vorlagerten. Hans von Schenitz baute alsdann das große Haus (Nr. 16 und Nr. 17); dagegen blieb dieser Hausfleck damals unbebaut und frei, wohl erst 1664 erstand jenes altertümliche Eckhaus mit 3 stöckigem Erker in der Mitte der schmalen Front, das wir um 1775 sehen.

**Nr. 16** (Nr. 940), dies wie Nr. 17 waren das große Wohnhaus, das Hans von Schenitz auf dem ihm geschenkten Lambertikirchhof 1522 und folgende Jahre erbaute, und zwar mit den Steinen der Lambertikapelle wie mit Steinen vom Kloster Neuwerk. Das Haus, wohl mit Backsteingiebeln, ähnlich wie jene des Doms, verziert, blieb wie die beiden anderen (siehe Kühler Brunnen) im Besitz der Familie Schenitz bis 1591. Von den Dürrfelds und Goldsteins kommen alle 3 Häuser 1664 für 4300 Taler in den Besitz des Rates der Stadt, der das Haus am Markt wie in der Nikolaistraße an Privatpersonen verkaufte. Man teilte nun das Haus in zwei Häuser; ihrer beider ganz verschiedenartige Front zeigt sich 1775: eine schmale Freitreppe führt bei Nr. 940 in die hochgelegene Haustüre, daneben findet sich eine kleine, rundbogige Ladentür mit rundbogigem Ladenfenster. Dagegen zeigt Nr. 941 (die Hirschapotheke) die zwei kleinen rundbogigen Fenster der Apotheke, links der Haustüre, doch sind die 3 oberen Stockwerke 4 fenstrig und glattgeputzt wie noch heute. 2 Reihen Luken (3 und 2) zieren das Dach.

**Nr. 17** (Nr. 941) ist also die rechte Hälfte des alten Schenitzschen Hauses; in diesem Hause befand sich die reichfarbige, glasierte Tonplatte mit der Jahreszahl 1532 (ähnlich der am Portale im Kühlen Brunnen). Als Anton von Schenitz und Hansens Kinder 1546 nach des Kardinals Tode wieder in den Besitz der Häuser gelangten, ist wohl die Wappentafel zur Erinnerung an den unglücklichen Hans von den Kindern eingelassen worden. In diesem Hause am Kornmarkt, das wohl den Namen zum Schwarzen Löwen trug[27]), fanden 1558–1562 die Sitzungen der Schöffen statt (siehe das Schöffenhaus, Markt Nr. 8), und hier geschah auch die scheußliche Mordtat an Viktor von Schenitz, an dem unglücklichen Sohn eines unglücklichen Vaters. Er hatte seinem Schreiber Christoph Wind eine Maulschelle gegeben. Aus Rache ermordete dieser am 15.6.1572 seinen Herrn und beraubte ihn noch. Christoph Wind wurde zu Mainz ergriffen und daselbst schrecklich hingerichtet[28]). — Jetzt ruht über der Haustür ein großer, vergoldeter Hirsch, das Zeichen der Hirschapotheke, die in diesem Hause sich befindet. Eigentlich mußte der Hirsch blau sein, denn die Apotheke hieß ursprünglich zum Blauen Hirsch und nicht zum Gelben oder Goldnen Hirsch! Sie wurde 1535 durch den Leibarzt des Kardinals Albrecht Nikolaus von Wyhe[29]) auf ein Privileg Albrechts hin gegründet. Er legte sie an der Ecke des alten Goldenen Ringes am Markte an und erwarb 1544 das Gewölbe daselbst für 300 Gulden sich und seinen Rechtsnachfolgern in der Apotheke. Von Wyhe ging die Apotheke in den Besitz seines Schwiegersohnes Dr. Johannes Stahl über, dann an dessen Sohn Joh. Christoph Stahl und an dessen Schwager Ansorge. Danach wechselten die Familien, die sie besaßen, sehr oft. Aus dem Goldenen Ring wurde die Apotheke in das jetzige Haus gelegt, in dem sie sich schon im 18. Jhdrt. befindet. Sie führt die Benennung zum Blauen Hirsch. Bis 1693 (Gründung der Engelsapotheke in Kleinschmieden) waren die Hirschapotheke und Löwenapotheke (s. Brüderstraße) die beiden einzigen in der Altstadt Halle.

**Nr. 18** (Nr. 942) das große, moderne Eckhaus des Manufakturwarengeschäftes von Michel an Kleinschmieden, ist etwa um 1900 entstanden. Es zieht sich weit nach Kleinschmieden herum, von dem es sich Grund und Boden von 3 Häusern einverleibte. Das Erdgeschoß bilden Schaufenster an Schaufenster, die 3 oberen Stockwerke sind Verkaufs- und Lagerräume, auf der abgerundeten Ecke erhebt sich aus dem Dache eine kleine, runde Kuppel. Vor 1900 stand hier als Eckhaus nur wenige Jahre (von 1889 ab) das 5 stöckige, überladene Geschäftshaus von Pintus, ein mehrstöckiger Erker, mit Zwiebelspitze versehen, bildete die Ecke. Vor 1889 erhob sich hier, weiter in Kleinschmieden vorspringend, ein schöner, alter Renaissancebau von 4 Stockwerken mit einem Volutengiebel nach dem Markt und nach Kleinschmieden, ein Rest guter, hallescher Renaissance. In seinem Oberstock befand sich zu unserer Zeit die Wiener Bierhalle, von der man ebenfalls einen prächtigen Blick auf das Marktgetriebe genoß. Ehemals hieß unser Eckhaus der Schwarze Adler, so 1619; nicht zu verwechseln mit dem Gasthof zum Schwarzen Adler, dem Zeizschen Hause in der Gr. Ulrichstraße (s. d).

**Nr. 19** (Nr. 187 und 188) ist das Stecknersche Bankhaus an der Ecke nach Kleinschmieden, mit einem Erker und kleinem Kuppelbau mit Spitze verziert, ein 4 stöckiges, neueres Haus; in dem alten Hause befand sich (1836) die Schwetschkesche Buchhandlung.

**Nr. 20** (Nr. 189, 190, 191) ist das ehemalige Werthersche Haus, das in den Markt nach Süden vorspringt und mit dem Stecknerschen Hause einen rechten Winkel bildet. Es wies vordem im Erdgeschoß einen großen Kolonialladen auf; es ist glatt und einfach gebaut, etwa um 1870, 4 stöckig mit 6 Fenstern Front auf der Südseite und mit einem zweigeschossigen Erker auf der Ecke. Vor 1870 stand hier ein malerischer Bau des 16. oder 17. Jhdts., 3stöckig, an der Ecke mit einem runden Erker verziert, mit Doppeldach, das mit 5 und 3 Dachfenstern auf der Südseite und 2 und 1 auf der Westseite versehen. Schon 1836 gehörte es der Kaufmannsfamilie Werther.

**Nr. 21** (Nr. 192), das ehedem Fritzesche Haus, ein 4 stökkiges schmales (mit 3 Fenstern Front nach dem Markte) Eckhaus mit hohem Giebel, schon 1836 im Besitz der Familie Fritze. Ein alter, wertvoller Sandsteinkamin, sowie ein Eingangsportal wurden dem Stadtmuseum überwiesen. Auch dieses Haus war in den Besitz des Huthschen Geschäftes übergegangen: ein großes, modernes, giebelverziertes Warenhaus zieht sich seit 1905 vom Markte nach der Brüderstraße herum; im Schnittpunkt der Giebel erhebt sich ein stufenförmiger Turm. Alle drei Stockwerke des Hauses haben große, helle Verkaufs- und Lagerräume

**Nr. 22** (Nr 229), der Gasthof zum Goldnen Ring, ist ein neuer, seit etwa 1905 entstandener, geschmackvoller Bau, 4 stöckig, mit 5 mal 3 Fenstern in jedem Geschoß, mit sehr hohem, spitzenverzierten Stufengiebel. — Der altberühmte Gasthof hat seine Geschichte. Das Haus zum Goldnen Ring (tu dem guldynen ringe)[30]) wird 1412 als ein Lehen, dem Hans von Hedersleben gehörig, erwähnt. Es ist damals offenbar ein Patrizier- und Adelshof, ein Wohnhaus und Absteigequartier der Hederslebenschen Familie. Magnus Holzwirt klagt um Zinsen und Abgaben, die Hans von Hedersleben versetzt hat. — Doch schon 1479 ist das Haus ein Gasthof: Peter Baltzer wird als ein Goldschmied und Gastgeber zum Güldnen Ring am Markt aufgeführt: er empfängt die Talgüter und die Kote der alte Patrizierfamilie Herford durch Erzbischof Ernst, da er ein Demokrat und Feind der Pfänner war. — Um 1505 wird der Gasthof neu erbaut, als das Haus im Besitze derer von Kotze war, ungefähr in der Gestalt, wie wir ihn noch gekannt haben, sehr massiv, 4stöckig, mit etwa 4 Paar Fenstern in jedem Stock und einem einzelnen stets in der Mitte über der Haustür, mit einem „Tritt" vor der rundbogigen Tür, breite, rundbogige Ladenfenster auf der nördlichen Seite (Goldschmiedeladen, später Apotheke) und mit einem hohen Dach mit 3 Dachfenstern versehen. So hatte ihn Peter Meinau 1505 erbaut. Statt des Erbzinses, den man dem Lehnsherrn Kotze zahlen mußte, bedang sich dieser aus, daß, wenn er kam, er samt Kutscher, Diener und Pferden 24 Stunden freie Herberge, Futter und Nahrung haben müsse, bliebe er länger als 24 Stunden, wolle er bezahlen oder in eine andere Herberge ziehen. Meinau starb 1510. — Der Goldene Ring war damals eine vornehme Adelsherberge. Hier kneipten auch Wolf I. von Selmnitz und Kurt von Ammendorf im Januar 1519, aber Moritz Knebel lauerte dem Selmnitz an der Wand des Hauses abends auf. Als nun Wolf die Stufen des Trittes heruntersteigt, springt Knebel hinter den Stufen hervor und stößt dem ahnungslosen Selmnitz den Dolch durch das Genick ins Haupt, daß er bis aufs Hirn verwundet wird und die Sprache verliert. Er stirbt und wird in der Kirche S. Georgen begraben[31]). — 1535 wird die neue Apotheke des Nikolaus von Wyhe in den Laden und in das Gewölbe des Goldenen Ringes gelegt (s. Markt Nr. 17). — Aus dem Jahre 1560 berichtet uns Olearius eine Märe, die ebenso wunderbar wie für den Aberglauben der Zeit bemerkenswert ist: Dienstag nach Margarethentag abends zwischen 10 und 11 Uhr nahm der Teufel in Valentin Röselers Hause einen Schüler aus dem Bette, führte ihn durch das Dach hindurch und setzte ihn im Goldenen Ring auf den Hof, daß ihm die Arme und die Seite sehr verstaucht, er aber jedoch am Leben erhalten worden ist. — Der Goldene Ring bleibt die vornehmste Herberge der Stadt: hohe fürstliche Personen steigen in ihm ab; Wehklagen und Jammer, auch Waffen und Kriegsgeschrei erfüllen seine starken und düsteren Wände. Am 7. 3. 1610 starb plötzauf der Durchreise die Äbtissin von Quedlinburg Maria, die Herzogin von Sachsen-Weimar, eine kluge und starkgeistige Frau. — Schlimmer Trubel füllte den Gasthof im 30jährigen Krieg: der bei Breitenfeld von Gustav Adolf besiegte Tilly (7. bezw. 17. 9. 1631) kehrte denselben Abend flüchtig in unserm Gasthof ein, von einigen Fürsten begleitet, und ließ sich die Wunden, die er im Kampfe empfangen, verbinden. — Am 14. (24). 2. 1639 schlug der schwedische General Baner sein Quartier im Goldenen Ringe auf und hielt sofort ein grausames Kriegsgericht über zwei Soldaten ab, die einem Bauern im Dorfe Zscherben den „schwedischen Trunk" gegeben hatten. Die beiden Missetäter wurden sofort gepackt, auf einer Waschbank gevierteilt, und ihre Körperviertel steckte man auf Pfähle am äußeren Galgtor (Riebeckplatz).— 1701 am 3. 1. weilt der Bischof von Osnabrück hier, am 1. 9. 1705 der Herzog von Eisenach. — 1713 nimmt der junge König Friedrich Wilhelm I. ein Frühmahl im Goldnen Ring ein. — Zu Dreyhaupts Zeiten (1750) besaß der Gasthof auch die Weinschankgerechtigkeit. — In dem Laden des Hauses befand sich noch um 1900 die Pfeffersche Buch- und Kunsthandlung, die bereits 1738 begründet worden ist. —

**Nr. 23.** (Nr. 230) ist ein 4stöckiges Haus in einfachem Stil mit 3 bezw. 4 Fenstern, nach Westen gerichtet, dann springt es zurück und zeigt etwa 10 Fenster, nach Süden gerichtet. So wird wiederum eine der mannigfachen Buchten gebildet, die in früheren Jahrhunderten Einzelmärkte gewisser Artikel wurden und sich nach ihnen nannten. — Große Läden befinden sich im Erdgeschoß des Hauses, ebenfalls ein Café in der Buchtung, das Café Roland, etwa 1892 eingerichtet.

**Nr. 24** (Nr. 230b) Die Wage. — Um 1341 wurde das älteste Stück des heutigen Wagegebäudes erbaut, nämlich ein Teil der südwestlichen Ecke, also wo noch heute die Überbrückung vom Rathause in die Wage mündet (s. Rathaus): es war ein fester Turm zur Aufbewahrung der städtischen Dokumente (gegen Feuersgefahr) auch für Gefängnisse[32]), wohl nur durch den Brückengang zugänglich. — Nördlich von diesem Turm (also auf der heutigen Wage) lag der Hügel, jener kleiner Berg, einer der sieben der Altstadt, die Olearius erwähnt, auf dem die Gerichte der Stadtschöffen unter dem Vorsitz des Schultheiß stattfanden, die deswegen Berggerichte hießen[33]). Hier stand bis 1341 auch als Zeichen der Gerichtsstätte der sogenannte Roland (daher 1475 die schoppen vor dem Rohlande uff dem berge), eine überlebensgroße, bemalte Holzfigur mit blankem Schwert (s. den Markt). Schon im 14. Jhdrt. wurde neben dem Turm ein hölzernes, kleines Wagehaus errichtet, wohl der Sitz der Marktpolizei. Im Laufe des 15. Jhdrt. entstand ein neues Gebäude, ein größerer Holz- und Fachwerkbau neben dem ursprünglichen Turme (1475: thorm neben der wage); der Hügel, die alte Gerichtsstätte, verschwindet dadurch. Es befand sich eine so große Wirtschaft in dem Hause, daß sämtliche Bürger der Marienparochie darin Platz haben konnten. — Im Frühjahr 1573 wurde die alte Wage abgerissen und ihr Holz zur Einrichtung des Cyriakshospitals in Glaucha verwendet. Am 2. 4. 1573 begann man mit dem Neubau, und 1575 wurde er beendet (gänzlich erst 1581). Der prächtige Bau kostete 11045 Schock Groschen 3 Groschen und 8 Pfg., durch den Ratsmeister Leonhard Zeise (1527—1588) und durch Georg Beutener hergestellt. Es war als ein Fest- und Hochzeitshaus für die Bürger der Stadt errichtet worden, für Trink- und Festgelage, für die Zusammenkünfte der Innungen, auch für die

Bewirtung hoher Gäste und für allerlei Sehenswürdigkeiten. So logierte hier im Juni 1691 die Gräfin Margarethe von Ansbach, die spätere Gemahlin Johann Georgs von Sachsen, ferner ließ man hier Löwen, Tiger und allerlei Vögel 1685 die Bürger für Geld sehen. — Das Haus war ganz massiv erbaut und drei Stock hoch: es nahm an der Südwestecke den alten Archiv- und Gefängnisturm in sich auf. Eine gotische Spitzbogenbrücke verband es mit dem Rathause, die erst 1875 durch den jetzigen unschönen und banalen Brückengang ersetzt wurde. Ein Treppengiebel grenzte an die Rathausgasse, zwei Erker gingen an der rechten und linken Seite der Front empor, reich verziert, am Dach mit kleinen Volutengiebeln gekrönt. Das sehr hohe Satteldach trug drei Reihen Luken. So gewährte das Haus bis ins 19. Jhdt. reicheren, künstlerischeren Anblick als heutzutage. — Besonders hebt sich das schöne Portal in der Mitte des Hauses ab: ein großer Renaissanceeinfahrtsbogen mit Brillantquadern verziert, von zwei Pilastern flankiert; zwei Köpfe ragen aus den Zwickeln, neben den Voluten des Aufsatzes stehen zwei Krieger, in dem Aufbau der Mitte prangt das hallische Stadtwappen. — Am 23. 8. 1690 hielt Thomasius die erste öffentliche Disputation im großen Saale der Wage ab, im Winter 1690—91 seine Vorlesungen daselbst, zu denen er im eigenen Wagen zu fahren pflegte[33a]), (vorher im Küchenmeisterschen Hause in der Galgstraße). Am 27. 7. 1692 ist der neue Kanzler der Akademie Veit Ludwig von Seckendorf in Halle angelangt (bezieht sein erkauftes Küchenmeistersches Haus in der Galgstraße). Die oberen Räume der Wage werden 1693 für Vorlesungen und für akademische Festlichkeiten eingeräumt (die meisten Vorlesungen halten die Professoren in den Privathäusern ab). Am 1. 7. 1694 findet die feierliche Einweihung der Wage als Universitätsgebäude durch den Kurfürsten Friedrich III. statt; dann Prozession nach dem Dom. Vor der Wage fließen zwei Brunnen in rotem und weißem Wein; 1200 Teilnehmer teils auf der Wage, teils in der Residenz. — Im Erdgeschoß der Wage befanden sich die Ratswage, des Wagemeisters Wohnung und am Markte die Stube der Polizei und des Marktamtes und die Wachtstelle der städtischen Nachtwache; im Obergeschoß die Konzilienstube der Universität und die Bibliothekzimmer; im obersten Stock der große Saal für die Disputationen, Promotionen und sonstigen Feierlichkeiten; im Seitengebäude noch ein anderer großer Saal als theologisches Auditorium. Die Universität zahlte 172 Taler Pacht jährlich für diese Räume. — 1704 (1. 7.) wurden die Erker der Wage mit Schiefer bedeckt (vorher waren sie mit Blech belegt). — 1722 wurde die Wage abgeputzt und eine goldene Inschrift hoch über dem Torweg angebracht: Prytaneum Academiae Fridericianae Fundatum Ann.

MDCXCIV. Renovatum Ann. MDCCXXII. — Die Wage als Universität drückte der gesamten Umgegend den Stempel auf: in der Brüder-, Ulrichs-, Galg- und Märkerstraße wohnten die Professoren und hielten in ihren Häusern die Vorlesungen ab[34]); der Markt wird von den Studenten beherrscht: Trinkgelage im (alten) Ratskeller, im Bumskeller des Rathauses, im Universitätskeller (dieser war 1700 am alten Markt im Strahmerschen Hause; später im Kühlen Brunnen); Kommerse, Aufzüge, Schlittenfahrten der Studenten auf dem Markte; Fackelzüge, deren Fackeln auf dem Markt zusammengeworfen werden; um 1790: die „Gevatterbude" am Roten Turm nach Kleinschmieden zu, um die sich die Studenten in Kanonenstiefeln mit Sporen, großen Tabakspfeifen und Hunden gruppierten, um bei der „Gevatterin" der Obsthändlerin das teure Obst zu kaufen und zu essen; die „Schnudelbude" vor dem Ratskeller am Eingang zum Hohenkräm, in der die Bratwurst nur einen Spieß (Sechspfennigstück) kostete und, wenn man sie sich durch den Mund ziehen läßt, nur einen Pfennig (sagt der Student): zwei barackenartige Gebäude. Allerdings finden auch Reibereien und Schlägereien mit dem Regiment Anhalt statt, dessen Hauptwache 1721 bis 1739 auf dem Markte stand, auch noch später, so die ernstere Affäre im Jahre 1750. — Südlich des Wagentorwegs lag ein einstöckiger Vorbau mit einer Zinne gekrönt (die Wachstube), er wurde später als Laden vermietet, ebenfalls nördlich ein kleiner Anbau mit drei kleinen Fenstern, auch im Durchgang befanden sich mehrere Verkaufstische, ferner in der Rathausgasse ein kleiner Laden. Auf den Bodenräumen legte man 1787 ein Wollmagazin für die hallischen Tuchmacher an; es bestand bis zum Einfall der Franzosen 1806. — Nach der Schlacht bei Leipzig im Oktober 1813 wird die Wage Lazarett wie die Kirchen, in der Wage liegen 574 verwundete Russen.[35]) — 1833 wird der Kaufmannsladen verlegt, wo ehedem die Wachtstube der Scharwächter lag. — Am 31. 10. 1834 zieht die Universität in feierlichem Aufzug aus der Wage in das neue Gebäude auf dem Barfüßerkirchhof. — 1835 wird die Wage erneuert, abgeputzt, die Universitätsinschrift wird entfernt (Unkosten: 6342 Taler): sie wird städtische Bürgerschule (für Knaben und Mädchen) unter dem Rektor Scharlach.[36]) — 1847 wird der linke Seitenflügel für das Eichungsamt eingerichtet. 1846 wird die Knabenbürgerschule nach dem Gr. Sandberg in das ehemalige Zuchthaus verlegt (s. S. 82), die Mädchenbürgerschule bleibt in der Wage. (1865: 12 Klassen mit 822 Mädchen, 6 Taler Schulgeld); auch die Sonntagsschule und eine Klasse der katholischen Schule werden hier untergebracht (1871: 18 Klassen mit 1014 Schülerinnen, sodaß auf eine Klasse 56 Mädchen kommen!) 1871 ist die neue

Mädchenbürgerschule auf dem Wolfhagenschen Grundstück in der Schimmelgasse vollendet. — 1875 wird die Wage als städtisches Verwaltungsgebäude für 34000 Mark eingerichtet. Der bisherige Anbau wird zu zwei modernen Kaufläden umgebaut, jetzt Hendels Sortimentsbuchhandlung Gustav Ehlers (ehemals Moritzzwinger 12), die eingerichteten Büroräume werden durch den neuen Gang mit dem Rathaus verbunden. — Am 26. 1. 1913 brennt der Dachstuhl des nördlichen Seitenflügels nieder, das Dach des Hauptgebäudes wird teilweise zerstört. Das hohe Ziegeldach wurde nicht wieder hergestellt. (Kosten: 19193 Mark.) — Die Abschätzungen betrugen 1871: 84500 Mark; 1902: 123000 Mark. (Feuertaxe: 112610 Mark); 1912: 350030 Mark. — Im Jahre 1868 brachte die Wage, trotzdem die Mädchenschule in ihr lag, an Mieten: 215 Taler vom nördlichen Laden, 351 Taler vom Vorbau, 36 Taler vom Keller, 46 Taler vom Schuppen, zusammen 648 Taler.

## Die Marktkirche (Kirche Unser Lieben Frauen).

**Die Gertraudenkirche** lag auf dem westlichen Markte über der Halle. Ihre (jüngsten) Türme waren die sogenannten blauen Türme der heutigen Marktkirche. Ihr Schiff erstreckte sich ostwärts (wie das der heutigen Marktkirche, nur schmäler und niedriger, auch in romanischer Ausgestaltung) bis 12 Schuh oder 20 Fuß vor die Hausmannstürme, so daß die Prozessionen zwischen beiden Kirchen hindurchziehen konnten[37]). — Die Kirche bestand bis 1529. —

Die Kirche ist eine der ältesten, wohl die älteste unserer Stadt, ursprünglich sehr klein, wohl ein Holzbau und in der Frankenzeit entstanden, auf felsiger Höhe über dem Tale, dem ältesten Teile Althalles, eine Kapelle, welche die fränkische Bevölkerung zu Ehren ihrer Heiligen, der Gertrud von Nivelles, erbaut hatten[38]). Die älteste Befestigung der Stadt schloß sie bereits in sich (s. S. 1).

Etwa nach 1050 begann man den steinernen Bau der Kirche in romanischem Stile: zwei niedrige, dicke Türme, ein Längsschiff mit je einem niedrigen Seitenschiff. — 1121 wird sie dem neugegründeten Kloster Neuwerk einverleibt: vielleicht wird jetzt der heilige Laurentius ihr zweiter Heiliger (1121: ecclesia Sanctae Gerdrudis). Sie ist bereits eine der Pfarrkirchen der Stadt und hat ihren eigenen Sprengel (wohl erweitert bei der neuen ausgedehnten Befestigung der Stadt). — 1266: sente Gerdrude kerken; 1300: sunte Gerdrude; 1406: tu sente Gerdrude; 1458: hinder sente Gertruden. — 1295 ist sie noch nicht völlig ausgebaut, wie die Ablaßbriefe besagen, die sie vielfach von den Bischöfen von Magdeburg, Halberstadt, Merseburg, Brandenburg und Havelberg erhalten hat, auch noch 1451 durch den Kardinal von Cusa. — Altäre der Kirche waren: erster Altar S. Andreä an der Ostseite der Kirche, 1303 durch Johann von Nordhausen gestiftet und beschenkt durch den Zins einer Häuserreihe auf dem Reddenberge (s. Schloßberg), zweiter Altar S. Matthäi, 1358 durch Heiso von Hedersleben gestiftet, dritter Altar S. Fabiani und S. Sebastiani, 1452 durch die von Kotze gestiftet, vierter Altar S. Crucis 1485 durch Heino von Brachstedt gestiftet, stand zwischen den beiden Türmen, fünfter Altar S. Erasmi 1495, 1498 dotiert, sechster Altar M. Magdalenä und S. Stephani 1501 durch die Drachstedts dotiert, siebenter Altar S. Hieronymi durch Lorenz Prellwitz (s. Goldenes Schlößchen, Schmeerstraße) 1506 gestiftet, er stand unter den blauen Türmen. — 1456 läßt Nikolaus Schildberg das ganze Dach der Kirche auf seine Kosten erneuern. — 1464 werden die alten Türme mit dem Schiffe der Kirche zusammengemauert. — Gegen Ende des 15. Jhdts. ist die Kirche sehr schadhaft, die älteren ziemlich belanglosen Türme werden durch die jetzigen blauen Türme — blau wegen der dunkelblauen Schieferbedachung — ersetzt: 1507 ist der nördliche Turm fertig, sein Knopf wird mit Reliquien des Märtyrers Alexander aufgesetzt. 1513 ist der südliche Turm vollendet, sein Knopf ist 140 Pfd. schwer, und mit 106 Strahlenspitzen, jede $^1/_2$ Elle lang, verziert. Die Höhe der Türme ist 148 Ellen (= 100 m) die sehr schlanken Pyramidendächer werden bei $^2/_3$ der Höhe von einem zweiten Kranz von Giebelchen (wie jetzt wieder!) geteilt. 1529 Vertrag zwischen Kardinal Albrecht und dem Rat: die Kirche zu erneuern, bzw. neu zu bauen als Marienkirche. Am 30. 5. 1529 öffentliche Ankündigung von der Kanzel in S. Gertrauden, daß die Marienkirche abgerissen werden und die erweiterte Gertraudenkirche fortan Marienkirche heißen solle. Am 31. 1. 1530 Beginn der Erdarbeiten zur Verlängerung und Verbreiterung der Gertraudenkirche, wahrscheinlich unter Nickel Hoffmann. — Eine Erinnerung an die verschwundene alte Gertraudenkirche ist die Gertraudenkapelle in der neuerbauten Marienbibliothek.

Das „Tal" hatte Beziehungen zu der uralten Gertraudenkirche, vielleicht schon vor Erbauung der größeren, neueren Moritzkirche (s. S. 32): ein Teil der Salzwürker gehört zur Parochie der Kirche[39]), die Oberbornmeister werden in dem Chor der Kirche gewählt (besonders seit dem 15. Jhdt; vorher an der Meteritz); bei den Türmen von St. Gertraud finden die Rügegerichte

(Bottgedinge, 1464: botdingh) für die Pfänner statt. „Man soll sitzen uf sante Gertrude Kirchhove hinder den roden thormen“, (s. S. 17). In der Gertraudenkirche huldigten die Pfänner allein dem neuen Landesherrn, so am 4. 11. 1476 dem jungen Erzbischof Ernst.

Der Kirchhof S. Gertruden lag südlich der Kirche, etwa bis halben Wegs zum Trödel, östlich bis wo heute die Häuser Nr. 11 bis 9 stehen. 1332 wird er erweitert durch Abbruch von Nikol Schleichers Haus, das hier gestanden haben muß. Der Kirchhof hatte ein Beinhaus zur Bestattung der armen Leute. Er war ursprünglich mit einer Lehmmauer eingefaßt, auch von baufälligen Buden entstellt, Mist und Unflat wurde von den Salzladern auf ihn geworfen; erst 1464 wurde dem elenden Zustande ein Ende gemacht (s. S. 22), auch eine Mauer um den Kirchhof gezogen. 1530 wird der Kirchhof durch den Kardinal Albrecht (wegen Seuchengefahr) wie die anderen Kirchhöfe in der Stadt aufgehoben; das Beinhaus wird ausgehoben und die Knochen bestattet. Eine Menge anderer oft erst halb verwester Leichen in der Kirche und um sie werden auf dem neuen Gottesacker (Martinsberg) bestattet.

Die Pfarre S. Gertruden stand auf dem Gelände der heutigen Pfarrhäuser der Marienkirche, ein schlichter Fachwerkbau.

Die neue Schule der Kirche St. Gertrud und Marien wurde 1414 gegründet. Die alte Schule des Sprengels war primitiver Art. Die neue Schule lag nördlich der Gertraudenkirche an der Talamtstraße vor der Bärgasse (s. S. 22). An ihr wirkten ein Rektor und sechs (später acht) Kollegen. An dieser Schule amtierte der junge Thomas Müntzer als einer der oberen Lehrer noch vor 1513, jener hochbegabte Aufrührer des thüringischen Bauernkrieges. Die Schule ward 1565 in das Barfüßerkloster verlegt (s. S. 119).

## Die Marienkirche Kirche oder Kirche Unser Lieben Frauen.

c. 1150: ecclesia forensis B. Mariae; 1448: ecclesia beatae Mariae virginis; 1452: ecclesia parochialis Beatissimae Mariae Virginis; 1318: zu unser vrowen; 1406: tu unsen lyven vrowen; 1455: zcu unsir lieben frowen. — Sie lag in der Verlängerung der Gertraudenkirche nach Osten, in der Richtung auf den (späteren) Roten Turm und beherrschte die Westhälfte des Marktes, den sie mit ihrem Kirchhof zu einem großen Teile ausfüllte. Ihre Türme waren die sogenannten jetzigen Hausmannstürme, zwischen ihnen und dem Chor der Gertraudenkirche befand sich ein schmaler Prozessionsdurchgang (s. Gertraudenkirche). Die Kirche bestand bis 1529. —

Die Kirche wurde wohl nach dem großen Brande der Stadt (1136) bei der neuen Bildung der Sprengel geplant und bald in Angriff genommen, wohl von Bürgern der Oststadt (vgl. die ursprüngliche Parochie der Marienkirche: Steinstraße über Galgstraße bis zur Merkerstraße)[40]. Sie wurde dem Kloster Neuwerk incorporiert wie die Gertraudenkirche. Sie wird 1210 erwähnt, aber sie ist noch nicht vollendet im Bau, zunächst wurde der hohe Chor gebaut und benutzt. 1215 bewirkt der Vikar Petrus Wunder an einem Crucifix in der Kirche: zahlreiche Kranke werden geheilt. Ungeheuer viel Menschen strömen nach Halle. Der Erzbischof und das Kloster Neuwerk teilen sich in den Gewinn. Als der Vikar die Stadt verläßt, hören auch die Wunder auf.

Die Kirche wurde im romanischen Stil erbaut, bereits in reicherer Gestaltung als die Gertraudenkirche, fester und solider, ein Längsschiff mit zwei Seitenschiffen. Die einzigen Reste der Kirche sind die westlich gelegenen Hausmannstürme, und zwar die unteren Stockwerke aus älterer Zeit, die oberen aus frühgotischer Zeit, wohl im Jahre 1275 weitergeführt, zuletzt mit einem spitzen, achtseitigen Pyramidenhelm gekrönt, wie er zu dieser Zeit im Gebrauch war, acht kleine spitze Giebel umkränzten den Fuß des Helms. So bestanden Turm und Kirche bis 1501.

Auch diese Kirche empfing viele Ablässe, so 1275, 1300, 1359, 1408, 1449. Sie hatte einen Hochaltar (mit einem Pfarrer, einem Prediger, zwei Kaplänen, einem Schulmeister mit Chorschülern) und verschiedene Messenaltäre, erster Altar S. Nikolai, Antonii, Wenzels und Oswalds, der 10 000 Jungfrauen und der S. Ottiliä. Zweiter Altar S. Trinitatis 1449 confirmiert. Dritter Altar S. Catharinä 1452 confirmiert. Vierter Altar S. Elisabethä 1468 confirmiert. Fünfter Altar S. Crucis 1515 confirmiert. Sechster Altar S. Thomä und Barbarä 1464 erbaut. Siebenter Altar S. Annä 1467 gestiftet. — Auch war an dieser Kirchehedem eine Kapelle des Heiligen Nikolaus, die wohl durch zugezogene Flamländer gestiftet worden war. Sie wurde 1502 verlängert und ist 1530 beim Abbruch der Kirche auch abgerissen worden.

1275 wurden die Türme der Kirche höhergeführt. — 1418 wird der sogenannte Rote Turm im Osten bzw. Nordosten nahe bei der Marienkirche, aber völlig freistehend begonnen als ein stolzer Glockenturm für die Kirche nach Art des italienischen Kampanile, ein Symbol der kühn aufstrebenden Aristokratie unserer Stadt. — An der Kirche selbst standen häßliche Anbauten, Buden, Verkaufsräume, die nach dem Abbruch an den Roten Turm verlegt wurden.

Die Kirche war schön und dauerhaft gebaut, dennoch ließ sie der Kardinal 1529 niederreißen (außer den Türmen), zu Weihnacht beginnt der Abbruch; erst 1535 sind ihre letzten Reste beseitigt worden.

Der Kirchhof S. Marien umfaßte die westliche Hälfte des Marktes zum größeren Teile. Er erstreckte sich südlich bis zum heutigen Siegesbrunnen, nördlich bis zur Markthalle, die dem Lambertikirchhof gegenüberstand. Auch auf diesem Kirchhof stand ein Beinhaus zur Bestattung der Armen. Statt der ursprünglichen, häßlichen Lehmmauern umgaben seit 1458 bessere Gitter den Kirchhof. Im November 1504 wurde auf dem Kirchhof der unglückliche Kämmerer und Zinngießer Nikolaus Schildberg, der große Wohltäter beider Kirchen und vieler anderer Heiligtümer der Stadt in aller Stille bestattet[41]). 1530 wird auch der Marienkirchhof aufgehoben (s. Gertraudenkirchhof). Aber erst viel später scheinen seine letzten Spuren vertilgt werden zu sein: 1564 wird der Kirchhof planiert, auch wird der Fahrweg auf der nördlichen Seite erweitert.

Die Pfarre S. Marien stand von alters her an der heutigen Talamtstraße vor der Bärgasse. Hier entwickelte sich auch die primitive Marienschule, die 1210 durch ein Privileg des Erzbischofs Albrecht II. dem Kloster Neuwerk zugestanden worden war. 1551 wird ein neues Gebäude aufgeführt.

**Die neue Marienkirche** oder die **Marktkirche.** Frühjahr 1529 legt Kardinal Albrecht dem Rat seinen Plan vor: die Kirche U. L. Fr. bis auf die Türme abzubrechen und die alte kleine Gertraudenkirche zu einer großen viertürmigen Kirche auszubauen[42]). Bereits am 30. 5. 1529 wurde dem Volke von der Kanzel aus mitgeteilt: aus beiden Pfarren eine zu machen, die alte Marienkirche abzubrechen und die ausgebaute Gertraudenkirche Kirche U. L. Frauen zu benennen. — Schon am 27. 5. wird der Erweiterungsbau von S. Gertrauden begonnen. Doch muß man sich entschließen, die höchst baufällige Kirche fast ganz niederzureißen (außer den blauen Türmen). — Am 31. 1. 1530 beginnen die Erdarbeiten für die neue Kirche also zwischen den Hausmannstürmen und den blauen Türmen wohl unter Nickel Hofmanns Leitung. — 1533 wird das Dach aufgesetzt mit zwei Reihen Luken (jetzt mit drei Reihen), zu Ostern 1534 wird es mit Schiefer gedeckt. — 1539 wird der hohe Chor eingewölbt und die kleine Orgel (wohl aus der alten Marienkirche) über dem hohen Altar aufgestellt. Die Kirche war noch nicht fertig, als Luther und Jonas in ihr predigten und Luthers Sarg in ihr aufgestellt wurde (20. 2. 1546). Noch standen die Gerüste um sie. — 1551 wurden die steinernen Emporen angelegt (eine Betonung des protestantischen Kirchencharakters[43]), ferner wurden die achteckigen Pyramidenhelme der Hausmannstürme abgebrochen und die jetzige Kuppel- und Laternenform der Türme geschaffen; eine flachbogige Brücke aus Stein (seit 1837—39 aus Holz) verband die beiden Türme mit einander. Die Wohnung eines Feuerwächters (Hausmanns) wird oben eingerichtet. Unten an der Ostwand der Kirche stützten zwei mächtige Strebepfeiler wegen des schweren Backsteinaufbaues auf den Türmen. — Am 8. 12. 1554 ist die Kirche „ganz vollendet" (Dr. I, 1019)[44]). Sie ist eine Hallenkirche mit einem Hauptschiff und je einem Seitenschiff, noch im Stile der späten Gotik von Nickel Hofmann ausgeführt. Ein großes, über alle drei Hallen ausgespanntes Netzgewölbe tragen 22 steinerne, achtseitige, hohe Pfeiler. Steinerne Emporen auf 22 kleinen, steinernen Säulen umziehen alle vier Seiten der Innenkirche. Der Fußboden ist eine gemusterte Backsteinpflasterung.

So waren die zwei Kirchen zu einer verschmolzen, ihre Pfarren zu einer Pfarre (1551 neu erbaut). Ihre zwei Sprengel (nicht einer) blieben jedoch bestehen, nur änderte sich seit dem 1. 1. 1531 ihre Abgrenzung: die neue Ulrichskirche in der Leipzigerstraße erhielt den Bezirk von der Steinstraße über die Galgstraße zur Merkerstraße, den alten Mariensprengel; den Bezirk der alten Ulrichskirche erhielt die Marienkirche, nämlich von der Kleinen Ulrichsstraße bis zur Großen Steinstraße, der Bezirk von S. Gertrud war ungefähr das Nordwestviertel der Stadt, zwischen Großer Klausstraße und Kleiner Ulrichstraße. 1619 wurden die Sprengel neu abgegrenzt: statt des Gertraudenviertels tritt das Nikolausviertel ein: das Marienviertel umfaßte den Nordostteil von der Großen Ulrichstraße bis zur Brüderstraße (141 Häuser, 1660: 216).

Die Kirchhöfe beider Kirchen wurden Marktplatz. Eine Menge noch unverwester Leichen, oft sogar erst einige Monate alt, wurden bei den Erdarbeiten in und um die Kirchen 1530 aufgegraben; sie wurden nach dem neuen Gottesacker (auf dem Martinsberge) überführt. Die Skelettmengen der Beinhäuser wurden in ein großes Grab hinter den blauen Türmen in die Erde versenkt. Viele blieben noch liegen, so fand man noch 1594 große Mengen beim Setzen des Röhrkastens (des Melusinenbrunnens) und noch etwa 1888 unter dem Fußboden der jetzigen Marktkirche. 1564 scheinen die letzten Spuren des Kirchhofs verwischt worden zu sein.

In die neue Marien- oder Marktkirche wurde aus der alten Kirche übernommen: 1. die kleine Orgel, — 2. der Taufkessel, den vier Heilige tragen, 1430 durch Meister Ludolf von Braunschweig in Magdeburg gegossen; um den Rand des Kessels in

Bögen stehen Christus, Maria und die Apostel, — 3. das Oelbild: Christus treibt die Krämer und Wechsler aus dem Tempel 1498 (interessant wegen der realistischen Darstellung des jüdischen Pöbels), — 4. die Reste des alten Altars im Taufraume unter den blauen Türmen voll überlebensgroßer Figuren (auf der Predella: Maria mit den 14 Nothelfern, nur halb so groß!), prächtige Gestalten im Zeitkostüm, realistisch nach Modellen. Auf dem geschlossenen Schrein: die Verkündigung Mariä (1529); im Innern das Hauptbild: Maria als Himmelskönigin, unter ihrem Fuß die Mondsichel, auf dem Schoße das Christuskind, links unten auf der Erde kniet der Kardinal Albrecht in rotem Kardinalsmantel. Eine Tradition des Volkes besagt, daß in der Himmelskönigin die schöne Geliebte Albrechts, die Bäckerstochter Magdalena Rüdinger aus Mainz, dargestellt sei[45]); der Meister des Bildes ist unbekannt, es ist wohl nicht Lukas Cranach d. Ältere vielleicht Matthäus Grunewald.

In der neuen Kirche wird 1541 die reichgeschmückte Kanzel erbaut.[46]) — 1559—1575 verfertigte Meister Antonius Pauwart aus Ypern in Flandern das Kirchengestühl in guter deutscher Renaissance. — 1588 wird die (erste) große Orgel gesetzt. — 1593 wird vom Maler Heinrich Lichtenfelser das große Gemälde aus der Apostelgeschichte für 300 Taler verfertigt. — 1596 wird die Decke der Kanzel durch Meister Henricus Heyden Reutter gefertigt. — 1597 werden die Emporen mit Gold auf blauem und weißem Grunde gemalt und die große Orgel wird vermehrt und verbessert. — 1599 erneuert man die Kirche von außen, auch die Türme. — Um 1600 entsteht die prächtige Renaissancearbeit, der sog. Bräutigamsstuhl im Mittelschiff hinter dem Altare. — 1615 strich man die Haustürme weiß, ihre Hauben grün an und die Knöpfe wurden vergoldet. — 1638 erbaute man ein fürstliches Kirchenstüblein für den Herzog Augustus der Kanzel gegenüber. — 1660 verbiegt ein Orkan den nördlichen blauen Turm gänzlich (die spindelförmigen Türme schwanken bei starkem Sturmwind hin und her!). — 1664 weiht man das kleine Orgelwerk am Altare (von neuem) ein, der Stil der Holzschnitzerei entspringt der Barockzeit. — 1666 wird der Predigerstuhl erneuert und mit Gold ausstaffiert. — 1667 wird der achteckige Turm an der Nordwestecke als Aufgang zur nördlichen Empore erbaut, später wird er erhöht, vordem war hier eine Treppe. Über ihm in der Wand des Kichenschiffes sieht man das hallische Wahrzeichen: einen sackbeladenen Esel, der auf Rosen geht mit begleitenden Treiber mit der Jahreszahl 1583 (renoviert 1758). Es versinnbildlicht wohl eine Sentenz: wer arbeitet, geht auf Rosen d. h. Fleiß bringt Nutzen, Ehre, Ruhm[47]). — 1686 schenkt Meister Viktor Krause den silbernen Cruzifix auf dem Altar. — Am 19. 7

1700 werden die neuen Beichtstühle zu bauen angefangen. — Um 1700 sind bereits alle Stübchen zwischen den Strebepfeilern als Verkaufs- oder Lagerräume vorhanden; auch ist die Orgelempore verfertigt, etwas später die obere Nordempore. — 1704 werden die Hausmannstürme und die blauen Türme renoviert, der oberste Giebelkranz der blauen Türme wird (wohl) beseitigt; Dreyhaupt hat ihn auf seiner Abbildung nicht mehr. — 1715 (1713/16) wird die große Orgel verfertigt, ihre Ornamente sind voll Pomp und Prunk: übertriebener Blätterschmuck, buntbewegte Engel, pausbackige Hermen: eine Arbeit des üppigsten Barocks von Halle. — 1758 läßt sich eine Jungfrau Veltheim gegen ein Legat von 1000 Talern in der Kirche unter der Orgel bestatten. Es sind nur 3 Kirchenbestattungen in der Marienkirche nachweisbar.[48]) — 1765 wird die Wetterfahne (der Schütze) auf dem linken Hausmannsturme vom Sturme umgeworfen; der Knopf (57 Pfund Kupfer schwer) mit der Wetterfahne (14 Pfund) wird ergänzt.[49]) — 1774 6. 4. werden die kleinen Ecktürmchen an den blauen Türmen abgetragen. — 1784 wird der Schalldeckel der Kanzel erneuert. — 1806 17. 10 wird ein Teil der gefangenen Preußen in der Kirche eingeschlossen. — Verhungert und verzweifelt zerstören, zertrümmern und besudeln sie die Kirche. Der Hausmann muß Sturm läuten, den Gefangenen Brot zu reichen. — 1808 wird die Orgel für 1500 Taler wieder hergestellt. — 1813 28. 4. beschießen die Franzosen die Kirche (5 Kanonenkugeln im südlichen Hausmannsturm.) — 1813 19. 10. wird die Kirche Lazarett für 178 Preußen, Franzosen und Russen. 1814 1. 5. das Siegesfest wird gefeiert. — 1837/9 die Flachbogenbrücke zwischen den Türmen wird aus Holz hergestellt. — 1841 ersteht der neue Altar, ein Werk Schinkels (spätgotisch), mit einem Bild von Hübner. — 1848 trägt man die häßlichen Trödelbuden und Topfkammern an den Hausmannstürmen ab (ihre Miete = 178 Taler); die offengelegten Teile der Türme werden für 770 Taler hergestellt. — 1853/4 werden die spitzen, hölzernen Helme der blauen Türme ausgebessert; die Helme hatten sich fast um $^1/_8$ ihrer ganzen Drehung bewegt und sich nach Süden (durch das Bescheinen der Sonne) geneigt. — 1875 wird außer der bisherigen Feuerwache auf den Hausmannstürmen noch eine zweite im Polizeigebäude (Rathausgasse) eingerichtet. — 1883 10. 11. wird das Lutherdenkmal an den Hausmannstürmen angebracht. — 1884: das Schiff erhält gemalte Fenster. — 1896: Die Kirche wird für 40000 Mark ausgebessert. — 1913: Die blauen Türme werden von neuem mit Schiefer bedacht und zwar in der ursprünglichen deutschen Art; auch werden die früheren Giebelkränze am Fuße des Helms und im oberen Drittel wieder hergestellt. — Die Sakristei enthält die Oelbilder Luthers und Melanchthons und 19 von Oberpfarrern. Ein gutes Bild von Justus Jonas, dem hallischen Reformator, befindet sich an einem Pfeiler der Kanzel gegenüber.

Die Taxe im Jahre 1871 war für die blauen Türme: 67.400 ℳ, für die Hausmannstürme 49.500 ℳ, und im Jahre 1914: 85.800 ℳ bezw. 53.900 ℳ. –– Das Vermögen der Kirche betrug 1871: 42.330 Taler. —

## Der Rote Turm.

Den Roten Turm hat man bereits vor 1418 zu bauen begonnen[50]) und zwar als Glockenturm zur (alten) Kirche U. L. Frauen. Er wurde in ihrem Nordosten errichtet zwischen dem Kaufhaus, am Nordende des ersteren und an der Ostseite des letzteren, an den Garbuden im Norden; die Westfront des Turmes grenzte auf den Marienkirchhof. Der Turm ward also nicht auf freiem Markte (wie er jetzt steht) aufgeführt.

Er ward isoliert aufgeführt, eine italienische Glockenturmanlage, ein Campanile, ähnlich wie der Glockenturm von San Marco auf dem Markusplatz zu Venedig, offenbar unter dem Einfluß italienischer Handelsbeziehungen hallischer Kaufleute aus den reichen Patriziergeschlechtern. – Er wurde errichtet „zum Lobe des allmächtigen Gottes, der ganz unbefleckten Jungfrau Maria, auch aller himmlischen Bürger, sowie zur Zierde der hochberühmten Stadt Halle und selbst der Umgegend.“[51]) Daher er auch thorm Unser Lieben Frauen (1509) heißt; es stand auch an seiner Südwestecke eine Statue der Jungfrau Maria, die auf die Marienkirche gegenüber blickte. — Urkundlich jedoch wird er „der neue Turm“ genannt, 1418: by dem nyen torme; 1432: by dem nuwen thorme; 1456: an deme nuwen thorme. Im 17. Jhdt. heißt er stets „der rote Turm“, wohl nicht wegen der roten Farbe des Kupfers, wie Dreyhaupt auch angibt, (das Kupfer war damals längst grün oxydiert,) auch nicht wegen des Baumeisters Rode, sondern wohl wegen der roten Farbe des Blutes, das hier zum Vergießen gerichtet wurde, im Gerichte über Leben und Tod; denn es stand von 1341 bis 1513 der Roland hier und ferner von 1547 bis 1718; seit 1854 ist die steinerne Rolandsstatue an seiner Südostecke ebenfalls wieder aufgerichtet. Am Roland wurden die Blutgerichte abgehalten, der Turm ist durch ihn zu einem roten, blutigen geworden.[52])

Der Grundriß des Turmes ist nicht quadratisch, er mißt von Norden nach Süden 15 m und von Osten nach Westen 10 m. Der Eindruck des Turmes ist so verschieden: bald gigantisch massiv, bald wunderbar schlank. — Der Turm ist auf einem Pfahlrost fundiert, sein Material ist Pirnaer Sandstein oder Sandstein aus der Höhe hinter dem Neumarkt (?). Die stattliche Höhe zählt 268 1/2 Fuß.

Der Turm ist zu unterst viereckig gebaut, aber oblong, dann achteckig, ebenfalls mit ungleichen Seiten, dann setzt sich das Dach, zu unterst ein allseitig abgewalmtes Satteldach, an, ein mäßiger Turmhelm aus Holz, mit Kupfer bedacht, mit vier spitzen Türmchen an den Ecken, worauf der Turm noch einmal 4seitig aufschießt, einen Kranz von vier kleinen Giebeln bildet, auf deren Satteldach sich die schlanke, achtseitige Turmspitze erhebt; den Knopf zieren, hechelartig angebracht, 246 Stacheln, jeder 1/2 Elle lang, offenbar zur Abwehr böser Geister; sie sollten nämlich die turba nephandissimorum spirituum volitans per auras abschrecken.[53]) (vgl. das Dokument, das man in den Knopf einschloß). In dem Knopf waren Reliquien (Knochen von den 11000 Jungfrauen, vom heiligen Moritz, von der Schar des Alexander usw.) eingelegt.

Im Innern führte eine Wendeltreppe zu dem achtseitigen Turmteile, zur Glockensäule, zu dem gewaltigen Glockenstuhl; von hier aus steigt man in den Dachhelm auf Leitern (wegen des gewaltigen Holzwerkes), so gelangt man in den durchbrochenen, achteckigen Unterteil der Spitze, in dem die zwei Schlagglocken hängen (seit dem 18. 6. 1580).

Der Begründer und die nächsten Baumeister des Turmes sind unbekannt. 1470 leitete Johannes Rod (vgl. die Inschrift) den Bau wohl bis unter das Dach; dann war Wulkenstein Zimmermeister des Helms. Der Entwurf des ersten Baumeisters wurde in den hundert Jahren stilgerecht durchgeführt durch den städtischen Beirat, der das Werk der Baumeister beaufsichtigte.

Vor 1418 begann man den Bau. — 1446 war man erst bis zur Höhe des jetzigen Anbaues gelangt (vgl. Inschrift), es galt, gewaltig starke Mauern hochzuführen. — 1466/7 kam man bis zum Beginn der Glockenstube. — 1468 wird in dem noch unfertigen Turme eine Uhr als Ratsuhr mit Schlagglocke aufgestellt.[54]) 1474 sind die Mauern des Turmes bis zum Dach fertig hochgeführt. — 1480 ist die große (1466 gegossene) Glocke von neuem umgegossen worden; ihr Durchmesser: 4 Ellen, ihr Umfang: 12 Ellen, ihre Höhe: 3 Ellen; ihr Gewicht: 130 Zentner. Sie ist die sog. Betglocke, die jeden Tag früh um 5 (6) Uhr, vormittags 11 Uhr, abends 6 Uhr dreimal zum Gebet, bei Beginn und Schluß der Arbeit angeschlagen wurde. — 1506 ist das Dach beendet, und der Knopf mit Urkunde und Reliquien s. oben wurde aufgesetzt. — 1508 ließ der Rat einen neuen

Zeiger auf „Unser Lieben Frauen Turm" setzen, der 400 Gulden kostete, die Buchstaben wurden mit ungarischem Golde vergoldet. — 1532 begann man die Läden am Roten Turm zu bauen; es war ein häßlicher, ungleichmäßiger Budenkranz, ein Ersatz für die Buden an der alten, 1529 abgebrochenen Marienkirche.[55]) — 1535 hat man die Spitze des Turmes von neuem setzen müssen. — 1580 fertigte Meister Gregor Standthauff das kunstreiche Uhrwerk nach allen vier Gegenden an, am südlichen Zifferblatt befindet sich eine den Mondwechsel anzeigende Mondkugel. — 1659 nahm man den Knopf ab (6 Ellen Umfang, 2 Ellen Durchmesser, 2 Zentner 13 Pfund schwer.) — 1660 wird das Dach durch Sturm so beschädigt, daß mehrere Zentner Kupfer abgerissen wurden. — 1825 entstand der neue An- und Umbau um den Roten Turm in gotischem Stil, leider in Backsteinen statt in Quadern; eine Spitzsäulengalerie läuft um ihn herum, und sein Pultdach lehnt sich an den Turm an. Auf der Ostseite befand sich die arkadengeschmückte Hauptwache, der hölzerne Bau der bisherigen Hauptwache südöstlich vom Turme wurde abgerissen.[56]) Der gesamte Budenbau kostete 7744 Taler. Die früheren kleinen Buden hatten bei Nacht allerlei Unsittlichkeiten gedient, die sogenannten „Roteturmschönen" trieben sich hier herum. — 1834 hob man die Zinkdecke des Anbaues ab, man deckte ihn mit Schiefer für 3100 Taler. — 1844/46 wurde das Dach ganz in Kupfer erneuert für 8100 Taler [57]). — 1845 vergoldete man aufs neue die fünf großen Knöpfe auf den Spitzen und die acht kleinen, den oberen Turm einschließenden Knöpfe für 378 Taler. — 1856 wurde das kunstreiche Uhrwerk gründlich gereinigt. — 1857 baute man das Dach des Anbaues gründlich um. Die Einnahme aus den Läden vom Turm betrug jährlich 1323 Taler. — 1891/92 wurde die Hauptwache am Roten Turm abgeschafft, nachdem die neue Kaserne am Roßplatz erbaut war. — 1892 wurde der Raum der Hauptwache zur Anlage einer neuen Kaffeehalle dem Verein für Volkswohl gegen 500 *M* jährlicher Miete überlassen. — 1909 wird die Ostfront für die Polizeiwache zugerichtet für 2780 *M*. — 1910 erneuerte man die verwitterte Außenfront, auch im Innern baute man um: die Retiraden wurden vom Süden nach dem Westen verlegt. — 1914: eine akademische Lesehalle wurde eingerichtet (ein Geschenk der Stadt an die Universität, als der 3000ste Student einzog) und zwar in dem Obergeschoß des Turmes für 18000 *M*. —

1871 wurde der Turm ohne den Anbau auf 218000 *M* geschätzt; 1914: 308000 *M*. Doch ist der Wert wie bei den blauen Türmen vor der Linie zu führen! —

Bemerkt sei noch, daß sich ehemals an der Nordseite des Turmes eine Hungerquelle befand, aus deren Fließen bezw. Nichtfließen man auf billige oder teure Jahre schloß.

## Anhang.

1. Vgl. Seite 1 und die Kleine Klausstraße. — 2. Erst 1464 machte man dem elenden Zustande ein Ende, man vereinigte die Kirchhöfe und umgab den Gertrauden-Kirchhof mit einer Mauer (s. S. 22). — 3. So kaufte der Bischof Otto von Bamberg auf der hallischen Messe im Frühjahr 1128 die kostbarsten Stoffe, feine Leinewand und Tuch, Byssus und Purpur usw. s. Hertzberg I, 44. — In Braunschweig war das Gewandhaus oder Kaufhaus, Kleiderhaus, Wanthaus die großartigste Verkaufshalle. — 4. Vgl. Gr. Klausstraße; teilweise wurden erst 1564 solche Brückengänge über den Fahrweg abgeschafft. — 5. Die Markttage wurden wiederholt geändert, so noch in den letzten Jahrhunderten; am 20. 8. 1694 bestimmte der Magistrat den Montag, Mittwoch und Sonnabend, dann den Mittwoch und Sonnabend (wie auch in Magdeburg), dann schon geraume Zeit vor 1750 den Dienstag, Donnerstag und Sonnabend (wie noch jetzt). — 6. Grope ist Topf, Kessel, ein gropengeter ist ein Kupferschmied, ein immerhin angesehenes Handwerk im Mittelalter; vgl. Kleinschmieden. Es hatte seinen eigenen Markt und Standort. — 7. Der Hopfen spielte seit dem Niedergehen des Weinbaues eine immer größere Rolle. Die Weinberge wurden nun vielfach „Hoppenberge". Das Bier entwickelte sich auf Kosten des Weins zu einem bedeutenden Erwerbszweige seit dem 14. und 15. Jhdt. — 8. Das geschah noch 1870! Lerchen zu fangen war ein Privilegium lediglich der Halloren. Man fing sie namentlich in der Herbstzeit mit Schleppnetzen abends, wenn die Lerchen sich auf ihren Zügen in die Stoppelfelder niedergelassen hatten. Zwei Männer zogen mit Netzen an langen Stangen über die Felder, und so verfingen sich die aufgescheuchten Vögel in die Maschen des Netzes. Die recht fleischigen Lerchen waren eine gern bezahlte Delikatesse. — 9. Der Soldatengalgen wurde verhältnismäßig oft benutzt; so wird ein Soldat am 13. März 1681 gehenkt, der zweite schon am 13. 4. 1682 u. s. f. Die neue „Justiz" wurde von den Zimmerleuten mit großem Pomp auf den Markt geführt auf zwei Wagen mit klingendem Spiel, mit Trommeln, Pauken, Schallmeien. Auf dem Markt fanden Ansprachen statt, in dem Ratskeller wurde eine Kufe Merseburger Bier ausgetrunken. — 10. Auch liederliche Dirnen wurden an den Esel geschlossen, und eine Fiedel wurde ihnen um den Hals gehängt, so am 12. 2. 1684. — 11. Die Staupsäule stand unweit des Soldatengalgens ehemals am Rathause. Die zum Staupbesen Verurteilten wurden vor der Execution an das Halseisen der Staupsäule oder des Prangers angeschlossen und oft mit Aufschriften vor der Brust zur Schau gestellt. — 12. Wegen der Lage des älteren Rathauses vergleiche die Ausdrücke 1414: in capella S. Crucis in viridario sita sub theatro sive pretorio und 1457: an dem krame, gelegen in der smerstraßzen kegen dem rathuse. — 12a. Das heilige Stück Holz vom Kreuze Christi schützte, wie man damals glaubte, vor Feuerbrünsten. Ich vermute nun, daß man nach dem furchtbaren Brande im Jahre 1312 mit Absicht grade diese Kapelle zum heiligen Kreuz erbaut hat, besonders am Rathause, nämlich als Schutz gegen neue Feuersgefahren. — 13. Das wie ein Turm gestaltete Kupfervergoldete Reliquiarium ist in dem Moritzburgmuseum aufbewahrt. Die Reliquie selbst in der vergoldeten, edelsteinbesetzten Zinnschachtel ist verloren gegangen. — 14. Die Bulle des Papstes Johann XXIII. vom 20. 7. 1414

darüber befindet sich noch heute im Ratsarchiv. — 15. Große Schenkungen machten ihr Busso vom Graßhof und seine Tochter Anna, die wohl die letzte ihres Geschlechtes war; ihre Schenkung vom Jahre 1366 s. Dreyhaupt I, 931. Siehe auch Graseweg. — 16. Rote und grüne Rosen- und Diestelgeranke, die sich verästelnd aufsteigen, und flammende Sonnen, die im Schnittpunkt der Rippen im Sternengewölbe ausstrahlen. — 17. Auch die Räume des heutigen Verkaufskellers im Rathaus waren Gefängnisse (erst um 1700 umgeändert). Über die Folterkammer vgl. auch Runde (1831); aus der ehemaligen alten Ratsstube sind jetzt zwei Stuben gemacht, in der einen ist das Quartieramt. Hier ist links, wenn man hineinkommt, eine Fülltür am Boden, wo eine Treppe in ein Gewölbe führt, es soll die Marterkammer zu den Zeiten der Tortur gewesen sein. — 17a. Die gelbe Stube war noch im 17. und 18. Jhdt. im Gebrauch: 1707 (19. 11) ließ sich ein Student, wegen einer Liebesaffäre hier gefangen gesetzt, an einem Strick von der gelben Stube herab und entkam. — 18. Wetzen bedeutet das sich Auflehnen gegen die Behörden. Runde teilt „metzen" mit und erklärt seine Schreibart: „weil man in alten Zeiten eine Hur eine Metze nannte und in den Keller unter der Holzstube sich solche liederlichen Frauenzimmer aufgehalten haben sollen. Über die Temnitz in Halle vergl. die fleißige Arbeit von Albert Herling in den Hallischen Nachrichten vom 10. 11. 1919. — Die Inschrift in schwerfälligen gotischen Buchstaben war allmählich stark verwittert. — 19. Man fand dabei unter der alten Treppe die linke Hand von einem Menschen, so gebacken gewesen. Wie solche hierher gekommen, ist nicht ermittelt. Runde (1831). — 19a. Spittendorf (ed. Opel) berichtet 1478: „Wir Pfänner gingen aufs Rathaus. Hans Laub hatte sich verloren zum Wein in das neue Haus". — Bereits 1464 hatte der Rat bestimmt, daß kein anderer fremde Weine und Biere in der Stadt verschenken dürfe. Er baut deswegen den Ratskeller. Es kann also 1478 nur von einem solchen Gebäude die Rede sein. Der Gegensatz zwischen Rathaus und Neuem Haus ist obendrein scharf ausgesprochen. Also müssen wir schon 1478 den Ratskeller oder wenigstens einen Teil von ihm als erbaut annehmen. — 20. Welchen Verkehr der alte Ratskeller hatte, zeigt eine alte Rechnung vom Jahre 1687 (11. 3) bis 1688 (16. 8): Es sind an Torgauer, Zerbster, Eilenburger, Halberstädter Bier, an Broihan, Kutterling und Löbejüner Bier eingekommen 8406 Taler 5 Gr. 1 Pf., dagegen ausgegeben 7309 Taler $9^{1}/_{4}$ Pf., also 1016 Taler $3^{1}/_{2}$ Pf. Reingewinn. — 21. Um 1815 zeigt das Haus statt der drei Giebel ein hohes Dach mit 5 Erkerfenstern. Das Aussehen ein und desselben Hauses, das Äußere, ändert sich gerade am Markte auffallend oft. — 22. Weißack ist 1461 Meister im weiteren Rat, dann im engerern Rat 1466, 1469, 1472, 1475 Bieherr. Zum letzten Male wird Weißack 1481 als Ratsmeister aufgeführt. Über seinen Tod ist uns nichts bekannt. Hoffentlich hat ihn die Strafe hier noch auf Erden ereilt. — 23. Die Familie Ockel war erst 1496 aus Herzberg eingewandert. Sie spielt aber bald eine bedeutende Rolle in der unruhigen Zeit protestantischer und katholischer Kämpfe. — 23a. Es sei eine bemerkenswerte Vermutung unseres verdienstvollen heimatgeschichtlichen Forschers, des Herrn Redakteur Herling hier, mitgeteilt. Er nimmt an, daß die Dreikinderdarstellung auf eine Mißdeutung oder falsche Nachbildung eines älteren Reliefs zurückzuführen ist. Dieses ältere Relief hätte den „Sündenfall" in etwas naiver, gröblicher Auffassung dargestellt: Adam und Eva unter dem Baume, den Kopf der Schlange mit einem Menschenangesicht auf diesem. Die spätere Nachbildung hat das mißverstandene Werk in der jetzigen Form entstellt, und die Volkssage hat das übrige dazugetan, vielleicht im Anschluß an ein tatsächliches Vorkommnis. — 23b. Vgl. Urkunde Kalbe 9. 2. 1541 (Magdeb. Archiv): Wir ordnen und geben auch zu solchem archidiaconat das steynern große hausz an der capellen sancti Nicolai gelegen, pro residencia officialis et hospicio dominorum capituli Magdeburgensis. — 24. Die erhaltenen Schöffenbücher (1266—1460, 2 Bde. ed. Hertel) sind auch für unsere vorliegende Arbeit eine Quelle ersten Ranges für Althalle; aber sie sind nur Auszüge aus dem Wichtigsten, kurze Zusammenfassungen; die vollständigen Gerichtsverhandlungen waren wohl ursprünglich lateinisch abgefaßt; aus diesen waren die Schöffenbücher wohl erst lateinisch, etwas später dann niederdeutsch zusammengestellt. — 25. Chr. Fr. Zepernick wurde 1717 zu Spandau geboren. Hier in Halle wurde er Apotheker, Pfänner und Achtmann und auch Erbherr von Stichelsdorf. Er starb 1789. Das Erbbegräbnis der Familie ist der Schwibbogen Nr. 27 des Stadtgottesackers, den der Sohn Carl Fr. Zepernick 1792 erkaufte. — 26. Zepernicks Bruder, ein Sonderling, Hagestolz und Einsiedler, besaß übrigens eine vorzügliche Mineralien- und Conchylien-Sammlung: 3 große Schränke à 40 Schubladen von 1 Elle Quadrat und 2 kleinere Schränke à 30 und à 15 Schubladen. Die Sammlung gehörte ehemals dem Kämmerer Stuck, sie umfaßte Erdarten, Metalle, Versteinerungen, Salze, Bernstein, Marmor, Alabaster, Serpentine, Achate usw. Vgl. Keferstein, Erinnerungen S. 44. — 27. Wir finden bereits 1430 ein Haus zum schwarzen Löwen am Kornmarkte gelegen (zum swarczen leuwen an dem Kornenmarkte). Da nun Schenitz auch ein Haus zum Schwarzen Löwen am Kornmarkte besaß, so müßte Schenitz entweder zwei Häuser an dem Kurzen Kornmarkte besessen haben oder sein großes neues Haus muß den Namen des alten Hauses übernommen haben. Das alte Haus hätte demnach bereits hier am Lambertikirchhof gelegen. — 28. Man konnte sich gewissermaßen nicht genug tun: man zerriß den Unglücklichen mit glühenden Zangen, dann räderte man ihn von unten herauf und knüpfte ihn zuletzt an einen Galgen über dem Rade. — 29. Die Familie hieß eigentlich die Niklasse, genannt Rybegersten, sie nahm den patricischen Namen von Wyhe nach der thüringischen Stadt Wihe, ihrer Heimat, an. Johann Nikolaus, des Kardinals Albrecht Leibmedicus, hatte des Ratsmeisters Augustin Holzwirts Tochter Clara geheiratet, ward Pfänner und später Ratsmeister (1540). Er gehörte der katholischen Partei in der Stadt an, kämpfte und intriguierte gegen den jungen Protestantismus. — 30. Die Häuserbezeichnung zum Goldenen Ring findet sich auch in anderen Städten, so in Magdeburg. Hier stand ein sehr vornehmer Gasthof zum Goldenen Ring auf dem Breitenweg Nr. 150 (ehemals Nr. 201); auch zwei Häuser zum Schwarzen Ring werden erwähnt, in der Schrotdorferstraße (Nr. 13) und in der Jacobsstraße. — 31. Vgl.: Meine Geschichte der Familie von Selmnitz, Halle 1914, S. 42. — 32. In ihm wurde auch Henning Strobart 1452 mit seinem Sohne Hermann eingesperrt, der ehemalige Stadthauptmann, den 1437 die Stadt auf „ewige Zeiten" in ihren Dienst genommen hatte, so daß der Kerker noch 1475 „Strobarts Kämmerlein" Strobarts Kemriche, genannt wurde. Noch zu Dreyhaupts Zeiten (1750) befanden sich in diesem Turm reichhaltige Archivalien, die Dreyhaupt benutzte und die jetzt zum großen Teil verschwunden sind. — 33. Im Gegensatz zu den Talgerichten der Halle s. S. 16 u. f. — 33a. Es entsprach das dem stolzen Charakter des großen Mannes. Einmal wurden seine Pferde scheu (23. 3. 1700), rannten einen Bornmeister über den Haufen, in der Merkerstraße verloren sie die Deichsel, der Kutscher fiel von seinem Platz und die Kutsche ging über ihn fort. — 34. So liest man in den Zeitungen, z. B. in den Wöchentlichen Hallischen Anzeigen, solche Bekanntmachungen am 17. 1. 1780: Alte Markt Nr. 544 sind verschiedene Stuben mit Kammern und einem Auditorium zu vermieten. Brüderstraße Nr. 206 ist die mittlere Etage nebst Auditorio zu vermieten, (im Krukenbergischen Haus) usw. — 35. Es gab 16 Lazarette: die Kirchen außer der Ulrichskirche, die Magazin war, dann die Residenz, der Ratskeller, das Waisenhaus, das Schauspielhaus, (die alte Barfüßer-Kirche), das Schießgrabenhaus usw. — 36. Scharlach war bis 1884 Rektor für beide Schulen s. S. 100

Anmerkung 8. — 37. So um 1470 die wunderliche Prozession der „130 schönen und kleinen Maidlen und Jungen von 7 und 8 Jahren und säuberlich großen Jungfrauen und Maide und junger Gesellen und feiner Männer und Frauen, jung und alt gingen sie in einer Prozession und sangen um die Kirchen zu U. L. Frauen und S. Gertrauden und die wollten nach Welsenach (Wilsnack)." — 38. Gertrud war die Tochter Pipins von Landen, des Major domus unter Dagobert von Austrasien, sie starb als Jungfrau und Aebtissin des von ihr gestifteten Klosters am 17. 3. 659. Die Lilie in ihrer Hand ist das Symbol ihrer jungfräulichen Reinheit, die Mäuse um sie herum sind vielleicht die Symbole unlauterer Lüste und Begierden. So gilt sie auch als Schutzpatronin gegen die Mäuse der Felder. Sie war auch die Patronin der Reisenden und beschützte sie in der Ferne. Die Heilige wurde in Flandern hochverehrt. Da aber die Niederländer erst in der zweiten Hälfte des 12. Jhdrts. nach Osten kamen, können unsere Gertraudenkirchen (so auch in Reideburg) nicht von diesen herrühren, sie sind älter. Vgl. meine Gesch. des Saalkreises S. 83. 87. Übrigens mischte der Volksglaube der Heiligen Züge der Erdgöttin und Urmutter, der Nerthus, Herta und Freya bei, vielleicht erklärt sich dadurch die Begleiterin, die Maus. — 39. So schon 1224. Vgl. Chron. Mont. Ser. ed. Eckstein S. 154. — 40. Ekkard, Mönch des Klosters Neuwerk, später Probst auf dem Petersberg-Kloster (1152—1192) ist vor dieser Zeit, vielleicht schon 1144, Pfarrer an der Marienkirche (ecclesia forensis B. Mariae in Hallo) gewesen. Vgl. Chron. Mont. Ser. S. 22. — 41. Schildberg hatte sich durch seine massenhaften frommen Stiftungen verdächtig gemacht, als Kämmerer Stadtgelder unterschlagen zu haben. An den Folgen der grausamen Tortur, bei der er nichts gestand, starb der wohl unschuldige Mann in dem Rathausgefängnis, der Temnitz. — 42. Den Kardinal leiteten besonders ästhetische Gesichtspunkte, er wünschte einen großen, freien Marktplatz und eine einzige, imponierende, viertürmige Kirche, hochragend über die Halle, stolz auf den Markt blickend als Schmuck seiner Residenzstadt zu besitzen. In der Tat schuf der geniale Mann einen der schönsten Märkte in Deutschland. — Freilich verschaffte er sich durch Einziehung von Kirchengütern und Pfarreien neue Gelder für seine Bauliebhabereien und sein Kavalierleben. — 43. Der Protestantismus betont die Predigt, daher schafft er möglichst viel Plätze für die Zuhörer, der Katholicismus braucht die Altäre und die Nebenaltäre für das Messelesen und das Opfer vor den Heiligen. 44. Über der großen Kirchtür unter den Emporen im Süden schrieb Hofmann in Stein: „15. H. N. 54. Ich danke Gott, der mich behüt in aller Noht." Andeutungen seiner Bauarbeit finden sich wiederholt in der Kirche, so sein Wappen in der Südempore und sein Reliefbrustbild. — Sie wurde nach Fertigstellung der Gewölbe sofort gemacht, von besonderem Interesse ist der Fuß der Kanzel, eine merkwürdige Mischung letzter Gotik und junger Renaissance. — 45. Die schöne Geliebte als Himmelskönigin zu feiern und im Bilde großer Meister unsterblich festzuhalten, diese Sitte ist in der Renaissance weit verbreitet. Auch der ritterliche und galante Kardinal mag ihr sehr wohl gefröhnt haben. Das Gesicht Magdalenens († 1536) soll auch anderen weiblichen Heiligen anderer Bilder gedient haben. — 46. Sie wurde gleich durch die protestantische Predigt eingeweiht. Auch predigte Luther von ihr herab am 5. 8. 1545, am 6. 1. 1546 und am 28. 1. 1546. — 47. Über das Wahrzeichen Halles siehe Leipziger Straße (Galgstraße) Nr. 102. Es gibt zwei Sagen über das Wahrzeichen, beide ohne Belang: einst sei ein Bischof von Giebichenstein in Halle zum Besuch eingetroffen; da das Gedränge zu groß, habe man den Bischof auf einen Esel, den ersten, der nach Halle gekommen, gesetzt, und vor ihm Rosen hergestreut, ihn zu ehren. Der Bischof sah die schöne Stadt, welche die Halloren nach einem Jahre gebaut hatten. Die zweite Sage lautet: die Bürger Halles erwarteten Kaiser Otto am Rannischen Tore und hatten hier Rosen gestreut. Unterdessen war Hochwasser eingetreten, der Kaiser konnte durch die Aue nicht kommen und zog durch das Schiffertor herein. Während die Bürger dorthin ihn entgegeneilten, trieb der Böllberger Müller seinen Esel über den rosenbestreuten Weg zum Rannischen Tore hinein. — Hondorf in seiner „Beschreibung des Saltz-Werkes" findet bereits die richtige Deutung: „Die Arbeit und den Nutz, darinn zu Hall besteht das Saltzwerk, zeiget an, der hier auf Rosen geht." Danach mögen es nicht Mehlsäcke, sondern Salzsäcke sein, die der Esel rechts und links trägt. Auf dem ehemals Laufferschen Relief, 1585, fehlt der Treiber, er ist auch bei dieser Deutung überflüssig. — 48. Ein anderes Legat (200 Taler) stiftete Jungfrau Sophie Elisabeth Thomasius in Leipzig; von den jährlichen Zinsen mußte der Thomasiussche Schwibbogen auf dem Gottesacker unterhalten werden. Was übrig blieb, sollte der jedesmalige Diakonus zu einer „Ergötzlichkeit" erhalten. — 49. Die Hausmannstürme tragen als Wetterfahne zwei geflügelte Kinderfiguren. Die des nördlichen Turms trägt eine Fahne, die des südlichen zielt mit einem Pfeil auf dem Bogen nach dem ersten, infolge der falschen Aufstellung muß der Schuß stets fehlgehen. Es liegt wohl ein Symbol zu Grunde, der Teufel mit dem Pfeil zielt vergebens auf den die Fahne schwingenden Heiland. Vgl. Hallischer Kalender 1911. — 50. Vor 1418, einige Jahre vor 1418 setze ich den Beginn des Baues an, denn erstlich heißt es in den Schöffenbüchern 1418 bereits by dem nyen thorme, der Turm muß also schon ein Stück sichtbar gewesen sein, und zweitens, weil jener Stein mit der Inschrift „Anno Domini MCCCCXVIII est ista turris incepta" schon in einer gewissen Höhe eingelassen worden war, und drittens, weil bei einem Pfahlrostaufbau einige Zeit verging, eh der Bau aufgeführt wurde. — 51. So heißt es in der alten Urkunde, die man 1506 in den Knopf legte: Ad laudem cunctipotentis Dei: Intemeratissimaeque Virginis Mariae: cunctorumque celestium civium nec non pro decore famosissimae civitatis Hallensis: tociusque communitatis: immo et regionis.— 52. Doch ehe unser Roter Turm gebaut bzw. so genannt war, ist schon von einem roten Turm die Rede, nämlich von dem der Talgerichtsbarkeit im Gegensatz zu der Berggerichtsbarkeit auf dem Berge an der Wage vor dem Roland, so im Talrecht, c. 1360 geschrieben: man sal sitzen uf sante Gertrude kirchhofe hinder den roten thormen. Man könnte einen der alten Gertraudentürme für den roten Turm halten, hinter dem das Gericht der Pfänner stattfand, vgl. Spittendorf 416; man weist den neuen Salzgrafen 1479 hinter dem rothen thorme in die banck und die Hdschr. der Magdeburger Stadtbibliothek zum Jahre 1464: stund die dingkbangk des talgerichtes hinder dem roten thorme genannt uf dem kirchhof hinter senth Gerdruden tormen gein dem mittel husz beider torme nach dem dale; oder sollte der alte Turm am Wagegebäude der „rote Turm" sein, bei dem der Roland der Berggerichte stand? Dann wäre aber der Bezug auf diesen Turm bei den Talgerichten merkwürdig. — 53. Welche abenteuerlichen Vorstellungen man an den Knopf knüpfte, finde ich in einem Lauchstedter Hexenprozeß des Jahres 1604: eine Zauberin, die Haferkastin, sagte aus, daß der böse Feind sie auf des Roten Turmes Spitze geführt und sie, wenn sie nicht halten wollte, was sie ihm zugesagt, herabzustürzen gedroht, darauf hat er fünf mal mit ihr auf der Spitze (!) Unzucht getrieben. — 54. Im Jahre 1476 erwähnt Spittendorf in seinen Denkwürdigkeiten, daß der seger 4 Uhr schlägt. Übrigens hatte der Rat von Magdeburg schon 1425 eine Uhr an seinem Rathause. — 55. Man hat an den Anbau solcher Buden von Anfang an gedacht, denn das Mauerwerk des Turmes besteht mehrere Meter hoch aus rauhen, unregelmäßigen Steinen, erst höher beginnt der glatte, gute Quadernbau. — 56. Zu den Kosten der Hauptwache zahlte der Staat 2381 Taler, die Stadt 237 Taler. — 57. Er war zuletzt nur oben mit Kupfer, unten aber mit Schiefer bedeckt gewesen. —

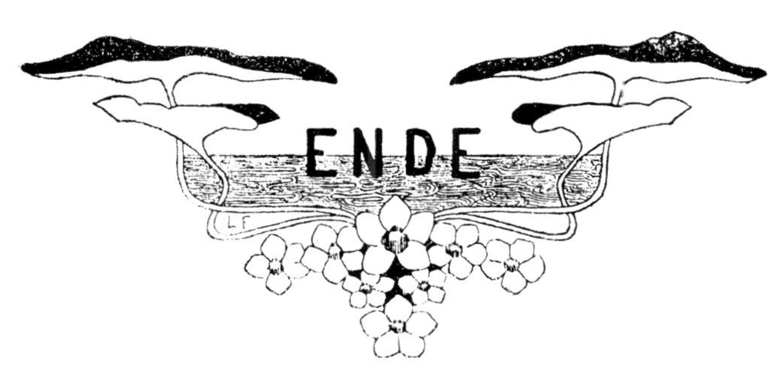
ENDE

Siegmar Baron von Schultze-Galléra

# Sagenbuch der Stadt Halle a. S.

Weitere Bücher von Siegmar Baron von Schultze-Galléra im Verlag Rockstuhl erschienen

**Das mittelalterliche Halle**
**Band 1 von 2**
Dr. Siegmar Baron von Schultze-Gallera
Tb., Reprint 1925, 456 Seiten, 49 Abb., Fraktur
ISBN 978-3-95966-122-5 28,95 €

**Das mittelalterliche Halle**
**Band 2 von 2**
Dr. Siegmar Baron von Schultze-Gallera
Tb., Reprint 1929, 572 Seiten, 93 Abb., Fraktur
ISBN 978-3-95966-123-2 29,95 €

**Die Stadt Halle**
**Anfänge bis 1930**
Dr. Siegmar Baron von Schultze-Gallera
Tb., Reprint 1930, 294 Seiten, Fraktur
ISBN 978-3-95966-115-7 19,95 €

**Alte und neuere Gasthöfe von Halle**
Dr. Siegmar Baron von Schultze-Gallera
Tb., Reprint 1928, 88 Seiten, Fraktur
ISBN 978-3-95966-119-5 10,95

**Die Burg WETTIN und die Wettiner**
Dr. Siegmar Baron von Schultze-Gallera
Tb., Reprint 1912, 72 Seiten, Normalschrift
ISBN 978-3-95966242-0 9,95 €

**Die Burg WETTIN**
Dr. Siegmar Baron von Schultze-Gallera
Tb., Reprint 1926, 72 Seiten, Fraktur
ISBN 978-3-95966-108-9 9,95 €

**Schloß und Bad SEEBURG**
Dr. Siegmar Baron von Schultze-Gallera
Tb., Reprint 1928, 78 Seiten, Fraktur
ISBN 978-3-95966-118-8 9,95 €

**Häusernamen und -wahrzeichen**
Dr. Siegmar Baron von Schultze-Gallera
Tb., Reprint 1929, 116 Seiten, 12 Abb., Fraktur
ISBN 978-3-95966-117-1 12,95 €

**Dunkel- und Nachtleben 18. Jahrh.**
Dr. Siegmar Baron von Schultze-Gallera
Tb., Reprint 1930, 104 Seiten, Fraktur
ISBN 978-3-95966-120-1 12,95 €

**Unterburg Giebichenstein**
Dr. Siegmar Baron von Schultze-Gallera
Tb., Reprint 1913, 138 Seiten, Fraktur
ISBN 978-3-95966-128-7 12,95 €

**GIEBICHENSTEIN**
Dr. Siegmar Baron von Schultze-Gallera
Alte Burg - Oberburg - Unterburg
Tb., Reprint 1933, 90 Seiten, 9 Abb., Fraktur
ISBN 978-3-95966-107-2 9,95 €

**Halle im Rokoko (1730 bis 1780)**
Dr. Siegmar Baron von Schultze-Gallera
Tb., Reprint 1935, 86 Seiten, Fraktur
ISBN 978-3-95966-114-0 9,95 €

Weitere Bücher von Siegmar Baron von Schultze-Galléra im Verlag Rockstuhl erschienen

**Sagen Stadt Halle Saalkreis**
Dr. Siegmar Baron von Schultze-Gallera
Taschenbuch, 310 Seiten, 108 Sagen, Fraktur
ISBN 978-3-95966-106-5 19,95 €

**Sagenbuch Stadt Halle**
Dr. Siegmar Baron von Schultze-Gallera
Taschenbuch, 142 Seiten, 108 Sagen, Fraktur
ISBN 978-3-95966-105-8 12,95 €

**Petersberg und sein Augustiner Chorherrenstift**
Dr. Siegmar Baron von Schultze-Gallera
Taschenbuch, 60 Seiten, 10 Abb., Fraktur
ISBN 978-3-95966-176-8 9,95 €

---

**Saal-Kreis Wanderbuch**
von Dr. Siegmar Baron von Schultze-Gallera

**Band 5– 1924**
Dr. Siegmar Baron von Schultze-Gallera
Taschenbuch, Reprint, 270 Seiten, 37 Zeichnungen von Alfred Weßner-Collenbey.
Original: Wanderungen durch den Saalkreis.
ISBN 978-3-95966-239-0 17,95 €

In Vorbereitung:

**Band 1– 1913**
ISBN 978-3-95966-309-0

**Band 2– 1914**
ISBN 978-3-95966-310-6

**Band 3– 1920**
ISBN 978-3-95966-311-3

**Band 4– 1920**
ISBN 978-3-95966-312-0

Stand Februar 2018

**Topographie oder Häuser- und Straßengeschichte der Stadt Halle a. Saale**
*Erster Band – Altstadt*
Dr. Siegmar Baron von Schultze-Gallera
Taschenbuch, 308 Seiten, Fraktur
ISBN 978-3-95966-305-2 19,95 €

**Topographie ...**
*Zweiter Band, erste Hälfte*
**Vorstädte und Stadterweiterungen, Südlicher Halbkreis**
Dr. Siegmar Baron von Schultze-Gallera
Taschenbuch, Fraktur
ISBN 978-3-95966-306-9 19,95 €

**Topographie ...**
*Zweiter Band, zweite Hälfte*
**Vorstädte und Stadterweiterungen, Nördlicher Halbkreis**
Dr. Siegmar Baron von Schultze-Gallera
Taschenbuch, Fraktur
ISBN 978-3-95966-307-6 19,95 €

**Topographie ...**
*Dritter Band (Schlußband)*
**Die Eingemeindungen der Stadt Halle: Giebichenstein, Trotha, Cröllwitz, Gimritz**
Dr. Siegmar Baron von Schultze-Gallera
Taschenbuch, Fraktur
ISBN 978-3-95966-308-3 19,95 €

[ Wissen für die Praxis ]

Weiterführend empfehlen wir:

**Wie bekomme ich einen Schwerbehindertenausweis?**
ISBN 978-3-8029-4087-3

**Finanzielle Hilfen für Menschen mit Behinderung**
ISBN 978-3-8029-4114-6

**Praxisratgeber Persönliches Budget**
ISBN 978-3-8029-4095-8

**Bundesteilhabegesetz Reformstufe 3: Neue Eingliederungshilfe**
ISBN 978-3-8029-7571-4

**Das gesamte Behinderten- und Rehabilitationsrecht**
ISBN 978-3-8029-5259-3

Ursula Obermayr

# Grundlagen des Rehabilitationsrechts

Das Leistungsrecht für behinderte und von Behinderung bedrohte Menschen verstehen und anwenden

3., aktualisierte Auflage

**Bibliografische Information der Deutschen Nationalbibliothek**
Die Deutsche Nationalbibliothek verzeichnet diese Publikation in der Deutschen Nationalbibliografie; detaillierte bibliografische Daten sind im Internet über http://dnb.dnb.de abrufbar.

Zitiervorschlag:
**Ursula Obermayr**, Grundlagen des Rehabilitationsrechts

**Hinweis:** Unsere Werke sind stets bemüht, Sie nach bestem Wissen zu informieren. Alle Angaben in diesem Buch sind sorgfältig zusammengetragen und geprüft. Durch Neuerungen in der Gesetzgebung, Rechtsprechung sowie durch den Zeitablauf ergeben sich zwangsläufig Änderungen. Bitte haben Sie deshalb Verständnis dafür, dass wir für die Vollständigkeit und Richtigkeit des Inhalts keine Haftung übernehmen.
Bearbeitungsstand: Februar 2020


Produktion: Walhalla Fachverlag, 93042 Regensburg
Printed in Germany
ISBN 978-3-8029-7583-7

# Schnellübersicht

# Vorwort

Dieses Buch entstand aus der Vorbereitung auf die Lehrveranstaltung „Rehabilitationsrecht", Pflichtstoff für Studierende der Sozialen Arbeit, Bereich Rehabilitation. Als ich die Vorlesung an der Ostbayerischen Technischen Hochschule in Regensburg im Sommersemester 2014 zum ersten Mal halten sollte, stellte ich fest, dass es wenig Literatur dazu gab, und schon gar keine, die ich für Anfänger, juristische Laien, die aber eine Klausur zu diesem Thema bestehen sollen, für geeignet gehalten hätte. Daher erstellte ich mein Unterrichtsmaterial selbst und ließ darin sowohl meine Erfahrungen als Mitarbeiterin einer Beratungsstelle für Menschen mit Behinderungen als auch meine persönlichen Erfahrungen als Betroffene einfließen.

„Rehabilitationsrecht" habe ich von Kindheit an am eigenen Leib erfahren, da ich mit einer spastischen Lähmung geboren wurde und damit auf den Rollstuhl und auf persönliche Assistenz angewiesen bin. Meinen beruflichen Werdegang und meine persönliche Unabhängigkeit verdanke ich also unter anderem dem Erfolg verschiedenster Rehabilitationsleistungen, die das deutsche Recht für Menschen mit Behinderungen wie mich vorsieht. Dabei habe ich allerdings auch erfahren, dass diese im wirklichen Leben mitunter erkämpft sein wollten.

In meinem Jurastudium habe ich wenig über Sozialrecht und Rehabilitationsrecht gelernt, es handelt sich dort um ein eher vernachlässigtes Gebiet. Mein Wissen habe ich nach Studium und Referendariat als Beraterin für den Verein PHÖNIX e.V., der in Regensburg einen Pflege- und Assistenzdienst und eine Beratungsstelle für Menschen mit Behinderungen betreibt, vertiefen können.

Dieses Einsteigerbuch ist mit dem Ziel entstanden, Klarheit in eine komplizierte Materie zu bringen und die Grundsätze des Rehabilitationsrechts anhand der verschiedensten Praxisfälle verständlich zu erklären. Das Buch wendet sich insbesondere an Studierende und Angehörige sozialer Berufe, kann aber durch den starken Praxisbezug auch Rechtsanwendern in Behörden einen guten Überblick bieten. Mit Sicherheit ist es auch hilfreich für Juristen, die einen schnellen Einstieg in das Thema suchen, sowie für alle anderen, die aus beruflichen oder privaten Gründen gezwungen sind, sich mit dem Rehabilitationsrecht auseinanderzusetzen.

Das Rehabilitationsrecht ist schon immer geprägt von Abgrenzungs- und Zuständigkeitsfragen. Der Leser wird beim Durcharbeiten dieses Buches nicht nur mit dem Neunten Buch Sozialgesetzbuch (SGB IX) Bekanntschaft machen, sondern darüber hinaus einen Parcours durch nahezu alle Sozialgesetzbücher absolvieren. Man wird dieses Buch nur dann gewinnbringend nutzen können, wenn man zusätzlich eine aktuelle (!) Vorschriftensammlung*) aufschlägt, um die im Buch genannten Normen stets mitzulesen. Nur so wird man die gesetzestechnischen Zusammenhänge des Rehabilitationsrechts verstehen und eine Übersicht über Schnittstellen, Träger und Leistungsansprüche in den Spezialgesetzen bekommen.

Auch nach der Einführung des SGB IX als Dachgesetz im Jahr 2001 hat sich an der Verflechtung der Sozialgesetzbücher nichts geändert, weil der seit jeher bestehende Grundsatz der Trägerzuständigkeit im gegliederten System nicht angetastet wurde. Verschiedene Bedarfe und Behinderungsursachen führen den Rechtsanwender in unterschiedliche Sozialgesetzbücher. Ergibt die Prüfung, dass kein anderer Träger für die Rehabilitationsleistungen zuständig ist, landet man beim Träger der Sozialhilfe im SGB XII; dann bleiben einem auch die Einkommens- und Vermögensanrechnung als mit dem Rehabilitationsrecht zusammenhängende Themen nicht erspart.

Allen Leserinnen und Lesern wünsche ich ein gutes und erfolgreiches Arbeiten mit diesem Buch. Den Studierenden sei zum Trost angemerkt, dass die Fälle in einer Klausur nicht annähernd so komplex sein werden wie die meisten der hier geschilderten Praxisfälle. Fragen und Anregungen, die ggf. in die nächste Auflage aufgenommen werden können, sind jederzeit willkommen. Ein herzlicher Dank geht an Frau Barbara Bayer vom Walhalla Fachverlag, die es ermöglicht hat, aus dem Skript zur Vorlesung das vorliegende Buch zu erstellen.

### Vorwort zur 3. Auflage

Nachdem bereits die umfangreichen Gesetzesänderungen durch die 2. Reformstufe des Bundesteilhabegesetzes (BTHG) eingearbeitet wurden, war nun mit der 3. Reformstufe eine Überarbeitung des Buches auf den Rechtsstand 01.01.2020 notwendig.

---

*) Empfehlenswert ist die Textausgabe „Das gesamten Sozialgesetzbuch SGB I bis SGB XIV" des Walhalla Fachverlags.

Kernpunkte der Reform sind:

- Herauslösung der Eingliederungshilfe aus der Sozialhilfe
- Die Vorschriften der Eingliederungshilfe sind sozusagen innerhalb des Sozialgesetzbuches „umgezogen" vom SGB XII in das SGB IX. Paragrafenangaben des SGB IX sind als „SGB IX neu" mit Stand 01.01.2020 zu verstehen.
- Beitragspflicht in der Eingliederungshilfe statt Einkommens- und Vermögenseinsatz
- Änderung, das heißt überwiegend Verbesserung der Regelungen zum Einkommen und Vermögen – inklusive dem sog. Lebenslagenmodell
- Trennung von Fachleistungen und Leistungen zum Lebensunterhalt
- Aufhebung der Trennung von ambulant, stationär und teilstationär
- Sozialraumorientierung

Wie ein ceterum censeo zum Schluss der Hinweis, dass die Trägerzuständigkeit im gegliederten System erhalten bleibt, womit meine Leserinnen und Leser sogleich wissen, dass durch diese Reform das Rehabilitationsrecht und das Recht der Eingliederungshilfe wieder einmal nicht einfacher geworden sind.

Da mein Buch als Einsteigerbuch gedacht ist, habe ich mich dafür entschieden, nicht bei jeder Neuerung auf die bisherige Rechtslage Bezug zu nehmen, sondern das alte Recht nur dort im Vergleich zu erwähnen, wo dies meiner Meinung nach dem besseren Verständnis der neuen Rechtslage dient.

*Ursula Obermayr*

## Abkürzungen

| | |
|---|---|
| Abs. | Absatz |
| AGG | Allgemeines Gleichbehandlungsgesetz |
| Art. | Artikel |
| Az. | Aktenzeichen |
| BAG | Bundesarbeitsgericht |
| BBG | Bundesbeamtengesetz |
| BGB | Bürgerliches Gesetzbuch |
| BSG | Bundessozialgericht |
| BTHG | Bundesteilhabegesetz |
| BVG | Bundesversorgungsgesetz |
| DGUV | Deutsche Gesetzliche Unfallversicherung |
| Drs. | Drucksache |
| EGH | Eingliederungshilfe |
| EinglH-VO | Eingliederungshilfeverordnung |
| ErbStG | Erbschaftsteuer- und Schenkungsteuergesetz |
| EStG | Einkommensteuergesetz |
| f./ff. | folgende(r)/fortfolgende |
| GdB | Grad der Behinderung |
| GdS | Grad der Schädigung |
| GG | Grundgesetz |
| ggf. | gegebenenfalls |
| GKV | Gesetzliche Krankenversicherung |
| ICF | Internationale Klassifikation der Funktionsfähigkeit, Behinderung und Gesundheit |
| i. V. m. | in Verbindung mit |
| i. S. d. | im Sinne des |
| KfzHV | Verordnung über Kraftfahrzeughilfe zur beruflichen Rehabilitation |
| KraftStG | Kraftfahrzeugsteuergesetz |
| KSchG | Kündigungsschutzgesetz |
| LSG | Landessozialgericht |
| MDK | Medizinischer Dienst der Krankenversicherung |
| PSG | Pflegestärkungsgesetz |
| SchwabAV | Schwerbehinderten-Ausgleichsabgabeverordnung |
| SG | Sozialgericht |
| SGB | Sozialgesetzbuch |
| SGB I | Sozialgesetzbuch – Erstes Buch (Allgemeiner Teil) |

| | |
|---|---|
| SGB II | Sozialgesetzbuch – Zweites Buch (Grundsicherung für Arbeitsuchende) |
| SGB III | Sozialgesetzbuch – Drittes Buch (Arbeitsförderung) |
| SGB IV | Sozialgesetzbuch – Viertes Buch (Gemeinsame Vorschriften für die Sozialversicherung) |
| SGB V | Sozialgesetzbuch – Fünftes Buch (Gesetzliche Krankenversicherung) |
| SGB VI | Sozialgesetzbuch – Sechstes Buch (Gesetzliche Rentenversicherung) |
| SGB VII | Sozialgesetzbuch – Siebtes Buch (Gesetzliche Unfallversicherung) |
| SGB VIII | Sozialgesetzbuch – Achtes Buch (Kinder- und Jugendhilfe) |
| SGB IX | Sozialgesetzbuch – Neuntes Buch (Rehabilitation und Teilhabe behinderter Menschen) |
| SGB X | Sozialgesetzbuch – Zehntes Buch (Sozialverwaltungsverfahren und Sozialdatenschutz) |
| SGB XI | Sozialgesetzbuch – Elftes Buch (Soziale Pflegeversicherung) |
| SGB XII | Sozialgesetzbuch – Zwölftes Buch (Sozialhilfe) |
| SGG | Sozialgerichtsgesetz |
| UN-BRK | UN-Behindertenrechtskonvention |
| UStG | Umsatzsteuergesetz |
| VwGO | Verwaltungsgerichtsordnung |
| WHO | World Health Organization (Weltgesundheitsorganisation) |
| WoGG | Wohngeldgesetz |

# Rechtsgrundlagen zur Teilhabe von Menschen mit Behinderungen

## Gleichbehandlung ist ein Grundrecht

**Art. 3 Abs. 3 Satz 2 GG (Grundgesetz)**

Niemand darf wegen seiner Behinderung benachteiligt werden.



Ja klar, werden Sie denken, was sonst? Aber so selbstverständlich ist das nicht, was sich schon aus der Entstehensgeschichte dieses Postulats herauslesen lässt. Dieser Satz wurde nämlich erst 1994 in das Grundgesetz (GG) aufgenommen. Vorausgegangen waren zahlreiche Anhörungen und Diskussionen, ob eine Erweiterung des Art. 3 GG wirklich sinnvoll ist.

Die Aufnahme des Benachteiligungsverbots von Menschen mit Behinderungen als Grundrecht stellt aber gleichzeitig den Beginn einer modernen Behindertenpolitik in Deutschland dar, sind doch Gesetzgebung, Rechtsprechung und öffentliche Verwaltung unmittelbar an die Einhaltung dieses Grundrechts gebunden.

Das war auch der Startschuss für die Vielzahl von Vorschriften, die zur Umsetzung dieses Benachteiligungsverbots und für eine verbesserte Teilhabe von Menschen mit Behinderungen geschaffen wurden.

## UN-Behindertenrechtskonvention

Das Übereinkommen der Vereinten Nationen über die Rechte von Menschen mit Behinderung (UN-Behindertenrechtskonvention) gilt für alle Staaten, die dieses Menschenrechtsübereinkommen unterzeichnet und ratifiziert haben. Deutschland hatte diese UN-Behindertenrechtskonvention anerkannt, seit 26.03.2009 ist sie in Kraft. Die Vertragsstaaten haben sich mit der Ratifizierung verpflichtet, so schnell wie möglich Schritte zur Verwirklichung der im Übereinkommen festgelegten Rechte einzuleiten. Es stellt daher wesentliche Grundlage und Richtschnur für die Weiterentwicklung des Behindertenrechts in Deutschland dar. Umstritten ist allerdings seine Rechtsgeltung auf Gebieten, die in die ausschließliche Gesetzgebungskompetenz der Länder fallen (z. B. Kultushoheit der Länder und damit das Schulrecht), denn der Bund kann hier selbst durch ein völkerrechtliches Übereinkommen keinen Einfluss nehmen.

Rechtsgeltung vorausgesetzt, sind diese Rechte von der Exekutive (= öffentliche Verwaltung), der Legislative (= Gesetzgeber in Bund

und Ländern) und der Judikative (= Rechtsprechung) zu beachten. Die derzeit geltenden bundes- und landesrechtlichen Vorschriften müssen also „im Lichte" dieser Konvention ausgelegt werden, bis die entsprechenden nationalen Vorschriften an die Ziele und Inhalte der Konvention angepasst sind.

Die Bundesregierung ist nach Art. 35 Abs. 1 der UN-Behindertenrechtskonvention verpflichtet, regelmäßig einen Bericht über die Maßnahmen vorzulegen, die von Bund und Ländern zur Erfüllung ihrer Verpflichtungen aus dem Übereinkommen getroffen wurden. Zwischenzeitlich liegt ein solcher Staatenbericht mit durchgeführten und geplanten Maßnahmen vor.

Zur innerstaatlichen Umsetzung der UN-Konvention wurde zudem von der Bundesregierung ein „Nationaler Aktionsplan" verabschiedet, der bereits eine zweite Auflage erhalten hat.

Auch sind zwei wichtige Gesetzesreformen erfolgt:

- Das Behindertengleichstellungsgesetz wurde mit Geltung ab 27.07.2016 an die Ziele der UN-Behindertenrechtskonvention angepasst und
- das Neunte Buch Sozialgesetzbuch (SGB IX) wurde neu gestaltet. Vom zugrunde liegenden Änderungsgesetz, dem „Bundesteilhabegesetz", traten die ersten Teile zum Jahreswechsel 2016/2017 in Kraft, die sogenannte zweite Stufe dieser Reform gilt seit 01.01.2018, die dritte Stufe ab 01.01.2020 (Überführung der Eingliederungshilfe in das SGB IX), die vierte Stufe ab 01.01.2023 (Festlegung des Kreises der Leistungsberechtigten für die neue Eingliederungshilfe).

**Leitbild Inklusion**

Schlüsselbegriff und Leitbild in der Originalfassung der Konvention ist der Begriff „inclusion". Danach beschreibt Inklusion die Gleichwertigkeit eines Individuums, ohne dass dabei „Normalität" vorausgesetzt wird. „Normal" ist vielmehr die Vielfalt, das Vorhandensein von Unterschieden.

Inklusion nach der UN-Konvention bedeutet somit:

- Nicht der Mensch mit Behinderung muss sich anpassen, damit er in der Gesellschaft teilhaben kann.

- Vielmehr muss sich die Gesellschaft mit ihren Strukturen anpassen.
- Eine inklusive Gesellschaft bezieht Menschen mit Behinderungen mit ihren Bedürfnissen von Anfang an ein und
1 grenzt gar nicht erst aus.

Die UN-Behindertenrechtskonvention lässt sich in folgende Themenbereiche bzw. Rechte der Menschen mit Behinderungen gliedern:

| Themenbereich | Normiert in |
|---|---|
| Antidiskriminierung, Gleichstellung | Art. 1 Zweck<br>Art. 3 Allgemeine Grundsätze<br>Art. 5 Gleichberechtigung und Nichtdiskriminierung<br>Art. 8 Bewusstseinsbildung |
| Barrierefreiheit | Art. 9 Zugänglichkeit<br>Art. 13 Zugang zur Justiz<br>Art. 21 Recht der freien Meinungsäußerung, Meinungsfreiheit und Zugang zu Informationen<br>Art. 29 Teilhabe am politischen und öffentlichen Leben<br>Art. 30 Teilhabe am kulturellen Leben sowie an Erholung, Freizeit und Sport |
| Bildung, Ausbildung, Studium | Art. 24 Recht auf Bildung |
| Erwerbstätigkeit | Art. 26 Habilitation und Rehabilitation<br>Art. 27 Arbeit und Beschäftigung |
| Frauen | Art. 6 Frauen mit Behinderungen<br>Art. 3 Ziff. g Chancengleichheit<br>Art. 16 Freiheit von Ausbeutung, Gewalt und Missbrauch<br>Art. 23 Achtung der Wohnung und der Familie |

| Themenbereich | Normiert in |
|---|---|
| Freiheit, Schutz, Sicherheit | Art. 10 Recht auf Leben<br>Art. 11 Gefahrensituationen und humanitäre Notlagen<br>Art. 12 Gleiche Anerkennung vor dem Recht<br>Art. 14 Freiheit und Sicherheit der Person<br>Art. 15 Freiheit von Folter oder grausamer, unmenschlicher oder erniedrigender Behandlung oder Strafe<br>Art. 16 Freiheit von Ausbeutung, Gewalt und Missbrauch<br>Art. 17 Schutz der Unversehrtheit der Person |
| Gesundheit | Art. 25 Gesundheit |
| Kinder | Art. 7 Kinder mit Behinderungen<br>Art. 23 Achtung der Wohnung und der Familie<br>Art. 16 Freiheit von Ausbeutung, Gewalt und Missbrauch<br>Art. 24 Recht auf Bildung |
| Kulturelles Leben, Freizeit, Sport | Art. 30 Teilhabe am kulturellen Leben sowie an Erholung, Freizeit und Sport |
| Politische Betätigung | Art. 29 Teilhabe am politischen und öffentlichen Leben |
| Rehabilitation | Art. 26 Habilitation und Rehabilitation<br>Art. 27 Arbeit und Beschäftigung |
| Selbstbestimmtes Leben | Art. 18 Freizügigkeit und Staatsangehörigkeit<br>Art. 19 Unabhängige Lebensführung und Einbeziehung in die Gemeinschaft<br>Art. 20 Persönliche Mobilität<br>Art. 22 Achtung der Privatsphäre<br>Art. 23 Achtung der Wohnung und der Familie |
| Soziale Sicherung | Art. 28 Angemessener Lebensstandard und sozialer Schutz |

Übernahme der Tabelle mit freundlicher Genehmigung aus: FOKUS Sozialrecht – www.fokus-sozialrecht.de

Betrachtet man das Leitbild „Inklusion" und liest man die einzelne Artikel der UN-Behindertenrechtskonvention, merkt man, dass Deutschland noch eine Menge Arbeit vor sich hat, um eine voll-

1 ständige Umsetzung der Behindertenrechtskonvention zu erreichen. Trotz Aktionsplan und Gesetzesreformen ist es bisher nicht gelungen, das Wesen und die Zielsetzung des Übereinkommens umfassend in nationales Recht zu transferieren. Dies belegt schon die Wortwahl des Gesetzgebers, wenn er etwa beim Bundesteilhabegesetz davon spricht, dass die Neuerungen „im Lichte der UN-Behindertenkonvention" gestaltet wurden (Drucksache zum Gesetzentwurf des BTHG – Drs. 18/9522, S. 2). „Im Lichte" bedeutet, man hat die Grundsätze berücksichtigt, aber noch keine vollständige Umsetzung erreicht.

**Wichtig:** Soweit das Übereinkommen die rechtliche Gleichbehandlung regelt, gelten diese Antidiskriminierungsvorschriften direkt und unmittelbar. Der oder die Betroffene kann sich also unmittelbar auf die Regelungen in der Konvention berufen. Umstritten ist allerdings, ob dies auch auf Länderebene gilt.

Das Recht auf Bildung gemäß Art. 24 der UN-Konvention wurde unter anderem durch § 75 Abs. 2 Nr. 4 SBG IX „Hilfen zur schulischen und hochschulischen beruflichen Weiterbildung" umgesetzt. Es wird hoffentlich keines Rechtsstreits durch mehrere Instanzen mehr bedürfen, damit ein Mensch mit Behinderung, der bereits eine Berufsausbildung hat, im Wege der Eingliederungshilfe Nachteilsausgleiche für ein anschließendes Studium bekommt. Die Einfügung einer neuen Leistungsgruppe „Leistungen zur Teilhabe an Bildung" durch das Bundesteilhabegesetz hat hier zu einer Verbesserung für Menschen mit Behinderungen geführt. Was eine Leistungsgruppe ist und was es mit der neuen Leistung auf sich hat, erläutere ich in Kapitel 2.

## Das Sozialgesetzbuch

Teilhabe von Menschen mit Behinderungen ist ein soziales Recht, das in § 2 i. V. m. § 10 des Ersten Buches Sozialgesetzbuch (SGB I) geregelt ist. Das SGB I ist sozusagen das „Grundgesetz" des Sozialrechts. Es enthält die Grundsätze und Ziele, auf die sich das soziale Recht in Deutschland stützt. Die hier niedergelegten Regelungen gelten für alle Sozialleistungsbereiche und damit für die weiteren Bücher des Sozialgesetzbuches, die sich mit einzelnen Sozialleistungen beschäftigen (sog. Klammerwirkung, das heißt, die Vorschriften werden gleichsam – wie in der Mathematik – vor die Klammer gezogen).

**§ 2 SGB I – Soziale Rechte**

(1) Der Erfüllung der in § 1 genannten Aufgaben dienen die nachfolgenden **sozialen Rechte**. Aus ihnen können Ansprüche **nur insoweit** geltend gemacht oder hergeleitet werden, als deren Voraussetzungen und Inhalt durch die Vorschriften der besonderen Teile dieses Gesetzbuchs im einzelnen bestimmt sind.

(2) **Die nachfolgenden sozialen Rechte sind bei der Auslegung der Vorschriften dieses Gesetzbuchs und bei der Ausübung von Ermessen zu beachten; dabei ist sicherzustellen, dass die sozialen Rechte möglichst weitgehend verwirklicht werden.**

**§ 10 SGB I – Teilhabe behinderter Menschen**

Menschen, die körperlich, geistig oder seelisch behindert sind oder denen eine solche Behinderung droht, haben **unabhängig von der Ursache** der Behinderung zur Förderung ihrer Selbstbestimmung und gleichberechtigten Teilhabe ein **Recht auf Hilfe**, die **notwendig** ist, um

1. die Behinderung abzuwenden, zu beseitigen, zu mindern, ihre Verschlimmerung zu verhüten oder ihre Folgen zu mildern,
2. Einschränkungen der Erwerbsfähigkeit oder Pflegebedürftigkeit zu vermeiden, zu überwinden, zu mindern oder eine Verschlimmerung zu verhüten sowie den vorzeitigen Bezug von Sozialleistungen zu vermeiden oder laufende Sozialleistungen zu mindern,
3. ihnen einen ihren Neigungen und Fähigkeiten entsprechenden Platz im Arbeitsleben zu sichern,
4. ihre Entwicklung zu fördern und ihre Teilhabe am Leben in der Gesellschaft und eine möglichst selbständige und selbstbestimmte Lebensführung zu ermöglichen oder zu erleichtern sowie
5. Benachteiligungen auf Grund der Behinderung entgegenzuwirken.

Die in § 10 SGB I aufgeführten Ziele können also als „generelles Teilhaberecht" bezeichnet werden, das in allen Sozialleistungsbereichen beachtet werden muss. Diese Ziele werden in § 4 SGB IX nahezu wortgleich wiederholt.

Ansprüche aus dem sozialen Recht der Teilhabe von Menschen mit Behinderungen können aber nur insoweit hergeleitet werden, als deren Voraussetzungen und Inhalt durch die besonderen Teile des Sozialgesetzbuches bestimmt sind.

Das SGB I gibt damit sozusagen das Programm vor; die Ausgestaltung, die möglichen konkreten Leistungsansprüche und deren Voraussetzungen müssen aus den weiteren Büchern des Sozialgesetzbuches herausgelesen werden.

### Kernvorschrift SGB IX



„Hauptvorschrift" für die Ausgestaltung der Teilhabe von Menschen mit Behinderungen ist das Neunte Buch Sozialgesetzbuch (SGB IX), das ab 01.01.2020 wie folgt aufgebaut ist:

- Der **1. Teil (§§ 1 bis 89)** enthält allgemeine Regelungen für behinderte und von Behinderung bedrohte Menschen sowie die Auflistung möglicher Leistungen, mit denen behinderungsbedingte Benachteiligungen vermieden, ausgeglichen oder überwunden werden sollen.
- Der **2. Teil (§§ 90 bis 150)** regelt die aus dem SGB XII (Sozialhilfe) herausgelöste und grundlegend reformierte Eingliederungshilfe als eigenes Leistungsgesetz. Die Sozialhilfeträger sind nicht mehr Träger der Eingliederungshilfe. Vielmehr bestimmen gemäß § 94 Abs. 1 SGB IX die Länder, welche Behörden ab 2020 Träger der Eingliederungshilfe sind, und hier gibt es durchaus unterschiedliche Ansätze, wie ein Überblick in der folgenden Tabelle zeigt. Es gilt der Grundsatz, dass Bundesgesetze bundesweit gelten, aber von den Ländern auszuführen sind. In manchen Ländern wird unterschieden zwischen dem örtlichen und dem überörtlichen Träger der Eingliederungshilfe.

  Auch die Unterscheidung zwischen Kindern und Jugendlichen einerseits und erwachsenen Menschen mit Behinderung andererseis findet sich öfter, ebenso wie die Variante, dass ein Träger für die gesamte Eingliederungshilfe sachlich zuständig ist. Im Einzelnen gilt Folgendes:

| | |
|---|---|
| Baden-Württemberg | Stadt- und Landkreise |
| Bayern | Bezirke |
| Berlin | Land Berlin |
| Brandenburg | Örtliche Träger, das heißt zuständig für die Leistungen: kreisfreie Städte und Landkreise<br>Überörtlich, das heißt für übergeordnete Aufgaben: Land Brandenburg (Landesamt für Soziales und Versorgung) |
| Bremen | Land Bremen |
| Hamburg | Freie und Hansestadt Hamburg |

| Hessen | Örtlich: kreisfreie Städte und Landkreise<br>Überörtlich: Landeswohlfahrtsverband (LWL) Hessen |
|---|---|
| Mecklenburg-Vorpommern | kreisefreie Städte und Landkreise |
| Niedersachsen | Für erwachsene Menschen mit Behinderung: Land Niedersachsen<br>Für Minderjährige: Kommunen |
| Nordrhein-Westfalen | Für erwachsene Menschen mit Behinderung: Landschaftsverbände (Rheinland-LVR und Westfalen-Lippe)<br>Für Kinder und Jugendliche mit Behinderung: kreisfreie Städte und Landkreise |
| Rheinland-Pfalz | Für erwachsene Menschen mit Behinderung Land (Landesamt für Soziales, Jugend und Versorgung)<br>Für Kinder und Jugendliche mit Behinderung: Landkreise und kreisfreie Städte |
| Saarland | Land wie bisher (Landesamt für Soziales) |
| Sachsen | kreisfreie Städte, Landkreise und der Kommunale Sozialverband Sachsen (KSV) – je nachdem, welche Leistung benötig wird |
| Sachsen-Anhalt | Land; Landkreise und kreisfreie Städte können zur Ausführung herangezogen werden |
| Schleswig-Holstein | Kreise und kreisfreie Städte als örtliche Träger; Land als überörtlicher Träger für übergeordnete Aufgaben |
| Thüringen | Kreise und kreisfreie Städte als örtliche Träger; Land als überörtlicher Träger für übergeordnete Aufgaben |

- Der **3. Teil (§§ 151 bis 241)** beinhaltet besondere Regelungen zur Teilhabe schwerbehinderter Menschen (Schwerbehindertenrecht).

Die allgemeinen Regelungen des 1. Teils gelten für alle Rehabilitationsträger, allerdings nur, soweit in den Spezialgesetzen nichts näher spezifiziert ist.

Auch das SGB IX hat damit eine Klammerwirkung. Dies kann schon aus § 1 SGB IX herausgelesen werden:

**§ 1 SGB IX – Selbstbestimmung und Teilhabe am Leben in der Gesellschaft**

Menschen mit Behinderungen oder von Behinderung bedrohte Menschen erhalten **Leistungen nach diesem Buch** und **den für die Rehabilitationsträger geltenden Leistungsgesetzen**, um ihre Selbstbestimmung und ihre volle, wirksame und gleichberechtigte Teilhabe am Leben in der Gesellschaft zu fördern, Benachteiligungen zu vermeiden oder ihnen entgegenzuwirken. Dabei wird den besonderen Bedürfnissen von Frauen und Kindern mit Behinderungen und von Behinderung bedrohter Frauen und Kinder sowie Menschen mit seelischen Behinderungen oder von einer solchen Behinderung bedrohter Menschen Rechnung getragen.

Der Vorbehalt abweichender Regelungen in den einzelnen Leistungsgesetzen wird dazu in § 7 SGB IX explizit angesprochen:

**§ 7 SGB IX – Vorbehalt abweichender Regelungen**

(1) Die Vorschriften im Teil 1 gelten für die Leistungen zur Teilhabe, **soweit sich aus den für den jeweiligen Rehabilitationsträger geltenden Leistungsgesetzen nichts Abweichendes ergibt**. Die Zuständigkeit und die Voraussetzungen für die Leistungen zur Teilhabe richten sich nach den für den jeweiligen Rehabilitationsträger geltenden Leistungsgesetzen. Das Recht der Eingliederungshilfe im Teil 2 ist ein Leistungsgesetz im Sinne der Sätze 1 und 2.

(2) Abweichend von Absatz 1 **gehen die Vorschriften der Kapitel 2 bis 4** den für die jeweiligen Rehabilitationsträger geltenden Leistungsgesetzen **vor**. Von den Vorschriften in Kapitel 4 kann durch Landesrecht nicht abgewichen werden.

Man merke sich also die Regel, dass man in erster Linie in die Spezialgesetze und in zweiter Linie in das SGB IX schauen muss. Aber bekanntlich ist keine Regel ohne Ausnahme, deshalb ist es, wie Absatz 2 besagt, für die Vorschriften der Kapitel 2 bis 4 genau andersherum.

Durch Absatz 2 sind die Regelungen

- für das Verfahren der Bedarfsermittlung,
- für das Teilhabeplanverfahren und
- für die Zuständigkeitsklärung

zwischen den Rehabilitationsträgern bundesweit einheitlich und zwingend einzuhalten.

Das Bundesteilhabegesetz hat hier zu einer Verschärfung geführt, die sicherstellen soll, dass alle Rehabilitationsträger koordiniert zusammenarbeiten, indem sie die Bedarfe umfassend ermitteln, die Leistungen nahtlos feststellen und erbringen. Auf diese wichtige Änderung gehe ich in Kapitel 3 noch genauer ein.



Für alle Sozialleistungsträger (auch für die Pflegekassen, die nicht Rehabilitationsträger sind!) gelten folgende Prinzipien:

- Vorrang von Präventionsmaßnahmen mit dem Ziel, eine Behinderung oder chronische Krankheit zu verhindern (§ 3 i. V. m. § 4 Abs. 1 Nr. 1 SGB IX)
- Vorrang „Reha vor Rente" (§ 4 Abs. 1 Nr. 2 i. V. m. § 9 Abs. 2 SGB IX) mit dem Ziel, die Erwerbsfähigkeit zu erhalten
- Vorrang „Reha vor Pflege" (§ 4 Abs. 1 Nr. 2 i. V. m. § 9 Abs. 3 SGB IX) mit dem Ziel, Pflegebedürftigkeit zu verhindern oder bei bestehender Pflegebedürftigkeit eine möglichst weitgehende Unabhängigkeit und selbstständige Lebensführung zu ermöglichen.

  Der Grundsatz „Reha vor Pflege" wird für den Träger der gesetzlichen Krankenversicherung in § 11 Abs. 2 SGB V sowie der Pflegekasse in den §§ 5, 18 Abs. 1 und § 31 SGB XI bekräftigt.

### Schnittstellen zu den anderen Büchern des Sozialgesetzbuches

Wer sich also mit möglichen sozialleistungsrechtlichen Ansprüchen zugunsten behinderter und von Behinderung bedrohter Menschen beschäftigt, darf sich nicht nur darauf beschränken, eine Anspruchsgrundlage im SGB IX zu suchen.

Er muss vielmehr sorgfältig prüfen, was im Leistungsgesetz des zuständigen Rehabilitationsträgers steht.

Je nachdem, welcher Leistungsträger zuständig ist, kommen folgende Bücher des Sozialgesetzbuches (SGB) in Betracht:

| Reha-Träger | Behörde | Leistungsgesetz |
|---|---|---|
| Bundesagentur für Arbeit | Arbeitsagenturen (auch grundätzlich bei SGB II-Leistungen, siehe § 6 Abs. 3 SGB IX) | SGB III |

| Reha-Träger | Behörde | Leistungsgesetz |
|---|---|---|
| Gesetzliche Krankenversicherung | Ortskrankenkassen, Betriebskrankenkassen, Innungskrankenkassen, Ersatzkassen (Nicht: private Krankenversicherungen!) | SGB V |
| Gesetzliche Rentenversicherung | Deutsche Rentenversicherung Bund oder Knappschaft, Bahn, See Sozialversicherung für Landwirtschaft | SGB VI |
| Gesetzliche Unfallversicherung | Berufsgenossenschaften, Gemeindeunfallversicherungsverbände, Unfallkassen | SGB VII |
| Öffentliche Jugendhilfe | Jugendämter, Landesjugendämter (Städte, Kreise, Bundesland) | SGB VIII |
| Eingliederungshilfe | Träger der Eingliederungshilfe, unterschiedlich je nach Bundesland, § 94 Abs. 1 SGB IX (z. B. in Bayern: Bezirk; Länder vgl. Seite 20 f.) | SGB IX (2. Teil) |
| Kriegsopferversorgung, Kriegsopferfürsorge, Soziales Entschädigungsrecht | Versorgungsämter, Hauptfürsorgestellen, Bundeswehrverwaltung (Bundesamt für das Personalmanagement der Bundeswehr) | BVG = besonderer Teil des Sozialgesetzbuches (siehe § 68 Nr. 7 SGB I) |

**Wichtig:** Nicht in dieser Liste genannt sind die Pflegekassen. Träger der sozialen Pflegeversicherung sind nicht Rehabilitationsträger im Sinne des SGB IX. Teilhabeleistungen können dort also nicht beantragt werden.

**Aber:** Leistungen der Pflegeversicherung, die im Elften Buch Sozialgesetzbuch (SGB XI) beschrieben sind, spielen bei behinderten und von Behinderung bedrohten Menschen eine große Rolle. Da sie sehr oft pflegebedürftig sind, erhalten sie entsprechende Leistungen der Pflegekasse und ggf. zusätzlich Rehabilitationsleistungen im Sinne des SGB IX. Wie Sie im Praxisfall 1 in Kapitel 5 sehen werden, spielt die Prüfung des SGB XI zumindest inzident bei Anspruchsprüfungen sehr oft eine wichtige Rolle.

Obwohl nicht Rehabilitationsträger, sind die Pflegekassen im Teilhabe- und ggf. Gesamtplanverfahren zu beteiligen, wenn Leistungen aus der Pflegeversicherung im Raum stehen (zum Teilhabeverfahren bzw. Gesamtplanverfahren siehe Kapitel 2, Seite 61).



## Sonstige Schutzgesetze

Um die Gleichberechtigung von Menschen mit Behinderungen – über die sozialen Rechte hinaus – im täglichen privaten oder öffentlichen Leben zu ermöglichen, wurden begleitend zu den Regelungen im Sozialgesetzbuch weitere Gesetze geschaffen. Sie seien hier der Vollständigkeit halber kurz aufgeführt, sie sind aber nicht Gegenstand dieses Leitfadens.

Das Behindertengleichstellungsgesetz (BGG) gilt für Träger öffentlicher Gewalt, also Behörden usw. Es beinhaltet insbesondere ein Benachteiligungsverbot, ein Herstellungsgebot für Barrierefreiheit bei Bauten, im öffentlichen Raum und im Verkehr, die barrierefreie Gestaltung von Formularen, Bescheiden, Informationsangeboten. In den einzelnen Bundesländern existieren Landesbehindertengleichstellungsgesetze, die diese Materie für ihre Landesverwaltung regeln (z. B. gilt für bayerische Behörden das BayBGG). Alle Ländervorschriften sind mit dem BGG nahezu wortgleich.

Das Allgemeine Gleichbehandlungsgesetz (AGG) ist das jüngste der Schutzgesetze. Anstoß zum Erlass dieses Gesetzes waren vier europäische Richtlinien zum Verbot von Benachteiligung wegen Rasse, ethnischer Herkunft, Geschlecht, Religion oder Weltanschauung, Behinderung, Alters oder sexueller Identität. Diese Antidiskriminierungsvorschriften mussten in nationales Recht umgesetzt werden, was 2006 mit dem AGG geschah.

Der Schutz vor Diskriminierung in Beschäftigung und Beruf sowie zum Schutz vor Benachteiligung im Zivilrechtsverkehr sind Inhalt dieser Vorschrift.

In Kapitel 3 „Schwerbehindertenrecht" gehe ich näher auf das Fragerecht des Arbeitgebers zur Schwerbehinderung ein. Hier spielt das AGG eine ausschlaggebende Rolle.

# Einführung in das Rehabilitationsrecht



2

## Was ist das Rehabilitationsrecht und für wen gilt es?

Eine einheitliche Definition des Begriffs der Rehabilitation oder des Rehabilitationsrechts sucht man im Gesetz vergebens. Nicht einmal die Frage, ob das Rehabilitationsrecht nur für Menschen mit Behinderungen gelten soll oder auch für Kranke und/oder Pflegebedürftige, lässt sich so einfach beantworten.

Jedenfalls aber ist ein irgendwie geartetes gesundheitliches Defizit immer der Ausgangspunkt dafür, dass überhaupt Rehabilitationsleistungen erforderlich werden. Nicht selten steht deshalb eine ärztliche Verordnung (umgangssprachlich bekannt als „Rezept") vom Hausarzt oder Facharzt am Beginn unserer Fälle, die der Versicherte beim Leistungsträger vorlegen muss, wenn er die Leistung beantragt. Dies ist zum Beispiel der Fall, wenn bei der Krankenkasse ein Rollstuhl oder ein Duschsitz – Hilfsmittel – beantragt wird, aber auch, wenn jemand Krankengymnastik, Ergotherapie oder Logopädie – Heilmittel – benötigt.

Auch einen Platz in einem Berufsbildungswerk oder in einer Behindertenwerkstätte wird ein „gesunder" Mensch nicht bekommen, um Beispiele aus dem Bereich der beruflichen Rehabilitation oder der Eingliederungshilfe zu nennen. In diesem Fall stünde zwar nicht ein „Rezept" am Beginn dieses Rehabilitationsprozesses, wohl aber ein ärztliches oder sonstiges fachliches Gutachten über die Notwendigkeit dieser Maßnahme infolge der gesundheitlichen Defizite, die der betroffene Mensch aufweist. Auf die Abgrenzung bzw. Überschneidungen zwischen Behinderung und (chronischer) Erkrankung werde ich im Verlauf dieses Ratgebers noch näher eingehen, weil diese Fälle häufig vorkommen.

## Welche Arten und Ursachen von Behinderungen gibt es?

Wird von Menschen mit Behinderungen gesprochen, haben die Zuhörer oftmals eine Person im Rollstuhl vor Augen. Oder man denkt vielleicht noch an sinnesbehinderte oder geistig behinderte Menschen. Dazu stellt man sich landläufig vor, dass diese Person entweder so geboren ist oder infolge eines Unfalls zum Beispiel erblindet oder auf den Rollstuhl angewiesen ist. Das gibt es natürlich; manchmal sind die betreffenden Personen Gegenstand der Berichterstattung in den Medien, und das ist auch richtig so. Trotzdem vermitteln diese eindrücklichen Beispiele nur eine sehr eingeschränkte Wahrnehmung von Menschen mit Behinderungen.

Tatsächlich stellt sich die Verteilung der verschiedenen Behinderungsarten und Behinderungsursachen anders dar: den größten Anteil hat nach Angaben des Statistischen Bundesamts die Ursache „allgemeine Krankheit (einschließlich Impfschaden)". Das bedeutet, dass sehr viele Behinderungen sich sozusagen im Inneren des Menschen abspielen oder auswirken, mit anderen Worten, dass man sie nicht sieht. Hierunter fallen psychische Behinderungen ebenso wie zum Beispiel Krebserkrankungen oder Epilepsie, um nur einige wenige zu nennen. Die tatsächlich größte Gruppe der Menschen mit Behinderungen wird Ihnen also vermutlich begegnen, ohne dass Sie wissen, dass Ihnen ein Mensch mit Behinderung gegenübersteht. Es schadet nicht, diesen Umstand im Hinterkopf zu behalten, wenn man über diese Personengruppe spricht.



Auch die in diesem Leitfaden behandelten Fälle handeln meistens von Menschen mit sichtbaren Behinderungen, und oft auch von solchen, die berufstätig sind. Das mag ein positiv überzeichnetes Bild von Menschen mit Behinderungen vermitteln, welches vielleicht so nicht der Realität entspricht. Trotzdem wurden die Fälle bewusst so gewählt, da sie sich auf diese Weise meistens anschaulicher und interessanter gestalten lassen. Außerdem macht ein positiv überzeichnetes Bild von Menschen mit Behinderungen mehr Freude als die manchmal traurige Wirklichkeit. Umso wichtiger erscheint deshalb der Hinweis auf die größere, unsichtbare und deshalb oft vergessene Gruppe von Menschen mit Behinderungen, deren Probleme und Bedarfslagen keinesfalls minder schwerwiegend sind.

**Aufgabe**

Gehen Sie auf die Internetseite des Statistischen Bundesamts (www.destatis.de). Der einfachste Weg dorthin führt über eine Suchmaschine mit den Suchbegriffen: Behinderung Statistik.

Dort können Sie sich das Thema Behinderung nach unterschiedlichen Kriterien aufschlüsseln und grafisch in verschiedener Weise darstellen lassen.

Hier nur einige Zahlen aus der aktuellen Statistik: Im Jahr 2017 lebten 7,8 Millionen Menschen mit einer amtlich anerkannten Behinderung in Deutschland. Das entspricht 9,4 Prozent der Bevölkerung, wobei etwas mehr Männer (51 Prozent) als Frauen von Behinderung betroffen waren. 71 Prozent der Menschen mit Behinderungen waren 55 Jahre oder älter.

Bedenken Sie: In der Statistik aufgeführt sind nur Menschen mit einem Schwerbehindertenausweis, da das Statistische Bundesamt nur diese erfasst hat. Tatsächlich ist die Zahl der Menschen mit Behinderungen also größer. Die Frage, ob und warum jemand einen Schwerbehindertenausweis hat, wird später in Kapitel 3 noch erörtert werden.



## Wann gilt man eigentlich als behindert?

Fest steht, dass Menschen mit Behinderungen Adressaten von Rehabilitationsleistungen im Sinne des SGB IX sind. Aber wann gilt man eigentlich als behindert? Wie definiert sich der Begriff „Behinderung"?

Diese Fragen können unterschiedlich beantwortet werden und sind im Lichte der Entwicklung des Behindertenrechts zu begreifen.

Traditionell war das Verständnis von Behinderung ein rein medizinisches, man orientierte sich an den Defiziten einer Person. Der Vorteil an dieser Sichtweise ist, dass man eine juristisch trennscharfe Definition erhält, weshalb diese Betrachtungsweise noch häufig anzutreffen ist.

Aus der Kritik an dieser sehr engen Defizitorientierung wurde das soziale Modell von Behinderung entwickelt, das besagt:

„Behindert ist man nicht, behindert wird man."

Dazu folgende Tabelle von Michael Oliver:[1]

| **Individuelles Modell** | **Soziales Modell** |
|---|---|
| Theorie der persönlichen Tragödie | Theorie der gesellschaftlichen Unterdrückung |
| Persönliches Problem | Gesellschaftsliches Problem |
| Individuelle Behandlung | Gesellschaftliches Handeln |
| Medizinisierung | Selbsthilfe |
| Professionelle Dominanz | Individuelle und kollektive Verantwortung |

[1] Oliver, M.: Understanding disability. From theory to practice, New York 1996, S. 34, table 2.1, Disability models, übersetzt von U. Obermayr.

| Individuelles Modell | Soziales Modell |
|---|---|
| Fachwissen (Expertise) | Erfahrung |
| Anpassung | Bestätigung, Bejahung |
| Individuelle Identität | Kollektive Identität |
| Vorurteil | Diskriminierung |
| Einstellung | Verhalten |
| Fürsorge | Rechte |
| Kontrolle | Wahlmöglichkeiten |
| Richtlinien | Politik |
| Individuelle Anpassung | Gesellschaftlicher Wandel |



Das gesellschaftliche Verständnis von Behinderung hat sich mit Entwicklung dieses sozialen Modells gewandelt, weg von einer rein defizitorientierten Sichtweise hin zu einer Betonung der Ressourcen, aus denen der Mensch mit Behinderung schöpfen kann (Stichwort: „Empowerment"). Gleichzeitig ging damit ein Paradigmenwechsel von Aussonderung (Segregation) hin zu „Integration" einher, bei der sich der Mensch mit Behinderung an die nichtbehinderte Umwelt anpassen muss.

Eine Weiterentwicklung dieses sozialen Modells ist die „Inklusion", bei der alle darauf achten sollen, dass der Mensch mit Behinderung von vornherein mit eingeplant ist und selbstverständlich dabei sein kann, so dass es letztlich keiner „Integration" mehr bedarf.

Dies entspricht dem Leitbild der UN-Behindertenrechtskonvention, das in Kapitel 1 beschrieben ist. In der Konvention selbst ist übrigens eine explizite Definition von Behinderung nicht aufgeführt. In Art. 1 Satz 2 ist aber aufgeführt, wer zu der Gruppe von Menschen mit Behinderungen zu zählen ist:

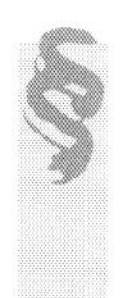

**Art. 1 Satz 2 UN-Behindertenrechtskonvention**

Menschen, die langfristige körperliche, seelische, geistige oder Sinnesbeeinträchtigungen haben, welche sie in Wechselwirkung mit verschiedenen Barrieren an der vollen, wirksamen und gleichberechtigten Teilhabe an der Gesellschaft hindern können.

Diese Entwicklung des Behindertenbegriffs zu verstehen ist wichtig, wenn irgendwelche Maßnahmen für Menschen mit Behinderung geplant oder vorgesehen werden – denn eigentlich dürfte es auf lange Sicht gesehen im Sinne der Inklusion gar keine solchen Extra-Maßnahmen mehr geben.

Ein Beispiel von begrifflicher Verwirrung soll dies verdeutlichen:

2

**Beispiel:**

Manchmal werden Kinder mit einem besonderen pädagogischen Förderbedarf, die man bisher in Schulen und Kindergärten als „Integrationskinder" bezeichnete, nun einfach, weil der Begriff gerade modern ist, als „Inklusionskinder" umetikettiert. Das ist jedoch unlogisch, denn Inklusionskinder können nur alle Kinder sein! Und dies aus folgenden Gründen:

- Bei der Integration liegt die Entscheidung bei der Einrichtung, ob eine Bereitschaft zur Aufnahme des Kindes besteht. Inklusion dagegen bedeutet einen einklagbaren umfänglichen Anspruch, also ein Recht auf Teilnahme an der Gesellschaft und damit auch am Besuch der gewünschten Einrichtung.
- Bei der Integration muss sich das Kind den Gegebenheiten der Einrichtung anpassen. Bei der Inklusion ist die Kita bzw. die Schule gefordert, sich an den Lebenslagen und unterschiedlichen Bedürfnissen der Kinder auszurichten, um alle Kinder ihren individuellen Möglichkeiten entsprechend fördern zu können.
- Integration unterscheidet also zwischen integrierbaren und nicht-integrierbaren Kindern, Inklusion gilt für alle Kinder.

In den deutschen Gesetzen ist die Entwicklung hin zur Inklusion nur zum Teil nachvollzogen. Wie wir gleich sehen werden, gibt es dort zudem unterschiedliche Definitionen von Behinderung, die sich teilweise unterscheiden bzw. enger oder weiter gefasst sind. Diese Definitionen sind aber maßgebend dafür, ob man – bezogen auf den jeweiligen Rehabilitationsträger – Leistungen erhält.

## Wer erhält Rehabilitationsleistungen?

Rehabilitationsleistungen erhalten gemäß § 1 Satz 1 SGB IX

- Menschen mit Behinderungen und
- von Behinderung bedrohte Menschen.

Die Ziele der Rehabilitationsleistungen werden in § 4 SGB IX aufgeführt, sie entsprechen den in § 10 SGB I aufgeführten Zielen (siehe Kapitel 1).

Der Begriff der Behinderung wird definiert in § 2 Abs. 1 SGB IX:

**§ 2 Abs. 1 SGB IX – Begriffsbestimmungen**

(1) [1]Menschen mit **Behinderungen** sind Menschen, die körperliche, seelische, geistige oder Sinnesbeeinträchtigungen haben, die sie in Wechselwirkung mit einstellungs- und umweltbedingten Barrieren an der gleichberechtigten Teilhabe an der Gesellschaft mit hoher Wahrscheinlichkeit länger als sechs Monate hindern können. [2]Eine Beeinträchtigung nach Satz 1 liegt vor, wenn der Körper- und Gesundheitszustand von dem für das Lebensalter typischen Zustand abweicht.

[3]Menschen sind **von Behinderung bedroht**, wenn eine Beeinträchtigung nach Satz 1 zu erwarten ist.



Die gesetzliche Definition des Behinderungsbegriffs vereint gewissermaßen eine defizitorientierte Betrachtungsweise mit einem gesellschaftlich relevanten Element. Sie fußt auf dem Verständnis von Behinderung in der UN-Behindertenrechtskonvention, in dem es auch die Wechselwirkung mit der Umwelt berücksichtigt wird. Die Konvention wiederum stützt ihr Verständnis auf das von der Weltgesundheitsorganisation (WHO) entwickelten ICF-Modell (ICF = Internationale Klassifikation der Funktionsfähigkeit, Behinderung und Gesundheit). Nach der ICF gilt eine Person als gesund, wenn – vor ihrem gesamten Lebenshintergrund

- ihre körperlichen Funktionen (einschließlich des geistigen und seelischen Bereichs) und ihre Körperstrukturen allgemein anerkannten Normen entsprechen,
- sie all das tut oder tun kann, was von einem Menschen ohne Gesundheitsproblem erwartet wird, und
- sie ihr Dasein in allen Lebensbereichen, die ihr wichtig sind, in der Weise und dem Umfang entfalten kann, wie es von einem Menschen ohne Beeinträchtigung der Körperfunktionen oder der Aktivitäten erwartet wird.

Die ICF definiert Behinderung also als Ergebnis der Wechselwirkung zwischen Gesundheitsproblem und den personen- und umweltbezogenen Kontextfaktoren (sog. bio-psycho-soziales Modell). Das SGB IX folgt nun in vielen Bereichen der ICF und nennt in § 2 SGB IX Merkmale, mit deren Hilfe bestimmt werden kann, ob eine

2

bestimmte Person im Sinne des SGB IX behindert oder von Behinderung bedroht ist.

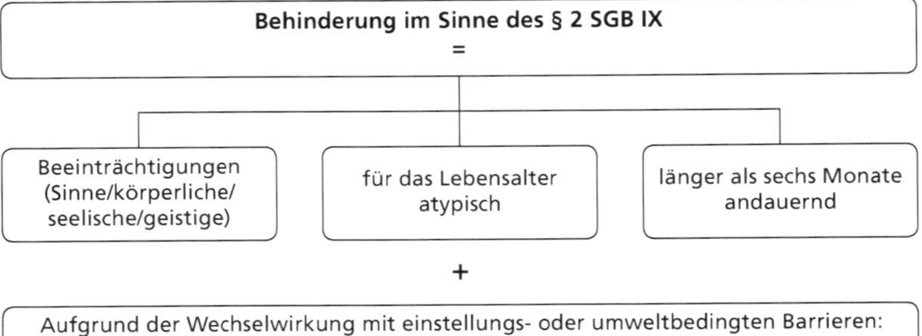


Mit dem Bundesteilhabegesetz ergibt sich damit eine Definition von Behinderung, die folgenden Parametern folgt:

- Orientierung an Teilhabebeeinträchtigungen statt nur an Funktionsstörungen
- Behindernde Kontextfaktoren (Barrieren) müssen wegen ihrer Wechselwirkung stets in die Betrachtung einbezogen werden

Die Bedarfsfeststellung in der Rehabilitation muss darauf basierend dann teilhabeorientiert erfolgen (siehe dazu auch die Ausführungen im Abschnitt „Wie wird der Bedarf ermittelt und koordiniert?").

**Überlegen Sie:**

1. Erhalten auch **chronisch kranke Menschen** Rehabilitationsleistungen nach SGB IX?

   **Antwort:** Die chronische Erkrankung allein begründet keinen Anspruch auf Rehabilitationsleistungen. Es kommt vielmehr darauf an, ob die Erkrankung im Einzelfall unter § 2 Abs. 1 Satz 1 oder Satz 2 SGB IX subsumiert werden kann:

   Zunächst aber die Definition „chronisch krank": Nach § 62 Abs. 1 Satz 2 SGB V muss eine (die gleiche!) schwerwiegende Krankheit vorliegen, wegen der eine Dauerbehandlung notwendig ist. Die sogenannte „Chroniker-Richtlinie" des Gemeinsamen Bundesausschusses – abzurufen unter www.g-ba.de – führt diese Definition in § 2 weiter aus. Eine schwerwiegende chronische Krankheit liegt danach vor, wenn sie wenigstens ein Jahr lang, mindestens einmal pro Quartal ärztlich behandelt wurde (Dauerbehandlung) und eines der folgenden Merkmale vorhanden ist:

- Es liegt eine Pflegebedürftigkeit der Pflegegrade 3, 4 oder 5 vor.
- Es liegt ein festgestellter Grad der Behinderung (GdB) von mindestens 60 vor.
  (In diesem Fall liegt logischerweise eine Behinderung vor, die Prüfung kann hier also beendet werden.)
- Es ist eine kontinuierliche medizinische Versorgung (ärztliche oder psychotherapeutische Behandlung, Arzneimitteltherapie, Behandlungspflege, Versorgung mit Heil- und Hilfsmitteln) erforderlich, ohne die nach ärztlicher Einschätzung eine lebensbedrohliche Verschlimmerung, eine Verminderung der Lebenserwartung oder eine dauerhafte Beeinträchtigung der Lebensqualität durch die aufgrund der Krankheit verursachte Gesundheitsstörung zu erwarten ist.

Beispiele einer chronischen Erkrankung sind: Krebserkrankungen, Herz-Kreislauf-Erkrankungen, Schlaganfall, Diabetes, Atemwegserkrankungen wie etwa Asthma, entzündliche Darmerkrankungen wie etwa Morbus Crohn, Hauterkrankungen wie etwa Neurodermitits, rheumatische Erkrankungen, Erkrankungen des zentralen Nervensystems wie etwa Multiple Sklerose, Parkinson oder auch Demenzerkrankungen, psychische Erkrankungen wie etwa Neurosen, Persönlichkeitsstörungen oder Depressionen.

Das Vorliegen einer chronischen Krankheit nach dieser Definition bedeutet aber noch nicht, dass eine Behinderung vorliegt. Denn dies hängt nicht allein von einer ärztlichen Diagnose ab. Zu berücksichtigen ist auch, ob und wie sich die Beeinträchtigung im persönlichen Einzelfall auf die gesellschaftliche Teilhabe auswirkt (in der Begriffsbestimmung in § 2 SGB IX Wechselwirkung genannt).

**Fazit:** Behinderung ist keine (rein) medizinische Einordnung. Das entscheidende Kriterium ist die Möglichkeit der Auswirkung der Krankheit auf die Teilhabe in der Gesellschaft.

2. Erhalten auch **alte Menschen** Rehabilitationsleistungen nach SGB IX?

   Beantworten Sie diese Frage anhand der oben erklärten Voraussetzungen des § 2 Abs. 1 Satz 1 oder Satz 2 SGB IX (vom Lebensalter atypisches Funktionsdefizit mit entsprechender Dauer mit Auswirkung auf die Teilhabe am Leben in der Gesellschaft).

   Wichtig zu wissen ist hier, dass unter dem für das jeweilige Lebensalter untypischen Zustand der Verlust oder die Beeinträchtigung von normalerweise in dieser Altersgruppe vorhandenen körperlichen Funktionen, geistigen Fähigkeiten oder seelischer Gesundheit zu verstehen ist.

2

**Wichtig:** Zusätzlich zum oben dargestellten Behindertenbegriff des § 2 SGB IX sind ggf. – je nachdem, welcher Leistungsträger für die Rehabilitationsleistung zuständig ist – Einschränkungen des Begriffs zu berücksichtigen!

So regelt § 19 SGB III für die Rehabilitationsleistungen durch die Bundesagentur für Arbeit:

**§ 19 SGB III – Behinderte Menschen**

(1) Behindert im Sinne dieses Buches sind Menschen, deren **Aussichten**, am Arbeitsleben teilzuhaben oder weiter teilzuhaben, wegen Art oder Schwere ihrer Behinderung im Sinne von § 2 Abs. 1 des Neunten Buches nicht nur vorübergehend **wesentlich** gemindert sind und die deshalb Hilfen zur Teilhabe am Arbeitsleben benötigen, einschließlich lernbehinderter Menschen.

(2) Behinderten Menschen stehen Menschen gleich, denen eine Behinderung mit den in Absatz 1 genannten Folgen droht.

Im Bereich der Eingliederungshilfe sind § 99 SGB IX i. V. m. der Definition in § 53 SGB XII und die Ausführungen dazu in den §§ 1 bis 3 Eingliederungshilfeverordnung (EinglH-VO) in der bis 31.12.2019 geltenden Fassung zu beachten:

**§ 53 Abs. 1 SGB XII – Leistungsberechtigte und Aufgabe**

(1) Personen, die durch eine Behinderung im Sinne von § 2 Abs. 1 Satz 1 des Neunten Buches **wesentlich** in ihrer Fähigkeit, an der Gesellschaft teilzuhaben, eingeschränkt oder von einer solchen **wesentlichen** Behinderung bedroht sind, erhalten Leistungen der Eingliederungshilfe, wenn und solange nach der Besonderheit des Einzelfalles, insbesondere nach

Art oder Schwere der Behinderung, **Aussicht besteht**, dass die Aufgabe der Eingliederungshilfe erfüllt werden kann. Personen mit einer **anderen** körperlichen, geistigen oder seelischen Behinderung **können** Leistungen der Eingliederungshilfe erhalten.

**§ 1 EinglH-VO – Körperlich wesentlich behinderte Menschen**

Durch **körperliche Gebrechen wesentlich** in ihrer Teilhabefähigkeit eingeschränkt im Sinne des § 53 Abs. 1 Satz 1 des Zwölften Buches Sozialgesetzbuch sind



1. Personen, deren Bewegungsfähigkeit durch eine Beeinträchtigung des Stütz- oder Bewegungssystems in erheblichem Umfange eingeschränkt ist,
2. Personen mit erheblichen Spaltbildungen des Gesichts oder des Rumpfes oder mit abstoßend wirkenden Entstellungen vor allem des Gesichts,
3. Personen, deren körperliches Leistungsvermögen infolge Erkrankung, Schädigung oder Fehlfunktion eines inneren Organs oder der Haut in erheblichem Umfange eingeschränkt ist,
4. Blinden oder solchen Sehbehinderten, bei denen mit Gläserkorrektion ohne besondere optische Hilfsmittel
   a) auf dem besseren Auge oder beidäugig im Nahbereich bei einem Abstand von mindestens 30 cm oder im Fernbereich eine Sehschärfe von nicht mehr als 0,3 besteht oder
   b) durch Buchstabe a nicht erfaßte Störungen der Sehfunktion von entsprechendem Schweregrad vorliegen,
5. Personen, die gehörlos sind oder denen eine sprachliche Verständigung über das Gehör nur mit Hörhilfen möglich ist,
6. Personen, die nicht sprechen können, Seelentauben und Hörstummen, Personen mit erheblichen Stimmstörungen sowie Personen, die stark stammeln, stark stottern oder deren Sprache stark unartikuliert ist.

**§ 2 EinglH-VO – Geistig wesentlich behinderte Menschen**

**Geistig wesentlich behindert** im Sinne des § 53 Abs. 1 Satz 1 des Zwölften Buches Sozialgesetzbuch sind Personen, die infolge einer Schwäche ihrer geistigen Kräfte in **erheblichem Umfange** in ihrer Fähigkeit zur Teilhabe am Leben in der Gesellschaft eingeschränkt sind.

**§ 3 EinglH-VO – Seelisch wesentlich behinderte Menschen**

**Seelische Störungen**, die eine **wesentliche** Einschränkung der Teilhabefähigkeit im Sinne des § 53 Abs. 1 Satz 1 des Zwölften Buches Sozialgesetzbuch zur Folge haben können, sind

1. körperlich nicht begründbare Psychosen,
2. seelische Störungen als Folge von Krankheiten oder Verletzungen des Gehirns, von Anfallsleiden oder von anderen Krankheiten oder körperlichen Beeinträchtigungen,
3. Suchtkrankheiten,
4. Neurosen und Persönlichkeitsstörungen.



**Achtung:** Für Sie bedeutet das, dass Sie Vorschriften noch brauchen, die bereits außer Kraft getreten sind, denn die vorstehenden Definitionen der Leistungsberechtigten für Eingliederungshilfeleistungen gelten noch bis 31.12.2022. Der Gesetzgeber verwendet die Definitionen weiter, einfach weil noch keine besseren gefunden worden sind. Zwar wurden die Regelungen zur Eingliederungshilfe ab 01.01.2020 (dritte Reformstufe des BTHG) als eigenes Leistungsrecht in Teil 2 des SGB IX geregelt. Es gibt jedoch noch keinen definierten Begriff der Behinderung bzw. des leistungsberechtigten Personenkreises in § 99 SGB IX. Das erklärte gesetzgeberische Ziel, den berechtigten Personenkreis gegenüber der bisherigen Regelung weder wesentlich auszuweiten noch einzuschränken, klingt einfach, ist jedoch schwieriger umzusetzen, als angenommen. Bisher konnte es durch keine der diskutierten Formulierungen erreicht werden.

Während der Beratungen zum Bundesteilhabegesetz war es diesbezüglich zu heftigen Auseinandersetzungen gekommen, so dass beschlossen wurde, hier zunächst eine Evaluierung und modellhafte Erprobung durchzuführen, die bis zum 31.12.2022 abgeschlossen sein soll; ab 01.01.2023 soll dann eine neue Definition des leistungsberechtigten Personenkreises eingeführt werden (vierte Reformstufe des BTHG). Bis dahin erhalten Personen, die die Kriterien von § 53 Abs. 1 und 2 SGB XII und §§ 1 bis 3 EinglH-VO erfüllen, Leistungen der Eingliederungshilfe.

Mit dem Bundesteilhabegesetz hat die Eingliederungshilfe-Verordnung Gesetzeskraft erlangt. Ob dies wie geplant vorübergehend bis Ende 2022 sein wird, bleibt abzuwarten. Wenn es trotz Evaluierung und Modellerprobung nicht gelingen sollte, eine zufriedenstellende Definition zu finden, wird womöglich diese Regelung beibehalten werden.

## Welche Formen der Rehabilitation gibt es?

Das SGB IX unterscheidet folgende Formen der Rehabilitation:

- Leistungen zur medizinischen Rehabilitation (= Medizinische Rehabilitation)
- Leistungen zur Teilhabe am Arbeitsleben (= Berufliche Rehabilitation)
- Unterhaltssichernde und andere ergänzende Leistungen: Die Leistungen zur medizinischen Rehabilitation und zur Teilhabe am Arbeitsleben werden durch „unterhaltssichernde und andere ergänzende Leistungen“ (Kapitel 11, §§ 64 bis 74 SGB IX) ergänzt (gilt nicht für Träger der öffentlichen Jugendhilfe und Träger der Sozialhilfe).

  Zu diesen Leistungen zählen: Krankengeld, Versorgungskrankengeld, Verletztengeld, Übergangsgeld, Ausbildungsgeld, Unterhaltsbeihilfe. Auch Beiträge und Beitragszuschüsse zu Sozialversicherungsbeiträgen (z. B. Krankenversicherung) können übernommen werden. Reha-Sport, Fahr- bzw. Reisekosten sowie eine Haushaltshilfe oder die Kosten für eine Kinderbetreuung gehören ebenso in diese Leistungsgruppe.
- Leistungen zur Teilhabe an Bildung
- Soziale Rehabilitation (früher: „Teilhabe am Leben in der Gemeinschaft“) jetzt: „Soziale Teilhabe“ (gemeint ist das Gleiche)

Diese fünf Formen sind in § 5 Nr. 1 bis 5 SGB IX aufgeführt und werden Leistungsgruppen genannt.

### Medizinische Rehabilitation

Die medizinische Rehabilitation ist eine Form der Krankenbehandlung, die Maßnahmen dazu sind in den §§ 42 bis 48 SGB IX niedergelegt. Ziel und Aufgabe dieser Leistungsgruppe findet sich in § 42 Abs. 1 SGB IX.

Mit Ausnahme der Bundesagentur für Arbeit können alle Rehabilitationsträger zuständig sein.

*Gesetzliche Unfallversicherung*

Sinn der Unfallversicherung ist, den Gesundheitsschaden, der durch einen Arbeitsunfall, einen Wegeunfall oder eine Berufskrankheit eingetreten ist, zu beseitigen oder wenigstens zu verbessern, eine Verschlimmerung zu verhindern und/oder seine Folgen zu mindern (§ 26 Abs. 2 SGB VII). Die Heilbehandlung umfasst dabei auch die Leistungen zur medizinischen Rehabilitation nach § 42 SGB IX mit Ausnahme der Früherkennung und Frühförderung behinderter und von Behinderung bedrohter Kinder.



Als unterhaltssichernde und ergänzende Leistung kann Verletztengeld erbracht werden, wenn die Voraussetzungen, wie in § 45 SGB VII beschrieben, vorliegen.

*Gesetzliche Rentenversicherung*

Die Rentenversicherung erbringt nach § 9 SGB VI Leistungen zur medizinischen Rehabilitation, um den Auswirkungen einer Krankheit oder einer körperlichen, geistigen oder seelischen Behinderung auf die Erwerbsfähigkeit der Versicherten entgegenzuwirken oder sie zu überwinden und dadurch Beeinträchtigungen der Erwerbsfähigkeit der Versicherten oder ihr vorzeitiges Ausscheiden aus dem Erwerbsleben zu verhindern oder sie möglichst dauerhaft in das Erwerbsleben wiedereinzugliedern. Die Leistungen der allgemeinen medizinischen Rehabilitation ergeben sich aus § 15 SGB VI, der wiederum auf die §§ 42 bis 47 SGB IX verweist.

Leistungen zur Teilhabe haben dabei Vorrang vor Rentenleistungen (§ 8 Abs. 2 SGB IX i. V. m. § 9 Abs. 1 Satz 2 SGB VI).

Diese Leistungen kommen aber nur infrage, wenn die persönlichen Voraussetzungen nach § 10 SGB VI und die rentenversicherungsrechtlichen Voraussetzungen nach § 11 SGB VI vorliegen.

Begleitend können unterhaltssichernde und ergänzende Leistungen gewährt werden, insbesondere Übergangsgeld (§ 20 ff. SGB VI i. V. m. § 65 Abs. 1 Nr. 3 SGB IX). Das Übergangsgeld kann ergänzt werden durch die Beitragszuschüsse/Beitragsübernahme von Versicherungskosten, Rehasport, Reisekosten, Fahrkosten, Haushaltshilfe, Kinderbetreuungskosten (§ 28 SGB VI i. V. m. § 74 SGB IX).

**Wichtig:** Medizinische Rehabilitationsleistungen der Rentenversicherung sind gegenüber denen der gesetzlichen Unfallversicherung nachrangig, wenn ein Arbeitsunfall oder eine Berufskrankheit vorliegt (§ 12 Abs. 1 Nr. 1 SGB VI).

Liegt eine Schädigung im Sinne des sozialen Entschädigungsrechts (z. B. Impfschaden, Folgen einer Gewalttat) oder liegt ein Einsatzunfall (z. B. Auslandseinsatz eines Soldaten, Dienstunfall eines Beamten) vor, sind die Versorgungsämter bzw. für Soldaten die Bundeswehrverwaltung (dort: Bundesamt für Personalmanagement der Bundeswehr) zuständige Träger.

*Gesetzliche Krankenkasse*



Sofern eine Krankenversicherung vorliegt, hat der Versicherte Anspruch auf Leistungen zur medizinischen Rehabilitation, wenn diese notwendig sind, um eine Behinderung oder Pflegebedürftigkeit abzuwenden (Präventionsmaßnahmen), zu beseitigen, zu mildern, diese auszugleichen oder eine Verschlimmerung des Zustands zu verhüten bzw. ihre Folgen zu mindern (§ 11 Abs. 2 SGB V). Zu beachten ist auch § 40 SGB V, der ambulante und stationäre Leistungen in Einrichtungen beschreibt.

Begleitend zu den medizinischen Leistungen können auch unterhaltssichernde und ergänzende Leistungen erbracht werden, etwa Krankengeld (§ 65 Abs. 1 Nr. 1 SGB IX i. V. m. § 44 SGB V), Reise- bzw. Fahrkosten (§ 73 SGB IX i. V. m. § 60 SGB V) oder auch Gewährung einer Haushaltshilfe nach § 38 SGB V wie im Praxisfall 1 in Kapitel 5 beschrieben.

**Wichtig:** Medizinische Rehabilitationsleistungen der Krankenversicherung sind gegenüber Leistungen der Unfallversicherungsträger und Leistungen der Rentenversicherungsträger nachrangig. Dies ergibt sich aus §§ 11 Abs. 5, 40 Abs. 4, 41 Abs. 2 und 42 SGB V.

*Träger der Kriegsopferversorgung, -fürsorge, des sozialen Entschädigungsrechts*

Leistungen zur medizinischen Rehabilitation sind Teil der Heilbehandlung nach § 10 ff. BVG (Bundesversorgungsgesetz).

*Träger der Eingliederungshilfe*

Leistungen der Eingliederungshilfe nach Kapitel 9 SGB IX sind unter anderem Leistungen zur medizinischen Rehabilitation nach §§ 42 bis 47 SGB IX. Sie entsprechen in vollem Umfang den Rehabilitationsleistungen der gesetzlichen Krankenversicherung.

**Wichtig:** In der Eingliederungshilfe gilt gemäß § 91 SGB IX der Nachranggrundsatz. Soweit Krankenversicherungsschutz vorliegt, besteht eine vorrangige Leistungspflicht durch die Krankenkasse.

Besteht Versicherungsschutz, ist die begehrte Leistung aber nicht vom Umfang der gesetzlichen Krankenversicherung umfasst, erbringt der Eingliederungshilfeträger bei Vorliegen der Voraussetzungen ggf. Leistungen im Rahmen der Eingliederungshilfe.

*Träger der öffentlichen Jugendhilfe*



Eingliederungshilfe für Kinder und Jugendliche, die **seelisch** behindert oder von einer solchen Behinderung bedroht sind, werden im Rahmen der Kinder- und Jugendhilfe erbracht (§ 35a SGB VIII).

**Wichtig:** Wie beim Sozial- und Eingliederungshilfeträger unterliegen auch Leistungen des Jugendhilfeträgers dem Grundsatz des Nachrangs. Leistungen werden nur erbracht, wenn dafür kein anderer Träger zuständig ist. Das ist bei der medizinischen Rehabilitation nur in Ausnahmen der Fall, da das Kind in der Regel krankenversichert ist.

### Berufliche Rehabilitation

Erwerbstätigkeit ist ein wichtiger Aspekt im Leben der meisten Menschen. Sie sichert nicht nur eine gewisse finanzielle Unabhängigkeit, sie strukturiert darüber hinaus auch den Alltag, bringt soziale Kontakte und berufliche Anerkennung mit sich – alles Dinge, die sich viele Menschen mit Behinderung ebenso wünschen wie Menschen ohne Behinderung. Leistungen, die Menschen mit Behinderungen die Teilhabe am Arbeitsleben ermöglichen, werden in Kapitel 10 (§§ 49 bis 63) SGB IX beschrieben.

Ziel der Leistungen zur Teilhabe am Arbeitsleben ist es, Menschen mit Behinderungen zu einer ihrem Leistungsvermögen angemessenen, möglichst dauerhaften Tätigkeit zu befähigen bzw. dafür zu sorgen, dass ihre Leistungsfähigkeit erhalten, verbessert, (wieder) hergestellt und möglichst auf Dauer gesichert wird.

Dabei sind Eignung, Neigung, bisherige Tätigkeit sowie Lage und Entwicklung auf dem Arbeitsmarkt angemessen zu berücksichtigen. Frauen mit Behinderungen werden gleiche Chancen im Erwerbsleben gesichert, insbesondere durch in der beruflichen Zielsetzung geeignete, wohnortnahe und auch in Teilzeit nutzbare Angebote (§ 49 Abs. 2 SGB IX).

Berufliche Rehabilitationsleistungen erbringen bei Vorliegen der Voraussetzungen alle Träger mit Ausnahme der Krankenkassen. Wie oben bei der medizinischen Rehabilitation ausführlicher dargestellt, gibt es auch hier Vorrang-/Nachrang-Verhältnisse:

- Sind Leistungen als Folge eines Arbeitsunfalls, eines Wegeunfalls oder einer Berufskrankheit notwendig, ist der Unfallversicherungsträger zuständig; zum Umfang der Leistungen (siehe § 35 SGB VII).
- Sind aufgrund von Schädigungsfolgen nach dem Bundesversorgungsgesetz oder nach Vorschriften, die das soziale Entschädigungsrecht betreffen, berufliche Reha-Maßnahmen notwendig, sind diese von den Versorgungsämtern bzw. Trägern der Kriegsopferversorgung bzw. -fürsorge zu tragen (siehe dazu § 26 BVG).
- Liegen die persönlichen Voraussetzungen nach § 10 SGB VI vor und ist der Betroffene bereits 15 Jahre rentenversichert und bezieht eine Rente wegen verminderter Erwerbsfähigkeit, so ist der gesetzliche Rentenversicherungsträger zuständig. Dies gilt auch, wenn ohne Leistungen zur Teilhabe Rente wegen verminderter Erwerbsfähigkeit zu leisten wäre oder wenn die Leistungen für eine voraussichtlich erfolgreiche Rehabilitation unmittelbar im Anschluss an medizinische Leistungen der Träger der Rentenversicherung erforderlich sind (§ 11 SGB VI). Der Umfang der Leistungen ergibt sich aus § 16 SGB VI, der vollständig auf die in den §§ 49 bis 63 SGB IX beschriebenen Leistungen verweist. Auch hier können unterhaltssichernde und ergänzende Leistungen erbracht werden (z. B. Übergangsgeld, § 20 SGB VI).
- Die Bundesagentur für Arbeit darf Leistungen zur Teilhabe am Arbeitsleben nur dann erbringen, wenn kein anderer Sozialversicherungsträger zuständig ist. Dieser Nachranggrundsatz ergibt sich aus § 22 Abs. 2 SGB III. Bei der Prüfung zu beachten ist hier insbesondere auch der eingeschränkte Behindertenbegriff nach § 19 SGB III (siehe dazu auch die Ausführungen vorne zum Behindertenbegriff). Die möglichen Leistungen zur Teilhabe für den Betroffenen ergeben sich aus den § 112 ff. SGB III, die sich in allgemeine Leistungen, besondere Leistungen und ergänzende Leistungen nach den § 119 ff. SGB III (z. B. finanzielle Hilfen wie Übergangsgeld oder Ausbildungsgeld) aufteilen. Daneben sind noch unterhaltssicherende und ergänzende Leistungen möglich.

  Auch möglich sind Zuschüsse an Arbeitgeber für die Einstellung und/oder Ausbildung und somit Eingliederung von Menschen mit Behinderungen (z. B. Zuschuss zur Ausbildungsvergütung,

§ 73 SGB III; Zuschuss zu einer Probebeschäftigung, § 46 Abs. 1 SGB III; Zuschuss zu Arbeitshilfen, § 46 Abs. 2 SGB III; Eingliederungszuschuss, § 90 SGB III).

- Die Träger der Eingliederungshilfe sind in der Regel zuständiger Kostenträger für Leistungen zur Beschäftigung in einer anerkannten Werkstatt für behinderte Menschen (vgl. Praxisfall 2 in Kapitel 5) bzw. für entsprechende Angebote anderer Leistungsanbieter; Kinder- und Jugendhilfeträger, die Renten- oder Unfallversicherungsträger sowie die Träger der Kriegsopferfürsorge sind nur in Ausnahmefällen zuständig. Dies gilt auch für das seit 01.01.2018 eingeführte Budget für Arbeit (= unbefristeter Lohnkostenzuschuss für einen Arbeitgeber aus dem sog. ersten Arbeitsmarkt zum Ausgleich der dauerhaften Minderleistung des behinderten Beschäftigten und Finanzierung einer im Einzelfall notwendigen Anleitung und Begleitung am Arbeitsplatz). Diese Leistungen werden im Rahmen der Eingliederungshilfe gewährt (§ 63 Abs. 2 Nr. 4 SGB IX).



### Leistungen zur Teilhabe an Bildung

Leistungen zur Teilhabe an Bildung wurden mit dem Bundesteilhabegesetz mit Geltung ab 01.01.2018 als eigenes Kapitel 12 (§ 75) in das SGB IX aufgenommen. Der Gesetzgeber wollte damit „den hohen Stellenwert herausstellen, der der Bildung im Sinne des Artikels 24 der UN-Behindertenrechtskonvention (UN-BRK) zukommt. Die Umsetzung inklusiver Bildung ist eine wichtige Voraussetzung für die Teilhabe am Leben in der Gesellschaft und bildet eine wesentliche Grundlage für eine inklusive Gesellschaft.“ (Drs. 18/9522).

Natürlich gab es auch bisher unterstützende Leistungen im Bereich Schule, Studium und Ausbildung. Diese Hilfen wurden bisher den Leistungsgruppen „Teilhabe am Arbeitsleben“ oder „Teilhabe am Leben in der Gemeinschaft“ zugeordnet. Die Schaffung der neuen Leistungsgruppe „Teilhabe an Bildung“ bedeutet keine Leistungsausweitung, bringt aber eine Klarstellung in Fällen, die bisher strittig waren. Unterstützende Leistungen waren und sind nach wie vor insbesondere Leistungen, die zur Aufsuchung des Lernorts und/oder zur Teilnahme an der Vermittlung von Bildungsinhalten notwendig sind. Zum Ausgleich des behinderungsbedingten Mehrbedarfs können dem Lernenden kommunikative, technische oder andere Hilfsmittel gewährt werden.

Leistungsansprüche folgen dabei wie bisher allein aus den für die jeweiligen Rehabilitationsträger geltenden Leistungsgesetzen:

- für Unfallversicherungsträger in ihrer Zuständigkeit für den Versicherungsschutz von Kindern in Tageseinrichtungen, Schülern/Schülerinnen sowie Studierenden insbesondere der § 35 Abs. 2 SGB VII
- für den Bereich der Kinder- und Jugendhilfe die Vorgaben des SGB VIII (siehe § 35a Abs. 1, 4)
- für den Bereich der Eingliederungshilfe der zuständige Eingliederungshilfeträger



## Soziale Teilhabe

Leistungen zur Sozialen Teilhabe werden gemäß § 76 Abs. 1 SGB IX erbracht, um eine gleichberechtigte Teilhabe am Leben in der Gemeinschaft zu ermöglichen oder zu erleichtern. Hierzu gehört, Leistungsberechtigte zu einer möglichst selbstbestimmten und eigenverantwortlichen Lebensführung im eigenen Wohnraum sowie in ihrem Sozialraum zu befähigen oder sie hierbei zu unterstützen.

Leistungen zur Sozialen Teilhabe sind insbesondere solche für Wohnraum, Assistenzleistungen, heilpädagogische Leistungen, lebenspraktische Fähigkeiten, Verständigung, Mobilität und Hilfsmittel. Sie werden in den §§ 77 bis 84 SGB IX näher beschrieben.

Vorrangig kommen zunächst der Träger der Unfallversicherung oder die Träger der Kriegsopferversorgung bzw. -fürsorge in Betracht. Liegen die Voraussetzungen vor, so müssen sie für diese Leistungen aufkommen. Ist dies nicht der Fall, ist zu prüfen, ob der Jugendhilfeträger in Betracht kommt. Hier gilt § 35a SGB VIII, der auf seelisch behinderte Kinder und Jugendliche abstellt. Für alle anderen Fälle ist der Eingliederungshilfeträger zuständig.

*Meist eine über die Eingliederungshilfe finanzierte Leistung*

Maßnahmen zur sozialen Teilhabe werden – mangels vorrangig zuständiger Träger – in der Praxis überwiegend vom Träger der Eingliederungshilfe erbracht. Anspruch haben Personen, die nicht nur vorübergehend – also länger als sechs Monate – körperlich, geistig oder seelisch wesentlich (!) behindert und dadurch in der Fähigkeit zur Teilhabe an der Gesellschaft eingeschränkt sind. Zur Konkretisierung dieser Begriffe sind die §§ 1 bis 3 EinglH-VO heranzuziehen;

sie grenzen, wie bereits dargelegt, den Behinderungsbegriff in § 2 Abs. 1 SGB IX ein. Zur Feststellung ist ggf. ein medizinisches Gutachten einzuholen.

**Wichtig:** Liegt nur eine vorübergehende oder eine nicht wesentliche Behinderung vor, kann trotzdem Eingliederungshilfe gewährt werden. Sie steht dann im Ermessen des Trägers der Eingliederungshilfe.



Zusätzlich zum Vorliegen einer Behinderung muss nach Art und Schwere der Behinderung die Aussicht, also eine günstige Prognose bestehen, dass die Aufgaben der Eingliederungshilfe erfüllt werden können (§ 9 Abs. 1 Satz 1 SGB IX).

Da die Eingliederungshilfe kein Teil der Sozialhilfe mehr ist, entfällt die bisherige sozialhilferechtliche Bedürftigkeitsprüfung, die auch Ehepartner/innen, Lebenspartner/innen und Kinder der Betroffenen erfasste. Jedoch müssen die Betroffenen ggf. einen Beitrag, das heißt einen finanziellen Eigenanteil, zur Eingliederungshilfe leisten. Im Praxisfall 3 in Kapitel 5 werden die neuen Regelungen zu Einkommen und Vermögen in verschiedenen Fallkonstellationen ausführlich erläutert. Auch die Werkstatt für behinderte Menschen gehört hierher und wird mit berücksichtigt.

Der Besuch einer Werkstatt für behinderte Menschen (WfbM) gehört zum Bereich der Sozialen Teilhabe. Hier bringt das Bundesteilhabegesetz einige wesentliche Änderungen, da eine Trennung von Fachleistungen der Eingliederungshilfe und existenzsichernden Leistungen neu eingeführt wurde. Diese tritt an die Stelle der bisherigen Trennung von ambulant, stationär und teilstationär, die Sie vielleicht kennen. Was das für die Menschen mit Behinderung bedeutet, sehen wir im neuen Praxisfall 2. Ein wichtiges Stichwort für die Eingliederungshilfe ist jetzt die Sozialraumorientierung, die auch im Gesetz erwähnt wird (siehe § 117 SGB IX). Da es natürlich die stationären Einrichtungen, also Heime, Wohnheime etc. weiterhin gibt, müssen diese jetzt eine andere Bezeichnung erhalten – nämlich besondere Wohnformen. Diesen Begriff gibt es übrigens auch in der UN-Behindertenrechtskonvention. In Art. 19 Buchst. a UN-BRK steht, dass Menschen mit Behinderungen nicht gezwungen werden dürfen, in solchen besonderen Wohnformen zu leben.

Der einheitliche Kostensatz, den solche Einrichtungen bisher hatten, funktioniert so nicht mehr. Um zu wissen und zu trennen, was eigentlich Eingliederungshilfe und was Hilfe zum Lebensunterhalt ist, muss der Kostensatz transparent werden. Das heißt, es muss erkennbar sein, was jeweils das Wohnen, das Essen, die Pflege, die Betreuung der behinderten Menschen am Arbeitsplatz, in der Wohngruppe und in der Freizeit kosten. Gleichzeitig erhalten behinderte Menschen in Einrichtungen einen größeren Handlungsspielraum, da sie nun selbst ein Konto haben müssen, auf das ihre Leistungen zur Existenzsicherung eingezahlt werden. Die Situation von Menschen mit Behinderungen in Einrichtungen gleicht somit ein wenig der von Menschen außerhalb von Einrichtungen an. Es treten jedoch ab 2020 negative Folgen bei der Vermögensanrechnung ein, da der bis 31.12.2019 geltende Freibetrag in Höhe von 25.000 Euro entfallen ist und nun für Werkstattbeschäftigte wieder nur der übliche Freibetrag der Grundsicherung in Höhe von 5.000 Euro gilt.



Mit der neuen Regelung erhalten Menschen mit Behinderungen immerhin erstmals Geld auf ihr eigenes Konto. Praktisch wird es wohl ggf. von den gesetzlichen Betreuern der Betroffenen mit Lastschrifteinzug so geregelt werden, dass die Einrichtungen die geschuldeten Beträge für Betreuung (nicht im rechtlichen Sinne gemeint), Pflege, Unterkunft und Verpflegung automatisch von den Bewohner/innen erhalten, so dass auf dem Konto letztlich der bisherige Barbetrag, den es so nicht mehr gibt, also das sogenannte Taschengeld zur freien Verfügung verbleibt. Hier werden sich die Einrichtungen und gesetzlichen Betreuer umstellen bzw. etwas überlegen müssen, damit die Bezahlung weiterhin funktioniert. Wenn Sie mehr darüber wissen möchten, wie sich die neuen Regelungen speziell auf Einrichtungen auswirken, lesen Sie dazu die Ausführungen von Thomas Knoche zum Bundesteilhabegesetz, vgl. Literaturhinweise in Kapitel 6. Der Autor geht sehr ausführlich auf dieses Thema ein.

## Zusammenwirken der Rehabilitationsträger

Vom zeitlichen Ablauf her wird die medizinische Rehabilitation sicher oft die erste Stelle einnehmen, was aber nicht etwa bedeutet, dass die anderen Formen der Rehabilitation erst dann einsetzen würden, wenn die medizinische Rehabilitation abgeschlossen wäre. Im Hinblick auf das Rehabilitationsergebnis, also die möglichst gute „Wiederherstellung" des Rehabilitanden in den genannten Belangen ist im Gegenteil ein möglichst effizientes Ineinandergreifen verschiedener Rehabilitationsmaßnahmen erstrebenswert.

Die Träger sind nach § 25 Abs. 1 SGB IX dazu angehalten, dies zu verwirklichen.

Zum Beispiel wäre es denkbar, bei den krankengymnastischen bzw. ergotherapeutischen Übungen innerhalb der medizinischen Rehabilitation Bewegungen und Handgriffe zu trainieren, die der Rehabilitand zu seiner Berufsausübung benötigt. Man kann sich, zumindest bei jemandem, der seinen Beruf gern ausgeübt hat, vorstellen, dass dies zur Motivation für das Training erheblich beiträgt. Gleichzeitig ließen sich möglicherweise Erkenntnisse gewinnen, ob eine Eingliederung in den früheren Beruf aussichtsreich erscheint oder eher nicht.



Da das Gesetz keinen einheitlichen Rehabilitationsbegriff vorgibt, ist dieser jeweils kontextbezogen, je nachdem, um welchen der genannten Rehabilitationsbereiche es geht.

*„In einem übergreifenden Sinn meint Rehabilitation den gleichzeitigen und koordinierten Einsatz von medizinischen, sozialen, schulischen und beruflichen Maßnahmen mit dem Ziel, die aus gesundheitlichen Gründen eingeschränkten Betätigungsmöglichkeiten und damit die funktionelle Leistungsfähigkeit des Betroffenen möglichst weit gehend wieder herzustellen."*[2]

„Rehabilitation und Teilhabe" sind – auf Menschen mit Behinderung bezogen – ein festes Begriffspaar geworden.[3]

Einleuchtend und daher leicht zu merken:

**„Rehabilitation ist der Weg, Teilhabe ist das Ziel."**

## Wer entscheidet über die Leistungsgewährung und wer bezahlt sie?

Ganz allgemein gesprochen sind dies die sogenannten Rehabilitationsträger, die es nicht gerne hören, als „Kostenträger" bezeichnet zu werden. Denn es klingt so, als wären sie nur für das Bezahlen zuständig. In Wahrheit haben sie aber auch über Notwendigkeit und Ausführung der Leistung zu entscheiden und dafür Sorge zu tragen, dass die Leistung ordnungsgemäß erbracht wird.

---

[2] Luthe, in: Luthe (Hrsg.), Rehabilitationsrecht, Teil 2, Kapitel A, Rz. 4

[3] so auch Luthe, in: Luthe (Hrsg.), Rehabilitationsrecht, Teil 2, Kapitel A, Rz. 4, Teil 1, Kapitel A, Rz. 3

Wer die Rehabilitationsträger sind, ist in § 6 Abs. 1 Nr. 1 bis 7 SGB IX festgelegt. Dort ist auch bestimmt, für welche Reha-Leistungen (Leistungsgruppen nach § 5 SGB IX) sie zuständig sein können. Liest man §§ 5 und 6 SGB IX in der Zusammenschau, ergibt sich folgendes Tableau (+ kennzeichnet eine Zuständigkeit):

| Reha-Träger | Med. Reha | Berufl. Reha | Unterhaltssicherung | Teilhabe an Bildung | Soziale Teilhabe |
|---|---|---|---|---|---|
| KV | + | – | + | – | – |
| BA | – | + | + | – | – |
| RV | + | + | + | – | – |
| UV | + | + | + | + | + |
| BVG | + | + | + | + | + |
| JH | + | + | – | + | + |
| EGH | + | + | – | + | + |



(KV = Gesetzliche Krankenversicherung; BA = Bundesagentur für Arbeit; UV = Gesetzliche Unfallversicherung; RV = Gesetzliche Rentenversicherung; BVG = Träger der Kriegsopferversorgung, -entschädigung; JH = Öffentlicher Jugendhilfeträger; EGH = Träger der Eingliederungshilfe)

**Aufgabe**

Lesen Sie die genannten Vorschriften aufmerksam und machen Sie sich bewusst, dass hier die Behörden genannt sind, bei denen Anträge auf Leistungen zur Teilhabe gestellt werden müssen. Welche Leistungsträger dies sind und welches Buch des Sozialgesetzbuch dann als Leistungsgesetz zu beachten ist, ist in Kapitel 1 im Abschnitt „Das Sozialgesetzbuch" ausgeführt.

Es ist durchaus möglich, dass für eine Person mehrere Anträge auf unterschiedliche Leistungen bei mehreren Rehabilitationsträgern gleichzeitig gestellt werden. Man nennt dies die Trägerzuständigkeit im gegliederten System. Bei den oben dargestellten Leistungsgruppen ist das komplizierte Vorrang-Nachrang-Verhältnis beschrieben, das im Folgenden noch einmal komprimiert zusammengefasst wird.

## Trägerzuständigkeit im gegliederten System

Bei so vielen möglichen Rehabilitationsträgern verwundert es kaum, dass es nicht immer einfach ist, den richtigen, nämlich den gesetzlich zuständigen Rehabilitationsträger zu finden und dass Meinungsverschiedenheiten der infrage kommenden Träger untereinander über die Zuständigkeit an der Tagesordnung sind.



Es gibt zur Trägerzuständigkeit einige Regeln, die das Auffinden des für die Leistung zuständigen Trägers einfacher machen:

- Unfallversicherungsträger: vorrangige Zuständigkeit bei Arbeitsunfällen, Wegeunfällen, anerkannten Berufskrankheiten
- Rentenversicherungsträger: vorrangige Zuständigkeit vor dem Krankenversicherungsträger, wenn die versicherungsrechtlichen und persönlichen Voraussetzungen vorliegen
- Bundesagentur für Arbeit: nur zuständig, wenn weder der Rentenversicherungs-, noch der Krankenversicherungs-, noch der Träger der Kriegsopferversorgung oder der Träger des sozialen Entschädigungsrechts zuständig ist
- Jugendhilfeträger und Träger der Eingliederungshilfe sind grundsätzlich allen Trägern nachrangig
- Der Jugendhilfeträger springt nur bei **seelisch** behinderten Kindern und Jugendlichen ein, körperlich und geistig behinderte Kinder und Jugendliche erhalten bei Vorliegen der Voraussetzungen Eingliederungshilfeleistungen durch den Träger der Eingliederungshilfe (diese Abgrenzung führte immer wieder zu Streit zwischen den Jugendhilfe- und Sozialhilfeträgern; dies wird sich durch das Bundesteilhabegesetz auch nicht ändern).

Mit dem SGB IX hat der Gesetzgeber 2001 zwar ein „Dachgesetz" mit dem Ziel einer Vereinheitlichung des Rehabilitationsrechts geschaffen. Dies ist aber nur teilweise gelungen, denn die eigentliche ungeliebte „Vielfalt" im Rehabilitationsrecht, die Trägerzuständigkeit im gegliederten System, ist dabei erhalten geblieben; hier konnte sich die damalige Bundesregierung nicht gegen die Stimmen aus den Reihen der Träger durchsetzen. Auch durch das Bundesteilhabegesetz hat sich diesbezüglich nichts geändert, die Vielzahl der Rehabilitationsträger mit ihren in den jeweiligen Leistungsgesetzen normierten Vorgaben bleiben erhalten.

Um „Leistungen wie aus einer Hand" gewähren zu können und Nachteile des gegliederten Systems der Rehabilitation für die Menschen mit Behinderungen abzubauen, wurde durch das Bundesteilhabegesetz für alle Rehabilitationsträger ein verbindliches, partizipatives Teilhabeplanverfahren vorgeschrieben. Um eine angemessene Koordination, Kooperation und Konvergenz herzustellen, wurden die Rehabilitationsträger auf gemeinsame Ziele und Instrumente verpflichtet. Während es bisher in § 7 SGB IX lediglich hieß „Das SGB IX ist verpflichtend, solange die jeweiligen Leistungsgesetze nichts anderes regeln", wurde mit Geltung ab 01.01.2018 ein Absatz 2 eingefügt, der ausdrücklich vorsieht, dass die Kapitel 2 bis 4 den jeweiligen Leistungsgesetzen immer vorgehen. Davon darf auch durch Landesrecht nicht abgewichen werden.



Für alle Rehabilitationsträger gelten bundeseinheitlich und zwingend die Regelungen für:

- das Zuständigkeitsverfahren
- die Bedarfsermittlung
- das Teilhabeplanverfahren

## Zusammenarbeit der Träger, Zuständigkeitserklärung

Der Gesetzgeber hat sehr wohl erkannt, dass das gegliederte Leistungssystem zu Komplikationen und Leistungsverzögerungen führen kann. In Kapitel 4 hat er daher sehr komplexe Zusammenwirkungsregeln geschaffen. Zur Beantragung der Leistung sind insbesondere die §§ 14 bis 17 SGB IX wichtig, da diese sowohl eine Festlegung treffen, wer letztendlich „leistender Rehabilitationsträger" sein „muss" und bis wann die Antragsbearbeitung bzw. die Verbescheidung zu erfolgen hat.

Dieses für alle Rehabilitationsträger verbindliche Zuständigkeitserklärungsverfahren ist für die Verwaltungspraxis die (!) zentrale Vorgabe. Von ihr kann nicht durch Regeln im speziellen Leistungsrecht oder durch Landesrecht abgewichen werden.

Das Zuständigkeitsverfahren gestaltet sich wie folgt:

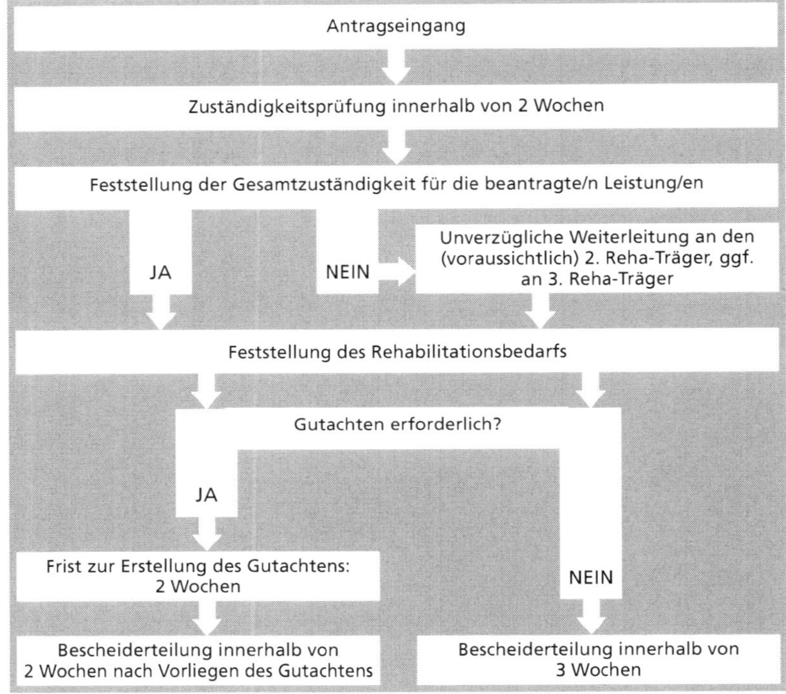


2

- Wenn der erstangegangene Reha-Träger für die gesamte beantragte Leistung zuständig ist, wird er zwei Wochen nach Antragseingang zum leistenden Rehabilitationsträger.
- Ist er insgesamt nicht zuständig, leitet er den Antrag innerhalb von zwei Wochen an einen zweiten Reha-Träger weiter, der bei Zuständigkeit zum leistenden Reha-Träger wird.
- Wenn auch der zweite Reha-Träger insgesamt nicht zuständig ist, kann er den Antrag in Absprache an einen dritten Reha-Träger weiterleiten. Damit wird dieser – auch bei Nichtzuständigkeit – leistender Reha-Träger.

**Wichtig:** Die Weiterleitung an einen dritten Reha-Träger ist nur im Einvernehmen erlaubt, das heißt, wenn der dritte Reha-Träger einverstanden ist und sich für zuständig erklärt. Tut er das nicht, bleibt der zweite Reha-Träger zuständig. Gleiches gilt, wenn der zweite Reha-Träger versucht, den Antrag wieder an den ersten Reha-Träger zurückzuschicken, was in der Praxis nicht selten vorkommt. Besteht kein Einvernehmen, bleibt nach dem Willen des Gesetzgebers auch hier der zweite Reha-Träger zuständig.

Jeder Reha-Träger muss den Antragsteller informieren, wenn er einen Antrag weiterleitet. Über den weitergeleiteten Antrag ist dann innerhalb einer Drei-Wochen-Frist zu entscheiden; Fristbeginn ist dabei der Antragseingang beim zweiten Reha-Träger. Eine Fristverlängerung bei Weiterleitung an einen dritten Reha-Träger ist daher ausgeschlossen (§ 14 Abs. 3 SGB IX).



Noch komplizierter wird das Zuständigkeitsverfahren, wenn ein Teil der beantragten Leistungen nicht in die dem jeweiligen Rehabilitationsträger zugeordneten Leistungsgruppen fällt (siehe dazu Tabelle oben). Beispielsweise kann die Gesetzliche Rentenversicherung nicht über Leistungen der sozialen Teilhabe entscheiden. In diesen Fällen hat der leistende Reha-Träger die Möglichkeit, den Antrag zu „splitten". Er kann den Antrag also teilweise weiterleiten, wenn er für einen Teil der erforderlichen Leistungen nicht Reha-Träger sein kann.

Benötigt der leistende Reha-Träger die Mitwirkung weiterer Reha-Träger, fordert er von diesen entsprechende Feststellungen an (§ 15 Abs. 2 SGB IX). Es gilt dabei eine Frist von zwei Wochen (Ausnahme: Gutachten). Anworten die Reha-Träger nicht innerhalb der vorgegebenen Frist, muss der leistende Reha-Träger den Bedarf selbst ermitteln und leisten!

Der Antragsteller bekommt abschließend einen Bescheid, in dem alle Leistungen zusammengefasst sind („Leistungen wie aus einer Hand").

Bei Beteiligung mehrerer Träger beträgt die Frist zur Entscheidung sechs Wochen ab Antragseingang (beim ersten Reha-Träger).

Der leistende Rehabilitationsträger ist auch zuständig für die Einleitung und Durchführung eines Teilhabeplanverfahrens und bei komplexen Leistungsfällen zur Durchführung einer Teilhabeplankonferenz (siehe dazu gleich im Folgenden).

Mit diesem neuen Zuständigkeitsverfahren erhofft sich der Gesetzgeber eine schnellere, verbindlichere Antragsbearbeitung als bisher.

**Denn:** Die Realität sah bisher leider anders aus. Von den Rehabilitationsträgern wurden die Fristen sehr oft nicht eingehalten. Eigentlich müssten sie spätestens vor Ablauf von zwei Monaten nach Antragseingang bei Nichteinhaltung der Frist eine Mitteilung inklusive Begründung an den Antragsteller schicken. So steht es in § 18 Abs. 1 Satz 1 SGB IX. Bisher passierte in der Praxis häufig keines von beiden: weder wurden Fristen eingehalten, noch meldeten sich die Träger und erklärten, weshalb die Bearbeitung länger dauern werde.

Um dem abzuhelfen, wurden mit der Novellierung des SGB IX durch das Bundesteilhabegesetz die Vorschriften, die die Bearbeitungsfristen enthalten, präzisiert und verschärft. Eng begrenzte Verlängerungsmöglichkeiten wurden in § 18 Abs. 1 und 2 SGB IX eingeführt: Kann über den Antrag nicht innerhalb einer Frist von zwei Monaten entschieden werden, müssen die Gründe dafür dem Antragsteller vor Ablauf der Frist schriftlich mitgeteilt werden (sog. begründete Mitteilung). In dieser Mitteilung muss zudem der Tag (!) mitgeteilt werden, bis wann über den Antrag entschieden wird. Bei der Berechnung dieses Tages hat der Reha-Träger die in § 18 Abs. 2 SGB IX genannten „Nachfristen" zu beachten:

- um bis zu zwei Wochen zur Beauftragung eines Sachverständigen für die Begutachtung, wenn nachgewiesen wird, dass ein geeigneter Sachverständiger nur beschränkt verfügbar ist
- um bis zu vier Wochen, wenn vom Sachverständigen bestätigt wird, dass er diese Zeit braucht, um die Begutachtung vornehmen bzw. abschließen zu können

Ob diese genauen Zeitvorgaben bzw. das eingeführte enge Korsett für die Antragsbearbeitung auch wirklich zu einer Verbesserung der Verwaltungspraxis führen, wird sich zeigen. Wie Sie am besten vorgehen, wenn die Behörde trotz allem schweigt, beschreibe ich in Kapitel 4 „Verfahrensablauf".

### Rechtsfolge der Fristüberschreitung

Erfolgt keine begründete Mitteilung, gilt die beantragte Leistung nach Ablauf der Frist als genehmigt (Genehmigungsfiktion). Von einer gesetzlichen Fiktion sprechen Juristen, wenn etwas rechtlich anders behandelt wird, als es tatsächlich ist.

Die beantragte Leistung gilt auch dann als genehmigt, wenn der in der Mitteilung bestimmte Zeitpunkt der Entscheidung über den Antrag ohne weitere begründete Mitteilung des Rehabilitationsträgers abgelaufen ist.

Rechtsfolge dieser Genehmigungsfiktion ist, dass sich der Antragsteller die Leistung selbst beschaffen darf.

### Selbstbeschaffung

Bei „Verzug" des Trägers – also wenn die Bearbeitungs- bzw. Entscheidungsfristen nicht eingehalten werden – besteht gemäß § 18 Abs. 4 SGB IX die Möglichkeit der Kostenerstattung für selbstbeschaffte Leistungen.



Beschaffen sich Leistungsberechtigte eine als genehmigt geltende Leistung selbst, ist der leistende Rehabilitationsträger zur Erstattung der Aufwendungen für selbstbeschaffte Leistungen verpflichtet. Faktisch kommt das natürlich nur infrage, wenn der Betroffene überhaupt finanziell in der Lage ist, die Kosten vorzustrecken. Doch Vorsicht aus zwei Gründen:

1. Nach § 18 Abs. 7 SGB IX sind von dieser Vorschrift generell ausgenommen die Träger der Eingliederungshilfe, der öffentlichen Jugendhilfe und der Kriegsopferfürsorge.
2. § 18 Abs. 5 SGB IX bestimmt, wann keine Erstattungspflicht besteht, nämlich, wenn der Anspruch nicht bestand und der Betroffene dies hätte wissen müssen. Der Betroffene trägt das Risiko, dass er grob fahrlässig nicht wusste, dass der Anspruch nicht besteht. Rehabilitationsträger werden sich nicht scheuen, die Frage, wann das der Fall ist, gerichtlich bis in die höchste Instanz klären zu lassen. Verliert der Betroffene diesen Rechtsstreit, bleibt er auf den Kosten des Hilfsmittels bzw. der Leistung, für die er in finanzielle Vorleistung gegangen ist, sitzen.

### Was bedeutet das für die Beratung?

Sie denken jetzt sicher, dass es sowieso egal ist, wo man den Antrag stellt. Aufgrund des Zuständigkeitserklärungsverfahrens kommt der Antrag schon irgendwann beim richtigen Träger an. Das stimmt zwar, aber es geht auf jeden Fall wertvolle Zeit verloren, was Sie vermeiden sollten.

Sie sollten also schon Mühe darauf verwenden, den „richtigen" Träger ausfindig zu machen, da dies ja auch Auswirkungen auf die Beschreibung im Antrag hat, warum und ggf. welche Leistung gewünscht wird.

**Wichtig:** Aufgrund der vorstehenden Ausführungen sollte klar sein, dass es einerseits von der Ursache der Behinderung abhängt, welcher Rehabilitationsträger für eine bestimmte Leistung zuständig ist. Andererseits ist auch stets der mit der Leistung verbundene Zweck zu beachten.

Auch Ihre Falllösung bzw. was Sie einem Ratsuchenden im Einzelfall empfehlen, unterscheidet sich demnach je nach Ursache der Behinderung und dem Zweck, der mit der Rehabilitationsmaßnahme erzielt werden soll.



Zudem kann es aufgrund der Vorgaben in den einzelnen Leistungsgesetzen durchaus zu Unterschieden in der Leistungsbewilligung bzw. zur Leistungsbewilligung beizubringender Unterlagen und Informationen kommen. Auch hier sollten Sie Auskunft geben können, insbesondere, wenn ein zweiter Reha-Träger über den Antrag entscheiden muss, obwohl er nicht zuständig ist.

Denn: Die Zuständigkeitszuweisung bezieht sich nur auf die Verpflichtung zur Entscheidung des Trägers, nicht aber auf die gesetzliche Grundlage, aus der der jeweilige Anspruch hergeleitet wird. Diese muss gegenüber dem Antragsteller gleich bleiben, sonst würde dieser – je nach Leistungsgesetz – einen Nachteil erleiden.

**Beispiel:**

Ein schwerst sehbehinderter Student beantragt bei seiner Krankenkasse ein DAISY-Abspielgerät. Diese digitalen Systeme für den Zugang von Informationen sind seit einiger Zeit aufgrund höchstrichterlicher Rechtsprechung als Hilfsmittel im Sinne von § 33 SGB V zu werten. Dies ist allerdings der jungen Sachbearbeiterin in der Krankenkasse unbekannt. Aus diesem Grund erklärt sich die Krankenkasse für unzuständig und leitet den Antrag an den Eingliederungshilfeträger weiter.

Der Eingliederungshilfeträger verlangt nun vom Antragsteller Auskunft über seine Einkünfte, um zu prüfen, ob im Rahmen der Eingliederungshilfe eine Kostenübernahme möglich ist.

Hier ist der Eingliederungshilfeträger darauf hinzuweisen, dass eine Kostenübernahme nach § 33 SGB V zu prüfen ist und nicht nach § 92 SGB IX. Die Prüfung einer Beitragspflicht ist daher nicht notwendig, Einkünfte und Vermögen brauchen in diesem Fall nicht offengelegt zu werden.

## Wie wird der Bedarf ermittelt und koordiniert?

Hier gibt es seit 2018 einige Neuerungen durch das Bundesteilhabegesetz:

### Bedarfsermittlung

Steht die Zuständigkeit eines oder mehrerer Rehabilitationsträger fest, muss der individuelle Rehabilitationsbedarf des Menschen mit Behinderung ermittelt werden. Bei der Bedarfsfeststellung ist – ausgehend vom Behindertenbegriff in § 2 SGB IX – nach § 13 Abs. 2 SGB IX zu prüfen,



- ob eine Behinderung vorliegt oder einzutreten droht,
- welche Auswirkung die Behinderung auf die Teilhabe des Leistungsberechtigten hat,
- welche Ziele mit Leistungen zur Teilhabe erreicht werden sollen und
- welche Leistungen im Rahmen einer Prognose zur Erreichung der Ziele voraussichtlich erfolgreich sind.

Dies ist die Aufgabe des leistenden Rehabilitationsträgers ggf. unter Mitwirkung weiterer Rehabilitationsträger.

Der Bedarfsdeckungsgrundsatz im Rehabilitationsrecht bedeutet, dass ein Bedarf, der vom Gesetz vorgesehen und von der Rechtsprechung grundsätzlich anerkannt ist, im Einzelfall auch genehmigt werden muss – nicht nur eine Pauschale, die unabhängig vom tatsächlichen Bedarf gewährt wird (vgl. Festbetrag bei der Zahnarztbehandlung).

Üblicherweise orientierten sich die Träger beim Rehabilitationsbedarf bisher am Antrag und an dem Bedarf anderer Menschen mit Behinderungen in ähnlichen Fällen, denn die Behörden sind an den Gleichheitsgrundsatz des Art 3 GG gebunden. Dieser gebietet ihnen, Gleiches gleich, aber auch Ungleiches ungleich zu behandeln. Das heißt, wer mehr brauchte als alle anderen, musste dies eigens begründen; konnte er es aber nachweisen, musste er auch mehr bekommen. Da es keine Vorschriften zur Bedarfsermittlung gab, konnten die Ergebnisse sich in Einzelfällen je nach Wohlwollen des Sachbearbeiters und je nachdem, wie überzeugend der Bedarf im Antrag dargestellt worden war, unterscheiden.

Mit § 13 SGB IX wurde die Verpflichtung eingeführt, systematische Arbeitsprozesse und standardisierte Arbeitsmittel zu verwenden, um eine bessere Einheitlichkeit der Leistungsgewährung im Bundesgebiet, bessere Vergleichbarkeit der Leistungen bzw. bessere Nachprüfbarkeit zu erreichen. Nach § 118 Abs. 1 Satz 2 SGB IX **muss** sich die Bedarfsermittlung an der ICF orientieren. Dies hat der Gesetzgeber so festgelegt, weil eine Orientierung an international anerkannten Vorgaben einen fortschrittlichen Eindruck hinterlässt und zudem geboten erschien, da Deutschland zur Umsetzung der UN-Behindertenrechtskonvention verpflichtet ist. Welche Lebensbereiche bei der Bedarfsermittlung zu beschreiben sind, ergibt sich aus § 118 Abs. 1 Satz 3 SGB IX.



Menschen mit Behinderungen befürchten (vermutlich mit Recht), dass bei einheitlicher Anwendung eines Regelwerks einzelne Bedarfe durch das Raster fallen. Zum Beispiel stellt die Unterstützung bei der Ablage von Schriftverkehr und beim Versenden von Behördenpost einen typischen Hilfebedarf von blinden Menschen dar, aber keine typische Leistung der Eingliederungshilfe, weil man, während man Papierkram erledigt, eben nicht am Leben in der Gemeinschaft teilnimmt. Ein ähnlliches Problem gibt es bei Begleitung zum Arztbesuch oder zur medizinischen Therapie.

So sehr die ICF-Orientierung bei der Bedarfsermittlung auch kritisiert werden mag – womöglich zu Recht –, kommt man daran nicht vorbei, weil die ICF-Orientierung ausdrücklich so im Gesetz steht und eine Gesetzesauslegung nicht entgegen dem Wortlaut erfolgen darf. Immerhin sagt das Gesetz auch, dass die Bedarfsermittlung „unter Berücksichtigung der Wünsche des Leistungsberechtigten" zu geschehen hat und dabei der **individuelle** Bedarf des Leistungsberechtigten zu ermitteln ist. Das heißt, der Bedarfsdeckungsgrundsatz, der 1962 erstmals Eingang in das damals neue Bundessozialhilfegesetz gefunden hatte, bleibt als wichtige Errungenschaft für die Betroffenen erhalten.

Die Länder, denen § 118 Abs. 2 SGB IX das Recht einräumt, „das Nähere über das Instrument zur Bedarfsermittlung zu bestimmen", verfügen inzwischen bis auf wenige Ausnahmen über Bedarfsermittlungsinstrumente (kurz: BEI). Es handelt sich dabei um computergestützte Fragebögen, also um eine Software, die von Behörden oder Leistungserbringern eingesetzt wird. Die folgende Tabelle

(Stand: Januar 2020) gibt einen Überblick über den Fortschritt der Umsetzung von § 13 i. V. m. § 118 Abs. 2 SGB IX in den Ländern.

| **Bedarfsermittlungsinstrumente der Länder** | |
|---|---|
| Baden-Württemberg | BEI BW für Erwachsene, Startfassung 2020; derzeit kein extra BEI für Kinder und Jugendliche |
| Bayern | Das BEI, das in Arbeitsgruppen diskutiert wurde, ist noch nicht fertig. Es soll einen Arzt- und einen Sozialbericht enthalten. |
| Berlin | Teilhabeinstrument Berlin (TIB) |
| Brandenburg | schrittweise Einführung des Integrierten Teilhabeplans (ITP) |
| Bremen | Empfehlung: B.E.Ni Bremen = modifizierte Form des einheitlichen Bedarfsermittlungsinstruments Niedersachsen; derzeit Erprobung |
| Hamburg | überarbeiteter Hamburger Gesamtplan; derzeit Erprobung |
| Hessen | schrittweise Einführung des Integrierten Teilhabeplans (ITP Hessen) |
| Mecklenburg-Vorpommern | Integrierter Teilhabeplan (ITP M-V) |
| Niedersachsen | einheitliches Instrument zur Bedarfsermittlung Niedersachsen (B.E.Ni) |
| Nordrhein-Westfalen | BEI NRW |
| Rheinland-Pfalz | BEI Rheinland-Pfalz |
| Saarland | Bisher keine Veröffentlichung; es wurde wohl diskutiert, das B.E.Ni in modifizierter Form anzuwenden. |
| Sachsen | Integrierter Teilhabeplan (ITP Sachsen) |
| Sachsen-Anhalt | Übergangsinstrument zur ICF-Erhebung |
| Schleswig-Holstein | Bisher keine Veröffentlichung; es wurde wohl diskutiert, das B.E.Ni in modifizierter Form anzuwenden. |
| Thüringen | ITP Thüringen |

Bei aller Fortschrittlichkeit sind Zweifel erlaubt, ob die Bedarfsermittlungsinstrumente tatsächlich zur genaueren Bedarfsermittlung oder doch vor allem zur Bürokratisierung beitragen und ob bestimmte Bedarfe behinderter Menschen infolgedessen durch das Raster fallen. Dies wäre besonders bedauerlich, weil manche Menschen mit Behinderungen dann sogar eine Verschlechterung anstelle der vom Gesetzgeber angestrebten Verbesserung erfahren würden. Besonders in solchen Fällen sollten Betroffene nicht vor einer Klage zurückschrecken, damit die notwendigen Korrekturen ggf. durch die Rechtsprechung erfolgen können.

Leistungsgesetze können aufbauend auf den Vorgaben von § 13 SGB IX weitergehende und speziellere Vorgaben regeln, die den Besonderheiten der jeweiligen Leistungssysteme gerecht werden.

**Wichtig:** Der Bedarfsdeckungsgrundsatz darf durch die neuen Instrumente nicht ausgehebelt werden. Damit sollten Menschen mit Behinderungen – wenn nötig – argumentieren.

## Teilhabeplan, Teilhabeplankonferenz

Sind Leistungen aus mehreren Leistungsgruppen beantragt und/oder mehrere Rehabilitationsträger für den Rehabilitationsbedarf eines Menschen mit Behinderung zuständig, sollen die Leistungen natürlich zusammenpassen, oder – wie es das Gesetz formuliert – „nahtlos ineinandergreifen“. Dazu erstellt der leistende Rehabilitationsträger einen Teilhabeplan gemäß § 19 Abs. 1 SGB IX (gilt seit 2018), um die weiteren Rehabilitationsträger und sonst mit dem Fall befassten Stellen zu beteiligen und dies gemäß § 19 Abs. 2 SGB IX zu dokumentieren.

Es handelt sich um ein schriftliches, behördeninternes Verfahren, an dem der Mensch mit Behinderung zunächst nicht beteiligt ist. Er hat aber gemäß § 19 Abs. 3 Satz 3 SGB IX ein Recht auf Akteneinsicht. Hierauf sollten Sie in der Beratung unbedingt hinweisen, denn die Einsicht in die Unterlagen hilft, die Entscheidung der Behörde nachvollziehen zu können und ggf. dagegen zu argumentieren, falls etwas nach Meinung des Antragstellers nicht richtig wiedergegeben oder beurteilt wurde.

Mit Zustimmung des Betroffenen kann die Behörde eine Teilhabeplankonferenz gemäß § 20 SGB IX durchführen, auf Vorschlag des Menschen mit Behinderung muss sie es, außer in den gesetzlich vorgesehenen und begründeten Ausnahmefällen. Die Teilhabeplankonferenz ist der früheren Budgetkonferenz (siehe Persönliches Budget, S. 63) nachgebildet. Der Vorteil für den Menschen mit Behinderung ist, dass er und seine Vertrauenspersonen daran beteiligt werden müssen. Er legt seinen Bedarf nur einmal dar, und Vertreter aller Behörden, die es betrifft, sitzen mit am Tisch und hören zu. Gibt es unter den Rehabilitationsträgern unterschiedliche

Ansichten, wer wofür zuständig ist oder wie hoch die einzelnen Anteile am gesamten Bedarf sind, kann dies sofort oder im Nachgang der Konferenz geklärt werden. Dies vereinfacht die Bearbeitung unter Umständen auch für die Behörden erheblich. Natürlich ist die Konferenz mit einem erheblichen persönlichen und zeitlichen Aufwand für die Beteiligten verbunden. Sie lohnt sich daher vor allem in Fällen, in denen bestimmte Fragen strittig sind.



*Teilhabeplan und Gesamtplan bei Leistungen der Eingliederungshilfe*

Ist der Träger der Eingliederungshilfe für die Durchführung des Teilhabeplanverfahrens verantwortlicher Rehabilitationsträger, müssen auch die Vorschriften für das sogenannte Gesamtplanverfahren beachtet werden. Das Verhältnis von Teilhabeplanverfahren und Gesamtplanverfahren regelt § 21 SGB IX.

Die Regelungen zum Gesamtplan knüpfen an die Regelungen zur Teilhabeplanung an, normieren darüber hinaus aber noch Spezifika für die Leistungen der Eingliederungshilfe. Bei der Gesamtplanung muss sich die Bedarfsermittlung und -feststellung auf alle Lebenslagen des Menschen mit Behinderung beziehen. Deshalb sind hier nicht nur die anderen Rehabilitationsträger zu beteiligen, sondern auch die zuständige Pflegekasse, ggf. der zuständige Träger der Hilfe zur Pflege bzw. Hilfe zum Lebensunterhalt, in einigen Fällen auch die Betreuungsbehörde.

Während der Teilhabeplan nur erstellt werden muss, soweit Leistungen verschiedener Leistungsgruppen oder mehrerer Rehabilitationsträger erforderlich sind, muss der Gesamtplan auch bei Einzelleistungen der Eingliederungshilfe erstellt werden. Geregelt ist das Gesamtplanverfahren in § 117 SGB IX.

Das Gesamtplanverfahren soll sich insbesondere nach folgenden Kriterien richten:

- Transparenz
- trägerübergreifende Betrachtungsweise
- Interdisziplinarität
- Konsensorientierung
- Individualität
- Lebensweltbezogenheit

- Sozialraumorientierung
- Zielorientierung

Die Leistungen sind stets unter Berücksichtigung der Wünsche des Leistungsberechtigten festzustellen. Die Ermittlung des individuellen Bedarfs muss dabei durch ein Instrument erfolgen, das sich an der Internationalen Klassifikation der Funktionsfähigkeit, Behinderung und Gesundheit (ICF) orientiert.

2 Zur Sicherstellung der Leistungen für die Leistungsberechtigten kann der Träger der Eingliederungshilfe mit Zustimmung der Leistungsberechtigten eine Gesamtplankonferenz als zweiten Schritt der Bedarfsermittlung zu deren Abschluss durchführen.

Die Gesamtplankonferenz ist aber kein Muss: Wenn der maßgebliche Sachverhalt schriftlich ermittelt werden kann oder der Aufwand für die Durchführung sowie Vor- und Nachbereitung einer Gesamtplankonferenz in keinem angemessenen Verhältnis zum Umfang der beantragten Leistung steht, kann von einer Gesamtplankonferenz abgesehen werden.

Unverzüglich nach der Feststellung der Leistungen, also nach Abschluss der Bedarfsermittlung, stellt der Träger der Eingliederungshilfe einen Gesamtplan zur Durchführung der einzelnen Leistungen (auch einer Einzelleistung!) auf. Der Gesamtplan soll regelmäßig, spätestens nach zwei Jahren, überprüft und fortgeschrieben werden.

## In welcher Form werden die Leistungen erbracht?

### Sachleistungsprinzip

Wenn ein Antrag auf eine Leistung gestellt und vom zuständigen Rehabilitationsträger bewilligt wird, wird diese Leistung normalerweise in Form des Sachleistungsprinzips erbracht. Das bedeutet, dass zunächst der Leistungsträger die Leistung erbringen soll. Im Regelfall kann die Verwaltung das aber nicht, sondern beauftragt dazu Leistungserbringer (Anbieter). Dazu schließt der Leistungsträger („Kostenträger") mit dem Leistungserbringer Vereinbarungen ab, die die Leistungserbringung und Vergütung regeln. Der Leistungserbringer bedient dann den leistungsberechtigten Antragsteller (Nutzer der Leistung), die Kosten trägt der Leistungsträger.

Leistungserbringer in der Rehabilitation können beispielsweise sein:

- Rehabilitationskliniken
- Berufsbildungswerke
- Praxen für Physiotherapie/Krankengymnastik
- Logopäden
- Ergotherapeuten
- Psychotherapeuten
- Sanitätshäuser
- Firmen, die auf technische Hilfsmittel, auf Software oder Kfz-Umbau spezialisiert sind

Eine Skizze soll die Beziehungen der Beteiligten in der Rehabilitation veranschaulichen. Die Beteiligten stehen in einem leistungsrechtlichen Dreiecksverhältnis.

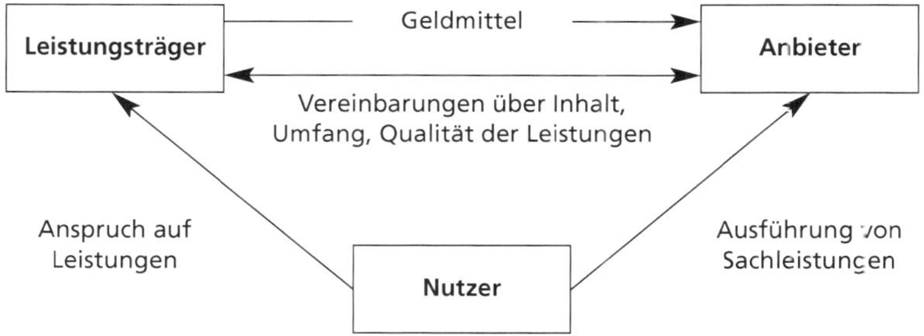


(Quelle: Begleitung und Auswertung der Erprobung trägerübergreifender Persönlicher Budgets. Abschlussbericht der wissenschaftlichen Begleitforschung, 2007, S. 27)

## Wunsch- und Wahlrecht

Auch im Rahmen des SGB IX besteht ein Wunsch- und Wahlrecht, wie im Sozialgesetzbuch bereits in § 33 SGB I allgemein für alle Bereiche der Sozialverwaltung geregelt. Maßgeblich gilt hier § 8 SGB IX .

**§ 8 SGB IX – Wunsch- und Wahlrecht der Leistungsberechtigten**

(1) [1]Bei der **Entscheidung über die Leistungen** und bei der **Ausführung der Leistungen zur Teilhabe** wird **berechtigten** Wünschen der Leistungs-

berechtigten entsprochen. $_{2}$Dabei wird auch auf die **persönliche Lebenssituation**, das **Alter**, das **Geschlecht**, die **Familie** sowie die **religiösen und weltanschaulichen** Bedürfnisse der Leistungsberechtigten Rücksicht genommen; im Übrigen gilt § 33 des Ersten Buches. $_{3}$Den besonderen Bedürfnissen von **Müttern und Vätern mit Behinderung** bei der Erfüllung ihres Erziehungsauftrages sowie den besonderen Bedürfnissen von **Kindern mit Behinderung** wird Rechnung getragen.

(2) $_{1}$Sachleistungen zur Teilhabe, die nicht in Rehabilitationseinrichtungen auszuführen sind, können auf Antrag der Leistungsberechtigten als **Geldleistungen** erbracht werden, wenn die Leistungen hierdurch voraussichtlich bei **gleicher Wirksamkeit wirtschaftlich zumindest gleichwertig** ausgeführt werden können. $_{2}$Für die **Beurteilung der Wirksamkeit** stellen die Leistungsberechtigten dem Rehabilitationsträger geeignete Unterlagen zur Verfügung. $_{3}$Der Rehabilitationsträger **begründet durch Bescheid**, wenn er den Wünschen des Leistungsberechtigten nach den Absätzen 1 und 2 **nicht entspricht**.

(3) Leistungen, Dienste und Einrichtungen lassen den Leistungsberechtigten möglichst viel **Raum zu eigenverantwortlicher Gestaltung** ihrer Lebensumstände und fördern ihre Selbstbestimmung.

(4) Die Leistungen zur Teilhabe bedürfen der **Zustimmung der Leistungsberechtigten**.

Zur Stärkung der Selbstbestimmung (siehe § 1 SGB IX) muss den Wünschen des Menschen mit Behinderung somit entsprochen werden und zwar sowohl im Hinblick darauf, welche Leistung in Anspruch genommen wird, als auch bei der Ausführung, etwa Auswahl des Leistungserbringers oder des Hilfsmittels.

In der Praxis kann allerdings die Auswahl des Leistungserbringers auf diejenigen beschränkt sein, mit denen der Rehabilitationsträger einen Versorgungsvertrag, etwa nach § 127 SGB V, geschlossen hat. Je nachdem, welcher Anbieter den Zuschlag bekommen hat, kann es durchaus vorkommen, dass der Leistungserbringer von ziemlich weit her kommt und dadurch einen weiten Anfahrtsweg zum Empfänger der Rehabilitationsleistung hat. Dies widerspricht zwar dem ebenfalls in dieser Vorschrift normierten Erfordernis einer wohnortnahen Versorgung, ist aber mittlerweile keine Seltenheit mehr.

Der Leistungsanspruch und damit auch der Leistungszweck und Leistungsrahmen – also das, was zum Ausgleich der Behinderung geleistet werden soll – muss jeweils im Einzelfall und bezogen auf die persönliche Lebenssituation und die in § 8 Abs. 1 Satz 2 SGB IX aufgeführten Bedarfslagen (Alter, Geschlecht usw.) ermittelt werden. Explizit wird hier auch die Berücksichtigung besonderer Bedürfnisse von Eltern mit Behinderung und Kindern mit Behinderungen genannt. Aufgrund von § 33 SGB I, der im Rahmen des Wunsch- und Wahlrechts nach dem Wortlaut des Absatz 1 ebenfalls anzuwenden ist, sind auch noch die Leistungsfähigkeit und die örtlichen Verhältnisse zu berücksichtigen.



**Beispiele:**

- Eine Frau wünscht sich, dass sie nur weibliche Assistenzkräfte bekommt.
- Es wird ein Rollator mit Softreifen beantragt mit der Begründung, in einer Stadt wie Regensburg mit viel Kopfsteinpflaster auf den Straßen werde ein Rollator benötigt, der die Unebenheiten dämpft.
- Ein Jugendlicher mit Behinderung will nicht in eine Reha-Einrichtung geschickt werden, wo nur „alte Leute" sind.
- Im Praxisfall 4 in Kapitel 5 wünscht sich ein Jugendlicher eine „peppige" Badeprothese.

Das Wunschrecht ist aber natürlich nicht grenzenlos. Die Rehabilitationsträger müssen den Grundsatz der Wirtschaftlichkeit einhalten.

Von daher können nur Wünsche berücksichtigt werden, die „berechtigt" (siehe § 8 Abs. 1 Satz 1 SGB IX) und „angemessen" (siehe § 33 SGB I) sind. Beides sind unbestimmte Rechtsbegriffe, die immer wieder zu viel Streit unter den Beteiligten führen.

Beide Begriffe können nur richtig bestimmt werden, wenn man genau weiß, welchem Zweck die Leistung dienen bzw. welche Funktion die Leistung erfüllen soll.

**Wichtig:** Je genauer im Antrag beschrieben wird, welche Lebenssituation vorliegt, welchem Manko man mit der Leistung abhelfen möchte und wie man sich die Leistung deshalb vorstellt, desto eher kann dem Antrag wunschgemäß stattgegeben werden. Bei der Antragstellung sollte deshalb auf diese Beschreibung besondere Sorgfalt verwendet werden. Das hilft auch bei der zügigen Bearbeitung und erspart Rückfragen des Sachbearbeiters.

### Geldleistung

Das Wunsch- und Wahlrecht umfasst auch, dass Sachleistungen auf Antrag der Leistungsberechtigten als Geldleistungen erbracht werden können. Es handelt sich hier nicht um eine Kostenerstattung. Bei Bewilligung erhält der Leistungsberechtigte den Geldbetrag vorab und kann damit dann die bewilligte Leistung „einkaufen“. Um eine Geldleistung bewilligen zu können, müssen zwei Voraussetzungen vorliegen:

- Es muss sich um eine Leistung außerhalb einer Rehabilitationseinrichtung handeln.
- Die Leistungen müssen voraussichtlich bei gleicher Wirksamkeit wirtschaftlich zumindest gleichwertig ausgeführt werden können.

Im Antrag sollten neben dem gewünschten Betrag daher auch die Verwendung bzw. Ausführung durch Angebote oder Kostenvoranschläge aufgeführt bzw. belegt werden.

### Persönliches Budget

Von der Ausführung als Geldleistung für einzelne Leistungen ist das Persönliche Budget zu unterscheiden, da hier der gesamte Bedarf für Teilhabeleistungen einer Person in einem Budget zusammengefasst wird. Diese Person organisiert und steuert dann ihre Teilhabe selbst.

Geregelt ist das Persönliche Budget in § 29 SGB IX.

**Rechtsanspruch beachten**

Wird als Ausfluss des Wunsch- und Wahlrechts ein Persönliches Budget beantragt, besteht ein Rechtsanspruch auf diese Leistungsform. Dies ergibt sich aus dem Wortlaut von § 29 Abs. 1 SGB IX „werden (...) ausgeführt“. Der oder die Träger sind bei Vorliegen der sonstigen Voraussetzungen also verpflichtet, die Leistung in Form des Persönlichen Budgets zu gewähren.

Bei einem Antrag auf Leistungen in Form eines Persönlichen Budgets prüft der Leistungsträger wie stets die rechtlichen Voraussetzungen. Außerdem soll das Persönliche Budget die Kosten aller bisher individuell festgestellten, ohne das Persönliche Budget zu erbringenden Leistungen nicht überschreiten.

Beteiligt sind je nach Bedarf die Rehabilitationsträger sowie die Pflegekassen und die Integrationsämter. Gestalten mehrere Leistungsträger gemeinsam ein Budget, erbringen also mehrere Leistungsträger unterschiedliche Teilhabe- und Rehabilitationsleistungen in einem Budget, wird dies trägerübergreifend als Komplexleistung erbracht.



Im Unterschied zur Sachleistung wird vor dem Bescheid eine Zielvereinbarung zwischen dem künftigen Budgetnehmer und dem Leistungsträger geschlossen. Bestätigt wird diese mit einem Bescheid in Form eines Verwaltungsakts.

Von zentraler Bedeutung sind die Teilhabeziele, die der Mensch mit Behinderung mit dem Leistungsträger vereinbart hat und für deren Erreichung er sein Persönliches Budget einsetzen wird.

Die Behörde überweist dem Antragsteller den festgelegten Budgetbetrag direkt auf sein Konto, statt wie in der Sachleistung an den Anbieter.

**Wichtig:** In der Praxis wird die Zielvereinbarung vorsehen, dass der behinderte Mensch ein extra Konto für das Persönliche Budget eröffnet. Die strikte Trennung von eigenem Geld und Budget ist sinnvoll, da das Budget ausschließlich zweckgebunden beispielsweise für Assistenzleistungen und keinesfalls für persönliche Zwecke des Budgetnehmers verwendet werden darf. Eine zweckwidrige Verwendung würde die Behörde berechtigen, die Zielvereinbarung zu kündigen.

Der Nutzer eines Budgets schließt mit dem Leistungsanbieter einen privatrechtlichen Vertrag und bezahlt die vereinbarten Leistungen direkt an ihn, in Ausnahmefällen kann dies auch in Form von Gutscheinen erfolgen.

Das Persönliche Budget wird von der Behörde monatlich, in der Regel zum Monatsanfang, überwiesen. Der Budgetnehmer kann innerhalb des Bewilligungszeitraums – in der Praxis häufig ein oder zwei Jahre – sein Budget dann nutzen, wann er es für notwendig hält. Es gibt auch Budgets für längere Zeiträume, zum Beispiel für ein ganzes Jahr, jedoch ist von diesen aus praktischen Gründen eher abzuraten, da es bei höheren Beträgen schwieriger sein kann, den Überblick über die Finanzen zu behalten. Ein Budgetnutzer mit

Behinderung könnte gegen Ende des Jahres in finanzielle Schwierigkeiten geraten, wenn er am Jahresanfang zu viel Geld ausgegeben hätte.

Das Persönliche Budget bricht das oben dargestellte Dreiecksverhältnis auf, wie folgende Abbildung zeigt:

2

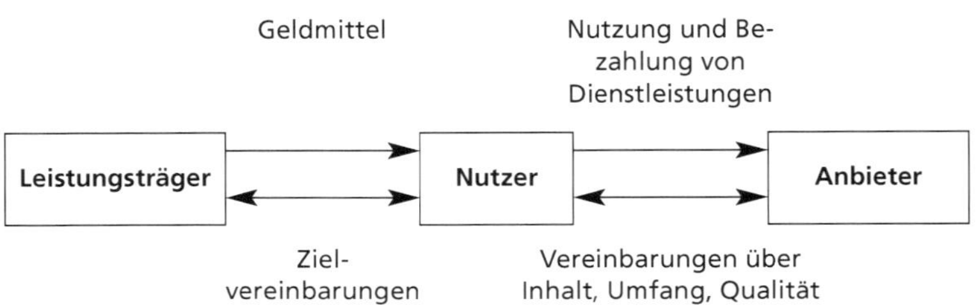


(Quelle: Begleitung und Auswertung der Erprobung trägerübergreifender Persönlicher Budgets. Abschlussbericht der wissenschaftlichen Begleitforschung, 2007, S. 28)

**Wichtig:** Diese Leistungsform ist einerseits sehr attraktiv, weil der Mensch mit Behinderung selbst über die Ausführung der Leistungen bestimmen kann. Sie ist andererseits aber auch mit Arbeit verbunden, weil der Betroffene nun selbst Auftraggeber, möglicherweise sogar Arbeitgeber mit allen Rechten und Pflichten ist. Entscheidungen selbst zu treffen, die einem bisher abgenommen wurden, ist also Chance und Last zugleich. Verwaltungsarbeit kommt hinzu: Alle Zahlungen müssen über das Budgetkonto des Menschen mit Behinderungen laufen, während er mit der Organisation und Bezahlung seiner Leistungen zuvor gar nichts zu tun hatte. Hier zeigt sich, dass das herkömmliche Sachleistungsmodell für Menschen mit Behinderung durchaus komfortabel sein kann. Ob man diesen Vorteil wirklich aufgeben möchte, ist eine Überlegung wert.

Empfehlenswert ist das Persönliche Budget vor allem, wenn man selbst Arbeitgeber sein oder seinen Bedarf aus mehreren Leistungen zusammenstellen möchte. In der Praxis kann die Bearbeitung eines Persönlichen Budgets lange dauern, besonders wenn die zuständige Behörde noch keine Routine in dem Verfahren und eine ablehnende Haltung dem gegenüber hat. Dies sollte sich mit der Zeit ändern, da seit 2018 in Fällen mit mehreren beteiligten Rehabilitationsträgern ein Teilhabeplan zu erstellen ist und ggf. eine Teilhabeplankonferenz durchzuführen ist. Dadurch nähert sich die Fallbearbeitung ohne Persönliches Budget derjenigen mit Persönlichem Budget an.

Im Beratungsgespräch sind beide Seiten der Medaille anzusprechen: einerseits die Gestaltungs- und Entscheidungsmöglichkeiten, die sich dem Einzelnen bieten, andererseits der Zeit- und Kraftaufwand um das Persönliche Budget durchzusetzen. Angesprochen werden sollte zudem, was es bedeutet, das Budget selbst zu verwalten und selbst als Auftraggeber und ggf. Arbeitgeber zu agieren. Es ist möglich, dass Menschen mit Behinderungen, die dies nicht selbst können, hierfür eine sogenannte Budgetassistenz erhalten, diese Leistungen also in das Persönliche Budget eingerechnet werden. Seit 2018 ist dies ausdrücklich gesetzlich geregelt, siehe § 29 Abs. 2 Satz 6 SGB IX.



Ist ein Mensch mit Behinderung mit den Leistungen in der bisherigen Form zufrieden, besteht kein Anlass, ein Persönliches Budget zu beantragen. Es ist deutlich zu machen, dass es durch das Persönliche Budget nicht mehr Leistungen gibt, siehe § 29 Abs. 2 Satz 7 SGB IX.

# Einführung in das Schwerbehindertenrecht



3

## Wo ist das Schwerbehindertenrecht gesetzlich geregelt?

Die Regelungen des Schwerbehindertenrechts befinden sich im Teil 3 des SGB IX, in den §§ 151 bis 241 SGB IX unter der Überschrift „Besondere Regelungen zur Teilhabe schwerbehinderter Menschen".

**Wichtig:** Für Personen, die durch militärische oder militärähnliche Dienstverrichtungen (z. B. als Soldaten der Bundeswehr oder im früheren Zivildienst) gesundheitliche Schädigungen erlitten haben, gilt SGB IX Teil 3 nicht. Für sie gilt stattdessen das Bundesversorgungsgesetz, wodurch sie im Ergebnis besser gestellt sind.



## Wer ist schwerbehindert?

Um zu wissen, wer schwerbehindert im Sinne des Gesetzes ist, ist zunächst zu fragen, wer behindert im Sinne des Gesetzes ist.

Hier zur Wiederholung die Definition nach § 2 Abs. 1 Satz 1 SGB IX, die bereits ausführlich in Kapitel 1 besprochen wurde. Demnach liegt eine Behinderung vor, wenn jemand „körperliche, seelische, geistige oder Sinnesbeeinträchtigungen hat, die ihn oder sie in Wechselwirkung mit Einstellung- und umweltbedingten Barrieren an der gleichberechtigten Teilhabe an der Gesellschaft mit hoher Wahrscheinlichkeit länger als sechs Monate hindern können".

Die Schwerbehinderung leitet sich also von der Behinderung ab. Wie sich aus § 2 Abs. 2 SGB IX ergibt, misst sie sich vor allem nach dem Grad der Behinderung; dieser Behinderungsgrad muss eine gewisse Stufe erreicht haben.

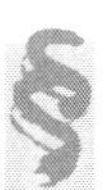

**§ 2 SGB IX – Begriffsbestimmungen**

(1) [Definition der Behinderung]

(2) Menschen sind im Sinne des Teils 3 **schwerbehindert**, wenn bei ihnen ein **Grad der Behinderung von wenigstens 50 vorliegt** und sie ihren Wohnsitz, ihren gewöhnlichen Aufenthalt oder ihre Beschäftigung auf einem Arbeitsplatz im Sinne des § 156 rechtmäßig **im Geltungsbereich dieses Gesetzbuches** haben.

(3) Schwerbehinderten Menschen **gleichgestellt** werden sollen behinderte Menschen mit einem **Grad der Behinderung von weniger als 50, aber wenigstens 30**, bei denen die übrigen Voraussetzungen des Absatzes 2 vorliegen, wenn sie infolge ihrer Behinderung ohne die Gleichstellung einen geeigneten Arbeitsplatz im Sinne des § 156 nicht erlangen oder nicht behalten können **(gleichgestellte behinderte Menschen)**.

Der nachgewiesene Grad der Behinderung reicht aber nicht aus. Zudem muss der Betroffene seinen Wohnsitz, seinen gewöhnlichen Aufenthalt oder seinen Arbeitsplatz rechtmäßig in Deutschland haben. Hier ist § 30 des für alle Sozialleistungsbereiche maßgebenden SGB I relevant.

## Wer stellt die Schwerbehinderung fest?

Das Vorliegen der Behinderung und deren Ausmaß werden als sogenannter Grad der Behinderung (GdB) auf Antrag des Betroffenen durch die nach Landesrecht zuständigen Behörden (meist Versorgungsamt genannt) festgestellt.



Das Versorgungsamt teilt die Einstufung in einem Bescheid mit. Dieser Feststellungsbescheid kann mit einem Widerspruch und – falls dieser nicht zum gewünschten Erfolg führt – mit einer Klage vor dem Sozialgericht angefochten werden.

**Wichtig:** Dieser Bescheid ist nur für den Betroffenen bestimmt und nicht zum Nachweis der Behinderung gegenüber Behörden, Arbeitgebern usw., weil darin unter anderem die medizinische Diagnose aufgeführt ist. Im zugehörigen Merkblatt ist ausdrücklich erwähnt, dass niemand das Recht hat, Einblick in diesen Bescheid zu verlangen.

Es kommt jedoch immer wieder vor, dass Personalverwaltungen die Vorlage des Feststellungsbescheids verlangen; dazu sind schwerbehinderte Menschen nach der Rechtsprechung nicht verpflichtet.

### Bemessung des GdB

Der GdB wird – zwischen 20 und 100 – in Zehnerschritten (oft fälschlich als „Prozent“ bezeichnet) bemessen. Eine Behinderung wird vom Versorgungsamt ab einem Grad der Behinderung von 20 festgestellt (§ 152 Abs. 1 Satz 6 SGB IX). Die unterste Schwelle ist also ein GdB von 20. Die Einstufung erfolgt seit 2009 nach den Grundsätzen der Versorgungsmedizin-Verordnung.

Hat ein Mensch – was nicht selten der Fall ist – mehrere Beeinträchtigungen, wird der GdB im Wege einer Gesamtschau festgesetzt (§ 152 Abs. 3 Satz 1 SGB IX). Es ist aber nicht so, dass die Einzel-GdB addiert werden und in der Summe den Gesamt-GdB ergeben. Vielmehr konzentriert sich die Bewertung auf das gravierendste

Leiden und berücksichtigt dann, ob dieses durch die weiteren Beeinträchtigungen verschlimmert wird.

Kriegsbeschädigungen sind in das gleiche System eingebunden, mit dem Unterschied, dass hier der Grad der Schädigungsfolgen (GdS) festgestellt wird; ein Anspruch auf eine Rente nach dem Bundesversorgungsgesetz (Kriegsbeschädigtenrente) besteht aber nur auf die anteiligen kriegsbedingten Schädigungsfolgen. Auch Unfallversicherungen arbeiten mit dem GdS, die Bemessung funktioniert in der Sache genauso.



### Wenn es schlimmer wird: der Erhöhungsantrag

Verschlechtert sich der Gesundheitszustand einer behinderten Person, so kann die Feststellung eines höheren GdB beantragt werden.

Dabei ist unbedingt zu bedenken, dass das Versorgungsamt bei der erneuten Begutachtung nicht an seine bisherigen Feststellungen gebunden ist. Das heißt, es kann vorkommen, dass der neue GdB nicht höher, sondern im Gegenteil niedriger als zuvor festgesetzt wird. Der Antrag auf die Feststellung eines höheren GdB will also gut überlegt sein. Lohnenswert ist die Höherstufung vor allem, wenn durch sie eine Schwerbehinderung, also ein GdB von 50 oder höher, erreicht wird. Ebenso gelten bei einem höheren GdB höhere Steuerfreibeträge und in manchen Fällen höhere Sätze staatlicher Leistungen, etwa beim Wohngeld.

## Welche Vorteile bringt die Feststellung einer Schwerbehinderung?

Eine sehr wichtige Schwelle liegt bei einem GdB von 50, denn ab diesem Wert gilt jemand – wie oben dargestellt – als schwerbehindert gemäß § 2 Abs. 2 SGB IX. Antragsteller erhalten dann einen Schwerbehindertenausweis. Für Schwerbehinderte gelten bestimmte Schutz- und Fördervorschriften im Arbeitsleben und in der Ausbildung (auch Schule, Studium). Zudem können sie eine Reihe von Nachteilsausgleichen in Anspruch nehmen. Eine Übersicht dieser Vergünstigungen finden Sie im Anschluss.

Für bestimmte Arten der Schwerbehinderung werden Merkzeichen im Ausweis erteilt, die ihrerseits bestimmte Vergünstigungen zur Folge haben.

## Schwerbehindertenausweis

Die Versorgungsämter stellen den Schwerbehindertenausweis aus, der zum Nachweis der Behinderung gegenüber Behörden, Arbeitgebern usw. bestimmt ist. Er ist in der Regel auf fünf Jahre befristet und kann maximal zweimal verlängert werden; diese Vorgaben können jedoch von Bundesland zu Bundesland variieren.

Liegen Diagnosen vor, bei denen keinerlei Besserung zu erwarten ist, werden in einigen Bundesländern – etwa in Bayern – auch unbefristete Schwerbehindertenausweise ausgestellt. Auf diese Weise erspart man einerseits den oft sehr schwer behinderten Menschen den Weg in die Behörde, andererseits werden auch Verwaltungskosten gesenkt.



## Merkzeichen

Folgende Merkzeichen werden bei besonderer Ausprägung der Schwerbehinderung erteilt:

- **G** = Der Mensch mit Behinderung ist in seiner Bewegungsfähigkeit im Straßenverkehr erheblich beeinträchtigt bzw. erheblich gehbehindert.
- **aG** = Der Mensch mit Behinderung ist außergewöhnlich gehbehindert und kann sich nur mit fremder Hilfe oder großer Anstrengung bewegen.
- **B** = Ständige Begleitung des Menschen mit Behinderung bei Benutzung öffentlicher Verkehrsmittel ist notwendig (auf der Vorderseite des Schwerbehindertenausweises steht: „Die Berechtigung zur Mitnahme einer Begleitperson ist nachgewiesen.")
- **H** = Der Mensch mit Behinderung ist hilflos. Er bedarf infolge seiner Behinderung dauernd fremder Hilfe.
- **Bl** = Der Mensch mit Behinderung ist blind. Ihm fehlt entweder das Augenlicht vollständig oder die Sehkraft beträgt nicht mehr als 1/50. Die Gewährung von Blindengeld ist bundesweit üblich. Sie erfolgt auf Grundlage der jeweiligen Landesblindengeldgesetze (Voraussetzungen und Höhe der Leistung siehe dort).
- **RF** = Ermäßigung des Rundfunkbeitrags (1/3 der regulären monatlichen Gebühr, derzeit 5,83 Euro) und auf Antrag Sozialtarif bei der Telekom (wobei die monatliche Ersparnis nicht für alle Tarife gilt und derzeit laut Allgemeinen Geschäftsbedingungen

der Telekom je nach Voraussetzungen 6,94 Euro oder 8,72 Euro beträgt. Angesichts günstiger Angebote anderer Anbieter hat der Sozialtarif an praktischer Bedeutung verloren.).

- **Gl** = Der Mensch mit Behinderung ist gehörlos. Dabei handelt es sich um Menschen mit Behinderungen, bei denen beiderseitige Taubheit vorliegt. Auch hörbehinderte Menschen erhalten dieses Merkzeichen, wenn eine Schwerhörigkeit beiderseits vorliegt, die an Taubheit grenzt und daneben schwere Sprachstörungen vorliegen. Die Gewährung eines Gehörlosengelds ähnlich dem Blindengeld ist nicht bundesweit üblich, nur einige Länder haben nach Landesrecht ein Gehörlosengeld eingeführt – Bayern gehört nicht dazu (Stand: Januar 2020).
- **TBl** = Der Mensch mit Behinderung ist taubblind. Dabei handelt es sich um Menschen mit Behinderungen, bei denen wegen einer Störung der Hörfunktion ein Grad der Behinderung von mindestens 70 und wegen einer Störung des Sehvermögens ein Grad der Behinderung von 100 anerkannt ist. Das Merkzeichen ist Grundlage für die Auszahlung eines Taubblindengelds nach Landesrecht – vorausgesetzt die Länder gewähren eine solche Leistung. In Bayern erfolgt diese bereits nach dem Landesblindengeldgesetz. Es ist zu erwarten, dass andere Bundesländer ähnliche Regelungen schaffen.

Der orangefarbene Flächenaufdruck auf dem ansonsten grünen Ausweis berechtigt zur Freifahrt im öffentlichen Personennahverkehr.

Eine Abbildung der Merkzeichen sowie eine Begriffserklärung finden sich in § 3 SchwbAwV (Schwerbehindertenausweisverordnung).

## Nur im Arbeitsleben – Gleichstellung

Eine weitere wichtige Schwelle ist ein GdB von 30, denn mit einem GdB von unter 50, aber wenigstens 30 kann man einem schwerbehinderten Menschen gleichgestellt werden. Dies bringt Vorteile im Arbeitsleben und geschieht auf Antrag des Betroffenen durch die Bundesagentur für Arbeit, wenn aufgrund der Behinderung ansonsten ein Arbeitsplatz nicht erlangt oder behalten werden kann (§ 2 Abs. 3, § 151 Abs. 2 SGB IX). Man gewinnt dadurch die gleichen Rechte im Arbeitsleben wie eine schwerbehinderte Person, jedoch nicht den Anspruch auf Zusatzurlaub, wie wir im Anschluss sehen werden.

## Schutz und Förderung im Arbeitsleben

Das Schwerbehindertenrecht wurde nach der Rechtsprechung des Bundessozialgerichts „allein zum Schutz" der schwerbehinderten Menschen konzipiert. Sie genießen besonderen Schutz und Förderung im Arbeitsleben sowie sonstige Nachteilsausgleiche, unter anderem durch die im Folgenden aufgeführten Regelungen:

### Beschäftigungspflicht des Arbeitgebers

Private und öffentliche Arbeitgeber mit mindestens 20 Arbeitsplätzen sind verpflichtet, auf mindestens 5 Prozent der Arbeitsplätze schwerbehinderte Menschen zu beschäftigen. Dabei sind schwerbehinderte Frauen besonders zu berücksichtigen. Solange der Arbeitgeber die vorgeschriebene Zahl schwerbehinderter Menschen nicht beschäftigt, muss er für jeden unbesetzten Pflichtarbeitsplatz monatlich eine Ausgleichsabgabe zahlen.



**Aber:** Ein individueller Anspruch auf Abschluss eines Arbeitsvertrags, ein Einstellungsanspruch also, ist gesetzlich nicht vorgesehen.

### Verwendung der Ausgleichsabgabe, Arbeitsmittel

Aus den Mitteln der Ausgleichsabgabe werden beispielsweise Zuschüsse an Arbeitgeber ausgezahlt, die behinderungsbedingte Umbauten am Arbeitsplatz vornehmen, etwa die Toilette behindertengerecht einrichten zu lassen, weil sie einen Rollstuhlfahrer einstellen.

Braucht dagegen ein Mensch mit Behinderung einen Gegenstand am Arbeitsplatz für sich persönlich (z. B. einen speziellen Stuhl, höhenverstellbaren Schreibtisch oder eine Anpassung des Computerarbeitsplatzes), bekommt diese Hilfe meistens der Betroffene selbst und nicht der Arbeitgeber. Vorteil: Wechselt der Mensch mit Behinderung dann den Arbeitsplatz, nimmt er sein angepasstes Arbeitsmittel zum nächsten Arbeitgeber mit. Zuständig für diese Hilfen ist das Integrationsamt bzw. Inklusionsamt.

### Anspruch auf behinderungsgerechte Beschäftigung

Im Unterschied zur Einstellung haben schwerbehinderte und gleichgestellte behinderte Menschen aber bei bestehendem Arbeitsverhältnis einen einklagbaren Anspruch auf eine Beschäftigung, „bei der sie ihre Fähigkeiten und Kenntnisse möglichst voll verwerten und weiterentwickeln können" und daneben Ansprüche auf bevorzugte Berücksichtigung bei innerbetrieblichen Bildungsmaßnahmen und anderen Maßnahmen, die ihre berufliche Integration fördern.

**Beispiel:**

Dieser gesetzliche Anspruch zwingt etwa einen Arbeitgeber, soweit dies vertraglich möglich ist, im Wege des Arbeitsplatztauschs einen nicht behinderten Arbeitnehmer auf den Arbeitsplatz eines schwerbehinderten Arbeitnehmers zu versetzen und umgekehrt, wenn der schwerbehinderte Beschäftigte an dem anderen Arbeitsplatz beruflich besser integriert werden

kann, seine Arbeitskraft erhalten oder wieder erlangen kann.

Dieser Anspruch nach § 164 Abs. 4 SGB IX entfällt nur, wenn die Maßnahme für den Arbeitgeber unzumutbar oder mit unverhältnismäßigen Aufwendungen verbunden ist.

### Kündigungsschutz

Schwerbehinderte und gleichgestellte behinderte Menschen haben in Arbeitsverhältnissen einen besonderen Kündigungsschutz (§§ 168 bis 175 SGB IX). Ihnen darf ordentlich oder außerordentlich nur gekündigt werden, wenn das Integrationsamt bzw. Inklusionsamt vorher zugestimmt hat. Eine ohne Zustimmung ausgesprochene Kündigung ist unwirksam.

Voraussetzung für den besonderen Kündigungsschutz ist, dass das Arbeitsverhältnis zum Zeitpunkt des Zugangs der Kündigungserklärung bereits länger als sechs Monate andauert (§ 173 Abs. 1 Nr. 1 SGB IX). Die Kündigungsfrist beträgt dann mindestens vier Wochen (§ 169 SGB IX). Eine bestimmte Größe des Betriebs ist dagegen (anders als beim allgemeinen Kündigungsschutz) nicht erforderlich.

Die Schwerbehinderung oder die Gleichstellung muss bei Zugang der Kündigung bereits durch die zuständige Behörde festgestellt oder der entsprechende Antrag auf Anerkennung oder Gleichstellung bereits mindestens drei Wochen vor dem Zugang der Kündigung gestellt worden sein (§ 173 Abs. 3 SGB IX). Der besondere Kündigungsschutz besteht aber stets bei offensichtlicher Schwerbehinderung.

Die Unwirksamkeitsfolge tritt auch ein, wenn der Arbeitgeber von der Schwerbehinderung oder Gleichstellung nichts wusste, sofern der Gekündigte den Arbeitgeber innerhalb einer Frist von drei Wochen nach Kündigungszugang über seinen Behindertenstatus oder den gestellten Antrag informiert.

Die Kündigung gilt als von Anfang an rechtswirksam, wenn der schwerbehinderte Arbeitnehmer nicht innerhalb von drei Wochen nach Zugang der Kündigung Kündigungsschutzklage beim Arbeitsgericht erhoben hat (§ 7 i. V. m. § 4 KSchG). Die Frist läuft aber erst ab Bekanntgabe der Entscheidung des Integrationsamts bzw. Inklusionsamts an den Arbeitnehmer (§ 4 Satz 4 KSchG). Hat der Arbeitgeber keine Zustimmung beantragt oder erhalten, läuft die Frist also nicht.



### Zusatzurlaub

Schwerbehinderte Menschen (nicht: ihnen Gleichgestellte) haben nach § 208 SGB IX Anspruch auf bezahlten zusätzlichen Urlaub von einer Arbeitswoche im Kalenderjahr. Ist die Schwerbehinderteneigenschaft nicht für das gesamte Kalenderjahr festgestellt, so hat der schwerbehinderte Mensch für jeden vollen Monat der im Beschäftigungsverhältnis vorliegenden Behinderteneigenschaft einen Anspruch auf ein Zwölftel des Zusatzurlaubs. Bruchteile von Urlaubstagen, die mindestens einen halben Tag ergeben, sind auf volle Urlaubstage aufzurunden.

### Vorgezogene Altersrente

Schwerbehinderte Menschen (nicht: ihnen Gleichgestellte) können früher in Rente gehen, also eine vorgezogene Altersrente gemäß § 37 SGB VI in Anspruch nehmen, wenn sie bei Beginn der Rente als schwerbehindert anerkannt sind, die Wartezeit von 35 Jahren zurückgelegt haben und die maßgebliche Altersgrenze erreicht haben. Die Altersgrenze beträgt zurzeit noch 63 Jahre und gilt für Versicherte, die vor dem 01.01.1952 geboren sind. Für Versicherte des Geburtsjahrgangs 1952 erhöht sich die Altersgrenze auf 63 Jahre und einen Monat, sie steigt für die weiteren Jahrgänge schrittweise an, bis sie für im Jahr 1964 oder später geborene 65 Jahre erreicht hat.

Es ist möglich, die Altersrente für schwerbehinderte Menschen schon bis zu drei Jahre vor der jeweils maßgeblichen Altersgrenze in Anspruch zu nehmen. Dies kann aber dazu führen, dass sich die Rentenhöhe verringert.

Auch schwerbehinderte Beamte können vorzeitig in den Ruhestand gehen, für Bundesbeamte gelten dabei die Regeln des Beamtenversorgungsgesetzes, für Beamte in den einzelnen Bundesländern sind teilweise die Landesregelungen zur Beamtenversorgung anzuwenden. Als Antragsaltersgrenze wurde hier das 60. Lebensjahr (ansteigend auf das 62. Lebensjahr) festgelegt. Auch Beamte müssen bei Inanspruchnahme der vorzeitigen Pension einen Versorgungsabschlag hinnehmen.



### Schwerbehindertenvertretung, Vertrauensperson

Schwerbehinderte Beschäftigte wählen eine Schwerbehindertenvertretung (§ 177 SGB IX), die neben dem Betriebsrat oder Personalrat die Interessen speziell dieser Beschäftigten wahrzunehmen hat.

### Diskriminierungsverbot, Fragerecht des Arbeitgebers

Mit dem Allgemeinen Gleichbehandlungsgesetz (AGG) wurde (basierend auf EU-Recht, vgl. Kapitel 1) ein Diskriminierungsverbot für schwerbehinderte Menschen geschaffen, das im Fall der Benachteiligung eines schwerbehinderten Menschen insbesondere bei Einstellung, beim beruflichen Aufstieg oder bei Kündigung einen Schadensersatzanspruch und eine erhebliche Beweiserleichterung zugunsten der schwerbehinderten Beschäftigten vorsieht.

Für schwerbehinderte Menschen werden in § 164 Abs. 2 SGB IX die Vorgaben des AGG für anwendbar erklärt.

Werden Tatsachen glaubhaft gemacht, die eine Benachteiligung des schwerbehinderten Menschen vermuten lassen, muss der Arbeitgeber beweisen, dass dem nicht so ist, also keine Diskriminierung stattgefunden hat (sog. Beweislastumkehr).

Ein Anspruch auf Einstellung ist ausgeschlossen; stattdessen ist eine Entschädigung in Geld vorgesehen. Bei bloß „formeller" Diskriminierung, wenn also der schwerbehinderte Bewerber bei diskriminierungsfreier Auswahl nicht eingestellt worden wäre, ist der Schadensersatzanspruch dabei auf drei Monatsverdienste beschränkt.

Streitigkeiten gibt es immer wieder bei der Frage, ob Arbeitgeber danach fragen dürfen, ob eine Schwerbehinderung vorliegt. Hier ist zu unterscheiden, ob ein Arbeitsverhältnis angebahnt wird oder bereits ein Arbeitsverhältnis vorliegt:

*Fragerecht beim Einstellungsgespräch*

Die Frage nach Bestehen einer Schwerbehinderung eines Bewerbers wurde wegen der an diese Eigenschaft anknüpfenden umfangreichen gesetzlichen Verpflichtungen für den Arbeitgeber früher für zulässig erachtet.

Seit Inkrafttreten des Allgemeinen Gleichbehandlungsgesetzes (AGG) und dem dort in § 7 Abs. 1 AGG niedergelegten Benachteiligungsverbot wird dies in der Rechtsprechung und der juristischen Lehrmeinung überwiegend mit der Begründung verneint, bereits die Frage nach der Schwerbehinderung stelle eine Benachteiligung gegenüber nicht behinderten Bewerbern dar.



Wegen des Benachteiligungsschutzes in § 164 Abs. 2 SGB IX in Verbindung mit den Regelungen im AGG darf bei einem Einstellungsgespräch also grundsätzlich nicht nach einer Schwerbehinderung gefragt werden. Eine diesbezüglich gestellte Frage muss vom Bewerber nicht wahrheitsgemäß beantwortet werden. Kommt diese „Lüge" ans Licht, ist der Arbeitgeber nicht berechtigt, den Arbeitsvertrag gemäß § 123 BGB anzufechten.

Von diesem Grundsatz gibt es aber eine Ausnahme: Falls die Schwerbehinderung der vertragsmäßigen Tätigkeit entgegensteht, darf der Arbeitgeber eine wahrheitsgemäße Angabe verlangen.

Diese „zulässige unterschiedliche Behandlung" ergibt sich aus § 8 Abs. 1 AGG, wenn die Schwerbehinderung wegen der Art der auszuübenden Tätigkeit oder der Bedingungen ihrer Ausübung eine wesentliche und entscheidende berufliche Anforderung darstellt.

**Überlegen Sie selbst:**

Ein Mann, der an Epilepsie erkrankt ist, hat einen GdB von 50. Er nimmt Medikamente ein und ist seit vier Jahren anfallsfrei.

1. Muss er im Vorstellungsgespräch oder im Personalfragebogen angeben, dass er eine Schwerbehinderung hat, wenn er sich bewirbt als:
   a) Steuerfachgehilfe?
   b) Erzieher im Kindergarten?

c) Kranführer?

d) Busfahrer?

e) Bauarbeiter?

2. Wie wäre der Fall jeweils zu beurteilen, wenn er gelegentlich noch Anfälle hätte?
3. Gibt es ein berechtigtes Interesse des Arbeitgebers, über die Behinderung Bescheid zu wissen?

Die Lösungen zu diesen Fragen finden Sie am Ende dieses Kapitels, Seite 89 f.



*Fragerecht während eines bestehenden Arbeitsverhältnisses*

Das SGB IX sieht, wie wir gesehen haben, zahlreiche Pflichten für den Arbeitgeber vor. Wie aber soll der Arbeitgeber beispielsweise entscheiden, ob er seiner Beschäftigungspflicht nachgekommen ist oder eine Ausgleichsabgabe zahlen muss, wenn er nicht weiß, wie viele seiner Mitarbeiter schwerbehindert sind? Auch gibt es insbesondere beim Kündigungsschutz besondere Schutzrechte für Schwerbehinderte, die vom Arbeitgeber zu beachten sind. Wie aber soll er „rechtstreu" handeln, wenn er nicht weiß, dass der zu Kündigende schwerbehindert ist?

Das Bundesarbeitsgericht hat daher mit Urteil vom 16.02.2012 (Az. 6 AZR 553/10) folgende Regel aufgestellt, der die Praxis seither überwiegend folgt: Im bestehenden Arbeitsverhältnis ist jedenfalls nach sechs Monaten, also nach dem Erwerb des Sonderkündigungsschutzes für Menschen mit Behinderungen, die Frage des Arbeitgebers nach der Schwerbehinderung zulässig.

## Die Rolle des Integrationsamts

Das Amt für die Sicherung der Integration schwerbehinderter Menschen im Arbeitsleben, wie das Integrationsamt in § 184 Abs. 1 Nr. 1 SGB IX „offiziell" bezeichnet wird, unterstützt die Beschäftigung von Menschen mit Schwerbehinderung und die Möglichkeit zur Teilhabe am Arbeitsleben. In Bayern und Nordrhein-Westfalen führt das Integrationsamt die Bezeichnung „Inklusionsamt", ohne dass damit eine inhaltliche Änderung verbunden ist. Lesen Sie bitte im Folgenden „Inklusionsamt", wenn Sie das SGB IX in Bayern oder NRW anwenden.

Das Integrationsamt/Inklusionsamt

- fördert und sichert die berufliche Eingliederung von schwerbehinderten und ihnen gleichgestellten Menschen in den allgemeinen Arbeitsmarkt,
- berät schwerbehinderte und ihnen gleichgestellte Menschen und ihre Arbeitgeber bei der Schaffung und Sicherung der Arbeitsplätze,
- gewährt finanzielle Leistungen an schwerbehinderte und ihnen gleichgestellte Menschen und Arbeitgeber,
- entscheidet unter Abwägung der Arbeitgeber- und Arbeitnehmerinteressen über Anträge auf Zustimmung zur Kündigung.



**Wichtig:** Das Integrationsamt/Inklusionsamt ist kein eigener Rehabilitationsträger, es arbeitet jedoch mit diesen eng zusammen.

## Ausgleich für behinderungsbedingte Nachteile

Schwerbehinderte Menschen können als Ausgleich für ihr Handicap sogenannte „Nachteilsausgleiche" in Anspruch nehmen, z. B. Steuervergünstigungen wie einen Haushaltsfreibetrag, Ermäßigungen oder Befreiungen die Kfz-Steuer betreffend, gesonderte Parkplätze, Vergünstigungen bei öffentlichen Verkehrsmitteln (siehe dazu auch die § 228 ff. SGB IX).

Die Nachteilsausgleiche[4] sind abhängig vom Merkzeichen und vom Grad der Behinderung (GdB).

### Nachteilsausgleiche nach dem GdB

Die nachfolgende Übersicht zeigt die wichtigsten GdB-abhängigen Rechte und Nachteilsausgleiche, geordnet nach dem Grad der Behinderung:

*Grad der Behinderung (GdB) von 20*

- Feststellung von Behinderungen (§ 152 SGB IX)
- Teilnahme am Behindertensport (§ 29 Abs. 1 Nr. 4 Buchstabe f SGB I)

---

4 Übersichten entnommen aus FOKUS Sozialrecht, Walhalla Fachverlag 2020.

*Grad der Behinderung (GdB) von 30*

- Gleichstellung (§ 2 Abs. 3 SGB IX)
- Kündigungsschutz bei Gleichstellung (§ 151 SGB IX i. V. m. § 168 SGB IX)
- Steuerfreibetrag 310 Euro (§ 33b EStG)

*Grad der Behinderung (GdB) von 40*

- Gleichstellung (§ 2 Abs. 3 SGB IX)
- Kündigungsschutz bei Gleichstellung (§ 151 SGB IX i. V. m. § 168 SGB IX)
- Steuerfreibetrag 430 Euro (§ 33b EStG)



*Grad der Behinderung (GdB) von 50*

- Schwerbehinderteneigenschaft (§ 2 Abs. 2 SGB IX, § 152 SGB IX)
- Steuerfreibetrag 570 Euro (§ 33b EStG)
- Bevorzugte Einstellung, Beschäftigung (§ 154 SGB IX, § 205 SGB IX)
- Erweiterter Kündigungsschutz (§ 168 ff. SGB IX)
- Begleitende Hilfe im Arbeitsleben (§ 185 Abs. 2 SGB IX)
- Freistellung von Mehrarbeit (§ 207 SGB IX)
- Zusatzurlaub von einer Arbeitswoche (§ 208 SGB IX)
- Schutz bei Wohnungskündigung (§§ 556a und 564b BGB)
- Vorgezogene Altersrente (§§ 37, 236a SGB VI) oder Ruhestand (§ 52 BBG für Bundesbeamte; bei Landesbeamten abhängig von den Beamtengesetzen der Länder)
- Stundenermäßigung bei Lehrern (länderabhängig)
- Pflichtversicherung in der gesetzlichen Kranken- und Rentenversicherung für behinderte Menschen in Werkstätten (§ 5 Abs. 1 Nr. 7 SGB V und § 1 Nr. 2 SGB VI)
- Beitragsermäßigung bei Automobilclubs (z. B. ADAC, AvD, geregelt in der jeweiligen Satzung)
- 30 Prozent Ermäßigung des Flugpreises der Fluggesellschaften im innerdeutschen Flugverkehr für Schwerkriegsbeschädigte

oder Schwerwehrdienstbeschädigte gemäß Bundesversorgungsgesetz und Soldatenversorgungsgesetz (wenn der GdB vor dem 01.10.1979 festgestellt wurde)

- Finanzierungshilfen für Kraftfahrzeuge für Berufstätige (z. B. § 20 SchwbAV i. V. m. KfzHV)
- Merkzeichen RF (= Rundfunk- und Fernsehgebührenbefreiung und Telefongebührenermäßigung) für hochgradig (= GdB 50) Hörgeschädigte
- Freibetrag beim Wohngeld (bei Pflegebedürftigkeit gemäß § 14 SGB XI und gleichzeitiger häuslicher oder teilstationärer Pflege oder Kurzzeitpflege) in Höhe von 1.200 Euro (§ 17 WoGG)



*Grad der Behinderung (GdB) von 60*

- Steuerfreibetrag 720 Euro (§ 33b EStG)
- Freibetrag beim Wohngeld (bei Pflegebedürftigkeit gemäß § 14 SGB XI und gleichzeitiger häuslicher oder teilstationärer Pflege oder Kurzzeitpflege) in Höhe von 1.200 Euro (§ 17 WoGG)
- Merkzeichen RF (= Rundfunk- und Fernsehgebührenbefreiung und Telefongebührenermäßigung) für hochgradig Sehgeschädigte

*Grad der Behinderung (GdB) von 70*

- Steuerfreibetrag 890 Euro (§ 33b EStG)
- Freibetrag beim Wohngeld (bei Pflegebedürftigkeit gemäß § 14 SGB XI und gleichzeitiger häuslicher oder teilstationärer Pflege oder Kurzzeitpflege) in Höhe von 1.200 Euro (§ 17 WoGG)
- Merkzeichen RF (= Rundfunk- und Fernsehgebührenbefreiung und Telefongebührenermäßigung) für hochgradig Sehgeschädigte
- Abzugsbetrag für Privatfahrten (GdB 70 + Merkzeichen G):
  3.000 km × 0,30 Euro = 900 Euro (§ 33 EStG)

*Grad der Behinderung (GdB) von 80*

- Steuerfreibetrag 1.060 Euro (§ 33b EStG)
- Abzugsbetrag für Privatfahrten:
  3.000 km × 0,30 Euro = 900 Euro (§ 33 EStG)

- Freibetrag beim Wohngeld (bei Pflegebedürftigkeit gemäß § 14 SGB XI und gleichzeitiger häuslicher oder teilstationärer Pflege oder Kurzzeitpflege) in Höhe von 1.500 Euro (§ 17 WoGG)
- Merkzeichen RF (= Rundfunk- und Fernsehgebührenbefreiung und Telefongebührenermäßigung) für Menschen mit Behinderungen, die ständig wegen ihres Leidens an öffentlichen Veranstaltungen nicht teilnehmen können

*Grad der Behinderung (GdB) von 90*

- Steuerfreibetrag 1.230 Euro (§ 33b EStG)



- Abzugsbetrag für Privatfahrten:
  3.000 km × 0,30 Euro = 900 Euro (§ 33 EStG)
- Freibetrag beim Wohngeld (bei Pflegebedürftigkeit gemäß § 14 SGB XI und gleichzeitiger häuslicher oder teilstationärer Pflege oder Kurzzeitpflege) in Höhe von 1.500 Euro (§ 17 WoGG)
- Rundfunkgebührenermäßigung für Menschen mit Behinderung, die wegen ihres Leidens an öffentlichen Veranstaltungen ständig nicht teilnehmen können

*Grad der Behinderung (GdB) von 100*

- Steuerfreibetrag 1.420 Euro (§ 33b EStG)
- Freibetrag beim Wohngeld 1.500 Euro (§ 17 WoGG)
- Merkzeichen RF (= Rundfunk- und Fernsehgebührenbefreiung und Telefongebührenermäßigung) für Menschen mit Behinderung, die wegen ihres Leidens an öffentlichen Veranstaltungen ständig nicht teilnehmen können
- Freibetrag bei Erbschaft- und Schenkungsteuer (§ 13 Abs. 1 Nr. 6 ErbStG)

### Nachteilsausgleiche nach Merkzeichen

Die nachfolgenden Übersichten zeigen die wichtigsten merkzeichenabhängigen Rechte und Nachteilsausgleiche, geordnet nach Merkzeichen:

*Merkzeichen B*

Merkzeichen B = Ständige Begleitung des Menschen mit Behinderung bei Benutzung öffentlicher Verkehrsmittel ist notwendig.

- unentgeltliche Beförderung der Begleitperson im öffentlichen Nah- und Fernverkehr, ausgenommen bei Fahrten in Sonderzügen und Sonderwagen (§§ 228 bis 237 SGB IX)
- unentgeltliche Beförderung der Begleitperson bei innerdeutschen Flügen der Lufthansa und Regionalverkehrsgesellschaften
- unentgeltliche Beförderung von Begleitpersonen im internationalen Eisenbahnverkehr (siehe Internationaler Personen- und Gepäcktarif)



*Merkzeichen Bl*

Merkzeichen Bl = Der Mensch mit Behinderung ist blind. Ihm fehlt entweder das Augenlicht vollständig oder die Sehkraft beträgt nicht mehr als 1/50.

- unentgeltliche Beförderung im öffentlichen Nahverkehr (§§ 228 bis 237 SGB IX)
- Kraftfahrzeugsteuerbefreiung (§ 3a Abs. 1 KraftStG 2002)
- ermäßigter Rundfunkgebührenbeitrag
- Sozialanschluss beim Telefon
- Pauschbetrag als außergewöhnliche Belastung in Höhe von 3.700 Euro (§ 33b EStG)
- Gewährung von Pflegezulage der Stufe III nach Bundesversorgungsgesetz (§ 35 BVG)
- Gewährung von Blindenhilfe nach § 72 SGB XII (nachrangig, da Sozialhilfeleistung) sowie Blindengeld nach jeweiligem Landesrecht (Voraussetzungen und Höhe siehe dort)
- Europäischer Parkausweis
- Befreiung von der Umsatzsteuer (§ 4 Nr. 19 UStG)

*Merkzeichen G*

Merkzeichen G = Der Mensch mit Behinderung ist in seiner Bewegungsfähigkeit im Straßenverkehr erheblich beeinträchtigt bzw. erheblich gehbehindert.

- unentgeltliche Beförderung im öffentlichen Nahverkehr (§§ 228 bis 237 SGB IX)
- Kraftfahrzeugsteuerermäßigung (§ 3a Abs. 2 Satz 1 KraftStG 2002)
- Abzugsbetrag für Privatfahrten (GdB 70 + Merkzeichen G): 3.000 km × 0,30 Euro = 900 Euro (§ 33 EStG)
- Mehrbedarfserhöhung nach § 30 SGB XII

*Merkzeichen aG*



Merkzeichen aG = Der Mensch mit Behinderung ist außergewöhnlich gehbehindert und kann sich nur mit fremder Hilfe oder großer Anstrengung bewegen.

- unentgeltliche Beförderung im öffentlichen Nahverkehr (§§ 228 bis 237 SGB IX)
- Kraftfahrzeugsteuerbefreiung (§ 3a Abs. 1 KraftStG 2002)
- Anerkennung der Kfz-Kosten für Privatfahrten als außergewöhnliche Belastung:
  15.000 km × 0,30 Euro = 4.500 Euro (§ 33 EStG)
- Europäischer Parkausweis

*Merkzeichen Gl*

Merkzeichen Gl = Der Mensch mit Behinderung ist gehörlos.

- unentgeltliche Beförderung im öffentlichen Nahverkehr (§§ 228 bis 237 SGB IX)
- Kraftfahrzeugsteuerbefreiung (§ 3a Abs. 1 KraftStG 2002)
- Anerkennung der Kfz-Kosten für Privatfahrten als außergewöhnliche Belastung:
  3.000 km × 0,30 Euro = 900 Euro (§ 33 EStG)

*Merkzeichen H*

Merkzeichen H = Der Mensch mit Behinderung ist hilflos.

- unentgeltliche Beförderung im öffentlichen Nahverkehr (§§ 228 bis 237 SGB IX)
- Kraftfahrzeugsteuerbefreiung (§ 3a Abs. 1 KraftStG 2002)

- Pauschbetrag als außergewöhnliche Belastung in Höhe von 3.700 Euro (§ 33b EStG)

*Merkzeichen RF*

Merkzeichen RF = Der Mensch mit Behinderung erfüllt die gesundheitlichen Voraussetzungen für die Ermäßigung von Rundfunkgebühren und für Nachteilsausgleiche bei den Telefongebühren.

*Merkzeichen TBl*

Merkzeichen TBl = Der schwerbehinderte Mensch ist taubblind, wenn er wegen einer Störung der Hörfunktion mindestens einen Grad der Behinderung von 70 und wegen einer Störung des Sehvermögens einen Grad der Behinderung von 100 hat. Da das Merkzeichen relativ neu eingeführt wurde, gibt es noch Bewegung in der Frage, welche Nachteilsausgleiche konkret daraus folgen werden.

- Taubblindengeld bisher in Bayern, möglicherweise künftig auch in weiteren Ländern nach jeweiligem Landesrecht
- Befreiung vom Rundfunkbeitrag
- möglicherweise, jedoch nicht automatisch, Blindengeld oder Gehörlosengeld nach jeweiligem Landesrecht



### Lösung zur Anstellung eines Epileptikers

**Lösung zu Seite 81:**

Bei Ihren Überlegungen haben Sie sicher gemerkt, dass die Antwort, wann ein Mensch, der unter Epilepsie leidet, angestellt werden darf/soll und wann nicht, nicht pauschal beantwortet werden kann.

Hilfreiche Hinweise finden sich in der Broschüre „Berufliche Beurteilung bei Epilepsie und nach erstem epileptischen Anfall“.[5]

In diesem Leitfaden, der auch von Sozialgerichten als Grundlage verwendet wird, sind grundsätzliche Informationen über Epilepsie zu finden, etwa wird beschrieben, wie Anfälle verlaufen können, wie die Erkrankung behandelt werden kann,

5 Deutsche Gesetzliche Unfallversicherung (Hrsg.), Januar 2015 – Stand Dezember 2019. Abruf unter: https://publikationen.dguv.de/widgets/pdf/download/article/345

welche Zeiten der Anfallsfreiheit als mittelfristig oder langfristig gelten, und wie die Gefährdungsbeurteilung für verschiedene Berufe ausfällt.

Bei einer möglichen Anstellung ist stets zu bedenken, ob eine Eigengefährdung der behinderten Person oder eine Fremdgefährdung eintreten kann. Daneben sind im Einzelfall weitere Aspekte zu berücksichtigen, beispielsweise macht es einen Unterschied, ob eine Person mit Epilepsie einen Beruf als erste Ausbildung erlernen möchte oder ob sie durch die Epilepsie zu einer Umschulung gezwungen wurde. Insofern können an dieser Stelle nur ungefähre Antworten gegeben werden, die Ihnen ein Gefühl dafür vermitteln sollen, wie einzelfallbezogen diese Fragen behandelt werden müssen:



- **Beispiel Steuerfachgehilfe:** Personen mit Epilepsie sind an Bildschirmarbeitsplätzen einsetzbar, da im Allgemeinen keine Selbst- oder Fremdgefährdung durch Anfälle besteht. Eine Eingliederung ist grundsätzlich ohne besondere Einschränkungen möglich. Dies würde sowohl bei Frage 1 als auch bei Frage 2 (gelegentliche Anfälle) gelten. Anders ist es möglicherweise bei Überwachungstätigkeiten. Anlagen, an denen etwas flimmert, können, wenn eine Person darauf empfindlich reagiert, Anfallsauslöser sein.
- **Beispiel Erzieher:** Hier würde sich die Frage stellen, ob derjenige alleine arbeiten soll. Wenn jemand mit Epilepsie alleine arbeitet, geht es sowohl um den Aspekt der Eigengefährdung als auch der Fremdgefährdung. Die Eigengefährdung kann vorliegen, weil kein Kollege anwesend ist, der bei einem Anfall helfen könnte. Dazu wäre der Verlauf der Anfälle zu berücksichtigen. Nicht immer ist eine Hilfeleistung nötig. Arbeiten die Kollegen zu zweit und könnte es vorkommen, dass der behinderte Kollege einen Anfall hat und Hilfe braucht, könnte es darauf hinauslaufen, dass in dieser Zeit keiner der beiden die Aufmerksamkeit auf die Kinder richten kann. Die oben genannte Broschüre sagt dazu Folgendes: Fremdgefährdung ist gegeben bei anfallsbedingter Unterbrechung der Aufsicht Minderjähriger bzw. geistig oder körperlich behinderter Menschen im Bereich sozialpflegerischer oder pädagogischer Berufe. In welchem Ausmaß eine Aufsicht erforderlich ist, hängt von dem Grad

der körperlichen oder geistigen Einschränkungen sowie vom Grad der Gefährdung in der jeweiligen Situation ab. Man müsste also Frage 1 und 2 wiederum nach dem Einzelfall entscheiden.

- **Beispiel Kranführer:** Sie finden auch dieses Beispiel in der Broschüre. Hier kommt es auf die genaue Dauer der Anfallsfreiheit an.
- **Beispiel Busfahrer:** Unter folgenden Bedingungen sind Epilepsie-Patienten für das Führen eines LKW und den beruflichen Personentransport geeignet:
  - bei einem einmaligen Anfall: nach einer anfallsfrei gebliebenen Zeit von mindestens zwei Jahren; nach einer anfallsfrei gebliebenen Zeit von mindestens sechs Monaten, wenn der Anfall durch bestimmte Auslöser, wie Fieber oder Schlafentzug, verursacht wurde
  - bei der Diagnose Epilepsie: nach einer anfallsfrei gebliebenen Zeit von mindestens fünf Jahren ohne medikamentöse Therapie
- **Beispiel Bauarbeiter:** Hier kommt es auf das Gefährdungspotenzial der Tätigkeit und auf die Dauer der Anfallsfreiheit an.

# Verfahrensablauf: Wie kommt der Rehabilitand zu seiner Reha-Leistung?

## Sachverhaltsermittlung

Wenn der Rehabilitand (R.) zu Ihnen in die Beratung kommt, müssen Sie zunächst herausfinden, welche Leistungen er benötigt. Das ist oft gar nicht so einfach.

| **Schritt 1: Klärung und Ermittlung des Bedarfs** |
|---|
| R. braucht Unterstützung, zum Beispiel eine bestimmte Reha-Leistung. Häufig wird bei der Bedarfsermittlung Hilfestellung durch weitere Personen nötig (z. B. einen Sozialpädagogen).<br>Wichtig ist, dass R. sich vor der Antragstellung selbst über seinen Bedarf im Klaren ist. Dies ist keine rechtliche, sondern eine tatsächliche Fragestellung.<br>Je genauer die Darstellung der Bedarfe und Wünsche herausgearbeitet wird, desto besser können Sie die rechtliche Seite beurteilen und desto weniger Rückfragen gibt es bei der Antragsbearbeitung durch den Rehabilitationsträger. |

4

Sie machen die nächsten „rechtlichen" Schritte:

| **Schritt 2: Auffinden einer zutreffenden Rechtsgrundlage** |
|---|
| Gibt es einen Leistungsanspruch im Sozialgesetzbuch, der den Bedarf des R. decken würde?<br>(Wenn nein, welche Möglichkeiten außerhalb des Rehabilitationsrechts oder außerhalb des Rechtswegs gibt es?) |

| **Schritt 3: Rechtliche und tatsächliche Prüfung** |
|---|
| Stellen Sie fest, an welche Voraussetzungen der Anspruch gebunden ist. Erfüllt R. die Voraussetzungen?<br>Beispiele: Arbeits- oder Wegeunfall nach SGB VII, Versicherungszeit bei SGB VI, medizinische Notwendigkeit bei SGB V, Bedürftigkeit bei SGB XII bzw. Beitragspflicht in der Eingliederungshilfe |

| Schritt 4: Ermittlung des zuständigen Rehabilitationsträgers |
|---|
| Welcher Träger ist zuständig?<br>Muss die Behörde evtl. von sich aus tätig werden? Sozialhilfeträger müssen von Amts wegen tätig werden, wenn sie Kenntnis von einer Notlage haben (§ 18 Abs. 1 SGB XII).<br>Seit die Eingliederungshilfe nicht mehr Teil der Sozialhilfe ist, wird sie, wie die anderen Leistungen, nur auf Antrag gewährt, siehe § 108 SGB IX. |

## Antragstellung

Der Antrag

… kann auch dann von R. selbst gestellt werden, wenn er unter gesetzlicher Betreuung (§ 1896 BGB) steht – § 11 SGB X –, es sei denn, es liegt Geschäftsunfähigkeit oder eingeschränkte Geschäftsfähigkeit im Sinne des BGB vor. Das kann so sein, ist aber nicht automatisch der Fall; Frage des Einzelfalls.



… kann formlos gestellt werden. Aus Beweisgründen ist Schriftform nebst Anfertigung einer Kopie zu empfehlen. Den besten Beweiswert hat Telefax mit Faxbericht. Falls R. nicht schreiben kann, kann er den Antrag zur Niederschrift stellen. Es kann sein, dass die Behörde ein Antragsformular ausgefüllt haben möchte. Dieses mag tatsächlich Voraussetzung für die weitere Bearbeitung durch die Behörde sein, ist aber rein rechtlich gesehen kein Formerfordernis für die Antragstellung.

… sollte die beantragte Leistung konkret benennen. Es schadet nicht, die Rechtsgrundlage ebenfalls zu benennen.

… sollte den Bedarf des R. genau und klar darstellen. Empfehlenswert ist eine Darstellung der Lebenssituation und ggf. der Behinderung des R., welche die Notwendigkeit der beantragten Leistung einem Sachbearbeiter erklärt und plastisch vor Augen führt, der den R. nicht oder kaum persönlich kennt. Begriffe wie „ist notwendig", „ist erforderlich", „benötigt" oder „braucht" sind (wiederholt) zu verwenden. Formulierungen wie „wäre nützlich", „wäre hilfreich", „wäre gut" sind zu vermeiden. Eine Erklärung, wie es bisher gemacht wurde, und warum es so künftig nicht mehr geht, kann angebracht sein.

... sollte, falls R. solche hat, mit Unterlagen (Kopien!) versehen werden, welche geeignet sind, zu belegen, dass die Anspruchsvoraussetzungen gegeben sind, zum Beispiel Schwerbehindertenausweis, ärztliche Atteste/Befunde, fachliche Stellungnahmen, Einkommens- und Vermögensnachweise. Hat R. diese Unterlagen nicht, kann sie aber mit überschaubarem Aufwand beschaffen, ist dies vor der Antragstellung durchaus sinnvoll. Dies hilft der Behörde für eine zügige Bearbeitung. Aber Achtung: Leistungen gibt es frühestens ab dem Monat der Antragstellung. Wenn das Monatsende bereits naht, ist es besser, den Antrag gleich zu stellen mit dem Vermerk „Unterlagen werden in Kürze nachgereicht."

... sollte die freundliche Bitte enthalten, dass die Behörde es den R. wissen lässt, falls zur Bearbeitung des Antrags noch weitere Auskünfte oder Unterlagen benötigt werden. Gleichzeitig sollte um schriftliche Kontaktaufnahme gebeten werden. Mit diesen Maßnahmen soll vermieden werden, dass Unterlagen immer wieder mit zeitlicher Verzögerung einzeln nachgefordert werden und/oder dass der Antragsteller am Telefon überrumpelt wird und sich zu Aussagen verleiten lässt, die für ihn nachteilig sind.



... kann den Hinweis enthalten, dass eine Beratungsstelle dem R. bei der Antragstellung geholfen hat.

... sollte zum Schluss die freundliche Bitte enthalten, den Antrag wohlwollend zu prüfen; wenn es eilig ist, ihn so rasch wie möglich zu bearbeiten.

## Was tun, wenn die Behörde nicht reagiert?

Bereits bei Antragstellung sollte sich der Rehabilitand (R.) eine Frist von drei bis vier Wochen vormerken.

Auf die in Kapitel 2 erklärten Fristen von §§ 14, 15 SGB IX zur Bearbeitung und Bescheiderstellung durch den leistenden Rehabilitationsträger sei hier noch einmal hingewiesen.

Ist die Frist ergebnislos verstrichen, sollte sich R. wieder an Sie, also seine Beratungsstelle, wenden. Sie rufen – am besten im Beisein des R. – bei beim Rehabilitationsträger/der Behörde an.

**Wichtig:** Wenn Sie das Telefon auf Lautsprecher stellen, sagen Sie, wer mithört. Sie machen sich sonst womöglich strafbar nach § 201 StGB (Verletzung der Vertraulichkeit des Wortes). Der Vorteil: Sie brauchen das Gespräch nachher nicht wiederzugeben, R. hat selbst gehört, was gesagt wurde.

Sie fragen höflich, woran es denn liege, ob noch Unterlagen benötigt würden oder noch Fragen offen seien. Sie wären selbstverständlich bereit, dem R. ggf. bei der Beschaffung dieser Unterlagen oder bei Klärung offener Fragen zu helfen.

Am Ende des Gesprächs halten Sie fest, wie man verblieben ist, wie es weitergehen soll.

Der Vorteil dieses Vorgehens: Im Gegensatz zu R. sind Sie nicht persönlich betroffen, müssen sich nicht aufregen, können leichter sachlich und freundlich bleiben. Dem Gespräch entsprechend merkt R. sich wieder eine Frist vor, wann er den nächsten Schritt unternimmt.



**Und wenn weiterhin nichts passiert?**

R. schreibt an die Behörde, dass er bis zu einem bestimmten Datum einen schriftlichen, rechtsmittelfähigen Bescheid erwartet, um im Fall einer Ablehnung Widerspruch erheben zu können. R. kann auch hinzufügen, dass er sich im Fall eines ergebnislosen Verstreichens der Frist anwaltliche Unterstützung holen wird. Erfolgt weiterhin keine Reaktion, sollte R. seine Ankündigung wahr machen.

Mit anwaltlicher Unterstützung wäre dann zu prüfen, ob Erhebung einer Untätigkeitsklage sinnvoll ist – geregelt je nachdem, ob das Verwaltungsgericht oder Sozialgericht zuständig ist, in § 75 VwGO oder § 88 SGG.

Diese kann erhoben werden, wenn sich die Behörde für die Bearbeitung eines Antrags oder Widerspruchs mehr als drei Monate seit Antragstellung oder Einlegen eines Widerspruchs Zeit lässt. Dieses Recht besteht aber nur, wenn von der Behörde keinerlei Reaktion erfolgt ist. Hat die Behörde in irgendeiner Form mitgeteilt, dass die Bearbeitung noch etwas dauert, besteht diese Möglichkeit nicht bzw. nur in akuten Fällen.

Ob die „Holzhammermethode" der Untätigkeitsklage immer zielführend ist, ist die Frage, denn Klageverfahren dauern in der Regel lange Zeit, bis sie verhandelt werden. Besser ist es eventuell, wenn der Anwalt ein Beschwerdeschreiben (ggf. Dienstaufsichtsbeschwerde) mit nochmaliger Fristsetzung an die Behördenleitung schickt.

Liegt ein Akutfall vor und kann auf die Entscheidung nicht länger gewartet werden, weil die Leistung dringend benötigt wird, kann diese im Rahmen von § 18 SGB IX auch selbst beschafft werden, jedoch nicht im Bereich der Kinder- und Jugendhilfe und nicht im Bereich der Eingliederungshilfe.

## Bescheiderteilung

Ergebnis des Verwaltungsverfahrens muss immer der Erlass eines Verwaltungsakts sein (siehe dazu auch § 8 SGB X). Der Begriff des Verwaltungsakts ist in § 31 Satz 1 SGB X definiert, über die Form finden Sie Aussagen in § 33 SGB X.

**§ 31 Satz 1 SGB X – Begriff des Verwaltungsaktes**

Verwaltungsakt ist jede Verfügung, Entscheidung oder andere hoheitliche Maßnahme, die eine Behörde zur Regelung eines Einzelfalles auf dem Gebiet des öffentlichen Rechts trifft und die auf unmittelbare Rechtswirkung nach außen gerichtet ist. ...

**§ 33 SGB X – Bestimmtheit und Form des Verwaltungsaktes**

(1) Ein Verwaltungsakt muss **inhaltlich hinreichend** bestimmt sein.

(2) Ein Verwaltungsakt kann **schriftlich, elektronisch, mündlich** oder in anderer Weise erlassen werden. Ein mündlicher Verwaltungsakt ist schriftlich oder elektronisch zu bestätigen, wenn hieran ein berechtigtes Interesse besteht und der Betroffene dies unverzüglich verlangt. Ein elektronischer Verwaltungsakt ist unter denselben Voraussetzungen schriftlich zu bestätigen; § 36a Abs. 2 des Ersten Buches findet insoweit keine Anwendung.

(3) Ein schriftlicher oder elektronischer Verwaltungsakt muss die **erlassende Behörde erkennen lassen** und die Unterschrift oder die Namenswiedergabe des Behördenleiters, seines Vertreters oder seines Beauftragten enthalten. Wird für einen Verwaltungsakt, für den durch Rechtsvorschrift die Schriftform angeordnet ist, die elektronische Form verwendet, muss auch das der Signatur zugrunde liegende qualifizierte Zertifikat oder ein zugehöriges qualifiziertes Attributzertifikat die erlassende Behörde erkennen lassen. Im Fall des § 36a Absatz 2 Satz 4 Nummer 3 des Ersten Buches muss die Bestätigung nach § 5 Absatz 5 des De-Mail-Gesetzes die erlassende Behörde als Nutzer des De-Mail-Kontos erkennen lassen.

(4) Für einen Verwaltungsakt kann für die nach § 36a Absatz 2 des Ersten Buches erforderliche Signatur durch Rechtsvorschrift die dauerhafte Überprüfbarkeit vorgeschrieben werden.

(5) Bei einem Verwaltungsakt, der mit Hilfe automatischer Einrichtungen erlassen wird, können abweichend von Absatz 3 Satz 1 Unterschrift und Namenswiedergabe fehlen; bei einem elektronischen Verwaltungsakt muss auch das der Signatur zugrunde liegende Zertifikat nur die erlassende Behörde erkennen lassen. Zur Inhaltsangabe können Schlüsselzeichen verwendet werden, wenn derjenige, für den der Verwaltungsakt bestimmt

ist oder der von ihm betroffen wird, auf Grund der dazu gegebenen Erläuterungen den Inhalt des Verwaltungsaktes eindeutig erkennen kann.

In der Praxis kommen anstelle eines Bescheids immer wieder folgende Fallkonstellationen vor:

**Konstellation 1:**

**R. erhält einen Anruf vom Sachbearbeiter mit der Aussage, er habe keinen Anspruch, werde nichts bekommen.**

Die richtige Antwort darauf: Wenn die Behörde der Meinung sei, dass der Antrag abgelehnt werden müsse, bleibe es ihr unbenommen, einen schriftlichen, rechtsmittelfähigen Bescheid mit entsprechender Begründung zu erlassen, gegen den R. Widerspruch erheben könne.

4

**Konstellation 2:**

**Dem R. wird vor Antragstellung vom Sachbearbeiter mündlich mitgeteilt, er brauche keinen Antrag zu stellen, denn er habe keinen Anspruch, werde also nichts bekommen.**

Die richtige Antwort darauf: Unbeirrt den Antrag stellen mit der Bemerkung, wenn die Behörde der Meinung sei, dass der Antrag abgelehnt werden müsse, bleibe es ihr unbenommen, einen schriftlichen, rechtsmittelfähigen Bescheid mit entsprechender Begründung zu erlassen, gegen den R. Widerspruch erheben könne.

**Wichtig:** Immer darauf dringen, einen schriftlichen Bescheid zu erhalten, um die Argumente der Behörde prüfen und ggf. Widerspruch einlegen zu können.

Ergeht ein Bescheid, durch den die beantragte Leistung in vollem Umfang gewährt wird, bedeutet dies das Ende dieses Verwaltungsverfahrens bis zum Ablauf des Bewilligungszeitraums. Braucht R. die Leistung länger, sollte er rechtzeitig einen Verlängerungsantrag stellen.

Wird durch den Bescheid der Antrag vollständig oder teilweise abgelehnt oder zum Beispiel ein Beitrag oder ein Eigenanteil festgesetzt oder eine Auflage gemacht, ist zu prüfen, ob ein Widerspruch sinnvoll ist.

## Widerspruchsverfahren

Zur Prüfung, ob ein Widerspruch sinnvoll bzw. erfolgversprechend ist, sollten Sie folgende Fragen prüfen:

- Ist der Bescheid rechtmäßig?
- Wurde der Sachverhalt richtig erfasst?
- Wurde das Gesetz richtig angewendet?
- Wurden unbestimmte Rechtsbegriffe korrekt ausgefüllt?
- Bei Ermessensentscheidungen: Wurde das Ermessen in rechtmäßiger Weise ausgeübt?
- Trifft die Begründung zu?
- Bei Berechnungen: Wurde richtig gerechnet?



Kommen Sie zum Schluss, dass die Behörde „falsch" entschieden hat, raten Sie Ihrem Klienten, Widerspruch zu erheben.

**Wichtig:** Der Widerspruch kann beschränkt werden auf die Teile der Entscheidung, mit denen Ihr Klient nicht einverstanden ist.

**Beispiel:**

Ein Rollstuhlfahrer ruft bei Ihnen in der Beratungsstelle an. Er berichtet, dass er aufgrund seiner Behinderung im Alltag persönliche Assistenz benötige. Er beziehe für die Kosten seiner persönlichen Assistenz Hilfe zur Pflege und Eingliederungshilfe vom zuständigen Eingliederungshilfeträger. Er sei in Teilzeit berufstätig.

Er habe einen Bescheid erhalten, wonach er monatlich 150 Euro Beitrag zu den Kosten seiner persönlichen Assistenz zu leisten habe. Er fragt nun, ob das richtig sein könne, und ob Sie sich den Fall einmal ansehen könnten; denn, wenn es Aussicht auf Erfolg hätte, würde er sich gegen diesen Bescheid wehren.

Was antworten Sie? Welche Fragen müssen Sie ihm stellen? Welche Unterlagen soll der Klient zu dem Beratungstermin mitbringen?

Zunächst fragen Sie unbedingt, wann der Bescheid eingegangen ist. Der richtige Rechtsbehelf ist der Widerspruch gemäß § 62 SGB X i. V. m. § 78 Abs. 1 Satz 1 SGG i. V. m. § 83 SGG. Die Widerspruchsfrist gemäß § 84 SGG beginnt mit Bekanntgabe des Verwaltungsakts, praktisch gesehen also meistens an dem Tag, an dem der Brief im Briefkasten lag. Es ist absolut empfehlenswert, sich einen Eingangsvermerk mit Datum auf das Schriftstück zu machen.

**Wichtig:** Wenn der Klient den Brief aus irgendwelchen Gründen erst eine Woche später aus dem Briefkasten gefischt hat, geht dies zu seinen Lasten, ebenso, wenn er beispielsweise im Urlaub war. Dafür, wie man von seiner Post Kenntnis erlangt, ist jeder selbst verantwortlich. Ist man nicht zuhause, muss man dafür sorgen, dass jemand den Briefkasten leert und wichtige Sachen mitteilt. Ausnahmen gelten nur, wenn man beispielsweise bewusstlos ins Krankenhaus kam und daher keine Möglichkeit hatte, sich um die Post zu kümmern.



Die Widerspruchsfrist beträgt einen Monat. Wenn der Bescheid korrekt erlassen wurde, enthält er am Ende eine Rechtsbehelfsbelehrung, aus der eben dies hervorgeht. In ihr steht auch, gegen wen der Rechtsbehelf zu richten ist.

Manche Bescheide enthalten keine Rechtsbehelfsbelehrung. Dann hat der Bürger gemäß § 66 Abs. 2 SGG ein Jahr Zeit, den Widerspruch einzulegen.

Auch wenn eine Rechtsbehelfsbelehrung unvollständig ist, gilt die Jahresfrist von § 66 Abs. 2 SGG.

**§ 66 SGG – Rechtsbehelfsbelehrung und Fristen**

(1) Die Frist für ein Rechtsmittel oder einen anderen Rechtsbehelf **beginnt nur dann zu laufen, wenn** der Beteiligte über den **Rechtsbehelf**, die Verwaltungsstelle oder das Gericht, bei denen der Rechtsbehelf anzubringen ist, den Sitz und die einzuhaltende Frist **schriftlich oder elektronisch belehrt** worden ist.

(2) Ist die Belehrung **unterblieben oder unrichtig** erteilt, so ist die Einlegung des Rechtsbehelfs nur **innerhalb eines Jahres** seit Zustellung, Eröffnung oder Verkündung zulässig, außer wenn die Einlegung vor Ablauf der Jahresfrist infolge höherer Gewalt unmöglich war oder eine schriftliche oder elektronische Belehrung dahin erfolgt ist, dass ein Rechtsbehelf nicht gegeben sei. § 67 Abs. 2 gilt für den Fall höherer Gewalt entsprechend.

Ist die Zeit knapp, sollte der Klient unbedingt sofort Widerspruch einlegen. Es ist immer sinnvoll, einen Widerspruch zu begründen, da man sonst praktisch keine Chance hat, dass an der Entscheidung der Behörde etwas geändert wird. Drängt jedoch die Zeit, lässt man die Begründung zunächst weg und schreibt nur in das Widerspruchsschreiben: „Begründung wird nachgereicht."

Wenn die Möglichkeit besteht, schickt man das Widerspruchsschreiben per Telefax. Dies ist preisgünstig, geht schnell, genügt der Schriftform gemäß § 84 Abs. 1 SGG und gibt sogar ein gerichtsfestes Beweismittel, nämlich das Faxprotokoll. Eine E-Mail genügt der Schriftform nicht. Jedoch kann man heutzutage auch die Möglichkeiten nutzen, ein Telefax vom Computer zu verschicken.



Fristende ist einen Monat nach Beginn der Frist um 24 Uhr. Ist der Tag ein Sonntag oder Feiertag, endet die Frist erst am darauf folgenden Montag um 24 Uhr. Zu diesem Zeitpunkt muss das Widerspruchsschreiben bei der Behörde eingegangen sein. Entgegen einer weit verbreiteten Annahme gilt nicht das Datum des Poststempels. Die Postlaufzeit beträgt üblicherweise einen Tag, jedoch trägt jeder das Risiko für den rechtzeitigen Eingang der Post selbst.

**§ 84 SGG – Widerspruchsfrist**

(1) Der Widerspruch ist **binnen eines Monats**, nachdem der Verwaltungsakt dem Beschwerten bekanntgegeben worden ist, **schriftlich, in elektronischer Form nach § 36a Absatz 2 des Ersten Buches Sozialgesetzbuch oder zur Niederschrift** bei der Stelle einzureichen, die den Verwaltungsakt erlassen hat. Die Frist beträgt bei Bekanntgabe im Ausland drei Monate.

(2) Die Frist zur Erhebung des Widerspruchs gilt auch dann als gewahrt, wenn die Widerspruchsschrift bei einer anderen inländischen Behörde oder bei einem Versicherungsträger oder bei einer deutschen Konsularbehörde oder, soweit es sich um die Versicherung von Seeleuten handelt, auch bei einem deutschen Seemannsamt eingegangen ist. Die Widerspruchsschrift ist unverzüglich der zuständigen Behörde oder dem zuständigen Versicherungsträger zuzuleiten, der sie der für die Entscheidung zuständigen Stelle vorzulegen hat. Im Übrigen gelten die §§ 66 und 67 entsprechend.

Sie vereinbaren also mit dem Klienten, dass er den Widerspruch selbst schriftlich einlegt. Bei der nachzureichenden Begründung helfen Sie dem R. bei Bedarf. Inhaltlich gehen Sie auf von der Behörde falsch wiedergegebene Tatsachen, falsch angewendete Rechtsvorschriften oder Rechenfehler ein.

Für die Entgegennahme des Widerspruchs ist die Ausgangsbehörde zuständig, also die Behörde, die den Verwaltungsakt erlassen hat.

**Checkliste: Notwendiger Inhalt des Widerspruchs**

Grundsätzlich sollte das Widerspruchsschreiben folgende Angaben enthalten:

- Name und Adresse des R.
- Telefonnummer des R.
- Datum des Widerspruchs
- Adresse der Behörde, an die sich der Widerspruch richtet
- Datum und Geschäfts- oder Aktenzeichen des Bescheids, gegen den Widerspruch eingelegt wird
- Erklärung, dass Widerspruch einlegt wird
- Begründung, weshalb man mit dem Bescheid nicht einverstanden ist (kann ggf. nachgereicht werden, siehe oben). Dabei können auch Sachverhalte dargelegt werden, die bisher nicht bekannt waren oder übersehen worden sind. Die Behörde muss diese Argumente dann ebenfalls in die Prüfung miteinbeziehen.
- Unterschrift des R.

4

## Widerspruchsbescheid

Die Ausgangsbehörde überprüft ihre Entscheidung aufgrund des Widerspruchs noch einmal. Aufgrund der erneuten Prüfung, aber auch aufgrund neu bekannt gewordener Sachverhalte kann sie den Widerspruch für berechtigt halten und die beantragte Leistung in vollem Umfang gewähren. Dies wird „Abhilfe" genannt. R. erhält dann einen Widerspruchsbescheid mit der bewilligten Leistung. Das Verwaltungsverfahren findet dann seinen Abschluss.

Ist die Ausgangsbehörde der Ansicht, dass der Bescheid nicht geändert werden muss, legt sie den Widerspruch und die Gründe für die Zurückweisung der zuständigen Widerspruchsbehörde dar. Widerspruchsbehörde ist in der Regel die Behörde, die der Ausgangsbehörde fachlich übergeordnet ist.

Von dieser erhalten Sie dann den Widerspruchsbescheid, der die Leistungen entweder bewilligt oder den Antrag weiterhin ablehnt.

Auch dieser Widerspruchsbescheid muss eine ausführliche Begründung sowie eine Rechtsbehelfsbelehrung enthalten.

### Klageverfahren, Eilrechtsschutz

Sollte der Widerspruch abgelehnt werden, ist mit dem Klienten zu besprechen und zu entscheiden, ob sein Anliegen vor den Verwaltungs- bzw. meist Sozialgerichten weiter verfolgt werden soll. Möchte der Kient Klage erheben, sollte dies unbedingt mit juristischer Begleitung geschehen. Grundsätzlich können Verfahren vor den Sozialgerichten ohne Rechtsanwalt durchgeführt werden. Die Sozialgerichte haben den Sachverhalt von Amts wegen zu erforschen und sind nicht an das Vorbringen der Beteiligten gebunden. Auch die Anforderungen an eine Klageschrift sind gering. Dennoch ist ein „Alleingang" nicht anzuraten. Die beklagte Behörde lässt auf alle Fälle ihre Rechtsabteilung argumentieren, so dass hier ein ungleicher Kampf entstehen würde.



Ist schnelle Hilfe geboten, besteht die Möglichkeit, die Leistung im Eilverfahren „einzuklagen". Das Gericht entscheidet dann „überschlagsmäßig" den Anordnungsanspruch und den Anordnungsgrund.

Anordnungsanspruch ist der rechtliche Anspruch des Antragstellers in der Hauptsache, zum Beispiel Hilfen für ein Studium. Dies wird vom Gericht summarisch (überschlägig) geprüft.

Als Anordnungsgrund muss eine besondere Eilbedürftigkeit vorliegen. Die Notlage muss so groß sein, dass das Abwarten des gerichtlichen Hauptsacheverfahrens nicht zugemutet werden kann, zum Beispiel weil eine Studentin mit Behinderung sonst zu viel Zeit im Studium verlieren würde.

# Praxisfälle zum Reha-Recht



5

## Praxisfall 1: Die blinde Frau

Eine blinde junge Frau kommt in Begleitung einer Freundin zu Ihnen in die Beratungsstelle. Sie sei, wie sie Ihnen berichtet, aus einer anderen Stadt nach Regensburg gezogen, um eine neue Arbeitsstelle anzutreten. Bisher habe sie sich mit dem Langstock in vertrauter Umgebung zurechtfinden können. Allerdings sei der Langstock vor kurzem beim Einsteigen in den Bus beschädigt worden. Zu Terminen und bei Unternehmungen an fremden Orten hätten ihre Eltern sie bisher begleitet. Diese hätten ihr auch im Haushalt geholfen. Momentan sei sie sehr stark auf die Hilfe ihrer Freundin angewiesen, die aber auch nicht immer Zeit habe. Sie müsse dringend etwas für ihre Mobilität tun. Außerdem frage sie sich, welche Hilfen ihr am Arbeitsplatz zustünden.

Was raten Sie der jungen Frau? Welche Fragen müssen Sie ihr stellen?

Fragen Sie die junge Frau zuerst nach dem **Grund** ihrer Blindheit.

a) Sie ist an einem früheren Arbeitsplatz mit chemischen Substanzen in Berührung gekommen und hat dadurch ihr Augenlicht verloren.

b) Sie hatte auf dem Weg zur Arbeit einen Verkehrsunfall erlitten und ihre dabei entstandene Verletzung hat sie das Augenlicht gekostet.

c) Sie hatte bei der Autofahrt zu einem Diskothekenbesuch einen Verkehrsunfall, den ein anderer Verkehrsteilnehmer verschuldet hat.

d) Ihr Sehvermögen verschlechterte sich infolge einer Erkrankung während der Kindheit stetig bis zur Vollblindheit.

e) Sie ist von Geburt an blind, weil ihr Sehnerv nicht funktioniert.

f) Sie hatte bei der Autofahrt zu einem Diskothekenbesuch einen Verkehrsunfall ohne Fremdverschulden.

Je nach Fallkonstellation kommen andere Rehabilitationsträger und Leistungsansprüche infrage, die im Folgenden beschrieben werden.

Fragen Sie dann nach dem **Bedarf**:

- Ist der kaputte Langstock reparabel oder benötigt sie einen neuen?
- Könnte sie sich vorstellen, einen Blindenführhund zu haben?

- Möchte sie ein Mobilitätstraining absolvieren?
- Würde trotz Langstock und Blindenhund für Unternehmungen im Freien eine Begleitperson benötigt?
- Braucht sie für die Arbeit einen PC mit Braillezeile? Einen Scanner und Drucker, mit dem sie Schwarzschrift in Brailleschrift umwandeln kann? Eventuell ein spezielles Telefon ohne Menüführung?
- Braucht sie jemanden, der ihr vorliest?
- Kann sie ihren Haushalt selbst bewältigen oder benötigt sie eine Haushaltshilfe, um alleine in einer Wohnung leben zu können?

Wie ist jeweils der Fall zu lösen? Bitte lesen Sie die im Folgenden genannten Vorschriften aufmerksam mit.

**Wichtig:** Die Trägerzuständigkeit im gegliederten System macht es notwendig, dass Sie zwischen den Sozialgesetzbüchern hin- und herblättern und bei exakter Bearbeitung des Falls jeweils die zusammengehörigen Vorschriften aus den Büchern „in Verbindung miteinander" zitieren. Der Gesetzeswortlaut des SGB VII gibt Ihnen dies beispielsweise schon vor, wie Sie im Verlauf der Fallbearbeitung sehen werden.



### Ansprüche nach SGB VII (Unfallversicherung)

Im Fall a) kommt ein Arbeitsunfall oder eine Berufskrankheit in Betracht, worüber es in vielen Fällen zum Streit kommt. Steht die Ursache der Behinderung im Zusammenhang mit der Arbeit fest, ist für den gesamten Teilhabe- und Rehabilitationsbedarf der jungen Frau die gesetzliche Unfallversicherung zuständig.

**Achtung:** Sollte dies (noch) nicht anerkannt sein, ist erfahrungsgemäß (fach-)anwaltliche Hilfe vonnöten!

Gleiches würde beim Arbeitswegeunfall im Fall b) gelten.

Sie finden daher in den Fällen a) und b) die Anspruchsgrundlagen im SGB VII (Gesetzliche Unfallversicherung):

Der Anspruch auf Reparatur oder Ersatz des Langstocks ergibt sich aus §§ 27 Abs. 1 Nr.4 i. V. m. 31 Abs. 1 Satz 1 und 2 SGB VII.

**Beachten Sie:** Auch der Blindenführhund ist ein Hilfsmittel.

**Langstock, Blindenführhund, Mobilitätstraining:** Zuerst ist zu prüfen, ob der vorhandene Langstock repariert werden könnte, bevor ein neuer genehmigt wird. Dies entspricht § 47 Abs. 2 Nr. 1

SGB IX und folgt dem Grundsatz der Wirtschaftlichkeit der Leistungserbringung. Dies ist einer der allgemeinen Grundsätze des Rehabilitationsrechts.

Unter welche Vorschrift subsumieren Sie das Mobilitätstraining mit dem Langstock und dem Blindenführhund? Gibt es auch eine Anspruchsgrundlage für den Ersatz von Futter- und Tierarztkosten?

Das Mobilitätstraining ist unter der „notwendigen Ausbildung im Gebrauch des Hilfsmittels" zu subsumieren. Denn ohne entsprechendes Training könnte die junge Frau die Hilfsmittel nicht sinnvoll benutzen. Sie würde vielmehr im Straßenverkehr und im öffentlichen Leben sich und andere gefährden, wenn sie mit dem Langstock oder dem Blindenführhund nicht umgehen könnte. Futter- und Tierarztkosten sind sozusagen „Instandhaltungskosten" für das Hilfsmittel Blindenführhund und werden teils durch Pauschalen und teils nach Bedarf ebenfalls erstattet.



**Haushaltshilfe:** Der Anspruch auf Haushaltshilfe könnte sich aus § 42 SGB VII i. V. m. § 74 Abs. 1 SGB IX ergeben.

Problem: Laut § 74 Abs. 1 SGB IX müssten die Voraussetzungen der Nummern 1, 2 und 3 kumulativ (wegen des Wortes „und" am Ende der Nummer 2) vorliegen. Unsere Ratsuchende macht aber weder eine Reha-Maßnahme, bei der sie nicht zu Hause ist, noch hat sie ein Kind unter 12 Jahren. Daher ergibt sich kein Anspruch aus § 42 SGB VII.

Stattdessen: Haushalt ist ein Teil eines Pflegebedarfs.

**Merke:** Pflege ist das, was dafür sorgt, dass jemand „satt und sauber" ist.

Für einen eventuellen Pflegebedarf nach einem Arbeitsunfall oder infolge einer Berufskrankheit ist ebenfalls die gesetzliche Unfallversicherung – nicht wie in sonstigen Fällen die Pflegekasse – zuständig. Der Anspruch auf Pflegeleistungen ergibt sich aus § 44 Abs. 1 SGB VII. Unsere Ratsuchende wird sich für das Pflegegeld entscheiden und nicht den Antrag nach § 44 Abs. 5 SGB VII auf eine Pflegekraft stellen, weil hierfür kein Bedarf besteht. Der Fall des § 44 Abs. 5 SGB VII ist eher der, dass immer jemand bei der pflegebedürftigen Person vor Ort sein muss.

**Begleitperson:** Wird bei bestimmten Unternehmungen eine Begleitperson benötigt, so ergibt sich der Anspruch darauf aus § 39 Abs. 1

SGB VII i. V. m. § 7 SGB IX und den §§ 76 Abs. 2 Nr. 2 und 78 Abs. 1 SGB IX.

Der Anspruch ist entsprechend zu begründen, das heißt, man muss konkret aufzählen, wann man wie oft wohin möchte und warum man dort nicht ohne Begleitung hingehen kann. Gut sind regelmäßige Aktivitäten, weil dieses Argument bei der Begründung hilft, warum der Bedarf dauerhaft vorhanden ist. Wäre in unserem Beispiel die Versorgung mit dem Blindenhund bereits erfolgt, wäre der Begründungsaufwand noch größer, weil dann der Unfallversicherungsträger davon ausgeht, dass der Blindenhund es ermöglicht, dass sie alleine geht. Eine sogenannte Überversorgung wäre nicht statthaft. Auch hier kommt wieder der Grundsatz der Wirtschaftlichkeit der Leistungserbringung gemäß § 28 Abs. 1 Satz 3 und Abs. 2 SGB IX zum Tragen. Die Argumente im Einzelnen muss die junge Frau selbst liefern, da sie im Zweifel selbst besser weiß, wo man mit einem Blindenführhund hingehen kann und wo nicht.

**Hilfen für die Arbeit:** Der Anspruch auf die Blindenhilfsmittel für die Arbeit ergibt sich aus § 35 Abs. 1 SGB VII i. V. m. § 49 Abs. 3 Nr. 1 SGB IX i. V. m. § 49 Abs. 8 Nr. 5 SGB IX. **5**

Ein Anspruch auf Arbeitsassistenz ergibt sich aus § 35 Abs. 1 SGB VII i. V. m. § 49 Abs. 3 Nr. 1 SGB IX i. V. m. § 49 Abs. 8 Nr. 3 SGB IX.

Sie sehen, welche Komplexität der Fallbearbeitung bei einem Menschen mit Behinderung schon ein relativ „normaler" Lebenssachverhalt wie ein berufsbedingter Umzug durch die verschiedenen Bedarfe auslösen kann, obwohl in den Fällen a) und b) nur der Träger der gesetzlichen Unfallversicherung als einziger Rehabilitationsträger zuständig ist.

**Wichtig:** Lassen Sie sich nicht beirren! Arbeiten Sie die einzelnen Punkte des genannten Bedarfs nacheinander ab. Der Fall ist durchaus realistisch und wurde eigens so komplex gewählt, damit Sie einen Einblick bekommen, wie es in der Beratungspraxis ablaufen kann.

**Praxis-Tipp:**

Klienten fragen oft, ob es denn gut sei, „so viele Sachen auf einmal" zu beantragen. Die Antwort ist eindeutig „ja". Es lässt sich nämlich gut begründen, dass jemand, dessen Lebenssituation sich verändert hat, nun aufgrund dieser Veränderung mehrere neue Dinge gleichzeitig benötigt. So lässt sich ein starkes, nachvollziehbares Argument sozusagen mehrmals verwenden. Werden dagegen die benötigten Dinge mit zeitlichem Abstand nacheinander beantragt, ist es schwierig, jeweils eine gute „neue" Begründung parat zu haben. Noch dazu muss man dann erklären, wie man bisher ohne diese Dinge ausgekommen ist.

Je komplexer die Fälle sind, desto mehr sind Sie in der Beratung gefragt. Menschen mit Behinderungen sind aufgrund ihrer Einschränkungen oftmals ohnehin schon mit dem ganz normalen Alltag übermäßig belastet. Kommen nun große Veränderungen im Leben und umfangreiche Antragstellungen hinzu, wird Hilfe meistens dringend benötigt und dankbar angenommen.

**Ansprüche nach Zivilrecht**

Im Fall c) werden Sie vielleicht einem ersten Impuls folgend denken, dass ebenfalls die gesetzliche Unfallversicherung zuständig sein müsse. Aber Vorsicht, es handelt sich sozusagen um eine Fangfrage!



Richtig ist, dass die junge Frau sich an eine Versicherung wenden muss, aber es ist nicht die im SGB VII geregelte gesetzliche Unfallversicherung, sondern die Kfz-Haftpflichtversicherung des Unfallgegners, also des Schadensverursachers. Es handelt sich um eine Frage des Schadensersatzes, und diese wird nicht nach dem Rehabilitationsrecht (= öffentlichem Recht), sondern nach Zivilrecht (= bürgerlichem Recht) beantwortet. Ansprüche nach dem Bürgerlichen Gesetzbuch (BGB) sind nicht Gegenstand des Rehabilitationsrechts!

**Wichtig für Sie zu wissen:** Es wäre falsch, in diesem Fall im SGB VII oder in einem anderen Sozialgesetzbuch nach Anspruchsgrundlagen zu suchen!

Betroffene lassen diesen Umstand manchmal versehentlich außer Acht. Sie tauschen sich mit anderen aus und glauben dann irrtümlicherweise, dass ihnen die gleichen Rechte zustehen müssten. Da das Schadensersatzrecht nicht weniger komplex ist als das Rehabilitationsrecht, sollte die junge Frau im Fall c) dringend einen im Schadensersatzrecht erfahrenen Rechtsanwalt konsultieren.

## Ansprüche nach SGB III, SGB V, SGB XII

Die Fälle d), e) und f) können gemeinsam behandelt werden. Rechtlich gesehen machen die verschiedenen Ursachen der Blindheit keinen Unterschied.

Sie finden in den Fällen d), e) und f) die Anspruchsgrundlagen in verschiedenen Büchern des Sozialgesetzbuches. Deshalb eignen sich diese Fallvarianten hervorragend, um die im Rehabilitationsrecht relevanten Bücher und die darin niedergelegten Anspruchsgrundlagen kennen zu lernen:

*SGB III (Arbeitsförderung)*

**Hilfen für die Arbeit:** Wir beginnen bei dieser Fallvariante mit den zuletzt genannten Hilfen für die Arbeit, weil diese am schnellsten abgehandelt werden können. Wir finden die Anspruchsgrundlagen im SGB III und werden von dort ebenfalls wieder zum SGB IX verwiesen:



- Der Anspruch auf Blindenhilfsmittel für die Arbeit ergibt sich aus § 3 Abs. 3 Nr. 8 SGB III i. V. m. § 49 Abs. 3 Nr. 1 SGB IX i. V. m. § 49 Abs. 8 Nr. 5 SGB IX.
- Ein Anspruch auf Arbeitsassistenz ergibt sich aus § 3 Abs. 3 Nr. 8 SGB III i. V. m. § 49 Abs. 3 Nr. 1 SGB IX i. V. m. § 49 Abs. 8 Nr. 3 SGB IX.

  Diesen Vorschriften liegt allerdings der Gedanke zugrunde, dass Arbeitsassistenz nur für eine gewisse Einarbeitungszeit benötigt werde und die betreffende Person nach einer gewissen Trainingsphase alleine klarkommt. Das kann so sein, muss aber nicht. Angenommen, unsere blinde Frau wird zum Beispiel immer Vorlesekräfte brauchen. Für dauerhaft notwendige Arbeitsassistenz ist das Integrationsamt bzw. Inklusionsamt zuständig. Es handelt sich um eine begleitende Hilfe im Arbeitsleben gemäß § 185 Abs. 1 Nr. 3 und Abs. 4 SGB IX, die aus Mitteln der Ausgleichsabgabe finanziert wird.

*SGB V (Gesetzliche Krankenversicherung)*

**Langstock, Blindenführhund, Mobilitätstraining:** Der Anspruch auf Ersatz des Langstocks ergibt sich aus § 33 Abs. 1 Satz 1 SGB V.

Nach gefestigter Rechtsprechung des Bundessozialgerichts unterscheidet man bei Hilfsmitteln zum Behinderungsausgleich solche, die dem unmittelbarem Ausgleich dienen, also die ausgefallene oder beeinträchtigte Körperfunktion ersetzen, und solchen, die dem mittelbaren Ausgleich dienen. Die Krankenkasse prüft nach diesen Kriterien, wenn ein Hilfsmittel beantragt wird.

Unmittelbarer Behinderungsausgleich erfolgt beispielsweise durch Hörgeräte, eine Brille oder Körperersatzstücke (z. B. Prothesen). Beim unmittelbaren Behinderungsausgleich geht es um den möglichst weitgehenden Ausgleich des Funktionsdefizits. Es soll ein Gleichziehen mit einem nicht behinderten Menschen erreicht werden. Bei der Hilfsmittelgewährung ist der aktuelle Stand des medizinischen und technischen Fortschritts zu berücksichtigen, es besteht ein Anspruch auf Versorgung mit einem „aktuellen Modell".



Der mittelbare Ausgleich betrifft dagegen die Folgen, die die Behinderung mit sich bringt. Hier sollen die Auswirkungen der Behinderung im gesamten täglichen Leben beseitigt oder gemildert werden. Ein Anspruch auf die Versorgung mit einem Hilfsmittel besteht nur, wenn der Behinderungsausgleich ein allgemeines Grundbedürfnis des täglichen Lebens betrifft. Nach ständiger Rechtsprechung des Bundessozialgerichts gehören dazu das Gehen, Stehen, Sitzen, Liegen, Greifen, Sehen, Hören, Nahrungsaufnahme, Ausscheiden, die elementare Körperpflege, das selbstständige Wohnen sowie die Erschließung eines gewissen körperlichen und geistigen Freiraums (sog. Grundbedürfnis). Hier besteht jedoch kein Anspruch auf ein vollständiges Gleichziehen mit einem nicht behinderten Menschen, sondern nur auf einen „Basisausgleich". So hat beispielsweise das Bundessozialgericht 2011 entschieden, dass ein Rollstuhl-Bike dem mittelbaren Behinderungsausgleich dient, weil damit nicht das Gehen selbst ermöglicht wird, sondern die Folgen der beeinträchtigten Körperfunktion ausgeglichen werden (Urteil vom 18.05.2011, Az. B 3 KR 7/10 R).

Im Praxisfall 4 finden Sie weitere Hinweise zu dieser Thematik.

Bei Hilfsmitteln, die von der gesetzlichen Krankenversicherung zu bezahlen sind, ist zudem immer noch zu prüfen,

1. ob es sich um „allgemeine Gebrauchsgegenstände des täglichen Lebens" handelt, oder
2. ob die Hilfsmittel nach § 34 SGB V ausgeschlossen sind.

Für den Blindenlangstock lassen sich beide Kriterien unproblematisch verneinen. Gleiches gilt natürlich auch wieder für den Blindenführhund. Selbstverständlich würde kein nichtbehinderter Mensch diese Hilfsmittel im Alltag benutzen.

Ein Gegenbeispiel wäre hier etwa ein Fernsehsessel mit elektrischem Antrieb und Aufstehhilfe, der von einem Menschen mit Gehbehinderung benutzt wird. Diesen hat die Rechtsprechung als al gemeinen Gebrauchsgegenstand angesehen und die Kostenübernahmepflicht der Krankenkasse dementsprechend verneint.

**Aufgabe:**

Vergleichen Sie § 31 SGB VII und § 33 SGB V. In beiden Vorschriften geht es um Hilfsmittel. Was fällt Ihnen auf?

Sie sehen schon anhand der unterschiedlichen Länge der Vorschriften, dass im Rahmen der gesetzlichen Krankenversicherung wesentlich mehr Einschränkungen gemacht werden als bei der gesetzlichen Unfallversicherung. Insofern finden diejenigen Menschen mit Behinderungen, die einen Unfall hatten, für den eine Versicherung eintreten muss, wesentlich bessere gesetzliche Voraussetzungen vor als diejenigen, die von Geburt behindert sind oder einen Unfall hatten, für den sie niemanden verantwortlich machen können. So würde in dem oben genannten Beispiel der elektrisch angetriebene Fernsehsessel höchstwahrscheinlich von der gesetzlichen Unfallversicherung bezahlt werden, nicht aber von der gesetzlichen Krankenversicherung.

Lesen Sie auch § 34 SGB V, um einen Eindruck davon zu bekommen, welche Arten von Arznei-, Heil- und Hilfsmittel in der gesetzlichen Krankenversicherung ausgeschlossen sind. Es wird oft gesagt, dass dies sogenannte „Lifestyle-Medikamente" oder „Lifestyle-Produkte" seien. Letztlich hat der Ausschluss wohl jedoch vor allem wirtschaftliche Gründe.

5

Zuerst ist zu prüfen, ob der vorhandene Langstock repariert werden könnte, bevor ein neuer genehmigt wird, entspricht § 47 Abs. 2 Nr. 1 SGB IX i. V. m. § 33 Abs. 1 Satz 4 SGB V. Auch hier wird dem Grundsatz der Wirtschaftlichkeit der Leistungserbringung gefolgt; für den Bereich der gesetzlichen Krankenversicherung ist dieser in § 12 Abs. 1 SGB V normiert.

Unter § 33 Abs. 1 Satz 4 SGB V subsumieren Sie auch das Mobilitätstraining mit Langstock und mit Blindenführhund sowie die Futter- und Tierarztkosten.

**Haushaltshilfe:** Wesentlich komplizierter wird es jetzt bei der Haushaltshilfe. Die Anspruchsgrundlage für Haushaltshilfe im Rahmen der gesetzlichen Krankenversicherung ist § 38 SGB V.

**Aufgabe:**

Lesen Sie § 38 Abs. 1 SGB V und prüfen Sie, ob Ihre blinde Klientin Anspruch auf Haushaltshilfe hat.

§ 38 Abs. 1 SGB V lautet: „(1) $_{1}$Versicherte erhalten Haushaltshilfe, wenn ihnen wegen Krankenhausbehandlung oder wegen einer Leistung nach § 23 Abs. 2 oder 4, §§ 24, 37, 40 oder § 41 die Weiterführung des Haushalts nicht möglich ist. $_{2}$Voraussetzung ist ferner, daß im Haushalt ein Kind lebt, das bei Beginn der Haushaltshilfe das zwölfte Lebensjahr noch nicht vollendet hat oder das behindert und auf Hilfe angewiesen ist. $_{3}$Darüber hinaus erhalten Versicherte, soweit keine Pflegebedürftigkeit mit Pflegegrad 2, 3, 4 oder 5 im Sinne des Elften Buches vorliegt, auch dann Haushaltshilfe, wenn ihnen die Weiterführung des Haushalts wegen schwerer Krankheit oder wegen akuter Verschlimmerung einer Krankheit, insbesondere nach einem Krankenhausaufenthalt, nach einer ambulanten Operation oder nach einer ambulanten Krankenhausbehandlung, nicht möglich ist, längstens jedoch für die Dauer von vier Wochen. $_{4}$Wenn im Haushalt ein Kind lebt, das bei Beginn der Haushaltshilfe das zwölfte Lebensjahr noch nicht vollendet hat oder das behindert und auf Hilfe angewiesen ist, verlängert sich der Anspruch nach Satz 3 auf längstens 26 Wochen. $_{5}$Die Pflegebedürftigkeit von Versicherten schließt Haushaltshilfe nach den Sätzen 3 und 4 zur Versorgung des Kindes nicht aus."

Die Klientin erfüllt schon keine der Voraussetzungen des Satzes 1 und erst recht nicht die des Satzes 2. Auch die Sätze 3 und 4 treffen auf sie bzw. ihre Lebenssituation nicht zu.



*SGB IX (Eingliederungshilfe)*

**Haushaltshilfe:** Möchte Ihre blinde Klientin eine Haushaltshilfe einsetzen, kann diese nach neuem Recht nunmehr im Rahmen der Eingliederungshilfe beantragt werden (§ 90 Abs. 5 SGB IX i. V. m. §§ 76 Abs. 2 Nr. 2, 78 SGB IX), da Hilfe bei der Haushaltsführung in § 78 Abs. 1 Satz 2 SGB IX ausdrücklich genannt wird. Es gilt das Gleiche, was im Folgenden bei der Begleitperson ausgeführt wird.

**Exkurs zum Blindengeld**

Bei blinden Menschen kommt Blindengeld als vorrangige Leistung vor der Eingliederungshilfe in Betracht. Es ist in allen Bundesländern üblich und wird auf der Grundlage des jeweiligen Landesblindengeldgesetzes gewährt. Sobald ein Mensch mit Behinderung Leistungen nach SGB XII oder SGB IX beantragt, wird ihm oft von der Behörde entgegengehalten, er solle für diesen Bedarf doch sein Blindengeld verwenden. Eine Haushaltshilfe ist ein typisches Beispiel, wofür Blindengeld ausgegeben wird. Nun ist aber das Blindengeld nur in bestimmter Höhe vorhanden und blinde Menschen fragen sich, was sie noch alles vom Blindengeld bezahlen sollen. Diese Frage lässt sich nicht eindeutig beantworten, da es hierüber keine Vorschriften gibt. Es empfiehlt sich, Belege für blindheitsbedingte Ausgaben aufzubewahren. Dann kann man nachvollziehbar argumentieren, dass das Blindengeld bereits für andere Bedarfe zwingend benötigt wird.

Beim Bezug von Blindengeld ist außerdem zu beachten, dass Pflegegeld auf das Blindengeld angerechnet wird. Das heißt, das Blindengeld wird entsprechend niedriger, wenn man Pflegegeld bekommt. Daher ist es für viele blinde Menschen nicht sinnvoll, einen Pflegegrad zu beantragen.



**Begleitperson:** Wir schließen unseren Beispielsfall mit der Frage nach der Kostenübernahme für die Begleitperson. Bei Personen, die von Geburt behindert sind und Assistenzbedarf haben, landen wir hier – vorbehaltlich eines vorrangig einzusetzenden Blindengelds, siehe oben – mangels anderweitiger Zuständigkeiten wiederum im Bereich der Eingliederungshilfe (§ 90 Abs. 5 i. V. m. §§ 76 Abs. 2 Nr. 2, 78 SGB IX).

Auf jeden Fall würde vom Eingliederungshilfeträger eine Beitragspflicht geprüft werden. In unserem Fallbeispiel nehmen wir der Einfachheit halber an, dass sowohl Vermögen als auch Einkommen der blinden jungen Frau unterhalb der gesetzlichen Grenzen liegen.

Auf die Beitragspflicht in der Eingliederungshilfe werden wir im Praxisfall 3 gesondert eingehen.

Höchstwahrscheinlich würde der Eingliederungshilfeträger in der Praxis außerdem – meiner Ansicht nach allerdings zu Unrecht – auch die Vorlage des MDK-Gutachtens verlangen, um sicherzugehen, dass keine vorrangigen Ansprüche der Pflegeversicherung gegeben sind. Meines Erachtens würde dies jedoch, wenn reine Eingliederungshilfe für Menschen mit Behinderungen zur Teilhabe am Leben in der Gemeinschaft beantragt wird, keine Voraussetzung sein, da die Pflegeversicherung solche Leistungen zur Teilhabe ausdrücklich nicht vorsieht. Deshalb müsste auf jeden Fall die Eingliederungshilfe dafür eintreten.

Der Anspruch auf die Kostenübernahme für die Begleitperson aus unserem Beispielsfall ist entsprechend zu begründen, damit der Eingliederungshilfeträger nachvollziehen kann, warum trotz der durch die Krankenkasse bereits erfolgten Versorgung mit dem Blindenführhund ein weiterer Hilfebedarf besteht. Eine Überversorgung wäre wiederum nicht statthaft (Grundsatz der Wirtschaftlichkeit der Leistungserbringung).



Die Argumente im Einzelnen muss wie oben die junge Frau selbst liefern. In dem Antrag aufgezählt werden sollten die Unternehmungen, die mit der Begleitperson gemacht werden sollen. Dabei sollte man sich Mühe geben, die Eingliederungshilfeträger möchten dies meistens recht genau wissen.

Die Sachbearbeiter beim Eingliederungshilfeträger verstehen oft mehr von Verwaltungsakten als von den Bedürfnissen von Menschen mit Behinderungen. Dies ist an sich kein Vorwurf, sondern ihrer Aufgabenstellung und ihrer Ausbildung geschuldet. In aller Regel schicken die Sachbearbeiter deshalb einen dafür ausgebildeten Fachdienst, nämlich ihren Sozialdienst, zu dem Betroffenen nach Hause und lassen nachfragen, wie der Bedarf genau aussieht.

Menschen mit Behinderungen reagieren darauf oftmals sehr empfindlich, weil sie das Gefühl haben, dass ihre Angaben – der Lebenserfahrung nach zum wiederholten Male – angezweifelt werden und dass ihnen nicht geglaubt wird. Das geht mir, wenn es mich persönlich betrifft, im ersten Moment nicht anders.

Es ist hilfreich, wenn Sie als in der sozialen Arbeit Tätige Verständnis für die Vorgehensweise der Behörde wecken und Ihre Klienten auf dieses Verfahren hinweisen. Ich erkläre meinen Klienten mitunter, dass auch der Sachbearbeiter einen Chef hat, demgegenüber er rechtfertigen muss, warum er bestimmte Dinge genehmigt hat. Bei größeren Antragstellungen, etwa für persönliche Assistenz, hat es sich bewährt, Klienten dabei zu begleiten.

Manchmal erfolgt die Nachfrage auch telefonisch; dann ist es gut, wenn der Betroffene vorbereitet ist und er in dieser Situation ein gutes Argument nennen kann. Das kann schwierig sein, besonders wenn der Anruf zu einem ungünstigen Zeitpunkt kommt oder der Klient generell zur Aufregung neigt. Deshalb raten wir in unserer Beratungsstelle üblicherweise dazu, bei Antragstellung um schriftliche Kontaktaufnahme zu bitten.

Der Sozialdienst schreibt dann einen Bericht, auf dessen Grundlage der Sachbearbeiter seine Entscheidung trifft. Eingliederungshilfe für eine behinderungsbedingt benötigte Begleitperson ist übrigens ein sehr häufiger Fall in der praktischen Arbeit, oft auch Gegenstand eines Persönlichen Budgets.

## Praxisfall 2: Der Mann in der Werkstatt für behinderte Menschen

Herr C. hat eine geistige Behinderung und kann deshalb keine Beschäftigung auf dem allgemeinen Arbeitsmarkt ausüben. Er lebt in einer Wohngruppe und besucht eine Werkstatt für behinderte Menschen (WfbM). Auch wenn Herr C. dort in Vollzeit tätig ist, erzielt er kein Einkommen, das seinen Lebensunterhalt sicherstellt.

Beschäftigte einer Werkstatt für behinderte Menschen erhalten von der Werkstatt ein sogenanntes Entgelt, das in der Höhe eher einem Taschengeld als einem Gehalt auf dem allgemeinen Arbeitsmarkt entspricht. Neben diesem Werkstattlohn stehen ihnen deshalb zur Sicherstellung ihres Lebensunterhalts Leistungen der Grundsicherung oder Renten wegen voller Erwerbsminderung zu. Außerdem werden ihre Renten- und Krankenkassenbeiträge vom Sozialhilfeträger übernommen.



Eine Werkstatt für behinderte Menschen ist kein herkömmlicher Betrieb. Sie stellt vielmehr eine rehabilitative Leistung zur Teilhabe am Arbeitsleben dar, die mit weniger Pflichten für die Beschäftigten verbunden ist. Deshalb gibt es in der Werkstatt für behinderte Menschen auch keinen Mindestlohn.

Der Leistungsanbieter, also die Werkstatt, rechnet monatliche Leistungen der Eingliederungshilfe mit dem Eingliederungshilfeträger ab. Für die Grundsicherung, die Herr C. zusätzlich benötigt (z. B. Wohnung und Verpflegung), ist seit der Reform nicht mehr der Eingliederungshilfeträger zuständig, sondern das übernimmt das Amt für Grundsicherung, also Sozialamt, wie bei nichtbehinderten Beziehern auch.

Der gesetzliche Betreuer von Herrn C. kommt zu Ihnen in die Beratung und **fragt**: Muss er für Herrn C. jetzt einen neuen Antrag stellen? Er habe gehört, Herr. C. müsse sein Mittagessen jetzt vom Werkstattlohn selbst bezahlen, bekomme es aber dann wieder erstattet. Der Betreuer möchte wissen, ob das richtig sei.

**Antwort:** Der Betreuer muss für Herrn C. auf jeden Fall ab 2020 einen neuen Antrag stellen, wenn die Eingliederungshilfeleistung bis 31.12.2019 befristet war und der Bescheid über die Gewährung von Eingliederungshilfe deshalb endete. Falls Herr C. einen Bescheid über Eingliederungshilfe hat, der zeitlich über das Jahr 2019 hinausgeht, ist kein neuer Eingliederungshilfeantrag nur wegen der Umstellung der Leistungen nötig. Die Behörden müssen eine Anpassung der Bescheide an die neue Rechtslage vornehmen.

Praktisch wird es so laufen, dass der Träger der Eingliederungshilfe weiterhin alles übernimmt und bezahlt, sich dann aber den Teil, der die Leistungen zum Lebensunterhalt ausmacht, vom örtlichen Sozialhilfeträger wieder zurückholt. Die Menschen mit Beninderungen und ihre Betreuer werden davon nichts mitbekommen.

Für das Mittagessen, das Herr C. während seines Arbeitstags in der Werkstatt bekommt, gilt Folgendes:

Die Kosten für die Lebensmittel, aus denen das Essen hergestellt wird (sog. Wareneinsatz), zählen zur Hilfe zum Lebensunterhalt; dagegen sind die Kosten, die der Werkstatt für die Zubereitung des Essens entstehen, Teil der Fachleistungen der Eingliederungshilfe. Deshalb muss Herr C. tatsächlich erst einmal selbst für das Mittagessen bezahlen. Dafür steht ihm aber im Rahmen der Grundsicherung ein Mehrbedarf für das Mittagessen gemäß § 42b SGB XII zu. Diesen muss der Betreuer für ihn beim Träger der Eingliederungshilfe beantragen, da dieser die Leistungen aus einer Hand erbringt. So bekommt Herr C. die Kosten für das Mittagessen im Rahmen der Grundsicherung erstattet.



Nach dem neuen Recht muss Herr C. allerdings nicht in der Werkstatt essen; er könnte sich zum Beispiel etwas zu essen von zu Hause mitbringen. Der Träger der Eingliederungshilfe wird deshalb bei der Werkstatt nachfragen, wie oft Herr C. dort isst, und danach den Mehrbedarf berechnen. Praktische Probleme sind denkbar, wenn Herr C. beispielsweise seinem Betreuer verkündet, er wolle nicht am Werkstattessen teilnehmen, dann mittags am Arbeitsplatz aber jammert, er habe nichts dabei und habe Hunger. Es ist wohl zutreffend, dass die Trennung von Fachleistungen und existenzsichernden Leistungen für alle Beteiligten einen organisatorischen und bürokratischen Mehraufwand nach sich zieht. Trotzdem wird man auch sagen müssen, dass sich die Situation des Herrn C. an die Situation von Menschen außerhalb von Einrichtungen angleicht. Denn auch unter diesen gibt es solche, die es vorziehen in der Kantine zu essen, und solche, die sich lieber von zu Hause etwas mitbringen. Mit der neuen Regelung hat nun auch Herr C. diese Wahlfreiheit.

## Praxisfall 3: Beispiele zum Einkommen und Vermögen der Leistungsberechtigten im Bereich der Eingliederungshilfe

Vorweg ein wichtiger Tipp, falls Sie eine Klausur schreiben müssen: Sollten Ihnen in der Klausur Fragen gestellt werden, die wie hier mit „ja" oder „nein" beantwortet werden können, schreiben Sie auf keinen Fall nur „ja" oder „nein" in Ihre Antwort, denn für einen 50:50-Joker gibt es keine Punkte. Pluspunkte sammeln Sie für die Schilderung, wie Sie zu Ihrer Antwort gekommen sind, und zwar möglichst unter genauer Nennung der entsprechenden Paragrafen.

Nun zur Sache: Das Hauptanliegen der Eingliederungshilfereform war, die Eingliederungshilfe aus der Sozialhilfe herauszulösen, jedoch wird auch die neue Eingliederungshilfe nicht ganz ohne Rückgriff auf das Vermögen und das Einkommen der Leistungsberechtigten gewährt. Die folgenden Fälle werden dies illustrieren.

Im ersten Schritt geht es um die Frage, wer von den neuen Regelungen profitiert. Im zweiten Schritt werden die neuen Regelungen vorgestellt.



### Fallkonstellationen bei Zusammentreffen von Eingliederungshilfe mit anderen Hilfearten – Wer profitiert von der Reform?

Für einige Menschen mit Behinderungen gelten seit 01.01.2020 großzügigere Regelungen als vorher, doch wenn Eingliederungshilfe mit anderen Leistungen zusammentrifft, gibt es Fallkonstellationen, in denen Menschen mit Behinderungen nicht von den Neuerungen profitieren.

In der Praxis trifft Eingliederungshilfe häufig mit anderen Hilfearten zusammen, die nicht Teil des Rehabilitationsrechts sind, nämlich mit Hilfe zur Pflege oder mit Grundsicherung. Wegen der großen praktischen Relevanz und damit Sie Fragen Ihrer Ratsuchenden richtig beantworten können, werden diese Hilfearten hier zusammen mit der Eingliederungshilfe kurz behandelt. Um die verschiedenen Fallkonstellationen abbilden zu können, bilden wir mehrere kleine Fälle statt eines großen Praxisfalls.

**Beispiel 1:**

Herr R. ist im Rentenalter und hat vorher noch nie Eingliederungshilfe bekommen. Jetzt ist bei ihm eine Behinderung eingetreten und er benötigt Eingliederungshilfe, aber keine Hilfe zur Pflege.

**Fragen:**

a) Wo muss Herr R. den Antrag stellen?

b) Wird seine Ehefrau zu den Kosten der Eingliederungshilfe herangezogen?

c) Profitiert Herr R. von den neuen Regelungen?

**Antworten:**

a) Ja. Der Antrag ist beim Träger der Eingliederungshilfe zu stellen.

b) Frau R. wird nicht herangezogen .

c) Senioren wie Herr R., die ausschließlich Eingliederungshilfe und keine Hilfe zur Pflege erhalten, profitieren von den neuen Regelungen der Eingliederungshilfe. Es spielt in diesem Fall keine Rolle, ob jemand schon das Rentenalter erreicht hat oder nicht. Beim Zusammentreffen mit anderen Hilfearten ist das anders, wie wir gleich sehen werden.



*Zusammentreffen von Eingliederungshilfe und Grundsicherung*

**Beispiel 2:**

Frau S. hat eine geistige Behinderung und arbeitet in einer Werkstatt für behinderte Menschen (WfbM).

**Frage:** Profitiert Frau S. von den neuen Regelungen?

**Antwort:** Nein. Auch wenn Frau S. dort in Vollzeit tätig ist, erzielt sie kein Einkommen, das ihren Lebensunterhalt sicherstellt. Beschäftigte in einer Werkstatt für behinderte Menschen erhalten von der Werkstatt ein sogenanntes Entgelt, das in der Höhe eher einem Taschengeld als einem Gehalt auf dem allgemeinen Arbeitsmarkt entspricht. Neben diesem Werkstattlohn stehen ihnen deshalb zur Sicherstellung ihres Lebensunterhalts Leistungen der Grundsicherung oder Renten wegen voller Erwerbsminderung zu (siehe hierzu auch Praxisfall 2).

Unter Grundsicherung versteht man staatliche Leistungen, die der Sicherung des Lebensunterhalts dienen; zu den Empfängern von Grundsicherung gehören Menschen mit und ohne Behinderungen gleichermaßen, aber natürlich gibt es viele Menschen mit Behinderungen, die ihren Lebensunterhalt nicht selbst verdienen können und auch sonst finanziell nicht abgesichert sind. Für solche Notfälle ist die Grundsicherung gedacht. Für Bezieher von Grundsicherung gilt – auch wenn sie daneben Eingliederungshilfe beziehen – eine Vermögensfreigrenze (sog. Schonvermögen) von 5.000 Euro pro Person. (Ein Ehepaar, das Grundsicherung erhält, dürfte also zusammen ein Vermögen von 10.000 Euro haben.) Bezieher von Grundsicherung wie Frau S. profitieren nicht von der Reform. Eventuelles eigenes Einkommen ist vorrangig für den Lebensunterhalt einzusetzen. Das betrifft unter Umständen auch einen Teil des Werkstattlohns.

*Zusammentreffen von Eingliederungshilfe und Hilfe zur Pflege (sog. Lebenslagenmodell)*



**Beispiel 3:**

Frau T. hat eine angeborene Behinderung. Bereits als Schülerin hatte sie Eingliederungshilfe für Schulbegleitung erhalten. Sie wird erwachsen, zieht von zu Hause in eine eigene Wohnung und bezieht Leistungen zur persönlichen Assistenz, die teilweise der Eingliederungshilfe und teilweise der Hilfe zur Pflege zuzurechnen sind. Sie kommt ins Rentenalter und benötigt weiterhin Leistungen der Eingliederungshilfe, weil es sich um eine lebenslang bestehende Behinderung handelt.

**Frage:** Profitiert Frau T. von den neuen Regelungen?

**Antwort:** Ja. Die Lösung im Fall der Frau T. finden wir in § 103 Abs. 2 SGB IX, denn sie lebt außerhalb einer Einrichtung. Dann „umfasst" ihre Eingliederungshilfe laut Gesetz auch die Leistungen der häuslichen Pflege nach dem SGB XII, die der Sozialhilfe zuzurechnen sind und für die eigentlich strengere Maßstäbe der Einkommens- und Vermögensanrechnung gelten würden. Es wurde nämlich nur die Eingliederungshilfe (SGB IX) reformiert, nicht aber die Sozialhilfe (SGB XII). Durch das „Umfassen" hat der Gesetzgeber entschieden, dass Menschen wie Frau T. von der neuen Regelung profitieren sollen. Für sie, die schon vor Eintritt ins Rentenalter Eingliederungshilfe bekommen hatte, gilt: Solange das Ziel der Eingliederungshilfe, nämlich die Soziale Teilhabe gemäß § 76 SGB IX noch erreicht werden kann, gelten die günstigeren Regelungen der Eingliederungshilfe.

Die Soziale Teilhabe ist definiert als gleichberechtigte Teilhabe am Leben in der Gemeinschaft (früher: Teilhabe am Leben in der Gemeinschaft). Eine inhaltliche Änderung hat nicht stattgefunden – neu eingefügt ist das Adjektiv „gleichberechtigt", das jetzt die Formulierung verstärkt.

In der Praxis wird es besonders oft bei Senioren vorkommen, dass sie aufgrund einer Behinderung Eingliederungshilfe und Hilfe zur Pflege benötigen; denken Sie an die eingangs erwähnte Statistik. Aus finanziellen Gründen wollte der Gesetzgeber vermeiden, dass Senioren, die wegen einer Behinderung im Rentenalter erstmals Eingliederungshilfe beantragen und gleichzeitig Hilfe zur Pflege benötigen, in den Genuss der finanziell besseren Regelungen der neuen Eingliederungshilfe kommen. Deshalb wurde das Lebenslagenmodell entwickelt, das danach unterscheidet, wann erstmals Leistungen der Eingliederungshilfe bezogen wurden. Als Begründung für diese Unterscheidung wird angegeben, dass Senioren, anders als jüngere Menschen, Zeit hatten, für den Fall ihrer Pflegebedürftigkeit vorzusorgen. In Wahrheit dürften die Gründe rein finanzieller Natur sein.



**Beispiel 4:**

Herr U., geboren 1959, ist an Multipler Sklerose erkrankt; er lebt mit seiner Ehefrau in einem Haus in Bayern. Mit Anfang 60 hat sich sein Zustand so weit verschlechtert, dass er zur gleichberechtigten Teilhabe am Leben in der Gemeinschaft Assistenzleistungen benötigt, das heißt der Eingliederungshilfe bedarf. Zusätzlich hat er einen Pflegebedarf, für den die Leistungen der Pflegeversicherung nicht ausreichen; er braucht also Hilfe zur Pflege.

**Fragen:**

a) Wo muss Herr U. seinen Antrag stellen?

b) Profitiert er von den neuen Regelungen?

**Antworten:**

a) Es kommt darauf an, ob Herr U. zum Zeitpunkt der Antragstellung seine Regelaltersgrenze erreicht hat, also wann er berechtigt ist, regulär in Rente zu gehen. Dies hängt von seinem Geburtsjahrgang ab und ergibt sich aus § 235 SGB VI. Herr U. ist 1959 geboren, also beträgt seine Regelaltersgrenze gemäß § 235 Abs. 2 SGB VI 66 Jahre und zwei Monate.

b) Stellt Herr U. erstmals vorher einen Antrag auf Eingliederungshilfe, gelten für ihn die günstigeren Regelungen ab 2020. Dann ist für ihn der Bezirk zuständig, wegen des „Umfassens" gemäß § 103 Abs. 2 SGB IX auch für die Leistungen der Hilfe zur Pflege, die er zusätzlich benötigt. Frau U. wird nicht zu den Kosten der Eingliederungshilfe herangezogen. In diesem Fall spielt die Unterscheidung, was vom gesamten Hilfebedarf des Herrn U. nun genau Hilfe zur Pflege und was Eingliederungshilfe ist, praktisch keine Rolle.



**Merke:** Für die Geburtsjahrgänge 1964 und jünger liegt die Regelaltersgrenze bei 67 Jahren.

**Beispiel 5:**

Herr V. – Sachverhalt wie bei Herrn U. in Beispiel 4 – stellt den ersten Antrag auf Eingliederungshilfe im Alter von 66 Jahren und zwei Monaten.

**Antwort:** Es kommt wieder auf die Regelaltersgrenze an, Herr V. hat diese bei Antragstellung schon erreicht. Herr V. muss deshalb zwei Anträge stellen: für die Eingliederungshilfe beim Bezirk und für die Hilfe zur Pflege beim örtlichen Sozialhilfeträger (z. B. Stadt München oder Landratsamt München). Denn auf Herrn V. trifft der mit „es sei denn" beginnende letzte Halbsatz von § 103 Abs. 2 SGB IX zu: Herr V. hat vor Eintritt ins Rentenalter keine Leistungen der Eingliederungshilfe erhalten. Daher umfassen die Leistungen der Eingliederungshilfe in seinem Fall nicht die Leistungen der Hilfe zur Pflege. Nun wird die Unterscheidung, was vom Gesamtbedarf des Herrn V. genau Eingliederungshilfe und was Hilfe zur Pflege ist, äußerst relevant.

Abgrenzungsprobleme und Streitigkeiten sind bei dieser Unterscheidung vorprogrammiert und für die Betroffenen sehr unschön, da sie mit Sicherheit zur Verzögerung von Entscheidungen führen werden. Für die Unterscheidung kann man sich ungefähr merken, dass die Hilfeleistungen, die mit „satt und sauber und angezogen" zu tun haben, auf jeden Fall dem Bereich der Hilfe zur Pflege zugehören. Gleiches gilt für Einkäufe, die Bedürfnisse von „satt und sauber" betreffen. Hingegen gehören Hilfeleistungen aus dem Bereich der Freizeit – das können auch die sonstigen Einkäufe sein – zur Eingliederungshilfe. Wenn jemand zum Arzt oder zu Therapien begleitet werden muss, zählt dies jedenfalls nicht zur Eingliederungshilfe. Dies sollte man bei Antragstellung unbedingt beachten.

Im Beispiel des Herrn V. wird jede Behörde über ihren Bereich entscheiden, das heißt jede Behörde wird den Bedarf gesondert feststellen und jeweils über die Heranziehung von Einkommen und Vermögen entscheiden. Ist Herr V. mit dem Ergebnis nicht einverstanden, muss er Widerspruch erheben – notfalls zweimal. Man kann also sagen, dass die Situation sich für Menschen wie Herrn V. insofern verschlechtert hat, als sie jetzt mit zwei Behörden zu tun haben, denn vorher mussten sie „nur" zum Bezirk. Gleichzeitig hat die Lage sich insofern verbessert, als die Betroffenen wenigstens für einen Teil der Leistungen, nämlich die Eingliederungshilfe, nach den günstigeren Regelungen finanziell herangezogen werden.



## Wie werden Einkommen und Vermögen berücksichtigt?

Wegen der praktischen Bedeutung, die anhand der obigen Beispiele 4 und 5 aufgezeigt wurde, werden wir beide Hilfearten – Sozialhilfe und Eingliederungshilfe – hier behandeln, den Schwerpunkt aber auf die Eingliederungshilfe legen, da nur sie Teil des Rehabilitationsrechts ist.

Kurz zusammengefasst kann man für beide Hilfearten sagen:

- Hat man zu viel Vermögen, muss man zuerst das oberhalb des Schonvermögens vorhandene Vermögen aufbrauchen.
- Hat man zu viel Einkommen, muss man aus diesem einen monatlichen Eigenanteil (so die Bezeichnung bei der Sozialhilfe) oder Beitrag (so heißt es bei der Eingliederungshilfe) leisten.

Die rechtlichen Voraussetzungen der Verwertung des Vermögens und die Berechnung des Eigenanteils aus dem Einkommen ergeben sich für den Bereich der Sozialhilfe aus dem Elften Kapitel des SGB XII, also aus den §§ 82 bis 96 SGB XII. Auch in der Eingliederungshilfe werden diese Vorschriften zum Teil benötigt, es gelten nämlich die Vorschriften über das Schonvermögen. Dieses findet sich in § 139 Satz 2 SGB IX, der auf § 90 Abs. 2 SGB IX verweist.

Die Berücksichtigung von Einkommen und Vermögen finden die Betroffenen oft sehr ungerecht – aber es ist die geltende Rechtslage, mit der man sich arrangieren muss. Es ist dann eine Abwägungsentscheidung, bei der aber auch die gewonnene Lebensqualität (z. B. in Form von persönlicher Assistenz) durch den Erhalt der Hilfeleistung angemessen berücksichtigt werden sollte.

Die Materie ist nicht unbedingt einfach und daher fehleranfällig. Das bedeutet aber auch, dass die Bescheide der Behörden gerade in Bezug auf diese Punkte des Öfteren rechtswidrig sind. Es „lohnt" sich also, hier genauer hinzuschauen, die Berechnung der Behörde nachzuvollziehen und sich mit einem Widerspruch dagegen zu wehren, wenn man feststellt, dass der Bescheid inhaltlich/rechnerisch falsch ist. Geht es um größere Summen, ist es für die Beratungsstelle aus Haftungsgründen empfehlenswert, dass der Klient (fach-)anwaltliche Beratung in Anspruch nimmt.



Die Überprüfung der Einkommens- und Vermögensverhältnisse durch den Träger der Sozialhilfe geschieht mit einem mehrseitigen Fragebogen. Es passiert oft, dass Menschen Hilfe beim Ausfüllen benötigen, und es ist nicht zu unterschätzen, wie viele Menschen, die tatsächlich einen Anspruch auf Sozialhilfe hätten, durch diesen Fragebogen von der Antragstellung abgeschreckt werden.

Andererseits mache ich immer die Klienten darauf aufmerksam, dass das Verschweigen von vorhandenem Einkommen und Vermögen oder falsche Angaben den Tatbestand des Betrugs erfüllen. Die Folge wäre außer der Strafbarkeit eine Versagung der Sozialhilfe und selbstverständlich die Rückzahlungsverpflichtung der zu Unrecht erhaltenen Sozialhilfe.

**Zunächst zum Einkommen in der Sozialhilfe:**

In der Sozialhilfe, das heißt bei der Hilfe zur Pflege in Beispiel 5, bildet das monatliche Bruttoeinkommen des Leistungsberechtigten den Ausgangspunkt der Berechnung. Ebenso berücksichtigt wird das Einkommen der mit ihm in einer Bedarfsgemeinschaft lebenden Personen (in Beispiel 5 somit auch das Einkommen von Frau V.).

Vom Bruttoeinkommen werden die in § 82 Abs. 2 SGB XII genannten Beträge abgezogen, also im Wesentlichen Steuern, Sozialversicherungsbeiträge, Versicherungsbeiträge und die Werbungskosten, also mit der Arbeit zusammenhängende Kosten wie Fahrtkosten oder Kosten für Berufskleidung, Fachbücher etc.

Dann zieht man – je nachdem, was im Einzelfall zutrifft – die Freibeträge des § 82 Abs. 3, 3a oder 4 SGB XII ab. Schließlich darf man auch noch die angemessenen Kosten der Unterkunft gemäß § 85 Abs. 1 Nr. 2 SGB XII abziehen, bei Mietern oft ein großer Posten.

Für einen Alleinstehenden oder den sogenannten Haushaltsvorstand darf dann gemäß § 85 Abs. 1 Nr. 1 SGB XII nicht mehr übrig bleiben als der doppelte Hartz-IV-Regelsatz, der den sog. Grundbetrag bildet, derzeit 864 Euro (Stand: Januar 2020).

Für jeden Familienangehörigen rechnet man dann den Familienzuschlag gemäß § 85 Abs. 1 Nr. 3 SGB XII hinzu.

Übersteigt das verbleibende Einkommen diesen Betrag, errechnet sich nur aus diesem „Mehr" der Eigenanteil gemäß §§ 87 bis 89 SGB XII.



**Dann zum Einkommen in der Eingliederungshilfe:**

Hier beginnen wir mit den Ausnahmen, denn einige Formen der Eingliederungshilfe, wie zum Beispiel heilpädagogische Leistungen und Leistungen zur Teilhabe an Bildung, werden ohne Eigenanteil der Betroffenen erbracht. Welche Leistungen hierzu gehören, lesen Sie bitte in § 138 Abs. 1 SGB IX.

In der Eingliederungshilfe wird der monatlich zu leistende Eigenanteil als Beitrag bezeichnet, und es wird anders gerechnet als in der Sozialhilfe. Grundlage für die Berechnung ist das Jahresbruttoeinkommen, bezogen auf das Vorvorjahr (vgl. § 135 Abs. 1 SGB IX). Das klingt vielleicht kompliziert, ist aber in der Praxis einfach: Für Eingliederungshilfe im Jahr 2020 können unsere Antragsteller aus den genannten Beispielen ihr Einkommen durch den Steuerbescheid 2018 nachweisen, bei starken Abweichungen muss die Behörde das aktuelle Einkommen ermitteln (vgl. § 135 Abs. 2 SGB IX). Es müssen also nicht mehr die Familienverhältnisse oder der Mietvertrag offengelegt werden, was die Nachweise stark vereinfacht. Zugleich ergibt sich gegenüber vorher eine günstigere Regelung wie folgt:

Für die konkrete Beitragsberechnung suchen wir uns zunächst die Bezugsgröße der Sozialversicherung heraus, am besten mithilfe des Internets. Die Bezugsgröße ist ein statistischer Wert, der in der Höhe dem Jahresdurchschnittsverdienst der Westdeutschen entspricht. Für 2020 ist dies ein Betrag von 38.220 Euro. Hieraus leiten sich gemäß § 136 Abs. 2 SGB IX drei verschiedene Beträge für die Einkommensgrenze ab:

1. aus einer sozialversicherungspflichtigen Beschäftigung oder selbstständigen Tätigkeit = 85 Prozent der jährlichen Bezugsgröße = für 2020 sind das 32.487 Euro
2. aus einer nicht sozialversicherungspflichtigen Beschäftigung = 75 Prozent der jährlichen Bezugsgröße = für 2020 sind das 28.665 Euro
3. aus Renteneinkünften = 60 Prozent der jährlichen Bezugsgröße = für 2020 sind das 22.932 Euro

Für andere Einkunftsarten als die drei genannten, also zum Beispiel für Mieteinnahmen, gilt Nr. 2 entsprechend. Dies sagt uns § 136 Abs. 2 Satz 2 SGB IX. Hat jemand mehrere verschiedene Arten von Einkommen, geht es danach, welche überwiegt.



**Frage:** Warum stehen keine festen Beträge im Gesetz?

**Antwort:** Gesetze sind nicht so leicht zu ändern. Feste Beträge in Gesetzen bleiben oft jahrzehntelang unverändert und sind irgendwann nicht mehr zeitgemäß. Die Bezugsgröße dagegen wird ohnehin jährlich neu festgelegt und wird auch in anderen Rechtsbereichen verwendet. Der Gesetzgeber wollte, dass die Freigrenzen dynamisch sind und sich an einem Durchschnitt orientieren. Je nachdem werden die Beträge automatisch steigen oder auch einmal sinken.

Weiter mit unserer Beitragsberechnung:

**Von dem Teil des Einkommens, der über der Freigrenze liegt, sind 2 Prozent als monatlicher Beitrag zu leisten (vgl. § 137 Abs. 2 SGB IX).**

Wir wenden dies nun auf einige unserer Beispiele an:

**Weiter mit Beispiel 4:**

Herr U. hat ein Vermögen in Höhe von 50.000 Euro und ein Jahresbruttoeinkommen aus seiner Erwerbstätigkeit in Höhe von 70.000 Euro. Seine Freigrenze beträgt 32.487 Euro (siehe

Nr. 1 auf der vorherigen Seite). Der übersteigende Betrag errechnet sich wie folgt:

70.000 Euro – 32.487 Euro = 37.513 Euro

Hiervon beträgt der monatliche Beitrag 2 Prozent, also 750,26 Euro. Dieser Betrag ist wegen § 137 Abs. 2 Satz 2 SGB IX auf volle 10 Euro abzurunden, also 750 Euro. Das ist ein recht hoher Beitrag, weil Herr U. gut verdient.

Zum Vergleich: Würde Herr U. nur die Hälfte, also 34.000 Euro jährlich brutto verdienen, ergäbe sich folgende Rechnung:

34.000 Euro – 32.487 Euro = 1.513 Euro. Hiervon beträgt der monatliche Beitrag 2 Prozent, also 30,26 Euro. Dieser Betrag ist auf volle 10 Euro abzurunden, also 30 Euro.

**Merke:** Frau U. aus Beispiel 4 wird nicht zur Eingliederungshilfe finanziell herangezogen, weil in § 136 Abs. 1 SGB IX nur die antragstellende Person und bei Minderjährigen die Eltern genannt sind, nicht aber Ehepartner und Lebensgefährten. Frau V. aus Beispiel 5 wird aus demselben Grund nicht zur Eingliederungshilfe, wohl aber zur Hilfe zur Pflege finanziell herangezogen.



**Weiter mit Beispiel 3:**

Frau T. bezieht eine jährliche Rente in Höhe von 23.000 Euro brutto. Ihre Freigrenze beträgt nach Nr. 3 22.932 Euro. Der übersteigende Betrag errechnet sich wie folgt:

23.000 Euro – 22.932 Euro = 68 Euro

Der monatliche Beitrag beträg 2 Prozent, also 1,36 Euro. Ein Beitrag wird nicht erhoben, weil der Betrag unter 10 Euro liegt.

Bisher gab es auch einen Eigenbeitrag von Eltern zu den Assistenzkosten erwachsener Kinder. Angenommen, die Eltern der Frau T. würden noch leben, so mussten sie bisher einen monatlichen Beitrag zu den Assistenzkosten der Frau T. in Höhe von 32,08 Euro leisten. Dieser wurde mit Wirkung ab 01.01.2020 durch Art. 2 Angehörigen-Entlastungsgesetz abgeschafft, so dass die Eltern erwachsener Menschen mit Behinderungen nun finanzell nicht mehr herangezogen werden.

**Schließlich zum Vermögen:**

Wieder zuerst die Ausnahmen: Lesen Sie bitte § 140 Abs. 3 i. V. m. § 138 Abs. 1 SGB IX. Bei den hier genannten Hilfearten ist kein Vermögenseinsatz vorgesehen.

Die Definition des Vermögens gilt sowohl in der Sozialhilfe als auch in der Eingliederungshilfe, ebenso wie die gesetzliche Festlegung, welche Teile des Vermögens von der Sozialhilfe oder Eingliederungshilfe nicht angetastet werden dürfen, das sogenannte Schonvermögen. Das Schonvermögen ist in § 90 Abs. 2 SGB XII geregelt, § 139 SGB IX verweist hierauf, weil der Gesetzgeber wollte, dass dieselben Regelungen auch für die Eingliederungshilfe gelten.

Vermögen ist neben Geld auch sonst alles, was einen Geldwert hat. Handelt es sich um Bargeld, Geld auf Konten oder zum Beispiel in Aktien angelegtes Geld, ist es einfach. Es geht dann „nur" darum, ob sich die betreffende Person entschließen kann, den Betrag oberhalb des Schonvermögens für die benötigte Hilfe auszugeben.

5 In der Sozialhilfe ist ein sogenannter „kleinerer Barbetrag" gemäß § 90 Abs. 2 Nr. 9 SGB XII erlaubt. Wie hoch dieser ist, steht absichtlich nicht im Gesetz, sondern wird durch Verordnung geregelt, weil man diese bei Bedarf einfacher ändern kann. Die Höhe des Barbetrags ergibt sich daher aus § 96 Abs. 2 SGB XII i. V. m. § 1 Abs. 1 Nr. 1b der Verordnung zur Durchführung des § 90 Abs. 2 Nr. 9 SGB XII. Nachdem der Schonbetrag jahrelang bei nur 2.600 Euro lag, wurde er ab 01.04.2017 auf 5.000 Euro erhöht.

Dieser Barbetrag gilt pro Person (Paare dürfen also zusammen 10.000 Euro haben) sowohl in der Grundsicherung als auch in der sonstigen Sozialhilfe (z. B. Hilfe zur Pflege). Zusätzlich haben Bezieher der Hilfe zur Pflege, wenn sie während des Leistungsbezugs noch arbeiten, gemäß § 66a SGB XII einen Freibetrag in Höhe von 25.000 Euro, wenn dieses Geld vom eigenen Einkommen erspart wurde. Diese Vorschrift hat aber durch die Reform der Eingliederungshilfe an praktischer Bedeutung verloren, weil für den Personenkreis, der noch arbeitet, in der Regel ohnehin die günstigeren Regelungen der Eingliederungshilfe gelten.

In der Eingliederungshilfe ist der Betrag großzügiger als in der Sozialhilfe. Er liegt bei gut 57.000 Euro. Dieser Betrag steht aber ebenfalls nicht direkt im Gesetz, sondern wird wieder in Relation zur Bezugsgröße der Sozialversicherung ermittelt, siehe § 139 SGB IX.

Die Formulierung „Barvermögen oder sonstige Geldwerte bis zu einem Betrag von 150 Prozent der jährlichen Bezugsgröße" sagt uns, dass der Vermögensfreibetrag das 1,5-fache der jeweiligen Bezugsgröße ist. Für das Jahr 2020 beträgt diese 38.220 Euro. Multipliziert mit 150 Prozent, also mit 1,5, ergibt sich ein Freibetrag von derzeit 57.330 Euro.

Der Grundsatz ist, dass alle Vermögenswerte, die jemand besitzt, zusammen diesen Gesamtbetrag erst einmal nicht übersteigen dürfen. Ausnahmen gibt es in Form des weiteren Schonvermögens. Diese gelten gleichermaßen für Sozialhilfe und Eingliederungshilfe.

Schwieriger als bei Geld ist die Verwertung des Vermögens, wenn es sich um Gegenstände handelt. Diese müssen, wenn das gesamte Vermögen den oben ermittelten Wert überschreitet, zu Geld gemacht, also verkauft werden. Der Erlös ist dann für die benötigten Leistungen zu verwenden. Aber auch hier gibt es zunächst ein Schonvermögen, geregelt in § 90 Abs. 2 SGB XII. Viele Gegenstände, die man zu Hause hat, fallen unter einen dieser Punkte. Etwas anderes gilt zum Beispiel für wertvolle Sammlungen, Schmuck etc. Ein Auto bei einer nicht erwerbstätigen Person dürfte in der Eingliederungshilfe nicht mehr problematisch sein, weil es zusammen mit dem übrigen Vermögen einen Wert von 57.330 Euro haben dürfte. In der Sozialhilfe, bei der die Grenze niedriger ist, kommt es darauf an, wie alt und in welchem Zustand das Kraftfahrzeug ist, da sich danach der Wert bestimmt. Ist es gebraucht, kann es wertmäßig unterhalb des Schonvermögens liegen.



Trotzdem muss ein Auto als Vermögenswert unbedingt angegeben werden. Sachbearbeiter haben manchmal die Einstellung „Wozu braucht der/die ein Auto? Und wie kann er/sie sich das überhaupt leisten?" Ein verschwiegenes Kraftfahrzeug, das nachträglich herauskommt, zieht unangenehme Nachforschungen nach sich, da auch der Unterhalt dafür Geld kostet, und man sich fragt, ob Einkommen verschwiegen worden sein könnte.

Dramatisch wird es mitunter, wenn das Vermögen aus Immobilien besteht. Wohnen die betreffenden Personen selbst darin, kann es sich um Schonvermögen gemäß § 90 Abs. 2 Nr. 8 SGB XII handeln, wenn die im Gesetz genannten Voraussetzungen, insbesondere hinsichtlich der Angemessenheit, erfüllt sind. Um herauszufinden, was im Einzelfall angemessen ist, muss man die Rechtsprechung zum Thema Hausgrundstück studieren. Diese ist umfangreich, da sich in Zweifelsfällen ein Rechtsstreit lohnt. In einem solchen Fall ist anwaltliche Beratung angebracht.

Wohnt man zu groß, zu luxuriös oder sonst unangemessen im Sinne dieser Vorschrift, muss man umziehen und den Erlös aus dem Immobilienverkauf für die benötigte Leistung ausgeben.

Allerdings berücksichtigt der Gesetzgeber für die Sozialhilfe in § 91 SGB XII und für die Eingliederungshilfe in § 140 Abs. 2 SGB IX den Fall, dass es unmöglich oder schwierig sein kann, Vermögensgegenstände zeitnah zu Geld zu machen. Zum Beispiel, wenn jemand in einem Haus wohnt, das aber für eine Person allein zu groß ist. In diesem Fall soll die Hilfe als Darlehen gewährt werden. Das heißt, der Mensch mit Behinderung behält sein Haus, um weiter darin zu wohnen, bekommt die Hilfe als Darlehen. Wenn er verstorben ist, wird die Behörde dieses Vermögen verwerten, sich also das Geld zurückholen. Es kann eine (dingliche) Sicherung (z. B. Bürgschaft oder Bestellung einer Hypothek) verlangt werden. Die Sicherung ist eine Ermessensentscheidung.



Gemäß § 90 Abs. 2 Nr. 3 SGB XII ist auch solches Vermögen geschützt, das zum Erwerb einer geschützten Immobilie dient. Hintergrund dieser Vorschrift ist, dass die Möglichkeit gegeben werden soll, künftig eine solche Immobilie zu erwerben, wenn man es aus finanziellen Gründen nicht auf einen Schlag kann. Die Anforderungen an den Nachweis sind jedoch streng, das heißt, es muss regelmäßig eine konkret zu kaufende Immobilie und einen realistischen Finanzierungsplan dafür geben.

# Praxisfall 4: Hilfsmittel

Ein 14-jähriger Jugendlicher (J), der an Knochenkrebs erkrankt ist, und dem deswegen das rechte Bein am Oberschenkel amputiert werden musste, kommt am Donnerstag, 12.06.2017, mit seinen Eltern in Ihre Beratungsstelle. Die Familie berichtet Folgendes:

J wurde von seiner Krankenkasse mit einer hochmodernen elektronisch gesteuerten Beinprothese versorgt. Da er das Gehen in der Physiotherapie und auch im Alltag fleißig geübt hat, kann er mit ihr so gut gehen und laufen, dass man ihm seine Beeinträchtigung auf den ersten Blick kaum anmerkt. Im Schulsport und in der Freizeit geht er mit seinen Freunden gerne Schwimmen. Allerdings kann er dabei seine Beinprothese nicht benutzen, weil sie auf keinen Fall nass werden darf. Deshalb hat er bei der Krankenkasse die Versorgung mit einer Badeprothese beantragt. Diese ist technisch weniger anspruchsvoll, dafür aber wasserfest und daher für den Einsatz im Schwimmbad, im Freibad oder am Badesee geeignet.

Die Krankenkasse hatte mit Schreiben vom 18.04.2017 den Antrag abgelehnt, mit der Begründung, J sei erst vor kurzem mit einer Beinprothese auf dem neuesten technischen Stand versorgt worden; diese Versorgung sei somit absolut ausreichend und angemessen. Die Versorgung mit einer weiteren Prothese würde eine Überversorgung darstellen und gegen den Grundsatz der Wirtschaftlichkeit von Rehabilitationsleistungen verstoßen. Aufwendungen für Sport und Freizeit seien auch bei nichtbehinderten Menschen Privatsache und müssten daher selbst finanziert werden. Sei dies dem J oder seinen Eltern nicht möglich, so solle J den Antrag beim zuständigen Sozialamt stellen. Der Brief schließt mit freundlichen Grüßen und Unterschrift des Sachbearbeiters, weiter steht nichts darin. 5

Die Familie ist nun verunsichert und möchte wissen, ob die Krankenkasse den Antrag zu Recht abgelehnt hat.

Die Eltern sind empört über die Aussage der Krankenkasse und sagen, dass sie es nicht einsehen, zum Sozialamt gehen und ihre Einkommens- und Vermögensverhältnisse offenlegen zu müssen. Wenn es jedoch nicht anders gehe, würden sie das notfalls machen. Sie würden aber lieber etwas gegen die Entscheidung der Krankenkasse unternehmen, denn deren Argumentation, es handle sich um eine Privatsache, könne doch wohl nicht richtig sein.

J sagt, er könne schon einbeinig hüpfen, aber er komme sich dabei immer total blöd vor, es sehe so behindert aus. Die Badeprothese würde dagegen cool aussehen, denn diese gebe es in verschiedenen bunten Designs. Er habe im Hallenbad schon einmal versucht, Krücken zu benutzen, aber erstens sehe das noch mehr nach Behinderung aus als das Hüpfen, und zweitens sei er dabei böse ausgerutscht; seitdem würde er das nicht mehr machen, weil es ihm zu gefährlich sei. Für ihn wäre es das Schlimmste, wenn seine Freunde in Zukunft ohne ihn zum Schwimmen gehen würden und er alleine zu Hause vor dem Computer sitzen müsste. Außerdem ist er der Meinung, eigentlich müsste die Krankenkasse doch froh sein, dass er trotz seiner Behinderung so sportlich sei und auf seine Gesundheit achte.

Die Familie möchte wissen, ob es Erfolg versprechend sei, etwas gegen die Ablehnung seitens der Krankenkasse zu unternehmen – und wenn ja, was man denn schreiben solle? Hoffentlich sei es dafür nicht schon zu spät; sie hätten eigentlich schon früher in die Beratungsstelle kommen wollen, hätten es aber terminlich einfach nicht geschafft.



Wie beraten Sie die Familie? Ist die Ablehnung der Prothese zu Recht erfolgt? Kann man gegen die Ablehnung noch vorgehen oder ist die Familie zu spät zur Beratung gekommen?

**Lösungshinweise:**

Sowohl die Aussagen der Krankenkasse als auch die Aussagen des J enthalten Hinweise für Sie, wie der Fall zu lösen ist.

Erkennen sollten Sie, dass die vorhandene Beinprothese und die beantragte Badeprothese zwei verschiedenartige Hilfsmittel sind.

Weiterhin sollten Sie nun die Hinweise verwerten, die Ihnen der Sachverhalt sonst noch gibt, etwa zu der Frage, warum J nicht einfach ohne Badeprothese zum Schwimmen gehen könne, dies betrifft die Erforderlichkeit des Hilfsmittels.

Auch die Häufigkeit der Benutzung gehört zur Erforderlichkeit und Angemessenheit eines Hilfsmittels, sie soll nämlich sehr häufig sein. Die Krankenkasse möchte vermeiden, was unwirtschaftlich wäre, nämlich Hilfsmittel zu bezahlen, die dann beim Betroffenen zu Hause die meiste Zeit ungenutzt in der Ecke stehen.

**Wichtig:** In der Praxis fragt die Krankenkasse meist die Häufigkeit der Benutzung vor der Bewilligung des Hilfsmittels in einem Fragebogen ab.

Zu problematisieren ist, ob ein Hilfsmittel wie die Badeprothese, das normalerweise in der Freizeit benutzt wird, zur Befriedigung der sogenannten Grundbedürfnisse dient, denn nur dann darf das Hilfsmittel von der Krankenkasse bewilligt werden (siehe dazu auch die Ausführungen im Praxisfall 1).

Hier müssen Sie wissen, dass nach der Rechtsprechung des Bundessozialgerichts bei Jugendlichen die Grundbedürfnisse weiter gefasst werden als bei Erwachsenen. Eine sportliche Betätigung etwa rechnet nach ständiger Rechtsprechung des Bundessozialgerichts bei Erwachsenen nicht zu den Grundbedürfnissen (z. B. BSG, Urteil vom 7.10.2010, Az. B 3 KR 5/10 R). Bei Kindern und Jugendlichen wird aber von der Rechtsprechung eine erweiterte Einstandspflicht der gesetzlichen Krankenkassen angenommen, um diese vor behinderungsbedingten Ausgrenzungen im täglichen Leben zu bewahren oder diese zu mildern und damit Beeinträchtigungen ihrer Entwicklung entgegenzuwirken.

Mobilitätshilfen zum mittelbaren Behinderungsausgleich erhalten Kinder und Jugendliche dann, wenn dies entweder zum Schulbesuch (Schule ist ein Grundbedürfnis von Kindern und Jugendlichen, schließlich gibt es eine Schulpflicht), zur Teilnahme am Unterricht (z. B. Sportbrille, behinderungsgerecht ausgestatteter PC) oder zur Integration in der kindlichen und jugendlichen Entwicklungsphase erforderlich ist. Der Junge erwähnt zwei Punkte, nämlich den Schulsport und die Gemeinsamkeit, das Mithalten mit Gleichaltrigen. Ist diese Gemeinsamkeit nicht gegeben, besteht die Gefahr der Vereinsamung, die unbedingt zu vermeiden ist. Die Förderung einer altersgemäßen Entwicklung wird auch zu den Grundbedürfnissen Jugendlicher gezählt. Im Ergebnis sollte der Anspruch auf die Badeprothese bejaht werden.

Auch kann gegen das Ablehnungsschreiben der Krankenkasse noch Widerspruch eingelegt werden. Zwar ist die übliche Monatsfrist für die Einlegung des Widerspruchs verstrichen. Dem Ablehnungsschreiben fehlt aber die Rechtsbehelfsbelehrung, so dass immer noch Widerspruch eingelegt werden kann (siehe Kapitel 4).

## Literaturhinweise

### Lehrbuch

Knoche, Bundesteilhabegesetz – Reformstufe 3: Neue Eingliederungshilfe, Walhalla Fachverlag 2019

Knödler/Krodel, Antragstellung und Widerspruchsverfahren in der Sozialen Arbeit, 2., aktualisierte Auflage 2014

Luthe (Hrsg.), Rehabilitationsrecht, 2., neu bearbeitete und erweiterte Auflage 2014

### Zeitschriften

*BR (Behindertenrecht)*

Fachzeitschrift für Fragen der Rehabilitation; erscheint unter Mitwirkung der Bundesarbeitsgemeinschaft der Integrationsämter und Hauptfürsorgestellen. Das Schwerbehindertenrecht sowie die Kriegsopferversorgung und Kriegsopferfürsorge bilden die Hauptthemen der BR. Die Zeitschrift erscheint siebenmal jährlich im Umfang von mindestens 24 Seiten, im Februar, April, Juni, August, Oktober, Dezember und ein Themenheft im Frühjahr.

*DAS BAND – Zeitschrift des Bundesverbandes für körper- und mehrfachbehinderte Menschen e. V.* 6

In ihrem Selbstverständnis als Mischung aus Elternzeitschrift, Fachorgan, Diskussionsforum und Betroffenenmagazin greift sie Themen auf, die in der allg. Diskussion stehen oder für behinderte Menschen von besonderer Bedeutung sind. Sie will umfassend informieren und auf diese Weise die Kompetenzen von Eltern und Angehörigen stärken. Das Band erscheint sechsmal jährlich.

*FEVS (Fürsorgerechtliche Entscheidungen der Verwaltungs- und Sozialgerichte)*

Die FEVS enthält rechtskräftige Entscheidungen der Verwaltungs- und Sozialgerichtsbarkeit zum Sozialhilferecht und Jugendhilferecht, zum Sozialgesetzbuch und angrenzenden Rechtsgebieten. Abgedruckt sind vor allem Urteile und Beschlüsse des Bundesverwaltungsgerichts, der Oberverwaltungsgerichte/Verwaltungsgerichtshöfe und des Bundessozialgerichts. Die Fachzeitschrift gibt einen umfassenden praxisbezogenen Rechtsprechungsüberblick zum Fürsorgerecht im weitesten Sinne. Die FEVS erscheint monatlich.

*Rechtsdienst der Lebenshilfe der Bundesvereinigung Lebenshilfe für Menschen mit geistiger Behinderung e. V.*

Der Rechtsdienst wendet sich vor allem an Jurist(inn)en, Mitarbeiter(innen) in Behörden und beratende Mitarbeiter(innen) in Behindertenorganisationen und -einrichtungen. Der Rechtsdienst informiert über aktuelle Entwicklungen in der Sozialpolitik und über behinderte Menschen betreffende Rechtsprechung. Der Rechtsdienst erscheint einmal pro Quartal.

## Internetadressen

*www.umsetzungsbegleitung-bthg.de*

Aktuelle Informationen zu den Änderungen durch das BTHG und wie diese in der Praxis umgesetzt werden.

*www.sozialgerichtsbarkeit.de*

Entscheidungen der Sozialgerichte, insbesondere der Landessozialgerichte sowie des Bundessozialgerichts im Volltext. Nach Bundesland, Sachgebieten, Datumsbereich, Aktenzeichen usw. durchsuchbar.

*www.rehadat.de*



Informationsangebot zur beruflichen Teilhabe von Menschen mit Behinderung, das über mehrere Portale und Datenbanken kostenlos zugänglich ist: Hilfsmittelverzeichnis, Adressen, Urteile und Gesetze, Best Practice-Beispiele und vieles mehr.

*www.reha-recht.de*

Diskussionsforum zum Rehabilitations- und Teilhaberecht für Fachjuristen, Praktiker bei Rehabilitationsträgern, in Unternehmen, Einrichtungen und Beratungsstellen, Mediziner sowie die Organisationen der Menschen mit Behinderung. Trägerin ist die Deutsche Vereinigung für Rehabilitation.

*www.einfach-teilhaben.de*

Internetportal des Bundesministeriums für Arbeit und Soziales mit Informationen für Menschen mit Behinderungen, ihre Angehörigen, Verwaltungen und Unternehmen.

*www.kobinet-nachrichten.org*

Nachrichtendienst der Kooperation Behinderter im Internet e. V. mit tagesaktueller Berichterstattung zu sozialpolitischen Themen, die Menschen mit Behinderung betreffen.

## Stichwortverzeichnis



7

7

7

Ada Zapperi Zucker

# Nuovo dizionario femminile

pensieri sparsi

VoG

VoG Verlag ohne Geld e.K.

n.34

ISBN 978-3-943810-36-3


Registergericht München HRA 99261
www.verlagohnegeld.de
Impaginazione: Heinz Weih
Editing: Fabio Zamboni
In copertina: Ada Zapperi, *Steinhaus,* 1996

**Ada Zapperi Zucker** è nata a Catania. A Roma ha iniziato gli studi di canto e pianoforte per poi concluderli alla *Musikhochschule* di Vienna. Insegna canto in Germania e in Sudtirolo.

Ha collaborato al *Dizionario Biografico degli italiani dell'Istituto Treccani, all'Enciclopedia dello Spettacolo* e *all'Enciclopedia Universo De Agostini.*

Cantante lirica ha svolto la sua attività prevalentemente all'estero, soprattutto in Austria e Germania. Col pittore sudtirolese Gotthard Bonell ha studiato pittura e partecipato a diverse mostre.

I suoi scritti letterari hanno ottenuto vari premi nazionali e internazionali, i più importanti sono:

| | |
|---|---|
| 2020 | Secondo Premio *San Domenichino* per *Due donne del Sud* |
| 2017 | Menzione d'onore *Casentino,* per il romanzo *La casa del nonno* |
| 2015 | Primo Premio *San Domenichino* per i racconti *La Cucchiara* |
| 2012 | Primo Premio *Casentino* per il romanzo *Teatro di ombre* |
| 2012 | Premio *Stiftung Kreatives Alter,* Zurigo, per i racconti *Le inquietudini della sora Elsa* |
| 2011 | Primo Premio *Chianti,* per il romanzo *Il silenzio* |
| 2008 | Primo Premio *Giovanni Gronchi,* per i racconti *La scuola delle catacombe* |

## Prefazione

*Qualche anno dopo, avrò avuto forse quindici anni, e già da qualche tempo inconsciamente mi arrabattavo per uscire dall'infanzia, avvenne il grande incontro. Non so come mi capitò fra le mani il Dizionario filosofico di Voltaire. Fu una rivelazione! Ricordo di averlo letto e riletto varie volte, incredula e in qualche modo felice. Finalmente una voce diversa da tutte le altre, da quelle che avevo sentito fino a quel momento a scuola; una voce lucida, leggera, facile da capire, ma soprattutto chiara, semplice, scritta proprio per una quindicenne priva di qualsiasi esperienza umana e intellettuale. Fu veramente un colpo di fulmine durato tutta la vita: Voltaire mi ha seguito in tutti i miei viaggi o vagabondaggi, e ora, circa settant'anni dopo, me lo ritrovo fra le mani ...* (in "Bach e Voltaire") Così Ada Zapperi Zucker ci racconta come sia nata l'idea di sviluppare un suo personalissimo "Nuovo Dizionario femminile".

Ada Zapperi-Zucker è una scrittrice di romanzi, di racconti, ma anche di saggi e di musica. Il suo nuovissimo libro di "pensieri sparsi" si intitola "Nuovo Dizionario Femminile" e raccoglie poco meno di una cinquantina di voci in ordine alfabetico che procedono da "Amore e rispetto", sulla falsariga della lezione del Faust di Goethe a quella di Dante in "Amor e corpo" per proseguire fino a "Vanità", che non è la fine, ma l'ultima delle lettere che fanno capolino in questa splendida, inconsueta nonché del tutto "nuova" opera letteraria. Nel suo "Dizionario" l'autrice ci rileva, voce per voce, le storie e la storia nascosta nelle parole, non solo nei confronti della realtà storico-culturale delle donne, ma di noi tutti, mescolando saggiamente aforismi filosofici, cenni storici e pura narrazione che scorre fra vita interiore e vita esteriore. Sembra di capire che il dizionario non é scritto per le donne, ma perché va scritto! L'inuguaglianza femminile però sembra come ancorata nella intera visione del mondo, e così anche il "Nuovo Dizionario femminile" di Ada Zapperi Zucker mette a nudo le radici di quest'albero dell'inuguaglianza.

In "Arte e morale" un pensiero illustra le idee base di ciò che noi crediamo sia il binomio fra arte e artista, fra l'artefice di opere artistiche e il suo essere uomo, donna, individuo in carne e ossa, non lontano da ogni mossa umana: *Un tema sempre controverso è la dicotomia che intercorre fra l'artista come essere umano e la sua opera, quasi si trattasse di due termini del tutto diversi fra loro: l'arte, quasi un dono divino, esclude le qualità morali di colui, colei che la produce, cioè non è un prodotto puramente umano, non porta tutti i segni del suo essere al mondo con tutte le debolezze, le ferite, le manie di grandezza, l'accentuata vanità, i complessi di inferiorità... in una parola con tutto il bagaglio che fa di lui appunto un essere umano...* e poi *...cos'ha a che fare tutto questo con l'arte in sé? L'arte come strumento di espressione per eccellenza è anche e soprattutto un messaggio del singolo verso il mondo tutto. Ancora meglio: la testimonianza del periodo storico nel quale è vissuto l'artista come nessun'altra. E vi sono tempi di guerra e tempi di pace; tempi di dittature e forti repressioni, altri di libertà democratica, di entusiasmo, di rinascita e anche di decadenza culturale. Tutto questo si voglia o no, si rispecchia nell'opera letteraria, figurativa ma anche nella musica di chi la produce.*

O in "Banalità del male" partendo dalla famosa citazione di Hanna Arendt l' autrice riesce a cogliere uno dei pensieri fondamentali non solo del Novecento, ma soprattutto dei giorni nostri: *Sono convinta che la popolarità che con questo libro ha raggiunto la Arendt, fino ad allora conosciuta solo in una ristretta élite di intellettuali, non certo dal grosso pubblico, sia veramente dovuta alla fascinazione di queste due pa-*

*role: chi ha riflettuto sul vero senso di questo titolo che in realtà sminuisce la portata di un importante avverbio, usato qui come sostantivo?*

Ella si pone l'obbiettivo di scrivere un dizionario i cui lemmi concorrono a definire la condizione ontologica delle donne nel mondo patriarcale. È un'esperienza tremenda, che andrebbe analizzata. Alla vastità dei vari contenuti che Ada Zapperi Zucker si è prefissata di analizzare per compilare il Dizionario si deve aggiungere il suo approccio alla scrittura: frutto di un labor limae che non trova mai requie. In ogni singola voce a cui l'autrice ha dedicato la sua fatica e la sua infinita sagacia si trova, come in ogni dizionario, una verità, che non pone come obbiettivo la definizione del vero, ma nasce dall'ispirazione e dalla sua grande *"Lebenserfahrung"*; l'energia vitale con la quale sistemare quello che già si sa con quello che si incontra. Proprio a partire da questa concezione rivoluzionaria dei saperi, l'Abbecedario si presta anch'esso a quella lettura frammentata e distillata, tipica dell'operato letterario di Ada Zapperi Zucker. I suoi "pensieri" in veste di saggi aforismi ci indicano, come comprendere la nostra conditio humana, inclusa in mille storie, in mille e pluriformi racconti che partono tutti da una grande e vasta conoscenza letteraria del mondo, quello che Goethe sottolineava essere la *"Weltliteratur".*

Si tratta di testi programmatici come "Essere donna" o "Femminismo",. ma anche di testi molto attuali come "Guerra", che inizia così: *Sono furiosa. Dopo l'ultimo conflitto mondiale, che ho avuto la sfortuna di conoscere nonostante bambina e sul quale ho anche scritto qualcosa sono trascorsi una settantina di anni di pace, almeno in parte, e già ci eravamo abituati a questa quiete, pur sapendo di altre guerre nel resto del mondo, quasi lo spirito negativo che domina l'essere umano non potesse darsi pace. Nel corso di questi ultimi anni in vari Paesi del mondo, per modo di dire arretrati, sono scoppiate guerre sanguinose, ma noi abbiamo chiuso gli occhi pensando che avessero bisogno di tempo per crescere, cioè che fosse necessario fare qualche esperienza, tipo carneficine, massacri, distruzioni di città e paesi come ha ben conosciuto il Vecchio Continente per secoli, prima di capire che i conflitti si risolvono parlando e non ammazzandosi a vicenda.*

Si legga dunque questo libro, questa summa del pensiero umano come si voglia, cogliendo le parti salienti di una grande umanità come in *"Libertà:" Ecco una parola grande, grandissima, usata ma troppo spesso abusata, come accade per le grandi espressioni del pensiero, perché la libertà ha molto a che fare col pensiero, anzi nasce proprio dal pensiero e dovrebbe essere un grido di gioia, di liberazione da ogni costrizione contro natura. Infine, si tratta dell'aspirazione più alta del genere umano: decidere liberamente del proprio destino, del proprio divenire. Un diritto spesso dimenticato, o meglio ignorato nei Paesi dove è presente una dittatura che per noi europei sembra appartenere a un passato non poi tanto remoto.*

*Ferruccio Delle Cave*
*Vicepresidente del Südtiroler Künstlerbund*

# Indice

**Amore... rispetto?**

È possibile che almeno una volta nella vita ci troviamo davanti a questa tragica alternativa: vogliamo essere amati o all'amore preferiremmo il rispetto? E noi stessi, siamo disposti ad amare o forse di più, a rispettare?

Altro che Amleto con la sua domanda epocale! Qui si tratta di una scelta ancora più essenziale, anzi vitale che in realtà ognuno di noi dovrebbe porsi fin dall'inizio, già in fasce: vogliamo amore da nostra madre o rispetto? Qualcuno deve nutrirci, curarsi di noi, ma non è necessario che sia la stessa persona che ci ha portato nove mesi in grembo. Chiunque altro può curarsi di noi, e mai sapremo se lo fa per amore o soltanto per rispetto verso la vita. E allora?

Noi stessi: amiamo questa persona o abbiamo soltanto bisogno di lei per sopravvivere? Ma soprattutto: ne siamo coscienti?

Per un accordo stabilito da tutta l'umanità (non so quando, ma credo che ci sia stato questo accordo) pare che l'amore sia considerato il sentimento più profondo e forse più naturale dell'essere umano: sono quindi costretta a spostare il rispetto a una fase più evolutiva, cioè si tratta di un grande passo avanti verso la civilizzazione del famoso *homo sapiens.*

Secondo la nostra visione della vita, assai romantica, lo ammetto, la vita nasce dall'amore.

La vita è amore.

Ma ho grossi dubbi. Anzi non sono affatto convinta.

Penso al quarto Comandamento: rispetta (onora) il padre e la madre. Qui non si parla di amore. Devo allora pensare che l'amore è nato dopo il rispetto, quindi l'amore non è istintivo nell'essere umano? Anche l'amore si impara attraverso l'amore e se la madre non ama il bambino, cosa che può capitare molto più frequentemente di quanto non si creda, il bambino non sa amare. Quanti adulti non sanno amare? O confondono il sentimento dell'amore con l'impulso sessuale, molto più potente e primitivo di qualsiasi altro istinto?

Penso infatti che prima dell'amore sia nata la sessualità, voluta o meno, necessaria però per evitare l'estinzione della specie, mentre il sentimento 'amore' unito alla sessualità ha un'origine molto più recente. Sono convinta che il rispetto, necessario per la convivenza anche di due sole persone e poi di un gruppo, sia più importante dell'amore.

Quindi devo dedurre che la prima forma di civiltà nella storia umana è stata il rispetto e non l'amore. Di conseguenza non bisognerebbe predicare l'amore fra le genti, ma il rispetto: quanti conflitti si eviterebbero, quante guerre piccole e grandi. Quanti disastri, se invece di amore venisse predicato il rispetto verso se stessi e verso l'altro!

E cosa distingue questi due sostantivi? Io affermo: mondi.
Si può amare e non rispettare, ma si può anche rispettare senza amare.

Forse, dato il mio cattivo rapporto con la parola amore, sono molto cauta nel definirne la sostanza; in ogni caso, se mi è chiaro il significato del secondo sostantivo, rispetto, l'amore al contrario mi lascia un vago senso di inquietudine e di dubbi.

Voglio dare un'occhiata al mio amato Dizionario etimologico: „moto affettuoso, inclinazione profonda verso qualcuno o qualche cosa“ (Giacomo da Lentini 1250) definizione che lascia il tempo che trova.

Devo fare un grande passo indietro, tornare all'infanzia, all'adolescenza e cercare di ricordare: so di aver rispettato mia nonna paterna ma di averla odiata, come possono odiare i bambini. Perché anche i bambini sanno odiare. La nonna paterna (la materna era già morta almeno dieci anni prima che nascessi) era una donna dura, cupa, incapace anche solo di un sorriso: così nel mio ricordo. E piena di rancore verso la vita, verso gli uomini e le donne in particolare. Soprattutto verso chi aveva più di lei, cosa abbastanza facile dato che lei non possedeva niente. Io la temevo e non mi piegavo ai suoi ordini.

Subito dopo la guerra, non so più per quale motivo, noi bambini restammo per qualche tempo affidati alle sue cure, mia madre altrove con mio padre. Io ricordo di aver rifiutato qualsiasi contatto con lei, ma soprattutto di aver rifiutato il cibo che lei cucinava per noi. Dopo qualche settimana la nonna snervata, anzi furiosa, mi spedì accompagnata da due zii da mia madre. Fu un viaggio disastroso che ho descritto in un racconto, *Il vagone bestiame*, incluso in una raccolta dal titolo: *Un'infanzia quasi felice*[1].

Tornando alla grande differenza fra amore e rispetto, mi si potrà dire che l'amore include anche il rispetto... il che non è vero, la prova ce la fornisce la Storia, la grande Storia che non mente. Nel rispetto non è inclusa alcuna passione, non esiste la gelosia, non si vuol possedere la persona che si rispetta, mentre l'amore assomma in sé una quantità di passioni distruttive che possono portare all'omicidio o al femminicidio, come viene definito da qualche anno questa forma di delitto passionale, come nel caso di Otello, Carmen e di personalità meno teatrali ma assai reali della nostra cronaca nera. Sono tutti prodotti dell'amore e non certo del rispetto. Così almeno il tema ricorrente: uccise per aver troppo amato... mai nessuno che abbia ucciso per il troppo rispetto!

---

[1] *Un'infanzia quasi felice*, 2018, VoG Verlag

Quindi il rispetto è il maggiore segno di civiltà, cosa che manca del tutto nell'amore.

Sono troppo drastica?

Certo, esiste anche l'amore unito al rispetto, ma credo sia un'erba assai rara.

Se inizio con l'infanzia vedo spesso nei genitori un amore sviscerato unito a un'assoluta mancanza di rispetto. Credo sia una storia vecchia come il mondo, ma sono convinta che tutto abbia inizio proprio da questo primo esempio: quante volte ho sentito la frase che mi fa sempre rabbrividire: i figli sono miei e ne faccio quel che voglio. Si tratta forse di oggetti e non di esseri umani? Niente di più deleterio del voler possedere una persona per 'amore', sia questa una creatura appena nata, cioè non in grado di proteggersi e quindi assolutamente dipendente da un'altra per sopravvivere, o un'adulta. Io dichiaro sempre che il senso del possesso, così sviluppato in tutti gli esseri umani, eccetto negli asceti, nei santoni e altri tipi dello stesso genere che chissà per quali motivi assai personali hanno rinunciato a vivere come tutti gli altri, ripeto il senso del possesso è estremamente sviluppato negli animali e in tutti gli esseri umani. Basta ascoltare un bambino che appena sa parlare, ma sa pronunciare assai chiaramente 'mio'! Mi chiedo quale sia l'origine di questo istinto così ben sviluppato già dalla prima infanzia: dipenderà dall'insicurezza, dalla paura di perdere tutto, di perdersi, ma soprattutto di non sopravvivere come negli animali? Allora la perdita dell'oggetto amato, e nella parola oggetto è incluso appunto l'oggetto dell'amore, significa la perdita di se stesso?

Se per un animale l'oggetto è un elemento essenziale per sopravvivere, e mi riferisco chiaramente al cibo, per l'essere umano diventa un simbolo di potere: possedere significa essere qualcuno; nasce quindi il desiderio di accumulare ricchezza, quasi un surrogato dell'amore o anche per sopperire al proprio vuoto interiore. E allora la perdita dell'oggetto significa anche la perdita di se stesso, del proprio io, della propria identità. Certo una perdita insopportabile. Da qui l'uccisione, la necessità di vendicarsi, di distruggere l'oggetto... voglio giustificare l'omicida? No. Voglio soltanto capire il fenomeno del femminicidio, vecchio come il mondo. Ciò che non posso più possedere non deve averlo nessun altro e allora lo distruggo.

Chiaro che questo garbuglio di passioni non può riferirsi al rispetto.

Ecco perché all'amore preferisco in ogni caso il rispetto.

PS. Naturalmente c'è un altro tipo di amore, quello romantico, il solo che sa accendere la fantasia, che riscalda, che fa volare; che procura vere e proprie estasi di poesia... ma non è la forma di amore che mi interessa: preferisco in ogni caso l'amore infantile che non procura nessuna estasi ma estrema tenerezza. Niente di più puro, genuino dell'amore infantile e in esso il rispetto ne è una conseguenza logica.

## Aristocrazia e i suoi derivati

*Forma di governo in cui il potere è detenuto dai nobili... un governo di pochi, il quale essi chiamano con nome greco, pensando che non l'intendiamo, aristocrazia.*
*B. Varchi 1565.*[2]

Il mio primo incontro con la nobiltà in generale avvenne negli anni Cinquanta: dopo alcune peripezie con due insegnanti assolutamente plebee ma famose, un giovane amico, Piero, mi propose di presentarmi alla sua maestra di canto. Lui, baritono dotato di una bellissima voce e una naturale musi-

[2] Dizionario etimologico

calità, cantava per diletto, essendo del tutto lontano dall'idea di intraprendere una carriera di cantante. Aveva infatti ereditato dal padre una specie di servizio postale privato, stava finendo i suoi studi universitari, e credo intendesse seguire la carriera universitaria e poi, eventualmente, quella politica: vorrei aggiungere che nonostante tutti questi privilegi, era comunista. Negli anni Cinquanta infatti essere comunista era quasi un dovere per ogni intellettuale di un certo rispetto, anche per distinguersi dai tanti fascisti ancora e sempre presenti, e non era importante abitare ai Parioli, come Piero: ciò che contavano erano le aspirazioni culturali.

Questa mattina ho cominciato a fare una strana classifica sui diversi rami della cosiddetta aristocrazia e mi sono anche chiesta il perché di questa suddivisione. Già da tempi antichissimi gli esseri umani hanno sentito la necessità di distinguersi dal resto della massa: i faraoni discendevano direttamente da dio; gli eroi o meglio i semi-eroi greci erano figli di almeno una dea come, tanto per citare il primo che mi viene in mente, Enea, figlio di Afrodite e Anchise, cugino del re di Troia. Anche se fa soltanto parte di un mito, Enea comincia la lista romana dei figli di nobilissime origini. A quanto pare perfino gli Asburgo hanno sentito impellente la necessità di trovare un capostipite adeguato al loro albo genealogico e lo hanno trovato appunto in Enea... Non so se sia poco!

Ciò che mi preme dire è che il desiderio di stare al di sopra del resto del genere umano è da sempre stata una prerogativa di moltissimi uomini e, temo, di pochissime donne. Da qui comincia il fantastico mito dell'uomo superiore per nascita, proveniente direttamente da un dio: chiaro che l'idea dell'esistenza, da qualche parte, di un dio fosse di primaria importanza.

I primi uomini superiori in ogni caso erano dei grandi guerrieri, cioè avevano muscoli poderosi, erano forti, audaci, pronti a versare il sangue del maggior numero possibile di nemici, o di chi soltanto gli si parasse davanti per contestarne l'autorità. Ma erano anche strateghi, sapevano imporsi, dominare con la forza. In una parola: si tratta degli uomini che hanno inventato la guerra. Ecco da dove nasce la prima nobiltà che niente di veramente nobile aveva (nobile nel senso che oggi si attribuisce a questa parola, mentre per i romani era soltanto colui che si faceva notare).

Questa è quindi la prima categoria che mi viene in mente: quella dei Re, diventati tali appunto per Grazia Divina; dei Baroni, Conti e altro, tutti per modo di dire nobili per nascita e non soltanto, con potere acquisito da un diritto ereditario. A volte soltanto estorto. Per lungo tempo questo tipo di aristocrazia dispose di una certa abilità strategica, se non anche fisica, almeno per mantenere il potere.

Naturalmente nello stesso tempo i rappresentanti di Dio cominciarono a lottare anche loro, ma con armi diverse, soprattutto soprannaturali e cioè con scomuniche, inquisizione, oltre che con eserciti, sempre per conquistare o mantenere il potere assoluto. In poche parole, una lotta durata anni, secoli: Stato e Chiesa, due contraenti inconciliabili. Cosa che non escludeva un enorme cerimoniale, sia negli ordini religiosi che nelle classi nobiliari, ognuno impegnato a dimostrare al mondo intero la propria superiorità.

Devo fare una considerazione: ogni mio incontro con l'aristocrazia, non importa a quale categoria appartenesse, è stata frustrante, anzi distruttiva: la prima persona è stata la mia maestra di canto, appunto la maestra di Piero, principessa[3] russa, figlia di un alto funzionario dello Zar, nata in

[3]Vedi anche pagina 55

un palazzo a San Pietroburgo proprio di fonte alla reggia zarista.

Ma di lei ho già scritto altrove,[4] quindi chiudo.

Ciò che invece non ho scritto mai, era il suo modo arrogante di trattarmi, il suo considerarmi appartenente alla massa del popolo ignorante e incivile, meglio ancora dei cosiddetti proletari. Ricordo che quando finalmente mi permise di fare dei concerti (una tournée in Spagna in una decina di Istituti di Cultura), mi invitò a pranzo a casa sua per insegnarmi le buone maniere a tavola. Mi avvertì che sicuramente sarei stata invitata da qualche Console, Direttore di Istituto, cioè da personalità importanti, e che non potevo comportarmi da cafona. Ignorava che in molti Istituti Italiani di Cultura risiedeva anche una quantità di cafoni, da mia esperienza personale.

A questo gruppo di uomini, nobili per nascita, dopo qualche tempo si contrappose un secondo gruppo, di certo non meno potente del primo, e cioè l'aristocrazia del denaro. Mi piace aggiungere che tutto il potere del mondo conta poco se manca il denaro. Penso ai vari Fugger, Medici e ai tanti banchieri di origine ebraica che in tal modo riuscirono a raggiungere anche altissime posizioni sociali, per esempio i Rothschild: considerata forse la più ricca famiglia del mondo, ottenne anche un titolo nobiliare sia in Austria, che in Inghilterra. Ma gli ebrei al denaro aggiunsero la cultura, l'arte, come nel caso di Heine[5], Mendelssohn[6], la scienza (e il più noto è indubbiamente Einstein[7]); la nobiltà dell'intelletto ha però origini molto più antiche, per fortuna, anche se, secondo la mia lista delle categorie, sta piuttosto in fondo: in altri

---

[4]*Singende Menschen*, 2018, pag. 240-244, VoG Verlag
[5]Christian Johann Heinrich Heine, scrittore tedesco, 1797 – 1856
[6]Felix Mendelssohn Bartholdy, compositore tedesco, 1809 – 1847
[7]Albert Einstein, 1879 – 1955

tempi nelle corti europee gli artisti e gli scienziati venivano annoverati fra la servitù.

L'aristocrazia del denaro è appunto quella che possiede ville circondate da giardini, con piscina e altro: anche questa una classe esclusiva, che, come l'altra nobiltà, non teme mai di sporcarsi le mani per aumentare il proprio patrimonio. Un esempio è dato dai grandi industriali di tutto il mondo, pronti a vendere l'anima, costruendo armi sempre più sofisticate per ammazzare quanta più gente possibile. Una nobiltà forse più spregevole di quella per nascita.

Ma c'è ancora un gruppo assai circoscritto, una sorta di nobiltà dello spirito, a volte anche ereditaria, e mi riferisco alla cosiddetta élite degli intellettuali. Anche questa è una classe riservata, una sorta di aristocrazia esclusiva, non meno riprovevole di tutte le altre aristocrazie. E qui mi cascano le braccia se penso all'arroganza, alle lotte senza quartiere fra chi sta dentro e chi sta fuori... In fondo si tratta sempre dello stesso giochetto di potere: volersi staccare dalla massa; distinguersi; sentirsi in ogni caso superiore all'altro; godere di particolari privilegi.

L'origine del potere nasce allora dal desiderio di superare l'altro, tanto è vero che Adamo, in mancanza di un rivale, ha dovuto sottomettere Eva per sentirsi superiore! Così almeno raccontano gli antichi.

## Arte e morale

Un tema sempre controverso è la dicotomia che intercorre fra l'artista come essere umano e la sua opera, quasi si trattasse di due termini del tutto diversi fra loro: l'arte, quasi un dono divino, esclude le qualità morali di colui, colei che la produce, cioè non è un prodotto puramente umano, non porta tutti i segni del suo essere al mondo con tutte le debolezze, le ferite, le manie di grandezza, l'accentuata vanità, i complessi di inferiorità... in una parola con tutto il bagaglio che fa di lui appunto un essere umano. L'artista, una sorta di Giano bifronte, spesso viene suddiviso in uno o più soggetti: da una parte l'uomo/la donna, dall'altra l'artista.

Io parto dal principio che da sempre regge il mondo: l'essere umano ha estremo bisogno di essere accettato prima dalla madre e dal padre, poi dal mondo o meglio dalla società della quale fa parte e, praticamente, fin dal momento in cui si separa dal corpo materno o meglio dal primo vagito cerca con tutti i mezzi a sua disposizione di ristabilire la situazione prenatale, tornare a essere parte della persona che lo ha creato, cioè essere accettato nel modo più assoluto.

Il punto sta nella domanda fondamentale: cosa è disposto a fare, a dare, a produrre per raggiungere questo scopo primario, vitale, necessario per sopravvivere?

Lo so, è molto difficile stabilire i confini fin dove si può arrivare. Naturalmente i limiti fra ciò che è lecito e ciò che va oltre, sono spesso elastici e hanno molto a che fare con le nostre prime esperienze, e mi riferisco come sempre alle nostre esperienze infantili: quante volte siamo stati ingannati e quante volte colui o colei che ci ha ingannato non è stata punita, anzi non è mai mai stata scoperta come persona colpevole? Ecco come nascono le nostre prime regole morali. D'altra parte come si può sapere, appena si comincia a prendere coscienza di sé e dell'altro, cosa è bene e cosa è male, e ancora meglio: esistono i due concetti del bene e del male in una creatura umana fin dalla nascita?

**No**, non credo affatto: è bene ciò che mi fa star bene ed è male ciò che mi fa soffrire. Questi i pesi e le misure. E qui la morale religiosa gioca un ruolo minimo, o semmai può essere solo un appiglio al quale non sempre è necessario attenersi.

Cos'ha a che fare tutto questo discorso con l'arte? E quale connessione esiste fra talento e morale? Moltissimo.

La qualità del talento non dipende certo dalla formazione etica dell'individuo, in ogni caso però ne influenza il comportamento, ne facilita la disponibilità o meglio la sua capacità di aprirsi con fiducia non soltanto verso il mondo esterno ma soprattutto verso se stesso, verso la propria ispirazione o estro: la sua ricerca, il suo sguardo verso il suo profondo io è libero o almeno dovrebbe essere libero da condizionamenti. Nasce così l'artista sincero, limpido, trasparente e questo in tutte le diverse forme dell'arte. L'artista che non teme di mostrare l'intimo più intimo è colui che ha fiducia in se stesso perché è stato accettato e amato fin dalla nascita prima di tutto come essere umano[8]; che fin dall'inizio ha ricevuto le conferme necessarie sulle sue possibilità e perciò non teme di guardare dentro di sé, nel profondo delle sue debolezze, magari scoprendole e cercando di superarle. È colui che non ha dovuto ingannare nessuno, nascondersi dietro chissà quali artifici, vendersi, proprio così, vendersi per ricevere in cambio quell'amore che altrimenti gli verrebbe negato. Ogni essere umano assai presto impara che nulla gli è dovuto, che deve meritarsi il dono immenso che è la vita, che non ha il diritto di chiedersi per quale motivo è al mondo, anche se a volte gli viene rimproverato perfino di esserci: la sua nascita ha significato sacrifici infiniti, rinunce e altro per cui deve essere grato ai genitori che lo hanno messo al mondo. Mai ha chiesto se è stato lui a scegliere di nascere: una domanda che stranamente nessuno di noi pone ai propri genitori, domanda, secondo me, più che pertinente.

Ci ritroviamo qui e non sappiamo perché.

Ancora una volta: questo discorso ha qualcosa a che fare con l'arte?

**Sì**.

---

[8]L'esempio più luminoso ci è dato da W.A.Mozart.

A un'analisi assai acuta si riesce perfino a distinguere un artista che si nasconde dietro la forma (cioè che si vende) da un altro che non teme la forma e quindi la usa soltanto per esprimersi, libero da ogni inibizione personale, ma anche dalle mode, cioè da ciò che sa che verrà accettato perché conosciuto e quindi compreso.

Se ascolto una qualsiasi composizione di Beethoven[9] mi sembra di vederlo in tutta la sua umanità tempestosa, ferita; in tutta la sua enorme capacità empatica di comunicare anche i pensieri più riposti, più indicibili: un essere sincero fino all'osso, incapace di nascondersi a stesso e agli altri, con tutte le sue debolezze e la sua titanica forza interiore. In lui il grande talento travalica ogni debolezza umana e diventa suono senza mezzi termini: lui non ha bisogno dei mille trucchi che i tanti sistemi musicali gli mettono a disposizione, come per fare un esempio, nel caso di Wagner[10]. Beethoven è sempre onesto... strano che usi questa parola per un'opera d'arte, ma appunto nell'arte, sia dei suoni, dei colori o della parola, c'è anche onestà e voglio aggiungere, c'è moltissima onesta o disonestà, si voglia o no.

Ma forse la parola onestà è sbagliata.

Infatti può un'opera d'arte essere disonesta? Corro di nuovo al mio amato Dizionario etimologico e alla parola onestà trovo: „Consono alla rettitudine, conforme alla legge morale" (Brunetto Latini 1294) e si torna alla legge morale. Mi sono infilata in un ginepraio.

Può un artista in qualche modo immorale creare un'opera d'arte di alta moralità? E cosa è morale? Certo nei secoli passati ogni opera d'arte, sia pittorica che musicale era un

[9]Ludwig van Beethoven, compositore, 1770 - 1827
[10]Richard Wagner, compositore, 1813 - 1883

omaggio a Dio, quindi aveva un alto valore morale, questo però non esclude che l'artista, come essere umano, potesse non rispondere alle esigenze morali del suo tempo, perché ogni tempo ha avuto il suo senso morale.

Torno con la domanda: cos'ha a che fare tutto questo con l'arte in sé?

L'arte come strumento di espressione per eccellenza è anche e soprattutto un messaggio del singolo verso il mondo tutto. Ancora meglio: la testimonianza del periodo storico nel quale è vissuto l'artista, come nessun'altra. E vi sono tempi di guerra e tempi di pace; tempi di dittature e forti repressioni, altri di libertà democratica, di entusiasmo, di rinascita e anche di decadenza culturale. Tutto questo si voglia o no, si rispecchia nell'opera letteraria, figurativa ma anche nella musica di chi la produce.

Non posso fare a meno di pensare all'ultimo secolo e ai suoi artisti; chi è rimasto nella Russia sovietica, come Schostakowitsch e altri come Stravinskij, emigrato, con grandi ripercussioni anche sul loro stile musicale; ma anche i 12 anni di nazismo e 22 di fascismo hanno avuto forti ripercussioni sulla produzione artistica di qualsiasi genere: chi si è venduto per sopravvivere e chi ha trovato altrove una via di sbocco. La sofferenza di chi come Schostakowitsch ha dovuto sottomettersi al partito e all'ideologia alla quale credeva (e si sente chiaramente nelle sue composizioni) e la libertà di chi, come Stravinskij, ha avuto la possibilità di esprimersi senza restrizioni di sorta. La stessa cosa nell'arte figurativa: come ignorare le grandi statue che inneggiavano al famoso culto della personalità, prodotte da artisti non so quanto convinti del loro lavoro, ma in ogni caso contenti di far parte di quel sistema, di quella società. Cioè di essere accettati.

Intanto io resto qui con la domanda se si può usare la parola onestà nell'arte oppure no.

**Arte figurativa**

Le origini dell'arte figurativa si fanno risalire a milioni di anni fa, nate dal bisogno di fissare l'immagine, o meglio di fermare la realtà quotidiana. Subito dopo si sentì la necessità di dare anche un colore a questa realtà, di raccontarla o meglio di interpretarla. Dalle grotte di Lascaux (risalenti a oltre 17 mila anni fa) fino a un'epoca più databile, sono passati secoli e milioni di esseri umani, tutti con questo strano bisogno di bellezza ma anche di eternità: la natura fu in ogni caso l'ispiratrice primaria sia visivamente che sonoramente per l'essere umano, ancora e sempre alla ricerca di un linguaggio che gli permettesse di comunicare i propri sentimenti, le emozioni e quant'altro ancora.

L'arte figurativa fu dunque il primo veicolo dell'emozione umana?

Quanti secoli sono stati necessari all'essere umano per acquistare l'uso di un linguaggio comprensibile ai più: la parola? Le parole nelle più diverse possibilità di fonazione a seconda dei luoghi, dei climi; le tante parole che ancora cercano di superare i confini che limitano l'espressività dell'essere umano, la sua carica di emozioni, idee, sogni. Perché nel mondo si sono parlate sempre tante lingue se i sentimenti che hanno mosso gli esseri umani sono stati e restano gli stessi? Già per dire 'sì' ogni gruppo etnico ha usato una parolina diversa con tutti gli equivoci che ne sono derivati: invece per l'arte figurativa non è stato necessario inventarsi una lingua. Il suo linguaggio è unico e universale appunto perché non si serve della parola, ma degli occhi. Vedere e riconoscere un oggetto, un animale, la mano umana, il corpo in movimento del cacciatore è alla portata di tutti, quindi la sua universalità fin dall'inizio è stata anche la sua grande forza.

Dall'arte come rappresentazione o imitazione della realtà fino ad arrivare a un'immagine chiara soltanto a pochi iniziati fu necessario un lungo e assai controverso cammino; cioè il passaggio dall'artista come interprete di un messaggio di bellezza e compiutezza presente nella natura, all'artista che cerca di mettere sulla tela il suo mondo interiore che niente più ha a che fare con la realtà quotidiana, significò un percorso di introspezione nel profondo; un rimettersi nudo davanti a uno specchio, spogliandosi di tutti gli abiti convalidati da tradizioni millenarie; infine intraprendere un viaggio nel mondo del sogno, dell'irreale, decisamente lontano dall'imitazione del visivo.

La ricerca degli strumenti necessari per dare un nuovo linguaggio al proprio mondo altrimenti inesprimibile; la necessità di lasciare libera la fantasia senza le costrizioni dettate dalla realtà, ma anche dalla sua interpretazione che da sempre ha chiuso l'essere umano in una sorta di corsetto, ha significato un lungo cammino verso sé stesso: stranamente la necessità di uscire dal reale, immenso e senza confini ma nello stesso tempo assai limitato (può sembrare un ossimoro ma al contrario ha un senso), ha costretto l'artista a scavare nel piccolo del suo essere molto più intensamente di prima. Qui non si tratta più di riprodurre ciò che si vede, ma di inventarsi ciò che non si è mai visto. Da qui la ricerca senza un fine preciso, il lasciarsi andare all'avventura senza una meta precisa.

Il piacere stesso della ricerca ha sempre guidato l'essere umano a scoprire nuovi continenti, sempre nuovi mondi esistenti o inesistenti, soltanto immaginati; a conoscenze scientifiche inimmaginabili. Ma ha anche portato alle più diverse forme di espressione artistica.

È questa l'origine dell'astrattismo?

Il desiderio forse inconscio di rompere con i canoni stabiliti dal mondo reale, o anche la sempre crescente insoddisfazione nata dalla continua ripetizione di sistemi, di regole del „si è sempre fatto così“ che, alla resa dei conti, guida anche la mano di un artista, non soltanto la vita del travet nella sua quotidianità, può condurre a una crisi creativa con risvolti assolutamente inattesi e sorprendenti.

I primi rivoluzionari, tanto per fare qualche nome, furono in ogni caso Braque e Picasso col cubismo, Kandinsky e altri, ma la rottura non fu totale: l'occhio di chi osserva può sempre riconoscere il pensiero che ha guidato il processo di creazione artistica.

Interessante notare come sempre il pubblico voglia trovare qualche punto di riferimento in ogni quadro astratto che gli sta davanti, sia esso un accenno di profilo umano, un occhio, un oggetto conosciuto: lo stesso accade nel mondo della musica dove, in ogni composizione contemporanea, per quanto avanguardista possa essere, continua nell'ascoltatore la ricerca anche della più piccola linea melodica, come un segno di riconoscimento nel quale potersi identificare.

Ma anche per l'artista non è facile liberarsi dai codici che hanno guidato i suoi primi passi. La ricerca spesso inconscia di qualcosa che sente nella parte più riposta del suo cervello, che tenta di uscire, di manifestarsi viene sempre bloccata da vecchie inibizioni, vecchie di secoli: uscire dal particolare per entrare nell'essenziale, credo sia un processo specifico del mondo artistico-spirituale asiatico. Se si osserva l'arte cinese si trovano pochi segni concisi, quasi la sintesi di lunghe riflessioni avvenute su un piano inconscio e mai chiarite nel mondo reale, che si ripetono nel corso dei secoli sempre più o meno uguali. Lo stesso si può dire della rappresentazione divina nelle icone della chiesa ortodossa, tutte uguali a sé stesse, al contrario della nostra pittura europea a carattere religioso, sempre più dirompente, umanizzata dai nostri pittori. La necessità di raccontare attraverso l'arte figurativa anche le emozioni, i tormenti, i dubbi, le crisi spirituali: tutto si può leggere nella nostra pittura già dai suoi inizi e mi riferisco anche alle meravigliose composizioni dei miniaturisti dell'antica Roma. Affascinante la rappresentazione del corpo umano, soprattutto femminile, nel corso dei secoli: stilizzata, quasi ascetica nella pittura orientale, sensuale e sempre più aderente alla realtà nella nostra.

Da oltre cento anni una nuova arte figurativa ha preso nel mondo un posto di primaria importanza: la fotografia, subito dopo il cinema e ora la televisione.

La cosiddetta pittura narrativa ha fatto il suo tempo?

Io trovo narrativa anche la natura morta, anche i ritratti, in una parola tutto ciò che un artista riproduce col suo pennello: in fondo si tratta sempre della sua interpretazione, del suo modo di vedere un certo particolare momento, sia esso un panorama, un frutto, il viso o il corpo di un uomo, di una donna. Il pittore è soprattutto un gran narratore che non si serve di parole ma di segni e colori e voglio subito aggiungere: ogni artista è prima di ogni cosa un interprete di sé stesso e del mondo che lo circonda. Ma un fotografo oggigiorno, con tutti i sistemi tecnici più che rivoluzionari, non è anche lui un interprete, un narratore di alto livello? Soprattutto il cinema ha più o meno tolto la parola al pittore e anche allo scultore: l'essere umano percepisce la realtà soprattutto con gli occhi, ecco il grande successo del cinema e della televisione. Ogni analfabeta, detto questo anche in senso lato, può capire una scena, un semplice episodio muto, possibilmente con un sottofondo musicale, narrato da un qualsiasi cineasta, tanto è vero che gli ultimi narratori figurativi furono gli impressionisti (Renoir: Bal au moulin de la Galette e Van Gogh: I mangiatori di patate, per ricordare i più famosi) e Picasso con la sua Guernica.

Non si può abbastanza sottolineare la funzione dell'arte figurativa nel corso dei secoli: per i contemporanei motivo di riflessioni, per i posteri e quindi per tutti noi, un documento del tempo, l'unica testimonianza di una vita civile sul nostro pianeta Terra. Certo restano ancora muri, reperti archeologici, sassi, tanti sassi logorati dal tempo; ma senza le immagini delle tombe egizie, i meravigliosi mosaici di Piazza Armerina e ancora più giù: senza le fantastiche visioni nelle grotte di Lascaux avremmo perso gran parte della nostra storia umana.

Nel futuro, potrà il cinema narrare, fermare e anche interpretare le vicende, la vita spirituale di noi esseri umani come ha fatto, a suo tempo, la grande arte figurativa? Cosa resta per i secoli futuri di noi, della nostra Storia, del nostro senso della bellezza, ma anche del nostro smarrimento, della nostra continua ricerca del perché?

Queste riflessioni mi sono venute dopo la visita a una mostra del pittore Gotthard Bonell a Wolkenstein, in Sudtirolo: nuvole di roccia o rocce fra le nuvole, questa la traduzione letterale del luogo, nome assai significativo per la crudezza delle montagne che circondano questo stupendo paesetto infilato fra le rocce delle Alpi.

Ho avuto la fortuna di seguire questo pittore molto da vicino, data la profonda amicizia che da oltre 35 anni ci lega e, sempre a distanza di qualche anno, ho potuto partecipare al processo evolutivo di una personalità di notevole spessore umano e artistico.

Come dissociare queste due qualità?

Non ho mai creduto possibile separare l'opera di un artista dall'essere umano che ne è il creatore.

Ripeto, è stata una grande esperienza per me seguire le varie tappe del suo percorso umano-artistico: ora in questa ultima fase ho ritrovato i temi ricorrenti nella sua parabola di vita, ma rivisitati, staccati dalle tradizioni che pur sono state assai forti nella sua formazione, condizionando le sue precedenti creazioni.

I suoi ultimi lavori realizzano forse l'aspirazione più alta di ogni artista degno di questo nome: finalmente mettere sulla carta o sulla tela un mondo altro, una visione che esce dai confini della nostra realtà, della nostra immaginazione, permettendo anche a noi di essere partecipi delle sue visioni oniriche senza tempo né spazio.

È stato come scrutare nella psiche di un essere umano, vederne le luci e le ombre, captare i suoni che si sprigionano dai colori e perdersi in un mondo fantastico senza prima né dopo, senza inizio e senza fine; un mondo in continuo movimento in una fantasmagoria di colori sempre più sorprendenti, più unici; in forme sempre più lontane dalla nostra capacità immaginativa. Visioni nelle quali perdersi, in un tempo indeterminato; venirne assorbiti e non poterne uscire, definitivamente posseduti dalla magia di questa arte. Perché l'arte ha molto a che fare con la magia, con l'incantesimo, con l'imperscrutabile che riesce a manifestarsi: là dove la parola non è ancora stata inventata, il colore, il segno ne prendono il posto. Un miracolo che riesce solo a pochi.

E quanto sapere sta dietro questi sogni, quest'associazione di colori e forme messi sulla carta, sulla tela. Quanto talento.

E quanto coraggio è necessario!

### Bach[11] e Voltaire[12]

L'infanzia: ecco un lungo periodo della mia vita che io definisco lungo perché mi sembra in realtà di non esserne mai uscita. Questo periodo è poi sfociato nell'adolescenza, un percorso necessario, o meglio una tappa ineludibile se si vuole proseguire il cammino verso la maturità. È come imboccare una strada che non si conosce, che non si sa dove ci condurrà ma che ci sta davanti come unica soluzione: non mi meraviglio dunque se moltissimi restano impantanati proprio in questa che dovrebbe essere solo una tappa lungo

[11]Johann Sebastian Bach, compositore, 1685 - 1750
[12]Voltaire, filosofo francese, 1694 - 1778

il cammino: così, senza prenderne veramente coscienza, non imboccano la nuova strada, restano fermi lì, eterni adolescenti, magari per il resto della vita, con conseguenze che, più o meno, conosciamo tutti.

Ora cerco di gettare uno sguardo su quegli anni di formazione per me forse più importanti di tutto il resto della mia vita, perché proprio allora si presentavano sempre più impellenti tutti gli interrogativi che, sempre in forme diverse, avevano occupato la mia coscienza. Sì, proprio la mia coscienza; moltissimi problemi avevano infatti uno sfondo di carattere religioso. Strano, perché la mia famiglia era tutt'altro che religiosa, ma c'era una brutta esperienza che bruciava: ho frequentato le prime classi scolastiche appunto in un convento di suore...

Qualche anno dopo, avrò avuto forse quindici anni, e già da qualche tempo inconsciamente mi arrabattavo per uscire dall'infanzia, avvenne il grande incontro. Non so come mi capitò fra le mani il *Dizionario filosofico* di Voltaire. Fu una rivelazione! Ricordo di averlo letto e riletto varie volte, incredula e in qualche modo felice. Finalmente una voce diversa da tutte le altre, da quelle che avevo sentito fino a quel momento a scuola; una voce lucida, leggera, facile da capire, ma soprattutto chiara, semplice, scritta proprio per una quindicenne priva di qualsiasi esperienza umana e intellettuale. Fu veramente un colpo di fulmine durato tutta la vita: Voltaire mi ha seguito in tutti i miei viaggi o vagabondaggi, e ora, circa settant'anni dopo, me lo ritrovo fra le mani e ne vengo nuovamente affascinata.

Si tratta di due libretti della Universale economica, collana fondata da G.G Feltrinelli nel 1949, col numero 61 e 62. Ogni volumetto costava 100 lire e ne sono state stampate, nel 1950, trentamila copie. A cura di Julien Benda. Non posso fare a meno di chiedermi se ora, nel 2022, un editore osi stampare ben trentamila copie di un'opera filosofica del XVIII secolo. Altri tempi.

Sono ben lungi dall'idea di voler commentare il *Dizionario filosofico*, non ho le competenze necessarie e neanche conosco il linguaggio scientifico spesso usato per questo tipo di scrittura, ma l'effetto che ha avuto su di me, questo sì, questo è per me molto più importante di un qualsiasi commento scientifico.

Per prima cosa mi ha liberata da dubbi e incertezze; ha risposto a tutte le domande sui temi che in quel momento più mi interessavano, che in realtà avevano travagliato buona parte della mia infanzia e ora dell'adolescenza. Tutti i dogmi, le leggi per modo di dire universali che durante tutti gli anni scolastici mi erano stati inculcati non soltanto dai miei diversi professori di religione, sempre preti, ma soprattutto dalla società nella quale vivevo, nella quale viviamo tutti; leggende diventate dogmi, usanze che fanno parte integrale della cultura europea o meglio cristiana, tutto veniva sfatato. Voltaire, con un solo colpo di spugna, rimetteva la realtà al posto giusto, con leggerezza di tono, con semplicità e chiarezza, comprensibile anche per una ragazzina appena uscita dall'infanzia, ignorante di tutto e soprattutto di libri filosofici. Un lavoro scritto per un popolo alfabetizzato, cioè per chi come me aveva imparato a leggere, niente di più. Lui scriveva proprio come un giornalista, soltanto con arguzia, senso dell'umorismo e un'immensa conoscenza della Storia, dei Vangeli in tutte le sue interpretazioni e della cultura umana in generale.

Mi sorprende ancora, dopo l'ennesima lettura, come i princìpi enunciati da lui qualche anno prima della Rivoluzione francese come novità, come qualcosa di cui l'umanità ha sempre avuto estremo bisogno e cioè, tanto per citare un esempio, che gli esseri umani sono tutti uguali davanti alla legge, cosa per noi addirittura ovvia, ma non certo nei secoli passati, siano diventati per noi fondamentali. Ancora: che tutti hanno gli stessi diritti e doveri di fronte alla legge... e penso alle tante dittature ignare di questo principio di giustizia. La libertà di pensare con la propria testa e di poterlo manifestare senza per questo essere puniti (Voltaire si è fatto un mese di carcere per questo motivo), anche questa una novità e purtroppo ancora oggi in molti paesi del tutto ignorata, o meglio proibita, punita. E tante, tante affermazioni oggi riconosciute essenziali per il nostro essere civili.

Ecco, Voltaire mi ha dato le prime certezze, mi ha mostrato la via da seguire, ha fugato i miei dubbi religiosi, mi ha restituito la libertà di essere come ero e non come mi volevano gli altri. Mi ha anche insegnato a pensare in modo razionale, conciso, chiaro e di conseguenza a scrivere così, senza orpelli inutili, senza parole difficili, comprensibili soltanto agli iniziati. Questo e molto di più è stato e continua a essere per me Voltaire: sono convinta che dovrebbe essere un libro di lettura obbligatoria in tutte le scuole per aprire il cervello agli adolescenti, insegnare a pensare con la propria testa, a liberarsi da una quantità di luoghi comuni, di informazioni che non hanno nessuna base storica.

Ma in quel periodo avevo fatto un altro incontro fondamentale per la mia formazione, per strutturare il mio cervello, la mia capacità di analisi, di astrazione; sì, esattamente di astrazione e concisione logica: questo secondo incontro ha un nome: J.S.Bach. Con lui ho avuto un contatto giornaliero, ore e ore di studio di tutte le opere che scrisse per i suoi tanti allievi, dalle invenzioni a due e tre voci, alle Suites francesi e inglesi, per passare al Clavicembalo ben temperato e alle Partite. Mi ha insegnato che dopo ogni dissonanza arriva sicuramente una consonanza, che niente accade senza un seguito e una conclusione: che ogni inizio è soltanto una proposta che può prendere diverse direzioni ed avere quindi diverse soluzioni. Infine, che ci sono sempre soluzioni: niente resta irrisolto per Bach! Niente resta per aria, tutto torna con certezza alla base dopo varie ricerche ed esperimenti, dopo tentativi e prospettive di sbocco: una grande certezza per una adolescente del tutto spaesata nella vita. Bach mi ha insegnato che bisogna soltanto cercare, mai perdere le speranze: a tutto c'è un rimedio, tutto si conclude con un accordo consonante Questa la soluzione chiara e precisa di chi ha già percorso lo stesso cammino, ha trovato le stesse difficoltà e le ha risolte.

Durante quegli anni di ricerca, di angosce, delusioni, difficoltà di ogni genere, mi seguiva sempre Bach anche con la sua musica strumentale: ricordo di aver sentito ore e ore i suoi concerti Brandeburghesi tanto da saperli tutti a memoria!

Devo fare una tragica ammissione: non ho amato Bach come amavo e amo Mozart[13]. Il mio rapporto con i compositori è sempre stato molto emotivo. Bach mi incuteva rispetto, per me era il grande maestro che non raccontava fiabe ma storie molto concettose, profonde, serie, che mi costringevano a pensare, anzi a riflettere sull'essenza stessa della vita, sui doveri, le responsabilità che essa comporta.

Allora non sapevo che Bach mi avrebbe accompagnato per tutto il resto della mia vita anche attraverso la sua musica vocale e cioè con gli oratori, le cantate, i Lieder.

Nato nella fredda Turingia tutta protestante, del 1685, ultimo di sette figli, apparteneva a una famiglia di musicisti da molte generazioni. A nove anni perse la madre e dopo il padre. Fu accolto dal fratello di una quindicina di anni più vecchio di lui, abitante in un'altra città della Turingia. Questi i dati biografici. Non so quanti dei sette figli sopravvissero, ma riesco in qualche modo a immaginare l'atmosfera di quella famiglia anche conoscendo i tedeschi del Nord e la ri-

---

[13]Wolfgang Aamadeus Mozart, compositore, 1756 – 1791

gidezza dei costumi luterani. Se nella famiglia di Mozart c'era un padre attento, una madre amorevole, e una Nannerl che coccolava il fratellino geniale, quindi gioia, giochi infantili, calore; l'infanzia di Bach mi suggerisce ben altre scene, e quindi altro modo di esprimersi: musica seria, con qualche sporadico sorriso. No, Bach credo avesse poco da sorridere, lui della vita ha visto soltanto la parte più seria, più responsabile, con un accentuato timore di Dio che gli venne inculcato già nell'infanzia. Ebbe sette figli con la prima moglie, e con la seconda, sposata un anno dopo la morte della prima, altri tredici: venti figli in tutto. Anche questo, un segno della sua grande serietà: lui, davanti a Dio, aveva sempre fatto il suo dovere e mai aveva ceduto al piacere della carne fine a sé stesso! L'idea del peccato lo ossessionò, Dio sempre pronto a punire... e non posso fare a meno di ripensare a Voltaire, vissuto più o meno nello stesso periodo, ma in Francia.

Anche lui perse la madre credo a sei anni e fino a dieci anni restò presso la sorella maggiore. Poi passò in un collegio. Apparteneva a una famiglia dell'alta borghesia, anzi la madre era nobile, in ogni caso assai benestante. Due mondi che più diversi non potevano essere. E si legge nella leggerezza della scrittura di Voltaire, leggerezza che non è mai superficialità: in ogni caso una vita del tutto all'opposto di quella di Bach. L'uno nato e cresciuto in una piccola città di provincia strettamente luterana, educato al timore di Dio, abituato alla lotta quotidiana per sopravvivere; l'altro nato in un castello nei pressi di Parigi, il centro del mondo culturale, a sua volta parte della società assolutistica del suo tempo, assai presto famoso per i suoi scritti (se ne contano circa 700). In ogni caso già allora era chiaro che si trattava di un uomo che avrebbe superato i confini della Storia: infatti il nostro progresso civile è assolutamente inimmaginabile senza la presenza di Voltaire.

Ma nonostante la vita modesta, le composizioni di Bach (oltre 1300) hanno segnato la Storia della musica in modo definitivo: possiamo immaginare Mozart, Beethoven[14] e tutti gli altri senza il grande precedente di Bach?

### Il bambino in una scatola

Qualche giorno fa ho visto su FB una fotografia in bianco e nero che non riesco a dimenticare, nonostante mi faccia star male: un campo di profughi desolato, la terra arida, propria dei paesi mediterranei; neanche un filo d'erba, ma qualche sasso sparso qua e là e chiaramente tanta polvere. Solitudine assoluta e silenzio, quasi il mondo, i rumori del mondo si fossero di colpo quietati, perché una scena simile non sopporta un suono, un alito di vento. Il tempo si è fermato appunto per il secondo in cui viene scattata questa fotografia: in primo piano una scatola di cartone, il coperchio mancante, l'orlo strappato malamente. Dentro, un bambino di forse otto mesi, seduto, gli occhi fissi, senza un sorriso o meglio senza alcuna espressione o forse soltanto un profondo stupore. Non conosce altro che le pareti di quella scatola e crede che questo sia il mondo, tutto ciò che la nuova vita gli offre. Tiene in mano, abbandonata da una parte, un biberon, chiaramente vuoto. Non ricordo il vestito ma stranamente per me è chiaro che si tratta di un maschietto, il suo unico vantaggio, la sua unica miserabile carta vincente in un mondo in rovina. Forse non ha neanche un nome, in ogni caso non avrà mai un certificato di nascita. Come non fosse mai nato, mai esistito.

Accoccolata per terra, accanto a questa scatola, una donna che definirei senza età, giovane certo, ma non saprei darle una qualsiasi età, intenta a mangiare una minestra da un contenitore di plastica. Anche di lei non ricordo il vestito,

---

[14]Vedi nota pagina 24

ma il viso assente, il corpo assente. Una donna assente. Un essere umano, almeno per quel che riguarda le forme, del tutto assente. Vive soltanto perché non sa fare altro, non può fare altro e vive perché mangia qualcosa, nutre quel corpo che ha soltanto una forma umana, forse anche qualche pensiero umano, ma soprattutto un ricordo o meglio una montagna di ricordi che l'annientano, che non vorrebbe avere. Ogni cucchiaiata di minestra la costringe a vivere nel presente; nutrire quel corpo che certo non vuole avere, significa prolungarne le sofferenze. Quanta desolazione in questa figura di donna.

Mi sembra l'immagine di tutta la miseria umana, di tutta l'ingiustizia, la disumanità che giornalmente subisce la donna nel mondo. Da sempre.

Non posso dimenticare questa scena anche perché penso al passato e al futuro di questa donna e di questo bambino.

Mi chiedo perché sia facile immaginare il passato di questa donna e devo pensare alle migliaia, milioni di donne che da secoli si sono trovate in questa stessa situazione: violentate, incinte, sole; un parto più o meno clandestino, ma sicuramente doloroso, disperato, in cui il desiderio di morire supera ogni altro desiderio. Poi il bambino e la miseria estrema. Quasi la miseria, senza la violenza sessuale, senza il bambino, non fosse già sufficiente alla sua infelicità, e mi chiedo ancora e sempre, perché deve accadere tutto questo.

Questa donna, come milioni di altre donne, e penso all'India, all'Africa, forse è nata più o meno in circostanze simili, da una madre sistematicamente violentata dal marito o da un qualsiasi altro uomo, in ogni caso condannata a essere madre di tanti figli non voluti, non amati, come non è stata amata lei stessa; in ogni caso stanca, rassegnata; un piccolo animale di sesso femminile appartenente per caso al genere umano, ferito, umiliato, la cui vita fin dall'inizio è dipesa indissolubilmente da un uomo: prima dal padre che magari l'ha venduta a un altro uomo per pochi soldi, ancora bambina; poi dal cosiddetto compagno che ne ha preso possesso senza chiederle altro che di essere servito, di soddisfare i suoi 'bisogni' sessuali, senza per questo trascurare la cura della casa, se c'è stata una casa, della cucina se c'era qualcosa da mangiare. E tutto questo per generazioni.

Donne mai fotografate da nessun fotografo occidentale. Adesso, in pieno XXI secolo, per mano o per capriccio di un fotografo, abbiamo la possibilità di vedere nero su bianco, un bianco sporco, devo subito dirlo, l'ultimo capitolo di questo straziante romanzo che da sempre si chiama realtà per milioni di donne.

Non posso dimenticare questa fotografia: tutta la conoscenza scientifica, la filosofia, la cultura, l'arte e le religioni del mondo non possono cancellare il crimine più grande dell'umanità. Questa umanità voluta così dagli uomini, dai maschi.

E non esiste alcun tribunale civile che condanni tutto questo. Temo che non ci sarà mai un tribunale di Norimberga messo su per condannare i crimini contro l'umanità, perché non si è mai fatta una guerra e quindi non ci sono vincitori, ma solo vinte: queste donne, tutte le donne nel mondo che non hanno mai avuto voce. Non hanno mai avuto alcun diritto.

Ancora adesso, in pieno XXI secolo, le donne non hanno il diritto di esistere dignitosamente.

Posso continuare questo atto di accusa? Non credo ci sia altro da aggiungere. Solo che non possiamo più ignorare questa situazione; oggi abbiamo tanti mezzi di comunicazione, di informazione: il mondo cosiddetto civile deve sapere come viene trattata una parte di umanità ignorata, umiliata, sacrificata da secoli, che si cerca di non vedere, di dimenticare.

Già dall'antichità la donna rappresentava una preda di guerra, ne abbiamo esempi addirittura nei poemi omerici e oltre. Le guerre fra gli uomini, fra i maschi voglio ancora una volta sottolineare, hanno continuato a distruggere città, culture, intere popolazioni. Ma chi ha sempre pagato più di tutti sono state le donne, stuprate in massa, violentate, avvilite, schiavizzate: nell'Europa del dopoguerra, e mi riferisco all'ultima Guerra, centinaia di migliaia di bambini sono nati da donne stuprate, perché naturalmente i soldati avevano 'bisogni sessuali' da soddisfare e le donne dei paesi occupati dovevano servire a questo scopo. Penso alle donne e poi ai tanti, tantissimi bambini non desiderati, non accettati dalle madri e dalla società, creature innocenti che hanno scontato tutta la vita le colpe dei padri. Vite perdute fin dall'inizio, disperate e terribilmente ingiuste.

Continuo a pensare al bambino dentro la scatola di cartone, alla donna che lo ha portato in grembo e sento che questa umanità ha già fatto abbastanza disastri. Che sarebbe ora di finirla: per la prima volta desidero che esista veramente un inferno. Da non credente, desidero addirittura che esista almeno una giustizia divina, dato che quella degli uomini non serve a niente, per punire in eterno questi mostri.

## La banalità del male

Ecco un titolo che ha avuto un enorme successo nel mondo, tradotto in non so quante lingue. Sono convinta che la popolarità che con questo libro ha raggiunto la Arendt[15], fino ad allora conosciuta solo in una ristretta élite di intellettuali, non certo dal grosso pubblico, sia veramente dovuta alla fascinazione di queste due parole: chi ha riflettuto sul vero senso di questo titolo che in realtà sminuisce la portata di

---

[15]Hannah Arendt, filosofa tedesca, 1906 - 1975

un importante avverbio, usato qui come sostantivo? Mi chiedo anche quanti abbiano veramente letto questo libro, e mi riferisco ai non interessati al problema. Ma forse è piaciuta l'idea del male come espressione di banalità, tranquillizzando in tal modo moltissimi, in particolare chi lo pratica ampiamente: se il male è soltanto un prodotto della banalità umana, è quasi scusabile! Mai prima nessuno aveva avuto questa formidabile alzata di ingegno, nessun filosofo, nessuno storico, nessuna qualsivoglia persona di cultura aveva considerato il male la quintessenza della banalità. Un'affermazione che può essere considerata la grande novità del XX secolo: il Male, alla resa dei conti, è banale e viene praticato appunto da persone banali.

Soltanto che il male non è mai stato e non sarà mai banale: il male è male e niente altro che male. Qualsiasi altra cosa può essere banale, mai il male. La Arendt usava certe parole non col significato corrente e questo portava a non pochi dissensi anche nel suo ambiente.

Qui bisogna ridimensionare certi punti di vista, certe affermazioni. Chi è stato responsabile del primo grande genocidio dell'umanità non può essere assolto con una sola parola: banale. Il male è qualcosa di più importante, di immenso, di distruttivo. Il male ha annientato non soltanto milioni di ebrei, ha offeso il principio sul quale si è sempre fondato il senso morale della società umana. E questo non ha precedenti nella Storia dell'umanità.

Ho ascoltato l'intervista con due sopravvissuti per commemorare i 60 anni del processo fatto ad Eichmann nel 1961: un Pubblico Ministero del processo stesso e l'altro, un testimone. Le loro dichiarazioni, sulle quali non ho nessun dubbio, mi hanno colpito, soprattutto a proposito della reazione di Hannah Arendt: allorché, invitata appunto dall'allora giovane giudice a dare almeno uno sguardo ai tanti documenti che aveva raccolto nel giro di nove mesi, prima di iniziare il processo vero e proprio, rifiutò, dimostrando una notevole arroganza. Non volle neanche incontrarlo, parlare con lui, avere qualche informazione; la conclusione fu che scrisse un libro pieno di errori e false opinioni sull'uomo Eichmann, da lei definito un piccolo burocrate, del tutto banale, senza una personalità ben definita. „L'incarnazione dell'assoluta banalità del male", questa la sua definizione.

Devo concludere che ogni criminale è soltanto un essere banale?

Facendo un conto alla rovescia, penso che la maggior parte degli esseri umani non possiedano nessuna originalità, non sono grandi pensatori e neanche artisti, quindi sono soltanto banali... allora la banalità è un presupposto per diventare criminali?

Ma non è così: Eichmann non era affatto un piccolo burocrate, un funzionario di Stato qualunque (cosa che cercò di dimostrare ripetutamente durante l'interrogatorio in tribunale, ma si trattava di una strategia.). Si presentò nelle vesti della persona modesta, priva di alte aspirazioni, niente altro che un piccolo Travet coinvolto, senza saperlo, in avvenimenti di portata mondiale: questa l'immagine che tentò di presentare al mondo, benché osservando il suo viso, dietro la maschera della modestia, chiaramente trasparivano segni di disprezzo e alterigia nei confronti dei suoi accusatori, segni che a stento riusciva a nascondere: basta vedere il movimento delle labbra spesso serrate, quasi in una smorfia di totale disgusto. Essere processato proprio da esseri ritenuti da lui di razza inferiore deve essere stata sicuramente la maggiore punizione, l'offesa più grande che gli si potesse infliggere. Per lui non c'erano dubbi, come per tutti i nazisti: soltanto la razza tedesca era pura e superiore a tutte le altre razze umane.

Lui, per sua stessa dichiarazione, aveva un solo scopo nella vita: eliminare tutti gli ebrei nel mondo, senza alcuna eccezione, se necessario andando contro la volontà di Hitler, come dimostrano due esempi citati nel corso del processo.

Non riesco a capire la reazione della Arendt. Neanche l'ormai vecchio Pubblico Ministero, durante l'intervista, ha trovato una plausibile giustificazione a questo comportamento; penso che qualsiasi scrittore o filosofo, in ogni caso, qualsiasi persona con un minimo di cultura e di esperienza umana avrebbe accettato con entusiasmo l'offerta. Perché non ha voluto vedere i documenti? Non voleva avere una opinione preconcetta, questa forse la sua risposta: ma era venuta dall'America pienamente cosciente di incontrare uno dei rappresentanti più autorevoli del regime nazista, primo artefice dell'eccidio di milioni di ebrei. Sapeva bene perché quell'uomo sarebbe stato giudicato davanti al mondo intero. Lo sapevano tutti, non era necessario avere un'opinione preconcetta: lui stesso aveva provveduto a questo, già durante un'intervista del 1957 fatta a Buenos Aires, dove si era rifugiato, dopo la disfatta: alla domanda se aveva qualcosa da rimproverarsi, rispose di non aver compiuto fino all'ultimo il suo dovere, cioè di non essere riuscito ad eliminare tutti gli ebrei, come era suo compito. Non voglio aggiungere altro, ma questa sua dichiarazione era nota in tutto il mondo. Allora: perché la Arendt ha reagito così?

Certo, la Arendt era una personalità di spicco anche, ma non soltanto, per certe sue affermazioni contrastanti con le opinioni di altri filosofi e intellettuali del suo tempo, oltre che con ebrei suoi connazionali. Ma non rientra nelle mie competenze scrivere un commento su una persona come la Arendt: questo scritto vuole solo essere una reazione a un'intervista per celebrare i 60 anni dal processo Eichmann e niente altro.

Infatti sono più che indignata, addirittura offesa come essere umano, come persona pensante, ma soprattutto come chi ha vissuto la guerra, ha visto con terrore i soldati tedeschi prima a Catania e poi a Roma. Voglio sottolineare che quei soldati non avevano niente a che fare con i tedeschi che incontro da oltre 50 anni qui. Può sembrare strana questa affermazione, ma purtroppo gli uomini appena indossano una divisa cambiano, si identificano con la divisa militare e dimenticano di essere ancora e soprattutto esseri umani.

Al contrario ho voluto fare qualche piccola ricerca sull'uomo Eichmann. Adesso so che è nato a Solingen, in Germania, cresciuto a Linz in Austria, appartenente a una famiglia di assai modeste condizioni, convinto antisemita fin dalla gioventù, tanto da aver intrapreso un viaggio in Palestina per osservare da vicino le usanze degli ebrei e mettere a profitto queste conoscenze per fare carriera a Berlino. Proprio così: costruì la sua carriera sulle basi delle sue conoscenze dei riti e delle abitudini ebraiche.

No. Non posso definirlo uno strumento del Male, quasi fossimo in pieno medioevo: lui usava la sua intelligenza (non credo che la banalità abbia la minima affinità con l'intelligenza) e il suo senso dell'organizzazione (una dote particolare di questo popolo) per eliminare una razza inferiore, secondo le sue convinzioni, una peste che infestava il resto dell'umanità.

Era chiaro anche a lui che dopo la disfatta sarebbe stato processato per crimini di guerra, come gli altri funzionari del partito – anche questo un fatto nuovo nella Storia dell'umanità – e rendere conto delle sue azioni davanti a tutto il mondo: lui si sottrasse, sfuggì alle ricerche degli alleati e si nascose da qualche parte in Germania. Poi venne a sapere della possibilità di espatriare, ma aveva bisogno di un passaporto, di appoggi; nel 1948 si recò a Bressanone, dove altri fuggiaschi come lui avevano trovato gli aiuti necessari. Qui entra in ballo un personaggio che ebbe un ruolo importante in quella che poi venne definita *Rattenlinie*, cioè una linea di collegamento fra i criminali di guerra tedeschi e il Sudamerica. Si tratta del vicario generale della Diocesi di Bressanone, A. Pompanin, filonazista, che aveva ottime relazioni con la Croce rossa dalla quale si faceva rilasciare documenti falsi. Certamente l'allora Papa Pacelli era al corrente di questi fatti, anzi sosteneva finanziariamente queste vergognose operazioni. Che dire? Le solite ambiguità della Chiesa che non trovano nessuna giustificazione di carattere morale: Pompanin sapeva esattamente chi era Eichmann. E lo sapeva anche il Papa. Con i nuovi documenti diventò Riccardo Klement, sudtirolese optante per la Germania, privo di cittadinanza per motivi politici. Lo stesso fece col famigerato Erich Priebke, responsabile dell'eccidio delle Fosse Ardeatine: questi sono gli uomini di Chiesa, cioè coloro che predicano il Bene e sostengono il Male. Non voglio aggiungere altro, perché la Storia parla da sé.

In Argentina lo raggiunse la sua famiglia: qui uno dei figli conobbe una ragazza tedesca. Si presentò a lei col suo vero cognome e, guarda caso, la ragazza era figlia di un ebreo, ormai cieco per le torture subite in Germania, sfuggito per miracolo alla morte. Il seguito non è necessario raccontarlo perché si tratta di un fatto di cronaca.

## Due Cantanti

Oggi, per commemorare i cento anni della nascita di Agnes Giebe[16]l, ho ascoltato alla radio una sua registrazione dell'*Exultate Jubilate* di Mozart[17]. Conosco questo mottetto nota per nota e, ascoltandola, ero costretta a fare qualche riflessione sul canto, sulla Storia, sulla civiltà, su noi che serviamo l'Arte: in realtà i veri testimoni del periodo storico nel quale abbiamo vissuto.

[16]Agnes Giebel, soprano, 1921 - 2017
[17]Vedi nota pagina 35

Agnes Giebel è stata una cantante di musica da camera, famosa soprattutto come interprete di Bach[18]; non ha mai cantato l'Opera lirica per suo esplicito desiderio: un esempio per me, ventenne entusiasta soprattutto di Lieder e oratori. Lo studio del pianoforte ma soprattutto la mia insegnante di canto mi avevano allontanata dall'Opera lirica, nonostante fosse stata la mia grande passione durante l'infanzia e l'adolescenza.

Nata in Olanda da genitori tedeschi, già nel 1925, all'età di soli 4 anni, rientrò in Germania dove crebbe, studiò e svolse, a partire del 1947, quasi tutta la sua carriera. È morta all'età di 95 anni dopo una vita piena di successo e onori. Non posso fare a meno di ricordare che il periodo scolastico si svolse in epoca nazista e, conoscendone i metodi educativi, è possibile capire molto delle persone che hanno vissuto in quel tempo. Non so niente della famiglia, dell'ambiente culturale nella quale è cresciuta... ci si chiederà quanto tutto questo possa influire sulla voce, la sensibilità, le scelte musicali di una cantante.

Molto, moltissimo, addirittura tutto.

La Giebel è nata nel 1921 e la Callas[19] nel 1923: due mondi, pur avendo vissuto nello stesso periodo storico. Mi sembra molto interessante mettere a confronto due cantanti, ambedue celebri anche se in ambiti diversi, per offrire uno spaccato della società europea della seconda metà del XX secolo.

Chi erano i genitori della Giebel? So soltanto che erano contrari al fatto che intraprendesse lo studio del canto: frequentò infatti una scuola commerciale per diventare segretaria o qualcosa del genere, e soltanto per consiglio di un'insegnante si iscrisse alla Folkwangschule (Università di musica e arte) di Essen dove abitava. La Callas, figlia di un far-

[18]Vedi nota pagina 31
[19]Maria Callas, Soprano, 1923 - 1977

macista greco emigrato in America, dove appunto nacque, fin da piccola fu avviata allo studio del pianoforte.

Da una foto della Giebel è possibile vedere anche la sua provenienza, in ogni caso la mentalità che ineluttabilmente si rispecchia nei lineamenti del viso; nella pettinatura; nell'espressione di tutto il corpo: chiaramente una donna della piccola borghesia tedesca, benché sia vissuta a Essen, città industriale per eccellenza, non certo un paesetto di provincia.

La Callas al contrario, nata e cresciuta a New York, poi trasferita ad Atene, ebbe un'infanzia e un ambiente familiare assai diversi. Incide tutto questo sulle qualità di un cantante, di un artista di qualsiasi ramo? Non so se sono stati fatti studi su questo tema, ma sarebbe interessante sapere quali ripercussioni hanno tutti questi elementi sullo sviluppo di una personalità artistica: la Giebel in ogni caso era e rimase la classica brava ragazza che canta soltanto oratori, in chiesa o in sale da concerto; non mette piede in teatro, luogo di perdizione per eccellenza ancora nella seconda metà del XX secolo, e più tardi insegnerà canto. La Callas fin da giovinetta canta ad Atene perfino nei locali pubblici, nei teatri e dovunque, per guadagnare e mantenere la madre con la quale ebbe sempre un rapporto molto conflittuale: una donna ambigua, dal carattere complesso e passionale – pare non abbia accettato la figlia fin dalla nascita, dato che voleva assolutamente un maschio. Nel 1937 si separò dal marito e insieme alle figlie (Maria aveva una sorella maggiore che la contrastò fino alla fine) si trasferì in Grecia.

Due infanzie e due famiglie che più diverse non sarebbero potute essere: cosa ha a che fare la famiglia con la qualità della voce? La mia risposta sembrerà molto strana: io credo infatti che, benché l'organo principale del canto, e cioè le corde vocali, siano più o meno uguali in ogni essere umano, quello che poi rende particolare la voce è un insieme di elementi che formano il suono. E qui entrano in ballo certe predisposizioni più o meno naturali, oltre a una capacità inconscia della quale è quasi impossibile rendersi conto, in ogni caso difficile da definire. È come se si cercasse di riprodurre un suono che si è sentito in un tempo lontano, in un contesto altro, rimasto in qualche parte della memoria e desideroso finalmente di manifestarsi: una voce interiore che sorge prorompente, quasi un desiderio di bellezza, di perfezione che non può esprimersi in altro modo: è forse questa l'origine dell'arte?

Niente di più magico del suono prodotto da due piccoli organi vocali che attraverso l'uso sapiente (istintivo?) delle varie casse di risonanza acquista le sfumature più diverse, proprio come un pittore che sulla tavolozza ha soltanto pochi colori fondamentali e attraverso un qualcosa che ha molto a che fare con la magia e poi con l'esperienza, nata dalla ricerca continua, inconscia, di qualcosa di particolare, quasi una visione onirica, li mescola tanto da creare un'infinità di colori mai visti prima. Nel caso del suono, mai sentiti prima. Da qui la possibilità di riconoscere una voce su mille, cioè il famoso timbro sempre diverso da cantante a cantante, come sono diversi tutti gli esseri umani, le loro esperienze, la loro sensibilità, il loro senso di bellezza e la capacità o necessità di esprimerla.

Mi chiedo ancora, dopo un'intera vita trascorsa a studiare la voce umana, come nasce il timbro e la capacità di mescolare i diversi colori dei suoni per farne uno strumento estremamente espressivo, unico fra tutti gli strumenti, cosa che soltanto pochi, pochissimi privilegiati fanno, per modo di dire, istintivamente. E mi piacerebbe soffermarmi sulla parola *istinto:* come nasce, come si manifesta e perché alcuni riescono ad andare fino alle sue radici e altri no. Ma è un tema troppo difficile e non credo di avere le competenze necessarie per trattarlo adeguatamente.

Voglio cominciare dalla voce della Giebel, chiara, cristallina, strumentale come del resto necessario (ma non proprio obbligatorio) per il repertorio scelto; una voce che mi permetto di definire monocolore, quasi uno strumento musicale in legno o metallo, non duttile e, vorrei aggiungere, di non particolare espressività, come al contrario dovrebbe essere la voce umana: una voce quindi che non si distingue da tante altre.

Tutto il contrario la voce della Callas che ognuno, anche un non musicista, riconosce subito: se non sbaglio Tullio Serafin[20] la definì 'una vociaccia', carica di tutti i colori che madre natura ha concesso a un essere umano; espressione di una umanità ferita da due guerre mondiali; un grido di dolore che mai si può ascoltare senza sentirsi accapponare la pelle. Ma non soltanto questo. Giustamente si dice che la Callas ha rivoluzionato il modo di usare la voce, che ha scardinato uno dei valori fino ad allora fondamentali della critica musicale e cioè la bellezza della voce come dote di primaria importanza, che addirittura andava oltre la capacità espressiva. Nel XX secolo non sono certo mancate le grandi cantanti, con voci di bellezza prorompente e non è necessario fare qualche nome; la Callas aveva una voce non proprio bella come timbro ma estremamente espressiva, dai colori che dallo scuro potevano passare a suoni addirittura infantili (vedi la sua Butterfly), con una tessitura che spaziava dai toni più bassi a quelli più alti, cosa che le permetteva di affrontare i ruoli più disparati, da soprano leggero a mezzosoprano, passando dal lirico al drammatico con estrema facilità. La sua capacità di esprimere anche con due-tre suoni un mondo di emozioni, di dolore, di nostalgia e quant'altro, composto da musicisti che usavano le sette note come un pittore il suo pennello o un poeta l'alfabeto, era proverbiale: una rivoluzione per tutti i cantanti venuti dopo di lei.

---

[20]Tullio Serafin, direttore d'orchestra, 1878 – 1968

Chiaramente fu la cantante del XX secolo per eccellenza, la sua espressione più alta e compiuta. Basta conoscere la sua storia personale tempestosa, sempre in prima linea, per capire come in lei si rispecchiassero tutti i conflitti, le conquiste e le disfatte del cosiddetto femminismo (che lei ignorava del tutto) che hanno caratterizzato gli ultimi cinquant'anni del secolo passato.

Al contrario cosa lasciò la Giebel in eredità alle nuove generazioni? Non voglio fare commenti ma qualche riflessione sì.

Penso infatti che anche le voci nel corso dei secoli abbiano subito delle trasformazioni dovute al costume, all'educazione soprattutto femminile, alla Storia del Paese in cui si aveva la fortuna o sfortuna di nascere, e questo in particolare riguardo alla donna, o meglio all'immagine della donna attraverso i secoli, che, volere o no, si rispecchia anche nella voce.

Nei secoli precedenti al nostro erano assai poche le donne che potevano scegliere una professione e tanto meno se questa aveva un indirizzo artistico: le attrici e le cantanti, spesso in una sola persona, avevano un cattivissimo nome, come prostitute, tanto che era proibito, nella Francia del XVIII secolo, sotterrarle, dopo la morte, nei cimiteri comuni, ma fuori le mura! Alcune cantanti riuscirono a diventare famose quando finalmente i vari castrati che interpretavano i ruoli femminili cominciarono a passare di moda. In ogni caso le cantanti avevano bisogno di un protettore, possibilmente un uomo di teatro o un compositore.

Ma a parte queste considerazioni di tipo storico, come cantavano nei secoli passati, le donne? Dalla letteratura musicale si evince che una cantante doveva essere in ogni caso una virtuosa, saper giocare con la propria voce come un equilibrista del circo per sbalordire il pubblico, per cui le voci dovevano essere leggere, flessibili, adatte a volatine, trilli, fioriture di vario genere, per gareggiare in ogni caso con i precedenti castrati, tutti grandi virtuosi. Soltanto poche cantanti sono famose per la loro espressività, tutte per la bravura. La voce della donna era e continua a essere lo specchio della società patriarcale di tutti i tempi: voce possibilmente infantile, priva dei colori tipici della femminilità matura, capace di ogni vezzo, eleganza, agilità. Ma e... l'umanità di una Callas? Dove si trova, nei secoli precedenti una 'vociaccia' capace di provocare brividi di commozione e non di ammirazione?

Due cantanti in ogni caso importanti in modo del tutto diverso, assai significative per il tempo nel quale hanno vissuto, ma anche per la Storia della musica e della donna in generale.

**La casa**

Recentemente ho letto una frase che mi ha dato da pensare: "Non è la casa che onora l'uomo, ma è l'uomo che onora la casa". Lo so che nella lingua italiana la parola uomo include anche la donna (conosco il vecchio sessismo linguistico sul quale si comincia a discutere), ma in questo caso voglio lasciare la parola uomo, benché sappia che per ormai vecchissime tradizioni la casa è il simbolo femminile per eccellenza.

Questa frase così mal formulata, anzi inesatta e in qualche modo irritante, mi ha fatto riflettere su un tema di non secondaria importanza. E qui vorrei al contrario formulare un nuovo detto: „Dimmi come abiti e ti dirò chi sei!", chi sei non nel senso economico-culturale, ma più specificamente: che tipo di essere umano sei.

Per un momento, però, voglio ancora mettere l'accento sulla parola 'uomo': la casa, e qui per antonomasia si intende il grembo materno, di per sé non ha nessun valore (credo che l'aforisma di prima si riferisca a questo), solo un uomo può, secondo il vecchio sistema patriarcale, trasmetterle quell'onore che altrimenti non avrebbe: cioè il corpo della donna soltanto quando viene fertilizzato dallo sperma-presenza maschile ha il diritto di esistere. Questo diritto può anche chiamarsi onore.

Ecco il motivo della mia irritazione.

Quante cose esprime l'arredamento di una casa! Non solo, anche la disposizione dei mobili, degli arredi, dei quadri e altro, sono una chiara espressione dell'ordine, della chiarezza mentale, della ricerca di armonia che ogni essere umano dovrebbe avere in sé. Questo non ha niente a che fare col ceto sociale e ancor meno con le risorse economiche di chi mette sù casa: non dimentico il basso di una donna che ho descritto in uno dei miei primi racconti, *La mantenuta*: era una sola stanza a pianterreno senza finestra, la porta aperta mostrava al passante „*...un tavolo quadrato coperto da una pesante tovaglia scura. Quattro sedie lo circondavano. Lungo la parete di destra troneggiava un gran letto matrimoniale, alto, severo, anch'esso ricoperto di damasco a fiori scuri, uguale alla tovaglia del tavolo. Una grande bambola, vestita di rosa confetto... se ne stava seduta in mezzo ai cuscini. Il pavimento a mattonelle, scuro, era pulitissimo. Tutta la casa brillava di pulizia. Un ordine meticoloso denunciava la cura e l'amore per quelle piccole cose.*[21]"

Come dimenticare le prime tane degli umani? Già allora si sentiva il bisogno di qualcosa che rendesse abitabile quelle caverne dai muri sconnessi, spogli, freddi. Ecco che nascono i primi *murales* o meglio i graffiti che ancora oggi stupiscono per la loro bellezza, la maestria di chi impiegava ore e ore per realizzare il sogno di eternità che è una prerogativa del-

---

[21]Ada Zapperi Zucker, *Storie di donne e altre creature*, pag. 56, 2° edizione 2017, VoG Verlag

l'essere umano: l'eternità, la grande illusione che si dissolve nel momento stesso in cui si scopre l'esistenza della morte. Vita e morte certamente un'antitesi necessaria, ma anche un motivo di crescita, una presa di coscienza, possibile soltanto nell'età adulta, quando cioè si viene confrontati con l'inesplicabile. Col mistero della morte.

L'infanzia è il vero tempo dell'immortalità.

Soltanto l'arte, la bellezza, l'armonia ci sopravvivono, sono eterni. I graffiti secondo me rappresentano la prima espressione di sensibilità umana; il primo istinto superiore che va oltre quello di mangiare, dormire, riprodursi: avere una casa che invita a restare, che dà calore, comodità, magari eleganza è il primo simbolo di civiltà che conosciamo, l'unico segno di progresso e, perché no, di cultura che ci viene da un lontanissimo passato.

Niente di più desolante dei tanti, troppi senza tetto, senza casa, i cosiddetti barboni, che vivono sul marciapiede: un passo indietro dell'umanità tutta, che testimonia il disagio psicologico ma anche sociale, o meglio il fallimento di un sistema politico-economico che dovrebbe metterci in allarme, noi egoisti benestanti per modo di dire civilizzati, del XXI secolo.

Nonostante fossi appena una ragazzina di una decina di anni, già allora mi piaceva osservare le persone, il loro modo di essere, di esprimersi; gli esseri umani mi incuriosivano, li trovavo strani, enigmatici, incomprensibili. Col tempo ho scoperto che il modo migliore per conoscere veramente una persona è vedere come abita: la casa per me è lo specchio di ogni essere umano e forse anche degli animali. Ci sono uccelli molto ordinati, che costruiscono nidi addirittura artistici per invogliare o forse sedurre la femmina.

Purtroppo questo non succede con tutti gli animali e ancora meno con gli uomini.

Niente di più bello, armonioso dell'arredamento di una casa olandese. Hanno anche l'abitudine di tenere le tendine a una certa altezza delle finestre così che il passante possa gettare uno sguardo nell'interno. Un fatto che mi ha affascinato, quando alla fine degli anni Cinquanta mi trovai per la prima volta in quelle cittadine incantate. Quasi Bruegel[22] e i tanti pittori olandesi avessero lasciato la loro impronta per i secoli futuri. Le loro case rispecchiano una tradizione centenaria di mercanti ricchi, colti, sicuri di sé, con una stabilità che sfida il tempo e le mode. Ricordo ancora come andassi per le strade di Bruges (in Fiandra), o 's-Hertogenbosch (in Brabante) quasi trasognata, stranita: mi sembrava di entrare in un passato sparito in tutto il resto del mondo, intanto che mi si proponevano scene viste soltanto in quadri, nei musei, in contrasto con le persone che giravano in abiti moderni, affaccendati come in altre città europee, pur restando in una cornice antica. Sono tornata più tardi in Olanda e ho ritrovato lo stesso ambiente, le stesse case, la stessa atmosfera.

Anche a Parigi ho avuto la possibilità di osservare le tradizioni francesi rispecchiate nell'arredamento delle loro case. Una mia allieva, in assenza della nonna, una trentina di anni fa mi invitò a trascorrere una settimana da lei, appunto nella casa della nonna, se ricordo bene, all'ultimo piano di un palazzo ottocentesco, quasi di fronte alla Borsa. Tutto un altro stile di vita, sempre mobili antichi, sempre molta cura dei particolari, eleganza e cultura di tipo diverso da quello dei Paesi Bassi.

E altro ancora ho visto nelle case della vecchia Vienna: prima di tutto in quelle popolari, costruite alla fine del XIX secolo per dare un tetto ai tanti operai provenienti dalle province dell'allora impero Austro-Ungarico. Ho avuto la possibilità di vederne una (ma erano tutte uguali): le scale

[22]Pieter Bruegel, pittore olandese, 1525 – 1569

portavano su un ballatoio dove in mezzo era sempre una cosiddetta 'Bassena', cioè un lavabo con acqua corrente che doveva servire a tutto il piano. Da qualche parte una porticina con un cesso comune. Infine diverse porte, cioè diversi appartamenti di una o due stanze: l'ingresso era sempre la cucina, uno spazio minimo, dove si svolgeva tutta la vita delle persone che avevano avuto la fortuna di abitarvi.

Ma a Vienna ho visto anche altre case: ingresso padronale con portinaio in livrea, colonne e statue, ampia scalinata di marmo (ho descritto uno di questi palazzi nel mio romanzo *Teatro di ombre*) e appartamenti con grande bagno, un gran numero di stanze, pavimento a parquet e tutto il lusso ottocentesco dell'alta borghesia che conosciamo anche dalla letteratura del tempo; arredamento scuro, imponente; velluti, cuscini e orpelli vari alla Makart[23].

Come dimenticare la casa della mia maestra di canto, Alice Immelen, principessa[24] russa, moglie di un ambasciatore tedesco, uno dei dodici diplomatici che rifiutò di iscriversi al partito nazista e quindi radiato, senza stipendio, per tutti i dodici anni di regime. La moglie per questo motivo cominciò a insegnare canto, ricordando di essere stata, ancora ai tempi dello Zar, allieva di Mattia Battistini.[25] La sua casa in un quartiere famoso di Roma, Parioli, era un museo: il padre, appartenente all'alta nobiltà russa, era stato funzionario al Palazzo d'Inverno, a San Pietroburgo e lei, quando all'inizio del Novecento, prima della Rivoluzione, si trasferì a Berlino per completare la sua educazione, aveva portato mobili, quadri e alcuni suppellettili per arredare la sua nuova casa. Ora questi mobili erano a Roma e io potevo ammirarli durante la lezione di canto: quanto sapeva raccontare questa

[23]Hans Makart, 1840-1884, pittore e decoratore famoso. Da lui lo stile Makart.
[24]Vedi anche pagina 19
[25]Di questo ho ampiamente raccontato nel libro *Singende Menschen*.

casa della vecchia Russia zarista e della Germania del primo Novecento!

Questo, penso, dovrebbe essere una casa: il racconto di una vita, della vita di chi ha messo insieme tanti oggetti, utili e inutili, che in fondo sono espressione della personalità di chi ci abita; spezzoni di vita, ricerca di intimità, di calore; anche di solitudine piena di ricordi, di vicende che formano il grande romanzo che costruiamo nel corso degli anni, sempre sulla base (o illusione) di un'eternità invisibile.

Tutto questo racchiude una casa.

Io amo le case forse più delle persone, perché sono sincere, dicono tutto ciò che un essere umano non osa o non sa dire. Conoscere una persona per me significa vedere la sua casa interiore, la sua visione del mondo, la sua cultura, il suo grado di civiltà, la sua umanità.

## I Comandamenti

Ho riflettuto sui fondamenti dei nostri principi morali che, per quanto ne sappia, si fondano soprattutto sui dieci Comandamenti. Le tre religioni monoteistiche, messe su da un popolo di pastori dell'Asia Minore, hanno praticamente dettato le leggi morali che fino ad oggi tengono i fili della nostra civiltà. Mi chiedo come hanno vissuto i Greci, per non parlare dei Romani: avevano tutti delle leggi morali perverse, inaccettabili per una società civile? Era necessaria una riforma, una nuova direzione morale, una maggiore giustizia anche di ordine sociale, come del resto in ogni tempo? Certo, accettavano la schiavitù come un fatto normale; sopraffazioni e sfruttamento di altri popoli era all'ordine del giorno, cosa che accade ancora adesso: ma in quale epoca della storia umana non ci sono stati schiavi, guerre di conquista, sfruttamento e altro? Sì, avevano diversi dei, ma la religione cristiana ha migliaia di Santi, tutti ben suddivisi perfino secondo i diversi mestieri; inoltre ogni città o paese ha il suo Santo o Santa patrona e... basta, non è necessario elencare tutte le usanze che accomunano le diverse religioni.

Sono passati oltre due mila anni e noi stiamo ancora a onorare un Dio dispotico e assolutista, a differenza di Giove/Zeus, piuttosto tollerante, capace soltanto di gettare qua e là qualche fulmine, sedurre qualche ninfa, tradire sistematicamente la moglie; mentre l'altro non sposato, per modo di dire senza una famiglia legittima, ma con un solo figlio maschio avuto per virtù dello Spirito Santo, ha dettato a un certo Mosè la famosa tavola delle leggi per il resto dell'umanità. E noi, nell'età digitale, crediamo ancora a queste favole?

Zeus, poveretto, ha messo al mondo una quantità di figlie e figli, e tanto per fare due nomi di grande prestigio: Atena/Minerva, uscita direttamente dalla sua testa armata di tutto punto, dea della guerra, delle arti, della sapienza, sempre vergine, in contrapposizione con Marte/Ares, anche lui dio della guerra, ma barbaro, irrazionale, violento, stranamente figlio legittimo di Giove e Giunone, mentre Atena è un prodotto autonomo e quindi soltanto la sorellastra di Ares. Inutile aggiungere il significato più che chiaro delle due divinità: uomo=violenza, donna=intelletto, ambedue dei della guerra. Una storia bellissima che ci insegna molto sulla cultura e le conoscenze psicologiche degli antichi greci. E non posso fare a meno di chiedermi a quale psicologia, a quale cultura si sia ispirato quel popolo di pastori dell'Asia Minore, impregnato solo di autorità patriarcale, di violenza, di assolutismo, per stabilire le leggi morali valide per tutto il resto dell'umanità.

Mi sembra siano gli stessi uomini che attualmente dominano nell'Asia Minore, per i quali il tempo ancora una volta si è fermato: del progresso, della civiltà se ne infischiano, ma accettano le diavolerie della tecnica come le macchine e gli aerei; le armi automatiche e tutte le invenzioni dell'età moderna, necessari per preservare ancora e sempre i loro privilegi di maschi barbuti.

Qualche giorno fa ho letto una notizia che mi ha sconvolto: in Yemen è stato stipulato un contratto fra un uomo, nominato padre, con un altro uomo, anche di una certa età, circa la vendita di una bambina di otto anni, a scopo matrimoniale. Era firmato (per modo di dire, dato che si tratta di analfabeti, ma basta il segno del pollice) anche da cinque testimoni davanti a un giudice, cioè tutto assolutamente legale. La somma pagata è di 350 dollari, necessari al cosiddetto padre per pagare i suoi debiti.

Voglio dare un'occhiata a questa sedicente tavola delle leggi e al numero 4 trovo il famoso dettato: onora il padre e la madre. Una legge tipicamente patriarcale, cioè il padre e – deo gratias – anche la madre, in ogni caso devono essere onorati dai figli, mentre nessuno ha pensato ai figli. Io non pretendo nessun onore, come figlia, ma soprattutto rispetto, una parola forse sconosciuta a quei tempi, temo sconosciuta anche adesso, perché spesso viene fraintesa con una parola assai più usata, per dritto e per rovescio: amore, soprattutto nei rapporti fra figli e genitori.

Ancora oggi sento sempre una sorta di ritegno, un veto su questo rapporto assai travagliato nella storia dell'umanità. Un figlio per legge divina deve onorare il padre, ma non ha il diritto di giudicarlo: perché? Se ho capito bene Dio Padre non permette al figlio nessuna critica nei suoi confronti: più assolutismo di così! Questa religione, per volontà di Dio in persona o per interposta persona e cioè Mosè, ha in pratica codificato in modo definitivo il sistema patriarcale già esistente. Ma non soltanto: il primo Comandamento cita: „Non avrai altro Dio fuori di me." Da qui nasce il malefico seme del fanatismo religioso, del popolo prediletto da Dio con relative persecuzione e dannazione eterna delle anime dei non credenti, senza contare le discriminazioni razziali che ancora oggi giudicano gli esseri umani soltanto a motivo del colore della loro pelle, della loro origine, della loro religione: manca una legge secondo la quale la razza umana, indipendentemente dal colore o dal genere, ha gli stessi diritti davanti a Dio e agli uomini. Forse un undicesimo Comandamento e ancora un dodicesimo: rispetta le donne e i bambini?

E non si può dimenticare la pericolosa smania dei missionari, nei secoli passati, di 'salvare' le anime dei cosiddetti selvaggi: hanno forse portato una civiltà più evoluta di quella trovata? Inoltre che altro testimoniano i tanti martiri (veri o inventati) della religione cristiana se non fanatismo religioso? E i suicidi terroristi islamici? Perché chi non crede in ciò che credo io è un eretico e viene spedito direttamente all'inferno? E chi ha detto che esiste un inferno e un paradiso? Alla resa dei conti il primo Comandamento è un ordine perentorio e dittatoriale, cioè non tiene nessun conto della libertà di pensiero cui ha diritto ogni singolo individuo. E quante guerre, quanti crimini in nome di Dio: come può un Dio volere tanto male? Sembra un Dio che odia l'umanità tutta. Non è una contraddizione credere che abbia creato l'uomo soltanto per punirlo, condannarlo, ridurlo alla più totale schiavitù? Come si fa a credere che esiste un Dio simile? Non è tutto il contrario, che cioè l'uomo ha creato un Dio a sua somiglianza?

Confesso che all'età di dodici anni mi posi tutte queste domande, appunto perché a scuola il prof di religione aveva cominciato a dettare queste leggi che dovevamo imparare a memoria. La mia reazione lo indignò e spaventò tutta la classe di ben 32 bambine: ecco come nascono le mie idee rivoluzionarie, la mia negazione di un Dio assolutista, di ogni fanatismo religioso e dei padri che lo rappresentano.

Se faccio un piccolo salto indietro, dopo la II Guerra Mondiale, i figli non osavano chiedere ai padri il perché di tutto quel disastro, non solo, ma in seguito nessun figlio o figlia ha mai voluto o saputo giudicare le azioni dei genitori appartenenti alle SS, nonostante tutti sapessero di quali crimini si fossero macchiati: so di famiglie in cui la figura paterna, viva o morta, viene ancora 'onorata' dalla madre e dai figli, tacendo a se stessi o meglio stendendo il famoso velo della misericordia sulla figura infame dell'uomo che ha dato loro il proprio nome, che ha provocato insieme ad altri suoi pari massacri, distruzioni, genocidi. Questi genitori da secoli sono sempre pronti ad ammazzarsi a vicenda, (proprio come Marte/Ares) a violentare le donne, a sconvolgere la natura: non voglio fare la lista di tutte le ignominie di questi padri, perché non basterebbero le pagine di un libro. I nostri padri hanno inventato la guerra e hanno dato l'esempio ai loro figli maschi. Avviene anche che un uomo per carattere pacifista, non violento, a motivo di questa sua diversità viene considerato una femminuccia, disprezzato da tutta la società, purtroppo anche da quella femminile, tanto che per non considerarsi un fallito deve mostrarsi duro, inflessibile, possibilmente crudele.

Onora il padre... NO.

Quanto mi piacerebbe avviare un dialogo fra genitori e figli adulti, una specie di resa dei conti di ambedue le parti. Li vedo schierati uno di fronte all'altro, i primi con la barba nera o grigia, gli occhi pieni di quell'ineffabile senso di sicurezza, della prosopopea di chi crede di avere in ogni caso ragione, di stare dalla parte giusta soltanto perché è un maschio. Recentemente ho letto sul *Dizionario filosofico* di Voltaire[26] una frase che mi è piaciuta molto:"Non esiste follia più grande che credere di avere sempre ragione". Dall'altra

[26]Vedi nota pagina 31

parte la lunga schiera dei figli, maschi e femmine; figli che a loro volta sono diventati padri, e femmine che dopo esser passate dal ruolo di figlie, hanno dovuto sostenere anche quello di mogli e madri.

Sono certa che ne verrebbe fuori un dramma epocale, forse l'inizio di una nuova era, se soltanto però 'i figli maschi' decidessero finalmente di abbandonare l'adolescenza. E qui non è questione di età: conosco quasi solo adolescenti quarantenni e oltre.

**Coraggio e civiltà**

Ripensando alla tante persone conosciute nel corso della mia lunga vita, oggi mi sembra di aver capito uno dei nodi più importanti, almeno per me, della personalità e dello sviluppo della civiltà in generale, cioè: quale relazione corre fra coraggio e civiltà? Civiltà nel senso di progresso, di superamento di uno stato primitivo di non conoscenza di sé e quindi dell'altro; superamento soprattutto di preconcetti e tabù, di ignoranza non di nozioni ma di sentimenti. Civiltà intesa come apertura mentale a una visione non ristretta entro le mura della propria piccola vita. Civiltà intesa come libertà di pensiero e conoscenza culturale della propria Storia, cioè della Storia umana in generale e di quella del proprio Paese in particolare.

Mi chiedo cos'è il coraggio, in che modo è stato definito nel corso dei secoli e, come sempre, corro a guardare il mio amato *Dizionario etimologico*, il mio grande consigliere: trovo una citazione di Bonagiunta Orbicciani datata 1257: „forza morale che mette in grado di intraprendere grandi cose e di affrontare difficoltà e pericoli con piena responsabilità." Se ai tempi di Dante il coraggio aveva questo significato positivo con N. Tommaseo (1865) cambiano le cose, perché nel suo *Dizionario della lingua italiana* il coraggio diventa 'impudenza, sfacciataggine': seicento anni circa possono aver cambiato in modo tanto radicale il senso di questo importante attributo dell'essere umano? Possibile che per coraggio si intendesse impudenza, sfacciataggine? Non convinta da questa citazione e mai dimentica delle regole dettatemi dall'Istituto Treccani (per il quale ho collaborato per ben 8 anni) di verificare sempre le fonti, finché possibile, ho cercato in una nuova ristampa del Dizionario di Tommaseo e trovo, alla voce coraggio: „Disposizione dell'animo a imprendere cose ardite e grandi, ad affrontare pericoli, a soffrire sventure e dolori". Una definizione che rispecchia la visione romantica del suo tempo, com'è giusto che sia, e che rimette tutto nell'ordine giusto.

Con tutto ciò non posso fare a meno di pensare ai grandi conquistatori del passato, tutti in ogni caso coraggiosi ma anche impudenti come Giulio Cesare, amato nella mia prima adolescenza per le sue imprese in Gallia. (Ricordo ancora il mio entusiasmo per questo personaggio, col tempo giustamente ridimensionato...)

C'è soltanto questo tipo di coraggio? Certo, dietro ogni atto di coraggio si nasconde anche una quantità di arroganza, questo è chiaro, spesso anche di irresponsabilità, di sfida e non so che altro: io mi considero una persona coraggiosa, ma anche con un forte senso di responsabilità, forse più di prudenza... come possono coabitare questi due estremi nella stessa persona? Forse si tratta del tipico coraggio femminile, e cioè un passo avanti e uno sguardo indietro per assicurarsi che il pericolo non è poi così grande, mentre il coraggio di marca maschile ha molto più a che fare con la sfida vera e propria e meglio ancora con la tracotanza?

Ecco che ancora una volta sono piena di domande.

Con tutto ciò considero il coraggio una qualità assolutamente positiva, della quale non possiamo fare a meno se vogliamo andare avanti o soltanto vivere.

Non è vero, si può vivere anche senza coraggio, anzi la maggior parte degli esseri umani non si pone neanche la domanda, tant'è vero che non si scosta dal suo angoletto, dal paesello, dalla strada nella quale abita fin dalla nascita e dove finisce anche i suoi giorni; ma anche dalle sue abitudini, dal suo credo, dai suoi pregiudizi; da certe leggi considerate intoccabili perché antiche, perché scritte da qualche vecchio saggio, saggio per il suo tempo e che quindi rispecchia i costumi del suo Paese. In una parola: tutto ciò che dà sicurezza, stabilità.

Allora il coraggio è una dote riservata a pochi? Deve essere proprio così.

E neanche questo è vero.

Sono in continua contraddizione con me stessa.

Chi ha lasciato il paesello natio, e sono stati milioni nel corso dei secoli, ha avuto il coraggio dettato dall'estrema necessità: quindi c'è anche un diverso tipo di coraggio.

Ma ciò che ha portato la civiltà nel mondo non è il coraggio dei pionieri, dei vari Giulio Cesare: il progresso non è il prodotto di guerre e conquiste. La civiltà ha bisogno di un altro tipo di coraggio. Penso ai Fenici, certo un popolo assai coraggioso, naviganti, grandi pionieri, che hanno trafficato in tutto il mondo di allora: cosa hanno lasciato come eredità culturale al resto del mondo, quale il contribuito al progresso delle civiltà? L'ALFABETO. I fenici con l'invenzione dell'alfabeto ci hanno reso un gran servizio soprattutto dal punto di vista culturale, nonostante fosse nato da pratiche necessità, per i loro affari: che ne faremmo di tutti i geroglifici del mondo senza le nostre piccole lettere dell'alfabeto?

Voglio concludere. Il coraggio delle azioni (vedi guerre, conquiste e altre avventure del genere) porta assai poco allo sviluppo delle civiltà: è necessario il cervello, cioè l'invenzione delle piccole cose pratiche con risvolti imprevedibili, come nel caso dell'alfabeto.

Non dimentico però il coraggio delle prime scoperte scientifiche: nel campo della medicina, della fisica, dell'astronomia, della chimica, spesso osteggiate dal potere religioso che temeva la conoscenza come il più grande pericolo per le genti, tanto da mantenerle per secoli nell'ignoranza e nella superstizione.

La scoperta di sé però, e quindi dell'altro, secondo me, è stata la più grande prova di coraggio dell'essere umano per uscire dallo stato di incoscienza e quindi di estrema sottomissione. Ancora adesso è necessario una notevole quantità di coraggio per esplorare nel profondo dell'inconscio, per andare incontro alla prima scoperta dell'umanità enunciata da Socrate col suo famoso „conosci te stesso“... niente di più difficile, anche dopo secoli di scoperte scientifiche.

Esiste qualcosa di più misterioso dell'essere umano? È insondabile, imprevedibile, geniale ma anche di un vuoto abissale, a volte incolmabile.

Quanto coraggio è necessario per gettare uno sguardo dentro di sé senza falsi veli o preconcetti e prendere coscienza delle proprie debolezze, delle ferite, ma anche delle qualità che in ognuno di noi si nascondono! Quanto coraggio è necessario per accettarsi come si è e non come ci vogliono vedere gli altri; uscire dai ruoli prestabiliti dalle tradizioni, a loro volta voluti da un sistema patriarcale ormai superato, e percorrere strade nuove: trovare se stessi altrove, oltre le gabbie delle abitudini, delle millenarie usanze, del „si è sempre fatto così“, soprattutto per noi donne. Questa è senza dubbio una prova di coraggio che ognuna di noi deve affrontare, senza per questo risolvere il problema: chi siamo, chi siamo veramente, noi creature di sesso femminile?

Però soltanto questo tipo di coraggio conduce a una svolta civile: Socrate, dopo oltre duemila anni, continua ad essere attuale.

**Dipendenza**

Questa è una parola che non mi piace affatto, una situazione dalla quale sono sempre fuggita e la prima regola che ho insegnato ai miei figli è stata appunto di non dipendere mai da nessuno e da niente di specifico. Niente di più importante della libertà di pensiero alla quale può seguire quella d'azione. Anzi ho sempre messo l'accento sulla libertà di pensiero più essenziale dell'aria stessa che respiriamo. Soltanto una mente libera da pregiudizi, da preconcetti e altra paccottiglia che inibiscono il progresso, la civiltà, il progredire di se stessi e della società nella quale si vive, ha la piena libertà di azione: vero?

Purtroppo no, inutile farsi illusioni.

Ci sono vari tipi di dipendenza, tutti esecrabili: si comincia dalla dipendenza dalla madre, soprattutto se quest'ultima ha tendenze iperprotettive; soffre di ansia dell'abbandono per suoi motivi personali che trasmette non volutamente alla prole; se ha anche la mania del perfezionismo, cioè se vuole essere la mamma perfetta; peggio ancora se manca di sensibilità, o addirittura non ha accettato la propria maternità. Queste sono anche le mamme più amate dai figli rifiutati. Uno dei problemi succitati si riscontra spesso fra le donne frustrate nelle loro ambizioni, spesso quantomai vaghe, per le quali non sono state in grado di lottare: niente di più grave di una donna ambiziosa che cerca, attraverso la figlia/il figlio, un compenso per tutto ciò che non è riuscita a realizzare, distruggendo il più delle volte la vita di chi suppone di amare. La Storia umana è piena di esempi di questo genere.

Non da meno il padre, a sua volta frustrato da una vita che aveva programmato in ben altro modo: qui il figlio diventa lo strumento di rivalsa e se non reagisce ai suoi comandi, alle sue aspettative lo disprezza, lo umilia, lo punisce in modo eccessivo, convinto di farne "un uomo". Un padre che a sua volta ha subito un'infanzia piena di incomprensioni e spesso di violenza, sarà a sua volta un padre violento, dominante, autoritario col figlio, convinto di fargli le ossa, quelle ossa che lui stesso non ha.

Devo concludere che il vero tiranno in realtà è un essere debole, frustrato, non amato? Sì, in ogni caso. Una persona veramente forte non ha bisogno di sottomettere nessuno e soprattutto non usa la violenza per affermare la propria volontà.

In fondo si tratta di dominio, perché il voler sottomettere l'altro nasce appunto da un'inestinguibile desiderio di potere, oltre che dall'invidia. Chi vuole dominare per prima cosa cerca un eventuale succube, qualcuno che per debolezza, ingenuità, ignoranza o altro, si lascia corrompere e passa inesorabilmente dalla parte del dipendente. Un dittatore ha bisogno di una quantità di individui facili da corrompere con qualche favore, magari soltanto con la promessa di un favore, o meglio ancora distribuendo di tanto in tanto qualche piccolo privilegio: la vera libertà sia del dittatore che dei sudditi non si acquista, ma si conquista.

A conti fatti neanche il dittatore è un essere libero; penso alla vita claustrofobica condotta da Stalin, temuto da tutti e quindi odiato da tutti, che vedeva in ogni suo simile un possibile assassino, una vita certo non invidiabile. Nonostante tutti i privilegi non era affatto un essere libero.

Ma senza arrivare a questi casi estremi, il mondo è pieno di piccoli e grandi oppressori; essere liberi richiede anche una notevole quantità di coraggio e mi chiedo ancora e sempre se ogni essere umano viene al mondo con certe attitudini naturali. Fra queste c'è anche il coraggio e l'irresistibile desiderio di potere? Chi più, chi meno, credo che si tratti di doti comuni a tutti, almeno all'inizio.

Ma forse, ancora una volta, mi sbaglio.

Sono costretta a tornare sul tema che più mi preme: la dipendenza della donna nel suo rapporto ormai millenario con l'uomo. Quante teorie, quante supposizioni si sono fatte a proposito di questo tema di difficile soluzione. Perché è nata questa aberrazione nel rapporto a due? Lui: più forte dal punto di vista fisico (il che non è del tutto dimostrato); lui guerriero; lui coraggioso, pronto a difenderla dall'eventuale nemico; lui cacciatore (ora si sa che anche le donne andavano a caccia); lui coltivatore; e per concludere: lei piccolina e deboluccia, preferibilmente nascosta nella grotta a badare ai bambini; lei occupata solo a preparare qualcosa da mangiare e via di questo passo. Da qui la posizione di comando dell'uomo.

Non riesco ad accettare questa teoria.

Le prime statuine di esseri umani risalenti al periodo paleolitico, se non sbaglio sono piccole donne incinte, dee della terra, della riproduzione, ecco un miracolo che si ripeteva, che sconvolgeva i nostri antenati soprattutto per l'impossibilità di spiegarsene l'origine. Le donne avevano un potere enorme perché riuscivano a creare un essere per modo di dire dal nulla! Non so quanti secoli sia durato questo mistero, ma arrivò il momento in cui si collegarono due fatti fondamentali: qualcuno scoprì, magari osservando gli animali, che era necessario che un uomo si unisse a una donna per arrivare, dopo un certo tempo, alla nascita di una nuova creatura. Questa conoscenza significò abbastanza presto la caduta del prestigio femminile; c'era di mezzo un seme e con esso la partecipazione maschile; quel seme era dunque più importante del sangue che lo metteva in condizione di crescere. Comincia il mito di Atena, nata direttamente dal cervello di Giove, cioè senza bisogno di un grembo materno, e altri ancora, sempre per mezzo di un dio; ma il mito non finisce lì: Adamo, con l'aiuto della mano divina, per mezzo di una costola, si fabbricò lui stesso una donna, anche qui senza l'aiuto di una madre, un mito che continua a tormentare la Storia umana, soprattutto perché da quel momento si considerò il seme più importante della terra che lo deve accogliere.

Cosa posso aggiungere?

Ancora adesso il seme è più importante del grembo femminile, tanto che si congela, si insemina per mezzo di sistemi ancora qualche anno fa impensabili, si porta da una parte all'altra della terra, si vende... ma forse nonostante tutte le tecniche, non si è ancora arrivati alla sostituzione del grembo femminile: fino a quando?

Tutto questo discorso ha qualcosa a che fare con la dipendenza della donna dall'uomo? Oggi è anche possibile comprare un seme in vitro, quindi ogni donna che lo desidera può diventare madre senza l'aiuto di un compagno: questo nuovo espediente ha liberato la donna dalla dipendenza dell'uomo? Non credo. Ci sono leggi non scritte che si tramandano da generazione a generazione dove sembrano essere fissate per sempre (per sempre?) i comportamenti dei due sessi, maschile e femminile, nei loro rapporti sociali e, anche se con qualche piccola eccezione, l'uomo continua a dominare e la donna a sottomettersi, per la famosa pace in famiglia.

Ma forse qualcosa si è messa in movimento: forse nei secoli futuri si riuscirà a raggiungere un rapporto di parità fra i due sessi... ma quanta acqua dovrà scorrere sotto i ponti della vita?

## Essere donna

Lo so, Simone de Beauvoir[27] ha scritto testualmente che donna non si nasce ma si diventa. Perché non aggiungere che maschi non si nasce ma si diventa? Infatti alla nascita sia l'una che l'altro non hanno la minima coscienza di quello che diverranno dopo, per cui anche i maschietti non nascono uomini, ma lo diventano.

Frutto soltanto dell'educazione?

Intanto mi piacerebbe specificare la differenza fra la parola donna e l'altra, femmina, che stranamente ha un sottofondo dispregiativo, quasi si trattasse di un animale. Per lo meno nel dialetto siciliano suona come un insulto (*fimmina*) e nella lingua italiana si usa normalmente per indicare un genere animale: la donna per me è soprattutto una femmina, come un uomo è un maschio. Ma la parola maschio ha in ogni caso qualcosa di assai positivo, anzi essere maschio racchiude in sé una quantità di valori superlativi che al contrario mancano alla parola femmina. Inoltre definire qualcuno con la parola maschiaccio comporta un supporto di qualità che al contrario manca alla parola donnaccia: le solite piccole differenze linguistiche che però sono segno di un certo modo di vedere l'umanità. Voglio subito aggiungere che se io definisco un uomo maschio sono chiaramente sul piede di guerra: non sopporto i maschi, ma accetto anzi posso stimare e addirittura amare un uomo.

---

[27]Simone de Beauvoir, scrittrice francese, 1908 – 1986

Mi muovo di nuovo sulla strada della polemica, me ne accorgo, ma fa parte della mia natura di bastian contrario (anche questo al maschile, mentre se si tratta di una donna si dice testarda, caparbia e altro, tutto in ogni caso molto negativo).

Io parto sempre dal principio che si è, ma si ha la possibilità di diventare, e questo nel caso della donna come dell'uomo (e qui la Beauvoir non ha detto niente di nuovo): noi tutti siamo frutto di un'educazione millenaria fondata sulla legge della sopravvivenza, quindi la legge del più forte, come del resto nel regno animale e vegetale. Anche gli alberi più resistenti hanno una maggiore possibilità di superare i più grandi disastri meteorologici cui sono esposti, al contrario di certi alberelli per modo di dire indifesi: basta vedere come alcuni addirittura riescono a difendersi da assalti di insetti e altri no. Questo nel mondo vegetale.

E gli umani? Chiaro che il maschio, dotato di una quantità di ormoni che mancano in parte alle femmine, e quindi di un fisico più resistente alla fatica e alle privazioni, avesse più possibilità di sopravvivenza della compagna: basta pensare all'enorme tasso di mortalità femminile, ancora non molto tempo fa, causato dal parto. Questo vuol dire che la femmina della razza umana già in partenza è penalizzata da una serie di circostanze di natura puramente fisica, cosa che non si può dire del regno animale. Sto pensando alle leonesse, più brave a cacciare dei più forti e pigri leoni!

Inoltre molto difficilmente una femmina di qualsiasi animale viene violentata a scopo sessuale; ogni accoppiamento avviene solo col consenso della femmina e spesso dopo un vero e proprio corteggiamento, un rito del tutto necessario perché la femmina possa avere la possibilità di scegliere l'eventuale padre dei suoi cuccioli. Il prescelto deve essere forte per assicurare una sana cucciolata e inoltre deve saper provvedere al loro mantenimento. Lo stesso non può dirsi per il genere umano: lo stupro è sempre stato considerato una prerogativa del maschio (vecchia frase che ricordo di aver sentito fin dall'infanzia "l'uomo è cacciatore") sempre accettato e codificato naturalmente dagli uomini, ma non soltanto. Purtroppo una quantità di donne considera anche il più volgare approccio maschile a carattere sessuale come qualcosa del tutto naturale, se non addirittura necessario (ancora qualche decennio fa anche il complimento più grossolano veniva accettato con un sorriso...).

Sembra infatti che se un uomo non aggredisce una donna (e non soltanto un certo tipo di donna) è debole, incapace, impotente e la serie non finisce qui; la sua potenza sessuale ha un risvolto addirittura intellettuale, cosa che mi indigna ancora di più, come se la sessualità avesse qualcosa a che fare con l'intelligenza, la sensibilità e in generale con le capacità cognitive di un essere umano. Soltanto in questi ultimissimi anni anche le donne, forse una piccola parte di esse (ma non sono abbastanza informata) ha cominciato a denunciare i maldestri tentativi a carattere sessuale di certi datori di lavoro ossessionati dall'idea del loro potere. Ma a volte si tratta solo di colleghi e in genere di maschi troppo sicuri di sé o soltanto incivili. Era così anche in passato? Certo ci sono moltissimi esempi nella Storia: la sessualità usata per dominare l'altra parte del genere umano non è nata ieri. Fa parte appunto del destino di nascere donna o uomo: una debole e quindi sottomessa per sopravvivere, l'altro forte e quindi dominatore. In questi ultimi 50 anni è cambiata un'importante prospettiva: le donne hanno scoperto di non essere deboli e gli uomini sono disorientati.

Se si potesse fare una statistica mondiale, e se ogni donna fosse disposta a raccontare delle proprie esperienze sessuali, credo che un'altissima percentuale ammetterebbe di essere stata violentata una o più volte nel corso della sua vita, nel migliore dei casi dal marito, ma molto più spesso da estranei. Tutti particolarmente intelligenti o soltanto incivili? Io penso che la maggior parte dei cosiddetti maschi è guidata più dal testosterone che dal cervello, ma non voglio di nuovo polemizzare.

Penso con raccapriccio alle ragazzine e alle donne di qualsiasi età in Africa e in altri Paesi del mondo, ormai abituate alla violenza maschile come a un destino cui non è possibile sottrarsi: qui purtroppo femmina si nasce e si resta, senza alcuna possibilità di diventare. Non voglio pensare alle culture per lo più africane in cui era e continua a essere praticata l'infibulazione su bambine fino a 12 anni! In Somalia si arriva ancora adesso a circa 100% delle donne, nonostante le leggi comincino a svegliarsi per proibire questa millenaria mutilazione dei genitali: una donna intatta è per questa cultura sporca, impura e non trova marito. Ho letto che anche in Italia ci sono circa 40.000 donne infibulate, tutte di provenienza straniera e nel mondo circa 200 milioni. Mi sono informata e ho appreso che si tratta di una vecchissima tradizione originaria dell'Egitto, passata poi agli ebrei e all'Islam, ma anche ai cristiani, in particolare ai copti (i cristiani d'Egitto), cioè non ha un fondamento di ordine religioso, ma esclusivamente di repressione di genere. Il motivo è uno solo: togliere alla donna la possibilità di avere un orgasmo, una condizione di estasi che evidentemente spaventava e forse spaventa ancora gli uomini; a questo si aggiunge la necessità di conservare la verginità appunto riservata solo all'uomo che ha il diritto legale di possederla, di violentarla come e quando vuole, perché in fondo si tratta di merce di sua proprietà. Infatti da che mondo è mondo il piacere provocato dall'atto sessuale è riservato solo all'uomo, mai alla donna. Inoltre lo sposo è il solo ad avere il diritto di praticare la defibulazione, per avere la certezza appunto di essere il primo in assoluto. Posso immaginare la sofferenza della donna non soltanto durante questa terribile operazione compiuta naturalmente senza anestesia da un uomo rozzo, senza la minima conoscenza di carattere sanitario, ma desideroso soltanto di ottenere al più presto quanto gli è dovuto per legge e affermare così la propria superiorità. E non voglio pensare alle conseguenze di tutto questo vero e proprio massacro al momento del parto.

Quante donne sono morte e muoiono ancora adesso appunto per questa terribile mutilazione fatta alle bambine, senza anestesia e non certo da personale specializzato, senza alcuna cautela igienica. Senza contare la sofferenza continua che costringe le donne a camminare in modo da non muovere troppo le gambe appunto per il dolore di queste parti intime maltrattate.

Mi chiedo quale sia l'origine di queste usanze assai primitive (le prime testimonianze risalgono ad almeno 4 mila anni fa) quindi ormai codificate dal tempo. Quale legge primordiale ha voluto vietare alle donne un diritto che la natura stessa le ha dato, quasi non bastasse la punizione del parto con dolore e pericolo di morte?

Tutte cose sconosciute agli animali.

Sono stati fatti studi su questo problema? Non ne so niente, ma di una cosa sono certa: un uomo e quindi uno studioso, non ha nessun interesse a scoprire, a fare ricerche su problemi appunto per un uomo marginali, del tutto secondari, quindi di nessuna importanza scientifica. In ogni caso il tema della sessualità femminile se ha interessato uno studioso è sempre stato trattato con una certa sufficienza, almeno fino a qualche giorno fa: era infatti comune l'idea della cosiddetta frigidità attribuita a una congenita insufficienza di carattere puramente organico (vedi Freud[28] e le sue teorie sulla mancanza dell'istinto sessuale nelle donne). Ma non finisce qui, tanto per aumentare la dose: le donne che, nonostante l'insipienza e mancanza di sensibilità del maschio, riuscivano a sentire qualcosa, già nell'antichità erano considerate come minimo donnacce o addirittura con

[28]Sigmund Freud, psicologo, 1856 – 1939

disturbi di carattere nervoso. Anche e soprattutto da un punto di vista sessuale, una vera donna, degna di ogni rispetto, è colei che sta al servizio degli uomini mettendo a disposizione il proprio corpo per appagare tutte le sue voglie (e qui devo pensare all'invenzione della prostituzione) senza la minima partecipazione, senza coinvolgimento, ma soprattutto senza piacere.

Come mai si è instaurato questo sistema di supremazia totale?

Il maschio deve dominare sempre, in tutti i campi, soprattutto in quello della sessualità: questo il fondamento del rapporto uomo-donna. Il nuovo femminismo cerca di sovvertirne le basi provocando una sempre più accentuata aggressività negli uomini, che di colpo insicuri della propria mascolinità perdono l'antica coscienza di sé e cadono in un sorta di smarrimento, molto pericoloso soprattutto per le reazioni che ne conseguono. Non è da sottovalutare un risvolto assai importante nella psiche maschile, perché alla resa dei conti sono costretti a confrontarsi con la realtà e cioè con la perdita di una sicurezza di genere, assodata dal millenario detto: „si è fatto sempre così". Da qualche decina di anni la base sulla quale si è sempre fondato il principio di mascolinità viene messa in discussione, anzi annullata proprio da quelle stesse donne che fino a pochissimo tempo prima non avevano neanche il diritto di essere considerate individui con tutti i diritti civili e legali. Una vera rivoluzione senza barricate né armi da fuoco e mi chiedo come mai non sia accaduta in tempi anteriori... Dimenticavo le due grandi guerre del XX secolo, che hanno rivoluzionato principi stratificati nell'inconscio collettivo da generazioni e generazioni. Le donne per necessità dovute appunto al marasma causato dalle guerre, sono uscite dai soliti ruoli codificati in tempi di pace, per affrontare nuove difficoltà, nuovi compiti cui si sono adeguate. In tal modo hanno finalmente capito di non aver più nessuna necessità di sottomettersi allo strapotere maschile. In ogni caso è stato un lungo processo di conquista e anche di liberazione, durante il quale hanno preso coscienza di sé, delle proprie possibilità, dei propri diritti civili e umani... anche se con qualche ricaduta, spesso dovuta anche all'ostracismo della vecchia generazione di donne, per modo di dire all'antica.

Importante in questo processo di emancipazione è stata in ogni caso l'apertura all'istruzione anche per le donne. Finalmente è stato possibile dimostrare quante potenzialità in tutti i campi dello scibile umano sono andate perdute nel corso dei secoli passati perché ignorate, anzi proibite a una grande parte di umanità.

Almeno per le donne queste terribili guerre hanno avuto un risvolto positivo. Con tutto ciò proprio in questo momento ho appreso che soltanto dal 1997 i famosi Wiener Philharmoniker hanno ammesso nella loro orchestra anche donne: cosa posso aggiungere ancora? Un miracolo!

Arrivata a questo punto devo smantellare tutte le mie teorie sull'essere e diventare, tutto crolla come un castello di carta: una femmina nasce e resta tale per milioni di anni per volere di leggi primordiali che hanno stabilito così. Noi cosiddette donne emancipate dobbiamo lottare non soltanto per il riconoscimento dei nostri diritti civili e umani, ma soprattutto per liberare appunto milioni di donne dalla schiavitù di essere 'soltanto' le femmine dell'animale più pericoloso, violento, più sanguinario e assolutista che la natura abbia creato, e cioè l'uomo.

Se poi voglio riferirmi alla mia situazione di donna nella civile Europa del XX e XXI secolo, come donna emancipata che lavora, che ha avuto la possibilità di studiare e accedere così a professioni fino a poche decine di anni fa riservate solo agli uomini, devo ammettere di avere le solite difficoltà di sempre, cioè dei secoli precedenti: uscire di sera o di notte, da sola, significa sempre e ancora andare incontro a un possibile pericolo. Anch'io, nonostante la mia età, la sera mi sorprendo a guardare dietro di me, se sento qualche passo; in gioventù presto ho imparato a camminare assai velocemente, sia di giorno che di notte; a non soffermarmi davanti a una vetrina; a non guardare i passanti in faccia se di sesso maschile, anzi a tenere sempre gli occhi bassi, come appunto deve fare una ragazza per bene. Ma anche per evitare incontri come minimo sgradevoli. A Roma essere seguita per strada da un disturbatore che ti sussurrava oscenità all'orecchio non era una rarità; o essere pigiata in autobus e sentire la famosa 'mano morta' in varie parti del corpo e guai a reagire... c'era anche la possibilità di venire insultata! Per fortuna qui nella Mitteleuropa queste cose accadono piuttosto raramente (anche questo fu motivo della mia emigrazione nel 1961, oltre alla possibilità di uno studio e poi di un'occupazione migliore).

E allora?

Mai cedere le armi: una donna ha gli stessi diritti di un uomo. Punto e basta. Non ci dovrebbe essere nessuna necessità di diventare: basta essere, e questo fin dall'inizio.

Ma purtroppo finché l'"essere" dipenderà dall'educazione delle mamme e anche dei padri passerà tantissima acqua sotto i ponti.

### Fame

In questa Europa del XXI secolo c'è forse qualcuno che sa cosa sia la fame, quella vera? La fame che uccide, che distrugge anche la volontà di uscirne, di reagire, perché manca l'energia necessaria? A volte i giornali o la televisione ci fanno vedere qualche foto di bambini estremamente denutriti, madri spesso di colore, che tengono in braccio piccoli scheletri che non riusciamo a guardare senza un brivido di orrore. Certo, sono lontani, in Paesi incivili (!), sotto regimi di criminali camuffati da politici, e noi europei, dopo un momento di compassione, andiamo avanti, magari regalando qualche soldo a Organizzazioni a scopo umanitario (mai chiaro dove spariscano i milioni, a volte miliardi che riescono a mettere insieme) e mettiamo la nostra coscienza in pace: siamo responsabili di questa situazione in qualche parte dell'Africa o altrove?

Naturalmente nessuno si sente responsabile e continuiamo la nostra vita di supernutriti, buttando quintali e quintali di cibo nella spazzatura: secondo una statistica ogni anno solo in Italia 36 chili pro capite... e nel mondo? Anche questa una novità in tutta la Storia umana, sempre più allarmante, ma di cui nessuno si cura.

Oggi sono indignata: ieri al compleanno della mia nipotina Lilly, 9 anni, è venuto un suo amichetto, 10 anni, vicino di casa, a vedere insieme alla sorellina i regali che ha ricevuto. Sul tavolo due torte: lui non vi ha gettato neanche uno sguardo, del tutto disinteressato. Chiedo a mia nuora perché non offre ai piccoli ospiti una fetta di torta. La sua risposta mi ha inchiodata: mai si permetterebbe! Soprattutto il ragazzino ha deciso di mangiare soltanto cibi sani, e quindi niente dolci, niente carne, niente latte, niente prodotti contro natura. Poi ha aggiunto che invitarlo è un problema non soltanto per lei: un'altra amichetta di Lilly è assolutamente vegana e questo in una famiglia per modo di dire normale. Quindi la festa di compleanno che seguirà a fine settimana, con non so quanti bambini, sarà segnata da una grande varietà di cibi.

Mi piacerebbe aggiungere solo: gulp!

Mi sono chiesta cosa si nasconde dietro questo rifiuto categorico di cibi fino a qualche giorno prima normali.

Ho fatto molte riflessioni: una delle manifestazioni più naturali, anzi primarie dell'essere umano è la fame. Il primo segno di godimento fisico, necessario prima ancora che il corpo scopra quello sessuale, è il piacere sensuale che può e deve procurare il cibo. Mangiare è necessario per sopravvivere ma anche per sentirsi, per scoprire di avere un corpo, in una parola per conoscere il piacere di essere vivi.

Quando manca l'istinto più vitale, cioè l'amore per la vita e quindi per il proprio corpo, si manifesta una prima reazione in forma somatica e quindi avviene il rifiuto del cibo.

In realtà il cibo è uno strumento di comunicazione col mondo esterno di primaria importanza: attraverso il cibo si trasmettono segnali che bisogna saper interpretare. Ho imparato tutto questo per esperienza diretta e poi con i miei figli e nipoti. Certo sono esperimenti assai limitati (non si tratta di migliaia di esempi e il mio discorso non ha nessuna presunzione di carattere scientifico).

Intanto ho notato che la gioia di mangiare, fin da piccoli, può proseguire per il resto della vita se non ci sono stati dei traumi che hanno bloccato questa prima fonte di piacere.

Altri problemi sono legati al cibo: dopo un lungo periodo di astinenza per vari motivi, come nel caso di prigionieri di guerra, il rapporto col cibo acquista caratteri aggressivi e può provocare anche casi di cannibalismo, come si sa, ma si cerca di ignorare. Molti condannati nei Lager, subito dopo la liberazione sono morti per aver mangiato senza alcun controllo. Questi casi estremi vengono ignorati dalla Storia, ma fanno parte della nostra storia umana.

E poi ci sono i casi dei bambini denutriti per la fame imperante nei loro Paesi: ma non posso dimenticare come non molti anni fa, forse 50 anni fa, nelle famiglie con poche risorse economiche, nella tanto civile Europa, il cibo veniva suddiviso in questo modo: prima di tutti il padre poteva mangiare a volontà, perché lavorava, poi la madre e i resti venivano lasciati ai bambini. Questo avviene ancora nei Paesi in cui regna indiscusso il patriarcato, l'ignoranza e il fanatismo religioso. Qui è ancora normale vendere le bambine per una piccola somma di denaro, dato che non si riesce a nutrirla. Ma di questo ho già scritto altrove.

Ecco perché quando sento di milioni di cosiddetti vegani o vegetariani, che spendono quantità di soldi per comprare cibi assolutamente artificiali che imitano la carne, la salsiccia e altro con prodotti chimici che non hanno niente a che fare con la natura, convinti in tal modo di salvare il mondo, la natura, gli animali con la certezza di vivere sani, mi indigno. Penso ai milioni di affamati che si nutrono di erba e di chissà che altro per sopravvivere, mentre qui le industrie alimentari si arricchiscono a spese dei nuovi nutrizionisti che si divertono a dare regole alimentari buone soltanto per addormentare i sensi di colpa nei confronti di milioni di animali, divorati giornalmente, dai cosiddetti carnivori. Abbiamo dimenticato che fino a qualche decina di anni fa si mangiava carne soltanto una volta la settimana e forse neanche.

Mi chiedo quando si arriva a un minimo di ragionevolezza alimentare? Io immagino già questo ragazzino ora vegano fra una ventina di anni e mi sento tremare: ho conosciuto tipi così, cioè estremamente coscienti in modo maniacale, egocentrici, incapaci di godere la vita in tutta la sua pienezza, distrutti dall'eccessivo rispetto della salute del proprio corpo, dimentichi che il corpo ha bisogno di essere nutrito di tutto, che l'essere umano è onnivoro e che per questo motivo è sopravvissuto a milioni di altri animali, non certo per quel poco di intelligenza che si ritrova.

Ancora una piccola riflessione: non sarà un ennesimo segnale di questa nuova generazione di vegani, un ulteriore segno per distinguersi dal resto della cosiddetta massa?

**Famiglia**

La famiglia è la fonte di ogni male. Chi ha detto questa frase a dir poco rivoluzionaria? Non ricordo. Forse non ha osato dirla nessuno o forse l'ho pensata solo io, ma qualunque sia l'origine di questa frase, ne sono convinta.

Nel regno animale una famiglia dura assai poco, se si escludono gli elefanti, guidati sempre da una femmina e tante altre femmine con piccoli ancora da crescere. Non sono una zoologa ma il poco che so mi insegna che l'uscita dal nido o dalla tana significa l'allontanamento definitivo dalla madre o da quello che si chiama nucleo famigliare.

La razza umana, a differenza degli animali, ha invece una brutta abitudine: mantiene il gruppo d'origine fin oltre ogni necessità reale instaurando in tal modo il sistema famiglia e con esso il patriarcato. Sì, lo so, da qualche parte c'è ancora un rimasuglio di matriarcato, ma nella storia del genere umano conta assai poco. Ecco il punto: i maschi hanno preso il comando, sempre per mezzo dei muscoli e, con la scusa di proteggere i cuccioli e forse anche la collaboratrice domestica, sono riusciti a sottomettere la femmina e con essa i figli e le figlie. Sono polemica? Sì, sono polemica, e perché no? Basta guardarsi intorno per riconoscere una società basata sulla proprietà sia di beni mobili (cioè esseri umani) che immobili. Chiaramente la famiglia nasce nello stesso momento in cui i nostri famosi antenati decisero di fermarsi in un posto, di coltivare la terra e stabilire il senso di proprietà.

Guardo sul dizionario etimologico (la mia grande passione) e leggo con una certa soddisfazione che l'origine della parola famiglia è *famulus* cioè servitore! E ancora un Gualtiero nel 1294 scrive: „nucleo fondamentale della società umana costituito da genitori e figli". Non ha voluto sottolineare che si tratta esclusivamente di un solo genitore, di sesso maschile, forse perché ovvio, presupponendo anche la presenza della madre, perché necessaria. La femmina è infatti necessaria per evitare l'estinzione della razza umana e per la pulizia della casa: vorrei vedere una famiglia solo nelle mani di un uomo, senza alcun supporto femminile. Ma questo supporto femminile non ha nessuna importanza giuridica e tanto meno economica, perché il suo lavoro non viene mai retribuito, anzi non viene mai considerato tale: non dimentico che fino a non molto tempo fa una donna doveva chiedere il permesso al marito se voleva lavorare fuori casa; non poteva avere un conto in banca; per chiedere alle autorità consolari un passaporto era necessaria la firma del marito e non voglio continuare la lista dei vari divieti, senza contare che la dote della moglie veniva regolarmente incassata dal marito.

Lo so che sto polemizzando, ma questo cosiddetto nucleo famigliare mi ha sempre dato molto fastidio: questa sorta di religiosità per la famiglia, per i parenti tutti, ma soprattutto per il capofamiglia, il padrone assoluto, il despota riconosciuto e accettato dalla società come il solo responsabile e il solo avente tutti i diritti legali e civili, è ormai obsoleta. Dobbiamo finalmente riconoscere che si tratta del luogo per eccellenza dove sorgono i più grandi conflitti, le rivalità, gli odi e i risentimenti che si trascinano per tutta una vita; le vendette e perché no, anche gli amori, gli incesti, gli stupri, la violenza verso i più deboli, cioè verso le donne e i bambini; le prime sopraffazioni del più forte sul più debole. Gli abusi, i ricatti piccoli o grandi accadono in massima parte appunto in famiglia: che altro ancora? La nevrosi causata da mille costrizioni famigliari; la depressione, a volte l'unica via di scampo per uscire dalle strettoie della vita stessa; tutte camicie di forza nate per l'impossibilità di vivere per quello che si è e non per quello che altri, e cioè la famiglia in tutto il suo complesso, ha deciso per noi: un malessere generale che ha origine da questo crogiolo di interessi di vario tipo.

Inoltre i famosi femminicidi avvengono per il 90% in famiglia. Si può ancora glorificare la famiglia?

E qui mi sorge anche il vago sospetto che questa comunità abbia molto a che fare col primo tentativo di formare in piccolo una specie di Stato: un re e una serie di sudditi; una prima forma di criminalità organizzata, dove appunto la famiglia e i parenti costituiscono il primo nucleo di una società unita dal silenzio, dalla cosiddetta omertà per dovere di parentela. Quanto mi sarebbe piaciuto studiare sociologia per capire tutti questi sistemi! Così devo andare a naso, come un bambino al buio che cerca la porta per uscire all'aperto. Ma all'aperto mi aspetta sempre lo stesso spettacolo: padri violenti, madri snervate, figli allo sbaraglio.

Si è tentato di sciogliere il nucleo famigliare, per esempio nei Paesi del regime sovietico: so che le donne, dovendo lavorare, erano costrette ad affidare i loro figli, fin dalla nascita, a istituzioni statali. Con quale risultato? Generazioni perdute, violenza aumentata; disgregazione dei vincoli più necessari per sviluppare la sensibilità degli individui; incapacità di intessere rapporti di carattere emotivo... Basta.

Devo concludere che, in fin dei conti, nonostante tutto, la famiglia ha o meglio dovrebbe avere una funzione importante, anzi fondamentale per lo sviluppo psichico dell'essere umano?

In ogni caso, sì.

Ne sono assolutamente convinta, dato che la formazione di un bambino avviene per imitazione dell'adulto, sia esso positivo o negativo.

Da una madre ipersensibile c'è da aspettarsi una prole anche ipersensibile. Ma non è neanche detto: vedi Proust e suo fratello, due caratteri e due vite del tutto opposte nonostante la stessa madre. Ma qui interviene anche un secondo fattore: non è vero che i genitori si comportano allo stesso modo con i diversi figli. L'imprevedibilità del comportamento di ogni essere umano in rapporto con l'altro costituisce il problema centrale, anzi questa può essere considerata l'origine di ogni conformazione negativa, stortura dei caratteri e tutto il resto: una madre non è la stessa madre con i diversi figli: perché? Appunto, perché?

Ancora una domanda inquietante: chi dà il diritto a ogni essere umano di mettere al mondo figli? Perché tutti possono farlo impunemente, senza avere per esempio un attestato, un certificato, un qualcosa che possa qualificarne l'idoneità? Sono pienamente cosciente di affermare qualcosa di molto rivoluzionario: un certificato di idoneità per diventare genitori? Un medico non può esercitare la sua professione senza uno studio preliminare; non esiste attività al mondo che non abbia bisogno di una lunga preparazione, di uno studio accurato, di un apprendistato: c'è qualcosa di più difficile, di più impegnativo e responsabile dell'educazione di un figlio, di una figlia? Ma ognuno pensa di non aver bisogno di nessuna istruzione, di nessuna preparazione, a volte neanche di un consiglio: guai a dire a una madre che sta sbagliando in modo assoluto col proprio figlio.

Altra giustificazione che non posso più sopportare: l'amore. Quanti soprusi, violenze, aberrazioni in nome di questa piccola parola. Ma torna sempre, soprattutto a proposito dei figli: quale madre ammette di non amare il proprio figlio, anche se si tratta di un fatto assai plausibile, quasi naturale, anzi piuttosto frequente?

Mio figlio.

Questo sconosciuto ha messo me donna in condizione di chiedersi: chi sono io per permettermi di condurre, influenzare, dirigere l'esistenza di un'altra creatura, quando non sono in grado di condurre, dirigere la mia? Chi è questa creatura che mi mette davanti a uno specchio senza mezzi termini, costringendomi a fare i conti soprattutto e prima di tutto con me stessa? E inoltre, chi non cerca nel proprio figlio il successo che gli è stato negato dalla vita? Chi non dice la famosa frase: deve avere una vita migliore della mia?

In che senso migliore? Soltanto da un punto di vista economico?

Ma ancora una riflessione ha rimesso in gioco tutte le mie teorie: la famiglia, il paesino, il villaggio, cioè il primo nucleo della società umana è necessario per dare un'identità a ogni singolo individuo. Io sono figlio di... nipote di... cugino di..., nel senso che non ho nessuna necessità di cercare la mia vera identità; praticamente è già stata prestabilita dalla famiglia dalla quale provengo; in alcune regioni o paesi addirittura il soprannome del più vecchio antenato conta più del cognome ufficiale per identificare una persona. Da qui l'attaccamento al paesello natio, dove tutti mi conoscono e dove conosco tutti; dove non ho necessità di espletare una qualsiasi particolare attività, inventare qualcosa, farmi in qualche modo notare, in una parola: essere, perché tanto tutti mi conoscono e sanno chi sono. Ma ognuno mi conosce secondo le sue proprie convinzioni, esperienze, cognizioni, e anche in relazione alla famiglia dalla quale provengo. In una parola: il singolo non ha nessuna necessità di uscire dal branco e se lo fa è perché vuole appunto dominare il branco, essere più forte, distinguersi, pur mantenendo il soprannome dell'antenato. Ecco che nasce il capomafia. Il capo del branco, tanto il branco esiste in ogni caso: basta ci sia un solo individuo in grado di saltare il fosso, di mettersi in prima fila, perché tutti gli altri lo seguano. Questo principio mi ha sempre spaventato: la massa, il branco incapace di razionalizzare, di essere un individuo a sé. Mio padre chiamava la massa un branco di pecore e ancora adesso devo ripensare a lui quando vedo certe reazioni di massa.

Ma l'artista, non soltanto il capomafia, cosa che può sembrare a prima vista un paradosso, è un individuo che da solo riesce a distanziarsi dalla massa, che anzi ha la necessità di uscirne, soprattutto di uscire dal nucleo famigliare in cui è nato.

Infatti da che mondo è mondo c'è sempre stato uno che pur non avendo i muscoli, o meglio la forza fisica ma neanche l'astuzia per distinguersi dal resto del branco e diventarne il capo, ha escogitato un nuovo sistema: mettersi a costruire strumenti musicali con ossa di animali e cercare di imitare i fruscii della foresta; oppure mettersi a cantare per far concorrenza agli uccelli. Ma c'era anche chi, forse il più timido o la più timida, si metteva a disegnare le figure degli animali sulle pareti delle caverne. La prima forma di arte nasce forse dalla necessità di uscire dal branco, dalle strettoie della famiglia? E non come ho sempre sostenuto, per un inestinguibile desiderio di esprimersi, di sublimare la realtà? E anche, per una sorta di protesta verso la cosiddetta normalità, l'eterna quotidianità, l'eterna ripetizione degli stessi rituali?

L'arte è in ogni caso una rottura col „si è sempre fatto così“, una specie di inquietudine che si calma soltanto facendo qualcosa che va oltre le vere necessità fisiche: l'arte un di più, il superfluo più importante del pane per sopravvivere?

E allora bisogna uscire dalla famiglia, cercare nuove vie, andare nel mondo, saltare il fosso, confrontarsi con gli altri e... scoprire che anche altrove la forma famiglia si basa sempre sugli stessi principi.

Che disastro!

Non c'è via d'uscita. Bisognerebbe cambiare questo tipo di società umana, ma purtroppo non riesco a immaginare niente di diverso.

Fallimento totale.

**I fantasmi della notte**

Lo so, la notte è fatta per dormire. Quante volte mi è stato ripetuto? Anche per sognare. E qui nascono i problemi. Sognare. Ma nessuno ne parla, anzi non viene considerato un problema, pare non esista per nessuno: solo per me. Ricordo che da bambina, e dovevo avere non più di 4-5 anni, avevo paura dei sogni e per questo motivo non volevo dormire. Ancora adesso la sera mi sembra di giocare al lotto, ma si tratta di una lotteria dove perdo sempre!

Il primo pensiero, appena arriva l'ora di andare a letto, è se riuscirò a prendere sonno, poi passato questo primo scoglio, arriva tutta una serie di scogli, uno più massiccio dell'altro... e devo pensare ai sassi lanciati da Polifemo contro Ulisse che fuggiva dopo averlo accecato. Essendo nata ai piedi dell'Etna, cioè ai piedi della fucina di Vulcano, tutta la costa è disseminata di scogli: la presenza e l'ira di Polifemo resta perenne, almeno finché esistono l'Etna e la Sicilia.

Tornando alle mie notti, se sono riuscita ad addormentarmi, dopo qualche ora mi sveglio immancabilmente: un sogno mi scuote al punto che devo alzarmi per rientrare nella realtà. A volte leggo qualche paginetta oppure risolvo un cruciverba piuttosto difficile (appunto per distogliere il cervello), poi cerco di dormire. Dopo due-tre ore di pausa, dormo fino alla prossima tappa, cioè al prossimo sogno.

Ecco spiegato tutto: i sogni mi impediscono di dormire.

Non riesco a fermare il cervello: si tratta di un motore che, una volta messo in movimento, nessuno può fermare, nessuno. Solo la morte riuscirà a bloccarlo, mettendo finalmente la parola fine su tutto questo continuo lavorio. E per sempre. Infatti quando avrà smesso di fabbricare sogni, di inventarsi storie, di dissotterrare ricordi sepolti chissà dove, in un mondo ormai scomparso; quando non avrà più materiale a disposizione per occupare la mia mente e quindi per disturbarmi, allora smetterà di lavorare, per tutta l'eternità.

Mi chiedo chi smette prima: il cuore o il cervello? Quando il cuore si è fermato, per quanti minuti o secondi continua a funzionare il cervello? Registra quanto avviene intorno a sé, fa le sue considerazioni su persone e cose mettendo su un nuovo materiale da passare alla prossima generazione? Forse va avanti ancora più di qualche minuto: il cervello è instancabile.

Infatti a volte ho l'impressione che si tratti dei sogni di un'altra persona, magari di mia madre o mia nonna o di chissà quale antenata. Mi riportano vicende di altre vite a me sconosciute che emergono da un passato assai remoto, immagazzinate da qualche parte, nella parte più profonda del mio inconscio, quasi rimasugli di esistenze perdute nel tempo, tuttavia decise a non sparire definitivamente, veri fantasmi vaganti nella notte.

Perché vengono a visitarmi?

Chi è il responsabile dei sogni?

Spesso sento di avere dentro di me tante vite, che affondano le radici in un humus assai fecondo, perso nella famosa notte dei tempi; tempi bui, di civiltà sepolte, ormai scomparse, dimenticate. Si tratta soprattutto di donne primitive, vissute all'inizio dei tempi, forse ancora prima dell'età della pietra... certo non posso portarmi dietro i sogni o meglio le vicende di qualche uomo primitivo. Mi rifiuto di pensare che i miei sogni possano aver qualcosa a che fare col passato di un uomo! Il mio inconscio è soltanto femminile, ci tengo molto, e conserva solo esperienze femminili.

Per cui il cervello si rivela essere uno strumento che mi procura inquietudine, spesso angoscia, mai quiete: non si rilassa mai, sempre in agguato, sempre in movimento, in un'attività frenetica, senza pause e, devo aggiungere, senza pietà. Non posso dimenticare la mia prof di lettere che definì la mia fantasia 'cavalcante', senza freni, del tutto libera... libera? Mi chiedo una volta di più quale significato abbia questa parola. In realtà sono in balia del mio cervello, quindi non sono affatto libera.

È come se avessi dentro di me un secondo io che vuole in ogni caso dominare l'altro forse più conciliante, magari pigro, o forse soltanto vigliacco. In ogni caso il primo vince di giorno ma il secondo ha il sopravvento di notte. Così ogni sera sto fra due io che si combattono: il mio io più razionale deve, per forza di cose, arrendersi, addormentarsi, cedere le armi all'altro più forte, più prepotente, forse anche più primitivo, vorrei dire incivile. Alcune migliaia di anni di civiltà umana non sono riusciti a domarlo, di questo sono certa, e appena perdo il controllo, cioè mi addormento, lui prende le direttive sull'altro io e spadroneggia selvaggiamente.

Il potere dei sogni è immenso: anche nell'antichità dominava indiscusso sulla vita soprattutto degli uomini importanti che avevano poi bisogno di un interprete per capirne i segnali... ma i tempi sono cambiati e l'interpretazione dei sogni per trovare i numeri da giocare al lotto non è più di moda. O sbaglio?

Credo di vivere in diverse realtà. Forse tutti noi viviamo in qualche modo in tanti, sconosciuti universi e la notte ci riconduce nelle diverse realtà che, stranamente collegate insieme, danno poi il via a quello che noi chiamiamo vita: la mattina mi sveglio e devo fare i conti con un mondo reale o meglio con quello che definiamo per tale, che forse mi appartiene e forse no. Chi è quella donna notturna che corre lungo una strada che si inerpica immancabilmente verso una montagna, sempre più impervia e misteriosa, inquietante... di quale strada e di quale donna si tratta? La conosco in realtà? Quale realtà? Quella fuori o quella dentro di me? E di quante realtà dispone ogni essere umano? A volte è buio pesto e non so dove mettere i piedi, sono del tutto sola e cerco un'altra strada perché so anche in sogno che ho sbagliato strada, nel vero senso della parola. Altre volte incontro molta gente, tutti sconosciuti, ma io resto sola e so di essere in un luogo senza luogo anche se si tratta di una strada. Sempre in cammino, come del resto siamo tutti, lungo una strada sconosciuta, senza una destinazione precisa, perché anche in sogno non conosciamo il nome della strada. Un giorno arriveremo finalmente alla fine di quella strada e ci troveremo in un luogo forse sconosciuto.

O forse da sempre conosciuto?

Devo concludere di avere una doppia personalità? Una lucida, estremamente razionale e anche pratica, che mi ha consentito di vivere una vita abbastanza normale, con marito, figli e nipoti, più qualche centinaio di allievi; l'altra caotica, indomabile, subdola, assolutamente inaffidabile, pronta sempre a spezzarmi le ossa, a tormentarmi. Sono convinta che soltanto la morte riuscirà a chiudere definitivamente questa porta aperta solo nel passato e mai nel futuro (come credevano gli antichi) con la particolarità di travisare perfino il presente.

Quell'altro io non soltanto percorre lunghe strade solitarie, altre volte si ostina a vagare come un'ombra senza pace sempre dentro le stesse mura, sempre nella stessa casa, nella stessa atmosfera nebulosa di quella casa, in qualche modo inquietante: la casa della mia infanzia. E pensare che in realtà si trattava di una grande casa della fine dell'Ottocento, con grandi porte-finestre che si aprivano su ben sette balconi, stanze enormi dai soffitti altissimi, con pareti coperte da cosiddetti Lambris di marmo verde, rosso, giallo: mio padre aveva una certa mania di grandezza e aveva fatto restaurare la casa della Cucchiara[29] in modo piuttosto lussuoso per il luogo e i tempi. Penso che il marmo avesse la funzione di te-

[29]Ada Zapperi Zucker, *La Cucchiara. Una famiglia siciliana.* 2015, VoG Verlag

nere la casa fresca, essendo tutta esposta a mezzogiorno, con un sole accecante e un caldo africano che rendeva la vita difficile. Ricordo che i miei fratelli si divertivano a cuocere un uovo al tegamino soltanto esponendo il padellino sul balcone della cucina.

Questo è dunque il mio secondo io che torna sistematicamente di notte a disturbare ancora i miei sogni. A volte penso che già nella fase prenatale vengano fissati una volta per tutte i preliminari di una vita, almeno di quella notturna: i sogni sono forse le prime emozioni registrate dal cervello appunto nella fase prenatale, quelle che niente poi riesce ad estirpare, neanche il percorso di tutta una vita per modo di dire normale. Certo, devo ammettere di essere stata una bambina diversa, come so di essere un'adulta diversa: non posso dimenticare il responso di uno psicologo incaricato da Terre des Hommes di farmi un test per verificare se ero idonea ad adottare una bambina. Dopo il cosiddetto esame, mi disse che non aveva mai conosciuto una persona come me e che per questo motivo non osava dare un giudizio su una eventuale idoneità o meno: per fortuna mio marito risultò del tutto normale per cui mi fu permesso di adottare una bambina, anche se con qualche riserva.

E qui sarebbe opportuno conoscere i parametri entro i quali viene stabilita la normalità o meno di una persona. Adesso, dopo esattamente 48 anni, mi piacerebbe leggere il test e le mie risposte. Ho avuto la bambina, l'ho protetta, amata, guidata finché mi è stato possibile e credo che il risultato sia più che discreto: sono fiera di lei e di me!

E... torna spesso, anche nei miei sogni.

### Le fasi della vita

Già da qualche tempo ho cominciato a riflettere sul mio sistema di vita, cioè sulle varie fasi della mia vita, suddivisioni avvenute in modo del tutto inconsapevole, ma con ritmo regolare. Ora mi chiedo se è così per tutti, se cioè in ogni essere umano si verificano fasi che mi piace paragonare alle modulazioni musicali: un semplice cambiamento di tonalità e già è possibile esporre un secondo tema o elaborare quello precedente. Guardando all'indietro, cosa che adesso, data la mia età, posso fare ampiamente, mi accorgo che all'incirca ogni venti anni ho cambiato direzione, cioè tonalità. Una dominante però, la musica, mi ha seguito dalla prima infanzia fino ad ora, cioè nell'arco di quasi 80 anni. Una specie di basso continuo ha infatti accompagnato ogni fase della mia vita, assumendone il ruolo principale: posso dire di aver scelto la compagna migliore, più fedele e sincera che un essere umano possa desiderare. La Musica non mi ha mai lasciata sola, non mi ha mai delusa, mai tradita e mi ha sempre dato moltissimo, oltre ogni aspettativa, infatti mi ha riempito di tutti i pensieri, delle gioie e dei dolori di tanti altri esseri umani vissuti prima di me. I migliori in ogni caso.

È questa la funzione dell'arte?

Ora voglio fare una specie di scaletta che forse è riscontrabile in tutti gli esseri umani: da zero a venti anni circa, ho vissuto più o meno al buio, cioè ho cercato, proprio come una cieca, la porta di uscita, quella che mi avrebbe mostrato un mondo diverso da quello nel quale il caso mi aveva fatto nascere, perché ognuno di noi è il prodotto di un caso: se siamo bianchi o neri, se veniamo al mondo nella giungla o in un Paese civile. Tutto questo non dipende da noi, ma dai nostri genitori, quindi dal caso. Infine capire chi sono, cosa voglio, perché sto qui, cosa devo fare del mio tempo, di me: è così per tutti, arriva per tutti questo momento di chiarificazione? In realtà si tratta di una quantità di lavoro più che altro mentale; un processo di crescita che comincia subito dopo la nascita.

I primi anni sono stati in ogni caso piuttosto bui, ne ho scritto qualcosa in una raccolta di racconti[30], "", con un grandissimo QUASI, vorrei aggiungere. Sì, in ogni caso, anni bui nonostante il sole, la luce accecante del Sud. Come ogni bambino/bambina, ero estremamente dipendente dagli altri: mia madre, mia sorella, i miei fratelli, mio padre e infine tutto il mondo che mi circondava. Di questi primi anni ricordo soltanto l'incomprensione (che io interpretavo come disprezzo) degli adulti verso una bambina che non parlava, sempre chiusa in un suo mondo pieno di paure.

Sono veramente la sola ad avere avuto un'infanzia così travagliata? O cerchiamo di ignorare l'effettiva sofferenza dei bambini, la loro impotenza di fronte all'incomprensione, all'insensibilità degli adulti? Possibile che tutti, diventati adulti, siano convinti di aver avuto un'infanzia normale, piena di amore, ignorando i momenti di odio, il desiderio di evasione da una realtà insopportabile e quindi la necessità di crescere per rendersi indipendenti?

L'uscita dalla prima infanzia avvenne in modo traumatico: fui mandata a scuola a otto anni, direttamente in seconda elementare. Cioè non ho mai frequentato la prima classe. Quando penso alla mia cosiddetta carriera scolastica mi vengono ancora adesso i brividi. So che i miei genitori mi consideravano diversa dagli altri loro bambini. Certo c'era la guerra, un fratello morto sotto un bombardamento... ma gli altri fratelli sono andati regolarmente a scuola: io, a casa, sola.

A scuola, dopo pochissimo tempo, la mia terribile maestra, Suor Maria Marcella, scoprì che avevo una bella voce: diventai a otto anni la solista di tutta la scuola. Alla recita nel tea-

---

[30]Vedi nota pagina 15

trino del convento per la festa della Madre Superiora, i miei genitori non vennero. Venne soltanto la nostra donna di servizio. I miei genitori erano in lutto per mio fratello... e io? Certo, mia madre mi cucì un bellissimo vestito, lungo, azzurro con una corona in testa di fiocchi azzurri, stupenda. Ho ancora una fotografia che mio padre mi scattò nel suo studio.

Come tutto è strano. Ma sono ricordi piantati in qualche parte del mio cervello come chiodi che il tempo conserva, benché ormai arrugginiti. Fanno ancora male.

Fu in ogni caso un breve periodo, perché i miei genitori stabilirono di tornare in Sicilia, cioè mia madre. Altro cambio di scuola, altri complessi di inferiorità dato che a dieci anni ero ancora in quarta; da qui la mia decisione di saltare la quinta e prepararmi da esterna all'esame di ammissione per le medie, dopo aver frequentato per alcuni mesi la quarta.

Ma non voglio proseguire. L'unica cosa positiva in questi anni fu la decisione di non so chi, ma forse di mio padre, di farmi studiare pianoforte, visto che in casa ne avevamo uno. Il mio grande incontro con la Musica avvenne attraverso la signorina Altavilla, giovane di appena 18 anni, bella, fresca di diploma ed entusiasta pianista. Veniva in casa, si sedeva al pianoforte e suonava. Poco prima di andar via mi faceva strimpellare qualcosa. Le sono ancora infinitamente grata: lezioni come queste hanno la capacità di cambiare la vita.

Inutile continuare questa serie di azioni non decise da me che però hanno avuto un peso esorbitante sulla mia vita futura. Ritorno a Roma, anche qui anni molto pesanti, per non dire sconvolgenti.

Nel frattempo avevo iniziato a collaborare per la Treccani, studiando contemporaneamente e con grande intensità, cioè in modo professionale, Pianoforte e canto: li considero gli anni più costruttivi della mia vita, i più importanti sia per la base musicale e letteraria che riuscii a maturare, che per la sicurezza acquistata appunto attraverso una maggiore conoscenza delle mie possibilità.

Nel 1961 decisi di iniziare la carriera di cantante. Una pazzia, considerando la mia situazione e soprattutto la mia enorme fragilità. Ora so, dopo oltre 40 anni di insegnamento, che per fare la cantante è quasi superfluo avere una bella voce, saper cantare, essere musicale: a me mancava tutto il resto, appunto la costruzione fisica e psichica per affrontare una carriera simile.

La seconda fase che seguì fu un'altalena di alti e bassi e soprattutto il confronto con me stessa e il mondo esterno. Naturalmente ne sono uscita sconfitta, non poteva essere diversamente, dati i precedenti. Con tutto ciò sono riuscita a sposarmi e ad avere perfino un figlio. Cinque anni dopo ho anche avuto il coraggio di adottare una bambina. Posso dire che fino ai quarant'anni circa ho svolto compiti più o meno inerenti il mio destino di donna, anche se sotto sotto qualcosa in me ribolliva. La sera, quando i bambini dormivano, mi mettevo a disegnare. Ho scoperto una passione antica, trascurata nel corso degli anni; una grande passione che ha occupato ore e ore durante la mia infanzia solitaria e silenziosa. Adesso ho voluto esercitarla addirittura con professionalità, nel senso che ho seguito corsi di pittura, almeno uno alla settimana, sempre più appassionata, con sempre maggiore acribia, soffocando le frustrazioni dovute alla mia mancanza di talento: avevo bisogno di quelle ore per stare sola con me stessa. Una bellissima forma di evasione dalla mia vita di casalinga; un ritrovarmi, sola, due o tre ore ogni sera e un pomeriggio per un corso di disegno. Inoltre, come la musica mi aveva insegnato a sentire attraverso i suoni i pensieri dei compositori, la pittura mi ha aperto gli occhi all'affascinante mondo dei segni e dei colori. Mi chiedo ancora se tutti gli esseri umani abbiano perso, dopo l'infanzia, la capacità di ascoltare e anche di vedere, due facoltà che ognuno ha fin dalla nascita e poi vengono trascurate fino a sparire: chi continua a vedere, o meglio a osservare il mondo intorno a sé deve essere un pittore, questa una mia teoria!

Poi incontro un vecchio maestro della Musikhochschule di Vienna, Erik Werba, col quale fra l'altro non avevo mai avuto un vero rapporto allieva-maestro. Non so come mi conosceva. Cominciai a seguire come uditrice le sue lezioni di interpretazione del Lied qui a Monaco, alla Musikhochschule e col tempo cominciai ad avere una specie di conversazione proprio con lui. Avevo superato di poco i quarant'anni e mi consideravo già alla fine, secondo schemi antichi che ancora sopravvivevano nella mia visione della vita.

Lui mi disse che era ora di ricominciare!

Così iniziò la terza fase.

Mi incoraggiò a insegnare canto e continuo a farlo ancora dopo oltre 40 anni. I primi 20 anni sono stati molto impegnativi, ho organizzato seminari, concerti e altro: un'attività frenetica, appassionante... sì, la passione ha sempre guidato le mie scelte. Sono uscita dal trantran della donna di casa e il mondo mi si è aperto. O forse sono riuscita ad aprire quella porta che mi ha permesso di entrare definitivamente nella vita. Credo sia un'esperienza conosciuta da molte donne della mia generazione: dopo i quarant'anni una donna ha finalmente la possibilità di gestire una vita autonoma, libera dai doveri imposti dalla famiglia e, in ultima analisi, dalla società... spero che le mie nipoti arrivino più presto a conquistare una propria autonomia: glielo auguro di cuore.

Alla fine degli anni Novanta, in seguito a una grave malattia, decisi di tornare in Sicilia. Un viaggio nel passato, nel buio della mia infanzia: da quel momento decisi di scrivere appunto di quel passato, entrando in tal modo nella quarta fase.

Certo non ci sarà altra fase, ma credo di aver sfruttato tutto, di non essere passata attraverso la vita senza lasciare alcuna traccia: ho molti allievi in teatri diversi e alcuni libri stampati.

Ormai non ci sarà una quinta fase, ma credo che bastino le prime quattro.

**Femminismo**

Ho appena finito di leggere un interessante libro di una linguista tedesca, Luise F. Pusch, *Alle Menschen werden Schwestern* (*Tutti gli esseri umani diventano sorelle* invece del vecchio motto *Tutti gli uomini diventano fratelli*) stampato per la prima volta nel 1989 e ora trovato per caso nella nuova ristampa del 2021. Molto attuale, proprio adesso che si parla tanto di sessismo linguistico: già oltre 30 anni fa si iniziava, almeno in Germania, a discutere sulla discriminazione grammaticale e lessicale di tutte le lingue del mondo riguardo al genere femminile. Un libro scritto con molto senso dell'umorismo da una donna di profonda cultura umanistica, docente universitaria e quant'altro, con una sola pecca, secondo me: limita il femminismo e le varie discriminazioni, di cui nel corso dei secoli sono state fatte oggetto le donne, a un fatto solamente e puramente sessuale, cioè circoscrive il movimento di protesta, di per sé soprattutto sociale, a rivoluzione di carattere solo sessuale e non civile. La Pusch si dichiara lesbica e per quanto possa ricordare io stessa, negli anni del primo femminismo, almeno in Germania, c'era una chiara identificazione fra lesbismo e femminismo (proprio in quegli anni e cioè nel 1977 fu fondata la rivista *Emma* da

Alice Schwarzer[31], di buon livello giornalistico, quasi esclusivamente dedicato a lettrici lesbiche) che in realtà sminuiva molto il senso di questo risveglio socio-culturale. Perché il femminismo non ha niente a che fare con lesbismo o omosessualità, in ogni caso due visioni assolutamente divergenti dell'umanità tutta: io posso aderire al femminismo senza per questo essere lesbica; da qui una serie di equivoci, almeno per me, sempre confrontata con questo fenomeno. So che ogni volta mi scontravo con incomprensioni, stupore, scetticismo e altro: nel corso di questi ultimi 30 anni credo che si siano chiarite le due posizioni e mi sembra un gran passo avanti anche da un punto di vista puramente civile. Infatti escludere una parte dell'umanità, e meglio sarebbe dire la metà della popolazione mondiale dal processo evolutivo e sociale è stato il più grande errore dei secoli passati: sono andate perdute molte potenzialità; sono stati commessi massacri e guerre predatrici (le donne non avrebbero mai iniziato una guerra se non per difendersi); sono state distrutte città e interi Paesi; sono scomparse antiche civiltà con a capo solo uomini e la totale esclusione della partecipazione femminile, e ora, per concludere, l'avidità di sempre maggiori guadagni, secondo me molto specifica nel sesso maschile, avido di potere a tutti i costi, sta distruggendo il pianeta Terra.

Tutti sintomi di un mondo che ha bisogno di un cambiamento globale e questo cambiamento deve venire proprio dalla parte ignorata dalla Storia: dalle donne.

Ma collegare il femminismo a un'ideologia politica è anche un errore; si veda come nell'Unione Sovietica e nei paesi a forte tasso comunista vennero trattate le donne: è stato concesso il diritto al lavoro, ma il compagno comunista a casa continuava a comportarsi con la compagna comunista come

[31]Alice Schwarzer, giornalista tedesca, 1942

cento, mille anni prima; non credo infatti che un solo compagno si sia mai sporcato le mani a lavare un piatto o soltanto a spostare lo stesso piatto dalla tavola all'acquaio. In realtà sono aumentati i doveri per la donna, senza però che le sia stato corrisposto il rispetto, l'uguaglianza economico-sociale e intellettuale che le si deve. Senza contare che anche nei secoli precedenti le donne hanno sempre lavorato, anche se non in mestieri tipicamente maschili, come al contrario avvenne all'inizio del XX secolo con l'industrializzazione e la produzione di massa. Secondo una stima dell'Uno del 1980, due terzi del lavoro mondiale viene realizzato dalla manodopera femminile, con una retribuzione del decimo di quanto riceve un uomo. Ancora un dato molto interessante: le donne possiedono esattamente l'1% del patrimonio mondiale.

Altro errore è stato il mascolinizzarsi della donna, cioè la donna stessa, per essere alla pari con l'uomo, ha rinunciato alle sue peculiarità femminili, appunto per mancanza di precedenti cui potersi orientare. Voglio ricordare le donne che dirigevano reparti femminili nei vari Lager nazisti e in Siberia, ormai lontane da ogni designazione umana, conosciute per la loro brutalità, superiore anche a quella maschile.

Qui sarebbe interessante spendere qualche parola sul tipicamente femminile contrapposto al tipicamente maschile, ma mi porterebbe troppo lontano, anche perché le definizioni sono sempre circoscritte a fattori storici, etnici e altro.

Credo non sia necessario tornare alle origini del femminismo, risalente almeno nominativamente alla fine del XVIII secolo: si è quasi sempre sottovalutata la presenza massiccia delle donne alla presa della Bastiglia, protesta venuta soprattutto dalle donne del ceto più basso e più sfruttato, un capitolo sistematicamente ignorato dalla Storia, da secoli scritta da uomini; qualche anno dopo, nel 1792, venne dato alle stampe il primo vero libro che denunciava una situazione ormai millenaria. Titolo: *Rivendicazione dei diritti della donna* di M. Wollstonecraft, inglese e madre della futura Mary Shelley autrice del famoso Frankenstein.

In questi ultimi 230 anni si sono mosse le acque, sempre torbide, del mondo maschile, continuamente disturbato da inutili richieste di parità, giustizia e altro da quella strana creatura chiamata donna (si consideri che si è trovato anche qualche serio studioso che si chiedeva se appunto questa strana creatura facesse parte del genere umano!). Io penso che le due ultime guerre mondiali siano state la più grande lezione che l'umanità abbia dato a sé stessa. Voglio però sottolineare che non sono stati certo gli uomini a capire la portata della lezione, ma le donne, messe a confronto con situazioni fino ad allora mai conosciute: milioni di uomini dispersi, uccisi, prigionieri di guerra e il crollo di tutte le fonti di produzione fino ad allora nelle mani di soli uomini. Costrette da secoli a considerarsi inadeguate a sostenere pesi superiori alle loro forze, scoprirono qualità insospettate: la necessità di sostituirli permise loro di svolgere attività fino ad allora riservate ai soli uomini, con grande profitto per l'economia dello Stato. Il dopoguerra deve aver insegnato qualcosa: le donne hanno finalmente avuto la possibilità di dimostrare agli uomini, ma soprattutto a sé stesse, di avere grandi potenzialità lavorative, organizzative e quant'altro. Inoltre la possibilità di frequentare una scuola pubblica, e voglio mettere l'accento sulla parola *pubblica* non religiosa, ha aperto alla cultura ragazze e poi donne, liberandole dai dettami religiosi dei conventi tenuti da suore o preti, con risultati assai deleteri soprattutto per le bambine educate soprattutto all'umiltà, alla modestia, all'obbedienza e alla sottomissione, senza alcuna critica, come appunto rientra nei programmi di indottrinamento cristiano.

Interessante sapere che la prima donna della Storia, ufficialmente riconosciuta col titolo di medico, professione che poté anche esercitare, viene ricordata in Francia, nel 1849. Fino agli inizi del XX secolo infatti, anche se le ragazze dell'alta e media borghesia avevano la possibilità di essere almeno alfabetizzate, era però loro interdetta la frequentazione di studi superiori: ricordo sempre che la mia prof di lettere, la mai dimenticata prof Di Trapani, ci raccontava, ancora alla fine degli anni Quaranta, di essere stata la prima studentessa universitaria a Catania, ma di aver potuto frequentare solo se accompagnata alle lezioni e agli esami dal padre! Altro ricordo più recente: l'amica Ulla, docente di fisica all'Università di Monaco, una volta mi raccontò come, essendo l'unica studentessa di fisica di tutta la facoltà, durante una lezione il professore, dopo aver proposto un tema piuttosto complesso da risolvere, a lei che aveva subito alzato la mano, dopo averla ascoltata con sempre maggiore stupore disse, davanti a tutti: „Mai avrei creduto che lei, nonostante donna, potesse risolvere un problema così complesso." E questo ancora negli anni Settanta del XX secolo.

Ancora una curiosità (che in realtà è ben altro che una curiosità): per ben cento anni quella dei Berliner Philharmoniker fu un'orchestra esclusivamente maschile. Solo nel 1982 fu ammessa una donna, una violinista svizzera come primo violino, mentre i Wiener Philharmoniker attesero fino al 1997 prima di ingaggiare un'arpista donna!

Allora, tornando a questa parola magica, femminismo, cosa concludere? Che si potrà conseguire una parità di diritti e di doveri fra uomo e donna soltanto quando si sarà raggiunto un grado elevatissimo di civiltà, cioè quando non sarà necessario a uno dei due sessi – e penso soprattutto al sesso maschile che facilmente si sente sminuito nella sua esistenza – considerarsi superiore all'altro: l'uguaglianza significa sempre un compromesso fra chi sta in alto e chi sta in basso, fra chi ha di più e chi ha di meno, fra chi ha più muscoli e chi ne ha meno, ma anche chi ha una maggiore intelligenza e chi ne ha meno... (e non è detto che il famoso quoziente sia superiore nell'uomo piuttosto che nella donna!).

Ma già qui nascono i primi problemi: io non credo ai quozienti di intelligenza.

Devo veramente concludere che non è possibile una qualsiasi parità fra i generi come in tutto ciò che è un prodotto della natura?

**Guerra**

Il primo problema che mi pongo è come posso trattare un tema che non rientra nei miei interessi, che mi rifiuto di capire, che non accetto neanche come proposta culturale e ancora meno come processo civile. In una parola: una di quelle manifestazioni del carattere umano che assolutamente nego e che abolirei non soltanto dal vocabolario, ma anche e soprattutto dalla storia del genere umano. Ma non è possibile, perché il mondo è purtroppo popolato da una strana bestia che porta la violenza nel suo DNA, una specie di tara del sangue che si tramanda di generazione in generazione, peggio di un virus che infetta l'umanità tutta e la conduce alla sua estinzione.

C'è chi vuole la guerra e chi la fa. Sembra un'assurdità, ma oggigiorno chi la vuole non la fa, cioè non va direttamente sui campi di battaglia, come nell'antichità, rischiando la propria pelle: da oltre un secolo la guerra viene stabilita a tavolino da un piccolo uomo che crede di essere un gigante e... purtroppo nel mondo si aggira questa strana genia di giganti. L'ultimo che ha pagato di persona, almeno con l'esilio ma andando anche di persona ad ammazzare i suoi fantomatici nemici, o secondo lui a conquistare il mondo, è stato Napoleone. Gli altri, i grandi guerrafondai del XX secolo, anche loro desiderosi di conquistare il mondo, sono morti più o meno nel loro letto (eccettuato Mussolini che come tutti sappiamo finì a testa in giù, mentre Hitler scelse di morire per sua stessa mano) e la guerra l'hanno vista solo da lontano. Ma prima di arrivare a una qualsiasi conclusione, questi tipi che mi rifiuto di qualificare esseri umani, sono riusciti ad annientare mezzo mondo, milioni di morti, città distrutte, sopravvissuti stravolti sia fisicamente che psichicamente: generazioni perdute. E tutto questo per merito di quattro miserabili tipi che hanno creduto di poter dominare il mondo; ma non possiamo dimenticare che hanno avuto un enorme numero di sostenitori, cioè di gente comune, uomini con famiglia e figli, che indossata una divisa, hanno cambiato faccia, da un momento all'altro. Sto pensando ai soldati che fanno la carriera militare per difendere la patria, anche loro potenziali nemici di un altro popolo. Se tutti gli uomini, e voglio sottolineare esseri umani di sesso maschile, un giorno rifiutassero di andare ad ammazzare il vicino, eliminando così la possibilità di una eventuale rivalsa e togliendo anche l'alibi al famoso piccolo gigante che ordina un massacro per affermare la propria grandiosità: come cambierebbe il mondo? Se tutti gli uomini di buona volontà, (perché ci sono anche uomini di buona volontà) finalmente imparassero a non sottomettersi alle strane bramosie di dominio di quei pochi, non ci sarebbero neanche nemici veri o supposti da eliminare, nessuna patria da difendere perché tutta la terra è la nostra patria, senza confini, nazionalità e altro.

Lo so, sto pensando come una donna, ma non riesco a pensare altrimenti: la vita è l'unica sacralità che rispetto, forse perché come donna conosco il grande miracolo della nascita, senza nazionalità, senza una patria circoscritta in un territorio di tipo patriarcale ma riconoscendo come Patria soltanto il nostro Pianeta Terra.

E ogni giorno ricordo di vivere nel XXI secolo, cioè in un secolo civile, dopo un lungo passato di barbarie.

Sono furiosa.

Dopo l'ultimo conflitto mondiale, che ho avuto la sfortuna di conoscere nonostante bambina e sul quale ho anche scritto qualcosa[32] sono trascorsi una settantina di anni di pace, almeno in parte, e già ci eravamo abituati a questa quiete, pur sapendo di altre guerre nel resto del mondo, quasi lo spirito negativo che domina l'essere umano non potesse darsi pace. Nel corso di questi ultimi anni in vari Paesi del mondo, per modo di dire arretrati, sono scoppiate guerre sanguinose, ma noi abbiamo chiuso gli occhi pensando che avessero bisogno di tempo per crescere, cioè che fosse necessario fare qualche esperienza, tipo carneficine, massacri, distruzioni di città e paesi come ha ben conosciuto il Vecchio Continente per secoli, prima di capire che i conflitti si risolvono parlando e non ammazzandosi a vicenda.

Noi lo abbiamo imparato soprattutto dopo due guerre massacranti... lo abbiamo imparato? E chi lo ha imparato, quale parte di umanità?

Chi non aveva bisogno di imparare, questo è certo, e cioè la parte di umanità che ha sempre sofferto più dell'altra: la parte femminile che alla resa dei conti è sempre stata più ragionevole di quanto si suppone, che ha sempre osteggiato la guerra, fin dall'antichità.

Tutte le guerre, in tutti i tempi e in tutte le parti del mondo vengono giocate da uomini. Lo so, non è la parola giusta, ma si tratta di un gioco insensato, mortale, a chi è più forte, a chi riesce ad essere più crudele, più inumano, il gioco peggiore che il cervello umano abbia potuto inventare ed è una invenzione puramente maschile, su questo non ci sono dubbi, nonostante le fantasie sulle amazzoni e altre donne guerriere.

---

[32] *Vedi nota pagina 15*

Sono arrivata, dopo qualche anno di lavoro, alla conclusione di questo *Dizionario femminile* nel quale ho tentato di osservare da vicino e con occhio femminile, i vari aspetti del viver comune, quando come un fulmine a ciel sereno, è scoppiata una guerra nella nostra vecchia Europa, appunto per mano di uno dei soggetti trattati da me a proposito della Vanità. Lo stesso dittatore che incontra i suoi contraenti seduto a capo di un lunghissimo tavolo (forse 20 o più metri) dopo aver accerchiato uno Stato limitrofo con qualche centinaio di migliaia di reclute per fare esercitazioni militare – secondo una sua dichiarazione ufficiale – alla fine lo ha aggredito e nel giro di poche settimane è riuscito ad ammazzare una quantità enorme di donne e bambini, distruggendo inoltre alcune città di milioni di abitanti. Ancora un piccolo gigante seduto a capo di un tavolo che vigliaccamente, come del resto sono sempre questi giganti, ordina di massacrare migliaia di donne e bambini, senza un vero motivo: liberare quel Paese dal nazismo! Avrebbe potuto inventarsi una scusa più razionale, ma dato che la guerra e la smania di potere sono irrazionali, era chiaro che non riuscisse a trovare un motivo ragionevole. Così, dopo circa una settantina di anni abbiamo di nuovo una guerra in Europa: massacri, distruzioni, migliaia di profughi, disagi di ogni genere (gli stupri rientrano nella categoria dei disagi collaterali, com'è uso in guerra), traumi psicologici, drammi politici ed economici in molte parti del mondo e quant'altro ancora, il tutto per soddisfare la folle smania espansionistica di un piccolo gigante.

E noi stiamo a guardare, impotenti.

Dico noi donne e uomini di buona volontà, per una volta uniti nell'impotenza davanti a queste tragiche manifestazioni di follia collettiva, collettiva perché questo piccolo gigante non è solo. Chiaramente questi piccoli giganti hanno sempre uno stuolo di servi, la Storia lo insegna, pronti a vendere l'anima e il corpo per un momentaneo senso di potere, o forse soltanto per vigliaccheria. E sto pensando ai suoi Ministri ma anche e soprattutto alle centinaia di migliaia di soldati che seguono i suoi ordini e vanno ad ammazzare e a farsi ammazzare senza sapere perché. Dov'è rimasta la razionalità umana? Perché non disertano tutti, in massa? Lo sanno anche loro che stanno commettendo un crimine, e non indietreggiano nonostante sappiano di non essere dalla parte giusta. O forse non lo sanno? Ma il resto dell'umanità tutta perché non si unisce in un unico grido di protesta? Perché si continua a rispettare o meglio a temere questi tipi invece di relegarli tutti insieme in un'isola deserta? Il mondo non ha bisogno di queste creature, di questi geni malefici.

Abbiamo forse dimenticato le famose Guerre Sante in cui migliaia di avventurieri correvano in massa per salvare l'ipotetica tomba di un altrettanto ipotetico Padre della Chiesa e dove passavano loro lasciavano terra bruciata. Fanatici della religione? O soltanto maschi (mi rifiuto di definirli uomini) senza mestiere, nessuna attitudine, pochissima capacità intellettiva e senza alcuna sensibilità, che sapevano soltanto menar le mani, come del resto adesso: sembra che la violenza e l'insensibilità siano un'accoppiata inestinguibile, anche nel corso dei secoli.

Devo sempre tornare alla loro infanzia per cercare di capire quale veleno è stato loro iniettato dalle loro madri, dai loro padri, dalla società nella quale sono vissuti? Il perché di queste vite sprecate, anzi dannose per se e per gli altri?

E questo da sempre, in tutte le parti del mondo. Senza scampo.

### Identità e tempo

Oggigiorno si parla tanto di identità, ma se cerchiamo di capire il vero senso di questa parola, entriamo in un vero ginepraio di congetture. Fino a una ottantina di anni fa il problema non esisteva in quanto ci s'identificava prima di tutto con la cosiddetta patria o meglio con la terra di origine, poi con la famiglia, e ancora con la lingua, con la religione che si professava, e via di questo passo. Dimenticavo anche la razza, sì, anche la razza aveva il suo peso nella definizione di ogni singolo individuo!

Forse l'identità ha qualcosa a che fare col passato, col nostro passato collettivo e quindi col tempo? È il tempo allora il fondamento della nostra identità? Se effettivamente siamo il prodotto del nostro passato, se cioè la nostra identità trova le sue basi nel nostro passato, nel momento stesso in cui perdiamo la memoria perdiamo anche l'identità?

In fondo il tempo di per sé non ha memoria, quindi non ha neanche identità, si tratta soltanto di una concezione astratta, nata dal pensiero: e qui mi riferisco al tempo in senso universale, il tempo dei pianeti in tutta la loro staticità. Ma forse sbaglio, anche l'universo è sottoposto alla legge del tempo, ha un passato cosmico e quindi un presente, forse anche un futuro e, oserei dire: una specie di memoria lontana dalla nostra, ma qualcosa del genere. Niente è veramente statico, solo il ritmo cambia, la velocità del divenire o meglio l'estrema lentezza dell'evolversi. E torno alla mia tesi secondo la quale solo gli oggetti sono statici, il resto è tutto movimento. Ma la staticità di per sé toglie identità all'oggetto? E l'oggetto, essendo un prodotto umano, non porta il segno di chi lo ha costruito, cioè l'identità del creatore? Allora non esiste niente senza identità... perfino i pianeti più lontani, avvolti nel buio più pesto del cosmo, sconosciuti, deserti e apparentemente senza vita, hanno una propria identità, cioè un'identità altra, non ancora scoperta.

E infine, non esiste niente senza identità.

Sto riflettendo come subito dopo la fine della guerra interi popoli, e cioè gli italiani, i tedeschi e gli austriaci, dopo aver commesso i maggiori crimini contro l'umanità, dopo aver provocato milioni di morti, genocidi e distrutto intere città, disconoscendo ogni senso civile come non era mai accaduto in tutta la storia umana, con un enorme colpo di spugna hanno cercato di eliminare il proprio passato più recente. Fu un vero attacco di amnesia collettiva, silenziosa e unanime, quello che fu definito „il tempo della rimozione generale[33]": si sono considerati tutti, senza alcuna eccezione, vittime di Hitler, di Mussolini, di nazisti non ben identificati e naturalmente di fascisti. Hanno ignorato che anche l'accettazione, l'essere coinvolti in una tragedia immane senza reagire, anzi nel più completo silenzio, e magari col tacito consenso della maggioranza – e a volte neanche così tacito – è una colpa che li ha segnati per i secoli a venire. Ogni volta che sento certe persone parlare dei 'nazisti' o dei 'fascisti" come si trattasse di esseri provenienti da un altro pianeta, sono sorpresa: si dimentica che tutta la società, con qualche piccola eccezione, era infestata da questa terribile malattia, in un processo durato anni.

A pensarci bene, è stato un tentativo di cancellare il tempo. La fine della guerra significò per milioni di persone la perdita della propria identità nazionale, della propria Storia più recente; del padre, dei parenti dei quali era meglio non parlare; e questo per almeno mezzo secolo. La parola identità sparì dal linguaggio comune. Infatti io non ricordo, durante tutta la mia adolescenza e gioventù, di aver sentito questa parola nei discorsi degli adulti, come al contrario accade con una certa frequenza in questi ultimi tempi: nessuno si preoccupava di cercare la propria identità, perché questo l'avrebbe costretto a guardare indietro, a cercare le proprie radici. Fu una sorta di salto nel buio eliminando una bella fetta, e forse sarebbe meglio dire una brutta fetta di tempo. Infatti l'Italia era piena di fascisti, l'Austria e la Germania di

[33]Die Zeit der Verdrängung

nazisti e questo per molti anni, fino alla loro naturale estinzione. Tutti smemorati, questo è chiaro, muti in un silenzio greve, soffocante soprattutto per la nuova generazione (da qui la rivolta del '68) e tutti vittime. Chi dei giovani voleva identificarsi col padre, con lo zio, col cugino, con un parente qualsiasi, col vicino di casa ancora trasudante razzismo, violenza, brutalità? Perché la violenza ha anche un odore, una specie di alone che circonda la persona violenta. Chi osava pronunciare le parole: ebreo, olocausto, Auschwitz, deportazione? Meglio restare senza identità, meglio disconoscere la propria provenienza, perché in fin dei conti la provenienza definisce anche il singolo individuo, lo qualifica... lo qualifica?

Io per molti anni ho evitato, a chi mi chiedeva da dove vengo – perché questa è sempre la prima domanda che si pone a uno sconosciuto – di dire di essere siciliana. So di aver negato per moltissimi anni questa specie di marchio infamante, perché non mi piaceva sentirmi associare ai piccoli *Gastarbeiter* provenienti dal Sud: gente ignorante, primitiva, sporca, incivile e mafiosa. Questa la chiarissima opinione della gente d'Oltralpe ma anche degli italiani del Nord. Già mi costava fatica dire di essere italiana, soprattutto nel Nord della Germania. Così ho sempre affermato di venire da Roma, cosa che in ogni caso rispondeva alla verità. E pensare che ho anche gli occhi azzurri e i capelli più o meno biondi. Se avessi avuto la pelle scura, i ricci neri in testa, come mi avrebbero trattato i nobili tedeschi del Nord?

Dopo oltre 50 anni cominciano, proprio questi stessi tedeschi del Nord di pura razza ariana (!), a riaffermare la loro provenienza, la loro identità nazionale. Alcuni addirittura osano manifestare apertamente, sulle piazze, il loro diritto alla patria, alla loro patria, contro quelli che vengono da fuori, con chiari riferimenti alla grandezza passata, rivendicando la propria identità nazionale. Certo si tratta di qualche migliaio di nostalgici, non meno pericolosi dei nazionalisti di 100 anni fa. Con meno potere, però: il resto della Germania credo abbia imparato la lezione. Almeno lo spero. Ma anche in Italia non mancano e non sono mancati i nostalgici. Devo pensare che l'identità di un popolo ha molto a che fare col nazionalismo? E che adesso, dopo quasi un secolo di 'mea culpa', si risvegliano i soliti istinti, definiti politicamente, di destra? Vogliono ricominciare daccapo? Vedo con una certa preoccupazione lo schieramento di diverse Nazioni verso una direzione assai chiara, che purtroppo mi ricorda certe dichiarazioni che speravo rimanessero chiuse soltanto nei libri di Storia.

Meglio smettere.

Voglio lasciare questo tema sempre assai scottante, e pensare alla nuova malattia senile, la demenza, in cui la memoria viene cancellata e con essa la propria identità: soltanto attraverso piccoli sprazzi di luce, dovuti spesso a un brano musicale, riemerge dal nulla una scena, una persona, qualcosa del passato, un pezzo di vita che riporta per un breve lasso di tempo alla persona che è stata, al suo io più profondo. In una parola: un frammento di vita che almeno per un momento restituisce l'identità perduta.

Se penso ai miei genitori, devo riconoscere che non cercavano nessun simbolo astratto, nessuna identità; vivevano ogni giorno senza accorgersi del tempo, in una sorta di eternità inconscia, come del resto facciamo tutti noi. Forse mia madre si limitava ad accettare la realtà senza farsi tante domande, al contrario di me sempre curiosa del perché di tutte le cose; sempre alla ricerca di un significato a me oscuro, sfuggente; prigioniera dell'oggi, senza nessuna avvisaglia di un eventuale futuro e tanto meno di una eternità cui non ho mai creduto. E questo da quando incominciano i miei ricordi.

Mia madre non aveva problemi di identità, tutto per lei era molto ben definito, senza possibilità di errori: lei era la figlia della Cucchiara[34] e tale rimase, in una simbiosi protratta all'infinito, oltre la morte, con la persona che più aveva amato. Non cercava altri orizzonti, altre visioni di vita in ogni caso sempre deludenti. Mio padre al contrario fino alla fine cercò una propria identità, un qualcosa che sempre gli sfuggiva di mano, che intravedeva da lontano senza poter raggiungere o meglio realizzare. Un ideale forse neanche ben definito che vagheggiava fin da ragazzo, più che mai deciso però a rifiutare quella identità che gli era stata imposta alla nascita, un'identità che negava e negò per il resto della sua vita. Ho il sospetto che aspirasse a qualcosa di alto, in ogni caso di più evoluto, di civile. Il suo motto era che non sono i soldi ma la cultura a fare l'uomo e ci portava valigiate di libri ogni volta che tornava da un viaggio: ci incoraggiava a leggere. Non so se lui stesso leggesse. E noi abbiamo avuto tutti la passione per libri, letteratura, scienza, arte.

Devo concludere che nasciamo praticamente con una identità prestabilita dai nostri genitori, dai nostri antenati, da quel pezzetto di terra dove per puro caso veniamo al mondo? E come possiamo scuotercela di dosso?

Ho ritrovato un mio romanzo[35], scritto molti anni fa su questo problema: ognuno di noi nasce con un vestitino, un indumento simbolico che ci viene messo addosso ancora prima di nascere. È quello che la scienza definisce DNA: come liberarsene? Come strapparsi di dosso questo vestitino e acquistare una propria identità, iniziando da zero? Quanti ci riescono e quanti soccombono rifugiandosi nella follia o soltanto nel nulla quotidiano? La maggior parte dell'umanità si porta dietro questa sorta di eredità per tutta la vita, passandola poi ai figli. Ineluttabilmente. Ne è cosciente? Una sorta di identità che viene stabilita dalla nascita: da qui la parola identificarsi?

[34]Vedi nota pagina 89
[35]Il vestitino di Angelica, VoG Verlag 2021

Mi sorprende la mia necessità di guardare i miei genitori a distanza di oltre mezzo secolo; due sconosciuti che attraverso le loro azioni cominciano a svelarsi, a me figlia: posso dire di aver vissuto oltre venti anni più di loro, di aver avuto tutt'altra esperienza di vita e forse di aver imparato più di loro dalla vita stessa. Sarà vero? In parte so di essere riuscita a strapparmi di dosso il vestitino, quel vestitino che era una parte di loro, il loro DNA. Ma solo in piccola parte. In ogni caso di aver lottato e di lottare ancora, sempre alla ricerca della mia vera identità, oltre il tempo.

Ci sarò riuscita?

Ma tornando al problema così attuale dell'identità, sono costretta ancora a collegare la parola 'identità' con la carta d'identità, in cui viene dichiarata la propria nazionalità, almeno quella politica. Lo è veramente? Oggi se non sbaglio si prevede una carta d'identità europea. Si perde la nazionalità ma non il nazionalismo, cioè l'attaccamento al paesello nativo. E questo purtroppo nel modo più negativo.

Come tutto è strano.

**L'immagine e sua importanza**

Arriva sempre il momento in cui ci accorgiamo di noi stessi in senso fisico: già a scuola siamo costretti a vederci con gli occhi degli altri e scopriamo di far parte di un mondo a volte ostile, in ogni caso estraneo. Allora la statura, il colore della pelle, la lingua o il dialetto che parliamo, tutto il nostro modo di essere di colpo acquista un nuovo significato, diventa anzi la base sulla quale dobbiamo costruire il nostro rapporto con la società nella quale ci troviamo a vivere.

Sto pensando a discriminazioni, emarginazioni e altri limiti imposti agli immigrati provenienti da Paesi stranieri.

Ma non possiamo dimenticare come ancora fino a una cinquantina di anni fa, chi veniva dal Sud Italia prima o poi doveva scontrarsi con la mentalità, i pregiudizi e le limitazioni imposte dai nordici piemontesi o lombardi.

Per lo 'straniero' nel senso di estraneo-diverso, allora si prospetta una vita piena di scogli da superare; pregiudizi infondati da smentire; difficoltà causate dall'ignoranza e dalla diffidenza e tanto altro ancora. Subentrano grossi problemi che sfociano nel razzismo, spesso dissimulato, anzi negato, ma esercitato con piccole o grandi offese giornaliere nei confronti del diverso. Offese che feriscono, provocano risentimenti, il più delle volte gravi complessi di inferiorità che possono condizionare una vita intera.

Ma qui voglio trattare un tema di ben altro spessore, a prima vista superficiale. Mi riferisco all'immagine che si trasmette per mezzo di ciò che falsamente viene definita una 'esteriorità inutile': l'essere umano ha infatti bisogno di coprire il proprio corpo e per quanto un abito possa diventare un segno di vanità e, perché no, anche di stravaganza, bisogna ammettere che si tratta di una vera necessità.

Attraverso questa 'necessità' è possibile trasmettere segnali che vengono captati o meglio interpretati per stabilire la vera identità della persona che sta dentro quei vestiti. E qui mi riferisco soprattutto alle donne, in particolare a quelle che occupano posizioni in vista.

Attualmente alcune donne nel mondo occupano finalmente alte cariche, anche in campo politico: ci sono ministre, presidenti, giuriste, capitane d'industria, giudici, avvocate, medici specialiste, e anche direttrici di orchestra. Adesso siamo confrontati con una nuova società che comincia ad orientarsi anche sull'altra metà da secoli trascurata o meglio messa a tacere, esclusa dal progresso dell'umanità: sulle donne.

Torno al vecchio detto „l'abito fa il monaco", sul quale ci sarebbe molto da discutere, ma resta chiaro il messaggio che una donna arrivata ad alte posizioni soltanto con l'aiuto della propria intelligenza, cultura, preparazione, attraverso il suo out-fit ci comunica. Interessante trovo come il suo modo di vestire ne denunci la condizione sociale, la sua cultura, la mentalità, l'educazione ricevuta: in una parola, l'ambiente dal quale proviene. È come leggere fra le righe di un libro e scoprire la vera personalità dell'autore.

Da notare come anche la moda si sia adeguata alla nuova posizione della donna nella società, introducendo un indumento da sempre riservato agli uomini: i pantaloni. Ricordo ancora come alla fine degli anni Sessanta comprai il mio primo completo con giacca e pantaloni, qualcosa di assolutamente rivoluzionario. Non si può dimenticare lo scandalo di una George Sand[36] che si permetteva di andare nei salotti parigini appunto in abiti maschili.

La praticità di questo importante indumento in poco tempo si è affermata al punto che nel guardaroba di ogni donna, di qualsiasi età e in ogni parte del mondo, ha assunto il ruolo principale, a volte assoluto, influenzando anche il suo modo di comportarsi, di muoversi: in una parola di affrontare la sua quotidianità. In altri tempi, fra le altre cose, una donna non doveva mai correre per strada, soprattutto se portava scarpe col tacco alto! Non si dimentichi il corsetto (ancora negli anni Cinquanta di moda), le gonne strettissime (era difficile salire su un bus) e il resto che rendeva l'impresa impossibile oltre che ridicola.

In questo ultimo mezzo secolo il ruolo della donna nella società è cambiato enormemente. È uscita dalle pareti domestiche per andare prima a scuola (e non in un collegio di suore), poi all'università dove si è dovuta confrontare con vecchi concetti sulla femminilità ormai superati, soprattutto attraverso il contatto quotidiano con studenti e poi con col-

[36]George Sand, scrittrice francese, 1804 – 1876

leghi; ha capito che se voleva essere presa sul serio doveva cambiare certi comportamenti, cioè smettere di recitare il ruolo della bambina indifesa che ha bisogno di un uomo, qualunque sia, altrimenti non esiste; ma ha modificato anche l'altro estremo, quello della seduttrice a tutti i costi, della donna fatale di vecchio stampo che soltanto attraverso le sue arti femminili riusciva a raggiungere certe posizioni. Infine ha capito che può difendersi da sola, che può permettersi di 'essere' così come è. (Spero di avere ragione!)

È quindi iniziato il grande momento delle scoperte, della ricerca di una propria identità, non più imposta come nei secoli precedenti da ruoli prestabiliti, senza scadere imitando il modello maschile: una nuova donna cosciente, responsabile, impegnata si è fatta avanti. Certo non è stato un processo facile, ma molte sono riuscite a trovarsi, a scoprirsi, ad evolversi e accettarsi come donna, anche perché hanno notato che i concorrenti maschili, coi quali sono venute in diretto contatto come mai prima – e questo già in età infantile – hanno non poche lacune, tanti problemi non risolti, una fragilità sconosciuta e molte volte sono riuscite a superarli prima nell'ambito scolastico, poi in quello universitario. Nel migliore dei casi anche nella carriera, sia politica che sociale. Nel giro di una o due generazioni sono entrate nella vita pubblica come mai nella Storia dell'umanità: ancora dopo la Seconda guerra mondiale era impensabile per una donna vedersi in altri ruoli, fuori casa, con responsabilità ben maggiori che non quelli da sempre riservate a lei, e cioè la cura della casa, dei figli, del marito e non per ultimo dei fornelli della cucina.

Non dimentico un film di Jacques Tati, *Mon oncle*, fine anni Cinquanta, in cui la protagonista invita le sue amiche nella sua nuova casa: entrando in cucina, modernissima, stracarica di elettrodomestici, dichiara trionfante: „e questo è il mio regno!“ Una frase che ripeto sempre ironicamente per denunciare una situazione che, nonostante l'emancipazione degli ultimi 50 anni, continua a sussistere. Certo, il regno della donna moderna si è molto ampliato; inoltre con l'aiuto dei tanti elettrodomestici tutto diventa più facile; ma io continuo a dire, molto polemicamente, che ancora moltissima gente, sia uomini che donne, pensa che il suo posto sia in cucina...

Questa famosa emancipazione ha avuto delle ripercussioni sul suo out-fit? Ecco la domanda che mi pongo, perché ho fatto qualche osservazione guardando la televisione: voglio cominciare con la presidente dell'Unione Europea, Ursula von der Leyen, già ministra della difesa, cioè in contatto esclusivo con soldati, uomini abituati a rispettare solo un loro simile, mai una donna. Come si veste? Se posso fare un commento, direi una sola parola: neutra. Cioè né esclusivamente femminile né maschile. Secondo me: come una brava scolaretta, per modo di dire, la prima della classe. Non posso ignorare la sua provenienza: Bassa Sassonia, quasi esclusivamente protestante, figlia del primo ministro, educazione elitaria, medica e madre di sette figli. Una pagella con tutti 10 e lode. Sempre camicette bianche con collettino, giacchette rosse o di altri colori, di lana o altro, pantaloni neri, inappuntabile pettinatura, leggero trucco, agile, magra, di media statura, ma rispettata per la sua posizione politica e anche per la sua serietà professionale.

Altra persona che non posso mettere da parte è naturalmente Angela Merkel, Cancelliera in ben tre legislature, sempre al primo posto nelle preferenze del Paese, molto stimata in tutto il mondo. Figlia di un pastore protestante, cresciuta nella ex DDR, professoressa di fisica all'Università, poi passata alla politica, in pochissimo tempo arrivata alle posizioni più alte. La sua pettinatura è sempre perfetta; anche lei un trucco leggero, e l'ormai famosa divisa che indossa sempre: pantaloni neri e giacca lunga di colori diversi ma sempre dello stesso taglio. Deve averne un armadio pieno. Lei stessa si considera una funzionaria di Stato e come tale si veste. Ricordo che anni fa, all'apertura del Festival di Bayreuth, venne insieme al marito, anche lui professore universitario, praticamente invisibile nella vita pubblica della Cancelliera, con un lungo abito da sera di raso azzurro, un'ampia scollatura, qualche modesto gioiello. Fu un grido di stupore, quasi uno scandalo... mai più si permise un abito così appariscente e femminile.

Altra donna entrata nella storia politica europea, Margaret Thatcher, la famosa Lady di ferro (1979-1990) la prima donna Premier in Inghilterra: un episodio curioso sottolinea l'importanza dell'immagine da trasmettere al mondo. Come molte donne aveva una voce quasi infantile, stridula e non adatta al ruolo che ricopriva: si mise in contatto con Laurence Olivier e da lui imparò a usare una voce più profonda, da adulta e quindi più credibile!

Oggi a un incontro alla Televisione tedesca fra personalità importanti della politica, una sola donna, mi ha dato lo spunto per queste riflessioni. Lei ormai appartiene alla nuova generazione delle donne importanti. Qualcosa è cambiato: è giovane, bella, forse quarantenne, truccata con cura, rossetto, unghie laccate di rosso, orecchini, due enormi cerchi alle orecchie, una lunga gonna blu e una camicetta, scarpe col tacco sottile, alto. Elegante, sicura di sé in una cerchia di uomini tutti più vecchi di lei; preparatissima, già stata pubblico ministero, giurista, ora Presidente della Polizia, una delle più alte cariche della società civile e politica, ma soprattutto una donna che non ha bisogno di dimostrare di non essere la donna emblematica, preconfezionata. Lei ha già superato il ruolo imposto dalla società, senza gli accorgimenti ancora necessari alle due precedenti, appartenenti a una generazione passata: lei, nel suo modo di presentarsi, non ha bisogno di dimostrare alcuna neutralità: è una donna e basta.

Mi ha dato molto da pensare. Lei, la nuova donna del XXI secolo, ha imparato a essere semplicemente se stessa, si accetta e viene accettata per le sue qualità, ma anche per la sua riconquistata femminilità.

**Un incidente**

Torno sul tema della maternità partendo questa volta dal punto di vista dell'oggetto della maternità: la creatura che nasce.

Recentemente ho saputo che si è ripetuto un cosiddetto 'episodio' del tutto abituale. In seguito a un rapporto forse casuale o temporaneo, la parte femminile del rapporto è rimasta incinta: il compagno si è giustificato con la figlia ormai adulta definendo questa scappatella come un 'incidente' che si sarebbe dovuto evitare. Questo il punto di vista di lui. Dall'altra parte so soltanto che questa donna, a quanto pare una sua collega di lavoro, ancora una volta, per via di un 'episodio' simile, ha avuto un altro figlio. Fa parte quindi del vasto gruppo di 'alleinerziehende Mütter'[37]. Anche per lei un incidente che forse avrebbe potuto evitare, ma non conosco la sua versione dei fatti. Queste miserie che concludono certi rapporti a due, non sono certo il motivo delle mie riflessioni: io penso al terzo, alla creatura che subisce le conseguenze di questi incidenti.

Quante nascite possono essere attribuite a incidenti del genere, anche se legalmente legittimi? Certo, un tema scottante, che rivoluziona tutto il sistema dell'evoluzione umana, dall'inizio della specie fino alla sua estinzione; per non parlare dei sentimenti legati alla maternità, sentimenti, e so

[37]Madri che da sole educano i propri figli.

di ripetermi, nati soltanto assai recentemente, se si considera la Storia dell'umanità. Quante nascite sono veramente programmate, volute, desiderate, accettate oppure addirittura sopportate o molto più spesso rifiutate? Se considero il numero esorbitante delle nascite fino a neanche mezzo secolo fa e ancora adesso nei cosiddetti paesi sottosviluppati, non posso credere che una donna sia veramente disposta a mettere al mondo una dozzina di figli, specie nelle famiglie più povere, con situazioni il più delle volte drammatiche, data anche la difficoltà di nutrirli, mantenerli, da gestire in qualche modo. Quindi si tratta di una serie di incidenti, di gravidanze non volute soprattutto dalle ragazzine inesperte, ma anche dalle donne più o meno mature: ho davanti agli occhi donne indiane, africane, sudamericane, tutte senza età o meglio invecchiate anzitempo, cariche di figli, il più delle volte sole. Una pena immensa sia per le donne ma soprattutto per i piccoli innocenti, spesso vittime di soprusi, maltrattamenti o peggio ancora, venduti come merce di lavoro o di prostituzione.

Recentemente in un reportage da un campo di profughi si vedeva un padre, naturalmente barbuto, attorniato da una decina di bambini di tutte le età: era disperato perché non riusciva a sfamare tutte quelle bocche; credo però che neanche un secondo abbia mai riflettuto su chi fosse il primo, vero responsabile di quella situazione. Possibile che gli uomini barbuti (e so che nel Corano è permesso agli uomini di interrompere l'atto sessuale per evitare una gravidanza) non conoscano nessuna pratica contraccettiva?

Io penso soltanto alle difficoltà che avranno sempre quei bambini e con loro la quantità di creature che per ignoranza o egoismo o stupidità, sono state messe al mondo inavvertitamente (!) e non riesco a perdonare.

Paradossalmente, mi piace pensare che senza questi ripetuti incidenti l'umanità sarebbe dimezzata o ancora meglio, avrebbe rischiato di sparire dalla faccia della Terra! Come una quantità di animali che si selezionano istintivamente, per cui non ci sono miliardi di elefanti o di balene. Ammetto che gli unici irresponsabili nella natura sono i conigli e i topi e forse qualche altro animale che non conosco.

Voglio invece sottolineare la situazione del prodotto di questi ripetuti incidenti, specie poi se sono femmine: vengono colpevolizzate con rimproveri che possono durare una vita, tipo „hai rovinato la mia vita“ oppure „per forza volevi nascere“ e così via. I padri molto raramente si lasciano andare a simili commenti, anche perché il più delle volte non sanno neanche cosa è accaduto dopo l'incidente, o ancora peggio, danno la colpa alle donne. (Sempre figli, devi fare?)

Una donna mi ha raccontato appunto di un rapporto con la madre sempre irto di difficoltà con rimproveri, minacce... Senza di lei avrebbe avuto la libertà di vivere a modo suo, o anche: senza di lei, per evitare lo scandalo e dare un nome alla bambina, non sarebbe stata costretta a sposare quell'uomo. La figlia ancora adesso viene considerata l'impedimento maggiore per il coronamento del sogno della sua vita (non so di quale sogno si trattasse); lei, in continuo conflitto con se stessa e anche con la madre, ha soltanto un inconscio desiderio: convincere la madre che lei vale, cioè che merita di essere amata, che è una donna di grande talento, che meritava di nascere, che ha diritto al suo posto nel mondo. E non voglio aggiungere altro.

Altra donna che mi ha raccontato più o meno la stessa storia: stesse reazioni della madre, stessa vita rovinata della figlia che non riesce ad accettarsi neanche due anni dopo la morte della madre, che fino all'ultimo le rinfacciò di essere nata! E lei alla continua ricerca di una giustificazione, tormentata da terribili sensi di colpa verso la madre che continua a odiare, anche da morta, nonostante sia convinta che ai morti bisogna sempre perdonare. E sprofonda in un vuoto senza fine, in un continuo alternarsi di depressione e rinascita, non in grado di accettare la vita che non le è stata donata.

Ma io penso ai tanti, tantissimi nati sempre a causa di un incontro non proprio programmato per mettere al mondo una creatura innocente; credo che statisticamente si tratti di oltre il 90%. Vedo una quantità di esseri umani incapaci di accettarsi, e quindi di essere accettati dal mondo che li circonda; che vivono malamente; che non sanno per quale motivo non riescono a trovare una certa serenità interiore; che risolvono nei modi più diversi questo senso di vuoto, cercando il successo a tutti i costi; oppure accumulando ricchezze senza sapere veramente alla fine che farsene di tanto denaro, ma cercando una conferma, solo una conferma cioè che la loro vita ha un valore.

Una reazione ancora più grave è quella di passare dall'altra parte della società diventando criminale, rompendo con le leggi siano esse civili che morali, scavalcando il muro delle inibizioni e commettendo reati di vario genere: ho letto di un giovane di 23 anni che ha già accumulato ben 136 reati di vario tipo, conosciutissimo dalla polizia... un figlio amato e desiderato?

Qual è l'origine della delinquenza? Già da secoli studiosi di criminologia hanno proposto varie teorie: di ordine organico, biologico, ambientale, economico e altro. Era molto facile nell'antichità attribuire il male a un Ente superiore negativo, per esempio a Pandora, Satana, e meglio ancora al famoso serpente e (poteva mancare?) alla prima donna che aveva costretto il povero Adamo a peccare. Niente di più pratico per giustificare l'antica misoginia: la donna vista come l'essenza inevitabile del male sulla Terra. Ma ogni religione ha inventato qualcuno cui attribuire l'origine del Male, quasi un elemento estraneo alla vera natura dell'uomo; o meglio ancora: un potere malefico che viene da fuori e si impossessa di quell'essere inerme chiamato uomo, portandolo, anche contro la sua volontà, verso la sua rovina. Un bel modo per liberare l'umanità da ogni senso di responsabilità.

Io oso cercare l'origine della criminalità soprattutto minorile, oltre che nell'ambiente sociale, nella mancanza di accettazione in famiglia, nel rapporto conflittuale con la madre e spesso anche col padre. Attribuisco anche la tendenza dei giovani a unirsi in bande più o meno organizzate, magari con un capo (una specie di figura paterna negativa), alla loro inconscia esperienza di non essere stati accettati da chi li ha generati, di essere soltanto il frutto di un incidente.

In fondo si tratta sempre di quell'immenso bisogno di amore che ogni essere umano sente fin dal momento del suo concepimento, il primo segno di vita: ancora in grembo alla madre, poco dopo il concepimento, quel piccolo nucleo di vita chiede di essere amato, perché soltanto così potrà sopravvivere. L'amore è il solo nutrimento spirituale che conta per il suo divenire. Infatti già in questa fase prenatale inizia a formarsi l'inconscio, si voglia o no: l'inizio di quel che saremo poi, per tutta la vita, fino alla fine.

In passato le madri lasciavano i piccoli appena nati nella famosa ruota, istituzioni religiose nate appunto in seguito ai tanti abbandoni o infanticidi; oppure li affidavano a contadine dietro un piccolo compenso per poi dimenticarli: non possiamo ignorare queste realtà assolutamente umane, anche se si vuole per forza credere nell'ancestrale amore materno.

E ogni forma di estremismo, di settarismo, di protesta contro la società costituita ha per me una sola origine: la nascita dovuta a un incidente e quindi la non accettazione della madre del feto e del bambino dopo.

Quanta infelicità di ogni singolo potrebbe essere evitata in tutto il mondo se non si ripetessero quotidianamente, ogni minuto o secondo, incidenti di questo genere.

Ho riflettuto: se tutti gli uomini e tutte le donne avessero la stessa capacità riproduttiva degli animali, cioè soltanto qualche giorno l'anno, mentre per il resto potrebbero avere tutti i rapporti possibili senza la necessità di generare una creatura innocente... che grande progresso sarebbe! Se la natura non avesse commesso un errore madornale dando agli umani la possibilità di riprodursi senza alcun limite, se cioè l'"incidente' fosse rimasto senza conseguenze, pur lasciando il piacere sessuale che può anche diventare una sublimazione dell'amore... dove saremmo adesso? Sarebbe possibile una libera scelta dei due partner, accurata, discussa, ben organizzata, di grande vantaggio anche dal punto di vista ecologico. Ci sarebbero pochissimi esseri umani, pochissime guerre; magari non ci sarebbero più guerre per mancanza di soldati; ma anche un'enorme quantità di beni naturali, un benessere generale, nessuna concorrenza con relativo sfruttamento di uomini e materie prime: un'utopia?

Una fantasia irrealizzabile neanche nel più lontano futuro?

**Infanzia**

Qualche tempo fa, durante l'intervista di un pittore del quale non ricordo il nome, venne fuori una frase che mi segue con insistenza e che adesso voglio chiarire. La frase incriminata era: „qualsiasi cosa facciamo, ciò che incide per sempre su tutte le nostre azioni sono i primi anni di vita". Finalmente! Ho pensato, era ora che qualcuno mettesse il punto su una situazione che dura ormai da millenni.

Fra tutte le creature viventi, e mi riferisco anche agli animali, soltanto gli esseri umani non hanno mai dato alcuna importanza ai primi anni di vita della loro prole, mentre gli animali se ne curano molto, dato che la loro sopravvivenza dipende proprio da questi primi mesi o anni. Per gli umani è soltanto in parte così, nel senso che se le condizioni economiche lo permettono, i neonati vengono nutriti e... basta.

Non voglio fermarmi sull'infanticidio, praticato fin dall'antichità per liberarsi delle bambine, cosa che accade ancora in molti Paesi del mondo, soprattutto in Asia, una selezione che ha a che fare con la mentalità patriarcale di origine economica: a una figlia bisogna dare una dote. Per ripetere un loro proverbio, *'allevare' una bambina è come annaffiare il giardino del vicino*, mentre il figlio maschio ha un valore non soltanto economico ma anche religioso: sarà proprio lui a salvare il padre nell'aldilà. Tutto ben organizzato dai padri-padroni, fin dai tempi dei tempi... infatti le madri non venivano salvate neanche nell'aldilà, non ci pensava nessuno. Il risultato è che ci sono più uomini che donne, appunto per questa pratica omicida: oggigiorno la scienza permette di sapere ancora prima della nascita il sesso del feto, quindi è più facile eliminare la creatura indesiderata.

Ma nel migliore dei casi, quando una creatura umana viene al mondo e addirittura è desiderata, amata, curata... come viene accolta, alla resa dei conti? Quanta preparazione psicologica ha preceduto questo evento? E quali criteri psicologici sono stati messi in atto? Ecco una serie di domande che fanno crollare il castello di carta dell'amore materno-paterno anche nella nostra evolutissima civiltà europea.

Al momento della nascita ogni creatura porta con sé una quantità di potenzialità: i dati genetici hanno veramente la precedenza sull'ambiente, sulla tipologia dei genitori, sul periodo storico, il Paese, gli usi e costumi, il grado di cultura e anche la situazione economica della famiglia in cui questa creatura nasce? Mi permetto di avere molti dubbi. Sono stati fatti molti esperimenti e in realtà un bambino pur con tutti i geni umani, se abbandonato nella giungla, allevato da una scimmia, alla fine non è molto diverso da una scimmia, cioè il suo grado di sviluppo mentale è molto dipendente dall'ambiente nel quale cresce.

Fin dai tempi dei tempi i neonati e i bambini in età preadolescenziale erano considerati alla stregua di animaletti insensibili, incapaci di capire. Sono stati usati, e vengono ancora usati in civiltà primitive, per lavori necessari alla famiglia, spesso maltrattati, mal nutriti soprattutto le bambine, più fragili dei maschietti e sempre considerate un peso per la comunità. In tal modo si è creata la prossima generazione con gli stessi problemi di quella precedente, così di padre in figlio, di madre in figlia, sempre uguale, senza nessun progresso, evoluzione o altro. Un padre violento deve avere un figlio violento, una madre sottomessa deve avere una figlia sottomessa, e questo all'infinito, supinamente.

Come spezzare questa catena?

Da un centinaio di anni, per merito di Maria Montessori[38] e di Siegmund Freud[39], si è scoperto che tutti i presupposti caratteriali di un adulto hanno la loro origine nella primissima infanzia: un centinaio di anni è come il sospiro di un uccellino, ammesso che sospirino, se lo confrontiamo col migliaio di secoli in cui è apparsa questa strana creatura chiamata uomo (e nella lingua italiana per uomo si intende l'essere umano, ignorando per principio la donna). Quindi paragonabile a zero.

I vecchi stereotipi si ripetono a ogni latitudine: i maschietti forti e prepotenti, le femminucce modeste e riservate, cioè la suddivisione dei ruoli è rimasta immutata nel corso dei secoli e stranamente sempre a scapito di una parte dell'umanità, sempre la stessa. Le donne non sono state soltanto ignorate dalla Storia, sono state messe a tacere, relegate in cucina e nella camera da letto per i bisogni sessuali dell'uomo, e questo fin da quando qualcuno si è accorto che alle bambine mancava un pezzetto di pelle in più, cioè si è notata la diversità come una mancanza, un qualcosa di meno rispetto all'altro sesso: nasce proprio da questo picco-

---

[38]Maria Montessori, pedagoga, 1870 - 1952

[39]Vedi nota pagine 73

lo organo la discriminazione che continua, nonostante tutto?

Ma io mi riferisco all'infanzia dei due generi, ambedue del tutto incompresi nella loro portata fondamentale per il resto dell'umanità: se ai maschietti non fosse stato insegnato fin dall'inizio che un uomo deve essere aggressivo, prepotente, in ogni caso più importante della sorellina, credo che molti tratti del carattere maschile avrebbero potuto per lo meno essere temperati e qui sto pensando alle tante guerre, alla violenza che ha caratterizzato l'umanità di sesso maschile da sempre. D'altra parte, cosa sappiamo delle civiltà preistoriche? Come venivano trattati in quei tempi per modo di dire bui, i bambini, le bambine? Quando è cominciata la suddivisione dei ruoli? Si sa nel frattempo di donne vichinghe guerriere, di donne cacciatrici; qualche personalità femminile è perfino riuscita a uscire dal silenzio della Storia per qualità particolari e mi chiedo quale sia stata la loro infanzia, se cioè sono state trattate con la stessa indifferenza o cura dei maschietti.

Un fatto ormai è chiaro, soprattutto in questo ultimo mezzo secolo: l'importanza dell'istruzione. Anche le bambine, nonostante l'educazione restrittiva che ancora ricevono in famiglia, residui di un sistema patriarcale pienamente accettato anche dalle madri (che d'altra parte non conoscono altro), indirizzato a relegare le donne a un ruolo assolutamente insignificante, umile, sempre in ultima fila; ripeto, nonostante tutto, le bambine sono riuscite a liberarsi da molti stereotipi anche attraverso la frequentazione di asili infantili e poi di scuole insieme ai coetanei di sesso maschile, cosa che per esempio ancora durante la mia infanzia era impensabile.

Ma altri contesti sarebbero necessari per cambiare certi punti di vista ancora imperanti, e qui bisognerebbe iniziare dalla primissima infanzia: l'umanità intera deve finalmente capire che oltre al nutrimento del corpo è necessario un primo nutrimento mentale, ben più importante del primo. Infatti non basta sopravvivere. Importante è come vivere.

Sarebbe necessaria una preparazione da iniziare nei primi anni di vita per stabilire i principi di parità dei sessi, dei diritti e dei doveri, ma soprattutto per sbarazzarsi finalmente dagli stereotipi che da sempre bloccano ogni progresso civile e umano. Il rispetto reciproco deve cominciare proprio dagli adulti affinché i piccoli sappiano come orientarsi: la forza dell'imitazione supera ogni parola, ogni predica quando non seguono gli esempi. Un bambino, una bambina che vede la madre occupata in casa nonostante svolga un lavoro fuori casa; il padre temuto e rispettato benché maltratti la madre e i figli o nel migliore dei casi del tutto disinteressato al mènage familiare... quando poi sente i discorsi sulla parità dei sessi, cosa deve pensare?

Credo che siamo arrivati a uno sbocco importante della civiltà umana dovuto a quest'ultimo secolo che in quanto a efferatezze ha superato ogni altro secolo precedente. Le prime a capire che è necessario ribaltare la situazione in modo radicale sono state le donne con le loro manifestazioni di carattere femminista. Ma quanto coraggio, quanta sofferenza è stata necessaria prima di capire che la pace, il futuro dell'umanità tutta, è nelle loro mani!

E ancora non basta: bisogna iniziare proprio dall'infanzia, anzi da prima della nascita: ormai sappiamo che già nella fase prenatale si manifestano quei segnali responsabili di particolari dati del carattere che si manifesteranno per il resto della vita. Infatti una creatura già nei primi mesi di vita fetale sente se è desiderata oppure no e questo inciderà notevolmente sulla sua visione positiva o negativa futura, ma anche sulle sue capacità di apprendimento oltre che ad altre attitudini, non escluso il famoso talento.

E dopo la nascita è necessaria una maggiore comprensione che non ha niente a che fare con l'educazione autoritaria o antiautoritaria... perché sia l'uno che l'altro metodo non hanno portato i frutti sperati. Quindi sarebbe ora di fare qualche ricerca sul campo della psicologia infantile per trovare un sistema efficiente a un migliore sviluppo di una società libera da pregiudizi e preconcetti. Ripeto: prima si inizia meglio è.

### Lavoro

Purtroppo sul tema lavoro, la prima associazione che sono costretta a fare è l'insegna sui cancelli dei Lager tedeschi, „Arbeit macht frei“[40] di tristissima memoria.

Ho fatto qualche ricerca e questa frase appare per la prima volta nello scritto di un economista, H. Beta[41], dove fra l'altro scrive: "nicht der Glaube macht selig... sondern die Arbeit macht selig, denn die Arbeit macht frei".[42]

Questo signore ha chiaramente dimenticato di aggiungere che soltanto il lavoro giustamente retribuito rende liberi, non il lavoro in sé. Penso ai milioni di schiavi che da quando esiste la società umana hanno sempre lavorato senza alcuna retribuzione, o con quel poco che permetteva loro di sopravvivere, nel senso di concedere loro un tetto e un piatto di minestra. Recentemente ho appreso che oltre alla minestra, per tenerli buoni, veniva data loro una notevole quantità di birra: già dal settimo Millennio in Egitto e in Mesopotamia, insieme al pane veniva infatti prodotta la birra, primo segno di civilizzazione. Gli schiavi venivano retribuiti in natura e, come si sa, la birra era l'alimento principale degli egizi non soltanto per le sue qualità nutritive, soprattutto per le sue proprietà inebrianti. In tal modo gli egizi per oltre tre Millenni hanno sfruttato le mani e il corpo dei loro simili per ri-

[40]Il lavoro rende liberi
[41]H. Beta, *Geld und Geist*, Berlin 1845
[42]Non la fede rende beati... ma il lavoro rende beati, perché il lavoro rende liberi.

cavarne benefici di ogni genere. E non voglio pensare agli schiavi trascinati dall'Africa in Europa, in America e altrove: la sede centrale di smistamento era proprio la civilissima Inghilterra. Mi chiedo quale Paese nel mondo può vantare di non aver mai avuto schiavi alle proprie dipendenze.

Io parto dal principio che ogni lavoro non retribuito o mal retribuito è indegno; che si tratta del più volgare sfruttamento perpetrato ai danni del più debole, più indifeso e per questo più bisognoso. Ancora in questo XXI secolo ci sono Paesi nel mondo che sfruttano il lavoro di più di un milione di bambini e nessuno si agita: per molto meno si sono fatte guerre, ma per proteggere i bambini nessuno muove un dito. Un'infanzia rubata, milioni di vite distrutte. E questo per il benessere dei cosiddetti popoli civili, cui tutti noi apparteniamo.

E ancora: sono convinta che l'essere umano abbia bisogno di lavorare non soltanto per sopravvivere o soltanto vivere, ma per sentirsi utile, per dare un senso alla propria vita, per superarsi ogni giorno e conquistarsi il suo posticino nel mondo, ma soprattutto per avere stima di se stesso: niente di più bello, di più soddisfacente di un lavoro realizzato bene.

È poco?

Ma questo si realizza soltanto se il lavoro viene retribuito, per modo di dire onorato, riconosciuto: voglio vedere quella persona che lavora dodici ore al giorno senz'altro compenso se non una specie di letto insieme ad altri quattro o più compagni in una cameretta, più una misera paga con la quale riesce a comprarsi il necessario per sopravvivere e anche per mandare qualche soldo a casa... vorrei vedere se questo essere umano è felice di lavorare, si sente libero e ha stima di se stesso e del mondo. Questo accade ancora adesso e non soltanto nei paesi arabi o orientali: anche nella nostra civilissima Europa; questa è l'esperienza che fanno i poveracci che emigrano da situazioni ancora più misere e si ritrovano a venir sfruttati peggio che a casa loro. Ecco la nostra realtà: ogni epoca ha il suo tipo di schiavismo. E non si riesce a uscirne.

Ma il classico tipo di lavoro non pagato perché non considerato un lavoro vero e proprio, che va spesso oltre le dodici ore giornaliere cui spesso si aggiungono anche quelle notturne, nel caso ci sia un bambino da accudire o malati gravi, a cominciare dall'età adulta nei paesi civilizzati, molto prima già dall'infanzia in altri Paesi del mondo, è lo sfruttamento della manodopera femminile. È un uso talmente radicato nella Storia dell'umanità che parlarne sembra quasi una stravaganza di tipo femminista, una delle solite esagerazioni di questi ultimi anni, tipo rivendicazioni di diritti, parità dei sessi e altro. Sorge subito la domanda: e allora chi si deve occupare della casa, dei bambini, dei vecchi, dei disabili, infine di tutti quelli che hanno bisogno di un sostegno, di un aiuto? Le donne, naturalmente, e chi altro? Non ci sarebbe niente contro questa usanza se soltanto il lavoro casalingo della donna venisse giustamente retribuito, riconosciuto come tale e non come un dovere da compiere a tempo pieno, senza alcun diritto; se per esempio la donna dopo una vita di sacrifici, di lavoro massacrante, ricevesse anche una pensione che le permettesse finalmente di uscire dalla dipendenza del marito, di essere soprattutto libera di gestire il proprio tempo e le proprie energie senza sensi di colpa nei confronti della famiglia, magari realizzando sogni messi da parte per necessità materiali e tanto altro ancora.

Invece, l'unico modo per una donna di acquistare un po' di indipendenza sia materiale che morale è stato quello di trovarsi un lavoro fuori casa, senza contare che a conti fatti l'organizzazione del mènage domestico resta ugualmente sulle sue spalle; inoltre la stessa attività svolta da un uomo viene retribuita meglio, con la vecchia motivazione che lui deve, per modo di dire, sostenere la famiglia, mantenere moglie e figli. In pochissimi Paesi del mondo alla parità di lavoro si unisce quella pecuniaria. Alla fine la donna si ritrova a svolgere due attività: una fuori casa, mal retribuita; l'altra a tempo pieno e senza altro compenso se non il senso di aver compiuto il proprio dovere, un dovere, voglio sottolineare, riservato solo al sesso femminile, da secoli. Se penso alle generazioni precedenti la mia, alla lunga fila di donne che nel corso dei secoli ha svolto questo cosiddetto dovere tipicamente femminile, devo dire che mi assale un profondo senso di rivolta: ci sarebbe da fare una rivoluzione globale per sovvertire questo ordine di cose e rimettere in gioco le cosiddette leggi naturali o meglio la suddivisione dei ruoli.

Come risolvere questo problema millenario?

Ci sarebbe infatti quell'altra parte dell'umanità che potrebbe finalmente supportare la donna, dividere con lei compiti e doveri, non soltanto diritti; uscire dai soliti ruoli stabiliti dalla parte più forte, come accade in tutte le dittature, e mettere su un piano di uguaglianza il rapporto dei due sessi. Lo so, questo è un discorso che nessun uomo prende sul serio. Troppo scomodo. La dittatura politica può imporre anche alle donne di lavorare, come nel caso dell'Unione Sovietica, ma non per questo le ha liberate dal ruolo arcaico che conosciamo tutti: so che nell'Est dell'Europa il maschilismo è molto diffuso.

Con tutto ciò il lavoro femminile è una conquista che permette alla donna di uscire finalmente dalla gabbia casalinga, dalla dipendenza sia del padre che del marito: una donna che lavora si rende conto dell'altra realtà della vita, acquista gli strumenti necessari che la fanno maturare, crescere e costruirsi una propria identità che non deve per forza essere quella legata alla famiglia. Senza contare che il più delle volte si tratta di un'identità attribuita, sovrapposta, voluta dalla società patriarcale nella quale viviamo.

A parte ogni altra considerazione, non posso fare a meno di pensare alle tante, tantissime donne che per un tozzo di pane continuano a lavorare nelle peggiori condizioni possibili; mi riferisco in particolare all'India dove le donne vengono sfruttate in modo vergognoso, trattate come macchine da lavoro e niente altro, anche perché in questo Paese dominano ancora le caste, nonostante che nella seconda metà del secolo scorso siano state abolite.

D'altronde nelle civiltà primitive la donna era considerata alla stregua di un animale domestico, infatti avere più donne e più figli significava maggiore mano d'opera e quindi una non disprezzabile fonte di ricchezza per quei pochi uomini che se lo potevano permettere: da qui l'inizio del patriarcato.

Si può ancora dire che il lavoro rende libere?

Forse libere di non morire di fame.

Quanta tristezza.

**Libertà**

Ecco una parola grande, grandissima, usata ma troppo spesso abusata, come accade per le grandi espressioni del pensiero, perché la libertà ha molto a che fare col pensiero, anzi nasce proprio dal pensiero e dovrebbe essere un grido di gioia, di liberazione da ogni costrizione contro natura. Infine, si tratta dell'aspirazione più alta del genere umano: decidere liberamente del proprio destino, del proprio divenire. Un diritto spesso dimenticato, o meglio ignorato nei Paesi dove è presente una dittatura che per noi europei sembra appartenere a un passato non poi tanto remoto. Penso anche ad altri tipi di dittatura non proprio di carattere politico ma religioso e, come ormai sappiamo, si tratta di usanze assai difficili da sradicare, dato che si basano sulla superstizione e sull'ignoranza.

La libertà del singolo però non deve precludere quella del suo vicino, del suo prossimo e meglio ancora dell'altra metà dell'umanità. Sto infatti pensando che da una cinquantina di anni in Europa e in altre parti del mondo (non dappertutto) le donne, le ragazze hanno cominciato a conoscere questo nuovo sistema di vita, a respirare aria nuova: possono istruirsi; hanno persino il permesso di pensare con la propria testa, di esercitare qualsiasi professione, arte; addirittura possono diventare funzionarie di Enti pubblici e, se vogliono, finire nella Politica, fino a non molto tempo fa riservata soltanto agli uomini. Sono per modo di dire libere di uscire dalla cucina, dalla camera da letto, dai servizi casalinghi, senza le gabbie, le restrizioni che hanno accompagnato la nostra vita fino a mezzo secolo fa.

Vero?

Purtroppo non è vero.

Perché bisogna fare i conti con quell'altra parte del genere umano che continua a non capire che questa libertà va rispettata, cioè che non deve approfittare di questo nuovo stato di cose e continuare ad agire come nei secoli passati. Ci è stato permesso di lavorare, o meglio due grandi guerre ci hanno insegnato a uscire di casa, a provvedere ai nostri bisogni e a quelli della famiglia, dato che l'altra metà del genere umano era impegnata ad ammazzarsi a vicenda, a distruggere città, vite umane, la nostra cultura, il nostro senso di umanità. Questo non vuol dire che nei secoli passati le donne non abbiano lavorato. Certo lavoravano, ma solo nelle categorie più umili, peggio retribuite, con nessuna possibilità di affrancarsi, di arrivare a posizioni migliori, di istruirsi, di superare l'analfabetismo imperante e con esso l'ignoranza in cui si voleva mantenere la donna.

Ma qui il discorso sarebbe troppo lungo.

Voglio solo sottolineare che, come nei periodi di transizione, quella seconda parte di umanità abituata a tenere le redini in mano, ha interpretato questa nuova libertà di azione delle donne come un ulteriore invito, un'occasione, anzi un'offerta senza preliminari, come era necessario prima. Da qui le cronache sugli stupri di gruppi di giovinastri che si mettono d'accordo, riempiono una ragazza, appunto libera dai soliti pregiudizi, di alcol o droghe e si buttano su di lei, possibilmente anche filmando tutta la scena.

Questo genere di libertà si sta propagando pericolosamente: ai miei tempi nessuna ragazza si faceva accompagnare a casa da un semisconosciuto, magari incontrato in una discoteca, perché sapeva del rischio che poteva correre; conosceva il famoso detto „l'occasione fa il ladro", e purtroppo il mondo è sempre stato pieno di ladri. Questo si sapeva allora e si dovrebbe sapere ancora oggi. Anche perché la professione del ladro ha ancora molti proseliti, purtroppo.

Un ricordo che ancora brucia: facevo un corso di canto a Pesaro con Mariano Stabile[43], all'inizio degli anni Sessanta. Avevo ricevuto una borsa di studio e pensavo, prima di tornare a Vienna, di trascorrere due mesi al mare, magari imparando qualcosa. C'erano molti studenti maschi, cosa che nei seminari accade piuttosto di rado, ma si trattava di un uomo famoso e ognuno sperava di approfittare delle sue esperienze sceniche (era già alla fine della sua carriera) e forse anche di una eventuale raccomandazione. Una domenica quasi tutto il gruppo decise di fare una gita: io ero sola e non vidi il pericolo, anche perché vennero con noi alcune ragazze. Siamo andati in un locale, abbiamo mangiato qualcosa e nel primo pomeriggio quattro ragazzi, stranamente tutti e quattro baritoni (non proprio così strano dato che Stabile era un baritono!) proposero una passeggiata nel bosco vicino. Io accettai, mentre le altre ragazze dissero di essere stanche: più tardi una di loro mi disse che mai sarebbe andata con quei tipi in un bosco. Io, come sempre ingenua,

[43]Mariano Stabile, baritono italiano, 1888 – 1968

andai e così accadde quello che non sarebbe dovuto accadere: ad un certo punto due mi presero per le spalle cercando di buttarmi per terra, uno si spostò da una parte ridendo, mentre l'altro cercava di... io scoppiai in lacrime e supplicai soltanto di lasciarmi. Non solo, pregai chi rideva di venirmi in aiuto, cosa che non fece. La cosa finì lì: mi dissero che avevano voluto farmi paura; darmi una lezione; che imparassi a vivere e la smettessi di sentirmi indipendente, libera. Io tremavo, sotto shock, e non capivo niente. Piangevo, ferita, umiliata, spaventata a morte. Tornai indietro piangendo, ma incolume: una grande, miserabile lezione che non dimentico.

Io ero già stata all'estero, avevo avuto colleghi maschi, ero stata sola con uomini in vari luoghi, mai mi era accaduto niente di simile: io ero libera dai vecchi pregiudizi, ma quei ragazzi no. Questo il problema. Io credevo in un mondo che non esisteva, che forse non esisterà mai: una donna libera non significa niente di fronte all'arroganza maschile, è anzi una provocazione, e io ero una provocazione vivente per quei giovinastri.

Ma erano tutti giovinastri?

Alcuni di loro hanno anche fatto carriera. Questo non esclude che siano stati e sicuramente siano rimasti dei giovinastri.

Non pensai di denunciare quel tentativo di violenza al maestro: so cosa mi avrebbe risposto: te la sei cercata. Non tornai più al corso, senza giustificarmi: avevo solo paura ed ero stata umiliata al punto che non avrei potuto stare insieme nella stessa stanza insieme a quei tipi. Dopo circa sessant'anni per la prima volta ho il coraggio di raccontare questa disavventura, che avrebbe potuto avere una fine peggiore, che mi diede la misura del mondo nel quale vivevo e nel quale non volevo più vivere. Certo in altre parti del mondo accadono queste cose, ma non con la frequenza che vedo in Italia, o almeno nell'ambiente del teatro.

Mi sembra importante questo episodio per spiegare perché molte ragazze straniere vengono nel Bel Paese ignare dei pericoli che corrono, ragazze libere nel senso che hanno imparato a gestire la propria vita senza le restrizioni dei secoli passati.

È un atto di accusa contro i maschi italiani? Sì, senza alcun dubbio. Ogni volta che tornavo a Roma dovevo sempre fare l'esperienza della 'mano morta' nei bus, degli occhi che mi guardavano in modo offensivo, dei cosiddetti complimenti o commenti osceni assolutamente non richiesti per strada. Dovevo stare attenta in quale scompartimento del treno mi sedevo e non sono mai stata una bellezza, ma soltanto una donna, e questo basta, a quanto pare. E non aiuta l'età. Ma di questo ho già raccontato altre volte, quindi niente di nuovo.

Ho capito che la mia libertà, la mia sicurezza, il mio modo diretto di guardare in viso il mio interlocutore, il mondo intero, è uno stimolo per i soliti maschi che pare non riescano ad imparare niente: ricordo il mio ultimo concerto a Santa Cecilia. Gli orchestrali mi guardavano curiosi, mi soppesavano da un punto di vista fisico, solo fisico, perché essendo donna per prima cosa ero un corpo, solo un corpo. Io sentivo i loro sguardi ed ero intimidita, benché avessi già cantato con diverse orchestre, ma fino a quel momento nessuno mi aveva guardata così: e io sapevo e so ancora capire cosa vuol dire uno sguardo che denuda, che sporca. Che offende. Anche lì, la mia libertà insospettiva, dava fastidio, forse anche irritava.

Ora mi chiedo se in realtà anche gli uomini italiani e voglio specificare italiani, conoscano il vero senso di questa bellissima parola, se cioè sappiano distinguere la parola arbitrio dall'altra.

LIBERTÀ: una bellissima parola.

Per chi?

**Mammismo**

Ho finito di leggere un libro dedicato tutto al cosiddetto mammismo.[44] È stato molto interessante conoscere la storia del tanto famigerato fenomeno tipicamente italiano: io purtroppo, alla prima occasione, ne ho pagato le spese. Infatti quando mio figlio andò a scuola e la maestra seppe che aveva la mamma italiana, dopo qualche settimana mi convocò e, dall'alto in basso, mi proibì di parlare italiano col mio bambino, commentando con un certo disprezzo: la mamma italiana, quasi fosse un insulto. In realtà è una grande sfortuna per qualsiasi figlio maschio avere una mamma italiana... almeno qui, dove nessuno pratica il mammismo. O forse no? Forse ha soltanto un altro nome?

Il libro, molto ben documentato, racconta, iniziando dal XIX secolo fino alla fine della Seconda guerra mondiale, del rapporto fra madre e figli maschi, pochissimo fra madri e figlie femmine. Poi tutto si ferma: nasce un nuovo rapporto fra madri e figli? E cosa significa il fenomeno del mammismo in generale e a chi si rivolge, cioè chi sono le vittime?

Tutti sappiamo il significato che ha avuto e credo continui ad avere il figlio maschio per una donna, benché dopo la lettura di questo libro cominci ad avere qualche dubbio; in realtà nei secoli precedenti la madre si occupava poco dell'educazione dei figli, e i maschi da un punto di vista economico e politico contavano quasi quanto le femmine, almeno per la classe privilegiata. Per i meno abbienti credo non ci fossero distinzioni di sorta, dato che sia i maschi che le femmine dovevano lavorare per il sostentamento della famiglia. La donna, oltre al lavoro che le procurava qualche soldo per sopravvivere, era costretta anche ad assolvere ai vari compiti domestici, dato che un uomo non avrebbe potuto essere 'umiliato' (così la definizione di una mia carissima amica, ancora una ventina di anni fa, a proposito del marito in pen-

[44]M. D'Amelia, *La mamma*, 2005

sione, quindi disoccupato, mentre lei pur continuando ad esercitare la sua professione, si occupava a tempo pieno delle faccende domestiche) a dare qualche aiuto casalingo.

I lavori domestici sono dunque umilianti?

In questi ultimi anni anche in questo campo sta cambiando qualcosa, i giovani mariti, quando ne hanno voglia, riescono perfino a dare una mano in casa, pur restando tutta la responsabilità dell'organizzazione in mani femminili. Ma in qualche modo bisogna pure incominciare...

Molto è cambiato nei rapporti sociali, questo è vero, soprattutto alle donne è stato finalmente permesso di uscire dalla gabbia familiare, dai tanti tabù proibitivi, da un'ignoranza sotterranea che ha sempre impedito un progresso reale nella società: una società di soli uomini è destinata a progredire soltanto in una direzione, come una strada a senso unico; quante energie, quante risorse in tutti i campi sono state sprecate nel corso dei secoli, impedendo all'altra metà dell'umanità di collaborare! Fattore importante di questo cambiamento è stato l'aver aperto le scuole anche alle bambine, un dato di fatto indiscutibile. All'alfabetizzazione infantile (so, a parte mia madre, siciliana – quindi si potrebbe pensare che appartenesse ancora a una civiltà arretrata – che anche le donne del Nord Italia fino all'inizio del '900 avevano la licenza elementare, cioè soltanto le due prime classi) seguì la scuola superiore e quindi l'Università. Il secondo dopoguerra vide un numero sorprendente di studentesse frequentare, insieme ai maschi, le scuole superiori (c'erano perfino classi miste!) e poi le aule degli atenei, fino ad allora riservate solo ai ragazzi.

Il livello di istruzione femminile nel corso di questi ultimi 70 anni è sempre più aumentato tanto che adesso il 60% degli studenti universitari sono donne. Chi lo avrebbe detto soltanto una cinquantina di anni fa? Voglio aggiungere che al contrario nell'Impero Austro-Ungarico l'istruzione era obbligatoria anche per le bambine già dal XVIII secolo per volere dell'imperatrice Maria Teresa, tanto che all'inizio della prima guerra mondiale l'alfabetismo aveva una quota del 94%, e dopo l'annessione del Sudtirolo, le ragazze che andavano a lavorare in Italia e altrove erano ricercate appunto per la loro istruzione scolastica. Ancora oggi nel mondo due terzi degli analfabeti sono donne.

Uno dei risvolti di questo processo di acculturazione è lo scarso interesse delle donne italiane di mettere al mondo dei figli; nessuna donna ha più bisogno del famoso figlio maschio per acquistare una propria identità: il tasso di natalità in Italia è il più basso del mondo. Io sono convinta che questo dipenda dalla maggiore consapevolezza di sé, dalla possibilità finalmente di essere indipendente anche dal punto di vista economico.

Tornando al libro che ho appena letto, risaltano figure femminili come la madre di Mazzini[45], quella dei fratelli Cairoli[46] e altre, tutte impegnate da dietro le quinte a dare il loro contributo patriottico durante le guerre d'Indipendenza, sostenendo i loro figli anche finanziariamente, con uno scambio intensissimo di lettere e un rapporto che io definirei simbiotico. Ma da dove nasceva questa simbiosi? Basta leggere qualche lettera per sentire un qualche imbarazzo per questa specie di rapporto di coppia idealizzato, che nascondeva, secondo me, una necessità di protagonismo di parte materna e dipendenza da parte del figlio. Mi ha particolarmente colpito il brano di una lettera della madre a Mazzini, col quale ebbe uno scambio intensissimo durato una ventina di anni, cioè durante il suo esilio in vari Paesi europei: „chi mai se non io conosce le tue intime sensazioni di tutte le specie, lievi come profonde?"[47]

---

[45]Giuseppe Mazzini, 1805 - 1872

[46]Fratelli Cairoli, patrioti italiani del Risorgimento

[47]Vedi nota pagina 136

In realtà una madre affetta da mammismo è per prima cosa frustrata come donna, non appagata dal punto di vista sociale e neanche apprezzata dal marito col quale ha un rapporto ambivalente (come nel caso della madre di Mazzini. Ma ne conosco molte altre, per esempio la madre di Proust...); in ogni caso si tratta di una ricerca spesso inconscia di quella identità che le viene negata al di fuori della maternità. Alla fine, proprio la maternità, o meglio soltanto il figlio maschio, diventa la sua ultima via di scampo per definirsi come individuo.

Se nei secoli precedenti, e mi riferisco alle società primitive, la presenza del figlio o meglio dei figli maschi era una necessità reale, soprattutto dal punto di vista economico, come sostegno in caso di malattia e in vecchiaia per ambedue i genitori, col progredire della civiltà il fattore economico fu sostituito dal prestigio, dalla possibilità, attraverso il figlio maschio, di arrivare ai più alti gradini della scala sociale. Per una donna, cui erano riservate solo incombenze domestiche, con pochissime aperture a una vita sociale, raggiungere una qualsiasi posizione nel campo culturale del suo tempo era impossibile.

Inoltre fino al secondo dopoguerra a una ragazza non era permesso scegliere il marito: se aveva fortuna, i genitori le presentavano alcuni possibili candidati e poi alla fine decidevano quale era più adatto a lei e alla famiglia! Non voglio neanche pensare alle famiglie altolocate per le quali le figlie erano soltanto merce di scambio per motivi dinastici o soltanto economici. Voglio concludere che le donne, se nei secoli precedenti si erano del tutto disinteressate all'educazione dei figli, maschi e femmine, soltanto nell'Ottocento cominciarono a svegliarsi dal lungo stato di apatia per scoprire che attraverso il figlio maschio potevano coprire un nuovo ruolo: quello della madre progressista, rivoluzionaria, patriota e così via.

La Prima Guerra Mondiale fu il primo momento di scontro con una realtà che non aveva più niente di eroico, di patriottico; col disinganno della patria che aveva bisogno dei suoi figli per mandarli a farli ammazzare. Purtroppo la propaganda fascista rimise le madri in primo piano soltanto per perseguire i suoi scopi di falso patriottismo, di grandezza latina e altro. Le madri che scrivevano le loro povere lettere ai soldati nei vari fronti, che ricevevano anche un piccolo sussidio che bastava giusto per comprare il pane, alla fine della guerra, dopo aver perso i figli hanno capito di essere state ingannate dal regime. Non mi sembra però che sia accaduto del tutto: infatti dopo oltre 70 anni c'è ancora qualcuno che afferma che il fascismo ha portato all'Italia molti vantaggi. Ma non voglio addentrarmi in questo problema.

Da sempre è stato molto importante per una donna, in qualsiasi parte del mondo, avere figli maschi, possibilmente solo maschi: una figlia femmina significava una specie di cambiale da pagare al momento in cui bisognava sposarla e darle una dote qualsiasi. Questo problema sussiste purtroppo ancora in vari Paesi asiatici; in Europa credo ormai sia passato di moda: una donna può lavorare e non ha più bisogno di essere mantenuta dal marito. So della fierezza di molte donne per aver messo al mondo solo figli maschi, per esempio mia madre: ebbe ben cinque figli maschi nonostante desiderasse ardentemente una femmina, che poi non sono stata io. Lei stessa aveva sei fratelli e mio padre quattro: tutte famiglie assai fiere, non c'è che dire. Mentre altre donne che, per loro disgrazia, avevano solo figlie femmine dovevano andare a nascondersi. Una realtà non proprio così lontana come oggi si crede, o meglio come le nuove generazioni credono. C'erano chiaramente motivi economici, ma, soprattutto per le madri, di prestigio. E voglio aggiungere che in ogni figlio maschio la donna riconosceva quella parte maschile che la natura le aveva negato: quindi doppia soddisfazione. Ecco che nasce la tanto decantata gelosia della suocera che non riesce ad accettare un'altra donna al fianco del proprio figlio. Le mamme possessive in fin dei conti riducono ogni potenzialità al figlio maschio e spesso gli impediscono di crescere e diventare adulto. Ancora più grave per il suo sviluppo è la consapevolezza che gli trasmettono, quella cioè di essere unico e perfetto. Da qui il loro eccessivo senso di superiorità di fronte alle donne, l'incapacità di accettare un vero partner, e la frustrazione di dover ammettere di non essere poi così perfetto come ha sempre creduto. Inoltre si accorgono della forte concorrenza proveniente proprio da quella parte della società che continuano a considerare inferiore a sé stessi, cioè dalle donne che hanno studiato, che occupano posti superiori ai loro, hanno prestigio e sicurezza di sé. Dunque, un vero fallimento: è questa l'origine dei tanti femminicidi di questi ultimi vent'anni? Effetto del mammismo di stampo italiano?

Ma i femminicidi avvengono in tutto il mondo. Cosa pensare?

In ogni uomo fallito dal punto di vista umano, in ogni cosiddetto Casanova[48] o meglio in ogni macho io vedo sempre una madre eccessivamente protettiva, un padre quasi inesistente, un bamboccione incapace di diventare adulto.

Devo dire di aver incontrato vari tipi, nel corso della mia vita, con questi connotati.

### Maternità

Un tema sempre assai discusso è l'istinto amore materno, o meglio, nient'affatto discusso: è un assioma, non si discute. Punto e basta. Io invece la penso in modo del tutto diverso,

[48]Giacomo Casanova, scrittore e avventuriero, 1725 – 1798

anzi sono convinta che l'amore materno sia un sentimento più o meno scoperto da meno di cento anni, non solo, ma sento che l'istinto ha una parte minima in tutto il garbuglio di sentimenti che coinvolge questo importante fenomeno della natura: se guardo ai nostri vicini, gli animali, devo ammettere che ciò che li guida nel rapporto coi propri cuccioli non si chiama amore, ma istinto di conservazione. Le madri e spesso anche i padri nutrono i piccoli finché sono in grado di farlo da soli, poi se ne disinteressano del tutto: il compito di proseguire la specie si è già concluso. Si può chiamare questo amore, cioè nutrono i loro piccoli per amore?

La specie umana invece ha etichettato questo istinto naturale con la parola amore e, nonostante il nome, non poche volte è contravvenuta a questo principio naturale, abbandonando i piccoli in casi particolari, ma anche soltanto per mancanza di mezzi, per sopravvivere, per odio, e molto altro ancora. Cioè non è così ovvio che una madre accetti e addirittura ami il proprio bambino come ci si aspetterebbe: in particolari circostanze è anche in grado di uccidere la sua creatura per liberarsene. I casi di infanticidio vengono spesso ignorati dalla Storia, ma esistevano in gran numero fin dall'antichità; in fondo cosa ne sappiamo dei sentimenti più reconditi di una donna che è stata violentata (cosa che può anche accadere nel letto matrimoniale, nonostante la maggior parte delle donne non osino confessarlo) e si ritrova ad avere una creatura in grembo che forse non aveva progettato e neanche desiderato?

E poi quella stessa creatura che nasce urlando e che continua a urlare, disturbando il sonno, le giornate, la vita di quella donna, di ogni donna; che sconvolge il ritmo, le abitudini, le relazioni sociali, a volte anche il rapporto col marito, a sua volta sopraffatto dalla situazione di continua tensione... questa cosiddetta creatura innocente (che resta in ogni caso innocente) deve essere subito amata appunto perché c'è di mezzo l'istinto materno? Quante bugie sono state messe in giro a proposito della maternità o meglio dell'amore materno! Ricordo che mia nonna paterna diceva che si può amare solo a pancia piena e lei ne sapeva qualcosa, vedova con quattro figli maschi da nutrire: so che mio padre non conobbe una carezza, una parola gentile da sua madre e che a sei anni, dato che non voleva andare a scuola, lo portò in montagna da un pastore di pecore e lo lasciò lì, che imparasse a fare il pecoraio: una bocca di meno da sfamare. Questo tanto per sottolineare il significato dell'amore materno, quando la pancia è vuota. Ricordo ancora quella frase di mia nonna che non capii, ma che in qualche modo rimase scolpita nel mio cervello. Infatti ora, dopo oltre 70 anni, toccando il tema dell'amore materno devo ripensarci e trarre delle conclusioni.

Anche l'amore materno è un lusso riservato a chi se lo può permettere?

Purtroppo non sono antropologa e neanche storica o altro: sono soltanto una persona che ha imparato a vivere. Se l'amore è un lusso per ricchi, e ovviamente mi riferisco all'amore materno, per quale motivo nei secoli precedenti il capitalismo, nelle famiglie ricche c'era sempre una bambinaia che si occupava dei piccoli? La madre non lavorava e avrebbe potuto occuparsene, ma non accadeva. La mia famosa insegnante di canto, una principessa russa della quale ho già ampiamente scritto[49], mi raccontava che lei e la sorella trascorrevano tutto il giorno in compagnia della nianja (bambinaia russa) e soltanto qualche minuto al giorno la madre veniva a vedere le sue bambine.

Nella letteratura dei secoli scorsi si legge più o meno lo stesso: cioè le madri non sentivano il famoso istinto materno tanto da occuparsi dell'educazione dei propri figli. Dalla bambinaia o balia si passava poi all'istitutore o istitutrice, e

[49]Vedi anche pagine 19 e 55

più tardi ai collegi cui venivano affidati i giovinetti per educarli alla vita di società: e i genitori? Quale rapporto correva fra genitori e figli, fino a un secolo fa? Si poteva parlare di amore reciproco?

E ci meravigliamo della società che ne è derivata?

Non so se siano stati fatti studi su questo tema, ma sarebbe interessante conoscere i veri risvolti, o meglio il retroscena famigliare della vita ufficiale nei secoli passati. Mi interessa perché vorrei capire qual è l'origine di questa umanità dove domina la violenza, il desiderio sfrenato di potere, di sopraffazione, l'invidia e soltanto poca empatia, poco amore per il proprio simile: naturalmente con qualche piccola eccezione. In realtà l'essere umano nasce con potenzialità positive, vuole solo vivere, essere amato, senza rivalità, lotte o altro. Subito si accorge però che deve prima di tutto imparare a lottare anche per ricevere quanto per natura dovrebbe essergli dovuto e capisce fin troppo presto che in fin dei conti non gli è dovuto niente: in fondo non è stato lui a decidere di nascere! A questo proposito ricordo un piccolo ma significativo episodio di qualche anno fa: un giovane padre camminava per strada, a pochi passi da me, insieme al piccolo forse di 3-4 anni, che piangeva. Questo padre snervato gli gridava (e non posso dimenticarlo): „tu non meriti niente!“ A quattro anni quel bambino aveva imparato che non meritava niente.

Ma forse lo sapeva già da tempo.

Ecco perché siamo arrivati al punto in cui siamo. Fine della digressione.

Forse l'amore materno poteva manifestarsi nelle famiglie della classe media, degli artigiani, dei contadini: ma anche qui ho grossi dubbi. In qualche modo ho l'impressione che la scoperta dell'infanzia sia di fresca data, da quando cioè

Freud[50] se ne occupò per cercare di sbrogliare i labirinti della psiche per uscirne fuori con qualche successo, o meglio per capire l'origine dei cosiddetti complessi che coinvolgono o meglio sconvolgono poi la vita degli adulti. Freud e Maria Montessori[51] hanno capito l'importanza dei primi anni di vita, soprattutto dei primi tre anni, e man mano il resto dell'umanità (quale umanità?) ha cominciato ad accorgersi che quei piccoli esseri insignificanti in realtà sono in grado di capire, di assimilare, di mettere insieme le prime basi, quelle fondamentali sulle quali costruire poi la propria personalità di persone adulte: una grande scoperta di cui purtroppo ancora molti non sono coscienti. Ancora più importante: se si permette loro di essere come sono, senza costrizioni educative, osservando soltanto e rispettando queste creature *in nuce*, ci si accorge che hanno già una personalità ben distinta, che basta soltanto qualche anno per definirsi, per chiarirsi del tutto, per stabilizzarsi: niente di più affascinante di un piccolo essere umano che si sveglia alla vita, che scopre la realtà, una realtà che dovrebbe essere solo piena di sorprese positive.

Ma purtroppo sappiamo che non lo è.

Ancora un ricordo: ero diventata mamma da qualche anno e mio padre venne a trovarmi appunto per stare insieme al nipotino. Mi fece una straordinaria confessione: „so che abbiamo sbagliato tutto, ma eravamo convinti che i bambini non capissero niente" e mentre diceva questa enormità, forse tentava di scusarsi con me per la sua mancata presenza di padre. So che la guerra, la morte di mio fratello e tutto il resto devono aver influito sui suoi metodi educativi. Ma d'altra parte, dove aveva imparato a sua volta a gestire una famiglia con cinque figli? Aveva dei metodi educativi? E chi ha, chi

[50]Vedi nota pagine 73
[51]Vedi nota pagina 124

pensa ai metodi educativi quando mette su famiglia, quando nasce un figlio dopo l'altro?

In qualche modo, dopo tantissimi anni riesco persino a giustificarlo.

Si ripetono sempre gli stessi errori, si continua a non riflettere anche sui piccoli gesti; sulle parole buttate lì in un momento di rabbia o di stanchezza; sulle reazioni inconsulte, uno schiaffo e, in altri tempi, su ben altre punizioni corporali e castighi: tipo andare a letto senza cena e non so più che altre storture educative. Si tratta di chiodi che restano infissi nel cervello; chiodi cui si reagisce in vari modi: rivolta, vendetta, violenza, o soltanto pedissequa ripetizione con i propri figli. Chi ha subito violenza di qualsiasi tipo, fisica o morale, tende a ripetere la stessa esperienza soprattutto con i propri figli, semplicemente perché non conosce altro. Ne sono convinta.

Le esperienze negative si stratificano nell'inconscio e tornano poi nei sogni, dominano le nostre azioni senza esserne coscienti. Diventiamo appunto il prodotto della nostra infanzia. E noi tutte ci identifichiamo con nostra madre, nostra nonna e altre figure femminili; non ci permettiamo un giudizio sincero, uno sguardo critico verso la persona che ci ha dato la vita ma non ci ha insegnato a vivere giustamente; soprattutto non ci ha insegnato ad essere felici, ad essere d'accordo con noi stessi, ad accettarci e accettare la vita che forse non ci è stata donata spontaneamente, ma per caso, per sbaglio o che so io.

Almeno noi, donne emancipate del XXI secolo, dovremmo avere il coraggio di sollevare il velo della *pietas* sulle tante bugie che ci sono state propinate da una società patriarcale, per comodo, per abitudine, per pigrizia, per ignoranza. Spesso solo per rassegnazione.

**Altra Maternità**

C'è un'altra maternità? Questa sì è una strana domanda, ma negli ultimi dieci o venti anni è sorto un nuovo modo di intendere la maternità, cosa che credo nella storia dell'umanità non sia mai accaduta. Mi riferisco al nuovo fenomeno della cosiddetta 'maternità surrogata', una bruttissima espressione, lo ammetto, che indica una madre presa in prestito, o meglio un utero preso in prestito, pagando una certa somma di denaro. In questo periodo di notizie che si accavallano in seguito a un conflitto fuori da ogni senso di ragionevolezza, in pieno XXI secolo e in mezzo a un'Europa che ha già conosciuto ben due Guerre mondiali, arriva anche un breve accenno a una ventina di neonati che non posso essere ritirati dai mandatari, appunto a motivo della guerra: in un locale non ben identificato si trovano queste creaturine, accudite da infermiere o non so da chi, in attesa dei 'legittimi' genitori. La notizia è subito sparita ma è rimasta piantata come un chiodo nel mio cervello: da qualche parte, nel mondo, ci sono dei neonati, per modo di dire ordinati come una merce che deve essere ritirata. Mi informo e resto impietrita. Mi scuoto e vengo travolta da una serie di riflessioni: cosa vuol dire maternità surrogata?

E... la gravidanza di per sé rende una donna automaticamente madre?

A quanto pare, no. Infatti le donne che hanno portato in grembo queste creaturine non si assumono nessuna responsabilità, anzi dopo il parto non hanno nessun rapporto col prodotto del loro corpo, un rapporto che suppongo non abbiano avuto neanche durante i nove mesi di gravidanza.

È possibile tutto questo?

Sì, è possibile, accade da qualche parte, nel nostro vecchio Continente.

Non lo sapevo.

Mi accorgo di non sapere tantissime cose di ordine pratico come, per fare un esempio, il significato della parola madre, se è uguale per ogni donna. E tanto altro ancora.

La realtà ci sta davanti agli occhi, ma gli occhi non sono abituati a vedere: cioè noi esseri umani non siamo stati educati a vedere o meglio a percepire e quindi capire ciò che accade intorno a noi.

Una donna che per ben nove mesi sente crescere nel proprio grembo un esserino al quale dà praticamente il proprio sangue, le sue stesse linfe vitali, nel momento in cui se ne separa, in quel momento che chiamiamo parto, nascita, ha finalmente la possibilità di assistere in prima persona al grande miracolo della creazione, e mi riferisco all'inizio della vita su questa Terra. Un momento magico, una lacerazione estremamente dolorosa cui cinicamente la religione ha attribuito una sorta di espiazione per il peccato commesso[52] (gli uomini ne sono esenti, come tutte sappiamo) che per ogni donna rappresenta l'esperienza fondamentale della sua vita, cioè la separazione della parte più preziosa di sé, il dividersi in due. Ma questo esserino ha bisogno estremo di essere accudito ed è proprio nella cura di esso che la donna impara il senso profondo del suo essere qui: l'amore. Diventa mamma.

Non è questo un processo naturale (ma cosa è naturale?) almeno per gli animali?

Purtroppo sappiamo che con gli esseri umani può accadere ben altro.

Per concludere: una gravidanza fa di ogni animale una madre ma non accade lo stesso nel genere umano. Questo il punto.

Sono stranita e mi sembra di uscire da un mondo reale per entrare in uno da romanzo di fantascienza: pare assodato

[52]Donna, partorirai con dolore..., Genesi

che durante la gravidanza si stabilisca un primo forte legame fra il feto e la madre, il grande momento della simbiosi... così si dice: tutte teorie? Si dice anche che la donna cominci addirittura a capire il vero senso della parola amore, conosca la tenerezza e ogni volta che la sua creaturina dà qualche segno di sé venga travolta da una profonda emozione... tutto vano sentimentalismo?

Ho letto l'intervista con una di queste madri in affitto (ma non mi piace la parola 'madre' usata in collegamento con questo strano commercio, molto meglio utero in affitto) che ha già avuto tre bambini commissionati ed ecco le sue dichiarazioni: „ho bisogno di denaro e questo è il metodo migliore per procurarmelo". Ha comprato una casa e al marito che in un primo momento era contrario, ha regalato l'auto con piena soddisfazione di quest'ultimo.

Cosa si può aggiungere?

Certo, da un punto di vista estremamente razionale, la prostituzione rende meno e procura molto più fastidio.

Sono dura?

Ci sono diversi metodi di vendere il proprio corpo per guadagnarsi qualche soldo per sopravvivere, ma anche per comprarsi una casa e un'auto e fino a questo punto posso anche accettare questo modo di vedere la vita: se però esamino la situazione da un altro punto di vista, l'idea di una coppia di sposi, chiaramente benestante, che paga un'ingente somma di denaro per comprare l'utero di una donna e avere in tal modo un figlio... mi smarrisce. Chiaro, questo nuovo procedimento ha il suo prezzo e ogni Paese ne ha uno diverso. In America si va fino a 170.000 dollari, mentre in Europa e cioè in massima parte in Russia e Ucraina si può arrivare a un massimo di 80.000€. Questo non vuol dire che questa somma viene incassata dalla donna, sia ben chiaro. C'è sempre un'organizzazione dietro, che al contrario fa miliardi di incassi, come del resto nella prostituzione: le donne, e vorrei aggiungere le schiave, vendono il proprio corpo ma chi incassa è sempre un uomo.

Io sono sempre dell'opinione che nel mercato, di qualunque genere sia, se non ci fosse la richiesta mancherebbe anche la merce, cioè se non ci fossero gli uomini disposti a pagare per soddisfare i loro 'bisogni' sessuali, non ci sarebbe prostituzione. Ma questo è un tema che non sono in grado di affrontare. L'altro invece, quello dell'utero in affitto, mi è più vicino: anch'io ho avuto un figlio e so di cosa parlo.

Ora voglio gettare uno sguardo sulle donne che per vari motivi non riescono ad avere un figlio, sottolineo figlio, e qui sarebbe interessante sapere quante sono le richieste di una figlia: mi sembra una nuova forma di isterismo, forse di vanità o di non so che altro, ma certo non di amore per i bambini in sé, perché il mondo è strapieno di bambini abbandonati che potrebbero venire adottati da questi aspiranti genitori. Anche questo un tema che conosco molto bene: si vuol diventare genitore per amore verso i bambini o per quale altro motivo? Cosa si nasconde dietro questa smania che sembra prendere il sopravvento su una considerevole quantità di coppie di sposi senza figli? In ogni caso non credo si tratti di amore verso gli eventuali figli: in realtà non sanno loro stessi a cosa vanno incontro, ma devono affermare una volontà di sopravvivenza anche contro natura, in qualche modo si sentono falliti, quasi vuoti di significato, un vuoto che non potrà certo riempire una creatura vivente, anche se nata dal proprio seme; il vuoto interiore, il senso di fallimento non ha niente a che fare con la fertilità o meno: quante donne hanno partorito decine di figli, soprattutto nel passato e in condizioni assai precarie? Dubito molto che a motivo di questo siano state felici. La felicità non può mai venire da fuori, ma dall'accettazione e quindi dalla consapevolezza di sé, senza alcuna appendice: ma qui il discorso si fa più ampio ed è meglio lasciar stare.

Devo confessare di non avere nessuna comprensione per queste persone; temo si tratti di un estremo bisogno di compensazione, anche se su base inconscia, di ciò che è mancato loro durante l'infanzia.

Certo, una mia debolezza, ma penso sempre ai milioni di bambini nel mondo che vivono sulla strada o nel migliore dei casi in un orfanotrofio, senza amore, senza calore famigliare, senza una madre nella quale identificarsi o un padre che li protegga.

Io sto sempre dalla parte dei bambini e mi si spezza il cuore.

In tutto questo discorso manca il protagonista: il bambino, ridotto a merce di acquisto e qui confesso che sento crollare tutto intorno a me. La storia umana di milioni di anni, le conquiste della scienza, lo sviluppo del cervello e la sua capacità di pensare, le grandi scoperte... tutto, tutto crolla se la creatura umana viene ridotta a una merce d'acquisto, come nei secoli passati quando esisteva lo schiavismo. A cosa serve il progresso della civiltà, la ricerca o desiderio di un Dio Onnipotente e quindi l'aspirazione a qualcosa di più alto; ma soprattutto la sacralità della vita e della natura su questo pianeta perso in un universo incommensurabile fatto solo di denaro, di merce ma anche di potere del più forte sul più debole, in questo caso sul corpicino di un essere umano appena nato?

E che ne sarà di lui, dopo? Nessuno ha pensato ai diritti di questa creatura indifesa? Alle ripercussioni psicologiche, ai traumi e forse anche ai sogni che non potrà mai spiegarsi?

**Il matrimonio**

„Non vedo che matrimoni che falliscono e si guastano più presto di quelli che si basano sulla bellezza e sui desideri amorosi. Occorrono fondamenta più solide e più ferme, e bisogna procedere con precauzione; quella bollente allegrezza non serve a nulla... Un buon matrimonio, se ve ne sono, rifiuta la compagnia e le condizioni dell'amore. Cerca di riprodurre quelle dell'amicizia".[53] Questo scriveva Montaigne nel 1580: cosa è cambiato in questi ultimi cinquecento anni?

Quanti matrimoni falliti ho visto nel corso degli ultimi 70 anni, cioè da quando ho cominciato a osservare prima i miei genitori, poi tutte le coppie di mia conoscenza? E non importa se sia stato un cosiddetto matrimonio d'amore o di interesse: il fallimento in ogni caso è assicurato. Cioè si tratta di un'istituzione condannata fin dall'inizio a non resistere più di qualche anno, e con tutto ciò da secoli si continua a illudersi, a cercare una 'sistemazione' di tipo sentimentale-economica (anche gli uomini cercano una sistemazione, non soltanto le donne). In fondo si tratta di una società a due che tende fin dall'inizio a spaccarsi e, si sa, quel che si spacca lascia una quantità di cocci, di ferite che non si cicatrizzano mai, con ripercussioni, risentimenti, ripicche, vendette di vario tipo. E questo per anni. Con tutto ciò pare ci siano anche matrimoni ben riusciti... pochi, pochissimi, basati più sull'illusione di una delle parti, che su una vera quotidianità condivisa.

Una delle prime cause che portano al succitato fallimento è l'infedeltà con possibile separazione, o come minimo con un rapporto assai difficoltoso che può durare anche una vita; e qui si tratta di una vita piena di odio, ma anche di rassegnazione: cosa precede il cosiddetto tradimento anche fra coppie per modo di dire affiatate? Cosa significa in realtà l'in-

---

[53]Montaigne, testi presentati da André Gide, 1992, pag. 105

trusione di una terza persona in una coppia? Lo so, è un tema sul quale molti prima di me si sono rotta la testa senza trovare una vera soluzione.

Neanch'io cerco una soluzione, ma qualche spiegazione sì.

Il primo motivo che mi viene in mente è ancora e sempre l'affermazione da parte dell'uomo del suo potere: dominare solo una donna è troppo poco. Lui deve dimostrare a sé stesso che può dominarne almeno una seconda, e poi una terza, e così via. Quindi si tratta in buona parte di vanità, il primo risvolto chiaro e preciso che nasce dalla smania di potere che la maggior parte degli uomini porta nel proprio DNA. E subito penso al conquistatore per antonomasia, Don Giovanni, mai vissuto, ma anche Casanova[54], del quale ho anche letto, per motivi di lavoro, qualche pagina delle sue Memorie: il suo problema principale era dimostrare la sua potenza, la sua capacità di sedurre e quindi la sua superiorità su chi aveva più potere di lui. Anche questa una forma di vanità... potere e vanità: un'accoppiata pericolosa!

Oppure un dispiegamento eccessivo di ormoni, incontrollabili dal punto di vista razionale; le famose pulsioni sessuali che poco hanno a che fare col cosiddetto amore? Il colpo di fulmine, l'innamoramento, la passione incontrollata che distrugge e dà l'estasi... tutte solo esplosioni ormonali? Proprio come gli animali in calore che urlano nei boschi? Tutto questo non dovrebbe avere niente a che fare con l'istituzione matrimoniale, nata per necessità sia morali che economiche, ma soprattutto per assicurarsi una prole. Infatti fin dall'antichità si trattava di una unione stabilita dai genitori per motivi prima di tutto dinastici nelle famiglie altolocate, senza sottovalutare l'importanza economico-politica di un simile affare, ché di affare si trattava sempre. Anche negli altri ceti sociali.

---

[54]Vedi nota pagina 141

Il matrimonio come conseguenza di un innamoramento iniziale ha una storia assai recente e purtroppo devo concludere che non ha portato grandi risultati.

Il contratto di matrimonio ha un valore non soltanto legale, ma anche e soprattutto morale: due individui stabiliscono di unirsi, di trascorrere possibilmente tutta la vita insieme, mettere su famiglia promettendosi aiuto reciproco nel bene e nel male, prendendosi cura dei figli e... tutto il resto che non serve elencare: mi chiedo chi al momento di sposarsi pensa a tutti i doveri cui va incontro? Perché chiaramente si tratta soprattutto di doveri reciproci, quasi accordi fra due soci che mettono su un'impresa e non di passione romantica.

In tutti i lunghi anni della mia vita ho sentito varie confessioni di donne e di uomini, dove era chiaro un punto fondamentale: la debolezza dell'uomo, la sua incredibile cecità nel non accorgersi di essere preda di una donna che per motivi suoi personali voleva vendicarsi del proprio marito, incurante dei danni procurati ai figli ma anche a se stessa. L'origine di ogni tradimento sarebbe allora soltanto la vanità? O molto più banalmente la noia? Una donna stanca dello stesso trantran col marito, il famoso desiderio di evasione, di novità... la stessa cosa si può dire anche per l'uomo. Una spiegazione troppo semplicistica?

In ogni caso, che pena: un'avventura amorosa, o meglio sessuale, come unico sfogo, come riempitivo di un'esistenza altrimenti vuota di interessi?

E che ne è del vero amore che pare sia il motore della vita nel mondo?

Forse bisognerebbe sostituire la parola amore con sesso. Credo che sarebbe più onesto verso quel poliedrico sentimento, attribuibile alle più diverse percezioni di ordine emotivo, che soltanto in pochissimi casi ha bisogno di una unione puramente fisica. Non mi piace quando si confonde la parola, *amore* con possesso, supremazia, dominio dell'altro che sfocia in violenza, a volte anche con risvolti letali: nessuno sa di quanta aggressività è testimone il letto coniugale; nessuno conosce l'antica mortificazione della donna sposata che deve assolvere ai famosi doveri maritali, lo voglia o no, anche con un marito violento, privo di sensibilità, delicatezza, empatia. E qui devo ricordare il Gattopardo di Tomasi di Lampedusa quando andava a letto con la moglie. Lei, appena il marito si avvicinava si faceva il segno della croce: una vittima condannata al sacrificio.

Come dimenticare questa scena?

La famosa isteria, così in voga all'inizio del secolo scorso, era un risvolto della cosiddetta 'innata' frigidità femminile: veramente innata? E oggi? Cosa è cambiato nell'istituzione matrimoniale? Fra le tante malattie di carattere psichico, manca l'isterismo, chissà perché, ma è aumentata la depressione. Certo una donna adesso può divorziare, cambiare partner; non è più frigida perché finalmente sono stati scritti molti libri sulla sconosciuta sessualità femminile, sconosciuta ancora cento anni fa, e quindi il suo rapporto sessuale col partner è cambiato molto: non si lascia più dominare, non accetta supinamente la sua volontà, è più informata di lui sulle pratiche sessuali. La scienza e il femminismo hanno inoltre eliminato l'idea della sessualità come peccato e questa liberazione ha dato alla donna un nuovo orizzonte e tolto all'uomo il suo.

Inoltre ha la possibilità di lavorare e quindi di essere indipendente almeno finanziariamente dal marito; il matrimonio non è più il punto di arrivo per una ragazza che ha studiato, che esercita una professione (prima si definiva addirittura „ragazza da marito“!): ma ho qualche dubbio. Il desiderio di metter su famiglia è rimasto, anche se ad altre condizioni. Infatti le donne in questi ultimi 50 anni hanno fatto un gran passo avanti. Gli uomini invece sono rimasti indietro, arenati a un passato di tipo patriarcale e quindi di dominio assoluto. Bisogna ammettere che è difficile separarsi da certi privilegi millenari: essere sempre servito, avere sempre ragione, essere il padrone, avere tutti i diritti e solo un dovere (mantenere la famiglia), sentirsi in ogni caso superiore, più forte, più importante, più intelligente... quello che in tedesco si definisce: „die Krone der Schöpfung!“[55] Non è poco.

Un uomo che uccideva la propria moglie ancora fino a qualche anno fa aveva commesso soltanto un delitto d'onore, per gelosia, amore ossessivo, incapacità di accettare di essere abbandonato, magari tradito. La violenza degli uomini sulle donne ha sempre trovato una giustificazione addirittura legale; devo ammettere che persino le donne si sono talmente assuefatte a questo fenomeno che accettavano e in parte accettano ancora la colpevolezza della vittima.

Ma conosco non poche coppie che per una vita hanno vissuto di un veleno molto più forte, resistente, sempre capace di rigenerarsi: di odio. Si dice che l'odio è inossidabile, che vince sempre più dell'amore. Qualcosa di vero deve pur esserci, in questa affermazione.

**Me too**

Ancora cinquant'anni fa, ma che dico, dieci anni fa nessuno avrebbe anche solamente sognato una tale rivoluzione e sto pensando a Simone de Beauvoir[56] e a tutte le femministe del XX secolo che hanno cominciato a scrivere sul tema donna da un punto di vista del tutto diverso da quanto era accadu-

[55]Letteralmente: La corona della creazione
[56]Vedi nota pagine 69

to nei secoli precedenti. Ma nessuna di loro ha mai ammesso di aver subito un approccio a dir poco molesto di tipo sessuale; nessuna di loro si è soffermata su questo capitolo scottante della storia dei due sessi... e ora ecco una denuncia a carattere internazionale, una sorta di vox populi, un grido di protesta che si allarga a macchia d'olio: le donne si sono finalmente svegliate e hanno detto basta!

La molestia a carattere sessuale non è affatto una novità, lo stupro o almeno il tentativo di stupro si è verificato da quando sulla Terra il primo uomo ha scoperto l'oggetto donna, da quando cioè ha conosciuto il piacere che il corpo di una donna gli può procurare. E mai si è chiesto se questo piacere fosse reciproco, se il seguito di questo attimo fuggente per il corpo della donna significasse uno sconvolgimento psicologico, forse anche un cambiamento tale da produrre una nuova indesiderata vita, un bambino. E quel bambino sarebbe stato il segno della colpa della donna, mai dell'uomo: la classica reazione, assai comune... „se l'è cercata".

Così è stato per secoli e continua ad esserlo ancora oggi.

La vera rivoluzione consiste nel fatto che finalmente le donne hanno trovato il coraggio di denunciare questa situazione di grande disagio. Soprattutto da una cinquantina di anni, cioè da quando alle donne è stato permesso di svolgere un'attività lavorativa anche fuori casa, questo malcostume, quasi a legittimare il maschilismo sempre imperante, ha cominciato a verificarsi con più frequenza che in passato. D'altra parte data l'abitudine ormai millenaria di tacere e mai denunciare, non sappiamo niente della vera situazione delle donne nei secoli passati: l'aver ignorato questo particolare storico non significa che non sia accaduto. Sappiamo che le donne hanno sempre lavorato, più spesso in mansioni umili e, anche se piuttosto raramente, artistiche, come la pittrice

Artemisia Gentileschi[57], l'unica che ebbe il coraggio di denunciare il suo stupratore, provocando uno scandalo del quale si parla ancora cinquecento anni dopo, appunto per la sua unicità. Unicità, voglio sottolineare, solo perché fu uno dei pochi casi a essere denunciato.

Lo so, si parla sempre di civiltà, ma mai nessuno ha guardato la suddetta civiltà dal punto di vista femminile, anzi nessuno si è mai curato di vedere il mondo con gli occhi di una donna. Un gravissimo errore, su questo ormai non ci sono più dubbi. L'altra metà del genere umano ha qualcosa da dire, molto da fare e rimettere al posto giusto, ma anche da denunciare: credo sia arrivato il momento di parlare, ma soprattutto di agire.

Fino a non molto tempo fa, neanche un decennio, una donna avrebbe continuato a sopportare, magari sentendosi colpevole di aver 'provocato', perché si sa, l'uomo è cacciatore e la donna la sua preda predestinata. È sempre stato così e la donna deve difendersi, essere modesta, riservata, vestirsi con molta decenza per non attirare gli sguardi... quante volte ho sentito questi discorsi, questi avvertimenti? È chiaro che una donna mai avrebbe denunciato ma neanche parlato privatamente delle particolari 'attenzioni' di cui era fatta oggetto dagli uomini della più svariata specie e nelle più diverse occasioni.

Anch'io faccio fatica a mettere nero su bianco le mie esperienze giovanili e oltre. Le sento come una macchia, una sorta di lordura; come un secchio di acqua sporca che è stata versata su di me, sulla mia innocenza, la mia fiducia nel mondo e negli esseri umani. Devo ammettere di sentire ancora adesso, dopo una vita, un vivo senso di vergogna, quasi in qualche modo ne fossi responsabile... in realtà, per quan-

---

[57]Artemisia Gentileschi, 1593 - 1654

to assurdo, il semplice fatto di essere nata donna mi ha resa correa di un fenomeno 'normale'. In poche parole, se non fossi nata donna non avrei corso nessun pericolo.

Da qui la mia colpa.

Nel frattempo so di giovani uomini che, anche se molto più raramente, hanno subito questo tipo di violenza: la perversione umana non conosce genere e colpisce dove può, non risparmia nessuno.

La prima esperienza avvenne naturalmente a Roma, non ricordo più come accadde, ma so che mi presentai a un'audizione presso due agenti. Ventidue anni, ingenua, assolutamente sprovveduta e piena di entusiasmo. Mi lasciarono cantare osservandomi dalla testa ai piedi, forse neanche ascoltando quanto stavo cantando. Alla fine, uno dei due, dopo aver parlottato col suo collega, mi disse queste testuali parole che non dimenticherò mai: „Ma lei cosa crede? Pensa veramente che il mondo stia aspettando lei? Avere una bella voce, saper cantare, essere giovane e anche bella sono soltanto presupposti non così importanti, non decisivi: è disposta a concedere certe prestazioni?" Dall'espressione del mio viso capirono che non sapevo di quali prestazioni si trattasse. Io scossi soltanto la testa, forse confusa, forse con una domanda negli occhi. So che mi consigliarono di andare all'estero. Cosa che feci. Qui non furono così espliciti, e mi riferisco agli agenti, ma nonostante tutto riuscii a essere scritturata in vari teatri... solo che non mancarono i colleghi, i registi, i direttori d'orchestra, i pianisti accompagnatori, tutti interessati a certe particolari prestazioni che io continuavo a ignorare. Ma ancora prima di entrare in un teatro d'opera, durante i miei concerti in Spagna, Belgio, Olanda, Francia, Austria ho sempre trovato il solito Direttore dell'Istituto italiano di cultura che molto 'gentilmente' mi veniva a prendere per il concerto e mi mostrava come il sedile dell'auto a comando si rovesciava all'indietro diventando quasi un letto... o il Console che dopo il concerto veniva a complimentarsi dicendo che la mia voce gli aveva procurato dei piaceri di natura sessuale! Ma purtroppo ho fatto anche altre esperienze, sempre con omini potenti, dove la violenza ha giocato un ruolo non di poco conto.

Mi costa molto scrivere di questo, ma è una realtà che non posso negare: sono episodi che hanno avvelenato una delle più belle arti che l'essere umano abbia a sua disposizione: cantare. Non mi consola affatto sapere di non essere mai stata sola; generazioni di cantanti, attrici, artiste di vario genere hanno dovuto subire simili soprusi; e così tante donne in altre professioni subordinate, sempre dipendenti dalla 'benevolenza' di un superiore che miserabilmente cercava di usare del suo piccolo potere per umiliare una donna, magari superiore intellettualmente a lui, sempre con l'intimo piacere di sentirsi il più forte.

E mi chiedo sempre:

PERCHÉ?

Anzi vorrei urlare questo **perché** in tutto il mondo.

Sempre struggente è la posizione della donna, di solito giovane, inesperta, piena di illusioni e di speranze, magari ambiziosa o soltanto entusiasta di essere al mondo, di potersi realizzare, di dimostrare a se stessa che ce la può fare, che in fondo il mondo appartiene anche a lei, avvilita da un tipo proveniente direttamente dalle caverne, uno con la pelle di cinghiale addosso, la barba arruffata, sporco, lercio; un selvaggio della peggiore specie, vestito però come essere umano civile del XXI secolo, che oltre a tutto si sente potente, superiore e... il gioco, il cattivo gioco è fatto. Questi sono gli uomini che stanno spesso in posizioni di comando, anche piccole ma sempre di comando. E da loro dipende il progresso dell'umanità tutta.

Che dire? Finché ci saranno questi tipi in giro, la civiltà, la cosiddetta civiltà della quale si parla tanto, non muoverà un passo avanti.

**Musica e massa**

Spesso, ascoltando la cosiddetta musica dei giovani e meno giovani di oggi, mi sono chiesta il significato di questa esplosione di violenza.

La musica della massa non è mai stata così aggressiva come in questi ultimi 20-30 anni. Ricordo Nilla Pizzi, Claudio Villa (che odiavo!) Edith Piaf e Juliette Greco, ma anche Charles Trenet (che adoravo), Maurice Chevalier, senza escludere Caterina Valente e tanti, tanti altri. Non voglio dimenticare Ella Fitzgerald, Louis Armstrong, Frank Sinatra... nessuna violenza, sia nei testi che nell'interpretazione, ma gentilezza, umorismo, sentimentalismo, qualche cenno di ironia, passione amorosa e altro, tutto sempre presentato con la dovuta discrezione, spesso con molto buon gusto; mai ad altissimo volume, come è diventata una normalità da alcuni anni a questa parte. Adesso, anche se non si tratta e non si è mai trattato del tipo di musica che frequento io, non posso ignorare quanto succede intorno a me e il disagio che me ne viene. Perché il linguaggio dei suoni è anche il mio linguaggio, quello più intimo, più personale, e questa continua aggressione mi disorienta, mi disturba, mi dà da pensare.

Certo, esiste ancora il mondo delle canzonette, ma è diverso e non lo segue la stessa massa che segue i rocker: le canzonette sono per i vecchi sentimentali di provincia, per gente arretrata, in ogni caso non per le centinaia di migliaia che affollano i concerti di questi scalmanati in preda alla droga o a qualche altro eccitante che non conosco. Urlano, si dimenano come forsennati su palcoscenici illuminati da enormi riflettori in vari colori; corrono da una parte all'altra e, le facce stravolte, danno spettacolo del peggiore lato del carattere umano. Sono degli ossessi, come posseduti da uno spirito malefico che bisogna esorcizzare (così si pensava qualche secolo fa) o forse meglio, preda di qualche sostanza allucinogena che fa perdere il controllo di sé, mandando il pubblico in visibilio: tutti con le braccia alzate, naturalmente in piedi, e... cantano e danzano in preda a una sorta di esaltazione o di ebbrezza. Lo stesso stato di esaltazione che è possibile vedere negli stadi durante una partita di calcio. In fondo, si tratta dello stesso pubblico.

Ecco, la gente ha bisogno di scatenarsi e nel migliore dei casi senza provocare tafferugli, zuffe: forse sono gli stessi che si mettono d'accordo e vengono anche da lontano per picchiarsi di santa ragione, spaccare vetrine di negozi, dare alle fiamme auto per disgrazia parcheggiate da quelle parti, con intervento della polizia, arresti, in ogni caso con eccessi di violenza che non hanno altra giustificazione se non l'alcol o altro. Sono la sola a pensare che questa gente abbia bisogno urgente di guerra, di massacri; di veder scorrere il sangue, ma anche di Lager, di Gulag, di repressione e durezza statale? È una generazione che conosce la violenza gratuita per il piacere di far male, far soffrire, avere così la sensazione di essere forte, di poter fare e strafare secondo il momento, l'umore. Del resto se facciamo un salto di neanche cento anni ci ritroviamo davanti alla stessa violenza sfociata in guerre sanguinose, nonostante avessero una musica più tranquilla!

Rifletto: l'origine della violenza nasce da un'infanzia dominata da adulti che non hanno saputo rispettare i bambini, cioè da una generazione che non ha imparato dagli errori dei propri genitori. E tali genitori sono stati a loro volta figli di quella generazione maledetta che ha provocato ben due guerre mondiali: il ventesimo secolo ha un terribile primato in fatto di guerre e stravolgimenti.

Sono convinta che tutta l'aggressività degli adolescenti e degli eterni adolescenti, cioè dei quarantenni e cinquantenni mai cresciuti, sia frutto di un fortissimo risentimento contro la società, contro gli adulti – quei pochi rimasti – contro leggi repressive, certo necessarie per frenare eccessi... ma perché sono necessari gli eccessi? Non sono loro stessi una reazione alla normalità non accettata? In realtà l'essere umano non ha bisogno di un benessere materiale oltre misura, di oggetti di lusso, di vacanze in paesi sconosciuti o di crociere insieme ad altre cinquemila persone che come loro crede di divertirsi: vuole solo essere accettato! Spesso questo termine viene scambiato con una parola molto abusata: amato! No, l'amore non basta in assoluto: più importante è l'empatia, la capacità di capire, di ascoltare. Dare fiducia, una parola magica perché può fare miracoli.

E da questa mancanza di comprensione, di empatia nasce la necessità dell'eccesso e della violenza: una spiegazione troppo semplicistica? Purtroppo non ne trovo altra e credo che qualsiasi tentativo di spiegare l'origine della violenza sia destinato a fallire.

Il benessere ci ha portato a un grado di saturazione, a una specie di punto di arrivo della civiltà? Da qui la musica aggressiva della massa insoddisfatta, che ha sì da mangiare e vestire, ma un enorme vuoto interiore che non sa come colmare. Allora ha ragione Sandor Marai[58] quando dice che la massa dell'umanità non ha alcun talento? Bravo soltanto a invidiare chi ne ha; senza alcuna speranza di grandezza, bistrattato dalla vita, offeso anche dall'impossibilità di raggiungere in un modo qualsiasi il suo quarto d'ora di potere, di celebrità.

Ecco perché temo la massa (e i senza talento) e la loro musica che vuole essere di protesta... contro chi? Appunto,

[58]Sándor Márai, scrittore ungherese, 1900 – 1989

non contro i ricchi, perché anche loro vogliono diventare ancora più ricchi, ma contro chi ha 'talento', cioè contro la sensibilità di quei pochi che hanno guidato in un modo o nell'altro l'umanità nel corso dei secoli; che hanno saputo, attraverso il loro genio, arrivare alle più alte espressioni artistiche dell'umanità tutta.

Va bene. I senza talento sono quelli che formano la massa, ma io penso che anche il talento non sia poi del tutto un dono naturale: un bambino appena nasce ha tutte le possibilità di sviluppo, dispone di tutto il necessario, di grande sensibilità e quindi di un possibile talento. E questa sensibilità, che io suppongo abbiano tutti, viene subito frustrata, avvilita, distrutta dall'insensibilità degli adulti: una madre che a sua volta è vissuta in un mondo privo di vere cure per lo spirito, non ha imparato a rispettare la sensibilità crescente del neonato: fino a non molti anni fa si pensava che un bambino non capisse niente!

Mentre scrivo sento un bambino urlare di rabbia, la voce già rauca. Penso che anche a lui sia già stata tolta la capacità di articolare i suoi pensieri, le sue emozioni. Grida „papi". Evidentemente viene punito dal padre senza pietà. Qui comincia il processo di negazione, violenza, rifiuto e più tardi rivalsa e ripetizione dello stesso errore. Qualsiasi cosa abbia fatto non è giusto portarlo a questo punto di esasperazione. Come si vendicherà di questa incomprensione paterna? Purtroppo conosco il padre, mio vicino di casa fin da quando era anche lui un bambino che urlava nello stesso modo.

Si parla tanto di maltrattamenti, di violenza sulle donne: si tratta di uomini che hanno visto questi stessi maltrattamenti, questa stessa violenza nei propri genitori. Io sono convinta che nessuno nasce cattivo, violento, insensibile. Lo diventa e basta.

Ecco allora l'origine della musica violenta, come minimo fracassona, della gioventù di questi ultimi 30 anni, che deve almeno frastornare chi l'ascolta: una musica che vuole essere di protesta contro la violenza, ma che diventa essa stessa violenza. Forse nei secoli precedenti non c'era violenza? Certo, non possiamo dimenticare le guerre, le tante guerre... Allora ben venga la musica rock se deve sostituire la guerra.

Non vedo via d'uscita. Purtroppo.

**Musica e religione**

Oggi ascoltando un concerto di musica antica, anzi medievale, ho sentito un momento di repulsione, anzi una sorta di protesta interiore contro il canto gregoriano. Non sapevo di queste mie reazioni di totale rifiuto: non amo il canto gregoriano e oggi mi sono chiesta per la prima volta perché; cosa rappresenta per me questa forma musicale, questo lamento, questo modo di celebrare o meglio di invocare la pietà divina?

Quante riflessioni sono salite da una specie di palude storico-musicale e meglio sarebbe dire artistica e umana!

Infatti la musica meglio di qualsiasi arte esprime il suo tempo, le inquietudini ma anche il piacere di vivere; la situazione sociale, il periodo storico, in una parola: la musica e tutta l'arte sono la testimonianza, o meglio lo specchio più attendibile di qualsiasi libro di Storia e forse anche di qualsiasi cronaca del tempo. Le parole infatti travisano e spesso falliscono il loro messaggio, spesso inficiati da una particolare visione della vita dovuta soprattutto a ideologie di carattere religioso o politico, mentre i suoni e i colori sono sempre chiari, precisi, non si sottomettono a nessun diktat di carattere politico-morale. E penso ai quadri di H. Bosch[59], alle sue visioni dell'inferno, della dannazione eterna, ma anche alle sfrenate feste dei contadini di Bruegel[60]: nessuno storico può descrivere meglio di un pittore un periodo stori-

[59]Hieronymus Bosch, pittore olandese, 1450 – 1516

[60]Vedi nota pagina 54

co, le vicende più intime degli esseri umani. Basta osservare anche soltanto i ritratti degli ultimi 500 anni per comprendere la situazione politico-sociale di una data epoca. Spesso non è necessario leggere un libro di Storia per indovinare davanti a chi ci troviamo; d'altra parte, in altri tempi soltanto un personaggio di grande prestigio poteva permettersi questo lusso, mentre oggi chiunque può farsi un selfie.

Quante riflessioni si possono fare guardando un ritratto, quante storie racconta un viso, un movimento della mano, uno sguardo, fissato per l'eternità dal pennello di un grande pittore.

Ma certo sto sbagliando tutto. Anche l'arte, come ogni prodotto dell'essere umano, non può sottrarsi alle leggi che condizionano il progresso civile: neanche l'artista può definirsi imparziale, obiettivo, non influenzato dal suo tempo e dalla società nella quale vive.

Certo non sono una studiosa di storia medievale, ma ricordo di aver letto a suo tempo un libro, vecchio ormai di un secolo, che mi impressionò enormemente, *Autunno del medioevo* di Huizinga[61] e il canto gregoriano, nonostante precedente di qualche secolo, ebbe la sua maggior fioritura proprio in quel periodo.

Quanta superstizione si nasconde dietro quella fede, quelle manifestazioni pubbliche di mortificazioni dei potenti che, per dare spettacolo di sé, si fustigavano, con chissà quanta convinzione, in contrasto con le passioni scatenate che li travolgevano; quanto fanatismo o forse soltanto simulazione nei predicatori che giravano di paese in paese trascinando folle di cosiddetti credenti con prediche più che teatrali (e anche qui, quanta convinzione, quanta autenticità stava dietro queste manifestazioni di estrema religiosità?).

---

[61]Johan Huizinga, storico olandese, 1872 - 1945

Dietro ogni frustata che si somministravano i cosiddetti penitenti, frustate sia ben chiaro sotto gli occhi di tutti, quanto masochismo, quanta nevrosi collettiva, quanto malsano piacere di vedere le sofferenze altrui ma anche di fare spettacolo! Un brutto periodo storico, il Medioevo, e il canto gregoriano ne è una testimonianza chiara e precisa: quanti secoli sono stati necessari per liberarsi dal potere o meglio dall'oppressione della Chiesa? La pena eterna, la sofferenza terrena per meritarsi una vita migliore in un supposto aldilà pieno di beatitudine, solo per giustificare lo sfruttamento reale, quotidiano del più umile e debole; la dannazione dell'anima come strumento di potere assoluto, e la grande carta sempre vincente: la paura della morte, paura dominante nel povero e nel potente.

Niente di più distruttivo e potente della dittatura psicologica.

Ecco perché il canto gregoriano con i suoi melismi, i lamenti che si rivolgono a un Dio inesorabile, incapace di perdono o almeno di comprensione per le debolezze umane, mi irrita e mi disturba.

Il XVIII secolo ha significato il punto culminante del potere aristocratico concluso con la grande Rivoluzione Francese: le tre piccole parole 'Liberté, Egalité, Fraternité' hanno cambiato il modo di pensare ma anche di scrivere musica? Certamente. Finalmente si fa avanti una nuova classe sociale: la borghesia, alta media e piccola, che comincia ad alzare il capo, a prendere in mano le redini della cultura oltre che dell'economia, senza nessuna sottomissione alla classe dirigente, come si era fatto, più o meno consenzienti, fino a quel periodo. Cosa che si sente chiaramente nella cosiddetta musica di corte (soprattutto in quella francese).

La musica si libera dalla schiavitù cortigiana – il primo grande esempio è dato da Mozart[62] ancora prima della Rivoluzione Francese e con lui un gran numero di compositori italiani – per aprirsi al grande pubblico che pagando un biglietto d'ingresso aveva il diritto ma anche la grande responsabilità di giudicare un'Opera lirica, un concerto sinfonico e altro. Il '700 pullula di teatri; soltanto a Venezia se ne contavano oltre venti e si può dire che non esistesse città, piccola o grande che fosse, dove il teatro non giocava un ruolo di primaria importanza. Così la musica diventò patrimonio comune e l'Opera lirica in particolare fu la forma popolare per eccellenza di fare spettacolo; la Chiesa, che in secoli precedenti aveva avuto il privilegio di mettere in scena oratori edificanti per attirare i suoi fedeli, si limitò a eseguire musica soltanto strumentale e vocale durante le cerimonie liturgiche.

Il canto gregoriano, già da tempo relegato negli archivi musicali, venne sostituito in tutte le chiese europee da musica di alto livello culturale: ogni compositore si sentiva chiamato a celebrare la grandezza divina nella forma che gli era più congeniale: nacquero così i grandi Oratori, le Cantate e le Messe di Bach[63] e tanto altro ancora.

Non tutti i compositori però che si cimentarono in questo campo avevano una motivazione di natura religiosa: l'esempio più luminoso ci è dato dal più grande operista italiano, Giuseppe Verdi[64], per sua esplicita dichiarazione non credente.

La *Messa da Requiem*, per la morte di Alessandro Manzoni, concluse grandiosamente il periodo della musica da Chiesa, ma fu anche il testamento di un uomo e di un musicista. A Verdi, da pari suo, riuscì di mettere in musica l'espressione più alta dei sentimenti umani di fronte al mistero

---

[62]Vedi nota pagina 35

[63]Vedi nota pagina 31

[64]Giuseppe Verdi, compositore, 1813 – 1901

della morte ponendo le tre grandi domande con le quali ogni essere umano almeno una volta nella vita si vede confrontato: cosa siamo, da dove veniamo, dove andiamo. Che altro ci aspetta oltre questa grande parabola, questa illusione di eternità che si chiama esistenza? E per queste domande fondamentali non è necessaria nessuna religione, infatti nel corso dei secoli nessuna religione ha mai trovato risposte adeguate, basate su fatti tangibili, razionali; inutile rivolgersi a un Dio invisibile, lontano, incapace di sentire come sente un essere umano: in realtà ci siamo soltanto noi qui, soltanto noi. E dobbiamo fare i conti con noi stessi, col mondo che abbiamo dentro e fuori; con la realtà creata da noi e dagli altri, da tutti gli altri messi insieme, perché ogni singolo è il prodotto della società nella quale vive, nonostante le tante diversità. Verdi ha voluto gridare la sua verità alla fine di un secolo in cui si concludeva il grande periodo della musica, gettando uno sguardo carico di presagi su un futuro pieno di ombre: ascoltando il suo Dies irae, come non pensare alla due Guerre Mondiali, alla violenza distruttrice assolutamente umana che ha sconvolto il nostro Vecchio Continente fino alle sue fondamenta?

## Le parole che uccidono

La prima volta che sentii la parola 'ebrea' avevo sei anni ed ero a Roma. Per me, se avessero detto che la nostra vicina di casa era marziana o proveniente dalla Luna, sarebbe stato lo stesso. Questo mi fa pensare che i bambini usano le parole che sentono senza conoscerne il significato e a forza di ripeterle se ne impadroniscono, le fanno proprie, ma non per questo ne afferrano il vero significato: in fondo, cosa sono le parole? Si tratta di un tacito accordo, una sorta di convenzione fra la gente di una stessa regione, di un qualsiasi pezzetto di terra, necessario per capirsi, per comunicare fra di loro, spesso anche in modo assai vago e impreciso, cosa che provoca magari equivoci, incomprensioni e alla fine liti e guerre. Se confronto i versi degli animali ben chiari per ognuno di loro, senza possibilità di errori, mi sembra al contrario che il linguaggio umano, tutte le lingue della Terra abbiano un solo fine: confondere, imbrogliare l'altro, nascondere la verità. Lo so, ancora una volta sto esagerando.

Ma tornando alla parola ebrea, mi sembra necessario aggiungere che veniva pronunciata sempre a bassa voce, quasi un soffio, sia da mia madre che da mio padre e io vi sentivo qualcosa di misterioso, magari inquietante e ancor più, di pericoloso: qualcosa che bisognava nascondere perché nessuno lo sapesse. Voglio aggiungere che era il tempo dei rastrellamenti, e loro lo sapevano, non certo io, per cui effettivamente sarebbe stato un grave pericolo per quella signora se si fosse saputo... ne ho scritto un racconto[65]. Questa era dunque una parola che definiva un essere umano in pericolo, un destino cui sembrava difficile sottrarsi senza l'aiuto del silenzio, del tacito aiuto dei vicini: sono queste le parole che stabiliscono se una persona ha diritto alla vita oppure no?

A sei anni non si sa neanche di avere la 'fortuna' di vivere, tutto è avvolto in una nebbia di incomprensioni e di paure; non si conoscono le discriminazioni... o sbaglio?

Io già sapevo cosa fosse una discriminazione, ecco un'altra parola assai simbolica. L'avevo infatti subita sulla mia pelle quando a scuola nessuna bambina della mia classe aveva voluto sedersi accanto a me perché ero una sfollata, una siciliana, una che parlava una lingua incomprensibile. La maestra mi aveva messa sola, sul primo banco, e ogni tanto mi sorrideva, forse per incoraggiarmi: avrei imparato anch'io l'italiano, aveva sentenziato. Invece dopo qualche settimana non andai più a scuola. Mio padre ci trasferì in un albergo del centro perché erano iniziati i bombardamenti,

---

[65]Vedi nota pagine 189

nonostante Roma fosse stata dichiarata 'città aperta'. Anche qui due parole cariche di significato che sfuggivano a una bimbetta di sei anni: città aperta. Tornai a scuola, in un convento di suore, un anno dopo. Avevamo cambiato di nuovo casa e ora abitavamo in centro, vicino al Ministero della Guerra, al Viminale e altri Ministeri. Qui si era al sicuro, almeno noi, non la signora dell'appartamento accanto.

Recentemente, leggendo un libro di Storia siciliana ho appreso che in Sicilia dalla fine del XV secolo non veniva più pronunciata la parola ebreo dato che erano stati espulsi dall'isola, dove vivevano già dal III secolo a.C. Praticamente per i siciliani gli ebrei non esistevano più. Ecco perché non avevo mai sentito questa parola.

Dieci anni dopo, in piena età adolescenziale, e meglio sarebbe dire in piena crisi esistenziale, conobbi un'altra parola che non avevo mai sentito prima: ghetto, anche questa per me senza un vero significato. Credo di ricordare che qualcuno mi indicò appunto la zona del ghetto a Roma dove era possibile comprare in negozi a buon mercato. Neanche in questa occasione capii il significato di quella parola, 'ghetto' (luogo chiuso, non accessibile per i non ebrei) pur sapendo dell'esistenza degli ebrei a Roma, appresa durante le lezioni di religione, a scuola. Subito dopo mi capitò per le mani il Dizionario filosofico di Voltaire[66], che lessi con estremo interesse, anzi con avidità e lì si parlava molto di ebrei, di religioni e altro. Cominciai a capire il senso della discriminazione, dell'emarginazione per motivi per me ancora incomprensibili: etnia o razza, religione, provenienza, cultura, classe sociale. Tante parole che non capivo e continuo a non capire.

Dovrei fermarmi ogni volta, fare una lunga pausa per cercare di capire ciò che forse nessuno ha mai capito: il perché

---

[66]Vedi nota pagina 31

delle razze, quando ci dovrebbe essere un solo genere umano; il significato delle diverse religioni e quindi del fanatismo; il ruolo che gioca nella vita del singolo, il luogo in cui è nato e che può essere causa di discriminazioni; il gruppo di persone e il luogo in cui si nasce.

L'emarginazione può iniziare già nell'infanzia, come nel mio caso, per motivi assai banali, soprattutto per qualcosa di cui non si è responsabili; ma credo che in generale non ci sia niente che possa giustificare l'emarginazione di una persona solo a motivo del colore della sua pelle, della lingua che parla, dei tratti somatici e, ancora peggio, per la religione che professa. E poi c'è la discriminazione sessuale. Le donne, per il solo fatto di essere donne, vengono escluse dal processo sociale dall'altra metà dell'umanità.

Torno all'antichità: c'erano fanatismi religiosi fra i greci, fra tutti i popoli del Mediterraneo quando ognuno onorava gli dei che preferiva? Perché questa storia di un Dio solo, destinato a un solo popolo eletto? Le tre religioni monoteiste hanno trovato la necessità di coniare parole nuove o usare le vecchie con nuovi significati: penso alle parole blasfemia, bestemmia, miscredente e, molto importante anzi fondamentale soprattutto per una serie di massacri perpetrati ai danni di popoli interi: pagano. Chi non adorava il proprio dio era un pagano, un miscredente. Ecco cosa può provocare una piccola parola: guerre, persecuzioni durate secoli, fanatismi, caccia alle streghe e altre disgrazie. Da non dimenticare i missionari che intraprendevano viaggi in Paesi lontani soltanto per 'salvare' le anime di popoli che fino a quel momento avevano vissuto con i loro 'idoli' (altra parola micidiale) in pace col mondo e con sé stessi.

Si fa risalire l'uso della piccola parola 'pagano' in senso religioso all'inizio del IV secolo. Su un'epigrafe, a Catania, si poteva leggere che una bambina di 18 mesi e 22 giorni, Julia Florentina, in punto di morte fu battezzata e in tal modo da *pagana* diventò *fedele,* cioè cristiana e poté andare direttamente in paradiso! Sull'origine della parola *pagana* ci sono diverse teorie, che al momento non mi interessano. Io, al contrario, mi chiedo quale peccato originale abbia macchiato questa creatura innocente di solo 18 mesi e 22 giorni... già l'idea di un peccato commesso senza l'ausilio della volontà, praticamente soltanto per essersi permessa di venire al mondo, mi rende allergica. A chi si deve l'invenzione di questo fantomatico peccato? E in generale, chi ha escogitato la lunga lista di 'peccati' mortali o veniali che attraverso la confessione o, in altri tempi, il pagamento di una certa somma, venivano assolti? Certamente uno dei più proficui affari della Chiesa.

Ora mi chiedo: cosa sta dietro alle parole? È stato inventato il linguaggio dagli uomini per esprimere un pensiero che spesso sarebbe stato meglio ignorare?

Ancora oggi, anzi soprattutto oggi, la parola ebreo ha un significato nefasto. Nei secoli passati, eccettuato qualche pogrom in Paesi dell'Europa orientale, particolarmente nei periodi di carestia, quando cioè venivano massacrati ma soprattutto saccheggiati interi quartieri ebraici, questa parola non suggeriva all'immaginario collettivo masse di gente rastrellate, avviate con trasporti bestiali verso mete sconosciute, Lager, forni crematori e altri orrori del genere. E le foto di migliaia, milioni di cadaveri ammucchiati in una terra desolata. Ecco cosa significa oggi la parola ebreo.

Ma c'è ancora una piccola parola che nella Storia dell'umanità ha giocato un ruolo di rilevante importanza, che ha praticamente diviso il mondo in due settori ben distinti: donna. Ma qui, non come nel caso degli ebrei, non ci sono fattori di carattere religioso o razziale. Qui si tratta di una discriminazione a priori, cioè non ha niente a che fare col colore della pelle, col Paese di provenienza, con la religione professata: qui tutto si chiarisce subito dopo la nascita e così resta per tutta la vita. E non importa ciò che questa creatura riuscirà a realizzare, il suo grado di intelligenza, di cultura, sensibilità, capacità di creare, di inventare. Una donna è condannata dalla società umana a restare in ogni caso un essere inferiore, e questo lo impara una bambina, appena comincia a usare i propri sensi, il proprio cervello. Lo capisce dal comportamento del padre nei confronti della madre; dalla sottomissione e rassegnazione della madre, della nonna, di tutte le persone di sesso femminile che man mano viene a conoscere, e non ha nessuna importanza se queste persone indossano pantaloni o gonne: quel che conta è molto più sottile del vestito, del comportamento che contrariamente alle aspettative di tutta la società, può anche essere autoritario, ma solo con i bambini, deciso ma solo in privato, altrimenti si comporta come un uomo! In realtà è tutta la struttura della donna che la qualifica come essere inferiore, sempre sotto tutela, vuoi del padre, vuoi del marito: una donna è un essere debole per antonomasia, che ha bisogno di protezione, perché la vita è piena di pericoli riservati solo a lei. Questo lo sente subito una bambina: ci sono in agguato pericoli dei quali non si può parlare ma che ognuno conosce. E col tempo, crescendo, se ne renderà conto lei stessa, basta che esca fuori di casa, in qualsiasi luogo, città o campagna: immediatamente sente gli sguardi degli uomini che la soppesano, la indagano, cioè indagano il suo corpo, perché è proprio il corpo, soltanto il corpo ciò che interessa agli uomini di qualsiasi età. Vorrei aggiungere che accade anche in casa che una bambina venga violentata dal padre o da un qualsiasi parente: ma di questo è bene non parlare. O meglio: è impossibile parlarne. Sono tremendi tabù che alcune donne, non poche, si portano dentro tutta la vita.

**Paura**

Qualche giorno fa entro in un ristorante e subito un cane mi viene incontro abbaiando furiosamente. Io mi fermo, interdetta. Interviene la padrona del cane e mi dice: non si preoccupi, abbaia perché ha paura. Ho vissuto tanti anni per imparare finalmente che un cane abbaia perché ha paura... sempre? Allora rifletto: anche il neonato, dopo aver superato il percorso più pericoloso e sicuramente più faticoso della sua vita, cosa fa? Qualcuno gli ha dato un colpetto alla schiena e lui urla di paura. Sì, proprio di paura. Questo vuol dire che il primo segno di vita per ogni essere umano è un urlo di paura: si sente minacciato da qualcosa di sconosciuto, viene infatti colpito. L'incontro col proprio corpo ma anche con quella che in seguito chiamerà quotidianità, è in ogni caso sgradevole. Si scontra con una nuova realtà che non può dirsi incoraggiante, benevola: magari la mano di chi lo ha colpito è dura, nodosa, gli ha fatto male. Così ha inizio la sua piccola esistenza. Si è spaventato. Subito è costretto a respirare, a sputare un liquido che magari preme per uscire, che lo soffoca... ma tante cose deve imparare se vuole adattarsi a questa nuova situazione. Chiaro che ha paura: una montagna di difficoltà gli si para davanti e non ha altro mezzo di difesa che il grido, come il cane che abbaia. Solo che il cane può scappare, può mordere, mentre il neonato non può muoversi, soltanto scalciare con le gambette e appunto urlare. Questo il primo impatto con la vita e con la propria impotenza.

La paura è quindi il primo grande istinto che unisce uomo e animale: come reagisce l'animale alla paura? Con l'aggressione o con la fuga. E l'essere umano? Con la ragione... la razionalità: posso crederci? Il piccolo essere cerca protezione in una potenza superiore, appunto la mamma e subito dopo, quando scopre che non è poi così potente, si guarda intorno e vede qualcuno che sembra essere più forte di lei, anche se alla resa dei conti sbaglia: il padre 'sembra' più potente della madre perché per antiche tradizioni è quello che punisce, che stabilisce le regole della sua piccola esistenza e guai a transigere (famosa la frase della madre snervata: aspetta che torni papà e poi vedrai!). Solo che in qualche modo è possibile ingannarlo o sedurlo per sfuggire alla possibile punizione. La madre allora, la classica madre, educata a sua volta con lo stesso sistema patriarcale, poco dopo lo/la indirizza verso un Ente invisibile ma in ogni caso superiore anche al padre; un Ente molto lontano anche se ineffabilmente sempre presente, al quale non può sfuggire niente perché legge perfino nei suoi pensieri, anche in quelli non espressi, e può punire in un lontano futuro o premiare. Questo Ente si chiamerà Dio, in ogni caso più forte, più potente di qualsiasi essere umano; si tratta però di un Potere che se da una parte protegge, dall'altra chiede obbedienza assoluta, sottomissione, fedeltà, anche grandi sacrifici, rinunce ai piccoli piaceri della vita e tanto ancora. Questo Ente superiore riesce però a scacciare la paura, anche se non del tutto, e qui mi riferisco alla 'Grande Paura', quella che domina l'essere umano appena prende coscienza di sé: la paura della morte, dell'estinzione, del nulla. Di quel grande DOPO che nessuno conosce ma che tutti temono, appunto per le eventuali punizioni eterne, che attendono ineluttabilmente; pene anche queste inventate dagli uomini stessi... e mi chiedo il perché di questa grande invenzione.

È così che sono nate le varie religioni nel mondo? La loro origine ha molto a che fare con la paura dell'ignoto, dei fantasmi o mostri creati dalla fantasia; dal buio, dalle varie manifestazioni della natura, i fulmini e i terremoti; ma ancor più, dal silenzio dei morti. Dalla morte stessa. E soprattutto dall'imponderabile, dall'ignoto: cosa accade dopo? Cosa c'è dopo? E qui voglio aggiungere: beati i popoli che non sono mai stati minacciati con le pene dell'Inferno. Certo l'idea dell'Inferno è stata una delle grandi invenzioni dell'umanità, non di tutta l'umanità, ma di buona parte di essa. Un espediente necessario per tenere più o meno a freno gli istinti più bestiali di una grande parte dell'umanità tutta. Non so con quanto successo. Con l'Inferno nasce appunto l'idea della pena eterna.

Già l'idea di un'eternità, anche se piena di sofferenze, mi sembra di una crudeltà infinita. Non esiste eternità, tutto finisce e si rinnova nella natura: solo gli animali e gli esseri umani sono destinati a concludere la loro esistenza sulla terra appunto con la morte. Una realtà difficile da accettare per i più, da sempre. Allora si inventano le supposizioni più azzardate: una possibile reincarnazione, o come minimo un posto dove dopo la morte si possono vedere le persone care, magari incontrarle qui in terra in giorni particolari... e si fanno anche sacrifici pur di raggiungere questa sorta di eternità mai sperimentata da essere vivente, trascurando di vivere appieno questa realtà, magari di migliorarla, la sola veramente certa. E penso ai famosi Martiri, ai Santi, alle monache del passato, chiuse in conventi insieme ad altre vittime come loro, il più delle volte prede di allucinazioni di carattere spirituale, dopo una vita non vissuta, magari in seguito santificate: il calendario ne è pieno, ma loro non lo hanno mai saputo. La bellezza di questa vita terrena è stata loro rubata con la promessa della beatitudine, ma soltanto dopo la morte; una beatitudine solo immaginata, mai documentata perché nessuno è mai tornato per raccontare. Quindi mai appurata, mai certificata.

Tutto nasce dalla paura?

Ma ci sono altri frutti della paura: il razzismo, tanto per fare un esempio. Paura dell'altro, del diverso, dello sconosciuto che può toglierti il piatto di minestra cui pensi di avere diritto, il posticino che occupi nel mondo, i tuoi cosiddetti diritti.

Il razzismo ha combinato guai gravissimi nella Storia dell'umanità, e la sua origine è sempre stata la paura e ancor più l'ignoranza. Ma non sempre: temo che la paura dell'altro, dello sconosciuto sia insita nell'essere umano come negli animali. È molto difficile conoscere l'origine del razzismo; nessuna cultura ne è stata esente e non credo che razionalmente si possa vincere il disagio che si prova verso una creatura diversa per colore, civiltà, provenienza. Non possiamo mentire a noi stessi dimostrando il famoso senso di umanità verso lo straniero che arriva da lontano: con quali intenzioni? Nei secoli scorsi migliaia di avventurieri sono sbarcati lungo le coste per saccheggiare, mettere a ferro e fuoco interi villaggi... dallo sconosciuto ci si può aspettare di tutto, lo insegna la Storia; anche se non tutti gli estranei sono pericolosi, una sorta di riserbo resta sempre. Si chiama razzismo anche questa paura?

Quanti altri guai ha prodotto la paura?

Sto riflettendo che forse anche l'aggressività, come negli animali, è frutto della paura: una persona che non ha paura non diventa aggressiva... Tutti, almeno una volta nella vita, hanno conosciuto questo stato d'animo, questo smarrimento totale che induce ad atti impensabili in condizioni normali. Da qui devo dedurre che anche l'aggressività è un prodotto della paura, ma devo subito contraddirmi: qualche giorno fa, davanti a un supermercato ho visto una bimbetta di forse tre-quattro anni, che piangeva terrorizzata, intanto che si guardava intorno. A una decina di passi un omone la guardava ridendo. Subito dopo ho capito che si trattava del padre. Non so cosa era accaduto prima, ma questa scena mi ha estremamente turbata. Le sono andata vicina parlandole dolcemente per cercare di calmarla. Ho visto i suoi occhi. Ecco, se si vuol descrivere il vero senso della paura bisogna guardare negli occhi di un piccolo essere umano preda del panico.

Non riesco a dimenticare quegli occhi e devo pensare alla mia infanzia, all'infanzia di tutti e all'incomprensione degli adulti.

**Potere e Arte**

Da qualche tempo comincio a fare certi conti con gli anni di vita che mi restano e sono costretta a prendere decisioni. Una delle prime è stata la destinazione dei miei libri in lingua italiana: i miei figli parlano ma non leggono la lingua materna, per cui alla mia morte saranno in possesso di una biblioteca buona per il macero o per qualche rigattiere. Difficile anche questo, data la lingua. E allora? Ho deciso di regalare i miei amati libri a biblioteche scolastiche in Italia. Questo significa scegliere, tornare col pensiero al tempo in cui ho comprato il libro, sfogliare e leggere qualche pagina, poi sospirare, infilare in scatole e spedire. Mentre scelgo, ripercorro vari periodi della mia vita e scopro che alcuni libri mi incuriosiscono ancora.

Oggi ho ritrovato una storia della Sicilia scritta da diversi storici, archeologi e altro. L'ho riletta e ho dovuto riflettere su problemi che prima neanche mi sfioravano.

Mi ha colpito un aspetto della storia umana, in questo caso riferita soltanto alla Sicilia, ma facilmente trasferibile al resto del mondo: cosa è rimasto di tutta la Storia antica, dei tanti popoli che hanno vissuto su questo pianeta, prima che venisse inventata la scrittura? Soltanto disegni nelle grotte, in varie regioni del mondo. Chi faceva questi disegni, chi sentiva il bisogno di riportare sulla viva roccia di un rifugio, sulle pareti di una montagna impervia le figure di animali che convivevano con loro, o anche scene di caccia con guerrieri e altri simboli? Chi sono stati i primi grandi artisti dell'umanità? E poi, chi ha decorato le prime ceramiche necessarie per mangiare, bere? Chi ha sentito improrogabile il bisogno di bellezza, di eleganza tanto da mettersi a dipingere anche gli oggetti di uso comune? E non mancano gli strumenti musicali, non soltanto i tamburi, come si è sempre supposto: recentemente è stato scoperto un flauto ricavato dall'osso di un animale preistorico, risalente a quanto pare almeno a 35 o 40 mila anni fa. Rimesso a posto, è stato possibile suonarlo proprio come uno strumento attuale! Ne sono venuti fuori veri suoni di flauto, infatti non mancavano diversi buchi per modulare i toni realizzando così qualcosa che ha molto a che fare con la musica contemporanea (sarò cattiva?).

Chi ha dipinto le tombe dei faraoni? L'unica testimonianza della lunga Storia di quel popolo, di quelle dinastie di semidei (di questo erano convinti) che hanno cercato l'eternità facendo costruire piramidi immense, mucchi di sassi nel deserto sterminato, anzi desolato, ma se non ci fossero interni interamente decorati da veri artisti, non sapremmo niente dello splendore di quei tempi. Ecco che l'Arte ha un potere maggiore di qualsiasi altro potere voluto dall'uomo. E l'eternità non è stata raggiunta dalla mummia di un faraone, in realtà ossa come tante ossa, ma da un semplice pittore, magari malpagato, modesto, ben lontano dall'idea che migliaia di anni dopo il suo lavoro sarebbe stato ammirato da generazioni future, inimmaginabili per lui e per tutti i faraoni.

Devo tornare al tema che mi impegna sempre: violenza unita al potere, o meglio: l'inestinguibile sete di potere. E si tratta sempre del potere di pochi, con guerre, distruzioni, conquiste, asservimento di altri popoli, spargimento di sangue; e ancora avidità, desiderio di dominio... ma di tutto questo, cosa sarebbe rimasto ai posteri senza la partecipazione dei non forti, dei non guerrieri, dei deboli dal punto di vista fisico, ma grandi per inventiva, creatività, fantasia, leggerezza, eleganza, tutti attributi assai lontani dalla forza bruta? Ecco: l'umanità più che di violenza ha avuto sempre bisogno, fin dai tempi della preistoria, di quella che viene definita Arte, cioè degli artisti, e meglio sarebbe dire di cervelli speciali, di sensibilità speciale. Che ne sarebbe stato dell'umanità se fosse mancata la linfa più duratura, più veramente forte che ha portato alla civiltà, al progresso attuale; se non ci fossero stati quei quattro tipi debolucci, incapaci di fare guerre, di spargere sangue, di conquistare il mondo con la spada: dove saremmo adesso? Quali testimonianze ci ha lasciato la violenza, oltre alle rovine, ai muri di fortificazioni degli assediati, certo interessanti da vedere ma non certo edificanti. I racconti epici di Omero[67] (che appunto erano anche frutto di invenzione e quindi di poesia), e gli storici che seguirono ci hanno fornito importanti informazioni su vari tipi di violenza esercitata dagli uomini, sulle loro conquiste e le tante guerre... ma senza l'invenzione della scrittura, non certo prodotto di un guerriero, non sapremmo niente dei secoli passati.

La funzione civilizzatrice dell'Arte in tutte le sue forme è ciò che ci ha portato, insieme alla scienza, a un progresso prima immaginabile e al cosiddetto benessere materiale, di cui purtroppo non godono tutti i popoli della Terra.

La scienza ci ha aiutato a capire finalmente che, cominciando con l'Olimpo e finendo con il Paradiso e l'Inferno, in cielo ci sono soltanto pianeti sparsi in un vuoto immenso, buio, senza nessuna dimora divina. Ci ha dimostrato che l'evoluzione è alla base della nostra vita, cioè non c'è stata nessuna Creazione, nessun Adamo e nessuna Eva. Grazie a quei pochi uomini non forzuti, non dediti alla guerra e alle conquiste territoriali ma a quelle del sapere, abbiamo potuto smaltire una quantità di superstizioni che hanno avvelenato per secoli tutta l'umanità. Finalmente possiamo mettere da parte i vari Dei con la barba lunga delle religioni monoteistiche, ma

[67]Omero, greco antico, considerato il primo poeta dell'Occidente

anche di tutte le religioni del mondo: non abitano da nessuna parte, non esistono e la loro funzione ormai è obsoleta. Inoltre dopo la morte non ci sono luoghi abitati dalle anime. Anzi si mette in dubbio anche l'esistenza dell'anima stessa.

Sto rileggendo ancora una volta il *Dizionario filosofico* di Voltaire[68] e penso alla quantità di inchiostro che è stato versato in dispute appunto sull'esistenza di Dio e altri problemi inerenti alle religioni, che nel giro di duecento anni circa non rappresentano più un tema di discussione fra filosofi, teologi e intellettuali di ogni tipo. Adesso soltanto alcuni, ancora arenati su vecchie credenze, si rifiutano di accettare la realtà spirituale attuale. L'assenza di Dio non significa che cadiamo nella barbarie, come qualcuno teme: significa cercare altri valori umani, essere aperti a nuove conoscenze e soprattutto essere più responsabili, avere più fiducia nella propria razionalità, nelle proprie capacità di affrontare le varie difficoltà della vita. Non possiamo più rivolgerci a Dio per chiedergli di proteggerci: dobbiamo proteggerci da soli. Ma neanche abbiamo più il diritto di punire qualcuno con scomuniche, dannazione eterna e rogo in terra se non la pensa come noi: le punizioni devono essere terrene, umane, e le leggi sono qui per questo, senza alcun arbitrio religioso proveniente da un ipotetico Aldilà.

Ma l'essere umano è maturo per tutto questo?

Chiaro che non è maturo.

Chi ha voluto mantenere la creatura umana in uno stato di immaturità, di insicurezza, di non conoscenza di sé stesso e quindi di ignoranza è senza alcun dubbio la religione, soprattutto le tre religioni monoteistiche. Le religioni hanno sempre avuto bisogno di un Dio vendicatore, che punisce,

---

[68]Vedi nota pagina 31

giudica, sorveglia; un Dio necessario per tenere a freno le passioni sfrenate degli esseri umani. Ma soprattutto per dominare: appunto un Padre e vorrei aggiungere un „Pastore di pecore". Un padre che vuole i figli ignari di tutto, sempre obbedienti, sottomessi, immaturi, incapaci di decidere sul proprio destino e sulle proprie azioni. Il cosiddetto Padre Eterno in realtà è stato un formidabile strumento della Chiesa per cercare di sottomettere anche i più potenti della Terra: Federico II è stato scomunicato due o tre volte; Enrico VIII dopo varie scomuniche decise di organizzare una propria Chiesa; Lutero e altri hanno cercato di liberarsi dal giogo di Roma mettendo su un nuovo giogo più comodo per loro. Ma per il resto dei loro simili queste rivolte hanno solo significato una nuova sottomissione e... basta! Sempre le stesse diatribe per il mantenimento del potere di pochi. Solo che il potere dell'aristocrazia, dei re, dei ricchi era sempre inferiore a quella della religione: in Terra poteva infatti condannare, espropriare, uccidere; ma dopo, tutto ciò che riguardava la vita oltre la morte, la cosiddetta vita spirituale, cioè il Paradiso, le pene eterne dell'Inferno, la salvezza dell'anima, l'assoluzione dai peccati... qui l'unica responsabile era la Chiesa: la grande carta vincente di ogni religione nel mondo è sempre stata l'ignoranza e la superstizione della massa. Questo quanto Voltaire scrisse nella seconda metà del XVIII secolo. Valido ancora adesso, purtroppo.

Questa è la ragione o meglio il fondamento che ha guidato per secoli il mondo: mantenere la massa nell'ignoranza, non informarla sulla realtà della vita, sulle conoscenze che man mano attraverso quei pochi cervelli, siano essi filosofi o artisti e oggi scienziati, sono state acquisite portandoci a un progresso mai sperato, mai immaginato nel passato.

Io temo però che nonostante queste nuove conoscenze, ci sia una quantità di gente che crede nell'esistenza degli extraterrestri, degli angeli e altro, ma soprattutto che la Terra è stata creata da Dio e basta!

**Religione**

Certo, non sono assolutamente competente, non è il mio mestiere scrivere su temi così importanti come la religione, le religioni in generale. Ma nel corso di questa lunga vita credo, dopo aver raccolto una quantità enorme di materiale, di aver imparato a pensare con la mia testa e la mia testa ha il diritto di elaborare ed esprimere la sua opinione anche su temi che vanno al di fuori delle sue competenze puramente professionali. Io, seguendo le regole correnti, dovrei scrivere soltanto di musica. E appunto la musica mi ha insegnato a riflettere sulle informazioni ricevute, ma soprattutto a cercare il perché di tutte le cose.

Qual è stata l'origine di tutte le religioni del mondo? La fragilità dell'essere umano? Certo l'inizio lo ha fatto il grande sciamano, capace di trattare con chissà quali spiriti infernali, e meglio sarebbe dire, posseduto da una droga che lo rendeva in qualche modo superiore e quindi vicino al potere assoluto, all'invisibile, soprattutto più importante dello stesso capo tribù... perché lui aveva capacità magiche, lui sapeva vedere nel futuro, sapeva guarire mali di ogni sorta; lui era capace di sbalordire con riti fantasiosi, inventati lì per lì, in preda alla droga, alle allucinazioni. Uno spettacolo sconvolgente per il resto della tribù: un attore nato, convinto soprattutto della parte che recitava. Lui il creatore e l'interprete di se stesso. Presto il potere dello sciamano superò quello di ogni altro essere umano, perché rappresentava l'Ente supremo, invisibile e onnipotente: un'invenzione questa, di capitale importanza. La religione, in tutte le sue forme, entrò trionfante nel mondo degli umani e ancora adesso, dopo migliaia di anni, con scoperte strabilianti, progresso in tutte le direzioni dello scibile, resta radicata in ogni singolo (o quasi) come una certezza assoluta. Per milioni di persone si tratta di una necessità estrema, dell'unica salvezza possibile, l'unica consolazione nei momenti difficili: a chi rivolgersi se non a Dio? E non ha nessuna importanza quale delle tante religioni del mondo sia, a quale Dio ci si rivolga: ogni religione svolge la sua funzione di grande consolatrice.

Il bisogno di essere protetti dai mali della vita, dalla vita stessa che troppo spesso diventa una lotta del più forte contro il più debole, più fragile... è da qui che nasce la religione e quindi il potere?

Quante domande. E io, chi sono io, per trovare una risposta?

Qualcuno ha trovato una risposta?

Mi avvicino a questo mistero, devo ammetterlo, senza alcun rispetto, con la stessa incomprensione che sento per tutte le manifestazioni di irrazionalità umana, come razzismo, antisemitismo, fanatismo di ogni genere, ma anche superstizioni e ideologie che limitano ogni libertà di pensiero.

Com'è possibile che nel corso dei secoli soltanto pochi, assai pochi, siano riusciti a superare il potere delle religioni e quindi della superstizione, dell'ignoranza? Subito mi viene in mente la definizione che Voltaire[69] diede della superstizione nel suo *Dizionario filosofico*. "Quasi tutto ciò che va oltre l'adorazione di un Essere supremo e la sottomissione del cuore ai suoi ordini eterni, è superstizione... Chi è dunque questo prete... che vive delle nostre debolezze, per potersi fare mediatore fra il cielo e noi? Quali patenti ha ricevuto da Dio?"[70]

Qui devo pensare che questo attaccamento alla religione, in tutte le parti del mondo nelle forme più diverse, ha una base centrale: la famiglia. Niente di più influenzabile di un bambino, sia in senso positivo che in quello negativo; da una

[69]Vedi nota pagina 31

[70]Voltaire, Dizionario Filosofico, pag. 110 ed. 1950

famiglia credente ci si aspetta una prole credente, forse con qualche eccezione. Anche la cosiddetta Fede viene inculcata in tenera età; da qui nasce l'interesse della Chiesa, di tutte le Chiese del mondo per la famiglia. Soltanto attraverso la famiglia può continuare l'egemonia delle religioni e quindi il suo potere. Voglio citare ancora una frase di Voltaire: "La potenza del Papa è la più terribile di tutte, perché fondata sul pregiudizio e sull'ignoranza".

Se penso alla Controriforma, all'Inquisizione, a tutte le aberrazioni contro ogni senso di umanità e fratellanza, contro ogni progresso dello spirito e della vita stessa, proclamate sempre in nome di Dio, mi vengono i brividi: sono grata di essere nata nel XX secolo dove ormai, nonostante le resistenze della Chiesa, una quantità di soprusi fatti in nome di Dio non sono più possibili. La scuola e cioè l'istruzione, dopo la II Guerra Mondiale, ha finalmente cominciato a produrre i suoi frutti, e mi riferisco alla scuola pubblica, non certo a quella tenuta dalle varie confraternite: ne so qualcosa per esperienza personale.

Mi sembra già di sentire le proteste dei soliti benpensanti: senza religione chi amministra la morale? Io, da non credente, credo di avere un altissimo senso morale, non certo quello predicato dalla Chiesa, ma ricevuto fin dall'infanzia dall'esempio dei miei genitori, ambedue non credenti. Sì, c'è una morale al di fuori della Chiesa - che predica bene e razzola male, come ormai tutti sanno -: le regole morali sono un prodotto della convivenza della società umana. Bisogna trasmettere agli individui, fin dall'infanzia, il senso di responsabilità, di rettitudine, di giustizia, e per questo non è assolutamente necessario nessuna educazione religiosa.

E sempre a proposito di morale: non è possibile ignorare gli scandali di pedofilia perpetrati da religiosi da sempre e da sempre ignorati dalla Chiesa: anche questo un peccato che basta confessare per essere perdonati da Dio? Se Dio esistesse dovrebbe nascondersi per tutte le vergogne che gli vengono attribuite proprio dai suoi seguaci, da chi si qualifica suo rappresentante in Terra.

Bene, ammettiamo che ci sia Dio, da qualche parte, ognuno ha il diritto di credere a chi vuole, ma per favore, senza intermediari, senza nessuno che si arroghi il diritto di giudicare a nome Suo.

Possibile? Ancora una mia utopia?

## I ricchi e gli altri

La settimana scorsa, a metà settembre, senza neanche sapere come mi accadeva, mi sono trovata a Forte dei Marmi! Un nome per me più che simbolico: enorme ricchezza, fama internazionale, Élite culturale-artistica, tutto ciò che nell'Italia degli anni Cinquanta e oltre aveva una certa importanza, nel senso che rientrava nella cronaca quotidiana dei rotocalchi, era concentrato in quel nome. Lo stesso che Cortina d'Ampezzo per l'inverno: un luogo esclusivo riservato a una particolare classe di persone, ai privilegiati dalla fortuna e dalla vita.

Ecco: io faccio parte degli altri, di tutto il resto dell'umanità. Per questo motivo arrivare inaspettatamente a Forte dei Marmi è stato come bere un'intera bottiglia di champagne in una sola sorsata: ne sono stata travolta, trasportata in un entusiasmo che non conoscevo da tanto, tanto tempo. Da ragazzina sapevo di questo luogo per ricchi, non soltanto per ricchi in denaro (cosa che mi importava assai poco), ma per un particolare tipo di persone fuori dal comune, in ogni caso al disopra di tutte le miserie della mia quotidianità, come andare a scuola, avere una famiglia che non mi piaceva, più una serie di situazioni non chiaramente identificabili che però non potevano rientrare nel mondo di chi abitava a Forte dei Marmi! A me, quindicenne in piena crisi esistenziale, sembrava una sorta di paradiso perduto, una meta irraggiungibile, un luogo riservato solo alle persone felici. E io non ero affatto felice.

Questa era Forte dei Marmi durante tutta la mia travagliata adolescenza e ora mi ritrovo qui, per un banalissimo motivo: un premio letterario a Marina di Massa, cioè al confine col Paradiso perduto. Infatti solo una targa stradale indica la fine dell'uno e l'inizio dell'altro paese. Ma la differenza fra un Lungomare e l'altro... mondi!

Tanto per cominciare: la metamorfosi. Il Lungomare di Ponente improvvisamente trabocca di piante, di pini enormi, di palme dal tronco maestoso con ciuffi ancora più imponenti, e fiori, cespugli: un tripudio, un inno alla bellezza della natura, un'esplosione di verde e di cultura. Perché le piante, i cespugli, i fiori, le aiole e tutto il resto è tenuto con la massima cura. Una natura non trascurata dalla mano indifferente dell'uomo, ma addirittura abbellita, anzi coccolata da un servizio speciale del Comune per rendere ancora più attrattivo soltanto quel pezzetto di Lungomare e tutti i viali che ne partono per l'interno del paese. Ville circondate da giardini opulenti che nascondono all'occhio curioso del passante la ricchezza dell'interno; strade alberate, pulite da erbacce o qualsiasi rifiuto; silenzio e in qualche modo senso di esclusività che si sente nell'aria: è così il paradiso perduto? È tenuto così bene, curato in tutti i suoi particolari dagli addetti ai lavori di giardinaggio del Comune per dare un'immagine, anche questa elitaria, ai non ricchi che si trovano a passare da lì? Per mostrare alla plebaglia cosa significa avere soldi, potere, fama, in una parola: appartenere a quella minoranza di miliardari, di cosiddetti Vip, uguale dappertutto nel mondo?

Marina di Massa e il villaggio che segue, appunto frequentato dai non ricchi, nonostante lo stesso clima, inteso soltanto nel senso meteorologico, hanno piante striminzite, palme rinsecchite, cespugli inselvatichiti, e lo stesso Lungomare acquista un aspetto diciamo ordinario, più o meno sciatto, per gente da poco come me, come la maggior parte della gente, e cioè per il resto dell'umanità, non facente parte della ristretta cerchia dei privilegiati.

Al primo entusiasmo, anzi a una sorta di euforia che mi prese quando vidi appunto quel nome (notai la differenza del Lungomare), subentrò un vivo senso di rivolta, la vecchia rivolta che mi faceva guardare con nostalgia al Partito Comunista degli anni Cinquanta (non ero sola in questa ingannevole utopia), Partito ormai sparito: rivolta contro chi sta ai posti di comando; contro i privilegiati dalla vita; contro chi senza alcun merito eredita patrimoni immensi. Ma anche contro una ben precisa, assai ristretta cerchia di persone, chiusa in una specie di limbo di esclusività, non meno inaccessibile del primo: quella dei famosi, degli arrivati in campo artistico-culturale con o senza meriti, all'occorrenza magari vendendo l'anima e se necessario anche il corpo.

Ricordo di aver conosciuto il quartiere Parioli perché la mia maestra di canto, una principessa russa[71], abitava appunto in una di quelle case col portinaio in divisa gallonata. Anche nella mia casa di allora, in Via Firenze, c'era una portinaia, la sora Elsa. Appunto, soltanto la 'sora' Elsa, senza divisa, che ho voluto 'immortalare', per così di dire, in un racconto.[72] Una donna del popolo, una più o meno come me.

Perché già la parola popolo mi irrita? Perché racchiude in sé quello che io temo di più: la massa informe dell'umanità.

È poi così informe?

Ogni singolo individuo non è un unicum in ogni sua manifestazione?

La massa informe... e già mi sento persa. Ma anch'io faccio parte di questa massa, anch'io ho le mie peculiarità, anch'io sono una parte del tutto, dal quale tutto però sono

---

[71]Vedi anche pagine 19 e 55

[72]*Le inquietudini della sora Elsa*, 2011, Tabula fati, Chieti.

esclusi i ricchi, soltanto i ricchi. Loro appartengono a un altro sistema, direi quasi a un altro pianeta, del tutto fuori dal resto dell'umanità: devono soltanto morire come noi, anche se con tutte le comodità, cioè muoiono circondati dal lusso, dall'assistenza più ricercata, non certo in un corridoio d'ospedale, o magari in una corsia, insieme ad altri disperati. Devo concludere che l'unico momento di incontro, anche se assai differenziato, fra i ricchi e gli altri, tutti gli altri esseri umani, è la morte, o meglio il dopo morte, e non la vita.

Con tutto ciò non li invidio: cosa sarebbe la mia vita senza la lotta continua per essere, per diventare, per distinguermi, uscire dalla massa e dai ricchi, dai privilegiati o forse anche da chi vende l'anima pur di far parte di questa categoria di persone? Loro non hanno bisogno di essere, di distinguersi: nascono soltanto e già esistono, si distinguono. Si distinguono? In ogni caso non hanno nessuna necessità di farsi avanti e dire, come ho sempre fatto io: attenzione Mondo, qui ci sono anch'io! Lottando per cercare un posticino, anche minimo, tutto per me: loro hanno fin dall'inizio un posto ben preciso con molti alberi, sontuosi pini mediterranei, palme rigogliose, fiori e cespugli sempreverdi e... ville circondate da giardini ben curati e portinai in livrea. Hanno più diritto di noi, popolo, alla vita? E a cosa si riduce la loro vita se non hanno nessuna necessità di lottare per crearsi un posticino nel mondo, dato che quel posto è già lì, pronto per loro? Ho imparato che il simbolo più significativo della vita è appunto la lotta per sopravvivere, e questo fin dalla nascita, dal primo grido del neonato: Mondo, qui ci sono anch'io!

Da qui l'indignazione, la mia indignazione adolescenziale, per questo mondo disperatamente diviso in due: da una parte una manciata di ricchi, ben levigati da secoli di benessere e privilegi, dall'altra tutti gli altri, milioni o miliardi di gente come me. Ma non si trattava assolutamente di invidia, soltanto di un infantile senso di giustizia. E la speranza, la grande speranza tradita, che un nuovo sistema politico-sociale potesse cambiare il mondo, l'illusione che il marxismo potesse veramente stabilire un equilibrio nella suddivisione dei beni comuni: perché nessuno ha capito che anche i funzionari del partito in realtà volevano a tutti i costi far parte della stessa classe dei ricchi? Una qualità però diversa di ricchi, i cosiddetti nuovi ricchi, più violenti, più corrotti perché provenienti dal gruppo degli altri, dal cosiddetto sottoproletariato, dai maledetti della vita, da sempre esclusi da ogni progresso sociale. E voglio ricordare Stalin, Hitler, senza dimenticare Salazar, Franco, Mussolini: il Ventesimo secolo è particolarmente ricco di tali personaggi. Un gruppo ben preciso, molto ben rappresentato da una ristretta parte della massa, da quella più brutale. L'Europa stretta nelle spire dei dittatori più sanguinari e assetati di potere. E ancora e sempre il potere accoppiato alla ricchezza di pochi. È sempre stato così e ormai so che non cambierà mai niente.

Certo l'inizio del XX secolo ha significato la fine non soltanto di un'epoca, ma di un modo di pensare, di vedere la realtà. Di vedere la realtà? La Prima guerra mondiale è stata soltanto il primo sintomo o meglio l'inizio di quel crollo che pochissimi anni dopo avrebbe travolto tutta l'Europa.

Che brutto secolo! E che crollo!

Ho letto una frase di Sandor Marai[73] che mi ha fatto sobbalzare: i nazisti erano e sono delle persone senza talento, cosa che se si riflette soltanto un poco può riferirsi anche ai fascisti e ai comunisti, cioè a tutti i tiranni.

Da due giorni ci penso e ci ripenso e tento di capire il senso di questa riflessione. Intanto mi vedo costretta a fare i conti con la parola 'talento". Cos'è il talento? La capacità di fare certe cose, di creare possibilmente dal nulla come fanno

---

[73]Vedi nota pagina 163

gli artisti nei diversi campi, musicali, letterari, visivi... cosa che, secondo me, presuppone una particolare sensibilità che non è data a molti. Devo concludere che il primo segno di talento in una persona è la sensibilità? Ecco perché i vari Stalin, Hitler & Co. erano del tutto privi di talento, appunto perché mancanti di un qualsiasi senso di sensibilità. Allora la violenza, la brutalità nasce dalla mancanza di sensibilità e quindi di talento? E perché la maggior parte del genere umano è privo di questo attributo essenziale che in fondo lo distingue dagli animali? Gli animali non sono creativi (o almeno in piccolissima parte), non hanno altro talento che quello di sopravvivere, e devo ammettere che molti animali hanno anche una certa sensibilità.

Sono esterrefatta. Temo di dover riflettere ancora sull'origine del talento.

Questo è il prodotto del mio brevissimo incontro con Forte dei Marmi.

**Della rivalità**

C'è niente di più pericoloso di una rivale sdentata? Di una piccola seduttrice di due-tre anni? Quale uomo riesce a resistere alle candide seduzioni di una figlioletta incantata dalla sua potente figura maschile?

Questo piccolo essere che ha soltanto una bocca per sorridere e due occhi per sedurre si inserisce quasi furtivamente, ma anche con estrema ingenuità, per lo meno all'inizio, fra due persone che credevano di essere unite da un filo indissolubile, che avevano vissuto senza sospettare una possibile rottura, soprattutto ora che finalmente è arrivata la tanto sospirata prole, il cosiddetto frutto del loro amore.

Assai presto la madre che ha tanto desiderato una figlia femmina tutta per sé, si accorge che la piccolina ha occhi solo per il padre, che si agita appena sente la sua voce, che si calma soltanto se lui la prende in braccio, che deve essere lui a cullarla affinché possa addormentarsi serenamente. E si va avanti di questo passo: la piccola corre incontro al padre, lo aspetta, lo seduce davanti agli occhi della madre con mille moine, lo vuole tutto per sé, è gelosa di ogni cortesia, di ogni tenerezza che il padre rivolge alla moglie.

Quanto tempo va avanti questa storia? Molto tempo, forse una storia senza fine; una storia nella quale si ritrovano tre sconfitti, increduli di quanto è accaduto. Almeno due dei protagonisti, e cioè la figlia e il padre, sono inconsapevoli del danno provocato alla terza persona, frustrata sia come madre che come moglie. Può anche accadere che la piccola goda nel sentirsi superiore alla madre, essere la preferita, e non accetta le punizioni, i divieti materni, sicura della protezione paterna: si stabilisce così una specie di cambio di poteri e il padre deve fare delle scelte spesso diplomatiche per non sconvolgere l'equilibrio della famiglia.

Sono drammi che si svolgono nel profondo più profondo, che nessuno dei tre riconosce come dramma, eccettuato qualche volta la madre, che si sente estromessa in questo strano rapporto a due: lei è praticamente la terza incomoda. La madre può considerare la partita vinta soltanto quando la figlia si sposa. Ma non sempre: accade infatti che la figlia non si sposi, o sposi l'uomo sbagliato, perché tutti gli uomini sono sbagliati se vengono confrontati col padre. Intanto la figlia ha sempre più perfezionato la difficile arte della rivalità e della seduzione; ne è posseduta come da un veleno che la spinge a rubare il marito anche alla migliore amica, la posizione migliore alla collega di lavoro, sempre in agguato, piena di invidia e risentimenti verso chi crede più dotata o soltanto più fortunata di se stessa; in continua concorrenza con le altre, con tutte le altre, sempre alla ricerca di conferme, ma anche di potere.

Questo è un nuovo tipo di donna, nuovo solo per modo di dire, perché credo che da che mondo è mondo la rivalità fra le donne, spesso provocata dall'uomo (in tal modo aumenta il suo potere, oltre ad essere solleticato nella sua vanità) faccia parte integrante del sistema sociale. Già Cesare aveva capito il grande segreto, o meglio la strategia che serve per conservare il potere: *divide et impera,* lezione che gli uomini hanno imparato alla lettera, soprattutto nel loro rapporto con le donne. Infatti ancora oggi le donne tendono a rivaleggiare fra di loro; non esiste la sconosciuta sorellanza, mentre invece è molto praticata la fraternità fra uomini che, non si sa bene perché, hanno più tendenze associative delle donne.

L'unione fa la forza è un detto che si riferisce in modo particolare agli uomini. Le donne soltanto da qualche tempo hanno cominciato a unirsi per raggiungere qualche scopo di carattere politico o economico, ma nei rapporti famigliari o sociali spesso nascono le vecchie diatribe, le piccole invidie, i pettegolezzi, le vecchie rivalità. Devo pensare che tutto questo livore sia originato dalla debolezza, dall'impotenza? La classica lotta fra i poveri e indifesi? Forse oggi con le tante conquiste nel mondo del lavoro, le donne hanno acquisito una certa sicurezza, una maggiore stima di sé; sono diventate più indipendenti non soltanto economicamente (cosa del resto non trascurabile); hanno anche una maggiore apertura di orizzonti ancora cinquant'anni fa impensabile. Tutta una serie di circostanze che dovrebbero sminuire questo impulso di concorrenza fra di loro.

Penso e so di non avere ragione.

Se mi guardo intorno assisto spesso stupita ai vecchi giochi di seduzione che molte donne adottano per conquistare un uomo, possibilmente e forse meglio se già legato a un'altra donna e con una buona posizione sociale: la vecchia lotta, la vecchia rivalità mai sopita? E vedo sempre con lo stesso stupore la soddisfazione di queste prede maschili che credono al contrario di essere dei grandi seduttori, di piacere ancora e sempre, nonostante la differenza di età, a volte notevole, in un continuo sfoggio di vanità e leggerezza.

Quanti divorzi in questi ultimi cinquant'anni, quanti bambini allo sbaraglio, quante famiglie distrutte per il capriccio di una donna che ha il continuo bisogno di affermare di essere più forte di sua madre!

Mi chiedo quale sia l'origine di questa prima reazione nella bambina: possibile che già nei primi mesi di vita sia in grado di notare la differenza fra la madre e il padre? La madre è colei che la nutre, che si cura di lei; è la prima voce che ancora prima di nascere ha imparato a conoscere; ne annusa l'odore, simile al suo: perché la voce più profonda del padre la incanta di più? Si tratta di un'attrazione primordiale, o meglio di un istinto, quasi allo stato animale, che porta la femmina verso il maschio fin dal tempo dei tempi?

Quante domande. Ma non trovo nessuna risposta plausibile. So però che accade assai più spesso di quanto non si creda, con risultati assai deleteri per l'armonia delle famiglie, sempre strapazzando la parola *amore;* mettendoci di mezzo un'irresistibile attrazione o il classico innamoramento; se non addirittura una vera e propria esplosione ormonale, quasi un'ulteriore conferma necessaria per sentirsi donna.

Da non sottovalutare i risentimenti della madre, che restano tutta la vita; l'odio appena represso contro la piccola seduttrice che si è interposta fra lei e il marito; ma anche il dolore per l'amore negato proprio dalla figlia tanto desiderata.

Ma ci sono anche altre ripercussioni nella figlia stessa: non soltanto resta l'impulso di sedurre il marito di un'altra, c'è anche la rivalità verso ogni donna più anziana, ogni figura materna; a ogni insegnante, quasi dominata da uno spiritello maligno, deve sempre dimostrare di essere più brava di lei; la collega di lavoro con maggiore esperienza di lei deve essere superata, demolita. Si tratta sempre di vincere una battaglia spesso giocata da una sola persona, cioè da lei, solo da lei, quasi all'insaputa dell'altra che non capisce, disorientata e spesso ingannata. La cosa più tragica è che non è cosciente di tutto questo processo e alla fine ne soffre lei stessa, in qualche modo eternamente frustrata, nonostante i momenti di grandi trionfi.

Una visione alquanto negativa di questo rapporto padre-figlia, lo ammetto. Ma non è sempre così: c'è anche un rovescio della medaglia che vale la pena di annoverare. Ho notato infatti, nel corso di oltre 40 anni di insegnamento, che le ragazze sostenute e incoraggiate dai padri sono state anche quelle che sono riuscite a svolgere una carriera solistica, mentre le altre, quelle con un migliore rapporto con le madri ma non col padre, al massimo sono diventate coriste di professione, non certo per mancanza delle doti necessarie. Come si spiega tutto questo? Credo di averne già scritto altrove: la sicurezza di una donna dipende molto dal suo primo rapporto con l'altro sesso: se positivo, acquista una stima di sé che altrimenti tende a mancare. Essere accettata dal padre per una donna è come avere un supplementare lasciapassare per il mondo.

### Sensibilità

Una delle parole che ricorre nei miei scritti con maggiore frequenza di tante altre è un sostantivo di origine latina, di estrema importanza per me e credo per tutto il resto del genere umano: sensibilità, „disposizione a sentire vivamente emozioni, sentimenti, affetti“ scrive P. Metastasio nel 1782.[74]

Tutto qui? La sensibilità è secondo Metastasio una 'disposizione'. Soltanto una disposizione? Non è tutto ciò che

[74]Pietro Metastasio 1698 – 1782. Dizionario etimologico

compone l'essere umano? La somma del suo essere una creatura superiore... superiore a chi? Agli animali. Ma anche loro hanno una loro sensibilità, diversa, certo, ma non disprezzabile, mentre molti cosiddetti esseri superiori spesso dimenticano questa loro supposta superiorità e diventano peggio di belve feroci. Quindi la sensibilità è qualcosa che va e viene, come l'istinto della fame che basta saziarlo per perderlo, magari mettendolo da parte per un certo tempo.

Non sono d'accordo.

Intanto per me non si tratta di un istinto, perché senza sensibilità si può sopravvivere, ne abbiamo moltissime prove, mentre se manca anche solo uno dei principali istinti, il genere umano rischia di estinguersi.

Si può vivere anche senza sensibilità. Lo dimostrano i più grandi insensibili della Storia umana; inutile fare nomi, bastano gli ultimi, Hitler, Stalin. I più vicini a noi.

Ma infine: cos'è la sensibilità? E, in ogni tempo della storia umana, è sempre stata presente? E in che forma? Quando è nata? Insieme alla creatura umana? O è soltanto un prodotto della cosiddetta civiltà, quindi è stato un lungo processo di affinamento?

Tante domande. Posso rispondere soltanto facendo qualche supposizione.

Intanto torno alla parola scelta da Metastasio: 'disposizione' e cerco nel Dizionario etimologico. Stato d'animo, condizione di spirito, e poi, inclinazione, attitudine, talento e altro ancora. Ma non mi basta e allora devo rivolgermi all'arte per capire questa parola che comprende tutto l'universo umano. Qui non sono necessarie parole e neanche Dizionari e allora capisco che la prima creatura umana che ha sviluppato questa 'disposizione' deve essere stata un artista, uomo o donna, non importa, ma qualcuno che sentiva e capiva qualcosa in più degli altri e tentava di comunicarlo: questa è la funzione dell'arte. Allora devo concludere che la sensibilità è una prerogativa dell'artista in tutte le sue forme?

No. Ogni essere umano ha diritto a una sua sensibilità pur non essendo creativo come un'artista.

Si può insegnare, la sensibilità o è soltanto una dote innata? Mi chiedo se qualcuno si è già posto questa domanda e ha saputo trovare una risposta, una risposta sincera, senza nessun velo moralistico, come accade spesso in questi casi.

Non posso fare a meno di pensare a quello che adesso viene considerato crudele e fine a sé stesso: la caccia. Senza uccidere un animale l'essere umano non sarebbe potuto sopravvivere, quindi per vivere è stato necessario prima di ogni cosa uccidere. *Mors tua vita mea* e penso ai grandi macelli dove vengono ammazzate migliaia di bestie affinché l'essere più carnivoro della Terra possa nutrirsene: se per caso mi trovo a passare da quelle parti ne sento l'odore. Mi assale la nausea. Inoltre l'aria sa di morte, di violenza e non sono vegetariana. Mi chiedo chi sono i macellai, che tipo di sensibilità devono avere e come sono quando tornano a casa. Già sento la risposta: del tutto normali, come ogni operaio che torna dal suo lavoro. Possibile?

Ma altri pensieri mi assalgono: nei secoli passati era normale condannare a morte i colpevoli di crimini, ma per il resto della popolazione giocava un ruolo fondamentale non soltanto la morte per taglio della testa o altro: il cadavere veniva squartato, trascinato legato a un carro, fatto a pezzi, davanti a tutti e tutti gridavano di gioia, di orrore. Cosa spingeva il popolo ad assistere a questi spettacoli di una crudeltà sconvolgente, inumana? E oggi, questo stesso popolo, è sensibilizzato verso spettacoli del genere? Cioè, nel corso dei secoli l'essere umano ha raffinato la sua capacità di recepire, di rifiutare la crudeltà come non parte della natura umana? E ancora mi tornano in mente scene filmate in cui centinaia di ebrei venivano cacciati lungo le strade di mezza

Europa, sotto gli occhi di tutti, infilati in vagoni bestiame e tutto il resto che ormai sappiamo tutti. Sono stata a Dachau e ho visto che il Lager era costruito in modo che i palazzi circostanti potessero vedere cosa succedeva all'interno di quelle mura. Inoltre so che quei detenuti ogni mattina, all'alba, venivano portati in vari posti di lavoro, in qualsiasi stagione dell'anno, vestiti con una leggera tuta a righe e zoccoli di legno ai piedi, che risuonavano lungo le strada di quella bella città. E gli abitanti? Vedevano e sentivano. Cosa provavano?

La sensibilità umana ha fatto una pausa?

La famosa 'disposizione' metastasiana pare non sia una dote naturale.

Mi capita di incontrare per strada certi uomini che sembrano provenire direttamente dall'età della pietra, abitanti di spelonche, caverne, vestiti di pelli, barba e capelli incolti, occhi senza la minima espressione che denunci un essere umano: sto esagerando? Cosa hanno già vissuto? In quali strade del mondo sono stati? Hanno due gambe, due braccia, un corpo a tutti gli effetti umani, ma... la sensibilità? Questa dote, qualità specificamente umana, è presente veramente in tutti? Perché man mano comincio a capire l'importanza di questa 'disposizione': c'è di mezzo l'empatia, la capacità di identificarsi nell'altro sia nel bene che nel male; anche il rispetto di sé e quindi dell'altro. Infine ogni manifestazione di emozionalità, di condivisione, tutto ciò che si può sintetizzare in una parola: umanità. Cioè il vero sinonimo della parola sensibilità è umanità. Per me.

Ma voglio aggiungere che non è data a tutti in egual misura.

E devo tornare col pensiero a certi 'episodi' di uomini che rapiscono bambine e le chiudono per mesi, anni, nelle loro tane per violentarle sistematicamente; non esenti da questi crimini genitori snaturati, padri perversi e madri volutamente cieche... sono fatti di cronaca che lasciano un segno, come pure le centinaia di migliaia di stupri di religiosi di tutti gli orientamenti che abusano dei bambini, dei giovinetti loro affidati.

Anche qui la sensibilità umana ha fatto una pausa?

La civiltà non progredisce, non affina i sentimenti umani: quella che ingiustamente definiamo con un termine offensivo per gli animali, e cioè la bestialità, è insita nell'essere umano e continua indisturbata nel corso dei secoli. Noi, cosiddetti popoli civili, chiudiamo gli occhi davanti alla crudeltà, anzi cerchiamo di ignorarla e ci riusciamo. Mi chiedo: ogni bambino che viene al mondo ha una quantità di 'disposizioni', positive e forse anche negative, ma non voglio credere che il neonato abbia in sé il seme della violenza, della crudeltà: sono convinta che sono i primi anni di vita a insegnargli tutti i lati negativi del vivere in comune. Le ferite inferte nella prima infanzia incancreniscono, diventano parte integrante dell'insieme psichico che dovrebbe essere la fonte di ogni nostra manifestazione di tipo affettivo: un peso, un miscuglio di dati positivi e negativi che man mano diventano sempre più ingombranti e forse finiscono col dominare l'individuo fino alla fine della sua vita.

Non siamo forse il prodotto del nostro passato, lo si voglia o no?

Anche la sensibilità viene uccisa, ferita, come minimo derisa: un bambino sensibile non ha molte possibilità di sopravvivenza nella società umana di qualsiasi tempo e qualsiasi latitudine. Si deve adattare.

Sono pessimista?

## Sicilia

Ho appena finito di leggere un libro che, se ricordo bene, iniziato molti anni fa, dopo una quarantina di pagine avevo messo da parte. Non ero pronta per quel libro, per i temi trattati, forse perché troppo vicini a me, alla mia infanzia e adolescenza. Il libro in questione è di Maria Occhipinti[75], *Una donna di Ragusa*, stampato per la prima volta nel 1957 con una nota di Carlo Levi[76], che fra l'altro scrive: „Il nostro è... il secolo della scoperta. Non più, come in altri tempi, di terre ignote, l'America, le isole misteriose, i popoli sconosciuti dalle pelli variopinte, l'oscuro altrove: ma quello che è accanto a noi e si modifica, quello che è in noi, e esiste per la prima volta". Continua su questo tono ma non spende una sola parola sulla vera grande scoperta del XX secolo: la donna! Quello che è sempre stato accanto a noi e non è mai stato notato, ma soprattutto che non esiste per la prima volta, dato che lei stessa non si è accorta di vivere, di esserci in questo strano mondo fatto soltanto dagli uomini per gli uomini: la donna, ignorata, dimenticata, messa da parte; spesso maltrattata, schiavizzata. In ogni caso non trattata come sua pari, e cioè come un essere umano degno di rispetto, con gli stessi diritti e doveri.

Levi potrebbe avere un'attenuante: negli anni Cinquanta le donne non si erano ancora mostrate al mondo, il che è quanto mai irritante se si considera che aveva una sorella, Luisa Levi, nota neuropsichiatra infantile, che proprio a motivo del suo genere ebbe non poche difficoltà in campo professionale, a cominciare dagli studi universitari, ancora nel primo ventennio del XX secolo riservati solo agli uomini (infatti nella facoltà di medicina presso l'Università di Torino era sola insieme a un'altra donna) fino alla fine della sua carriera, nel 1968. Quindi assai da vicino aveva avuto un im-

---

[75]Scritrice e Femminista, 1921 - 1996

[76]Scrittore, 1902 - 1975

portante esempio di discriminazione di genere, discriminazione che ancora adesso continua a sussistere, data la completa cecità degli uomini.

Questo volta ho preso il libro in mano e l'ho letto dalla prima all'ultima pagina, sempre più sconvolta, travolta, indignata. Anch'io provengo da quella stessa società patriarcale; dal mondo in cui domina l'ignoranza, i costumi vecchi di migliaia di anni, difficili da rimuovere; i pregiudizi, che come la parola stessa dice, nascono prima della ragione, prima della verità, come presupposti inamovibili, basati sulla solita formula: si è fatto sempre così. Ma i costumi vecchi di secoli, i pregiudizi, le discriminazioni non erano (e non sono) retaggio esclusivo di una classe sociale non abbiente, ignorante e arretrata. Al contrario Levi e altri come lui, appartenenti alla borghesia torinese, ricca non soltanto di beni materiali, ma anche culturali, continuavano ad ignorare la presenza delle donne in ogni sua manifestazione; una presenza scomoda soprattutto per chi ha sempre goduto, senza alcuna concorrenza, di tutti i privilegi che la società umana può offrire.

Maria Occhipinti credeva nella libertà e nella giustizia, con una incredibile dose di ingenuità e passione, fino al sacrificio di se stessa.

Per la prima volta noto che le due parole, ingenuità e passione, hanno qualcosa in comune, e cioè che spesso la passione nasce dove regna una grande dose di ingenuità, intesa come innocenza, spontaneità.

Ma devo ricredermi: leggo sul mio amato Dizionario Etimologico, alla voce *passione* tutta una serie di significati negativi: 'sofferenza fisica' (inizio del XIII sec.) cui segue 'sofferenza morale' (1292 B. Giamboni) e ancora 'sentimento intenso e veemente, che domina l'uomo inducendolo a compiere azioni degne di biasimo' (1294, Guittone[77]). Sono indignata. La passione come sentimento negativo? Mi rifiuto di crederlo: la mia passione per la musica, per l'arte in generale; per tutto ciò che è vivo, per la natura, per ogni manifestazione del pensiero... sarebbe tutto negativo? Si riferisce soltanto al famoso *delitto passionale*, di pura invenzione maschile? Al femminicidio già nei secoli passati considerato un attacco di passione incontrollata, 'veemente' per i soliti motivi di gelosia?

Mi dispiace per questa lunga digressione, ma forse col tempo anche le parole dovrebbero acquistare nuovi significati. O sono io a sbagliare? Secondo me una persona appassionata è un essere vivo, capace di grandi sentimenti, di emozioni non comuni. E mi viene in mente la Sonata di Beethoven[78], cosiddetta Appassionata.

Mi rifiuto di attribuire a questa parola significati negativi.

Torno alla donna siciliana con tutti i suoi lati oscuri, le sue passioni, la sua arcaicità, il suo stato di estrema dipendenza dall'uomo, dalla famiglia, dalle vicine di casa e non per ultimo dal confessore, cioè dalla religione.

Come ogni donna, Maria Occhipinti aveva imparato o forse aveva già nel suo DNA uno dei fondamenti della religione cristiana: una donna è al mondo per aiutare agli altri. La vita non ha nessun valore se non viene spesa per la causa comune, e la causa comune si riferisce agli umili, agli offesi, a chi in ogni caso appartiene all'ultimo gradino della scala sociale, senza alcuna differenza di genere. Leggo più volte una frase che mi mette in allarme: lei si considera brutta (ho visto in internet una sua fotografia e devo dire che era anzi una bella donna!) cioè chiaramente non è stata amata nella prima infanzia, non ha imparato ad accettarsi perché fem-

---

[77]Fra Guittone d'Arezzo, Poeta, 1250 – 1294

[78]Vedi nota pagina 24

mina, non ha conosciuto la tenerezza della madre e il rispetto del padre. Essendo la prima nata, aveva il dovere di occuparsi dei più piccoli e lei amava i bambini, anche quelli delle vicine di casa. Ci tiene a scrivere, varie volte, come fosse sempre disponibile per chi aveva bisogno, senza alcun vantaggio per se stessa. Una donna deve semplicemente sacrificarsi per gli altri, secondo i dettami della Chiesa. „Sin da ragazzina avevo scelto di soffrire. Un giorno davanti all'altare della chiesa dell'*Ecce Homo* avevo implorato da Gesù le sue spine, la sua croce, il suo martirio." (pag.124 ed. del 1993) Questo il frutto di duemila anni di religione cristiana. La negazione di se stessi, del proprio diritto alla vita, alla propria libertà di godere quel poco che la vita può offrire, considerando che all'altra metà del genere umano, appunto, la stessa vita offre tante possibilità di viverla in modo diverso, questa vita; di avere anche una scelta, appunto la libertà di scelta, negata soprattutto alle donne proprio dalla stessa religione.

E ancora: „Perché questo Dio non ci permette di amare le creature che ci circondano? Si dice che bisogna amare soltanto Lui, che è al di sopra di tutti .... perché Lui solo? Perché costringerci ad amarLo con la minaccia del castigo eterno?...perché ci consideriamo immortali, quando veniamo pestati come vermi dal piede del destino? Forse noi per il cielo non siamo che vermi, solo più grossi degli altri, ma sempre vermi, nient'altro che vermi" (pag 76 op. citata),

Maria Occhipinti stranamente comincia a riflettere, a pensare e si rivolge a Dio con domande assai inconsuete per una donna che ha frequentato soltanto la terza elementare: Dio è giusto o ingiusto? Perché punisce sempre, anche gli innocenti? E che dire della costrizione ad amarlo altrimenti si rischia il fuoco eterno? Questa presa di coscienza avviene nel settembre del 1943, anche come conseguenza dell'arrivo degli Alleati e l'annuncio dell'Armistizio che avrebbe dovuto concludere la guerra. Aveva poco più di vent'anni, già sposata, un figlio morto appena nato, il marito richiamato alle armi dopo un breve congedo.

Interessante il suo commento dopo la prima notte di nozze: „Andai a letto con mio marito, rassegnata, come una pecora al macello. Nell'esperienza amorosa non conobbi né piacere né dolore. In fondo, pensai, se questa è la vita a cui aspira ogni donna, se è tutto qui, mi pare piuttosto una delusione. Avevo soltanto diciassette anni, ero ancora una bambina." (pag. 41-42 op. citata)

A proposito della vita coniugale non credo che più tardi abbia cambiato idea.

In ogni caso un libro di grande interesse, soprattutto per chi non conosce questi precedenti, o meglio per chi vuole ignorare i precedenti della Storia umana vista dal punto di vista di una donna.

### Il tempo è vita

Sì, lo so anch'io che il tempo è denaro. Si dice in tutte le lingue per cui qualcosa di vero deve esserci. Ma io penso che il tempo è vita: senza vita, che ne farei di tutto il tempo dell'universo? Di tutto il denaro del mondo? Certo il denaro aiuta a sprecare il tempo in mille modi (strano che abbia usato il verbo sprecare e non impiegare!) anzi pare che renda la vita più facile. In un certo senso è vero, specie se si tratta del denaro necessario per sopravvivere; ma io mi riferisco al tanto, tantissimo denaro che circola nel mondo, ai miliardi che una quantità incredibile di persone ha a propria disposizione, in ogni caso tante più persone che nel passato.

Il pensiero di queste persone in qualche modo mi inquieta. Intravedo un mondo vuoto, superficiale, privo di qualsiasi interesse che valga la pena di essere perseguito, se si esclude un fine ben preciso: continuare ad accumulare denaro, senza guardare né a destra né a sinistra. E penso a certe persone, meglio donne (forse perché riesco a identificarmi di più con una donna che con un uomo) che mi è capitato di incontrare quando vado dal mio dermatologo: si tratta di uno studio medico unito a un lussuoso istituto di bellezza, con una serie di servizi cosmetici che ogni volta, soltanto a leggere la lista che viene proiettata nella sala d'aspetto, mi fa venire il capogiro. Certo, la pelle, nonostante le malattie che riesce a produrre, come nel mio caso, ha anche molto a che fare con la cosmetica, e perché no, con la bellezza. Si può immaginare un bel viso deturpato come in passato dal vaiolo o da qualche altra malattia?

Già questo studio che occupa due piani di un palazzo in pieno centro - di fronte all'Opera - arredato fra il nero, il rosso e l'oro, in stile vagamente faraonico o giapponese, in ogni caso orientale, tetro ma di gran lusso, mi mette ogni volta a disagio. Entrare qui significa fare un salto di qualche migliaio di anni e trovarsi di colpo in una tomba cinese o giapponese: qui tutto è artificioso, surreale, fuori dal mondo. Mi chiedo per quale motivo il gruppo di medici che ha messo su questo studio ha trasformato le stanze di questi due appartamenti, all'origine del tutto normali, in covi bui, appena rischiarati da grandi piante di orchidee bianche, solo bianche, sparse qua e là, fra mobili neri-rossi con bordi dorati, tutti provenienti dalla Cina. I corridoi che suddividono i vari locali sono appena illuminati da luci fioche, lampioni cinesi, messi lì giusto per evitare di scontrarsi con qualche ombra vagante. Mi viene il sospetto che ci fosse l'intenzione di nascondere alle pazienti di cosmetica la vera condizione del malato di pelle. Inoltre una quantità di cosiddetti paggi in divisa appaiono e scompaiono: sono giovani che accompagnano i pazienti negli studi, questi veramente modesti, minuscoli e stranamente luminosi, dove aspetta un vero medico, di solito molto gentile. In tutto e per tutto un'atmosfera assolutamente inimmaginabile, fuori dal tempo e in ogni caso lontana da ogni tradizione europea. L'unica consuetudine, riscontrabile credo in tutti i Paesi del mondo è la chiara suddivisione fra pazienti privati e altri con assicurazioni statali. Benché in fin dei conti l'assistenza sia uguale, almeno spero, cambia solo la possibilità di avere prima o dopo un appuntamento, cioè i privati precedono a volte di settimane o mesi gli altri.

In una delle sale d'aspetto mi è capitato di incontrare certe figure femminili che mi hanno dato tanto da pensare: donne di età imprecisabile in corpi di giovinette; visi del tutto inespressivi per via delle operazioni di bellezza che eliminano le rughe e tutto quanto di personale può avere un viso umano; occhi assenti, sempre ben truccati; pelle levigata, diafana; labbra gonfie di Botox, come vanno di moda adesso... queste sono le donne ricchissime che frequentano questo istituto di chirurgia estetica o meglio: di trasformazione di un corpo normale in qualcosa di artificiale, senza tempo, senza età.

Appunto senza tempo, quindi senza vita: strani relitti umani alla continua ricerca dell'eterna giovinezza, secondo me il risvolto femminile dei possessori maschili delle Ferrari o delle Porsche. Ho anche pensato che per queste donne il corpo è il solo capitale del quale veramente dispongono, non perché si tratta di prostitute di lusso, ma perché in realtà vi hanno investito tutto, e in questo tutto è inclusa la vita nella sua essenza più esclusiva, per me la più superficiale ed effimera. Il tempo diventa allora il nemico da combattere con tutti i mezzi, pur di conservare un'immagine di sé che considerano indispensabile come simbolo del ceto sociale cui appartengono.

Devo pensare a queste straordinarie mummie, che magari incontro anche per strada (ma non in strade qualsiasi, soltanto in quelle dove ci sono i negozi più esclusivi, più cari, dove nelle vetrine non è possibile vedere il prezzo delle scarpe, dei gioielli, dei vestiti, per non offendere quel certo tipo di clientela che appunto non chiede mai quanto costa quel tale prodotto e quelli che guardano il prezzo, come me, non entrerebbero mai in un negozio simile), mentre camminano come in sogno, senza una meta precisa. In qualche modo devono riempire di qualcosa il tempo che passa fra la visita in un salone di bellezza e l'incontro con un'amica o un amico al ristorante esclusivo, dove si può entrare solo se si ha una prenotazione. Importante soltanto che il giorno trascorra possibilmente senza scosse, senza difficoltà di nessun genere. È questa la vita dei miliardari o meglio delle miliardarie? E mi chiedo quale sia il senso di questo modo di vivere artificiale, lontano dalla realtà.

Ma cos'è la realtà per ognuno di noi? Che senso ha in relazione col tempo?

Ecco la classica domanda: cos'è la realtà? Si tratta di un guardarsi allo specchio e vedere un viso che giorno per giorno sfiorisce, i capelli si fanno sempre più radi e perdono il colore di prima... prima quando? Ecco che subentra il senso del tempo, di questa sorta di fiume inarrestabile che ha un solo fine: correre verso la sua foce, possibilmente verso il mare, confondersi nella massa delle acque. Perdersi, perdere la propria identità e diventare soltanto tempo infinito. Acqua mescolata con altra acqua.

Fermare il tempo, ecco, non correre verso la foce, non mescolarsi con le altre acque, entrare nell'infinito. Fermare l'attimo fuggente, interrompere la corsa verso quella fine che ineluttabilmente ci aspetta. E lo sappiamo non dal momento in cui veniamo al mondo, ché in quegli anni ogni minuto dura un'eternità, il tempo si dilata, si allunga, non finisce mai: soltanto quando subentra la maturità ci si accorge della corsa frenetica del tempo e noi arranchiamo, sempre con meno fiato, meno lena, cercando di ingannarlo, questo traditore che si chiama tempo.

Questa è la funzione della cosmetica da che mondo è mondo: ingannare il tempo. Ma sono soltanto le rughe il segno del tempo che passa? La pelle delle mani che sempre più si assottiglia, che si accartoccia sotto la pressione delle dita, e tutto il corpo che declina, decade, cede, ormai stanco, alle intemperie della vita?

Mi piace pensare al mio corpo come al tronco di un albero, prima snello, liscio, con pochi rami e foglie piccole appena verdi; poi man mano sempre più robusto ma anche più rugoso, molti rami, molte lotte contro il vento e la pioggia, man mano sempre più stanco. Appesantito dai ricordi. Perché i ricordi pesano. Sì, io penso che anche gli alberi conservano ricordi, ricordi vegetali naturalmente, ed è possibile leggerli fra le mille pieghe, le ferite che il tempo ha lasciato. Io amo gli alberi, anzi ho un gran rispetto per loro, come pure amo i sassi e la Terra in tutti i suoi aspetti: anche la Terra ha una memoria, antichissima, in ogni caso molto più vecchia della nostra, che non si perde forse come quella umana.

La memoria della Terra resta chiara per tutta l'eternità.

Bisogna solo saperla leggere.

Recentemente un tale parlava della meditazione come di un sistema per eliminare il passato e il futuro: io non sono mai riuscita a meditare, perché non riesco a uscire dal tempo e il tempo per me è soprattutto un enorme contenitore di passato, in poche parole: di vita. E che ne farei del presente se non avessi la speranza di un futuro? Mi sembra una tipica esperienza orientale, una specificità puramente territoriale quella di voler uscire dalla realtà per entrare in una sorta di non tempo, di non spazio; mi chiedo quanto tutto questo pensiero filosofico abbia a che fare con la cultura di un popolo, col suo passato ma in particolare con la sua religione e quindi anche con la struttura politica di un Paese: mi chiedo anche quale sia l'origine di un certo tipo di religione piuttosto che di un'altra. Perché le religioni orientali sono tanto più meditative, aspiranti a una sorta di passività, di quelle occidentali? Quello che io chiamo passività e accettazione di un ritmo lento della vita in tutte le sue manifestazioni, ma soprattutto in quelle spirituali, fatalmente si ripercuotono poi nella quotidianità del singolo... o è il contrario? Cioè, il carattere del singolo è predestinato per un certo tipo di religione? Non ne sono sicura. E perché si sono sviluppate in certe parti del mondo, piuttosto che in altre? C'è un fattore climatico? La natura, il clima hanno giocato un ruolo fondamentale sullo sviluppo di una civiltà, di una religione, di un particolare gruppo sociale?

L'Europa non è certo stata un luogo per gente disposta a meditare ore e ore sul tempo, nessuno aveva la grande aspirazione di uscire dal tempo, di entrare in un'altra dimensione. Fin dall'antichità credo che, eccettuato qualche filosofo – che certo non meditava per uscire dal tempo ma cercava di capire l'essenza dell'essere – il fine di ogni essere pensante era ed è di agire, in bene o in male; di acciuffare la vita; viverla il più intensamente possibile; essere partecipe attivo del divenire; impadronirsene anche a costo di distruggere altre vite. Devo pensare ai Romani e non riesco a immaginare nessuno di quegli attaccabrighe sprofondati in qualche meditazione. Noi discendiamo da loro, per direttissima, non ho alcun dubbio.

E mi permetto un'altra considerazione: in Europa, dopo una serie di alti e bassi, ha sempre vinto la vita sul tempo, cioè il progresso, la lotta contro l'ignoranza e la superstizione; contro la miseria, la schiavitù, la tirannia di pochi. Una lotta quotidiana. Non sono mancate le guerre con distruzioni e ricostruzioni; rivolgimenti politici e naturali: e che altro sarebbe la vita senza lotte? Questo ce lo insegna la Natura, giorno per giorno, perché anche noi siamo un prodotto della Natura.

Faremmo bene a non dimenticarlo.

Devo concludere che il presente è soltanto un brevissimo passaggio fra passato e futuro? Il presente non esiste, perché immediatamente diventa passato: pare sia stato fatto un esperimento a questo proposito... il presente dura soltanto qualche secondo! Allora non possiamo fermare il tempo, di questo dobbiamo farcene una ragione e smettere di cercare surrogati, ingannarci e guardarci allo specchio, dove in fondo vediamo soltanto ciò che vogliamo vedere e non quello che effettivamente siamo.

Ché quello resta invisibile a noi e forse anche agli altri.

**Tre tabù**

Ecco finalmente una parola che non ha le sue radici nella lingua neolatina. Appare infatti per la prima volta alla fine del XVIII secolo in un libro di J. Cook[79], *Viaggio intorno al mondo*, Venezia 1795, secondo il Vocabolario Etimologico. Nel frattempo questo vocabolo, nonostante la sua origine polinesiana, è entrato nel patrimonio comune credo di tutte le lingue del mondo, uscendo anche dai limiti sacri, attribuiti al termine appunto da queste popolazioni.

Quanti temi nel frattempo rientrano in questo pur ristretto ambito? Comincio con il vero significato di questa parola: „un luogo sacro, proibito". Da tempo ormai non ci riferiamo più a un luogo nel senso spaziale, ma a qualcosa di più spirituale, anche intimo o forse strettamente personale. In una società come quella attuale dove sembra che tutti i limiti, le inibizioni non soltanto linguistiche, siano stati definitivamente superati da una sorta di licenza per modo di dire liberatoria; quando chiunque affronta argomenti e temi in altri tempi considerati appunto tabù, come tanto per fare

[79]James Cook, esploratore, 1728 – 1779

un esempio la sessualità in tutte le sue specificità; quando certi vocaboli, tipo cazzo, palle, fica e altre definizioni di carattere sessuale, che ancora negli anni Cinquanta del XX secolo non potevano essere pronunciati in presenza di una donna, mentre oggi sono diventati parte del linguaggio comune, scritto e parlato (e io ogni volta non riesco a nascondere un certo imbarazzo, anche questo passato di moda): quale tema può ancora considerarsi veramente tabù?

Eppure proprio in questo periodo di cosiddetta liberalità linguistica, i veri tabù sono rimasti. Ma, come la parola stessa suggerisce, vengono taciuti, anzi ignorati pur restando tali, lo si voglia o no.

Chi osa oggigiorno, in questi anni caratterizzati da enormi cambiamenti, in cui avvengono veri e propri esodi da Paesi sottosviluppati perché sfruttati dai vari colonialisti europei dei secoli scorsi, o ancora peggio, dilaniati da guerre decennali sostenute per motivi economici dai cosiddetti Paesi civili; anni in cui milioni di persone di diverse culture si riversano nella tanto civile Europa: ripeto, chi osa oggigiorno pronunciare la parola razzismo? Mi sembra che oggi usare la parola 'razza' sia diventato peggio di una bestemmia contro l'umanità, mentre fino a qualche decina di anni fa si definivano le varie razze umane secondo il colore della pelle e perfino della religione d'origine, come nel caso degli ebrei (si parlava infatti di razza ebraica, discendente da Sem, da qui l'antisemitismo). La lezione del XX secolo ha portato anche questi frutti: ora si parla soltanto di una sola razza, come giustamente affermò Einstein[80], allorché all'aeroporto di New York gli fu chiesto a quale razza appartenesse: 'razza umana', rispose. Conosco però la reazione di tutti, senza distinzioni, quando dichiaro che l'essere umano è per natura

---

[80]Vedi nota pagina 20

razzista. La risposta è sempre la stessa: gli altri, tutti gli altri sono razzisti. Io no.

Recentemente un famoso attore o cantante nero dichiarò che quando esce di notte col suo cane e vede avvicinarsi un bianco, si allontana per non spaventarlo! E io, persona civile del XXI secolo, vissuta ormai da oltre 60 anni in vari paesi europei, perché, camminando per strada e vedendo venirmi incontro un uomo di pelle nera, sento il bisogno di scappare, anche se resto apparentemente tranquilla? Sono verità che nessuno di noi dovrebbe negare: so che mia figlia adottiva, sudamericana, chiaramente di origine amerinda, ogni volta che da ragazzina si trovava sulla metropolitana o altrove doveva mostrare, solo lei, i suoi documenti. Non so se deve farlo ancora adesso, da adulta. E questo soltanto per il colore della sua pelle, i suoi tratti somatici non europei, gli occhi neri e i capelli d'ebano: bellissima, ma appunto altra!

Si tratta di un problema che nel corso dei secoli, in nessuna civiltà, per quanto evoluta, è stato possibile risolvere: non possiamo dimenticare che qualche decennio fa proprio in Sudafrica esisteva l'Apartheid, voluta da bianchi contro i neri, i veri abitanti di quelle regioni. E le Riserve indiane in America esistono ancora, senza dimenticare l'Australia. Possiamo spiegare intellettualmente il razzismo, non per questo riusciamo a superarlo emotivamente. Resta, resterà un tabù per tutta l'umanità? Conosciamo l'angoscia di chi viene stigmatizzato a motivo del colore della sua pelle, per il taglio dei suoi occhi, i tratti somatici del viso, soltanto per il suo essere fisicamente diverso, in qualsiasi forma? L'emarginazione, le limitazioni e un infinito senso di inferiorità rispetto all'altro che ha soltanto e per caso la pelle bianca?

Ma in ogni epoca della Storia umana, il tabù per eccellenza, pur giocando un ruolo fondamentale nella vita di ognuno, è stato ed è ancora la sessualità.

La donna assai presto ha dovuto scoprire il suo nemico irriducibile, dominatore, prepotente e sempre più forte: l'uomo, e ha imparato a sottomettersi, se voleva sopravvivere. Le religioni l'hanno incoraggiata in questo senso, sempre, senza distinzione di sorta: in ogni paese del mondo la donna deve sottostare al potere maschile, da sempre... per sempre? Lei è più vulnerabile di qualsiasi bestia, lei è sempre stata oggetto di desideri sessuali da soddisfare sempre e in ogni luogo. L'uomo ha cercato nella donna prima di tutto il proprio piacere fisico, l'estasi dei sensi, più potente di qualsiasi droga. Da sempre. Mai un maschio che si sia chiesto cosa vuole veramente la donna: lui è convinto ancora oggi, dopo innumerevoli esperimenti scientifici che dimostrano il contrario, che l'atto sessuale come piace a lui piace anche alla donna. Dall'età della pietra a oggi per l'uomo non è cambiato niente. E la donna ha imparato a mentire, perfino a se stessa, per non essere accusata di frigidità; magari fuggendo nell'isterismo, come nel passato, un passato lungo quanto la storia dell'umanità: sono stati trovati due papiri egizi (1850 a. C. e 1600 a. C.) in cui si possono leggere le prime testimonianze di questa particolare 'malattia' femminile, già allora attribuita al cosiddetto 'utero vagante'. La cura fondamentale era riservata naturalmente al marito o chi per lui, che doveva soddisfare le insufficienze sessuali della donna colpita da questi particolari sintomi. L'Inquisizione invece considerò l'isterismo una manifestazione diabolica che si poteva eliminare in modo radicale soltanto con la tortura. Ancora all'inizio del XX secolo Freud[81], molto interessato alla psiche femminile, dovette ammettere, in un suo scritto, di non capire cosa volessero le donne, dato che non possedevano una propria sessualità!

E oggi, chi ha il coraggio di parlare apertamente di queste cose?

---

[81]Vedi nota pagine 73

Ancora nel 1966 B. Russell scriveva appunto a proposito della sessualità: „Non credo esistano dubbi sul fatto che in media le donne sono più stupide degli uomini; ciò io credo sia dovuto in gran parte alla cura con cui da giovani sono state tenute lontane da ogni possibilità di attingere la conoscenza sessuale“[82]. Parere alquanto discutibile da tutti i punti di vista, che in qualche modo fa sorridere, anche se interessante, soprattutto perché scritto da un uomo.

Quante donne nel mondo civile sono consapevoli delle loro limitazioni dovute all'egoismo maschile nel rapporto sessuale, alla sua prepotenza, alla sua mancanza di sensibilità, ma soprattutto alla sua violenza?

Uno dei segnali d'allarme dovrebbe però essere l'enorme diminuzione della natalità in Italia: sembra che le donne abbiano capito, anche con l'aiuto della famosa pillola, che è possibile una sessualità senza conseguenze future, escludendo anche lo spettro del peccato di lussuria, predicato per secoli dalla Chiesa cristiana.

Certamente il tabù più conosciuto in ogni caso si riferisce alla morte.

La paura del grande mistero, dell'aldilà, ha ispirato poeti e ciarlatani; ha impegnato la fantasia di tutti gli esseri umani. Assistere alla morte di un proprio simile è sempre stato il grande enigma, l'inspiegabile. Perché c'è la morte? Perché ad un certo punto una persona si allontana definitivamente dalla vita? La nascita è già qualcosa di inspiegabile, ma la morte ancor più. Allora è stato necessario immaginarsi un dopo, una vita altrove, diversa da quella terrena limitata sia nel tempo che nello spazio: l'altra vita deve essere senza fine e senza un luogo preciso, magari con un possibile ritorno, un giorno lontano, su questa Terra. Ma tutto questo non aiuta a capire il grande mistero di un corpo che non reagisce

[82]B. Russell, *Matrimonio e morale*, edizione del 1980, pag. 80

più, che resta muto per sempre. Già la parola 'sempre' ha qualcosa di definitivo, di ineluttabile. E si vive cercando di ignorare questo compagno indiscreto, o meglio compagna nelle lingue neolatine, mentre per esempio in tedesco la morte è un termine maschile. E un giorno questa realtà indefinibile che noi chiamiamo morte, si siede accanto al nostro letto e non si allontana più, ormai decisa a vincere la sua battaglia sulla vita.

Quante volte si pensa che la morte sia ingiusta, che colpisca le persone che meno se lo meritano (chi merita la morte?) perché lasciano bambini e persone che li amano? Ci sono però anche morti liberatrici (ricordo un detto siciliano: la morte è buona!) e allora entra in ballo il grande tabù: mai parlare male della persona scomparsa, anche se questa persona è stata la maledizione della sua famiglia, della società nella quale è vissuta, o ancora peggio se si tratta di un vero criminale. In qualche modo la morte riconcilia tutti o quasi tutti anche col male; stranamente è quasi un obbligo perdonare, anzi scusare una persona che in vita ha provocato molti danni, molta infelicità a chi gli è stato vicino: nessuno osa parlare male di un morto.

E mi chiedo perché. Forse per paura di una vendetta postuma?

**L'uomo**

Ma come... io donna, soltanto una donna, mi permetto di scrivere qualcosa che riguarda l'uomo, creato a immagine di Dio stesso?

Ma come mi permetto?

Il mio primo pensiero, e mi sembra quasi una bestemmia, è che Dio, al momento della creazione, stanco di tutta la fatica dei giorni precedenti, si sia lasciato distrarre forse da un moscerino che già invadeva la Terra, o magari da un intero sciame di moscerini, perché qualcosa gli sfuggì di mano, volendo ammettere che Dio avesse due mani, come Michelangelo ha voluto testimoniare. Sia come sia, qualcosa gli andò per traverso, perché mai vorrei credere che Dio abbia creato questo essere così imperfetto e bisognoso di modifiche come è l'uomo. E chiaramente mi riferisco al maschio del genere umano.

Se confronto tutti gli altri regni della natura, compreso quello animale, dove effettivamente tutto sembra fatto alla perfezione, tutto funziona, arrivato all'animale uomo qualcosa, anzi una quantità di cose, gli si mise contro, non si sa bene perché, e creò questa strana creatura che ormai conosciamo da qualche migliaio di secoli. In quanto alla donna, sempre riferendoci alla Creazione, si tratta di un sottoprodotto necessario soltanto per la riproduzione, messo su con gli scarti dell'uomo; quindi una creatura di seconda mano, fin dall'inizio destinata a sostenere un ruolo da comprimaria, in ogni caso assai mediocre, o meglio di qualità scadente.

E amen.

Infatti il Creatore ha dimenticato od omesso alcuni importanti attributi, come la capacità di avere una propria sessualità dovuta appunto alla riduzione di un organo indispensabile, secondo i più, per questa funzione, in realtà assai relativa ma, cosa assolutamente fondamentale, questa creatura di sesso femminile è stata perfino privata dell'anima. Su questo tema non proprio trascurabile, una quantità di grandi pensatori, tutti uomini, ha scritto volumi e volumi da riempirne intere biblioteche, senza trovare una soluzione o meglio una spiegazione plausibile.

Per concludere: la donna, priva di anima e di altri importanti attributi organici, sola in mezzo alla perfezione del Creato, è una creatura incompleta e piena di difetti, come ormai ognuno sa...

L'uomo invece?

Ecco una creatura assolutamente fuori da ogni schema, lontanissima da ogni concetto di perfezione, soprattutto se si considera che fin dall'inizio è stata dotata di un'anima, cioè di una psiche, di qualcosa che dovrebbe avere a che fare con la razionalità. E cos'è razionalità? "Facoltà di ragionare" scrive L. Salviati[83] 1588, secondo il Dizionario Etimologico. E ancora secondo Guittone[84], 1294: "l'omo è ditto animale rassionale, e senno più che bestia à, ch'è ragione". Mi piace l'espressione "senno più che bestia à" cosa che secondo me è ancora da dimostrare!

Purtroppo, appunto per una tragica distrazione del suo Creatore, sono sorti grossi problemi, praticamente insolubili: posso infatti credere che un Hitler o uno Stalin siano creature a "somiglianza" di Dio? E tutti gli altri, tutti i maschi che da millenni popolano questo pianeta? Sono veramente stati creati da Dio? Mi sembra addirittura una fantasia blasfema l'aver attribuito a un Ente Superiore la creazione di un essere maschile "a sua immagine e somiglianza": possibile che Dio, in tutta la sua perfezione, porti in sé la radice del male più assoluto, cioè una malattia ereditaria che da Padre incosciente ha passato ai figli, per tutte le generazioni future, come da millenni testimonia la maggior parte degli uomini sulla Terra? Mi permetto di avere grossi dubbi.

Questa incredibile creatura infatti è in grado di distruggere il pianeta Terra, di massacrare una grande quantità di suoi simili come nessun animale è mai stato capace di fare; di schiavizzare una parte dell'umanità, e cioè quella femminile; di maltrattare, violentare bambini; di dividere questa umanità in razze superiori e inferiori per sfruttare appunto le cosiddette razze inferiori e ancora tante efferatezze che mi sembra inutile enumerare.

---

[83]Leonardo Salviati, Scrittore, 1540 – 1589
[84]Vedi Nota pagina 203

Ancora un pensiero mi assilla: perché Dio ha fornito l'essere umano di passioni? Anche Dio è posseduto da passioni, o meglio, è in grado di amare e odiare con tutte le conseguenze che ne derivano? O ha voluto creare un Essere a sua somiglianza, riferendosi soltanto al corpo ma trascurando il resto, cioè il contenuto spirituale, la sua razionalità; ancora meglio: ignorando ciò che distingue l'essere umano da tutte le creature della Terra: la capacità di pensare?

Questo vorrei chiedere ai milioni di Creazionisti.

Infine penso che anche per queste creature dovrebbe arrivare il momento di guardarsi allo specchio e cominciare finalmente ad avere orrore di se stessi. Siamo arrivati a un grado di civiltà, di conoscenze scientifiche, dovute a una parte di questi stessi uomini, che dovrebbero giustificare una nuova presa di posizione verso la realtà, quella comune ai due generi. Sarebbe un grande passo avanti nella Storia dell'umanità.

Come vivono i milioni di maschi (non uomini) che approfittano delle guerre - e il nostro pianeta ne produce sempre tante appunto per volontà di questi esseri creati a somiglianza di Dio -, ripeto: che approfittano di questa grande calamità per stuprare masse di donne? Non si tratta di casi isolati ma di prassi, usi che si tramandano dall'antichità: violentare il corpo delle donne del nemico significava e continua a significare togliere l'onore a un popolo. Mi chiedo per quale motivo l'onore di un popolo, secondo questa mentalità perversa, risiede nel corpo, e ancora più precisamente negli organi genitali di una donna? Ma a questa domanda nessuno ha mai trovato una risposta: si tratta soltanto di "effetti o danni collaterali della guerra", così la definizione dei militari. Se i maschi hanno tanta voglia di massacrarsi a vicenda, lo facciano pure, è un loro diritto, ma perché metterci di mezzo il corpo delle donne e delle bambine? Di questi cosiddetti “effetti o danni collaterali” mai hanno scritto gli storici, tutti uomini, che hanno sempre ignorato o meglio escluso dalla Storia l'altra parte dell'umanità in modo a dir poco scandaloso.

L'onore è una bella parola, ogni epoca ha il suo senso dell'onore, ma lo stupro come segno maggiore di disonore è sempre stato attuale, in ogni periodo storico, in ogni Paese del mondo e l'uomo se ne è sempre servito senza mezzi termini per sfogare i suoi istinti bestiali. Non credo che questi stupri di massa abbiano qualcosa a che fare con l'onore: si tratta di violenza a sfondo sessuale, la stessa violenza che la maggior parte degli uomini usa anche nella vita privata, anche nel letto matrimoniale, infatti la loro sessualità ha un sottofondo di violenza e di dominio, purtroppo accettata dalla maggior parte delle donne, perché non conosce altro fin dall'inizio.

In realtà si tratta di uno strumento ideato appunto dagli uomini; non ha niente a che fare col destino e neanche col grado di civiltà di un popolo: fino a una trentina di anni fa, nella guerra dell'ex Jugoslavia, sono state stuprate qualcosa come 50.000 donne, e nessuno è stato punito per questo motivo,[85] anzi non se ne parla neanche. E nell'ultima Guerra Mondiale quante migliaia, milioni di donne hanno subito queste violenze? Io mi chiedo: questi uomini sono tornati a casa, accolti da mogli e figli; hanno ripreso a vivere come prima, magari hanno avuto anche il coraggio di sentirsi eroi... e nessuno di loro ha avuto un solo pensiero, un solo ricordo per le donne che ha violentato lungo il suo cammino di soldato; per le vite che ha distrutto; per gli incubi che hanno perseguitato le notti di queste donne; per l'angoscia, il terrore che non hanno visto nei loro occhi, perché per questi uomini le donne non hanno occhi, non hanno viso né

[85]E.Rizzo, *Il labirinto delle perdute*, 2021, pag 127-131

sogni: sono soltanto un organo sessuale da violentare e niente altro.

E Dio vede tutto questo. Ammesso che abbia occhi.

**Vanità**

È sempre stata derisa una delle tipiche caratteristiche dell'universo femminile e cioè la vanità, ignorando volutamente che esiste anche una vanità di tipo maschile, molto più importante e pericolosa. Io voglio subito affermare che fino ad oggi questo lato, tipico del carattere umano, è stato fin troppo sottovalutato, anzi considerato soltanto un difettuccio più o meno trascurabile in ambedue i sessi. Secondo il Vocabolario della lingua italiana Zanichelli, si tratta soltanto di una 'proverbiale' debolezza femminile, appunto di una 'debolezza' che mai può far parte del carattere di un uomo, un equivoco nato dall'etimologia della parola 'vano' e cioè „futile, frivolo, o privo di effettivo valore“ come scrive Boccaccio[86], oppure „privo di senno, saggezza, profondità di pensiero“ (Petrarca[87]), secondo il Dizionario etimologico.

Mi sembra molto interessante notare come Narciso, l'archetipo della vanità, fosse un uomo e non una donna; ma i commenti di carattere culturale sono tutti scritti da uomini che hanno sempre voluto ignorare la vanità maschile, del resto molto presente anche nell'antichità tanto da attribuire questa sindrome a un personaggio mitologico di sesso maschile: ci si chiede se gli antichi, da un punto di vista psicologico, fossero molto più lungimiranti dei nostri cosiddetti uomini di cultura! Voglio ancora ricordare che il prototipo della vanità è il pavone e tutta una serie di animali maschi che usano la propria bellezza per conquistare le femmine, a loro volta assai modeste e incerte nella scelta del possibile compagno. Che dire? Non credo siano necessari altri commenti.

[86]Giovanni Boccaccio, Poeta, 1313 – 1375
[87]Francesco Petrarca, Poeta, 1304 – 1374

Una donna vanitosa si concentra soltanto sulla propria persona, si agghinda, ha bisogno di piacere per affermare il proprio io, ma anche per essere accettata, considerandosi in ogni caso un essere debole. Si sa infatti che un'educazione millenaria, indirizzata soltanto a farne un essere modesto, umile, sottomesso, possibilmente privo di personalità, le ha tolto ogni stima di se stessa già dalla prima infanzia. Quindi ha bisogno di una strategia di difesa, una pura necessità per sopravvivere; cerca infatti di nascondere supposte imperfezioni, soprattutto fisiche; fa di tutto per migliorarle riuscendo, nei casi più psicotici, a distruggere la propria esistenza e quella di chi le sta vicino, sempre nella disperata richiesta di riconoscimenti. Nel corso dei secoli, la donna ha imparato che se vuole avere successo nella vita deve essere prima di tutto bella; deve avere un corpo perfettamente costruito, un viso che rispecchi in ogni caso il senso estetico del tempo, secondo regole stabilite dalla moda o da un estetista di grido. E questo da sempre. Attraverso la bellezza del proprio corpo la donna vanitosa riesce a raggiungere un certo potere soprattutto sugli uomini. Oggigiorno poi, nel mondo dello spettacolo, in particolare del cinema e della televisione, la notorietà le porta oltre a un prestigio senza precedenti, anche a notevoli vantaggi di carattere pecuniario.

Una vanità non proprio fine a se stessa, quindi.

Ben diversa è questa sindrome nell'uomo: ogni uomo di potere è praticamente affetto da una grave forma di vanità e questo con effetti ben più deleteri soprattutto per chi gli sta vicino, dato che il suo raggio di azione, come si sa, è molto più vasto di quello femminile. Purtroppo non soltanto chi sta in una posizione di potere è vanitoso: non tutti i vanitosi arrivano alle cariche massime; la maggior parte di questi ometti restano in un ambito privato non per questo meno distruttivo di quello pubblico. Che altro è la reazione del femminicida, ferito nel suo narcisismo dalla donna che dice di amare, se non un'ennesima dimostrazione di estrema vanità?

La vanità del piccolo uomo, piccolo di statura, può arrivare a desiderare un supporto elegante che lo allunghi di qualche centimetro, come nel caso di Luigi XIV, il Re sole, che chiese al suo calzolaio di corte di creare un nuovo tipo di scarpe col tacco alto... diventato subito di moda nella classe dei nobili, non certo dei poveracci che dovevano poter camminare comodamente per svolgere le loro attività. E ancora: ho davanti a me un ritratto di Frans Hals[88], datato 1625, che riproduce uno degli esempi di vanità maschile più lampante nella storia dell'arte figurativa. Rappresenta un mercante di stoffe olandese, un certo Willem van Heythuysen, riccamente vestito, tronfio, in posa oltremodo altera, direi infantilmente o grottescamente pieno di sé, quadro che si può ammirare nella Pinacoteca di Monaco. E quanti altri ritratti mostrano uomini vanitosi, pieni di vanagloria, di arroganza... se ne potrebbero riempire interi musei!

Ma questa è una forma alquanto innocua di vanità: penso alla vanità di un altro uomo di piccola statura, Napoleone, che mise l'Europa a ferro e fuoco, per dimostrare la sua grandezza al mondo intero, sconvolgendo così un grosso capitolo di Storia europea: che altro è la smania di potere degli uomini se non un gravissimo segno di vanità ferita? Una sorta di rivincita sulle presunte ingiustizie subite magari durante l'infanzia o in altre fasi della vita. Quanti esempi nella Storia dell'umanità di uomini assetati di potere, travolti da una vanità sfrenata che li accecava? Ai giorni nostri basta gettare uno sguardo oltreoceano per vedere un tipo dalla parrucca rosa, che trasuda vanità in ogni gesto, in ogni espressione del viso, della bocca, che purtroppo ha avuto poteri internazionali, capace di mettere il mondo sottosopra per far vedere quanto è importante. Ancora: un altro tipo

[88]Frans Hals, Pittore Olandese, 1582 – 1666

molto più pericoloso che si sente trascurato dai potenti di questa Terra e ha bisogno di dimostrare la sua grandezza attraverso due formidabili porte dorate, che definirei faraoniche, alte una ventina di metri che si aprono al suo passaggio, o ricevendo capi di Stato europei seduto al lato opposto di un tavolo lungo una decina di metri. Ma, ancora di più, scatenando una guerra fratricida[89] con un Paese confinante: finalmente in tutto il mondo si parla di lui e può entrare trionfante nella Storia!

Di che altro si tratta se non della vanità di un uomo frustrato da un'infanzia di solitudine, di rinunce, ma soprattutto di mancanza di amore? È questa l'origine dell'orgoglio sfrenato di certi uomini? Una vanità più grande dell'uomo stesso, incapace di essere dominata... perché un'infanzia di solitudine, priva di amore, l'hanno in tanti ma per fortuna non in tutti ha questi risvolti disastrosi. Penso che ci debba essere ancora qualcosa che mi sfugge, forse perché sono soltanto una donna e non rientra nelle mie competenze la violenza, la sete di potere, l'orgoglio sfrenato, ma soltanto la piccola vanità fine a se stessa, una 'debolezza' tipicamente femminile.

E non voglio pensare ai grandi criminali politici del secolo scorso che per una sorta di vanità patologica, sproporzionata anche per un gigante, sono riusciti a distruggere mezza Europa: che altro è il desiderio di potere se non una forma di vanità all'estremo grado?

Sto riflettendo che forse l'assassino seriale è un vanitoso, frustrato da un corpo non proprio da Adone, oltre che da un insieme di fattori che non gli offrono altro sbocco per met-

[89]Interessante come questo vocabolo abbia una sola accezione maschile e non femminile; infatti si ricordano Caino e Abele, Romolo e Remo... i primi rappresentanti della società umana degni di entrare nella Storia appunto per mezzo di un fratricidio!

tersi in luce se non l'assassinio, possibilmente di una o più donne.

Ma anche il fanatismo religioso mi sembra una forma aberrante di vanità: è un volersi mettere in mostra mortificandosi davanti al mondo intero; o meglio ancora: dimostrare di essere capaci di estreme rinunce, anche alla vita stessa, come i martiri del passato o i suicidi attentatori di oggi, pronti a farsi saltare in aria per punire l'umanità tutta che non ha voluto riconoscere la superiorità del loro credo...

Ma forse si tratta di supposizioni azzardate nel caso di assassini e criminali vari, mentre nella politica sento soprattutto un movente assai forte negli uomini, e attualmente in alcune donne, che assai di rado si unisce ad altri, di origine più umanitaria.

**La violenza maschile**

Sì, da sempre il pericolo più incombente per una bambina, una giovinetta, una donna è l'uomo, la violenza sessuale che può venire dall'uomo. Andare a scuola, passare da una strada solitaria, peggio ancora se è già buio; trovarsi in stazione di ritorno da un viaggio; in ogni caso essere sola in una qualsiasi situazione, perfino in un bar o su un autobus, significa doversi affrettare perché è possibile incontrare un "uomo" che si diverte come minimo a spaventarti se non proprio ad aggredirti; che usa della propria cosiddetta mascolinità per sentirsi superiore, anche se poi si tratta del più miserabile degli uomini. Ma lui si "sente" superiore a te, bambina, giovinetta, donna. Impossibile fargli capire che non è così. Credo rientri nel DNA di tutti gli uomini, o almeno di moltissima parte di essi, e non si tratta di cultura, di ceto sociale, di educazione, tanto meno di nazionalità: in tutto il mondo è così, non cambia niente. Il maschio del genere umano pare sia stato formato con gli stessi principi in ogni regione del mondo.[90]

Spesso non sono necessari neanche le parole: basta un gesto volgare, uno sguardo che ti spoglia, tutta un'ondata di sessualità violenta a stento repressa che ti avvolge, per insegnare alla bambina, alla giovinetta, alla donna quale pericolo corre ogni giorno della sua vita. E impara assai presto a correre come davanti a un pericolo: ecco cosa sono gli uomini per una bambina, per una giovinetta, per una donna e anche per una vecchia. Comincio a farneticare? Si tratta di una realtà quotidiana alla quale siamo ormai abituate da sempre, come a guardare prima a destra e poi a sinistra prima di attraversare una strada, al punto da non considerarla un'enormità.

È giusto questo?

Le statistiche dicono che almeno il 50% di tutte le donne nel mondo sono state stuprate. Non si conosce il vero numero di questo delitto tipicamente maschile, mai punito perché in molti Paesi non viene neanche considerato un crimine, sono però convinta che superi il 50%. Ma anche dove le leggi finalmente si sono svegliate e hanno deciso di punire questi criminali, al momento della denuncia bisogna dimostrare che la violenza è stata consumata, che la donna non ha "goduto", che non ha provocato il seduttore, che era vestita in modo decente... e così via: i giudici sono sempre uomini e non è necessario aggiungere altro. Quindi difficile fare una statistica veritiera perché chiaramente una donna ci pensa due volte prima di fare una denuncia. Si sa però con sicurezza che un numero considerevole di donne in tutto il mondo una o più volte è stata come minimo oggetto di volgari approcci sessuali. Io temo che non si sia mai salvata nessuna donna da questo tipo di molestie. E qui non voglio ricordare

---

[90]Qui mi piace citare Anna Magnani: "*er monno è pieno de maschi, ma scarso de omini*".

gli stupri di massa perpetrati in periodi di guerra, da che mondo è mondo.

PERCHÉ?

Non riesco a trovare una qualsiasi giustificazione o motivazione per questo strano fenomeno nato insieme alla cosiddetta civiltà: erano così anche i primitivi, in quei famosi tempi bui in cui effettivamente la vita umana non si differenziava molto da quella animale? Ma nel regno animale non ci sono discriminazioni sessuali, non c'è violenza a scopo sessuale. Soltanto gli uomini hanno stabilito che le femmine sono in ogni caso esseri inferiori, una facile preda per i loro istinti violenti. Qui devo pensare alla sperequazione dei beni comuni, ma anche alla perdita di tutta l'umanità delle potenzialità che, si voglia o no, rientrano anche nel DNA delle donne: la metà del genere umano è stata chiusa in gabbia, proprio così, in gabbia con la scusa di difenderla dagli altri uomini invece di chiudere in gabbia gli esseri pericolosi, i cosiddetti maschi. [91]

Ma come si fa a chiudere in gabbia la metà del genere umano, quello più violento e prepotente, quando proprio in casa hanno la libertà di esercitare il loro potere assoluto di vita o di morte? Perché la casa è il luogo ideale, un vero campo di battaglia dove possono sfogare le loro piccole e grandi frustrazioni e ritrovare il loro vacillante equilibrio di uomini forti, malmenando indiscriminatamente i più deboli, cioè moglie e bambini, fino ad arrivare a casi di veri e propri massacri, come purtroppo riporta la cronaca nera degli ultimi anni: prima venivano sottaciuti, quasi si fosse trattato di ovvietà, mentre oggi sempre più donne osano finalmente denunciare la loro quotidiana miseria.

---

[91]Interessante la risposta di *Golda Meir*, prima Ministra di Israele, cui in seguito a una serie di stupri fu chiesto di istituire un coprifuoco per le donne: *"sono gli uomini che attaccano le donne. Se c'è un coprifuoco, che siano gli uomini a restare in casa".*

Voglio sottolineare che si tratta di uomini di tutte le classi sociali, anche professori universitari, psicologi, medici, giuristi, non soltanto persone incolte e per modo di dire incivili: picchiare una donna e un bambino è un fenomeno assai diffuso, purtroppo, senza differenza di classi e di culture. Da un'attuale statistica è emerso che il 40% degli uomini e il 30% delle donne, in Italia, non considera uno schiaffo un atto di violenza!

Esclusa, anzi impedita a partecipare del progresso culturale e civile, alla donna è stato vietato di istruirsi, di sviluppare il proprio cervello, di ampliare le proprie cognizioni, di superare quindi i mille pregiudizi, soprattutto di origine religiosa, che sempre hanno bloccato il progresso di ambedue le parti, per diventare finalmente un essere umano a tutti gli effetti, sempre nel rispetto delle leggi civili e morali di ogni Paese.

Io penso che, se nel corso degli ultimi 10.000 anni, anche le donne avessero partecipato all'evoluzione civile del mondo, non avremmo avuto tante guerre, tanti eccidi, tanta violenza, tanta discriminazione razziale e sessuale: solo un'utopia? Magari avremmo avuto alcune parole in meno nel nostro vocabolario, ma sarebbe stata una perdita di poco conto.

Devo ancora riflettere che stranamente il problema di identità è un fenomeno più femminile che maschile, il perché è facilmente immaginabile: fin da piccolo un maschietto sa che essere maschio è in ogni caso un vantaggio; si identifica col padre cioè con chi comanda in casa; con i ragazzini che incontra, tutti forzuti e impertinenti perché un maschietto "deve" essere così; infine, abbastanza presto nota che il potere sta sempre dalla parte degli uomini. Con qualche eccezione, naturalmente. Non tutti i maschietti hanno anche l'energia, forse anche la volontà di essere più forti delle bambine (dipenderà da un fattore ormonale? Sono stati fatti studi in questa direzione?) e allora nascono grandi problemi di identità di difficile soluzione, problemi che si trascinano tutta la vita, che ne inficiano l'esistenza con risvolti spesso traumatici. Mi chiedo perché questa suddivisione di ruoli: cosa è maschile e cosa è femminile... chi ha stabilito tutto questo? Quale metro, quali criteri creano queste suddivisioni così categoriche che possono distruggere vite, e sto pensando agli omosessuali e alle lesbiche, a quanto hanno patito e continuano a patire per il loro essere diversi: diversi da chi? Ho avuto molti allievi omosessuali e ne so qualcosa. Anche loro hanno subito la violenza sessuale maschile, le discriminazioni, il terribile senso di inferiorità. Sono fiera di conoscere i mariti dei miei allievi maschi, le loro storie, le loro vittorie, la gioia immensa di essere accettati per quello che sono.

Per le bambine accade invece tutto il contrario: intanto se un maschietto piange viene "accusato" di essere una "femminuccia", cioè piangere è qualcosa da denigrare perché segno di eccessiva suscettibilità, una "debolezza" tipicamente femminile; vede anche come viene trattata la madre dal padre, dagli uomini in generale e capisce inconsciamente di appartenere a una razza inferiore, perché appunto debole, sensibile, vulnerabile. E nonostante in seguito riesca anche a superare il fratellino a scuola, a studiare, a crearsi una propria vita indipendente, nella parte più profonda di sé sentirà sempre di essere "soltanto" una donna, cioè un essere inferiore che ogni uomo può violentare o come minimo non trattare da suo pari, prendere sul serio, umiliare anche solo con uno sguardo, sul posto di lavoro, per strada, sul bus. Ovunque.
E ci sono alcune donne che ne fanno commercio, che sfruttano questa strana debolezza maschile (perché alla resa dei

conti si tratta di debolezza) per raggiungere certi privilegi, pagati con la loro dignità di essere umano, usando del proprio corpo come di una merce di scambio.

L'arroganza maschile ha un'origine puramente organica, ormonale? Sono domande che mi pongo già dalla prima infanzia, fin da quando ho cominciato a osservare l'umanità che mi stava intorno. Stranamente non ho mai assistito a scene di violenza di mio padre nei confronti di mia madre, dico stranamente, perché nel frattempo so che nella maggior parte delle relazioni per modo di dire sentimentali la violenza fa da sottofondo, sempre taciuta: in realtà una donna si vergogna di ammettere di essere stata malmenata, violentata dal compagno, dal marito, anche perché tutti pensano: se lo sarà meritato! Lei per prima. Sto anche riflettendo che nel passato forse c'era meno violenza perché le donne avevano imparato la grande lezione della sottomissione, della passività, dell'accettazione della mala sorte e non reagivano, non "provocavano" come invece accade oggi, in seguito alla cosiddetta "emancipazione"! Infatti mia madre e le donne della sua generazione erano convinte che l'uomo dovesse avere in ogni caso ragione, che era il padrone di casa e della loro vita e che quindi bisognava rispettarlo; che senza di lui l'aspettava solo la miseria, il disonore, la mancanza di rispetto dal resto della società. Perché soltanto una donna sposata aveva e continua ad avere il diritto di far parte della società umana.

E se il marito era un violento... poveretto, non poteva farci niente... infine ognuno ha qualche difetto!

## La voce umana

Ho trovato uno diario risalente al 2013. Sembra un'eternità ma sono passati soltanto (soltanto?) otto anni. Mi piace copiare questa paginetta:

*Oggi è venuta per la prima volta Miriam, 27 anni, alta, bionda con un ciuffetto pop in cima alla testa. Ben truccata, ha un chiodino infilato sotto il labbro inferiore e due occhi azzurri di bambina innocente. Naturalmente è in crisi, altrimenti non sarebbe venuta da me. La voce. Che dire della voce? Certo, il motivo per il quale è venuta da me è la voce, ma dietro questo problema se ne nascondono ben altri, ben più profondi e di ordine esistenziale: la sua è una ricerca di identità. Ha cantato fino ad oggi un repertorio non adatto a lei, come Königin der Nacht[92] e altro dello stesso genere. Secondo me usa solo il falsetto e la sua voce è altrove. Ha due insegnanti che alterna continuamente (anche questo molto strano) e cioè due uomini, il primo tristemente famoso per aver violentato tre o quattro minorenni durante una gita col coro, è stato denunciato e mandato in prigione. Un fatto ormai vecchio di qualche anno. Uno scandalo che gli è costato il posto di direttore del coro. Che si sia trattato di un intrigo non si è mai riusciti ad appurare. Ma io penso che dietro questi uomini di potere, che giornalmente hanno a che fare con tante ragazzine ingenue, un fondo di verità deve pur esserci. Penso che accuse del genere non possono venire dal nulla. Il primo ama le voci chiare, eteree, in una parola le voci delle bambine, cioè in falsetto. Il secondo insegnante è noto anche lui, non certo in modo positivo. Questa Miriam sembra essere arrivata a un bivio: vorrebbe uscire da un percorso di per sé già programmato.*

*E qui penso alla Cucchiara[93]: tutto prestabilito dal destino?*

---

[92]W.A. Mozart, *Il flauto magico*

[93]Vedi nota pagina 89

*Mi chiedo perché sia andata a cercare questi due tipi tristemente famosi, che in ogni caso vogliono vedere in lei solo la bambina indifesa e mantenerla tale il più a lungo possibile. Non voglio neanche pensare a possibili coinvolgimenti di carattere sessuale, segreti chiusi nel profondo più profondo, che con ogni probabilità cerca disperatamente di nascondere anche a se stessa. Accade a tutte le donne che hanno subito violenza sessuale. Col tempo arrivano persino a dare la colpa a se stesse. Ma non voglio soffermarmi su questo tema.*

*Tornando alla tendenza di certi uomini di voler lasciare le donne a uno stadio infantile, quindi di estrema dipendenza, mi chiedo se si tratta della classica paura degli uomini verso le donne. È da qui che nasce la pedofilia? Davanti a questi problemi mi sento tremare, so di non essere in grado di affrontarli. Temo che dietro ogni perversione si nasconda una paura, un trauma infantile che non si riesce a superare neanche in età adulta. La violenza: espressione di paura, di impotenza... una sorta di vendetta postuma? Ecco che Miriam mi ha messo in crisi. 4 settembre 2013.*

Voglio aggiungere di non aver più rivisto questa ragazza, non ricordo perché.

Non è la prima volta che devo affrontare situazioni simili, fa parte della mia professione. Nel corso degli anni e dopo diverse esperienze ho capito che l'incontro con una persona come me può provocare una crisi, soprattutto in chi è abituato a non vedere se stesso, cioè a non specchiarsi nell'altro, per cercare se stesso.

E qui devo fermarmi: sento una contraddizione.

In realtà siamo abituati fin dall'infanzia a vederci con gli occhi degli altri: della mamma, del padre, della società nella quale viviamo che con le loro proiezioni incidono sul nostro divenire. Ma siamo ancora in fase di formazione, non ci accorgiamo delle sovrapposizioni, anzi ci identifichiamo in loro. Altro è da adulti. Ormai crediamo di sapere chi siamo e trovarci di colpo davanti a uno specchio impietoso può provocare reazioni di rifiuto ma anche, nel migliore dei casi, di curiosità.

So ancora che quell'incontro mi sgomentò, come del resto tutti gli incontri di questo genere; prima di ascoltarla l'ho vista come ha voluto che la vedessi, come vuole che il mondo la veda: il labbro perforato, la pettinatura per modo di dire rivoluzionaria in contrasto con gli occhi ingenui, stranamente limpidi, in cui si mostrava in tutta la sua nudità. Tutto questo insieme per me era un segnale assai chiaro. Ecco una bambina sperduta in un mondo di adulti violenti, insensibili; in un mondo fatto da uomini predatori e donne cieche e sorde: trova me o meglio mi cerca, e si vede confrontata con un essere umano diverso, cioè con una che vede e sente; in poche parole con una madre che la vede come lei veramente è, piena di incertezze, di paure e fugge, incapace di affrontare questa nuova realtà.

Devo ancora aggiungere che questa strana moda di infilarsi chiodi e altri oggetti sulle labbra o fra le narici, magari anche su un sopracciglio, mi fa pensare a una sorta di autoflagellazione, un volersi fare del male, ma anche una protesta, un urlo verso il male che le è stato fatto; nel caso dei ragazzi mi sembra una sciocca dimostrazione di coraggio, come era uso nelle civiltà primitive; allora però necessario per indicare l'appartenenza a una certa tribù. Tutto mi dà tanto da pensare. Quando ero giovane io, i miei coetanei non avevano necessità simili: perché? Cosa è cambiato in questi ultimi cinquant'anni? Cos'è questo strano piacere di farsi male, cosa c'è dietro? So di ragazzine che si tagliuzzano la carne con lamette fino a sanguinare e urlano di dolore o di rabbia: perché? Quali segnali vogliono trasmettere al mondo degli adulti? Vogliono punirsi e punire? La bulimia, l'anoressia, l'obesità eccessiva... tutte malattie della società del benessere o della solitudine? Anche qui una ricerca di identità o la negazione di un'identità sovrapposta?

Mi chiedo quale infanzia abbia avuto questa ragazza, chi sono i suoi genitori, soprattutto suo padre. E devo sempre pensare al verso di Goethe[94] a proposito di Mignon:"was hat man dir, du armes Kind, getan?"[95]

Qui voglio ricordare come proseguì quella lezione che in realtà è una specie di prototipo di tante altre lezioni tipiche della mia professione di insegnate di canto:

Mi raccontò delle sue esperienze vocali e alle mie domande rispondeva sempre più sorpresa, evidentemente non abituata a domande del genere. Infine decisi di occuparmi della sua voce, le dissi che a 27 anni non era più una bambina, quindi che doveva avere una voce di donna. Le spiegai che l'adolescenza è un processo fisico di carattere ormonale che non riguarda soltanto gli organi sessuali ma anche altre parti del corpo, come appunto le corde vocali, considerate organi sessuali di secondo categoria, infatti raddoppiano la loro lunghezza e lo spessore, per cui la voce cambia, deve cambiare. Mi guardava e non capiva. Le spiegai che la voce è un prodotto del corpo, quindi è partecipe dei cambiamenti ormonali: anche qui completa ignoranza.

Cercai di farle capire che la voce è fondamentale per l'essere umano. È lo strumento col quale comunica col mondo esterno, e attraverso questo strumento mostra all'altro chi è veramente. Non certo con le parole che dice.

Quante volte ho potuto identificare una persona soltanto ascoltandone la voce e non le parole. Che servono spesso a ingannare.

---

[94]Johann Wolfgang Goethe, 1749 – 1832

[95]Cosa ti hanno fatto, povera bambina?, *Die Wahlverwandtschaften*

La voce non inganna mai!

Iniziai col primo esercizio, per me di base, per sentire soprattutto se le corde vocali erano sane, cosa di primaria importanza, ma anche per conoscerne la struttura, se cioè erano lunghe, corte, larghe o strette: la prima volta voglio soprattutto sentire lo strumento allo stato naturale. Si tratta di un breve esercizio che si estende su tutta la lunghezza della voce umana, rispettando tutti i passaggi; un esercizio a bocca chiusa risalente agli inizi del suono in generale, cioè senza l'intervento di nessun tipo di risonanza. Dopo oltre 40 anni di esperienza, con questo esercizio di solito riesco a stabilire almeno la lunghezza della voce, sia in basso che in alto. Prima di tutto le ho fatto conoscere l'organo della respirazione per eccellenza, spesso trascurato, e cioè il diaframma o meglio il sostegno del suono. Miriam mi guardava sorpresa; le mostrai un piccolo esercizio, la pregai di ripetere, spiegandole che noi esseri umani possediamo i cosiddetti neuroni-specchio, per cui senza esserne coscienti imitiamo ciò che sentiamo. Come immaginavo: anche qui, grande sorpresa!

I suoni che riuscì a produrre, ora sostenuti dal diaframma, erano corposi, assai diversi da quelli che conosceva.

Di solito la prima reazione è di grande stupore, poi subentra una certa curiosità e infine, ma non sempre, molto interesse. È come guardarsi per la prima volta allo specchio, quasi non fosse mai esistito uno specchio. Vedersi in modo diverso è spesso sconvolgente e la maggior parte delle persone non sopporta questa vista. Infatti non è la prima volta che un eventuale allievo o allieva dopo una o poche lezioni sparisce: confrontarsi con se stessi, porsi delle domande, in una parola crescere, trovare il proprio io adulto e accettarlo non è dato a tutti.

Ma ho avuto molti esempi contrari, e cioè un buon numero di studenti, dopo un primo approccio, si sono stabiliti addirittura qui, nella mia città, per continuare a conoscersi. Devo ammettere che il più delle volte hanno cambiato del tutto voce, nel senso che hanno trovato la loro vera voce, cioè la loro vera identità: spesso da soprano leggero sono diventate mezzosoprano o come minimo soprano lirico o drammatico. Ho vari esempi: una delle mie migliori allieve è arrivata fino al Metropolitan come soprano drammatico, pur avendo cominciato con una voce di bambina.

Ma non hanno soltanto cambiato la voce, anche il carattere ne è uscito stabilizzato, preciso nei contorni e nelle varie sfaccettature; devo però aggiungere che sono poche le persone coraggiose, disposte a una grande svolta nella loro vita. Stranamente con gli uomini ho avuto sempre meno difficoltà, cioè passare da baritono a tenore, oppure da tenore a basso è stato soltanto un problema puramente tecnico, un cambio di repertorio, ma molto poco di carattere.

Con le donne i problemi sono stati spesso di tipo psicologico. Si è sempre trattato di una vera e propria ricerca di identità, o meglio della scoperta dell'identità in sé. Il primo passo è sempre stato accettarsi come donna e non più come bambina, e questo vuol dire cominciare a stimarsi per quello che effettivamente si è, cosa assai difficile se si trascorre tutta l'infanzia in una famiglia in cui il fratello viene rispettato più di te, ha più pedine da giocare, più importanza per la madre e anche per il padre: una bambina di solito comincia in perdita. Allora si abitua a mettersi in seconda fila e se la situazione famigliare è ancora di tipo patriarcale, impara presto a subordinarsi, a sottovalutarsi e purtroppo anche a odiarsi (vedi anoressia, bulimia, obesità). Da qui l'accettazione di uomini prepotenti, violenti, insensibili: come spiegare altrimenti l'attrazione di molte donne per questi tipi poco raccomandabili? Come mai Miriam ha scelto, perché si tratta anche qui di una scelta, quel maestro di canto, famoso per motivi assai disonorevoli? È come andare nell'antro dell'orco sapendo che avrebbe potuto divorarla. È una sfida?

Pare che in questi ultimi 50 anni si stia smuovendo qualcosa che viene chiamata 'parità dei sessi.'

Sarà mai possibile una tale parità?

Dispongono gli uomini dello stesso tipo di sensibilità, della struttura mentale che gli permette di capire le donne? E una donna, a sua volta, riuscirà mai a capire cosa si nasconde dietro il maschio sicuro di sé, tutto muscoli e arroganza, il maschio ammirato, portato come esempio di virilità? Non esiste parità dei sessi, non può esistere, ma solo equilibrio nelle disparità e soprattutto una più diretta presa di coscienza dei due sessi.

Ho notato che nei Conservatori la maggior parte degli studenti di canto sono donne, un'altissima percentuale, mentre i ragazzi diminuiscono sempre più. La maggior parte dei cantanti vengono inoltre dai Paesi sottosviluppati, mentre nella ricca Europa centromeridionale pochissimi si dedicano a questo particolare ramo dell'arte musicale. Ma non soltanto i Conservatori sono pieni di studentesse di canto, anche privatamente moltissime ragazze e donne con famiglia studiano canto. Perché? Da dove nasce questo grande desiderio di cantare anche senza fini professionali? Nei secoli passati pochissime donne studiavano canto, soltanto quelle appartenenti a famiglie benestanti e per uso domestico; semmai erano gli uomini a farne poi una professione. È facile vedere, dal repertorio operistico, quanto sia maggiore il numero di cantanti uomini, rispetto a quello delle donne. Agli uomini è sempre stato permesso di cantare in pubblico, dai tempi più remoti, mentre le donne che desideravano esercitare questa professione erano considerate donnine leggere.

Quante riflessioni soltanto dopo aver riletto quella paginetta di diario risalente al 2013!

Altri libri di Ada Zapperi Zucker

IN LINGUA ITALIANA:

**Un pugno di storie**
Lettere
2021, 212 pagine, 12,80 €

**Due donne del Sud**
24 lettere
2020, 282 pagine, 12,80 €

**Una vita di donna in Sicilia**
Romanzo
2019, 148 pagine, 12,80 €

**Un'infanzia quasi felice**
Racconti
2018, 144 pagine, 10,80 €

**I padri assenti**
Due racconti
2017, 196 pagine, 11,80 €

**La casa del nonno**
Romanzo
2016, 264 pagine, 13,80 €

**La Cucchiara**
Una famiglia siciliana
2015, 174 pagine, 12,80 €

**Un giorno a Bolzano**
Quattro racconti e frammenti di una biografia
2013, 224 pagine, 11,80 €

**La scuola delle catacombe**
Racconti sudtirolesi
2013, 224 pagine, 9,80 €

**Teatro di ombre**
Romanzo
Edizioni Helicon 2012, 200 pagine, 14,00 €

**Le inquietudini della sora Elsa**
Racconti
Edizioni Tabula Fati 2011, 176 pagine, 13,00 €

**Il silenzio**
Romanzo
Edizioni alpha beta 2009, 160 pagine, 12,00 €

LIBRI BILINGUE:

**In Südtirol und anderswo ...**
**In Sudtirolo e altrove ...**
Erzählungen / Racconti
2022, 320 pagine, 14,80 €

**Vikis blaue Augen**
**Gli occhi azzurri di Viki**
Un libro per bambini, CD incluso
2020, 296 pagine, 15,80 €

**Herta und andere Geschichten**
**Herta e altre storie**
Erzählungen / Racconti
2019, 100 pagine, 13,80 €

**Liebe und andere Verdrießlichkeiten**
**Amori e altre peripezie**
Erzählungen / Racconti
2018, 144 pagine, 11,80 €

**Über Frauen und andere Geschöpfe**
**Storie di donne e altre creature**
Erzählungen / Racconti
2015, 128 pagine, 11,80 €

Libri tradotti in tedesco:

**Zwischen Lemberg und Meran**
Romanzo
2020, 240 pagine, 13,80 €

**Das Haus in der Widenmayerstraße**
Romanzo
2017, 296 pagine, 13,80 €

**Das Unbehagen der Sora Elsa**
Racconti
2016, 214 pagine, 13,80 €

**Ein Tag in Bozen**
Racconti
2014, 224 pagine, 13,80 €

**Die Katakombenschule**
Racconti Sudtirolesi
2013, 248 pagine, 11,80 €

Stampato nel mese di Agosto 2022
BoD, D-22848 Nordstedt

FSC
www.fsc.org
MIX
Papier aus verantwortungsvollen Quellen
Paper from responsible sources
FSC® C105338